POLITIQUEMENT INCORRECT

du même auteur
au **cherche midi**

Coups et blessures : 50 ans de secrets partagés avec François Mitterrand, 2011
Dans l'œil du Minotaure : le labyrinthe de mes vies, 2013

AVEC CHARLES CRETTIEN :
Nouveaux enjeux internationaux : guerre ou paix, 2014

Roland Dumas

POLITIQUEMENT INCORRECT

Secrets d'État et autres confidences

Carnets 1984-2014

Édition établie sous la direction d'Alain Bouzy

COLLECTION **DOCUMENTS**

cherche **midi**

Directeur de collection : Arash Derambarsh

23, rue du Cherche-Midi
75006 Paris

Première partie

AFFAIRES ÉTRANGÈRES

Novembre 1983-5 mai 1988

Choses vues

Je commence ces notes, feuilles volantes où l'histoire trouvera
des morceaux quelconques du temps présent.
Je mêle les petites choses aux grandes,
comme cela vient, au hasard.
L'ensemble peint.

Victor Hugo, *Choses vues* (1830-1885)

Avant-propos

Les maux et les mots

Peu avant mon accession au gouvernement de la France, en décembre 1983, j'avais commencé à prendre des notes, pressentant que ma vie ne serait plus désormais comme avant. Avec l'élection de François Mitterrand à la présidence de la République, le 10 mai 1981, un nouveau destin débutait pour la France, assurément, et pour moi peut-être.

Il ne m'appela pas d'emblée aux Affaires, voulant à l'évidence me tester. Il me confia alors des missions discrètes, voire secrètes, notamment auprès de Mouammar Kadhafi qui menaçait notre pré carré en Afrique. J'ai déjà évoqué ces aventures[1]. Je me bornerai donc à relater les événements dont j'ai été le témoin ou l'acteur à partir de mon arrivée au Quai d'Orsay.

De même ai-je déjà dressé le portrait de personnages qui m'avaient marqué au cours de ma longue carrière d'avocat, de parlementaire et de ministre, qu'ils se nomment Picasso, Genet, Lacan, Gorbatchev ou Mitterrand[2].

Je pensais donc en avoir fini avec Mémoires et souvenirs. C'était sans compter avec «l'amicale pression de mes amis», selon la formule consacrée. Ils ont bien voulu voir dans ces papiers une fresque où la grande histoire tutoie la petite. Je publie donc ces

1. *Coups et blessures*, le cherche midi éditeur, 2011.
2. *Dans l'œil du Minotaure, le labyrinthe de mes vies*, le cherche midi éditeur, 2013.

notes, pour la plupart inédites, comme elles ont été écrites, c'est-à-dire « à la diable ».

J'ai rouvert dossiers, classeurs, et remis en ordre des feuillets épars qui n'étaient pas destinés à la publication. En les relisant, j'ai retrouvé la palpitation de la vie qui m'a animé pendant les dix années passées à la tête de la diplomatie française et les cinq années à la présidence du Conseil constitutionnel. J'y ai retrouvé les coulisses du pouvoir et ses secrets auprès d'un homme d'exception dont tout le monde – même ses ennemis – s'accorde à dire qu'il a marqué son temps. Je livrerai surtout ceux qui peuvent servir l'histoire. François Mitterrand y a incontestablement laissé son empreinte pendant les quatorze années de son « règne ».

Avec le recul, je suis convaincu que les générations futures le jugeront moins sévèrement que ses contemporains. Sans doute peut-on l'accuser de péchés véniels, comme une forme d'égotisme et de duplicité qui sont pourtant consubstantiels de toute magistrature suprême. Mais la postérité ne pourra le prendre en défaut sur son vaste dessein : la grandeur et l'influence de la France. Je ne suis pas convaincu que la même appréciation pourra être faite à propos de ses successeurs.

La société française dans son ensemble est aujourd'hui frappée d'un curieux mal, qu'il est convenu d'appeler le « politiquement correct », qui a tôt fait de contaminer classe politique et médias. Les maux constamment minimisés et les mots vidés de leur sens ont contribué à rendre femmes et hommes politiques inaudibles et suspects. En ne voulant pas heurter le citoyen, ils finissent par ne plus parler à personne.

En relisant ces carnets, j'ai revécu des moments douloureux, liés à un rare acharnement judiciaire dont j'ai fait l'objet. Victime de procès que je n'hésite pas à qualifier de « politiques », puisque j'ai été lavé de toutes les charges qui pesaient sur moi, j'ai, à l'évidence, payé ma proximité avec Mitterrand. À travers moi, des juges qui ambitionnaient de faire une carrière politique ont tenté de régler leurs comptes avec l'ancien président de la République. J'aurais pu retirer ces pages douloureuses. Je les ai laissées comme un témoignage sur le fonctionnement de la justice dans notre pays. Chaque citoyen peut avoir affaire à elle. Il n'est pas inutile d'apprendre comment ne jamais se résigner à l'injustice quand on est innocent.

À 92 ans, je n'ai rien voulu celer non plus d'une vie au service de mon pays. Si je passe pour un aventurier de la politique, c'est bien à tort. Ces pages sont aussi destinées à faire connaître ce que sont les aléas et les réussites de l'univers de la diplomatie, en réalité peu connu du public, parce que son essence même est de ne pas apparaître.

Les seules armes du diplomate pour éviter la guerre sont les mots. Avocat ou ministre, j'ai pu, pendant soixante-dix années de vie publique et professionnelle, mesurer combien les mots, la langue pouvaient faire bouger les lignes. Influencer un jury d'assises, convaincre un dictateur d'abandonner ses vues, ébranler les certitudes d'un opposant, faire tomber dans ses bras une femme inaccessible, j'ai vécu ces situations avec passion et gourmandise.

Les mots sont des amis. Ils m'ont souvent aidé à surmonter les blessures de la vie. Je les ai laissés venir tels qu'ils se présentaient. Ces textes dénotent aussi une certaine liberté de ton que je n'ai pas cherché à corriger. Après avoir hésité, j'ai laissé aussi des notations personnelles, voire très privées, qui humanisent le propos. Il aurait été facile de réécrire ma « petite » histoire. Mais il est utile, je crois, de montrer que les hommes politiques ne sont pas désincarnés. Leur vécu arrive en résonance avec les événements qui les assaillent au quotidien.

Mousquetaire de la politique, en hommage à mon homonyme Alexandre, un grand écrivain que je révère, j'ai mené bien des batailles avec l'enthousiasme de la jeunesse, la conviction de la justesse du combat politique et la certitude de servir les intérêts de la France.

R. D.

Paris, île Saint-Louis (août 2014)

[Pour la commodité de la lecture, j'ai, à certaines dates, apporté des précisions en italique sur des événements intervenus plus tard, mais qui éclairent ou corrigent des passages de mon journal que je n'ai pas voulu modifier.]

1983

Hiver 1983

On m'a fait beaucoup de reproches dans ma vie, mais pas celui d'être paresseux. Longtemps, je me suis levé de bonne heure. À 4 heures du matin pour étudier mes dossiers d'avocat. À 5 heures quand je révisais mon baccalauréat. Mon père préparait la veille au soir le feu dans la petite cuisine de notre maison de Limoges (Haute-Vienne). C'était avant la guerre. Pas de chauffage. Il remplissait le foyer de la cuisinière en fonte avec du papier journal et du petit bois, de façon que je n'aie qu'une allumette à craquer pour réchauffer le café de la veille et travailler au chaud. Je potassais alors mes livres sur la toile cirée de la cuisine.

Je suis parti dans la vie sans un sou en poche. J'ai gagné ma vie, je serais tenté de dire, par mon seul talent. J'ai conduit ma carrière sur les fleuves tumultueux, en évitant les récifs de l'échec. Je n'ai pas trop mal réussi, et ma carrière professionnelle au barreau et ma carrière politique en tant que député. Elles n'ont cependant pas trouvé leur aboutissement. Adolescent, je rêvais d'être président de la République !

Peu avant que François Mitterrand ne soit élu à l'Élysée, il m'avait dit : « Vous avez bien réussi au barreau, il va falloir entreprendre une carrière gouvernementale. » Je n'ai pas fait partie des deux premières équipes de Pierre Mauroy. J'étais un électron libre qui échappait aux subtils équilibres politiques au sein de la majorité. Je savais que mon heure viendrait.

Pour me tester, et aussi parce qu'il avait toute confiance en moi, François Mitterrand m'a confié ces dernières années des missions secrètes, notamment auprès du colonel Kadhafi, le chef d'État libyen. Il n'était pas rare, non plus, que je le représente au pied levé. Ainsi, cette fois où j'ai dû voler de Tripoli (Libye) à Libreville (Gabon) pour ouvrir le bal avec Joséphine Bongo, qui avait défrayé la chronique sous Giscard. Comme lui, j'ai toujours aimé l'Afrique.

Novembre 1983

Sur le tarmac de l'aéroport de Périgueux, où je suis allé l'accueillir, mon vieil ami Maurice Faure, patron des radicaux de gauche, m'assure que je suis pressenti pour faire partie du prochain gouvernement. Le secrétaire général de l'Élysée, Jean-Louis Bianco, m'a déjà prévenu: «Je crois que le président pense à toi...» Ce ne sont pas des indiscrétions mais plutôt des confidences orchestrées, en forme de recommandations: «Tiens-toi à carreau, Roland, et ne fais pas de conneries...»

15 décembre 1983

François Mitterrand s'est rendu à Belgrade pour parler de désarmement. Il plaide pour la reprise des négociations de Genève entre Soviétiques et Américains. Leur rupture a eu pour corollaire une terrifiante course aux armements chez les deux «Super-Grands». Il m'a demandé de faire partie de la délégation officielle qui l'accompagne en Yougoslavie. Le soir, à l'hôtel, son aide de camp me téléphone: «Le président de la République souhaiterait que vous partagiez son petit déjeuner demain.» Je comprends que les événements vont se précipiter pour moi.

16 décembre 1983

La «grande affaire» de notre génération

Il est visiblement de fort méchante humeur. Il est inquiet des mauvaises nouvelles sur le plan économique. Ce n'est pas le moment de plaisanter. Il ne m'annonce pas d'emblée ses intentions. Je dois d'abord subir le supplice chinois. Il me reproche de n'avoir guère été un Européen convaincu au cours de ma carrière politique, oubliant au passage que nous avons souvent été sur la même ligne ! Il m'accroche ensuite sur le fait d'avoir cédé à la sollicitation des communistes de mon département et signé un « Manifeste contre le réarmement allemand ». Cela se passait en Dordogne, où mon père avait été assassiné par les nazis en 1944… C'était l'époque où j'étais un peu en coquetterie avec lui. Comme toujours, j'avais voulu affirmer mon indépendance.

À ce moment précis, je m'en mords les doigts. « Roland, c'était maladroit, cela va vous gêner pour aller négocier avec les Anglais. » Et pour conclure par une note moins sévère, il se radoucit : « Mme Thatcher va vous avoir à l'œil ! » En fait, le risque était que je passe pour un « cryptocommuniste », ce qui aurait été rédhibitoire aux yeux de la Dame de fer. Il craignait qu'elle ne lui reproche, à lui, d'avoir introduit un loup dans la bergerie. Il m'annonce enfin ses intentions : « Roland, j'ai pensé à vous pour les Affaires européennes. Nous allons présider la Communauté à partir du 1er janvier 1984, et rien n'avance plus. Je compte sur vous pour régler les problèmes. Prenez-les, les uns après les autres, comme des dossiers d'avocat. » Et il ajoute : « Ça vous ira comme un gant. »

L'autre point qui le bluffe chez moi est que je parle « les langues étrangères », comme il dit, admiratif. Il me donne rendez-vous pour le dimanche suivant à l'Élysée. « Je vous expliquerai ma vision des choses », me dit-il avant de conclure : « Secret absolu. » Personne ne sera au courant, pas même ma femme…

À Belgrade, dans le parc de Kalemegdan, nous nous recueillons longuement devant le Monument pour la France qui semble avoir à ses yeux une forte signification. C'est une haute stèle de marbre blanc, surmontée d'une sculpture en bronze représentant une femme en mouvement. Sur le socle, des bas-reliefs rappellent des scènes de la Grande Guerre, notamment la fraternité d'armes entre Serbes et Français. Une inscription en caractères cyrilliques et latins en apporte le témoignage : « Aimons la France comme elle nous a aimés. » Il n'entend pas oublier ce point d'histoire, essentiel à ses yeux : la France et la Serbie ont toujours été alliées dans la guerre.

Dimanche 18 décembre 1983

Dans son bureau de l'Élysée, le président m'explique la politique qu'il entend conduire pendant cette présidence française. Il ne me cache rien de l'ampleur de la tâche: « Roland, nous allons désembourber l'Europe. » Il connaît tous les dossiers qu'il passe en revue pendant presque deux heures. Pour ne pas apparaître trop distant ni trop froid, il clôt l'entretien sur une note plus personnelle. Il me rappelle mes prises de position passées, alors que, jeune député de la Haute-Vienne, élu sous les couleurs du socialisme indépendant, je votais contre tous les projets européens. Ce n'est pas la première fois qu'il me tient ce langage. Je me souviens qu'en 1967, à la sortie d'une réunion électorale, il m'avait pris à part: «Je sais ce que vous avez vécu, mais la construction de l'Europe n'est pas affaire d'anecdotes ni de souvenirs. Ce sera la "grande affaire" de notre génération d'hommes politiques.» C'est clair, il me faut tourner la page. Je lui suis reconnaissant de ne pas me laisser enfermé dans la nasse du ressentiment.

La « grande affaire » de mon mandat gouvernemental sera donc le renforcement des relations franco-allemandes, pilier de la construction européenne. Une action qui doit s'inscrire dans l'équilibre des forces en présence, dont la clé de voûte est la dissuasion nucléaire. Pour que sa position soit bien claire, il m'encourage à relire son discours du 20 janvier 1983 devant le Bundestag, alors qu'un profond scepticisme régnait dans l'opinion publique: « Nos peuples haïssent la guerre. [...] Il faut qu'elle reste impossible et que ceux qui y songent en soient dissuadés. [...] L'arme nucléaire, instrument de cette dissuasion, qu'on le souhaite ou qu'on le déplore, demeure la garantie de la paix dès lors qu'il existe un équilibre des forces. Seul cet équilibre peut conduire à de bonnes relations avec les pays de l'Est, nos voisins et partenaires historiques. [...] Le maintien de cet équilibre implique, à mes yeux, que des régions entières de l'Europe occidentale ne soient pas dépourvues de parade face à des armes nucléaires spécifiquement dirigées vers elles. Quiconque ferait le pari du découplage entre le continent européen et le continent américain mettrait en cause l'équilibre des forces et donc le maintien de la paix. [...] Ce découplage est dangereux et je souhaite ardemment que les négociations de Genève permettent d'écarter un danger qui pèse sur les partenaires européens non détenteurs de l'arme nucléaire. C'est pourquoi la détermination commune de l'Alliance atlantique et leur solidarité doivent être clairement confirmées pour que les négociations aboutissent, condition nécessaire à la non-installation des armes prévues par la double décision de décembre 1979. » Ce discours résume sa conviction profonde. C'est la « feuille de route » que je vais devoir suivre.

Pour l'heure, l'urgence est d'accélérer l'adhésion de l'Espagne et du Portugal. En me raccompagnant sur le palier, il précise : « Mais défendez énergiquement les intérêts de la France, hein. » Il me serre la main et ajoute : « Nous allons avoir beaucoup de travail. »

19 décembre 1983

Entre l'annonce de ma nomination et ma prise de fonction, je dispose d'une « fenêtre de tir » d'une journée, non pour aller chasser le canard, mais pour admirer les flamants roses, c'est plus romantique. Je pars me reposer en Camargue avec une amie, en attendant l'énorme charge qui m'incombe, le président ne me l'a pas caché. Je suis donc assez difficilement joignable, ce qui n'est pas malin. C'est, bien sûr, à ce moment qu'il souhaite me parler… L'Élysée finit par me localiser.

Le président, sec : « Mais enfin, Roland, où êtes-vous donc ? J'avais demandé que vous m'appeliez. »

Moi, penaud : « Je suis en province… »

Lui, agacé : « Comment, vous n'êtes pas à Paris ?… »

Moi, faux-cul : « Non, une affaire dans le Sud, mais je rentre tout de suite. »

Cela ressemble à une engueulade. Je ne vais pas lui dire que je suis avec une dame en train d'admirer les flamants à la jumelle !

20 décembre 1983

Je suis nommé ministre de plein exercice, en charge des Affaires européennes, auprès du ministre des Relations extérieures, dans le troisième gouvernement de Pierre Mauroy. Claude Cheysson désirerait changer l'appellation en « Relations européennes ». Le président ne veut pas : « Pourquoi changer ? » Depuis l'élection de François Mitterrand à la présidence de la République, le 10 mai 1981, je rêvais d'un maroquin. Député n'est pas une vocation, d'autant que j'en ai épuisé les charmes.

Pendant ces deux années, les langues de vipère ne se sont pas privées d'ironiser: «Alors, Roland, tu n'as pas été appelé au gouvernement? Pourtant, tu es un ami du président!» On chuchotait dans mon dos: «Histoires de femmes, affaires.» Les spéculations filaient bon train.

Je succède à un André Chandernagor qui, quelque peu désabusé, a démissionné le 7 décembre. Les pays membres ne jouent pas le jeu communautaire, repliés sur leurs intérêts propres, ce que Mme Thatcher illustre jusqu'à la caricature. Chandernagor n'est pas convaincu, non plus, de la fibre européenne du président. Ce dernier lui trouve un point de chute comme premier président de la Cour des comptes.

Claude Cheysson n'est pas étranger à ma nomination. Il a été appelé au Quai en raison des équilibres gouvernementaux. C'est un mendésiste, ce qui me le rend sympathique. Nous nous connaissons depuis des lustres. Quand j'étais jeune député, très versé dans les questions de la décolonisation, il était le chef de cabinet du président du Conseil, Pierre Mendès France, avant de devenir le conseiller d'Alain Savary, alors secrétaire d'État aux Affaires marocaines et tunisiennes. Nous nous sommes beaucoup fréquentés à ce moment-là.

J'apprécie sa franchise: «Je me réjouis que tu sois à ce poste, mais je n'ignore pas que tu es là pour me remplacer!» Outre un tiers-mondiste convaincu, Cheysson est un germaniste éminent ainsi qu'un excellent connaisseur des rouages de la machine bruxelloise qu'il a vue fonctionner en tant que commissaire européen, de 1973 à 1981.

Je prends possession de «mon» ministère, un petit hôtel particulier, sans charme, situé au revers du somptueux palais du Quai d'Orsay. Le bureau du ministre est sinistre, avec son côté IVe République défraîchie. Je demande à un huissier de trouver «quelque chose» pour améliorer la décoration. Il remonte de la cave le buste de Robert Schuman. «Une fois dépoussiéré, il fera l'affaire», dis-je. J'y vois un signe prometteur. Je vais désormais travailler sous le regard complice de celui qu'il est convenu d'appeler l'un des «pères de l'Europe».

Peu avant Noël, je reçois mon premier invité. Hans Dietrich Genscher, ministre des Affaires étrangères et vice-chancelier de la République fédérale d'Allemagne depuis 1974, passe par Paris pour préparer la réunion des ministres franco-allemande, en prélude à la rencontre du chancelier et du président, prévue fin février.

1984

Début janvier 1984

Le démantèlement des montants compensatoires monétaires (MCM) est une pierre d'achoppement dans les relations franco-allemandes. Claude Cheysson et Jacques Delors ont organisé une rencontre interministérielle avec leurs homologues, Hans Dietrich Genscher pour les Affaires étrangères et Gerhard Stoltenberg pour les Finances. La réunion a lieu au château de La Celle-Saint-Cloud. Par les hasards de l'histoire, ce domaine ayant appartenu à la Pompadour avait été légué, en 1951, au ministère des Affaires étrangères par un riche industriel, Auguste Dutreux. C'était à l'époque de Robert Schuman, d'origine luxembourgeoise, comme lui. Nous nous en servons comme lieu de rencontres discrètes, loin des journalistes.

Cheysson mène la négociation en tentant de rapprocher les points de vue. La réunion est tendue. Le ministre des Finances Stoltenberg, qui exprime la position de Kohl, est opposé au démantèlement. Il campe sur ses positions qui révèlent ce que peut être la rigueur germanique. Genscher, qui a une vision plus politique qu'économique, est favorable au démantèlement. Ce qui n'empêche pas ce géant débonnaire de défendre avec conviction son point de vue. Il frappe souvent la table d'un index convaincu. Derrière de grandes lunettes cerclées d'or s'agite un regard bleu vif qui croise souvent le mien. Il m'observe comme s'il jaugeait déjà notre capacité à travailler ensemble. Je sens intuitivement que j'arriverai à m'entendre avec cet homme-là.

Mi-janvier 1984

Deux crocodiles dans le marigot

Nous nous retrouvons à Bruxelles, Cheysson et moi, pour discuter avec nos partenaires des montants compensatoires monétaires (MCM), une « usine à gaz » dont les fonctionnaires bruxellois ont le secret. Ces montages financiers sont très critiqués, mais nous sommes d'autant plus gênés pour les défendre qu'ils avaient été « inventés », en 1969, par Valéry Giscard d'Estaing, alors ministre de l'Économie et des Finances. La complexité technique en est terrible. À la conférence de presse qui suit la réunion, Claude Cheysson s'exprime en anglais. Un journaliste allemand pose alors une question sur la position de la France et demande une réponse dans sa langue, pour être sûr de bien comprendre. Cheysson se tourne vers moi et murmure : « C'est pour toi ! » Veut-il me tester ou me piéger ? Non sans appréhension, je me jette à l'eau et réponds en allemand. C'est mon baptême du feu.

Le Monde publie le lendemain un entrefilet intitulé « Deux crocodiles dans le marigot » qui me vaut les grimaces de Cheysson et une remarque acidulée du président de la République. La scène est rapportée par le quotidien du soir, avec ce sous-entendu : « Qui va avaler l'autre ? » Mitterrand, qui est à l'affût de tout, lâche, mi-sévère, mi-amusé : « Alors, Roland, à peine au gouvernement, vous commencez déjà à vous faire remarquer ? » S'il estime Cheysson, il le trouve envahissant, avec ses phrases et ses rapports interminables, mais il ne faut pas en profiter pour jouer les « mariolles ». Mitterrand m'a d'ailleurs mis en garde, le jour de ma nomination : « Vous allez travailler avec Claude Cheysson, faites attention. C'est quelqu'un de grande valeur qui connaît bien ses dossiers. »

Il reproche surtout à son ministre ses postures très antiaméricaines. J'ai senti son étoile pâlir quand Mitterrand m'a fait cette réflexion : « On ne peut pas arrêter un Palestinien dans le monde sans qu'il monte au créneau. » Cette remarque présidentielle m'avait d'ailleurs choqué, car je pensais, moi aussi, que la cause des Palestiniens était – et est toujours – légitime. Le président, lui, est plus soucieux des « grands équilibres » au Proche-Orient.

[Six mois après, au cours d'une tournée européenne sur les questions économiques et la PAC (Politique agricole commune),

le président me dit dans l'avion: «Roland, "on" me dit que vous réussissez aux Affaires européennes, c'est bien!» Les choses en restèrent là[1].*]*

Fin janvier 1984

Une certaine cacophonie règne dans les déclarations des membres du gouvernement. Chacun défend son pré carré, en particulier le ministre de l'Agriculture, Michel Rocard, qui doit faire face à des jacqueries parmi les éleveurs bretons et les vignerons du Sud-Ouest. Cela gêne mes interventions à Bruxelles. Je m'en ouvre au président qui convoque une réunion interministérielle. Il réexplique sa politique, les enjeux et les buts à atteindre. Il conclut: «Le seul négociateur habilité à discuter avec nos partenaires européens est le ministre des Affaires européennes.» J'essaie de faire profil bas. Il ne faut pas provoquer inutilement la susceptibilité de certains collègues qui ont le maroquin chatouilleux.

6 et 7 février 1984

Que faisiez-vous avec la reine?

Visite d'État aux Pays-Bas. C'est la première d'une série de déplacements avec François Mitterrand dans toute l'Europe. La visite d'État est le top de la rencontre internationale. Protocole maximum. Dans ce pays, il est particulièrement strict. Le service du protocole m'annonce que je dois porter un habit noir sur un pantalon gris à rayures ainsi qu'un chapeau à haute forme. Je n'ai pas cet accoutrement dans ma garde-robe. Il me faut louer dans une boutique spécialisée la panoplie du parfait diplomate de la IIIe République! Lang et moi nous moquons gentiment l'un de l'autre dans nos costumes de pingouins.

C'est, bien sûr, la reine des Pays-Bas qui accueille le président de la République française à la descente de l'avion. Beatrix d'Orange-Nassau est là, au premier rang de son gouvernement au grand complet, accompagnée de son mari, le prince Claus. Une tempête du tonnerre de Dieu souffle sur le pays, si bien que

1. Tous les passages en italique entre crochets sont des ajouts ultérieurs de Roland Dumas.

le chapeau de la souveraine quitte l'auguste chef. Tous ces messieurs en frac courent après le royal galurin qui roule sur la piste. Tordant. La reine est la première à en rire, car elle a un humour bien charpenté, comme sa silhouette. Lors du dîner d'État, elle s'échappe des propos convenus pour tacler Édith Cresson, ministre du Commerce extérieur, qui s'est plainte, quelques jours auparavant, sur les antennes, que le « fromage à souris » hollandais damait le pion à notre camembert dans les exportations. La souveraine dit, à l'adresse de la chauvine ministre : « J'espère, madame, que vous avez apprécié le "fromage à souris" que nous vous avons servi ! »

Je suis le petit nouveau dans cet aréopage de ministres et d'excellences blanchis sous le harnais, mais la reine, au moment d'un cocktail, me reconnaît et m'entraîne dans un coin. Les hasards de l'histoire ont fait que j'ai été l'avocat d'Irène, la sœur de Beatrix. En 1964, elle s'était convertie au catholicisme pour épouser Charles-Hugues de Bourbon-Parme, prétendant au trône d'Espagne, contre l'avis du Parlement néerlandais. Elle avait dû signer sa renonciation au trône des Pays-Bas. En 1981, elle avait divorcé, et c'est moi qui avais été chargé de défendre les intérêts de ses quatre enfants : Carlos de Bourbon-Parme, Margarita, Jaime et Maria Carolina, qui porte un titre qui ne m'est pas indifférent, « duchesse de Guernica », grâce à Picasso.

Les Bourbon-Parme possédaient en effet des biens en Auvergne. En bon chef de famille, la reine voulait avoir des nouvelles de ses neveux et nièces. Nous bavardons un petit moment sans souci du protocole. J'aperçois l'œil de Mitterrand, qui devient aigle. Il n'aime pas quand les choses semblent lui échapper. Dès que j'en ai fini, il fond sur moi :

« Roland, mais que faisiez-vous donc avec la reine ?

– Monsieur le président, j'ai des relations personnelles avec Sa Majesté…

– Personnelles ?

– Enfin, professionnelles !

– Ah bon. Mais de quoi s'agit-il ? »

Sous-entendu : vous n'avez pas à bavarder avec « Elle ». Comme j'étais resté évasif, secret professionnel oblige, il « remet ça » le soir et veut à tout prix savoir. Je prends un malin plaisir à le faire lanterner.

Sans date

Mais nous ne sommes pas là pour le menuet. J'ai convaincu le président qu'il faut rencontrer les chefs de gouvernement européens un par un. Il ne s'agit pas de négocier mais de faire un « tour d'horizon » et d'entendre les positions et les récriminations de chacun. Il montre là ses grands talents de diplomate en les « confessant » tour à tour. Il confie : « Tout cela fait partie du grain à moudre que je rapporte dans mon sac de voyageur et que je verse dans le fonds commun du grain non moulu. On ne sait trop encore quelle farine cela donnera. »

Jacques Attali, conseiller « spécial », et Pierre Morel, conseiller diplomatique, restent en liaison permanente avec les chancelleries. Il faut aller vite pour sauver l'Europe. Les conversations ont parfois lieu, de façon informelle, dans les salons d'aéroport. Je suis, moi aussi, toujours entre deux avions. Je ne manque jamais de repasser par Bonn pour informer Genscher de toutes nos démarches, comme il le fait lui-même à Paris. La résidence du ministre allemand s'appelle le Venusberg, le « mont de Vénus ». Amusant. Je pense à l'opéra de Wagner où le compositeur aborde l'inépuisable question du dilemme qui se pose à tout homme d'action : entre sensualité et renoncement, désir et raison, faiblesse et sagesse, l'homme est-il maître de ses passions ?

Février 1984

Sur la piste d'Arafat

Voyage en Israël. Le Premier ministre Yitzhak Shamir est inquiet de l'ouverture de la Communauté à l'Espagne et au Portugal, qui risque de contrarier leurs exportations, d'agrumes notamment, sur les marchés européens.

En route, étape à Tunis, officiellement pour rassurer les autorités qui craignent également pour leurs exportations. Cet arrêt a surtout pour but de rencontrer Yasser Arafat, qui vit en Tunisie depuis qu'il a été exfiltré du Liban, le 30 août 1982, par un commando français de la DGSE (Direction générale de la sécurité extérieure), à bord d'un navire battant pavillon grec pour éviter la vindicte contre le drapeau tricolore. Je ne me suis pas occupé de cette affaire qui a été directement pilotée par Mitterrand, au grand dam de la communauté juive. Arafat avait échappé de justesse à la mort. L'armée israélienne avait massivement pilonné les positions de l'OLP (Organisation de libération de la Palestine) dans Beyrouth. Un des plus éminents représentants de la communauté juive en France fulmine: «Nous l'avions au bout de l'épée et vous l'avez aidé à "fuir"...»

Même en pays ami, Arafat ne dort jamais au même endroit. Au bout d'une sorte de jeu de piste qui a duré plusieurs heures, je finis par être déposé, en pleine nuit, devant une villa quelconque de la banlieue de Tunis, mais je serais bien en peine de dire où. C'est la première fois que je lui serre la main, à ce diable d'homme.

Je retrouve avec plaisir Jérusalem, ses ruelles grouillantes et ses remparts ocre, dans les feux du couchant, comme figés pour l'éternité. Je rencontre les autorités et constate les énormes progrès réalisés pour mettre le pays en valeur et développer une agriculture exportatrice. En revanche, je suis choqué que, dans les territoires occupés, les Palestiniens n'aient pas l'autorisation d'exporter pour leur compte le fruit de leur labeur.

Février 1984

L'Europe est vraiment en panne. Le Conseil qui s'était tenu à Athènes, en décembre dernier, avait mis en évidence le manque de cohésion des États membres. André Chandernagor n'avait même pas fait le déplacement, considérant que cela ne servirait à rien. Madame Thatcher vitupérait: «Je ne comprends pas que l'on m'ait fait venir en Grèce pour discuter du prix de la tomate!» La situation intérieure est mauvaise. Le monde agricole est toujours en effervescence. Michel Rocard, ministre de l'Agriculture, panique et réveille Mitterrand dans la nuit. Il se fait rabrouer.

Fin février 1984
Je veux aider François

Genscher et moi avons tout fait pour sortir de l'impasse des montants compensatoires monétaires (MCM). Malgré la farouche opposition de son ministre des Finances, le chancelier a fini par se ranger à l'avis de son ministre des Affaires étrangères. J'en ai la confirmation à l'Élysée quand nous faisons antichambre, Helmut Kohl et moi, avant d'être reçus par le président. Je fais grise mine. Le chancelier est resté debout. Je lui fais part de mon inquiétude quant à l'avenir. Accoudé à la cheminée du salon, il me confie: «Ne vous inquiétez pas, Roland, nous démantèlerons les MCM. Nous souhaitons que la présidence française soit un succès. Je veux aider François.»

Au cours de l'entretien entre les deux hommes, je remarque la réelle volonté, de part et d'autre, d'arriver à une solution acceptable par les deux parties. Le président et le chancelier doivent, tous deux, ménager leurs agriculteurs. Kohl fait preuve de courage politique en imposant le démantèlement des MCM à son ministre des Finances. Mitterrand accepte que cette mesure se fasse par étapes pour en atténuer les effets en Allemagne. La France est, pour sa part, contrainte de respecter une stricte orthodoxie budgétaire, ce qui n'est pas pour me déplaire. La générosité tous azimuts de début de mandat est derrière nous.

Sans date

Régulièrement, le président me téléphone pour savoir où en sont mes négociations, notamment avec l'Espagne et le Portugal.

«Je mets un point d'honneur à réussir...

– Tenez bien la barre!»

Les pourparlers avec le Portugal ont été bien engagés par mon prédécesseur. Le Premier ministre portugais, Mário Soares, proche de François Mitterrand, arrondit les angles. Les relations sont plus rugueuses avec les Espagnols, qui défendent leur agriculture et leur pêche.

Je me rends souvent à Madrid, où je possède deux atouts de poids. Le président du gouvernement socialiste, Felipe González, est un ami. Il fut avocat à mon cabinet, alors qu'il était en exil en France pendant la dictature franquiste. Et je connais personnellement le roi Juan Carlos, qui m'a même décoré de l'ordre d'Isabelle la Catholique. J'ai rencontré Sa Majesté à plusieurs reprises, en tant qu'avocat de Picasso, chargé par l'artiste d'apprécier si «les libertés publiques étaient rétablies en Espagne». C'est à cette condition que le peintre avait accepté que son célébrissime *Guernica* puisse être exposé à Madrid. Il y fut installé, le 10 septembre 1981, avec un déploiement exceptionnel de forces de sécurité. Dix ans après le décès du peintre, j'avais accompli la mission qu'il m'avait confiée.

4 mars 1984

Des manifestations ont déjà eu lieu en province contre le projet de « grand service public laïque et unifié ». Celle de Versailles atteint des sommets exceptionnels : plusieurs centaines de milliers de personnes. Je suis convaincu que le gouvernement fait fausse route et que la paix civile est en jeu. Mitterrand prend conscience du danger et commence à envisager un « plan B ».

7 mars 1984

Les Basques sont eux aussi en effervescence, car c'est surtout la pêche qui est la pierre d'achoppement entre nos deux pays. La relation franco-espagnole entre dans une phase critique. La Marine nationale vient d'arraisonner dans le golfe de Gascogne des chalutiers espagnols et a ouvert le feu car ils refusaient d'obtempérer. Ce n'est pas très malin. L'affaire fait grand bruit. Nous frôlons la crise politique entre Madrid et Paris.

10 mars 1984

Il me faut désamorcer le contentieux et conclure au plus vite. Certes, les Espagnols n'ont pas fait de surenchère, mais j'ai dû accepter des « conditions restrictives » pour nos pêcheurs. J'invite mon homologue, Fernando Morán López, à passer le week-end dans ma maison de Saint-Selve, en Gironde. Rien ne vaut une discussion franche dans un contexte amical. La « bataille navale » trouve en deux jours sa solution.

19 et 20 mars 1984

Je veux mon argent !

En trois mois, nous avons réglé presque tous les différends en suspens, en particulier celui de la réforme des marchés agricoles. François Mitterrand et moi pensons en tirer les fruits au sommet européen de Bruxelles. C'est sans compter avec le Royaume-Uni.

Madame Thatcher s'oppose à la signature des accords tant qu'elle n'aura pas obtenu une « ristourne » sur la participation britannique au financement de la Communauté. Son raisonnement est simple : la Grande-Bretagne verse plus au pot commun de la Communauté qu'elle ne reçoit en retour, sous forme de subventions. C'est un déséquilibre qu'elle a juré de corriger devant le pays et les députés de la Chambre des communes.

Le fragile château de cartes que nous avions élaboré s'écroule. Le président français ne cache pas sa déception : « L'Europe des Dix n'est pas morte, mais elle a reçu une blessure supplémentaire. » Le chancelier est plus brutal dans l'expression de son mécontentement. Le Premier ministre grec, Andréas Papandréou, lui, est radical : « Ce serait un grand soulagement si la Grande-Bretagne quittait la Communauté économique européenne. »

21 mars 1984

Je reste, malgré tout, confiant dans une issue favorable au contentieux qui nous oppose à la Grande-Bretagne. Au Sénat, où je fais le compte rendu des travaux de Bruxelles, j'obtiens un encouragement inattendu de la part de l'ancien ministre des Affaires étrangères du général de Gaulle. Maurice Couve de Murville déploie sa longue silhouette lasse et lâche de sa voie pincée : « Je ne me fais pas d'illusions, vous avez échoué à Bruxelles mais vous conclurez à Fontainebleau. » Tous nos efforts sont en effet tournés vers ce prochain sommet qui se tiendra en juin.

Depuis plusieurs mois, nous travaillons à son organisation sur le plan politique, cela va sans dire, mais aussi au plan pratique. Plusieurs lieux ont été envisagés avant de se porter sur Fontainebleau. Ce palais s'inscrit dans la continuité de l'histoire de France, depuis Louis VII jusqu'à Napoléon Ier, en passant par François Ier, qui en fit sa résidence, Henri II et Henri IV. François Mitterrand aime les châteaux. Il a le sentiment profond que toute action politique doit s'inscrire dans l'histoire. Il considère que la République a mis ses pas dans ceux de la monarchie.

Le centre de conférences de l'avenue Kléber n'a pas été retenu, car n'ayant pas le côté amical requis. Chambord aurait eu de l'allure, mais il est éloigné et n'est guère adapté à ce genre de réunions.

Le Grand Trianon a tenu un moment la corde, mais le président n'a pas oublié les quolibets proférés lors du sommet du G7 à Versailles qui avait rassemblé, voilà deux ans, les 5 et 6 juin 1982, les sept pays les plus industrialisés. Tel Louis XIV en majesté, François Mitterrand avait accueilli dans le faste les personnages les plus puissants de la planète : Margaret Thatcher (Royaume-Uni), Ronald Reagan (États-Unis), Zenko Suzuki (Japon), Pierre Elliott Trudeau (Canada) et bien sûr le chancelier Helmut Schmidt (Allemagne fédérale). Le courant avait du mal à passer entre les deux hommes, car, bien que socialiste lui aussi, Mitterrand lui trouvait un « foutu caractère ».

En 1982, j'avais été invité chez le Roi-Soleil en tant que député de la Dordogne et membre de la commission des Affaires culturelles de l'Assemblée nationale. J'observais alors avec attention comment les enjeux internationaux s'incarnaient dans les attitudes et les paroles de cette femme et de ces hommes au pouvoir considérable. Il est faible de dire que les États-Unis étaient inquiets, non seulement de l'arrivée des socialistes au pouvoir, mais encore plus de la présence de quatre ministres communistes. Washington se posait des questions sur l'avenir de l'Alliance atlantique et sur les décisions que Paris allait prendre dans le domaine économique. Les États-Unis redoutaient en outre une contagion « rouge » à d'autres pays d'Europe. Le sommet chez le Roi-Soleil avait surtout pour but de montrer que l'on n'était pas chez les Soviets…

22 mars 1984

Mitterrand ? *Communist* !

Premier jour de la visite d'État de François Mitterrand à Washington. C'est le quatrième voyage du président français aux États-Unis depuis son élection, en 1981, et l'arrivée au pouvoir de Ronald Reagan l'année précédente. C'est la septième fois que les deux hommes se rencontrent.

Par mon ami Genscher, je sais que Reagan a une mauvaise image du président français. Quand Helmut Schmidt avait été reçu à la Maison-Blanche, le jour même de l'intronisation de

Mitterrand en 1981, il avait accablé le chancelier de questions sur cet « insaisissable socialiste français qui a fait entrer des communistes dans son gouvernement ». Schmidt et Mitterrand s'étaient vus pour la première fois le 24 mai 1981, et le moins que l'on puisse dire est que le courant n'était pas passé entre le président nouvellement élu et le « grand ami de Giscard ». Pourtant, Schmidt était resté mesuré dans son appréciation du président français et avait assuré Reagan qu'il demeurerait « atlantiste ».

Mitterrand souffre aux États-Unis d'une mauvaise image longtemps colportée par l'ancien secrétaire d'État Henry Kissinger, qui voyait des « rouges » partout. Il a quitté le pouvoir en 1977, mais son influence reste grande. J'en étais resté à l'image bonhomme qu'il véhiculait et à son incontestable habileté dans le rapprochement avec le régime de Mao Zedong. Il prenait Mitterrand pour un cryptocommuniste « qui trahira[it] les Américains à la première occasion ». L'image influence encore l'administration américaine.

Cette position est pourtant en opposition avec les notes d'Arthur Hartman, le diplomate américain en poste à Paris jusqu'en 1981. Il y assurait que Mitterrand était un homme habile qui amènerait les communistes vers une « tendance positive proche de zéro », comme on dit en diplomatie. La conclusion était donc que l'on pouvait avoir confiance en lui. Quand Hartman fut remplacé par Evan G. Galbraith, la donne changea du tout au tout. Celui-ci dressa un tableau peu flatteur du nouveau président en qui il voulait voir l'incarnation du diable. Cette « double école » a nui à une image claire du président français à Washington.

Un espion nommé Farewell

L'ambiguïté a été levée au moment de la révélation de l'affaire Farewell, du nom de code d'un espion soviétique jouant les agents doubles et nous ayant « vendu » les réseaux soviétiques en France et plus généralement en Occident. Au sommet d'Ottawa (Canada), à l'été 1981, Mitterrand avait pris Reagan à part pour lui révéler la teneur de cette rocambolesque affaire qui allait se solder par l'expulsion de France d'une quarantaine de diplomates soviétiques. Du jamais vu !

Quelques jours avant les célébrations du 14 Juillet, François Mitterrand avait appris de la bouche du patron de la DST

(Direction de la surveillance du territoire), Marcel Chalet, que ses services possédaient, depuis plus d'un an, une «taupe» au sein des services secrets soviétiques. Un certain Vladimir Vetrov, colonel du KGB, nom de code Farewell. En 1981 et 1982, il avait remis 3 000 documents sur l'espionnage soviétique en Occident, dont les noms de 500 espions ou agents du KGB. Il assurait même que les Russes avaient percé le système de surveillance radar du territoire américain.

Reagan, impressionné par l'honnêteté de Mitterrand, lui avait proposé qu'une liaison cryptée soit mise en place entre Washington et Paris pour un échange d'informations maximal, dans le secret le plus absolu. Les deux hommes étaient convenus qu'elle serait mise en place et suivie par deux collaborateurs sûrs: le directeur de la DST et le vice-président, ancien patron de la CIA, un certain George Bush.

De retour d'Ottawa, Reagan avait écrit à Mitterrand une lettre chaleureuse où il lui donnait du «cher François»: «Vous savez combien j'ai attaché de l'importance à notre première rencontre qui a donné le ton de nos futures relations…» La lune de miel ne durera pas longtemps. Le 23 mars 1982, François Mitterrand avait dû faire un voyage éclair à Washington pour «rapprocher les points de vue», comme on dit en langage diplomatique quand le torchon brûle. Objet du différend: la vente d'armes par la France au Nicaragua. Je n'ai pas assisté au déjeuner qui réunit les deux chefs d'État à la Maison-Blanche, mais il est apparu qu'il avait été tendu.

Mitterrand n'a pas complètement tourné le dos, en effet, au discours «révolutionnaire» de Cancún, prononcé dans cette station balnéaire mexicaine, en octobre 1981, dans l'euphorie de la victoire de la gauche. Ces paroles lyriques, inspirées par Claude Cheysson et Danielle Mitterrand, vrillent encore les oreilles des Américains, car elles constituent, en creux, une charge contre leur impérialisme:

«Salut aux humiliés, aux émigrés, aux exilés sur leur propre terre qui veulent vivre et vivre libres.

Salut à celles et à ceux qu'on bâillonne, qu'on persécute ou qu'on torture et qui veulent vivre et vivre libre.

Salut aux séquestrés, aux disparus et aux assassinés qui voulaient seulement vivre et vivre libres. »

[L'affaire Farewell a toujours été pour moi un sujet d'interrogation. Dans les histoires trop belles pour être vraies, mon côté paysan limougeaud reprenait le dessus. Il était pour le moins incroyable que les services de contre-espionnage français aient réussi à déjouer seuls les agissements d'un espion soviétique qui avait infiltré les secrets américains les plus verrouillés au monde.

Alors qu'elle avait été présentée comme l'affaire d'espionnage du siècle, à tout le moins la plus importante depuis la fin de la guerre, elle disparut aussitôt dans les archives des chancelleries, comme son héros prétendument exécuté par les Soviétiques en 1985.

Quelques années plus tard, Mitterrand m'interrogera sur cette histoire pour savoir ce que j'en pensais. Je lui avais alors demandé : « N'est-ce pas une affaire montée de toutes pièces, dans votre dos, par les Américains ? » Il me fit cette réponse sibylline : « Vous n'avez peut-être pas tort ! » Nous ne sommes pas allés plus loin. Il était embarrassant d'échafauder des hypothèses qui aboutissaient toutes au même résultat : il était peut-être tombé dans le panneau, notamment en expulsant une quarantaine de diplomates russes. La principale conséquence en était une brouille tenace avec les Soviétiques, ce qui servait les intérêts des États-Unis. La deuxième « vertu » de l'affaire Farewell avait été, en outre, de tester la fiabilité des Français. On voit d'emblée à qui profitait le « crime »...

La coopération militaire à laquelle Reagan faisait allusion était un secret d'État dont Valéry Giscard d'Estaing avait révélé les détails à François Mitterrand lors de la passation de pouvoir, en 1981. Elle avait pour nom de code Apollo. Nous connaissions l'existence de ce programme, mais sans plus. Ce qui faisait dire à Mitterrand dès la fin des années 1970, quand il était dans l'opposition : « On se gargarise d'indépendance nationale alors que l'efficacité de notre force de frappe dépend du bon vouloir des Américains, notamment pour les essais nucléaires. »

À la fin du septennat de Valéry Giscard d'Estaing, les ingénieurs américains avaient aidé leurs homologues du Commissariat à l'énergie atomique (CEA) à mettre au point le missile stratégique à tête thermonucléaire M4. Après la clarification de la position française, Reagan autorisera, en avril 1982, la poursuite des essais dans le Nevada, notamment la résistance des nouvelles têtes nucléaires françaises à des attaques ennemies de même ampleur. Le président français se plaçait ainsi dans la droite ligne de ses prédécesseurs qui, depuis de Gaulle, jouaient de la même ambiguïté. En fait, quel que soit son jeu avec les Soviétiques, il n'avait jamais voulu sortir de l'Alliance atlantique. Sa politique consistait à mener un habile équilibre diplomatique. C'était Machiavel.]

26 mars 1984

À San Francisco, François Mitterrand est fait citoyen d'honneur de la ville par son maire démocrate, Mme Dianne Goldman Feinstein. Au bas de l'immense escalier d'honneur de l'hôtel de ville, il adresse quelques mots en anglais, fait rarissime. Il se paie même le luxe de reprendre, en souriant, l'interprète :

« Nous aimons le peuple américain, dit le président.

– Nous aimons les États-Unis, traduit imparfaitement l'interprète.

– *We love the american "people"* », corrige le président, en anglais, langue qu'il manie mal. Mais il n'apprécie pas que l'on trahisse ses propos. L'auditoire applaudit.

Printemps 1984

À Bruxelles, je représente la France à un déjeuner de coopération politique réunissant les ministres des Affaires étrangères et des Affaires européennes de la Communauté. Le représentant de la Grèce me sourit et j'ai le sentiment de l'avoir déjà rencontré, mais je n'arrive pas à me souvenir. Son nom, Théodore Pángalos, ne m'est pas inconnu. À la fin de la réunion, je m'avance pour bavarder avec lui.

« J'ai connu un Pángalos autrefois, quand j'habitais à la Cité universitaire...

– Mais c'est moi ! »

Mon passé d'étudiant remonte à la surface. Par l'intermédiaire de ma première épouse, Théodora Voultepsis, je fréquentais alors les étudiants grecs de la Fondation hellénique de la Cité universitaire, où j'habitais. Après le coup d'État des colonels en avril 1967, nombreux avaient été les opposants politiques, notamment des artistes, à venir se réfugier à Paris. Mes amis et moi avions créé un comité contre la dictature en Grèce qui connut sa pleine activité au moment de Mai 68 : conférences, débats, expositions, projections de films et surtout soirées poétiques qui me tenaient à cœur. J'ai une tendresse particulière pour les poètes contemporains tels Rítsos, Seféris, Elýtis, Sikelianós ou Embiríkos. J'invitais à nos débats Melina Mercouri ou Mikis Theodorakis. Je mobilisais aussi mes collègues avocats pour venir en aide à tous ces jeunes réfugiés. C'est ainsi qu'en 1972 j'avais été amené à défendre Théodore Pángalos, menacé d'expulsion de France en raison de son activisme politique.

18 avril 1984

Menaces sur la paix civile

Le président de la République est inquiet. Il est partagé entre le respect des 110 propositions inscrites dans le Programme commun de la gauche, qui l'a porté au pouvoir, et la nécessité de sauvegarder la paix civile, menacée par les manifestations, au premier chef celle de la Bastille. Au Conseil des ministres, il passe en revue tous les ministres pour leur demander leur avis personnel sur l'école libre qui enflamme le débat public. Les deux seuls qui plaident pour l'abandon du projet sont Badinter et moi. Pourtant, nous ne sommes susceptibles ni l'un ni l'autre d'être les défenseurs convaincus de l'école catholique ! Tous les autres veulent en découdre. C'est la seule fois que j'ai vu le président procéder de la sorte. Le désarroi du gouvernement est palpable.

Avril-mai 1984

Dès l'échec de Bruxelles, nous nous sommes remis à l'ouvrage pour tenter de conclure une « paix des braves » avec Londres. Je suis en relation constante avec Geoffrey Howe qui, en bon diplomate britannique, ne laisse rien paraître de son exaspération face à l'intransigeance de sa « patronne », mais je sais qu'il n'en pense pas moins. Jacques Attali et son collègue anglais, Robert Armstrong, ont fini par aboutir à un compromis, à l'issue duquel Bruxelles rétrocéderait à la Grande-Bretagne 60 % du montant de son apport au budget communautaire. Nous pensions être sortis de l'ornière. « *No* », répond Margaret Thatcher qui, en bonne fille d'épicier, exige 75 % !

Il faut aller vite. Je réunis les experts de l'Élysée et ceux du Quai pour envisager tous les moyens de sortir de la chausse-trappe anglaise. Je nomme Guy Legras, spécialiste des questions communautaires, pour suivre le dossier dans les détails, où se cache le diable, comme on le sait. Je suis prêt à envisager tous les *scenarii*, y compris le « largage » de la Grande-Bretagne. J'en parle évidemment au président qui se révèle sceptique. De fait, selon le traité de Rome, il est juridiquement impossible qu'un État membre quitte la CEE de son propre chef, encore moins qu'il en soit exclu par ses partenaires ! Nous échafaudons alors, avec Legras, un autre scénario : créer une « nouvelle communauté » à côté de la CEE ! Pendant plusieurs semaines, l'activité diplomatique est intense entre les membres de la Communauté. Je m'assure surtout de l'adhésion des Allemands au projet. Morel et Legras rencontrent leurs homologues dans les salons des aéroports de Roissy ou de Frankfort. Secrètement, mais pas tout à fait cependant. Nous décidons de faire « fuiter » cette hypothèse de façon à mettre Mme Thatcher au pied du mur et qu'elle arrive à Fontainebleau en position de faiblesse.

15 mai 1984

À Bonn, Genscher et moi mettons au point notre stratégie de Fontainebleau. Madame Thatcher va essayer de nous diviser. Il ne faut pas qu'elle puisse glisser le moindre coin entre nous. C'est à ce prix que nous la ferons plier, « mais sans l'humilier », a recommandé Mitterrand. Il nous faut aussi peaufiner notre « scénario catastrophe », si le refus britannique est avéré. Nous passons en revue, en cas d'extinction de l'action communautaire, les conséquences juridiques et économiques. La disparition de la Communauté créerait un vide juridique dangereux. Aucun des pays membres n'en sortirait indemne, ils seraient affaiblis sur le plan diplomatique et économique. Y compris la Grande-Bretagne, qui le sait fort bien. Alors, nous lui tiendrons ce discours : « Nous n'allons pas éternellement vous attendre. Nous poursuivons notre chemin et ferons les choix qui s'imposent. Vous nous rejoindrez quand vous serez en mesure de le faire. La balle est dans votre camp. »

22 mai 1984

Usine à gaz

La loi faisant des enseignants du privé des fonctionnaires publics est débattue à l'Assemblée. J'attire à nouveau l'attention du président sur les risques encourus pour la paix civile. Il en est conscient. Il me demande d'étudier un moyen juridique de contourner l'obstacle sans avoir l'air de reculer en rase campagne. Nous imaginons alors «le référendum sur le référendum», une «usine à gaz» qui rendra le processus impossible pour cause de complexité extrême. Comme l'éducation n'entre pas dans le champ constitutionnel du référendum, il faudrait d'abord changer la Constitution par un premier référendum puis, grâce à un second référendum, faire plébisciter la réforme par le peuple… Je suis chargé d'aller vendre cette salade aux médias…

24 mai 1984

Le président de la République est partie prenante du dispositif que nous avons mis au point pour faire plier l'Angleterre. Il recadre publiquement les enjeux. Devant le Parlement européen, il met en garde: «Nous sommes dans une phase où le destin hésite encore. Depuis trop longtemps, l'Europe s'attarde sur des querelles dérisoires qui lui font perdre de vue l'objet même de sa démarche. Il fallait réagir et comprendre qu'aucune grande perspective pour l'Europe n'avait de chance de sortir du rêve tant qu'elle resterait empêtrée dans le maquis des petits procès.»

6 juin 1984

Quarantième anniversaire du débarquement en Normandie. Cérémonie à Bayeux et à Colleville-sur-Mer. Reagan est là, mais je ne le rencontre pas. Je retrouve «mes» reines, Elizabeth et Beatrix. Je fais surtout la connaissance, à cette occasion, du Premier ministre canadien, Pierre Elliott Trudeau. Sympathique et disponible.

7 et 8 juin 1984

Au sommet du G7, réuni à Londres, de fortes divergences se sont fait jour entre la *task force* anglo-américaine d'un côté et les cinq autres participants. Ronald Reagan et Margaret Thatcher se sont montrés franchement hostiles à la remise d'une partie de la dette du tiers-monde et à l'aide à des pays qui apparaissent comme non démocratiques. François Mitterrand a obtenu un accord *a minima* concernant les valeurs démocratiques à respecter. Les Sept s'engagent finalement à coopérer avec tous les pays dans le besoin, quel que soit leur régime politique.

17 juin 1984

Pour la deuxième fois de son histoire, le Parlement européen a été renouvelé au suffrage universel. Sévère déconvenue pour la liste de Lionel Jospin, qui n'obtient qu'un peu plus de 20 % des voix. Le PC et le FN font jeu égal autour de 10 %. C'est la liste conservatrice de Simone Veil qui rafle la mise avec 43 % des votes. La Française a toutes les chances d'accéder au fauteuil de président du Parlement de Bruxelles.

18 juin 1984

Je suis nommé porte-parole du gouvernement en remplacement de Max Gallo. Je conserve comme chef de cabinet un jeune homme au talent prometteur, François Hollande. Gallo n'a pas démérité, mais Mitterrand veut «verrouiller» sa communication, alors que «le peuple de droite» gronde face au «grand service public de l'école laïc et unifié» qui se profile.

20 au 23 juin 1984

Premier voyage officiel du président de la République en URSS. La préparation du sommet de Fontainebleau, qui a lieu dans deux jours, m'empêche de partir pour l'Union soviétique. S'il exècre le communisme, François Mitterrand a toujours respecté et considéré le Parti communiste français (PCF), en tant que force politique. Avant son arrivée au pouvoir, j'étais l'un de ses rares proches à qui il avait confié le soin d'entretenir la relation avec ceux en qui il voyait des alliés incontournables.

Il ne partage pas la candeur de son prédécesseur Giscard qui aimait à se réjouir de la «détente», alors que Moscou déployait ses missiles SS-20 et envahissait l'Afghanistan ! L'Union soviétique représente un risque nucléaire considérable que nous devons surveiller de près. Le non-respect des droits de l'homme qui y règne irrite le président. Mais il ne manque jamais une occasion de rappeler le courage du peuple russe dans la lutte contre le nazisme et la reconnaissance d'Israël par l'URSS en 1948, trois jours après les États-Unis...

21 juin 1984

Depuis le mois de mai, Andreï Sakharov poursuit une grève de la faim dans son petit appartement de Gorki, où il est assigné à résidence. Le physicien, père de la bombe H et prix Nobel de la paix en 1975, est le symbole du combat pour les droits de l'homme dans son pays. À plusieurs reprises, il a écrit au président de la République, qui a tenté de faire pression sur les autorités soviétiques. En vain.

J'ai, pour ma part, exposé au Parlement la situation des époux Sakharov. Un vaste courant de solidarité parcourt, depuis, l'opinion publique française. À plusieurs reprises, nous avons parlé avec le président de ce qu'il convenait de faire. Il a fait savoir au Kremlin qu'il parlerait de cette affaire. L'ambassadeur d'URSS à Paris m'a informé que ses patrons sont fort irrités par cette initiative. Je déconseille au président de mentionner le nom de Sakharov dans le texte qui sera soumis aux autorités, comme c'est la tradition. François Mitterrand l'ajoutera au dernier moment à la main. Il est bien décidé à glisser ce grain de sable dans la mécanique bien huilée de sa visite.

Dans l'immense salle des fêtes du Kremlin, la voix du président français résonne, mais aucune image n'a été autorisée.

[Le lendemain, la presse soviétique caviardera tous les passages du discours qui ne sont pas dans la ligne : le professeur Sakharov, l'Afghanistan et le déploiement des fusées SS-20.]

Parmi tous les hiérarques cacochymes, Mitterrand me dit avoir remarqué le jeune ministre de l'Agriculture, Mikhaïl Gorbatchev, qui contredit tous les discours officiels vantant les succès de la grande révolution léniniste. Il dit : « Ne croyez rien de tout ce que l'on vous a raconté. Depuis 1917, rien n'a jamais marché. » De retour de Moscou, le président assure au Conseil des ministres que cet homme semble appelé à un bel avenir et que l'on peut travailler avec lui.

22 juin 1984

Pense à Maman !

François Mitterrand et moi habitons tous deux rue de Bièvre, dans le Quartier latin. En route pour l'Élysée, il est fréquent que nous fassions voiture commune pour discuter des affaires en cours. Ce matin, nous avons pris le café ensemble pour parler de l'école libre. En sortant dans la cour, une femme s'est jetée à son cou. C'est Geneviève Delachenal, sa sœur.

« François, tu ne peux pas faire une chose pareille ! Pense à ton vieux maître qui t'a appris le latin, pense à Maman…

– Écoute, Geneviève, laisse-moi tranquille. J'ai des affaires importantes à régler avec Roland. Reviens me voir à un autre moment…

– Promets-moi de ne pas sacrifier "notre" école.

– Ne t'inquiète pas et fais-moi confiance… »

Geneviève est la sœur avec laquelle il avait le plus de proximité quand il était adolescent. Il lui écrivait régulièrement, ils s'échangeaient des livres. Elle travaille pour le groupe Bayard Presse. Elle est très impliquée dans les milieux catholiques et les associations caritatives progressistes, comme l'était d'ailleurs leur mère. Aucune décision n'avait été prise par le président quant au retrait de la loi, mais son « fais-moi confiance » me laissa entendre qu'il avait sa « petite idée ».

24 juin 1984

Les défenseurs de l'école libre ont organisé une manifestation monstre comme jamais on n'en a vu depuis la Libération. L'heure est grave. « Le jour où la droite a pris la Bastille », titre *Le Figaro*.

25 et 26 juin 1984

Les adieux de Fontainebleau (à l'Europe) ?

Sommet des chefs d'État et de gouvernement européens à Fontainebleau. Le jour fatidique est arrivé. C'est là où « ça passe ou ça casse ». Dans l'après-midi, j'accueille les chefs de gouvernement en haut de l'escalier en fer à cheval. J'ai bien pris soin de ne pas le faire en bas des marches, là où l'empereur Napoléon partit pour l'exil, très exactement cent soixante-dix ans auparavant, après avoir embrassé le drapeau... Certains journalistes facétieux ne se sont pas privés de titrer sur les « adieux de Fontainebleau » ! Regards et caméras sont tournés vers Mme Thatcher qui tient dans ses mains le sort de ce sommet crucial pour l'Europe. Pour l'heure, elle tient surtout, serré contre elle, son sac à main qu'elle ne lâche jamais, comme si elle craignait qu'on le lui vole. Je lui souhaite la bienvenue en anglais :

« Comment allez-vous, madame le Premier ministre ?

– Très bien. *I'm in a fighting mood!* » (« Je suis d'humeur combative ! »)

Je sais donc à quoi m'en tenir, mais j'ai l'habitude de ses formules à l'emporte-pièce, destinées à vous impressionner. Lors d'une précédente rencontre, elle m'avait déjà ainsi provoqué : « Mais enfin, monsieur Dumas, comment faites-vous pour vous entendre avec les Allemands ? Il suffit qu'ils claquent des doigts pour que vous, les Français, accouriez ! »

Je laisse le président l'accueillir à son tour dans le vestibule qui ouvre sur la grande galerie François Ier. Son plus proche conseiller, M. Armstrong, avec qui nous avons négocié à Bruxelles le compromis qu'elle a refusé, me tire par la manche : « Surtout, ne la fâchez pas. *The lady could accept today.* » [« La lady pourrait accepter (de signer) aujourd'hui. »]

Pendant deux jours, les séances plénières se tiennent dans la Grande Galerie, où les cabines de traduction simultanée détonnent dans le somptueux décor Renaissance. L'activité diplomatique est également intense lors des repas. Dans la coulisse se concertent aussi les conseillers qui essaient de rapprocher les points de vue, notamment pour la PAC. Lors des suspensions de séance, de petits groupes se disséminent dans les salons ou déambulent dans les jardins.

Au cours du déjeuner qu'il préside, François Mitterrand donne la parole au Premier ministre anglais. Elle commente de bonne grâce le G7 de Londres. Le président, lui, évoque son déplacement à Moscou. Ses collègues le félicitent de l'audace de son discours du Kremlin, où il a prononcé le nom de Sakharov. En séance, je présente le projet de résolution rédigé par la France. Il semble acquis. En revanche, rien n'est réglé quant à la contribution financière de la Grande-Bretagne au budget européen.

François Mitterrand propose que, pour 1984, elle reçoive 60 % de sa contribution nette (égale à la différence entre sa contribution brute et les versements dont elle bénéficie). Lady Thatcher ne lâche pas : c'est 75 % ou rien. L'échec paraît inévitable. La journée se termine dans une ambiance glaciale. Les délégations vont devoir poursuivre les discussions toute la nuit. Je me vois même contraint d'annuler le spectacle que j'avais prévu : un fabliau gaélique aussi charmant qu'ennuyeux. L'heure n'est pas à l'amour courtois.

En marge du sommet, j'accompagne Mme Thatcher à Barbizon, où les chefs de délégation ont été installés, à l'Hôtellerie du Bas-Bréau. Dans sa chambre, abondamment fleurie, j'ai fait déposer des livres d'art sur la peinture préimpressionniste et l'école dite de Barbizon. En matière d'art, comme en toute chose, je sais qu'elle cultive un goût très « conservateur ». Le dîner à l'auberge est morose, même si nous reconnaissons avoir bien progressé. Les 17 points de contentieux ont été levés. Les Neuf – à cette époque, l'Europe compte dix membres – semblent prêts à faire un pas en direction des Britanniques. La délégation anglaise cite le chiffre de 70 %. Nous laissons nos collaborateurs trouver un accord au cours de leurs discussions nocturnes.

26 juin 1984

Au petit matin, je suis informé que nous sommes toujours dans l'impasse. Le pessimisme règne quant à l'issue du sommet. Comme à leur habitude, François Mitterrand et Helmut Kohl prennent leur petit déjeuner ensemble, seulement accompagnés de leurs interprètes.

« Si Mme Thatcher n'accepte pas, nous nous réunirons "entre nous" pour sauver l'Europe de la faillite, dit Mitterrand.

– Je suis d'accord, elle est allée trop loin. On ne peut plus discuter avec elle », approuve Kohl.

Le président et le chancelier mettent au point un scénario. Ils conviennent de s'entretenir chacun séparément avec le Premier ministre britannique. Mitterrand lui fera, en tête à tête, une ultime proposition que Kohl la convaincra d'accepter, seul à seule également.

En réunion plénière, les visages sont tendus. Claude Cheysson présente l'ensemble des dernières conclusions. Tous les regards se tournent vers Margaret Thatcher. La tension est à son comble. Elle rappelle, une fois encore, que la Grande-Bretagne et l'Allemagne fédérale sont les deux seuls pays qui touchent moins de l'Europe qu'ils ne lui versent. Elle explique qu'elle s'est engagée devant le peuple britannique et ses représentants et qu'elle ne peut revenir sur sa promesse. Enfin, elle croit habile de rappeler que les soldats anglais prennent leur part à la sécurité du territoire allemand. Le chancelier fulmine. Aucun autre chef de gouvernement ne la suit sur cette ligne. Il est 11 heures. Le président Mitterrand lève la séance. La dernière phase va se jouer dans les tête-à-tête. Dans le Cabinet du roi, il lui propose 65 %. C'est au tour du chancelier Kohl de la convaincre d'accepter. C'est toujours non.

À aucun moment François Mitterrand n'a heurté Mme Thatcher de front. Au contraire, il a toujours pris soin de lui témoigner une exquise urbanité, à laquelle elle semble sensible. Il pratique cependant une forme d'ironie: «Je suis convaincu que madame le Premier ministre trouvera un meilleur terrain d'entente avec mon successeur, le Premier ministre irlandais, qu'avec moi-même...» C'est fort habile, car il sait qu'il sera très embarrassant pour Londres de devoir négocier avec Dublin. L'Irlande va en effet exercer la présidence tournante à compter du 1er juillet. Les relations entre les deux pays sont exécrables. Des sourires crispés se font entrevoir. Et le président de porter l'estocade en arrêtant les enchères: «Je vais déclarer le Conseil terminé, c'est notre dernière offre.» La Grande-Bretagne est isolée.

La Dame se rend compte qu'elle n'a pu porter le fer dans la défense des Huit qui font bloc. Nouvelle suspension de séance. Alors que je discute avec le chancelier, elle lui fait savoir qu'elle souhaite lui parler, séance tenante, dans le Cabinet de la reine... Il n'est pas dupe: «Elle veut tester notre détermination et mettre à mal le couple franco-allemand, mais je ne céderai pas. Nous allons vous aider pour que Fontainebleau soit un succès.»

[Genscher me racontera, quelques semaines plus tard, le dernier baroud d'honneur de Mme Thatcher auprès d'Helmut Kohl. Elle n'hésita pas à employer la «grosse artillerie»: «Nous n'allons quand même pas laisser manœuvrer ces «bloody Frenchies»

[« satanés Français »]. C'est bien grâce à notre entente que nous avons gagné la bataille de Waterloo et renversé Napoléon ! » La métaphore n'était pas dénuée de fondement à Fontainebleau, mais elle contrevenait quand même aux usages diplomatiques. Son combat d'arrière-garde ayant échoué, la combattante dut rendre les armes.]

On croirait entendre Jane Birkin

Après un long intermède où nous nous perdons en conjectures, les huissiers ouvrent les grandes portes. Les pas menus de la lady retentissent sur le parquet luisant comme un miroir. Nous allons reprendre nos places. Mon collègue Geoffrey Howe me fait signe et me glisse en aparté que sa délégation va accepter notre offre. Je me penche alors vers le président et lui dis à voix basse : « Tout va bien. »

Le dernier acte du drame se joue. Le chancelier rappelle les termes de la dernière proposition élaborée par la France. François Mitterrand, impassible, donne la parole au Premier ministre. Elle a son visage des mauvais jours. Elle prend une longue inspiration et finit par dire, la voix étranglée, qu'elle accepte. Nous n'en croyons pas nos oreilles. Le président ne laisse rien voir de sa satisfaction mais ne résiste pas au plaisir de remuer le fer dans la plaie de l'animal blessé.

« Puis-je vous demander, madame le Premier ministre, quels sont les éléments qui vous ont fait changer d'avis ? »

Dans un sourire forcé, elle répond, en français, d'une voix grinçante :

« J'ai cédé au charme français... »

La tension est telle autour de la table que ce trait d'humour suscite l'hilarité générale. Le président me glisse à l'oreille, vachard :

« En fermant les yeux, on croirait presque entendre Jane Birkin ! »

Je ris à gorge déployée. Nous sommes tous soulagés. Après cinq années d'errance, l'Europe va pouvoir repartir du bon pied grâce à une entente franco-allemande à toute épreuve. Dans sa conférence de presse, le président de la République ne cache pas sa satisfaction. Nous allons pouvoir admettre l'Espagne et le Portugal en notre sein, créer l'Europe des citoyens et jeter les bases d'une Europe politique.

Sans date

François Hollande est fort efficace dans sa rédaction des communiqués de presse. Précis et rigoureux. J'ai toute confiance en son esprit de synthèse. Dans les services, on me raconte qu'il a un certain succès auprès des jeunes femmes, qui se méfient cependant de son côté «baratineur». Il me fait part de son souhait de se lancer en politique. Je l'y encourage vivement et l'aide à trouver des appuis en Corrèze, dont je fus élu député en 1967.

[Évidemment, je ne savais pas à l'époque que François Hollande deviendrait président de la République, si ça avait été le cas j'aurais veillé à développer ces quelques lignes!]

12 juillet 1984

De retour d'un voyage officiel en Jordanie, le président de la République désavoue le ministre de l'Éducation nationale et retire le projet de loi concernant l'école libre. Alain Savary démissionne. La position du Premier ministre Pierre Mauroy est intenable.

Je ne suis pas du voyage, mais le commandant Prouteau, chef de la cellule antiterroriste de l'Élysée, me raconte que le président a souhaité profiter de sa présence au royaume hachémite pour visiter la ville antique de Pétra, célèbre pour ses tombeaux troglodytiques. Le roi fait demander, par l'intermédiaire de l'officier, s'il verrait un inconvénient à ce qu'il pilote lui-même l'hélicoptère. Mitterrand à Prouteau:

«Je n'en sais rien, moi, si le roi est un bon pilote. C'est vous qui êtes responsable de ma sécurité!»

La visite se passe à merveille. De retour à Amman, le roi demande en anglais si tout s'est bien passé.

«Mon commandant, dites à Sa Majesté que c'était parfait. Pour la première fois, j'avais un roi comme chauffeur!»

13 juillet 1984

Le chancelier a envoyé au président une missive très chaleureuse: «Cher François, parvenus à la fin de la présidence française, nous avons tout lieu de faire un bilan positif des acquis des six derniers mois au sein de la Communauté européenne. Le Conseil européen de Fontainebleau est enfin parvenu à trouver une solution définitive aux délicates questions délimitées voilà un an à Stuttgart [...]. Ces progrès n'auraient pas été possibles sans l'intense engagement de la présidence française et surtout sans le dévouement personnel que vous y avez apporté. Je suis particulièrement heureux que les relations franco-allemandes déjà très étroites se soient encore renforcées. Je suis certain que sur cette base nous bénéficierons de bonnes conditions en vue de la réalisation de nouvelles initiatives visant à développer encore la Communauté, et de l'organisation politique de l'Europe sur les voies de l'avenir. » Dans le coin supérieur droit, le président a écrit à la plume : « Lettre à garder. »

17 juillet 1984

Nomination retardée

Pierre Mauroy démissionne. Il est remplacé par Laurent Fabius. La composition du gouvernement attise la curiosité des gazettes. Le président m'appelle pour m'annoncer qu'il me confie les Affaires étrangères. Je le remercie chaleureusement. Quelques minutes plus tard, nouveau coup de fil de l'Élysée qui douche mon enthousiasme. Il me faudra patienter. Le ministre des Relations extérieures est maintenu, pour quelques mois encore, ce qui irrite le Premier ministre. Ce dernier découvre, à son détriment, que, sous la Vᵉ République, c'est le président qui fait (et défait) les gouvernements. J'apprends que Cheysson a tenu à parachever son mandat par une intervention devant les Nations unies sur l'apartheid en Afrique du Sud. Tiers-mondiste il est, tiers-mondiste il reste.

Été 1984

Quand les négociations sur le désarmement vont-elles reprendre ? François Mitterrand a déjà fait montre de son impatience devant le Bundestag. Nous voulons reprendre l'initiative, sachant que les Soviétiques y sont prêts. Mais Moscou exige que les « forces françaises » soient incluses dans les négociations, ce que nous voulons empêcher à tout prix.

Nous sommes également en coquetterie avec les Américains, embarqués dans une course aux armements folle et ruineuse. Washington a prévu d'injecter chaque année plusieurs milliards de dollars dans l'Initiative de défense stratégique (IDS), plus connue sous le nom de « guerre des étoiles ». Il s'agit d'installer dans l'espace un bouclier contre les missiles balistiques, qui deviendraient ainsi obsolètes. Ce défi est, bien sûr, lancé à l'empire soviétique. Il remet surtout en cause le subtil équilibre international des forces et la sacro-sainte doctrine de la dissuasion. François Mitterrand y est donc viscéralement hostile et ne se gênera pas, dit-il, pour le faire savoir à Ronald Reagan

1er août 1984

Baptême du feu

Un commando de gardiens de la révolution iranienne vient de prendre en otages sur l'aéroport de Téhéran une soixantaine de passagers d'un Airbus d'Air France. Ils menacent d'en exécuter un toutes les heures si le gouvernement français ne libère pas Anis Naccache et trois de ses complices, qui ont été condamnés, en 1982, par la justice française, à la réclusion criminelle à perpétuité. Ils avaient en effet tenté d'assassiner, sur notre sol, Chapour Bakhtiar, l'ancien Premier ministre du shah, en exécution d'une fatwa de l'ayatollah Khomeiny.

Claude Cheysson, encore ministre des Relations extérieures, est en voyage en Yougoslavie. Laurent Fabius me charge de prendre en main les opérations. Il faut agir vite. La vie de 60 innocents est en jeu. Le seul « levier » dont je dispose pour entrer en contact avec les Iraniens est Hans Dietrich Genscher, qui rentre tout juste de Téhéran. Il accepte de jouer les « monsieur Bons Offices ». Par ce canal, je précise que la France étudiera la situation de ces détenus « dans le cadre de la législation française ».

Dans la nuit, je convoque au Quai d'Orsay le chargé d'affaires iranien. Je lui précise les différentes possibilités juridiques que nous sommes prêts à étudier : la révision du procès, le droit de grâce ou la remise de peine. Les Iraniens comprennent un peu trop vite que nous sommes disposés à libérer Naccache et ordonnent aux terroristes de relâcher les otages. Le pire a été évité, mais je suis conscient que, tant que les assassins n'ont pas été libérés, des menaces pèsent sur des têtes ou des intérêts français. Pour le président de la République, il est hors de question de renvoyer chez eux les « bakhtiaricides ». La presse répète ce néologisme à l'envi. Si, par hasard, le mot échappe à l'un d'entre nous, il nous reprend vertement. Ce genre de formule n'est pas convenable à ses yeux.

Début août 1984

Face au « rouleau compresseur » anglais et à la poigne de fer de Mme Thatcher, François Mitterrand s'est pris de sympathie pour le Premier ministre d'Irlande, pays qui souffre, comme nous, de la surproduction laitière. François Mitterrand me dit régulièrement : « Ne cédez rien aux Anglais. Certes, il faut faire admettre à nos partenaires la politique des quotas laitiers, mais aussi ménager les Irlandais. C'est un peuple de paysans pauvres qui n'ont comme seules ressources que l'élevage et le lait. Il faut les aider. »

Garret FitzGerald est un homme humble et cultivé qui noue des relations amicales avec nous sans doute pour mieux résister à la férocité de la Dame de fer. François Mitterrand ayant appris qu'il ne sait pas où passer ses vacances, il lui a proposé de s'installer quelques semaines au fort de Brégançon. J'accueille le « Premier » irlandais à l'aéroport de Nice, où il atterrit avec sa famille. Un hélicoptère du GLAM (Groupe de liaisons aériennes ministérielles) nous conduit à la résidence d'été des présidents de la République. Les Irlandais sont ravis.

15 août 1984
Escapade amoureuse

Je suis venu à l'Italie par goût de l'Antiquité, à l'italien par passion de l'opéra et à Vérone par amour des femmes. À mes yeux, c'est la plus belle ville de la péninsule. Non pas seulement parce que c'est la cité où Shakespeare a fait s'aimer Roméo et Juliette, mais parce qu'elle dégage une langueur et une sensualité propres aux sentiments amoureux. Je me surprends parfois à être capable d'exaltation romantique…

Il vaut mieux visiter Vérone accompagné d'une jolie femme. Nous fuyons l'arène et ses hordes de touristes pour nous perdre dans les ruelles des quartiers plus authentiques. C'est jour de marché sur la piazza delle Erbe. Auvents et ombrelles mal ajustés abritent marchands des quatre saisons, vendeurs de tortues et d'oiseaux, éventaires de bouquinistes. Tous ces petits commerces colorés et vociférants se nichent entre le lion ailé sur sa colonne et la lanterne des morts qui balisent la place. Vérone vit avec ses morts qui semblent avoir encore les vivants à l'œil du haut de leurs monuments funéraires tout en hauteur.

Le matin, mon grand plaisir est d'aller prendre le petit déjeuner au Café Dante, dont la statue occupe le centre de la piazza dei Signori. Comme son nom l'indique, les hommes y commencent leur journée de « travail » en bavardant à l'ombre des terrasses... Le café ressemble à ces estaminets d'Europe centrale figés depuis le XIXe siècle. J'admire les façades colorées, un rien lépreuses, les sculptures adornées, les galeries voûtées. Des enfants jouent, courent, font peur aux pigeons, à moins que ce ne soit le contraire. Le soir, les oiseaux disparaissent comme par enchantement. Où nichent-ils ? On me regarde avec de grands yeux quand je demande où ils passent la nuit !

Je me souviens qu'à Vérone, en 1822, les puissances de la Sainte-Alliance ont tenu congrès. Je retrouve ce qu'en disait Chateaubriand (mon grand ancêtre au Quai, alors ambassadeur à Londres) dans ses *Mémoires d'outre-tombe* : « Personne ne se souvient des discours que nous tenions autour de la table du prince de Metternich ; mais ô puissance du génie ! Aucun voyageur n'entendra jamais chanter l'alouette dans les champs de Vérone sans se rappeler de Shakespeare. »

Soirée aux arènes de Vérone, où Verdi est toujours à l'honneur. C'est là que fut donné *Aïda*, en 1913, pour le centenaire de la naissance du compositeur. En son honneur et en hommage à toutes les grandes voix qui ont fait vibrer ces pierres antiques, à l'ouverture de la saison lyrique, on distribue aux spectateurs un quinquet. Quand la nuit tombe, les milliers d'« *aficionados* » de l'opéra allument la bougie. C'est magique.

Mitterrand, lui, c'est Venise, ville mortifère s'il en est. Il a même failli me faire acheter un étage dans un palais, proche de celui du peintre Zoran Mušič, chez qui il avait ses habitudes. Ce qui a suscité des fables sur « le palais vénitien du Florentin ». Le président était habité par la vision noire de l'artiste slovène marqué par son séjour en camp de concentration.

31 août 1984

La deuxième famille

Après une visite éclair à Madrid, je suis à Lisbonne pour accélérer l'entrée du Portugal dans la Communauté. Je retrouve avec plaisir notre ami Mário Soares, toujours compréhensif et chaleureux. Je sais que François Mitterrand a prévu de rejoindre pour le week-end Anne et Mazarine en villégiature à Fès, au Maroc. Il m'appelle le matin :

« Roland, vous serez aujourd'hui à Lisbonne ?

– Oui, président.

– J'attache beaucoup d'importance à l'adhésion du Portugal…

– Bien sûr, je compte bien faire accélérer…

– Bon, bon. Je voulais vous avertir que je passerai…

– … »

Dans ces cas-là, il faut « piger » vite et ne pas poser de questions. Je sais qu'il n'a rien à faire à Lisbonne. En fait, il ne veut pas se trouver sur le sol marocain le jour du référendum qui doit ratifier un accord de rapprochement avec la Libye, une vieille lune de Kadhafi qui rêve d'unifier le monde arabe. C'est l'unique raison de ce crochet lisboète : éviter d'apporter sa caution à une opération politique étrangère. J'ai l'impression que cela n'a pas été compris. À commencer par l'ambassadeur de France, chez qui le président passe la nuit.

Il est plus que pudique sur l'existence de ce qu'il est convenu d'appeler la « deuxième famille ». Il cultive un secret jaloux et une extrême réserve sur les choses du sexe. Je mets cela sur le compte de son éducation catholique. Le président dispose de temps pour faire du tourisme. Je l'accompagne. Avec l'appareil que m'a prêté mon fils David, je le photographie en balade sur le Tage et à la tour de Belém d'où partaient les explorateurs. Quelques vers du Sévillan Antonio Machado, mon poète préféré avec Federico García Lorca, m'échappent en espagnol :

Et quand viendra le jour de l'ultime voyage,
quand le navire, qui ne doit jamais revenir, sera sur le point de partir,
vous me trouverez à bord, léger de tout bagage,
presque nu, comme les fils de la mer.

À Santa Maria du couvent des Hiéronymites, il est fasciné par le cénotaphe de Vasco de Gama, un gisant de marbre qui trône sur un sarcophage reposant sur quatre lions couchés. Des pèlerins viennent s'agenouiller et déposer des fleurs comme si c'était le tombeau d'un saint. Il faut toute l'autorité d'António Coimbra Martins, le ministre de la Culture, qui nous accompagne, pour éloigner le guide officiel qui nous impose un discours fastidieux auquel le président n'a pas résisté.

Dans le cloître, quelques bonnes sœurs vêtues de gris trottinent en papotant. Curieusement, elles me rappellent les pigeons de Vérone. L'une d'entre elles m'aborde et me demande en espagnol si je connais Séville. Je lui réponds: « Oui, mais pas Jerez », d'où elle est originaire. Elle reconnaît le président et lui dit: « Nous prierons pour vous et, si vous venez chez nous, nous vous offrirons du xérès. » Il sourit. Il est surpris par ma connaissance de l'espagnol et m'avoue qu'il va se « remettre à l'anglais ». Il s'était même inscrit à l'école Berlitz, près de l'Opéra, mais n'y était guère assidu. Sa méconnaissance de l'anglais le complexe, à l'évidence. Je lui donne quelques conseils pratiques qu'il écoute d'une oreille distraite. Il est préoccupé.

Au cours du déjeuner dans une *pousada*, ces bâtiments historiques transformés en hôtels de luxe, nous revenons aux choses sérieuses. Il me dit avoir pensé toute la nuit à trois dossiers importants. À propos du Tchad: « Retournez voir Kreisky [le chancelier autrichien] et rencontrez Kadhafi pour négocier son retrait au nord du 16e parallèle. » Il m'explique à nouveau sa stratégie: « Nous ne pouvons avoir la maîtrise de tout le nord du Tchad jusqu'au Tibesti dont les déserts et les montagnes sont incontrôlables. Il nous faut en revanche protéger le "Tchad utile", au sud du 16e parallèle. »

Il souhaite aussi donner un éclat tout particulier à la venue du chancelier Kohl à Verdun, le 22 septembre prochain. « Réfléchissez à ce que nous pourrions faire pour donner à cette visite une signification historique, au-delà de la simple commémoration: quels propos, quelle attitude, quels commentaires? » Je sèche.

Mais le sujet qui l'inquiète le plus est l'avenir de l'école. Les manifestations monstres de juin ont laissé des traces. Il faut sortir de la chausse-trappe par le haut. En finir. Il veut informer le pays sans pour autant le faire de façon trop solennelle. Je lui propose de dire une simple phrase au Conseil des ministres que je rapporterai dans mon compte rendu, en tant que porte-parole. Je suggère de «banaliser l'affaire et de minimiser le rôle du Sénat». Il dit vouloir réfléchir.

Pour se changer les idées, il m'entraîne sur la place du Commerce, «une des plus belles places au monde», selon lui. Elle est entourée d'édifices, jaune safran, occupés par des ministères. Un arc de triomphe ouvre vers le quartier de la Baixa et son débarcadère où arrivait, par galions, l'or des Amériques. Au centre trône la statue équestre de Joseph Ier, érigée là après le terrible tremblement de terre de 1755 qui raya de la carte la capitale. Voltaire écrivit un célèbre «Poème sur le désastre de Lisbonne» où il s'interroge:

Au spectacle de leurs cendres fumantes,
Direz-vous: "C'est l'effet des éternelles lois
Qui d'un Dieu libre et bon nécessitent le choix?"
Direz-vous, en voyant cet amas de victimes:
"Dieu s'est vengé, leur mort est le prix de leurs crimes"?
Quel crime, quelle faute ont commis ces enfants
Sur le sein maternel écrasés et sanglants?
Lisbonne, qui n'est plus, eut-elle plus de vices
Que Londres, que Paris, plongés dans les délices?

Mitterrand me parle en termes contrastés du philosophe. Il préfère le poète. François Mitterrand me confie qu'il a écrit dans sa jeunesse un sonnet sur le Tage. J'ai beau insister, il ne veut pas me le réciter. Oubli? Pudeur? Jeu? Tout à la fois peut-être. Je ne dis plus rien. Ce sera pour une autre fois.

4 septembre 1984

Insaisissable Kadhafi

Je fais un saut d'une heure à Madrid pour y rencontrer le chancelier autrichien. Bruno Kreisky a l'air en meilleure santé que la fois précédente. Il s'est laissé pousser la barbe, qu'il a rousse. Cela lui donne une allure impériale. François Mitterrand m'a suggéré, par son intermédiaire, de renouer le fil rompu avec Kadhafi. Il me promet d'y travailler. Justement, il a déjà arrangé une entrevue entre le Guide et le président du gouvernement espagnol, Felipe González, dans la maison que Kreisky possède sur l'île de Majorque. Il faut bien en finir avec la guerre des sables entre Libye et Tchad. Nous mettons au point un plan de paix qui passe par le retrait concomitant des Français et des Libyens, puis l'envoi d'observateurs étrangers. Selon le chancelier, le colonel serait même prêt à reconnaître à la France sa qualité de « puissance africaine », en échange d'une rencontre Mitterrand-Kadhafi. Ce dernier a été souple dans sa demande : « Elle pourrait être fortuite ou officielle, publique ou secrète, au cours d'une escale ou d'une visite dans un pays neutre, Malte par exemple. On y parlerait de tout, et surtout des relations futures entre la France et la Libye. »

En vol. J'écris ces notes « à la diable », dans l'avion qui me ramène en France. Le temps me manque pour tout faire. Il me faut surtout agir. Apprendre aussi. Écrire enfin. Je pense à Roger Gilbert-Lecomte, dont j'ai réussi à faire sortir l'œuvre de l'oubli. Je n'ai pas connu l'écrivain puisqu'il est mort du tétanos, en 1943. Mais je me suis bien battu pour assurer la défense juridique de son œuvre posthume qu'une marâtre voulait laisser dans le caveau de l'oubli. Je suis soulagé d'avoir, avant mon départ, remis à Gallimard le manuscrit de *Plaidoyer pour Roger Gilbert-Lecomte*. J'attends la réponse de l'éditeur.

Sans date

François Mitterrand rend publiquement hommage à mon travail. Devant la presse internationale, il énumère les sept ou huit contentieux qui ont été résolus grâce à mon action. Je sens que mon petit navire approche enfin du « Quai ».

21 septembre 1984

J'ai tout fait pour que le président de la République rencontre le colonel Kadhafi et que l'on en finisse avec la guerre des sables. François Mitterrand écrit au chancelier autrichien pour le remercier de sa médiation : « L'annonce qui est intervenue ces jours derniers d'un retrait simultané des forces françaises et libyennes du Tchad ouvre la voie à la paix et à la réconciliation nationale dans ce pays. Il constitue pour la France un grand sujet de satisfaction et d'espoir. Vous en avez été prévenu par Roland Dumas qui a agi sur mes instructions. » Le président prend soin de faire cette précision pour lever toute ambiguïté vis-à-vis de Claude Cheysson, le ministre en titre.

22 septembre 1984

L'histoire en face

Sous un ciel plombé, François Mitterrand et Helmut Kohl sont à Verdun. Devant l'ossuaire de Douaumont ont été déposés deux catafalques drapés des couleurs des deux pays. Après l'hymne allemand, qui n'a sans doute jamais résonné en ce lieu, *La Marseillaise*. Les deux hommes se sont rapprochés et la main gauche de Mitterrand a saisi la main droite de Kohl. Une image pour l'histoire. Le symbole de la réconciliation.

[Le président me dira plus tard qu'il n'a pas prémédité ce geste. L'émotion était si grande et la communion si intense que cette poignée de main s'est présentée comme une évidence.]

28 septembre 1984

François Mitterrand reçoit Coluche à l'Élysée. Il se souvient que son engagement dans la campagne présidentielle, en 1980, a semé la perturbation. Il sait aussi que l'humoriste a l'oreille de la jeunesse. Alors, il le « soigne ». Les deux hommes se sont déjà rencontrés lors d'un dîner, en compagnie du chanteur Michel Berger, chez Jacques Attali. C'est lui qui permet au président de rester en phase avec la jeunesse et le show-biz, un élément essentiel de tout « dispositif » politique.

Mitterrand trouve Coluche moins méchant que Thierry Le Luron. Il veut donner l'impression que cela lui est indifférent mais, quand nous en parlons, je vois que cela l'agace. Il dit : « Il a un talent d'imitateur, c'est vrai, c'est vraîîî [l'original rejoint alors la copie !], mais ses sketches ne sont pas formidables. »

Le morceau de bravoure de l'humoriste est bien sûr *L'emmerdant, c'est la rose*, le détournement parodique de la chanson de Gilbert Bécaud, *L'important, c'est la rose*. Je puis témoigner que cela irrite Mitterrand autant que les allusions à Vichy.

Il est fier de son symbole de la rose rouge et n'aime pas qu'on la piétine. En revanche, il assure rire au « Bébête show ». Quand un courtisan se risque à « fayoter » :

« Monsieur le président, quand même, la grenouille… Ce n'est pas respectueux…

– Ah bon, vous trouvez ? Cette grenouille m'est sympathique. Moi, j'aime bien les grenouilles. »

Il a appris qu'il ne faut jamais s'attaquer aux caricaturistes ni aux humoristes. Même de Gaulle savait que l'on ne va pas à la chasse au *Canard*, fût-il « enchaîné ».

4 octobre 1984

Bongo encarté

Visite officielle d'Omar Bongo en France. Le président gabonais respecte le strict équilibre des tendances politiques. Après qu'il a été reçu par son « ami » François Mitterrand, je l'accompagne à l'Hôtel de Ville voir son « ami » Jacques Chirac, maire de Paris. Omar Bongo est un grand bavard. Il fait d'interminables discours sans notes qui assomment Mitterrand. Au dîner officiel à l'Élysée, il passe en revue tous ses « copains », racontant sur chacun une anecdote : « Et mon ami Chaban par-ci… et mon ami Dumas par-là… » Un coup à droite, un coup à gauche, comme d'habitude. Mitterrand pince le nez et s'impatiente.

[Le grand jeu d'Omar avec les éléphants (socialistes) était de leur demander depuis quand ils étaient encartés. Il sortait alors de son portefeuille une veille carte de la SFIO (Section française de l'Internationale ouvrière) datant des années 1950. Il était content de son effet. Je suppose qu'il avait aussi un brevet de gaullisme dans un autre portefeuille !

Il était un franc-maçon actif, comme la plupart des chefs d'État africains de l'ex-empire. L'apparat de la maçonnerie leur convient bien. Moi, je ne voulais pas faire le guignol. J'ai toujours pris soin de ne pas apparaître comme influent dans la maçonnerie africaine. Je m'arrangeais cependant avec les obédiences françaises s'il était nécessaire de faire passer des messages par ce canal. Mitterrand me chambrait en utilisant le tutoiement de rigueur, ce qui était rare chez lui : « Alors, Roland, tu vas voir tes frères ? » C'était une vacherie.]

13 octobre 1984

Si l'Aquitaine est un peu notre «fief», certaines baronnies sont rétives. À la mairie de Bayonne, François Mitterrand s'adresse aux Basques «les yeux dans les yeux». Mais à l'extérieur, l'opposition s'agite derrière les barrières et crie des slogans hostiles. Le préfet Prouteau, qui raconte la scène, veut «exfiltrer» le président par une porte dérobée. Ce dernier s'insurge. «Il n'en est pas question. On passe par la grande porte comme prévu. Mais vous êtes sûr de vous, au moins, mon commandant?» s'enquiert le président. Il s'avance au contact de la foule qui s'est calmée comme par enchantement. Et pour bien montrer qu'il en faut plus pour l'intimider, il décide d'aller ostensiblement à la terrasse d'une brasserie, prendre une bière avec ses collaborateurs. «Je suis chez moi partout en France», dit-il, non sans forfanterie.

26 octobre 1984

Lors de la conférence de presse qui clôt la visite officielle du président à Londres, la presse internationale entonne un «*happy birthday*». C'est en effet le jour anniversaire des 67 ans de François Mitterrand. Les tabloïds ont fait leurs gros titres sur un fâcheux incident. Un policier français un peu trop zélé a déposé un explosif dans les jardins de l'ambassade de France pour tester l'efficacité des services secrets britanniques. *Shocking!* Le président minimise et s'amuse: «Vous savez que j'aime les chiens et particulièrement les labradors. Or c'est un labrador qui a trouvé la "bombe"!» La salle s'esclaffe. L'incident est clos. Toujours mettre les rieurs de son côté…

15 novembre 1984

Michel, prends ton maillot

Rencontre entre Mouammar Kadhafi et François Mitterrand en Crète. On ne peut pas dire qu'elle suscite chez le président français un grand enthousiasme. En revanche, Kadhafi est ravi de son retour sur la scène internationale. L'opération a été menée par moi en secret, avec le concours du Premier ministre grec, Andréas Papandréou, membre influent de l'Internationale socialiste dont est également membre le colonel. Ce dernier a prévu un grand déploiement de forces. Il arrive dans un Boeing avec une impressionnante délégation et une armée d'amazones, ses gardes du corps. Le président français est sans délégation dans un Mystère 50 du GLAM. Il n'est accompagné d'aucun membre du gouvernement. Ni Cheysson ni moi ne sommes du voyage. Cela se comprend...

En revanche, il m'a demandé de prévenir Michel Charasse en me recommandant de ne pas lui livrer la destination ni le motif du voyage. Je m'étonne qu'il ait encore quelques secrets pour le sénateur-maire de Puy-Guillaume (Puy-de-Dôme), son conseiller occulte... Alors j'en profite pour lui jouer un tour à ma façon:

« Michel, prépare-toi pour partir demain en voyage avec le président.

– Mais il ne m'a rien dit... Où va-t-on?

– Top secret!

– Roland, tu sais bien que je suis une tombe!

– Des essais nucléaires, je crois, du côté de Mururoa.

– Formidable!

– Rendez-vous demain matin, 5 heures, à l'Élysée. Et n'oublie pas ton maillot de bain, pour l'escale à Tahiti! »

[Cette histoire fit les gorges chaudes des collaborateurs de l'Élysée et du Quai. Mon ami Michel mit quelque temps avant de me pardonner la blague qui l'avait un peu ridiculisé devant le président.]

Décembre 1984

Message de Konstantin Tchernenko. Il souhaite répondre à l'invitation que lui a faite François Mitterrand, lors de sa dernière visite d'État à Moscou. Selon la tradition diplomatique, le visiteur se doit de prier son hôte de venir, à son tour, dans son pays. Dans sa lettre, le secrétaire général du Parti communiste de l'Union soviétique (PCUS) exprime son inquiétude sur la « guerre des étoiles » américaine. Ce point de convergence entre les deux capitales ne doit pas apparaître comme un rapprochement franco-soviétique sur le dos des Américains. Nous ne tomberons pas dans le piège d'un « communiqué » commun que Moscou veut, à tout prix, faire signer à Paris.

François Mitterrand en voyage d'État en Syrie. À son retour, il me fait part de la teneur des conversations avec Assad. Le président de la République s'est étonné auprès de son hôte du « manque de loyauté » du colonel Kadhafi. Ce qui veut dire, en termes diplomatiques, qu'il y a risque d'affrontement. Mitterrand revient de Damas avec la conviction que le Syrien est un « roi » avec lequel il faut compter sur l'échiquier moyen-oriental.

Début décembre 1984

Engueulade présidentielle

François Mitterrand m'annonce qu'il va me nommer au Quai d'Orsay. Comme il se doit, il me fait promettre le secret. Je suis tellement heureux que je trahis ma promesse. J'en parle à mon vieil ami Robert Boulay, chef du service politique de RTL. Nous nous sommes connus quand nous étions jeunes journalistes, lui à *Paris-presse l'intransigeant*, et moi à l'Agefi (Agence économique et financière). Nous avions « couvert » ensemble, à Genève, en 1954, la conférence de paix qui marqua la fin de la guerre d'Indochine. Nous sommes toujours restés en contact. Il me raconte les histoires qui traînent dans les rédactions... Je lui lâche quelques infos pour alimenter sa chronique.

Au cours du déjeuner, je lui confie la nouvelle en lui faisant jurer : « Tu gardes cela pour toi ! » Pour vérifier son exclusivité, il en parle au journaliste du *Monde* en charge de la politique étrangère. Ce dernier juge l'information invraisemblable et appelle l'Élysée où il a ses entrées. Son contact est Jean-Louis Bianco, le secrétaire général. Il assure n'être au courant de rien mais file dans le bureau du président pour l'avertir que des fuites courent dans Paris sur la composition du gouvernement. Mitterrand est furieux. Il prend son téléphone et m'engueule, sans pour une fois tourner autour du pot.

« Roland, quand une chose n'est pas faite, elle n'est pas faite ! »

Piteux, je dois avouer la vérité :

« Oui, c'est vrai, la seule personne à qui j'en ai parlé est un copain journaliste...

– Même dans ses amis on ne peut avoir confiance. Tenez-vous-le pour dit ! »

Ce goût du secret, nous l'avions pourtant forgé pendant la guerre, peut-être lui moins que moi, où une parole malheureuse pouvait être mortelle.

7 décembre 1984

Aux marches du palais

Je suis officiellement nommé ministre des Relations extérieures dans le gouvernement de Laurent Fabius, en remplacement de Claude Cheysson. Chaleureuse passation de pouvoir. Il est cependant un peu amer. Aucune ambiguïté entre nous. Je lui fais part du souhait de Mitterrand de le faire nommer à la présidence de la commission de Bruxelles.

Me voilà dans le salon à la Rotonde, autrefois bureau du ministre, mais déserté par Cheysson pour cause de gouvernance modeste. Je suis, à ce moment précis, saisi par un vertige, celui de devoir participer aux choses les plus élevées de la marche du monde, et pénétré de l'importance de la fonction. La phrase d'Albert Cohen dans *Belle du Seigneur* m'arrive en plein visage comme un boomerang :

« Dans la salle des pas perdus, les ministres et les diplomates circulaient, gravement discutant, l'œil compétent, convaincus de l'importance de leurs fugaces affaires de fourmilières tôt disparues, convaincus aussi de leur propre importance, avec profondeur échangeant d'inutiles vues, comiquement solennels et imposants, suivis de leurs hémorroïdes, soudain souriants et aimables. Gracieusetés commandées par des rapports de force, sourires postiches, cordialités et plis cruels aux commissures, ambitions enrobées de noblesse, calculs et manœuvres, flatteries et méfiances, complicités et trames de ces agonisants de demain. »

Si c'est pour jouer les caricatures, très peu pour moi. Bridée de partout, n'osant pas bouger, se contentant d'aller de conférence en table ronde et de cocktail en remise de lettres de créance, l'Excellence restera en poste deux ou trois ans avant de repartir vers le néant d'où elle vient.

Trois gros dossiers s'empilent sur mon bureau : la réconciliation franco-allemande et la construction européenne, la paix au Cambodge, et la réconciliation israélo-palestinienne. Sur ce dernier point, le président n'est guère encourageant. « Roland, vous n'y arriverez pas », m'a-t-il prévenu. D'emblée, j'aperçois l'étroitesse de ma marge de manœuvre entre la ligne fixée par le président de la République et la routine de l'administration du Quai.

Le nouvel entrant dans ce majestueux palais ressent sans conteste la puissance de l'État. Il a été construit pour impressionner et il y réussit parfaitement, beaucoup plus que l'Élysée, « maison de plaisance » rendue célèbre par son hôte la plus illustre, la marquise de Pompadour. Contrairement à ce que l'on pense, l'édification d'un immeuble abritant le ministère des Affaires étrangères n'a pas été décidée sous le Second Empire, mais sous la monarchie de Juillet, en 1844. La construction en fut ralentie par la révolution de 1848 et le vaste édifice du 37, quai d'Orsay ne fut achevé qu'en 1855.

Alors que tous les autres ministères n'ont pas été conçus pour l'usage que l'on en fait depuis deux siècles, « le Quai », comme on le surnomme familièrement, a été voulu par François Guizot, le tout-puissant ministre de Louis-Philippe, dont j'aime bien la phrase : « Le monde appartient aux optimistes, les pessimistes ne sont que spectateurs. » Le ministre voulait pouvoir accueillir les plus puissants chefs de l'État de la planète dans un décor digne de leur rang.

Le visiteur peut encore voir la chambre du roi et celle de la reine et les salles de bains modernes aménagées, en 1938, pour accueillir les souverains britanniques. C'est mon épouse, Anne-Marie, qui se charge de faire vivre ce vaste vaisseau. En bonne Bordelaise, elle veille à la qualité des mets et des vins quand nous accueillons des hôtes de marque. J'ai constaté que certains d'entre eux y sont sensibles et qu'un bon gigot peut attendrir un interlocuteur coriace.

François Mitterrand suit les nominations de près. Il écarte plusieurs postulants au secrétariat général du Quai, poste éminent s'il en est. Son critère ?

« Ce sont des adversaires…

– Mais ils sont tous de droite au Quai d'Orsay ! »

1985

Janvier 1985

Dès ma prise de fonction, j'ai proposé au président de conduire le rééquilibrage de la politique française en Iran. Je suis convaincu qu'elle penche trop en faveur de l'Irak et que ce favoritisme est porteur de tensions, voire de drames, dont la récente prise d'otages est la tragique illustration. Il accepte, tout en exigeant la plus grande prudence. Il n'est pas question de remettre en cause la politique française au Proche-Orient et dans le Golfe.

Indépendamment de la libération de Naccache et de ses sbires, je sais qu'il me faudra apurer le lourd dossier Eurodif qui empoisonne les relations entre nos deux pays depuis la prise du pouvoir par les mollahs à Téhéran, en 1979. En 1974, l'Iran du shah était devenu actionnaire de cette société à laquelle il avait prêté un milliard de dollars, acquérant ainsi le droit d'acheter 10 % de la production annuelle d'uranium enrichi. Ceux-ci réclament leur dû.

Mi-janvier 1985

Thatcher exécute Cheysson

Jacques Delors devient président de la Commission européenne. Pendant les semaines qui ont précédé, François Mitterrand m'a envoyé faire la tournée des capitales de la Communauté européenne pour imposer Claude Cheysson, qu'il voulait « recaser » à Bruxelles. Cette candidature n'a pas eu l'heur de plaire, ni à Mme Thatcher ni à Helmut Kohl. Le Premier ministre m'a reçu un long moment dans son salon fleuri du 10 Downing Street. Quand je prononce le nom de Claude Cheysson, elle s'écrie: «Jamais!» Un socialiste tiers-mondiste ne pouvait avoir grâce à ses yeux. Elle fait mine de ne pas comprendre pourquoi on lui parle encore d'un Français alors que c'est normalement aux Allemands de présider. Mais ces derniers ont préféré laisser passer leur tour, «compte tenu de ce que la France a fait pour l'Europe». Elle fait son numéro: «Mais ce n'est pas normal... Je ne suis pas d'accord.» Je rame.

Dans la conversation, je glisse le nom de Jacques Delors. Elle se radoucit: «Je vais examiner cette hypothèse.» Je sais, à ce moment, que c'est gagné. Un chrétien social était acceptable... Mais ce qui la fâchait était que l'Allemagne, qui aurait dû prendre la présidence tournante de l'Europe, y avait renoncé au bénéfice de la France. Kohl avait fait cette «élégance» à Mitterrand en raison des services rendus à l'Europe, après le succès de Fontainebleau.

Si le chancelier a de l'estime pour le brillant germaniste Cheysson, en revanche, Gerhard Stoltenberg, l'influent ministre des Finances, ne veut pas entendre parler de lui. Kohl s'est d'autant plus rangé à ses vues qu'il se méfie du Français, jugé trop proche de son ministre des Affaires étrangères. Les relations entre Kohl et Genscher sont loin d'être paisibles.

Je reprends mon avion pour Paris et me retrouve, à 11 heures du soir, à l'Élysée. J'indique au président de la République que le nom de Jacques Delors fait consensus: «C'est une excellente idée, il ne faut pas laisser passer ce poste pour la France.»

Pourtant, la relation entre les deux hommes est loin d'être idéale. Si Delors a du respect pour le chef de l'État, Européen convaincu et fin stratège, il est plus réservé sur son mode de gouvernement, qu'il juge trop «personnel», exercé sous la férule de conseillers élyséens plus puissants que les ministres. Delors souffre surtout de ne pas faire partie du «premier cercle» de la «Mitterrandie». Il regrette qu'il soit plus facile pour lui d'avoir un rendez-vous chez Kohl que chez Mitterrand... Il est même arrivé au chancelier de l'inviter sans protocole dans un restaurant parisien, ce que le président n'a jamais proposé...

Mitterrand, lui, fut désappointé devant un Delors qui quitta le gouvernement, en 1984, pour dénoncer justement les méthodes de l'Élysée. « En démissionnant, vous n'allez pas tirer les bénéfices de votre politique », lui avait-il lancé, ô combien conscient que, pour durer au pouvoir, il ne faut pas compter les couleuvres que l'on doit avaler.

Quand j'informe Claude Cheysson de la réaction de la Dame de fer, il esquisse un sourire aigre-doux. « Il est vrai que je n'ai guère ménagé les Anglais », donne-t-il comme explication. Je me souviens alors de ce qu'il m'avait dit au moment de ma prise de fonction : « Tu pourras essayer d'amadouer la lady avec ton sourire charmeur, tu n'arriveras à rien avec elle, tu verras ! »

Sans date

Au début de l'année, Jean Genet a demandé à me voir. Il vient de temps en temps au Quai. Heureusement que je ne suis pas à la chancellerie place Vendôme ! Je me souviens qu'il m'avait un jour apporté un exemplaire des *Paravents*, bien avant que je n'entre au gouvernement. Il y avait écrit cette malicieuse dédicace : « À Roland Dumas, mon amitié, et qu'il se dépêche d'en profiter avant d'être ministre de la Justice. » Notre relation n'aurait pu résister au fait que je devienne ministre des prisons !

Il est venu me voir pour une affaire d'importance à ses yeux. Les archives des Husseini, la famille de Leila Shahid et de Yasser Arafat, sont entreposées à Jérusalem dans un endroit où elles risquent fort d'être volées ou détruites. Il faut mettre en lieu sûr la mémoire des prémices de la lutte du peuple palestinien. Je demande à notre consul général à Jérusalem de mettre la main sur ces documents dans le plus grand secret. Par la valise diplomatique, je les fais acheminer à Paris et entreposer dans mon bureau du ministère.

C'est Jean Genet lui-même qui prend livraison des trois valises. Pour éviter tout risque de fuite, je ne lui ai pas dit la raison de mon invitation. Il est stupéfait et intimidé à l'idée de devoir les emporter. Il grossit le risque encouru et a déjà échafaudé un scénario au cas où la police l'interpellerait avec ses valises. Son excitation est à son comble. Il part « comme un voleur » par une porte dérobée, avec des mines mystérieuses et une démarche de chat. Il a retrouvé son allure juvénile.

20 janvier 1985

Ronald Reagan prête serment pour un second mandat.

Mars 1985

La situation n'est pas bonne entre la France et l'Italie qui s'offusque de la « doctrine Mitterrand » visant à refuser l'extradition de France des gauchistes et activistes italiens, non poursuivis pour crime de sang, et qui ont renoncé à la violence. Nos amis du Parti socialiste italien, qui ont fini par se rallier à la politique répressive de leur gouvernement, ne comprennent pas notre attitude. La figure de proue de ces gauchistes italiens réfugiés en France est Cesare Battisti.

Mitterrand défend la position suivante : « Ce sont des gens condamnés il y a fort longtemps et qui se sont réinsérés dans une vie normale, en dehors de toute activité politique. Il n'y a pas lieu de les extrader alors qu'ils ont fait confiance à la France. » C'est un raisonnement un peu tiré par les cheveux, car le droit doit s'appliquer et les jugements aussi. Un raisonnement plus philosophique que judiciaire. Mitterrand a eu des mots un peu rudes avec Bettino Craxi. Cette affaire suscite un grand débat dans toute la gauche européenne.

10 mars 1985

Apparatchiks et choc

Je pars pour Moscou en compagnie de Pierre Morel, conseiller du président, et François Plaisant, directeur de l'Europe au Quai d'Orsay. Il faut améliorer les relations politiques et commerciales avec l'URSS, sans pour autant taire nos critiques sur le système soviétique. Le président a bien insisté sur ce point.

Sur le tarmac de l'aéroport de Cheremetievo, je fais la connaissance de mon homologue, un vieux routier de la diplomatie soviétique. Andreï Gromyko me souhaite la bienvenue. Avant même que l'interprète n'ait traduit, je lui réponds dans sa langue. Un vague sourire éclaire son masque impénétrable : « Ils nous ont envoyé quelqu'un qui parle russe ! » Sa délégation rit de bon cœur. La glace est rompue. Je salue notre ambassadeur, Jean-Bernard Raimond, que j'ai nommé à ce poste voilà quelques mois, après qu'il a quitté Varsovie. Il me glisse à l'oreille qu'il se passe quelque chose de grave, car la radio a annulé ses programmes pour diffuser de la musique classique.

Au côté de Gromyko, je prends place dans la lourde Zyl noire qui nous emmène vers la *datcha* des monts Lénine où je vais résider. Il m'indique que mon programme a été modifié, mais il reste de marbre quand je lui pose quelques questions sur ce qui se passe. La résidence où je loge est confortable mais décorée dans cet inimitable style soviétique qui fleure bon les années 1960. Elle est située dans un parc qui domine Moscou. C'est là que Napoléon contempla la ville avant de la conquérir, en 1812.

Le lendemain matin, je sacrifie au rituel des dépôts de gerbe sur la tombe du soldat inconnu et au pied de la plaque qui rappelle l'héroïsme de nos compatriotes de l'escadrille Normandie-Niemen, envoyée par de Gaulle, en 1942, combattre sur le front de l'Est. Au Kremlin, la presse m'attend dans le salon Catherine qui a conservé tout le faste de la salle du trône de l'impératrice, avec ses ors et ses lustres qui se reflètent dans les marqueteries de bois précieux.

Gromyko m'entraîne auparavant vers un petit bureau à l'étage. Avec une mine encore plus affligée qu'à son ordinaire, il me confie : « Nous sommes très tristes. Notre secrétaire général vient de décéder. Surtout, n'en parlez pas à la presse. Nous l'annoncerons dans l'après-midi. Rien dans notre programme ne doit apparaître comme modifié... » Nous savions Konstantin Tchernenko malade, car ma rencontre avec lui était loin d'être assurée, mais nous ne pensions pas qu'il suivrait aussi vite dans la tombe Brejnev, mort en novembre 1982, et Iouri Andropov, décédé en février 1984.

Je préviens le président de la République qui me dit : « Vous êtes sur place, c'est vous qui représenterez la France aux funérailles. » Il ne tient pas à faire le déplacement qu'il n'avait fait ni pour Brejnev ni pour Andropov. Mais quand nous apprenons que c'est Mikhaïl Gorbatchev qui va organiser les funérailles, la donne change. Dans le protocole soviétique, cette tâche revient à celui qui va prendre la succession du secrétaire général du parti, c'est-à-dire le réel décideur. Or, cet homme dont nous avions noté l'audace et la détermination risque fort de faire souffler un vent novateur sur la vieille forteresse du Kremlin.

Avec Pierre Morel, nous rédigeons un télégramme codé à l'attention du président et du Premier ministre pour détailler ce coup de théâtre qui risque fort de bouleverser la situation diplomatique. Il convient donc de prendre position dès maintenant. Les conseillers de l'Élysée et de Matignon sont surtout préoccupés par les prochaines élections cantonales… On redoute un mauvais effet, dans l'opinion publique, du déplacement présidentiel en URSS… Je me débats comme un beau diable sans aboutir à rien. À Paris, les conseillers règnent en maîtres.

Rien n'est changé au protocole à la soviétique, si ce n'est les toasts, codifiés et rédigés à l'avance. Le déjeuner sera servi au ministère des Affaires étrangères, le MID. Gromyko et moi sommes convenus cependant que nous n'allons pas boire à la santé du secrétaire général décédé ! Nous levons nos verres à l'amitié entre les peuples russe et français.

11 mars 1985

À l'est, du nouveau

Mikhaïl Gorbatchev remplace Konstantin Tchernenko, selon la volonté du Soviet suprême. Au nom de notre vieille amitié, je m'autorise à téléphoner à François Mitterrand en pleine nuit afin de le persuader de venir assister aux obsèques prévues le surlendemain. Évidemment, il bougonne. Pas question de faire le déplacement. Il répète qu'il n'est pas venu pour les deux précédentes funérailles et n'a pas l'intention de changer de ligne. Surtout que Tchernenko, qui a vécu pendant trente ans dans l'ombre de Brejnev, est l'image même du conservatisme à la soviétique tel qu'il l'exècre.

Je me permets d'insister en faisant valoir que Tchernenko, c'est fini, et qu'il ne faut pas rater l'occasion de mieux faire connaissance avec Gorbatchev, dont je suis convaincu qu'il va faire bouger les lignes. Ils pourront déjà entamer des discussions. « Il faut jauger l'homme au plus vite… » dis-je en laissant entendre au passage que Mme Thatcher, elle, sera là… Piqué au vif, il finit par accepter en maugréant.

13 mars 1985

À l'aéroport, l'avion présidentiel atterrit avec du retard. L'ambassadeur et moi accueillons François Mitterrand et nous rendons immédiatement à la Maison des syndicats, où sont traditionnellement exposées les dépouilles des apparatchiks de haut rang. Nous nous inclinons devant le cercueil ouvert qui semble en état d'apesanteur sur des cascades de fleurs telles que je n'en ai jamais vu autant.

Direction la place Rouge, pour la cérémonie militaire. Le froid nous fige au sol glacé. Mitterrand arbore son inséparable feutre noir. Je suis nu-tête mais ai pris soin de me vêtir d'un manteau fourré. Notre ambassadeur, lui, a adopté les codes vestimentaires russes, avec une magnifique toque en renard argenté. Le protocole a donné la prééminence aux chefs d'État des pays communistes qui sont alignés sur le devant de la scène. Nous sommes placés quelques rangs en arrière, à côté de Yasser Arafat, repérable entre mille avec son keffieh. Il est, à l'évidence, ravi d'être au côté du président français, qui, lui, n'apprécie guère cette proximité. Je vois dans son regard qu'il faut faire quelque chose. J'avise Margaret Thatcher au premier rang. Elle se retourne. Je m'arrange pour que nos regards se croisent. Elle nous fait un petit signe qui nous autorise à jouer des coudes et nous retrouver ainsi dans un voisinage moins sulfureux !

La cérémonie est interminable. Le président est frigorifié. Maggie, en ménagère prévoyante, nous fait admirer ses *snow boots* fourrées. Au son de la *Marche funèbre* de Chopin, le cercueil ouvert est amené sur un affût de canon. La momie du défunt est disposée sur un catafalque écarlate non loin d'une autre momie, celle de Lénine, qui repose dans son mausolée de marbre ocre, au pied des antiques murailles du Kremlin de même couleur. La tribune située sur le dessus du mausolée est le théâtre des arcanes du pouvoir soviétique. C'est là qu'apparaissent les hommes en cours et disparaissent les bannis. Comme prévu, Gorbatchev prononce l'éloge funèbre.

Il fait savoir qu'il recevra les chefs de délégations étrangères après la cérémonie. François Mitterrand et moi sommes les premiers Occidentaux à serrer la main du nouveau maître du

Kremlin. La conversation censée durer un quart d'heure se poursuit pendant quarante-cinq minutes. C'est de bon augure, mais les autres délégations s'impatientent. La conversation roule, essentiellement, sur les questions stratégiques. Gorbatchev parle, volubile et convaincu. À aucun moment il ne laisse la parole à son (s)inistre des Affaires étrangères. Je comprends que dans quelques mois Gromyko aura un remplaçant.

Dans l'avion du retour, le président tempère mon enthousiasme. Certes, l'homme est jeune, ouvert d'esprit et connaît bien ses dossiers. « Mais il sort du même moule que les autres », tranche-t-il. À mots couverts, il me remercie cependant d'avoir tant insisté pour qu'il fasse le déplacement à Moscou. La rencontre a été déterminante.

14 mars 1985

Au Conseil des ministres, François Mitterrand fait part de ses impressions. Il pense qu'une nouvelle page va malgré tout s'écrire dans les relations franco-soviétiques. Le Kremlin ne cache pas sa volonté de travailler plus étroitement avec Paris. Le président français a invité le premier secrétaire en visite officielle. À moi d'organiser le voyage.

Mars 1985

Prise d'otages au Liban. Marcel Carton et Marcel Fontaine ont été enlevés par le Hezbollah. C'est un mouvement chiite libanais créé en réaction à l'invasion israélienne au Liban, en 1982, en s'appuyant sur des financements iraniens. La diplomatie traditionnelle est embarrassée dans cette affaire, car nos relations sont au plus mal avec l'Iran et la Syrie depuis l'attentat du Drakkar à Beyrouth, qui a coûté la vie à 58 de nos soldats. Le président charge le commandant Prouteau, le chef de sa « cellule antiterroriste », d'une mission secrète en Syrie. Il y noue des contacts avec un proche de Hafez el-Assad, le général Tlass. Pour ce faire, il a utilisé les services de la fille de ce dernier, Nahed. Cette femme, belle et intelligente, vit à Paris, où elle mène grand train.

28 mars 1985

Yasser Arafat, que j'avais alerté à propos de nos otages, me répond par écrit : « C'est l'Imam [Khomeiny] qui tire les ficelles. »

29 et 30 mars 1985

Au Conseil européen de Bruxelles, nous jetons les bases de la « citoyenneté européenne ».

1er avril 1985

Obsèques de Marc Chagall, mort le 28 mars à Saint-Paul-de-Vence. Il a rejoint son *Grand Cirque* dans le ciel, comme il disait, titre qu'il avait donné à l'une de ses toiles les plus fameuses. Jack Lang évoque avec justesse la lumière de Chagall. Je suis heureux de retrouver Jacqueline Picasso. Regard unique et uni dans une même pensée. Un enterrement comme on les aime.

5 avril 1985

Jour de repos à Chamonix. Depuis décembre de l'année dernière, date à laquelle François Mitterrand m'a nommé à la place de Claude Cheysson, le temps m'a manqué comme l'oxygène au coureur de fond épuisé. Je suis accaparé par « les folles affaires du monde ». Un événement chasse l'autre. Plusieurs crises se bousculent parfois dans une même journée.

Avril 1985

Kadhafi, renard du désert

Kadhafi revient sur le devant de la scène, la nôtre bien sûr. Cela fera deux ans en août prochain que je l'ai rencontré officiellement à Tripoli, envoyé par Mitterrand pour le persuader que sa marche guerrière dans le nord du Tchad était vouée à l'échec. Depuis cette époque, j'ai veillé maintes fois à renouer le fil ténu qui m'assure un contact direct avec cet étrange personnage. Ce fil a résisté, vaille que vaille. Va-t-il se rompre brutalement ? Je n'arrive pas à me faire à l'image qu'en donnent les Américains. Je n'ai pas une confiance aveugle en lui, mais je ne partage pas les délires que l'on colporte.

Les événements justifient cependant ma prudence. Il est revenu en force dans le nord du Tchad où il occupe la bande d'Aouzou. Ses effectifs sont estimés à 70 % de ce qu'ils étaient lors de sa première invasion, à l'été 1973. Les troupes sont essentiellement libyennes. Kadhafi a pris fait et cause pour le Touareg Goukouni Oueddei et son Front de libération nationale (Frolinat) dont les troupes se sont évaporées dans le désert. Depuis l'arrivée de Giscard au pouvoir, la France s'est rangée au côté de l'autre chef rebelle, Hissène Habré. L'objectif de Kadhafi est de renverser ce dernier pour sacrer son homme de paille à N'Djamena.

De plus, Kadhafi, malgré ses promesses de n'en rien faire, continue à allonger la piste de l'aérodrome de Ouadi-Doum, situé en territoire tchadien, à 150 kilomètres au nord-est de la célèbre base de Faya-Largeau, et à y déployer du matériel de défense antiaérienne. Des ouvriers nord-coréens y travaillent jour et nuit dans une chaleur infernale. Ils se sont égaillés dans le désert lors de la visite de nos officiers de la commission d'armistice. À peine ces derniers étaient-ils partis que les travaux ont repris.

Les photos aériennes prises par nos avions de reconnaissance l'ont confirmé. Les services de renseignements nous envoient des notes quotidiennes qui confirment toutes mes craintes. Que dois-je faire? Je ne crois pas à une reprise de l'offensive vers le sud, mais cette situation n'est évidemment pas conforme aux accords: ni à la parole qu'il m'a donnée à Tripoli ni aux accords signés lors de la rencontre en Crète. Mitterrand est furieux d'avoir été trompé par le diable.

13 avril 1985

Pour contrebalancer la guerre des étoiles de Ronald Reagan, Jacques Attali a eu l'idée de lancer Eurêka, une coopération scientifique et technique, à l'échelle européenne. Anglais et Allemands y apportent, dans un premier temps, un soutien limité, craignant, comme d'habitude, le courroux américain. À force de persuasion, je parviens à convaincre au moins nos amis allemands de rejoindre cette Europe de l'excellence en matière de recherche scientifique.

25 avril 1985

Les ruses du Bédouin

J'ai organisé une tournée au Proche-Orient dont l'une des clés passe par Tripoli. Moi qui suis un adepte de la franchise en diplomatie, je me sens floué par Kadhafi. Je compte bien le lui dire les yeux dans les yeux, ce qui n'est pas facile, car il a le regard fuyant, quand il ne le cache pas sous des lunettes noires.

Le cérémonial est toujours le même. J'attends à mon hôtel que l'on vienne me chercher. Cette fois-ci, la rencontre n'a plus rien de secret. Je suis ministre des Affaires étrangères. Je bénéficie d'une escorte.

Il est minuit moins le quart. Le Guide me reçoit dans sa vaste tente de Bédouin installée au sein de son quartier général de Bab el-Azizia, une caserne entourée de hauts murs au cœur de Tripoli. Comme chez un chef de tribu, des sièges ont été placés tout autour pour accueillir le conseil des sages. Dans une alcôve, un lit de camp avec un téléviseur et plusieurs téléphones posés à même le sol. Trois de ces fauteuils bas ont été disposés au milieu de la «pièce», dont le sol est recouvert de nattes de coco.

Il porte une gandoura à fines rayures et un turban dont les pans retombent «en oreilles» de chaque côté du visage. Le contraste est cocasse entre mon costume de ville et cette tenue à la Lawrence d'Arabie ! Il est sans doute signifiant. Je suis le représentant d'intérêts «occidentaux» face à un tenant autoproclamé des intérêts du tiers-monde.

Ma mission est claire à défaut d'être simple. Empêcher Kadhafi de poursuivre l'allongement de la piste de l'aérodrome de Ouadi-Doum. Il reconnaît, sans difficulté, la présence militaire libyenne dans le nord du Tchad. Il est d'accord pour favoriser la mise en place à N'Djamena d'un gouvernement d'union nationale, composé de tous les opposants tchadiens autour du président actuel. Il se dit prêt à recevoir, à Tripoli, Hissène Habré, au besoin sous escorte française... Je le laisse dire, car ce n'est pas le but de ma mission. Je me lance :

«Nous sommes préoccupés par l'agrandissement de la piste de Ouadi-Doum, en opposition totale avec nos accords de 1983.

– Comment pouvez-vous dire cela ?

– J'ai des preuves… »

J'ai pris soin d'apporter des photos aériennes que je sors de ma serviette.

« Qui a pris ces photos ? Si elles sont américaines, je ne veux pas les voir.

– Non, elles sont prises par nos avions. »

Il accepte de les regarder, silencieux, pendant un long moment.

« De quand datent-elles ? »

La date figure au dos des clichés : 7 avril.

« Ah oui, j'étais à Ouadi-Doum ce jour-là et j'ai vu votre avion qui nous survolait.

– Si vous refusez de démanteler la piste, vous allez faire beaucoup de peine à celui qu'il vous plaît d'appeler votre ami, le président François Mitterrand… »

Il sort d'un long silence et s'ensable dans une explication qui ne tient pas debout.

« Nous agrandissons cette piste dans un but humanitaire pour venir en aide aux populations du Nord tchadien qui meurent de faim… Ces tribus touareg se sentent proches des Libyens. Ce sont nos frères.

– La France ne se lave pas les mains des souffrances de ces populations et nous travaillons nous aussi à soulager leur misère.

– Certains chefs de tribu du Tibesti sont même venus me voir pour me demander l'*ouadhi* [« l'union »] entre nos peuples, mais je l'ai refusée.

– C'était sage, en effet. Cela aurait ressemblé à une conquête.

– Oui, je n'ai pas cédé. C'est pour moi une question de principe. »

Je souris pour lui faire comprendre que je ne crois pas un mot de ce qu'il me dit. Il se radoucit. Nous passons en revue les différentes hypothèses qui permettraient de mettre fin à la crise. J'attaque :

« La Libye est-elle prête à prendre l'engagement sur l'honneur qu'aucun avion militaire libyen ne sera stationné à Ouadi-Doum ?

– Prenez-vous le même engagement pour l'aéroport de N'Djamena ?

– Il n'y aura pas d'avions français partant de la capitale tchadienne pour vous bombarder si nous convenons, vous et moi, que les deux aérodromes ne seront pas utilisés à des fins militaires. »

Ce marché ne lui convient pas. Silence à nouveau. Il tente une nouvelle approche.

« Je veux bien interrompre les travaux en l'état actuel et ne faire qu'une piste raccourcie, mais que me donnez-vous en échange ?

– Rien.

– Alors, si j'arrête les travaux, la France doit me procurer en échange des avions pouvant atterrir sur une courte piste.

– Pourquoi ne pas construire de petites pistes dans les régions du Nord tchadien que vous voulez aider ? »

Il est agacé. Son regard se perd dans les motifs à losanges de sa toile de tente. Il s'énerve :

« Qui en France connaît Ouadi-Doum ? Qui s'y intéresse ?

– Détrompez-vous. Hier encore, j'ai été interpellé à l'Assemblée nationale par un membre éminent de l'opposition qui attend des éclaircissements sur vos intentions après la visite que je suis en train de vous faire.

– Cette affaire est montée en épingle à cause du rapprochement de la Libye et de la France qui en gêne plus d'un, à commencer par les Américains.

– Il est vrai que notre volonté de dialogue avec vous n'est pas passée inaperçue. D'aucuns essaient d'en profiter pour manipuler les opinions française et internationale.

– Eh bien, balayons tout cela. »

Il me réaffirme son amitié personnelle. Il se fait même charmeur :

« Je ne serais pas en mesure de prendre de tels engagements s'il s'agissait de quelqu'un d'autre que vous. »

Il se lance dans un interminable dégagement sur l'amitié socialiste. Il souhaite qu'elle se prolonge au-delà des élections législatives de 1986, montrant qu'il est très au fait des échéances électorales françaises.

« Si le président de la République devait quitter le pouvoir prématurément, ce serait une catastrophe pour le rapprochement franco-libyen. Nous avons une grande estime pour le régime actuel, en général, et le président Mitterrand, en particulier. Nous nous entendons bien avec l'Internationale socialiste. Regardez les bonnes relations que nous entretenons avec le chef du gouvernement espagnol, Felipe González… »

Je montre mon impatience à revenir à nos chameaux.

« Dites-moi, colonel, vos intentions concernant Ouadi-Doum ?

– Qu'allez-vous faire si les choses restent en l'état ?

– Si vous continuez les travaux, nous bombarderons la piste. »

Fidèle à sa technique, il ne répond pas. Au bout de longues minutes, il se lance dans un monologue sur le colonialisme, souhaitant que la France se débarrasse de toutes ses colonies et abandonne ses bases militaires en Afrique. Je lui rappelle que les choses ne sont pas aussi simples et que la France se doit de respecter ses engagements envers ses amis africains. Je me lève et lui redis en lui serrant la main :

« Si aucune solution n'est trouvée à Ouadi-Doum, la France reprendra sa liberté d'action. »

Et pour qu'il me comprenne bien, je répète :

« Nous bombarderons.

– Vous n'oserez pas. »

Son visage est redevenu impassible. Il est 3 heures du matin. L'escorte me ramène à mon hôtel. Cet échec me laisse un goût amer. Je pressens les difficultés qui nous attendent.

Fin avril 1985

Dans une lettre au président français, le secrétaire général du PCUS semble faire un pas important vers notre position. Il est d'accord pour ne pas inclure les forces françaises et britanniques dans les négociations américano-soviétiques. Dès lors, pourquoi ne pas discuter directement entre Russes et Français de leur opposition à l'IDS américaine ? Cette proposition aurait le mérite de propulser la France sur le devant de la scène internationale, alors que se joue un des enjeux géostratégiques majeurs du moment. Comme toujours, François Mitterrand tempère les ardeurs de certains d'entre nous. Même si notre arsenal nucléaire n'a rien à voir avec celui de l'empire soviétique, pas question d'hypothéquer l'efficacité de notre dissuasion en nous inféodant à l'un des deux blocs. Le consensus Mitterrand-Gorbatchev n'est donc qu'apparent.

Mai 1985

Conformément aux engagements électoraux de 1981, le président de la République fait voter le scrutin proportionnel pour les législatives de mars 1986.

[Curieusement, nous abordions souvent cette question lors des intermèdes qui rythmaient la remise des lettres de créance des ambassadeurs étrangers. Il ne parlait alors que très rarement des pays concernés. Sa passion, c'était l'art de la politique intérieure.]

Michel Rocard démissionne du gouvernement, prétendument pour protester contre cette mesure qui va favoriser l'émergence du Front national. En fait, c'est l'aboutissement de la mésentente entre les deux hommes qui se présentent comme des rivaux. Rocard pense déjà à l'élection présidentielle de 1988…

2 mai 1985

Le président « kidnappé »

G7 de Bonn. L'ambiance entre Reagan et Mitterrand s'est pour le moins détériorée. Le refroidissement s'était déjà fait ressentir à Williamsburg (Virginie), un an auparavant. La divergence de vues s'étale même au grand jour dans la presse internationale. Le président de la République sait qu'il va être isolé au cours de cette réunion. Il est résolu à se défendre pied à pied.

En prélude aux échanges entre les sept pays les plus riches au monde, une entrevue discrète a été ménagée entre les deux hommes. Elle a fait l'objet de longues tractations entre les services américains et français. Il a d'abord été prévu que, dès son arrivée à Cologne, le président embarquerait dans un hélicoptère vers l'ambassade des États-Unis, à Bonn. « Hors de question, je n'irai pas », avait lancé, en ma présence, un Mitterrand glacial et obstiné. Il veut que cette discussion ait lieu « dans un lieu neutre et discret ».

Au bout de quelques semaines de négociations, il finit par « se rendre » à l'invitation à la résidence privée de l'ambassadeur américain en RFA. Ses conseillers et moi l'avons convaincu que ce n'est pas une humiliation d'accepter une invitation « chez un ami », surtout lorsqu'il s'agit de notre principal allié. Dans un hélicoptère de l'US Air Force, il se rend à la résidence de l'ambassadeur Arthur Burns. Je l'y rejoins. Le président est d'une humeur de dogue, car il éprouve le sentiment de s'être fait « kidnapper ».

C'est la deuxième fois que je rencontre Ronald Reagan. Il sourit moins que d'habitude. Mauvais présage. Son aide de camp lui apporte ses inséparables fiches. L'officier tient toujours à proximité une énorme mallette de cuir noir qui permet de déclencher le feu nucléaire… D'emblée, le cow-boy remonte sur son « dada » du moment, l'IDS, « sa » guerre des étoiles, qui ne figure pas à l'ordre du jour du sommet. Il ne manque pas de rappeler, en préambule, l'avance soviétique en matière d'armes balistiques antimissiles et antisatellite. Il assure que la sécurité en Europe sous bouclier américain « renforcera les liens entre nos deux pays et développera l'industrie française d'armement et ses dérivés ». L'interprète traduit le propos par « sous-traitance », ce qui sonne en français de façon très péjorative. Mitterrand « tique » à ce mot, et quand Reagan le regarde, content de lui, comme un acteur qui a bien « envoyé » sa tirade, il lâche :

« C'est gentil à vous de penser au développement de notre industrie, mais je dois vous dire, monsieur le président, quelles sont nos réticences à l'IDS. »

Le président français a bien préparé son dossier. Il cite les nombreuses oppositions qui se sont fait jour chez des prix Nobel, jusques et y compris au sein de la Chambre des représentants. Il rappelle que la France ne pourrait souscrire à aucun accord de cette nature sans avoir été associée ni à son étude ni à sa décision. Il conteste ensuite l'opportunité de cette stratégie « alors que Russes et Américains sont convenus de débattre du désarmement à Genève ». Il s'oppose, pour finir, au fond : « La défense spatiale ne pourra, avant un demi-siècle au moins, se substituer au nucléaire. » Il porte alors l'estocade : « Pouvez-vous me dire, monsieur le président, que deviendrait l'Europe entre-temps ? Pourquoi sortir d'un équilibre qui garantit la paix du monde ? » Le bristol de Reagan n'a pas prévu de parade à l'attaque. Il botte en touche.

« Alors, c'est non ?

– C'est non. »

Le cow-boy du Rio Grande

Reagan range méthodiquement sa fiche sous les autres et poursuit. L'acteur prend son masque le plus contrarié. Il revient ensuite sur le dossier sensible, déjà abordé lors de la rencontre de Washington, en mars : la vente d'armes aux sandinistes du Nicaragua, petit pays d'Amérique centrale.

« Nous sommes préoccupés par la politique de la France au Nicaragua, notamment la vente d'armes à ces communistes. Nous ne souhaitons pas de développement de régimes communistes au sud du Rio Grande [fleuve mexicain, frontière naturelle entre les États-Unis et le Mexique]. Nous vous demandons, à nouveau, d'en suspendre la livraison, qui risque de remettre en cause la coopération militaire entre nos deux pays.

– Les sandinistes ne sont pas des communistes mais un parti de libération nationale. Nous pensons, au contraire, qu'en leur livrant des armes, nous les dissuadons de traiter avec les Soviétiques…

– Pourtant, ils ont partie liée avec Castro à Cuba. Pour nous, c'est un terroriste. Inacceptable.

– La politique de la France vise à aider les pays du tiers-monde qui cherchent à se développer, donc à recouvrer leur liberté. »

Dans la droite ligne de Cancún, François Mitterrand expose là sa politique envers les pays défavorisés et sa volonté de faire revenir la France dans le jeu en Amérique centrale et du Sud. Les deux thèses s'affrontent, mais Mitterrand n'est pas en position de force. Alors, il ruse :

« Comme je vous l'ai dit lors de notre dernière rencontre, je ne peux mettre ainsi en cause la parole de la France. Je peux m'engager, en revanche, à ne pas signer de nouveaux contrats d'armement.

– Et pour celui qui est en cours ?

– Nos services informeront les vôtres des dates et lieux de livraison. Libre à vous d'agir ensuite.

– Nous vous remercions, mon cher François. »

Le dernier point soulevé lors de cette réunion bilatérale est le plus coriace. Il s'agit de la convocation d'un nouveau *round* du GATT (Accord général sur les tarifs douaniers et les échanges commerciaux). Les Américains ont déjà fait cette même demande lors du précédent G7, celui de Londres, en juin 1984. Il s'agit pour eux de remettre en cause la Politique agricole commune de la CEE (PAC) contrevenant, à leurs yeux, au libéralisme économique qui est la *doxa* aussi bien des États-Unis que du GATT. Mitterrand le sait. Il rappelle que les G7 ne sont pas le lieu de ce genre de décisions. Il ajoute que les règles du commerce international ne sauraient être débattues et modifiées hors la présence des pays du tiers-monde qui pourraient avoir à en souffrir au premier chef. Il laisse entendre qu'il sera intraitable sur ce point. Reagan remballe sa fiche en grimaçant.

4 mai 1985

Fureur présidentielle

C'est au chancelier Kohl qu'il revient de rédiger, en tant que président, la traditionnelle déclaration politique adoptée en début de chaque G7. Dans quatre jours sera commémorée la victoire des Alliés. Il souhaite marquer le quarantième anniversaire de la capitulation du IIIe Reich par un texte célébrant le retour de l'Allemagne dans le concert des nations démocratiques. Après avoir regretté « la division de l'Europe » [par le rideau de fer] et souhaité « une situation de paix en Europe qui permette au peuple allemand de retrouver son unité dans la libre autodétermination » [réunification des deux Allemagnes], il aborde la situation en Amérique centrale, visiblement en service commandé…

Les Américains ont travaillé en sous-main. C'est ainsi que Margaret Thatcher, elle aussi farouchement hostile à la PAC, propose que le prochain *round* du GATT soit fixé à dans deux ans. Jacques Delors, président de la Commission européenne, est d'accord, ainsi que l'Italien Giulio Andreotti et Helmut Kohl. François Mitterrand prend la parole pour dire qu'il s'oppose d'autant plus à ce calendrier qu'aucun contenu de négociations n'a été discuté ni établi.

Le chancelier, en tentant de ramener le calme, allume la mèche. Il met en garde contre l'isolement de la France et parle maladroitement de « diktat ». Loin d'obtenir l'effet escompté, il suscite la colère du président de la République qui monte au créneau. Je ne l'ai jamais vu à ce point submergé par une colère froide, dans laquelle interviennent à la fois une réelle irritation, mais aussi une part de mise en scène, pour frapper les esprits :

« Il n'est pas sain que des pays alliés dictent notre politique. Ici, on signe des traités en trente-six heures, c'est inacceptable. J'entends dire que personne n'a voulu isoler la France. Très bien. Mais elle l'est, de fait, dans cette salle. Ce n'est pas sain, comme il n'est pas sain que les affaires de l'Europe soient jugées par des pays éloignés de l'Europe. Je suis prêt à ouvrir une polémique publique si cela continue. » Les participants sont stupéfaits. Dans les écouteurs, les interprètes sont embarrassés pour traduire au plus juste la violence du propos, inhabituelle dans le jeu à fleurets mouchetés des rencontres diplomatiques. Sur sa lancée, et pour être sûr d'être bien compris, Mitterrand lâche tout ce qu'il a sur le cœur : « Les textes ici sont de plus en plus compliqués. Il faudra se débarrasser de toute cette paperasserie. Si ces sommets ne retrouvent pas leur forme initiale, la France n'y viendra plus. »

Le climat est lourd. Va-t-on vers l'incident ? François Mitterrand semble se radoucir : « La France s'est toujours comportée en allié loyal et entend continuer, mais je ne vois pas pourquoi cette question du GATT revient une fois encore sur le tapis. Les sommets des Sept ne sont pas le directoire des affaires du monde, il y a des institutions pour cela... »

Contre toute attente, c'est le Premier ministre canadien, Brian Mulroney, qui vient à la rescousse. Il se penche à l'oreille de Reagan, avec qui il faut parler fort, et lui reproche de traiter le président français en « ennemi » alors qu'il devrait le considérer comme un « allié ». Reagan, embarrassé, finit, en désespoir de cause, par reconnaître à Mitterrand cette qualité.

Mais sur le fond, la rupture est réelle. Chacun montre son vrai visage. Quand il s'agit de prendre position sur la « guerre des étoiles », le chancelier Kohl garde un silence pataud. Aucune solidarité de la part des Allemands. En tête à tête, Reagan et Kohl sont tombés d'accord pour dire que la conférence du GATT commencerait au début de 1986. C'est, du moins, le porte-parole du chancelier qui l'affirme.

Margaret Thatcher, elle, agite la presse internationale. Au correspondant du *Wall Street Journal*, elle se déclare « énervée par tous ces bavardages». Les sherpas devront travailler toute la nuit pour publier un communiqué qui masquera le fiasco. Michel Vauzelle, le porte-parole de l'Élysée, «rame» pour minimiser les désaccords. Il parle d'«échanges de vues» et de «débats». Personne n'est dupe.

En fait, la lecture des événements est tout autre. François Mitterrand sait que la réunion du GATT va remettre en cause les acquis de la Politique agricole commune et que cela n'ira pas sans susciter le mécontentement des agriculteurs français. Il cherche sincèrement à défendre le monde paysan, auquel il est viscéralement attaché, mais veut éviter à tout prix des jacqueries, alors que se profilent les élections législatives de mars prochain qui risquent de voir la victoire de l'opposition. Rarement une réunion internationale sera ainsi devenue un enjeu de politique intérieure...

À l'invitation du nouveau président de la République fédérale, Richard von Weizsäcker, un grand dîner est servi à sa résidence, la villa Hammerschmidt. La grogne s'est un peu apaisée. Pour détendre l'atmosphère, je fais signer mon menu par tous les chefs d'État et de gouvernement. J'ai un mot aimable pour chacun. Je ne suis pas peu fier de voir figurer côte à côte, sur le bristol, les paraphes de Margaret Thatcher, Ronald Reagan, François Mitterrand et Helmut Kohl. À l'évidence, seul le menu a fait consensus!

8 mai 1985

Quarantième anniversaire de la victoire. Strasbourg est en état de siège pour accueillir le président américain. Je l'attends au pied de la passerelle en compagnie de mon épouse, Anne-Marie, car il est accompagné de Nancy, toute frêle dans son tailleur cerise. La visite, qui ne durera que quatre heures, a été «millimétrée» par le protocole: revue des troupes, hymnes, salut au drapeau, dépôt de gerbe. Le déjeuner est servi au château des Rohan, le palais des princes-évêques, au pied de la cathédrale: foie gras truffé, turbot aux asperges et vacherin glacé aux griottes, le tout arrosé de vins du cru. C'est la première fois qu'un président des États-Unis en exercice pose le pied en Alsace. Au Parlement européen, il en appelle à la paix, au côté du président, Pierre Pflimlin.

Un prompteur fait défiler sur une vitre, à sa droite et à sa gauche, le texte qu'il lit avec une aisance d'acteur, en regardant d'un côté et de l'autre. Une panne vient arrêter le défilement du texte. Il a heureusement ses notes, qu'il compulse comme si de rien n'était. Puis l'appareil se remet en marche. Il continue son manège. Personne n'a rien remarqué. En descendant de la tribune, il demande à son secrétaire d'État, George Shultz : «*How was it?*» [«C'était comment?»] Un vrai pro de la scène, assurément. Alors qu'une fête américaine réunit 10 000 personnes parquées place Kléber, je suis informé par le préfet que des échauffourées opposent des manifestants aux forces de l'ordre. Le président Reagan n'en aura pas connaissance.

Les dames ont eu droit à un déjeuner de spécialités locales à la Maison des Tanneurs et à une balade touristique sur les canaux de la Petite France. À la question de la *First Lady* de savoir pourquoi ce nom, Mme Pflimlin ne se démonte pas : «Il y avait ici un hôpital militaire où l'on soignait la petite vérole, appelée "mal français" ou "petite France".» C'est Anne-Marie qui me raconte : l'interprète semble hésiter et donne enfin l'explication. Nancy Reagan ne bronche pas...

La revanche du p'tit Limougeaud

J'ai aussi invité M. Storck, mon proviseur du lycée de Limoges, un Alsacien de Strasbourg. Il ne se laissait pas impressionner par la Gestapo quand elle venait jusque dans notre établissement. Il avait une «vraie gueule de boche». Je le vois encore, avec sa gabardine et son chapeau, faire les cent pas dans la rue du Clocher pour nous dissuader de draguer les filles ! Nous tremblions devant lui.

Je savais qu'il s'était retiré en Alsace, mais je ne l'avais pas revu depuis la guerre. J'ai demandé au préfet de tenter de le retrouver, ce qu'il a fait assez facilement. Il me rappelle : «M. Storck est toujours vivant et se souvient de vous qui étiez un de ses meilleurs élèves.» Je félicite le préfet, et lui demande : «Invitez-le, je voudrais le présenter à Reagan !» Je ne retrouve pas l'homme autoritaire qui m'impressionnait, mais un vieillard malingre et intimidé. Reagan s'est visiblement demandé pourquoi je lui présentais cet homme. C'était, en quelque sorte, la revanche du «p'tit gars» de Limoges !

15 mai 1985

Le 15 mai 1955 était signé au palais du Belvédère de Vienne le traité mettant fin à l'occupation de l'Autriche par les Alliés. Nous célébrons le trentième anniversaire de cet événement. Je suis accueilli par Fred Sinowatz, le nouveau chancelier, par son prédécesseur, mon ami Bruno Kreisky, et mon homologue, Leopold Gratz. Je retrouve le vice-président américain, George Bush, et le secrétaire d'État, George Shultz. Le Royaume-Uni est représenté par le secrétaire au Foreign Office, Geoffrey Howe, et l'Union soviétique par l'indéracinable Andreï Gromyko.

Au cours de deux entretiens en tête à tête, je profite de sa présence pour éclaircir ce qui se passe à Moscou. Les sourires de Gorbatchev sont loin. Le ministre soviétique me sert la plus pure langue de bois à la sauce guerre froide. Sous couvert de haine du nazisme, il tient un discours revanchard antiallemand et antiautrichien. Alors qu'il est censé célébrer à Vienne le triomphe de la paix, il semble se réjouir de l'anéantissement de ces deux nations. Je me dis que François Mitterrand a sans doute vu juste et qu'il ne faut pas se fier aux apparences d'ouverture.

Le séjour dans la capitale autrichienne est, par ailleurs, agréable. Un déjeuner somptueux se termine en point d'orgue par des farandoles de pâtisseries à la crème telles que les gourmands les célèbrent dans les cafés viennois. Je suis surtout sensible au concert qui nous est offert au Staatsoper. Plus qu'un traité de papier, c'est la reconstruction de cet opéra en novembre 1955 qui a scellé la renaissance de l'État autrichien. J'ai rarement vu un peuple aussi musicien.

Au cours des toasts, piqué au vif par Gromyko, je vante le partenariat exemplaire entre la France et l'Allemagne, leur profond attachement au respect des droits de l'homme et au choix des peuples à disposer d'eux-mêmes. À bon entendeur…

22 mai 1985

Vous avez parlé trop tôt

Au Conseil des ministres, j'annonce mon prochain voyage à Prague, le premier d'un ministre des Affaires étrangères français depuis 1966. Je détaille le déploiement tous azimuts de notre politique à l'Est. Sur ma lancée, j'évoque notre prochaine initiative à destination de la Pologne de Jaruzelski. Je reçois dans la minute un «petit mot» du président: «Roland, vous avez parlé trop vite et trop tôt. F. M.» Il n'a pas voulu me faire le reproche publiquement, sans doute pour ne pas «alimenter» la chronique des bavards qui déjeunent avec les journalistes du *Canard*. Ces petits papiers font partie des échanges habituels entre ministres. Une seule règle non écrite: ne pas les faire passer devant le président. Certaines missives font ainsi tout le tour de la table pour arriver à destination.

Après le Conseil, je rends compte au président de mes impressions à l'issue de ma récente rencontre avec mon homologue soviétique. Une fois encore, il me renouvelle ses conseils de prudence. D'autant plus qu'à l'occasion du quarantième anniversaire de la capitulation nazie, Mikhaïl Gorbatchev a rendu un hommage appuyé au système mis en place par Staline. Au même moment, à Bonn, le président de la RFA, Richard von Weizsäcker, qualifiait ce même événement de «libération» du peuple allemand… Le rideau de fer tient encore bon.

Nouvelle prise d'otages au Liban: le journaliste Jean-Paul Kauffmann et le chercheur au CNRS Michel Seurat sont enlevés.

23 et 24 mai 1985

Voyage à Prague pour préparer la prochaine visite de François Mitterrand. Sans surprise, le plat de résistance est la négociation américano-soviétique et la prochaine conférence de Stockholm sur le désarmement. Pour ne pas avoir l'air de cautionner le régime stalinien de Gustáv Husák, je noue des contacts discrets avec des signataires de la Charte 77, dont Václav Havel et Jiří Hájek. Pas le temps de faire du tourisme dans cette cité chargée d'histoire!

8 juin 1985

Pierre Bérégovoy remet les insignes de chevalier de la Légion d'honneur à Jean-Pierre François, un Juif autrichien débarqué à Limoges pendant la guerre et qui était devenu mon copain de lycée. Devenu banquier en Suisse, il avait été utile à Bérégovoy, par ses conseils, au moment de la «défense du franc».

9 juin 1985

Réunion des 12 ministres des Affaires étrangères à Stresa (Piémont) pour préparer le Conseil européen de Milan. Cette cité médiévale, sur les rives du lac Majeur, est un endroit idéal de villégiature, mais nous restons cloîtrés dans l'hôtel qui accueille nos travaux. Il nous faut élaborer les modifications institutionnelles à la mise en place d'un marché intérieur sans frontières. Les réticences sont nombreuses, notamment chez les Britanniques, les Danois et les Grecs. De guerre lasse, Genscher demande à chacun jusqu'où il est prêt à aller. Au nom de la France, je renchéris : « Qui est prêt à aller jusqu'où ? Pour notre part, la réponse est : aussi loin qu'on le voudra, avec tout le monde ou avec ceux qui le voudront. » Mais la question principale n'est pas tranchée. Faut-il oui ou non élaborer un nouveau traité ?

12 juin 1985

Au palais d'Orient

Mission accomplie. Laurent Fabius et moi avons signé aujourd'hui les deux traités d'adhésion à l'Europe de nos voisins transpyrénéens. À Lisbonne, la cérémonie est organisée au monastère des Hiéronymites. Dans ce cadre austère qui sert d'écrin au cénotaphe de Vasco de Gama, le Premier ministre Mário Soares insiste sur la portée historique de l'événement : « Notre adhésion à la Communauté tourne définitivement la page de notre passé impérial qui nous a distraits de l'Europe pendant plusieurs siècles et conduits à la décadence dès le XVIe siècle. En choisissant l'Afrique et le Brésil, le Portugal a tourné le dos au continent. Il y retrouve aujourd'hui sa place. »

Nous arrivons à Madrid en milieu d'après-midi, au palais d'Orient construit par le petit-fils de Louis XIV, Philippe V. C'est un palais royal qui rivalise avec le Louvre quant à son imposante architecture. Le roi Juan Carlos prononce quelques paroles de bienvenue avant de présider un dîner officiel en compagnie de la reine Sofia.

Les représentants des Douze paraphent les deux exemplaires des deux traités disposés sur une table vermeille décorée d'un énorme encrier ancien en argent massif. Signent pour le royaume espagnol mon homologue, Fernando Morán López, et mon ami Felipe González, président du gouvernement, qui est applaudi par l'assistance.

Je prends soin de calligraphier ma signature. François Mitterrand m'avait fait le reproche d'avoir une « écriture illisible ». « Il faudrait la modifier », avait-il exigé. Il était attentif au moindre détail. Même la désinvolture apparente d'une signature le contrariait. Lui écrivait son nom « F. Mitterrand » d'une belle écriture ronde, sans précipitation. Il prenait son temps pour tout : pour recevoir un visiteur, aller voir une femme ou flâner dans une librairie. Combien de fois m'a-t-il affirmé, alors que je tentais de le presser : « Tout peut attendre. »

14 juin 1985

Signature de la première convention de Schengen, petit village luxembourgeois, sur les bords de la Moselle, à la frontière du Benelux, de l'Allemagne et de la France. Nos ressortissants pourront dans cinq ans circuler librement dans la Communauté. Formidable !

21 juin 1985

François Mitterrand est à Athènes pour la Fête de la musique, célébrée dans 21 pays. C'est l'occasion d'inaugurer l'année « Athènes, capitale mondiale de la culture ». C'est surtout l'occasion de profiter d'un week-end « en famille », avec Anne et Mazarine. L'organisateur de ces escapades discrètes est Maheritsas, le directeur de cabinet du Premier ministre Andréas Papandréou. François Mitterrand en profitera évidemment pour dîner avec sa grande amie Melina Mercouri et son compagnon, le cinéaste Jules Dassin. Généralement, ces sorties culturelles se font en compagnie des Lang ou des Badinter.

27 juin 1985

Helmut Kohl, en butte à une forte opposition au Bundestag, « lâche le morceau », contrevenant à la règle du secret dont Mitterrand et lui étaient convenus. Ce dernier est furieux. Il proteste contre le chancelier qui a « cédé à des basses considérations électorales ». Le président sait que les ennemis du projet franco-allemand pour un nouveau traité, notamment les Britanniques, auront le temps de fourbir leurs armes pour le torpiller. Les nuages s'amoncellent.

28 et 29 juin 1985

L'Union en marche

À Milan, le Conseil européen se réunit derrière les murs du palais Sforza, une forteresse au cœur de la ville qui n'entendra pas le bruit des disputes derrière les murs ocre. Je ne peux détailler ici la complexité et la technicité des textes en discussion. Il s'agit ni plus ni moins de transformer la Communauté en Union européenne placée sous la direction du Conseil européen, dans le droit fil du livre blanc élaboré par le commissaire lord Cockfield à la demande de Jacques Delors. Pour Mitterrand et Kohl, ce Conseil devrait être accompagné d'un secrétaire général nommé pour quatre ans. La responsabilité de cet édifice incomberait aux ministres des Affaires étrangères, réunis chaque trimestre dans une conférence intergouvernementale chargée de renforcer les politiques étrangères et de défense.

Jacques Delors, président de la Commission, qui n'avait pas été mis dans la confidence, est vent debout contre ce projet qui vient « comme un cheveu sur la soupe ». Il stigmatise l'impréparation du texte qui, selon lui, va mettre à mal l'unité des institutions. La cacophonie est générale. Tard dans la soirée, je poursuis la discussion avec mes collègues. Nous sommes persuadés que la mise en place du grand marché intérieur ne peut arriver à son terme sans la modification du traité de Rome.

Le lendemain matin, nous faisons part de nos conclusions. En dépit de l'opposition du Royaume-Uni, du Danemark et de la Grèce, Kohl insiste pour la réunion d'une conférence intergouvernementale seule habilitée à réviser les traités. C'est ce qui va occuper longuement nos prochains mois. Deux traités sont envisagés, l'un sur la politique étrangère, l'autre portant sur la révision des traités communautaires. Ils seront en fait réunis en un seul texte, appelé « Acte unique », signé les 17 et 18 février 1986 et entré en vigueur le 1er juillet 1987.

Début juillet 1985

Purge à Moscou

Le président et moi essayons de décrypter les télégrammes diplomatiques en provenance de Moscou. Gorbatchev a évincé son principal concurrent, Grigori Romanov, qui quitte le secrétariat du parti communiste et le Politburo. Tous les cadres militaires de haut rang sont remplacés ainsi que les membres de l'appareil d'État. Parmi les trois nouveaux secrétaires du Comité central, on remarque un certain Boris Eltsine, qui a connu Gorbatchev à Stavropol, dans le Caucase. Certes, Andreï Gromyko est nommé chef de l'État, mais il s'agit d'un poste protocolaire, sans réel pouvoir qui reste à la direction du parti. Je suis particulièrement attentif à la nomination du patron du MID. Arrive à la direction des Affaires étrangères un proche du nouveau tsar. Edouard Chevardnadze, un Géorgien volubile qui n'est pas un diplomate de carrière. Il est sympathique, me dit-on. C'est plutôt de bon augure...

10 juillet 1985

À la radio, j'apprends que le navire amiral de Greenpeace, le *Rainbow Warrior*, a coulé dans le port d'Auckland, en Nouvelle-Zélande.

12 juillet 1985

François Mitterrand est en vacances à Latche (Landes). Il a accepté de recevoir le général Mustapha Tlass, qui a manifesté un grand empressement à rencontrer le président français. Le ministre syrien de la Défense est accompagné de sa fille, Nahed, qui assure la traduction. Cette visite est un moyen de remercier le père et la fille, qui ont facilité nos contacts à Damas, dans le cadre de l'affaire des otages. Je suis également du voyage car j'espère pouvoir, par leur intermédiaire, obtenir une entrevue avec le président syrien, Hafez el-Assad, qu'il est impossible de rencontrer *via* les canaux diplomatiques officiels. Bien que sunnite, le général Tlass est le ministre de la Défense et l'homme de confiance du Syrien, qui fait partie de la minorité des alaouites.

Tlass est sans doute aussi le chef des services secrets syriens, d'une redoutable efficacité dans tout le Proche-Orient.

La mission est secrète, elle aussi. C'est le commandant Prouteau, le chef de la « garde rapprochée » de François Mitterrand, qui assure la sécurité du général et de sa fille. Notre avion du GLAM arrive à l'aéroport de Biarritz puis un hélicoptère nous dépose à 200 mètres de la bergerie du président. En vol, j'ai mieux fait connaissance avec Nahed Tlass, que l'on connaît à Paris sous son nom d'épouse, Nahed Ojjeh. Elle est en effet la veuve d'Akram Ojjeh, le richissime marchand d'armes saoudien, d'origine syrienne, celui-là même qui racheta le paquebot *France*, en 1977.

Le président semble ravi d'accueillir chez lui cette très belle femme, vive et cultivée. Il déploie les grandes orgues du charme. Il dédicace ses ouvrages à ses visteurs. La conversation a lieu dans le salon blanc au charme rustique. Nous sommes loin des fastes de l'Orient ! À l'issue de l'entretien, nous les raccompagnons à l'hélicoptère. Ils regagneront Paris en avion.

C'est nous, bien sûr !

Alors que nous rejoignons la maison à pied, le président apprécie en connaisseur : « Elle est vraiment charmante, cette Nahed. » Puis il change brutalement de conversation. Il s'adresse à Christian Prouteau. Il vient de le nommer préfet, mais il continue à lui donner son grade militaire :

« Mon commandant, je n'arrive pas à savoir ce qui s'est vraiment passé dans l'affaire Greenpeace. Le Premier ministre [Fabius] me dit ne pas être au courant et Hernu jure que ce n'est pas nous. Vous qui avez beaucoup d'informations, que pouvez-vous me dire de cette histoire ? » L'officier et moi nous regardons effarés. Je reste muet. Dans ces cas-là, il vaut mieux faire attention à ce que l'on dit. D'ailleurs, je ne sais pas grand-chose de cette histoire. Le patron de la cellule antiterroriste de l'Élysée, en homme courageux, ne tourne pas autour du pot :

« C'est nous, bien sûr, monsieur le président. Nous allions entamer une campagne de tirs [nucléaires] dans le Pacifique et le *Rainbow Warrior* se dirigeait vers l'archipel des Tuamotu. Nos services ont sans doute voulu empêcher l'organisation écologiste de mener ses plans à terme.

– Mais, enfin, Hernu m'a certifié que ce n'était pas nous !

– Monsieur le président, c'est nous, c'est sûr. Il me semble que vous devriez faire une déclaration pour expliquer que cette affaire était, en fait, dictée par des impératifs de défense nationale et regretter publiquement le décès du photographe dans l'attentat. »

J'entre alors dans la conversation pour m'opposer vivement à ce qui vient d'être dit :

« Je ne suis pas du tout d'accord avec le préfet, monsieur le président. C'est au Premier ministre d'assumer ce « loupé » si ce sont vraiment nos services qui sont intervenus. Vous devez impérativement rester à l'écart de tout cela ! »

François Mitterrand n'ajoute rien. Nous rejoignons la maison en silence. Il est à l'évidence soucieux. Je me récite intérieurement la fable de Jean de La Fontaine, « La Chauve-souris et les deux belettes » :

Qui fait l'oiseau ? C'est le plumage.
Je suis souris : vivent les rats !

Dans l'avion du retour vers Paris, le préfet et moi évoquons les charmes de l'Orient et l'envoûtante sultane puis revenons sur la préoccupante affaire Greenpeace. Je lui explique que la révélation de la vérité n'appartient pas au premier magistrat de l'État et que l'on prend de grands risques en le laissant s'exposer en première ligne. Sa fonction en serait fortement entachée et son action diplomatique compromise. Je suggère que le Premier ministre et le ministre de la Défense se débrouillent. « Les fusibles, c'est eux, pas le président », martelé-je à l'officier que je recadre fermement. « Mais il faut d'abord attendre que les Néo-Zélandais prouvent l'implication de la France. N'allons pas trop vite en besogne. »

15 juillet 1985

L'affaire du *Rainbow Warrior* prend une mauvaise tournure avec l'arrestation en Nouvelle-Zélande de deux de nos agents de la DGSE. La tactique du « pas vu, pas pris » ne pourra pas fonctionner. Le capitaine Dominique Prieur et le commandant Alain

Mafart, qui se faisaient passer pour un paisible couple de touristes, «les époux Turenge», se sont fait «serrer» par la police.

Les services néo-zélandais n'ont eu aucun mal pour remonter à la source. Les deux agents ont fait preuve d'amateurisme en appelant Paris à partir de téléphones satellites. Et Joxe, «jugulaire-jugulaire», a manifesté un zèle candide en répondant à la commission rogatoire internationale des enquêteurs d'Auckland. Il leur a même donné les contacts parisiens de nos agents, mouillant ainsi la DGSE dont les installations se trouvent boulevard Mortier...

[Quand j'apprendrai cette triste réalité, j'aurai à nouveau un échange musclé avec Joxe. Un de plus... J'ai peut-être l'esprit «tordu», mais jamais je n'aurais agi de la sorte. On ne livre pas un agent en mission. Un vieux réflexe de la guerre sans doute...]

26 juillet 1985

Le Conseil de sécurité de l'ONU adopte, à mon initiative, une résolution comportant six mesures contre le régime d'apartheid en Afrique du Sud (en particulier la suspension des investissements, ainsi que des restrictions en matières culturelle et sportive). Depuis l'arrivée de François Mitterrand au pouvoir, la pression s'est accentuée sur Pretoria. La condamnation de l'apartheid a toujours été claire. J'ai en mémoire les paroles de mon prédécesseur au Quai, Claude Cheysson. Accompagné de son jeune fils de 10 ans, il avait déclaré, devant la commission de la décolonisation des Nations unies: «L'apartheid est odieux. C'est le pire des racismes, car il n'a pas besoin d'étoile jaune. La couleur de la peau suffit.» Cette déclaration, qui lui tenait tant à cœur, m'avait valu de voir retardée de quelques mois mon arrivée au Quai d'Orsay. Elle méritait d'être prononcée. La diplomatie est aussi affaire de conviction...

Août 1985

Des louis d'or dans une brioche

Pèlerinage en Auvergne. À Urçay, je tente de retrouver le camp d'où je m'étais échappé pour ne pas être envoyé en Allemagne, en 1943. L'hôtel de la Gare est toujours là, dans une boucle de l'Allier. Mon père y avait pris une chambre au deuxième étage pour attendre le moment propice à mon «évasion». Il avait apporté des brioches préparées par ma mère. À l'intérieur, mes parents avaient caché deux louis d'or. C'était la première fois que j'en voyais. Dans une ferme, proche du camp disparu, j'interroge les agriculteurs qui se souviennent d'y avoir donné «un peu de ravitaillement». Rien d'autre. L'histoire est amnésique.

13 août 1985

Moscou multiplie les initiatives. Gorbatchev propose l'interdiction totale des essais nucléaires.

Août 1985

À Helsinki ou à New York, je ne rate pas une occasion de m'entretenir avec Edouard Chevardnadze. Je «soigne» le ministre des Affaires étrangères de l'Union soviétique. Il est important pour moi d'avoir un contact facile avec le MID. Mais ces apartés ont lieu dans des réunions multilatérales qui ne favorisent pas un échange approfondi sur des questions complexes. Le désarmement et l'IDS sont au cœur de nos échanges. Il nous faut clarifier nos positions avant la venue annoncée de Gorbatchev à Paris, en octobre. Le temps presse.

Dans les couloirs très passants de l'ONU, sur des chaises inconfortables, nous essayons déjà d'apprendre à nous connaître et à établir des rapports de confiance qui sont la clé d'une diplomatie efficace, sans langue de bois. Je sens que je vais pouvoir faire du bon travail avec ce Géorgien rubicond. Rien à voir avec le Gromyko glacé.

Fin août

Rendez-vous chez Hitler

Nouvelle rencontre avec Genscher cette fois à Berchtesgaden. Je plaisante: «Drôle d'endroit pour parler de paix!» Cette petite cité des Alpes bavaroises était en effet le séjour préféré d'Adolf Hitler, qui y avait fait édifier son fameux Berghof, un chalet où il passait la moitié de son temps. C'est là que le Führer recevait non seulement les chefs du parti nazi, mais aussi les représentants de puissances étrangères comme deux Premiers ministres britanniques, Lloyd George et Neville Chamberlain, l'ambassadeur de France, André François-Poncet, l'amiral Darlan ainsi qu'un grand nombre de ministres et d'ambassadeurs européens.

Il ne reste rien de la villa, souvent confondue avec le « nid d'aigle », un salon de thé construit sur un piton rocheux, à quelques kilomètres de là. Le bâtiment, endommagé par les bombardements alliés en 1945, fut plastiqué par les Allemands en 1952 pour éviter les « pèlerinages » dont il commençait à faire l'objet.

Nous sommes accueillis dans la vallée par un ami du vice-chancelier, un homme de presse qui a mis sa propriété à notre disposition. En préambule, il nous raconte une bien étrange histoire. Pendant toute la guerre, une femme juive a trouvé refuge dans cette maison au nez et à la moustache d'Hitler ! Elle n'osa sortir qu'avec l'arrivée de la 2e DB du général Leclerc, le 4 mai 1945.

Nous avons choisi cette station de montagne pour sa proximité avec Bayreuth, qui est mon panthéon lyrique. Je viens depuis trente ans dans cet antre voué aux opéras de Richard Wagner. Le baryton Dietrich Fischer-Dieskau est saisissant dans *Parsifal*. Sa voix de velours et de feu est au service d'une musicalité et d'un phrasé impeccables.

25 août 1985

Rainbow Warrior. Au début du mois d'août, François Mitterrand a donné instruction à Laurent Fabius d'ordonner une enquête que ce dernier a confiée à un conseiller d'État, Bernard Tricot. Le rapport mal « tricoté » est peu convaincant, car il aboutit à la conclusion que toute cette opération n'avait comme seul objectif que d'infiltrer Greenpeace. La presse se déchaîne non seulement en France, mais aussi à l'étranger.

9 septembre 1985

Nous trouvons bien timides les sanctions décrétées par le président Reagan contre l'Afrique du Sud. Le vote de la nouvelle Constitution, validée l'année dernière par référendum, n'a rien réglé. Les *townships* sont à feu et à sang.

10 septembre 1985

Les vues de la Libye sur le Tchad continuent à nous préoccuper. J'ai récemment reçu des émissaires de la CIA au Quai d'Orsay. Il s'agit, à l'évidence, d'une manipulation dont les Américains ont le secret. Ils étalent sur ma table des photos aériennes de différents chantiers et bâtiments en Libye. Ils sont formels : « C'est là que Kadhafi fabrique ses armes chimiques... » Je ne m'en laisse pas compter et leur demande : « Comment se fait-il qu'autant de ressortissants américains travaillent dans un pays aussi dangereux, où ils entrent d'ailleurs sans visa ? » Plusieurs milliers de leurs compatriotes exploitent des champs pétrolifères pour le compte de compagnies américaines. Ils bottent en touche, embarrassés.

En revanche, notre état-major me confirme que le colonel s'agite toujours à Ouadi-Doum. J'en informe immédiatement le président par écrit. Ma note me revient avec cette annotation manuscrite : « Dumas, prévenez Kadhafi qu'il ne faut pas jouer avec le feu. *Urgent.* » Le mot est souligné d'un trait déterminé.

Mi-septembre 1985

Il n'y a plus de doute, les choses bougent en URSS. Un Soviétique de haut rang a fait savoir à l'une de nos « sources » à Moscou que « Mikhaïl Gorbatchev vient à Paris pour inaugurer une nouvelle ère diplomatique et asseoir sa position intérieure encore très fragile. » Je note particulièrement ce dernier point. La vieille garde rouge résiste.

Les demandes en provenance de Moscou sont quotidiennes. C'est le premier déplacement de Gorbatchev à l'Ouest en tant que secrétaire général. Il souhaite plusieurs entretiens avec le président, des rencontres avec des hommes d'affaires et des interviews dans les grands médias français. Les dirigeants soviétiques insistent aussi sur le fait que nous répondions aux sollicitations des nombreux journalistes russes qui suivent le déplacement afin qu'il y ait une « couverture maximum » en URSS. J'interviens auprès de François Mitterrand pour qu'il accède à toutes ces exigences.

En revanche, je déconseille de répondre à la volonté des Russes de signer un communiqué commun à la fin de la visite, afin de conserver notre liberté d'action. L'ambassadeur Vorontsov demande audience au chef de l'État pour insister sur ce dernier point, en rappelant que c'était la coutume du temps de Giscard. Le président de la République explique son refus : « Mon désaccord avec les États-Unis sur l'IDS n'est un secret pour personne, mais le redire avec Gorbatchev aurait une tout autre signification... » Pour faire montre de sa bonne volonté, il propose cependant que les deux chefs d'État tiennent une conférence commune devant la presse internationale. L'ambassadeur, homme intelligent, repart satisfait.

20 septembre 1985

La cruelle vérité

Pendant trois semaines, la crise politique a atteint son paroxysme. Charles Hernu démissionne. L'amiral Pierre Lacoste, directeur de la sécurité extérieure, est limogé. C'est l'épilogue annoncé de la désastreuse affaire du *Rainbow Warrior*. Voilà quelques jours, j'ai été le témoin de la réunion de crise qui s'est tenue à l'Élysée. Le président est derrière son bureau. Devant lui, le Premier ministre, Laurent Fabius, Charles Hernu, ministre de la Défense, et moi. Je n'ai jamais vu un spectacle pareil. Mitterrand veut savoir qui a donné l'ordre de couler le navire de Greenpeace dans le port d'Auckland. Il serre les mâchoires. Sa parole devient sifflante. Son regard furtif nous scrute, en passant de l'un à l'autre. Glacial. Hernu transpire. Fabius reste muet, moi aussi. La tension est extrême. J'ai compris tout de suite que le Premier ministre n'avait pas été mis au courant, pas plus que moi, et qu'Hernu, fils de gendarme, avait joué au « petit soldat ». Le président pouvait-il ne rien savoir de cette opération ? L'histoire nous le dira. Dans ce genre d'affaire, il doit y avoir un « fusible ». Ça ne peut être le Premier ministre, qui n'a sans doute pas donné l'ordre. Le fusible, c'est le ministre. Mais avec le départ du ministre de la Défense, c'est le Premier ministre qui va devoir assumer.

[Sans date. Au moment de la nomination d'Hernu au gouvernement, Mitterrand l'avait convoqué pour savoir s'il avait réellement été un agent de l'Est, ce qu'affirmaient nos services de renseignements. Il jure ses grands dieux que non. Le président de

la République lui demande de s'engager sur l'honneur et par écrit. Ce que fera Hernu. Mais je n'ai pas eu connaissance de ce que contenait ce texte.]

22 septembre 1985

Le Premier ministre, dans une déclaration inattendue à l'Élysée, révèle « la vérité cruelle » : « Ce sont bien des agents de la DGSE qui ont coulé le *Rainbow Warrior*, ils ont agi sur ordre. Ces faits ont été cachés au conseiller d'État Bernard Tricot. » Un nouveau patron de la DGSE va être nommé ainsi qu'une commission parlementaire. Il précise en outre un point, important à mes yeux, sur lequel j'avais attiré l'attention du président : « Les simples exécutants doivent être mis hors de cause, car il ne serait pas acceptable d'exposer des militaires... » Laurent Fabius a rempli son rôle avec courage. Il a ménagé le président qui reste « secoué » par cette affaire.

26 septembre 1985

New York. Devant l'assemblée des Nations unies, je rappelle notre hostilité à la militarisation de l'espace. François Mitterrand m'a laissé carte blanche et ne m'a donné qu'une seule consigne : « Soyez clair. » J'attends la réaction de Washington.

27 septembre 1985

On ne convoque pas la France

Elle ne se fait pas attendre. Les grandes manœuvres diplomatiques franco-soviétiques, dont ils sont parfaitement informés, indisposent les États-Unis, le terme est faible. Notre opposition à l'IDS aussi. Pour contrarier nos vues, Ronald Reagan a invité ses principaux alliés à se rendre à New York afin de préparer sa propre rencontre avec le numéro un soviétique, prévue en novembre, à Genève. Lancer cette invitation la veille de l'arrivée de ce dernier en France n'est pas le fruit du hasard. Mitterrand trouve le procédé inélégant : « On ne convoque pas la France. » Le torchon brûle entre Washington et Paris. À charge pour moi de calmer les esprits échauffés. J'appelle plusieurs hauts responsables américains qui n'apprécient pas du tout l'attitude frondeuse de la France. Ils ne me l'envoient pas dire.

2 au 5 octobre 1985

Selon le protocole, je suis chargé d'aller accueillir le maître du Kremlin à sa descente d'avion pour une visite en France qui s'annonce des plus importantes quant à la redistribution des cartes diplomatiques et pour la paix surtout. Il est accompagné par son épouse, Raïssa. Je suis frappé par sa pâleur et par son élégance. Elle tient la main de son mari qu'elle ne lâche pas. Je pressens qu'elle a une influence sur lui. Il ne faudra pas la négliger.

Vous n'êtes pas mon ennemi

Sans attendre, il est prévu un premier entretien à l'Élysée avec le chef de l'État. François Mitterrand se montre particulièrement aimable (il peut ne pas l'être d'emblée). Il commence par qualifier l'esprit de leur rencontre: «J'aurai avec vous une grande liberté de ton et je vous dirai franchement ce que je pense.» Il aborde ensuite les chemins incontournables de l'amitié entre les deux peuples et évoque le souvenir de la guerre. Gorbatchev indique qu'il est à Paris pour la consolidation du dialogue franco-soviétique qui doit se traduire par des échanges renforcés, notamment sur le plan économique. Il aborde sans attendre la question de fond:

«La France va-t-elle soutenir le marché "honnête" que nous proposons aux États-Unis, c'est-à-dire la réduction de 50 % des arsenaux centraux contre l'abandon par Washington de son projet de "guerre des étoiles"?»

Mitterrand:

«Je suis l'allié des États-Unis et, compte tenu de l'équilibre actuel des forces dans le monde, je pense que les choses doivent demeurer ainsi. Mais nous n'acceptons pas toutes les initiatives de nos partenaires [...]. Je suis dans le même état d'esprit pour ce qui me concerne [vis-à-vis de vous]. Vous êtes le leader du bloc d'en face, mais vous n'êtes pas mon ennemi.»

La discussion part ensuite longuement dans les étoiles. Gorbatchev refait une tentative pour arrimer la France à son vaisseau:

« À mon avis, s'il n'y a pas de compréhension commune entre l'URSS et l'Europe occidentale, si nous n'agissons pas ensemble, l'administration Reagan ne bougera pas. »

Le président botte en touche, avec un brin d'ironie :

« Je ne sais pas ce qui fera bouger l'administration Reagan, elle n'est pas très malléable ! »

Aucune concession de la part de la France, mais une certitude : les perspectives sont en train de changer. Le président de la République, après avoir raccompagné son hôte sur le perron, me prend par le bras et m'entraîne vers le petit ascenseur qui va nous conduire à son bureau.

« Je ne sais pas s'il mesure le bouleversement que connaîtra le monde s'il réalise ce qu'il m'a dit avoir l'intention de faire ! »

Que dirait Lénine ?

Dans la salle des fêtes de l'Élysée, les 175 invités de François et de Danielle Mitterrand se pressent pour assister au dîner officiel où brillent Sèvres et Christofle sous les lustres de Baccarat. Tous ces membres de l'intelligentsia parisienne n'ont d'yeux que pour le diable d'homme qui dit les choses que nous avons envie d'entendre. N'est-ce pas là le piège ? Mais peut-on prendre le risque de rater une occasion historique de mettre fin à cette guerre froide qui empoisonne notre vie ? Nos enfants nous le pardonneraient-ils ? Nous sommes tous prêts à nous laisser attendrir, mais dans son discours le président de la République sonne la charge qui nous ramène à la réalité :

« À propos de l'Afghanistan, sujet qui nous préoccupe au plus haut point, Lénine, défenseur des pays opprimés, aurait-il accepté une telle occupation d'un petit État du tiers-monde ? »

Le missile a fait mouche. L'embarras de Gorbatchev est évident. Comment va-t-il s'en sortir ? Il fait profil bas :

« Nous avons besoin de la compréhension et de l'appui de la France. Nous n'avons pas le projet de maintenir indéfiniment nos troupes en Afghanistan. Ce n'est pas notre volonté. »

Nous saurons le prendre au mot. Après le départ du secrétaire général, Mitterrand me demande de rester quelques instants : « Ce que je retiens de plus important dans son discours est qu'il va retirer ses troupes d'Afghanistan. »

Le lendemain, la délégation soviétique passe à son tour à l'attaque sur son projet de réduction de 50 % des armements stratégiques soviétiques et américains. Gorbatchev profite de sa visite à l'Assemblée nationale, à l'invitation de son président, Louis Mermaz, pour parler à la meute de journalistes qui se pressent. Radio et télévision s'enthousiasment pour ce faiseur de paix. Une sorte de « gorbymania » s'empare de l'opinion. Les déclarations de Jacques Chirac à l'Hôtel de Ville sur les droits de l'homme et de Laurent Fabius, Premier ministre, sur le sort de dissidents emprisonnés, passent inaperçues…

J'ai, pour ma part, plusieurs entretiens avec mon homologue Chevardnadze, qui démontrent là encore une nette volonté d'ouverture pour résoudre malentendus et conflits : Afghanistan, Syrie, Liban, Tchad et même Israël sont passés en revue. Je note, avec plaisir, un net changement de ton sur l'Union européenne, qui peut devenir « un réel partenaire économique et politique ».

J'organise un grand dîner de gala dans les salons du Quai. Le secrétaire général étant accompagné de sa femme, Raïssa, l'usage veut que Laurent Fabius et moi soyons accompagnés de nos épouses respectives, Françoise et Anne-Marie. Nous respectons le protocole en vigueur dans les pays communistes : pas de smoking ni de robe longue, mais « tenue de ville » de rigueur.

Je ne peux rendre compte par le menu de l'intensité et de la richesse de ces quatre jours de visite et ces six heures d'entretiens entre les deux leaders. La conférence de presse est le point d'orgue de la visite. François Mitterrand et Mikhaïl Gorbatchev sont à l'aise et détendus, chacun prenant bien soin de ne pas embarrasser l'autre. Lors d'un « vide » dans les questions des journalistes, je l'interroge, mi-blagueur, mi-sérieux :

« Envisagez-vous d'entrer un jour dans l'Alliance atlantique ?

– Pourquoi pas ? » répond-il en riant.

C'est une boutade, mais il veut ainsi montrer qu'aucun sujet n'est tabou et qu'il n'est pas dans une logique de guerre. Sa priorité n'est pas une ruineuse course aux armements mais le développement économique de son pays et l'amélioration du bien-être de son peuple. C'est une évidence. Nous ne pouvons qu'être favorables à cette politique dont le corollaire est la coopération avec nos partenaires européens.

Ils sont tous impatients d'avoir mes commentaires sur ces journées cruciales. Je m'emploie à les rassurer. J'ai été en liaison quasi permanente avec Genscher. Je rassure les Allemands, qui craignent d'être isolés. Ils ont bien noté notre constante attention à rappeler notre appartenance à l'Europe des Dix et notre attachement à la relation essentielle entre Bonn et Paris. Et quand les Soviétiques se risquaient à mettre en cause les prétendus dangers du militarisme allemand, nous les avons contraints au repli.

Le plus délicat est d'amadouer les Américains. Le président Mitterrand s'y emploie dans une lettre à Ronald Reagan. La France a un rôle diplomatique essentiel à jouer dans le rapprochement entre les deux blocs. Nous sommes bien décidés à faire montre de notre efficacité sur ce point. Il écrit : « M. Gorbatchev est un homme direct, au fait des grands problèmes, et capable de réparties promptes [...]. Il saura, sans nul doute, insuffler un ton nouveau à la politique extérieure soviétique et rompre avec la réitération monotone de positions déjà connues. Rien, cependant, ne laisse augurer, dans l'état des choses, qu'il sera prêt, lors de vos rencontres de Genève, à des concessions majeures. Mais je n'exclus pas l'hypothèse qu'en fin de compte un compromis puisse s'esquisser. »

9 octobre 1985

Le grand show

L'essentiel du Conseil des ministres est consacré à cet événement majeur dont la presse française n'a pas mesuré les répercussions. Il me faut toujours anticiper. Quand je sens que Mitterrand souhaite faire le « grand show », je me contente du compte rendu minimal. Cela lui laisse le loisir de philosopher sur les affaires du monde. Un ministre inexpérimenté se serait paré des plumes du paon...

Le président ironise sur la pauvreté des analyses dans les journaux et à la télévision. Les journalistes ont joué à fond la carte de la starification du tsar rouge. François Mitterrand précise : « M. Gorbatchev recherchait à Paris un moyen de se rapprocher de l'Europe. C'est la façon pour lui de tenir la dragée haute à l'Amérique. La France est le partenaire obligé. L'Allemagne, que l'on croit autonome, ne l'est pas, par rapport aux États-Unis, car elle n'a pas de marge de manœuvre. Quant à la Grande-Bretagne, pour des raisons idéologiques, elle se prive elle-même de cette marge de négociation. Les autres pays ne bronchent pas [...]. » Au passage, il égratigne ses prédécesseurs : « L'URSS va s'habituer désormais à avoir en face d'elle une France responsable. Autrefois, elle "rasait les murs". Le problème des SS-20 n'avait jamais été abordé dans aucun document diplomatique français. » Et toc pour Valéry Giscard d'Estaing.

Sur la question afghane, il exprime sa conviction d'avoir marqué des points. « J'ai posé carrément la question : "C'est la plus grande faute que vous ayez commise depuis la dernière guerre. Vous êtes condamnés par les pays du tiers-monde, vous êtes brouillés avec les musulmans, vous épuisez vos armées et vous inquiétez l'Occident. Pourquoi tout ceci, alors que vous étiez les tuteurs naturels de ces pays ?" »

Il sait qu'un sujet taraude tous les ministres autour de la table, car le scandale est immense : le sabotage du *Rainbow Warrior* par nos services secrets dans le port d'Auckland. À aucun moment il ne cite le nom du bateau coulé, comme s'il n'existait pas. Quand il est embarrassé, il minimise : « On n'a pas parlé de Mururoa (où se rendait le navire pour protester contre la reprise des essais nucléaires). Pas plus qu'en Bretagne (où il vient de faire un court déplacement), où je n'ai pas entendu prononcer le mot de Greenpeace. Il s'agit du "cadet des soucis" des uns et des autres. » L'art de minimiser ce qui dérange.

15 octobre 1985
Sagan, le nez dans la « neige »

Début du voyage officiel du président de la République française au Brésil. Les militaires ont laissé ce pays de 135 millions d'habitants dans une situation économique catastrophique : 200 % d'inflation et 100 milliards de dollars de dette. La situation politique est étrange. Le président Tancredo Neves, qui avait invité Mitterrand, est mort en avril, avant même son installation à Brasilia. Pour éviter la vacance du pouvoir, c'est son vice-président qui a été investi. José Sarney va avoir fort à faire pour rétablir les finances du pays gangrené par la misère. Au cours du dîner de gala, François Mitterrand affirme qu'il est d'accord pour alléger le fardeau de la dette. Nous allons dans la province du Minas Gerais, sur la tombe de Tancredo Neves, auquel François Mitterrand rend hommage, car c'est lui qui a été démocratiquement élu. Danielle, qui est du voyage, a fait des pieds et des mains pour visiter une favela de São Paulo. La pauvreté urbaine est le grand fléau du Brésil. La première dame s'intéresse aux *catadores*, ces récupérateurs de déchets qu'ils recyclent. Dans les ruelles qui grimpent à l'assaut des collines parmi des bidonvilles insalubres, la sécurité du couple présidentiel n'est pas assurée. Panique au sein de la police brésilienne qui me demande d'intervenir auprès du président pour ne pas poursuivre la visite au sein d'une foule certes amicale mais incontrôlable. Il n'est pas satisfait de devoir faire machine arrière. En fait, il est toujours heureux de tester sa popularité.

En Colombie, Françoise Sagan est découverte inanimée dans sa chambre. Le président, inquiet, me demande de m'en occuper. Aux journalistes, Jack Lang raconte qu'elle est victime du « mal des cimes » ! Tout dépend de quelle « neige » on parle ! Je comprends vite que l'on a laissé à cette enfant terrible la clé du placard à confitures. Overdose. Je n'ai pas pris, pour ma part, de substances illicites, mais suis aussi victime d'un « petit coup de mou ». Baisse de tension. Hypoglycémie. Le docteur Gubler me donne sur un morceau de sucre quelques gouttes de « remontant ».

Sans date

L'obsession des otages

Il n'est de jour où je pense au sort de nos otages. Je reçois régulièrement des émissaires ou prétendus tels qui disent avoir des informations à nous communiquer. C'est un des « dossiers », si l'on peut parler ainsi, les plus difficiles que j'aie à gérer. Officiellement, il ne faut pas déroger à la règle qui consiste à répéter « pas de négociation avec les preneurs d'otages », de façon à ne pas encourager les « vocations ». D'un autre côté, il est impossible de rester les bras ballants. Il faut donc être attentif à n'importe quel signe de vie, même le plus faible.

Mais comment faire la part des choses entre les intermédiaires sérieux et les affabulateurs ? Sur les fonds secrets, mon directeur de cabinet distribue des sommes importantes. Il ne faut négliger aucune piste, aucune chance, pour ne rater aucune opportunité. Les familles ne nous le pardonneraient pas. Je les reçois régulièrement pour leur faire part des maigres informations dont nous disposons. Parfois, nous avons le sentiment d'approcher du but quand l'un de ces visiteurs de l'ombre apporte une « preuve de vie », par exemple une lettre. Mais nous savons par ailleurs que de tels documents passent de main en main et de groupe en groupe pour être, à chaque fois, revendus à prix d'or. Situation désespérante quand on sait qu'au bout de cette chaîne des hommes sont séquestrés, sans doute dans des conditions inhumaines. Ce mot d'otage résonne en moi d'une façon cruelle, car il évoque la mort de tant d'innocents pendant la guerre. Évidemment, celle de mon père exécuté par les Allemands, en 1944, voilà un peu plus de quarante ans.

Je suis en contact quasi permanent avec Éric Rouleau, notre ambassadeur que nous avons nommé à Tunis. L'ancien journaliste du *Monde* est un parfait connaisseur du monde arabe, dont il parle la langue, étant né au Caire. Il ne ménage pas sa peine. En tant que siège de l'OLP, Tunis est pour la France un poste diplomatique « stratégique ».

28 novembre 1985

Le droit et la paix

L'ambassadeur de Pologne à Paris me fait part du souhait du général Jaruzelski de rencontrer François Mitterrand. J'en fais part au président lors du dîner d'État servi le soir, à l'Élysée, en l'honneur de Sa Majesté Hassan II, roi du Maroc. Le souverain rend hommage à « la voix la plus légitime en France qui a osé parler des droits arabes en terre d'Israël et des droits d'Israël en terre arabe ». Redoutable dialecticien. Hassan II est accompagné de sa fille. Il n'y a pas de reine au royaume chérifien. Mais un harem, sans doute ?

Mon regard se porte sur les menus. Je n'avais pas encore remarqué le « chiffre » du président, qui orne le bristol. Un arbre stylisé en relief d'un bleu « roi » : le chêne et l'olivier mêlent leurs feuillages. Le droit et la paix. Bien vu.

29 novembre 1985

Lors de notre récente rencontre de Berchtesgaden, Hans Dietrich et moi avons décidé de relancer, à Stockholm, la conférence sur le désarmement qui s'ouvre aujourd'hui dans la capitale suédoise. Nous sommes déterminés à parler d'une seule voix. Pour frapper les esprits, nous avons mis au point un petit scénario qui nous a bien fait rire. Nos deux avions se sont posés à quelques minutes d'intervalle et se sont rangés côte à côte sur l'aéroport, en un ballet parfait. Nous avons ostensiblement fait une entrée conjointe dans la salle des conférences. Nos déclarations sont ajustées au millimètre et, hors les séances, il est impossible de nous parler en aparté. Nous sommes collés l'un à l'autre ! Les professionnels de la zizanie en sont pour leurs frais. Nous organisons même une réception conjointe après la conférence.

2 décembre 1985

Conseil européen à Luxembourg, puisque le grand-duché assure la présidence tournante. Après des palabres, la Grande-Bretagne finit par accepter l'idée d'Acte unique chère à Jacques Delors. Sans doute est-ce parce que, dans le traité, il n'est pas fait allusion à une quelconque intégration politique ? Il n'empêche, c'est une étape essentielle qui ouvre la voie à un grand marché unique.

Un journaliste de l'AFP, bien informé, demande à François Mitterrand si la nouvelle, en provenance d'Alger, est avérée : Jaruzelski à Paris ? Il est piégé. Il me regarde et lâche un « oui » agacé, sans commentaire. Je sais, dès lors, qu'il va y avoir du grabuge, à gauche comme à droite…

Le secret a été éventé par les Polonais eux-mêmes qui, trop contents d'être reçus à Paris, ont bavardé en Algérie. En cours de réunion, Attali, agité comme à son habitude, vient prévenir le président que le Premier ministre veut lui parler, de toute urgence.

Mitterrand, détaché :

« Roland, allez voir ce qui se passe. »

Fabius, furibard :

« J'apprends, par la presse, que le président va recevoir Jaruzelski. »

Moi, elliptique :

« Oui, il en est fortement question…

– Tu aurais pu me prévenir, je suis "quand même" le Premier ministre…

– Calme-toi, je vais t'expliquer.

– Je ne suis pas d'accord, ça ne se passera pas comme cela.

– Qu'est-ce que je transmets au président ?

– Rien ! »

Et il raccroche.

De retour en conférence, je dis deux mots à Mitterrand, qui lève les sourcils en ayant l'air de signifier : « Aucune importance, laissons-le faire sa crise. »

3 décembre 1985

Par la petite porte

Il est de tradition que le président et le Premier ministre s'entretiennent avant chaque Conseil pendant que les ministres bavardent dans le salon Murat. Cette fois, la conversation dure plus longtemps qu'à l'accoutumée. J'en conclus que la mise au point se passe mal. La réaction de Fabius est compréhensible, mais l'attitude de Mitterrand découle de la Constitution de la Vᵉ République. Les Affaires étrangères, comme la Défense, font partie du domaine réservé du président. Il les gère comme il l'entend avec les ministres concernés.

Le président de la République le rappelle d'emblée devant la trentaine de ministres qui ont l'air morose. Il expose comment il « apprécie » la situation. « Cette appréciation est incommunicable. C'est moi qui ai été élu en 1981 et qui rendrai des comptes au pays. J'écoute l'avis du gouvernement, mais c'est moi qui décide. Ceci est de ma responsabilité. » Chacun à sa place donc. Fermez le ban.

À l'issue du Conseil, le président me retient pour évoquer l'embarras du Premier ministre. Afin d'arranger les choses, il me demande de répondre dans l'après-midi aux questions d'actualité, à l'Assemblée nationale.

4 décembre 1985

François Mitterrand reçoit « par la petite porte » le général Jaruzelski, le président polonais, de retour d'Alger. Il ne veut surtout pas être photographié avec l'homme aux lunettes noires. C'est l'aboutissement de plusieurs conversations que nous avons eues au sujet de la Pologne, un grand pays, fortement peuplé. Une carte maîtresse dans le grand jeu diplomatique en train de se jouer à l'est.

J'avais fait part au président, voilà quelques mois, d'un télégramme de notre ambassadeur en Pologne qui m'avait intrigué. À un journaliste qui lui avait demandé « où en sont les relations avec la France », Jaruzelski avait répondu : « J'ai fait des démarches envers Paris mais qui n'ont pas trouvé d'écho, je le regrette. » J'en avais parlé au président, qui n'avait pas réagi comme il l'avait fait quand j'avais prononcé le nom d'Arafat. Je n'étais pas allé plus loin, mais l'idée avait fait son chemin.

Mitterrand aime bien Fabius, mais il ne voulait pas avoir affaire à sa procrastination habituelle. En ne disant rien, il faisait fi de la pression de son entourage, de la frilosité de son cabinet et de l'émoi des bonnes âmes du Parti socialiste. Je sais que je vais devoir gérer l'ingérable et tous ceux qui, mécontents d'être mis devant le fait accompli, s'entendront dire par un Mitterrand faussement étonné : « Comment, Roland ne vous a rien dit ? » Je suis là pour assumer.

Le président de la République a constaté, comme nous tous, les lézardes dans le bloc communiste. Il ne veut pas subir les changements mais les accompagner, voire les précéder. Les partis politiques et les syndicats n'ont d'yeux que pour Solidarność et son leader charismatique, Lech Walesa. Il ne peut sortir de Pologne. Mitterrand va essayer de desserrer l'étau d'acier qui le rive aux chantiers navals de Gdansk.

Jaruzelski est un Polonais, et son pays, un grand pays, fut au côté de la France lors de la dernière guerre. C'est un militaire, donc un patriote, par principe. Le président français veut l'avoir en face de lui et ne pas se contenter des caricatures complaisamment colportées par la presse.

Il m'a fallu cependant organiser un protocole *a minima*: pas d'accueil officiel à l'aéroport, pas de cortège, pas d'entrée par le portail d'apparat, encore moins de tapis rouge. Quand la Peugeot 604 blindée du général se présente au 55, rue du Faubourg-Saint-Honoré, elle trouve porte close. Il a été prévu, en hâte, qu'il entrerait par la grille du Coq, plus discrète. Je l'attends en haut du perron, côté jardin. Il remonte à pied l'allée du parc. Il a l'air emprunté dans sa gabardine, anthracite comme les mines de Silésie. Il trébuche sur la première marche. Son ambassadeur m'a prévenu qu'il est malvoyant. Je lui tiens le bras. Pas question d'humilier le visiteur que je conduis, sans attendre, non dans le bureau présidentiel mais dans une pièce, attenante au salon des Ambassadeurs, où nous faisons antichambre. Programme minimum.

J'assiste seul à l'entretien au côté des deux présidents et des interprètes. Le général, visiblement mal à l'aise, est figé sur son fauteuil, les genoux serrés. Il parle sans bouger les lèvres. Malgré tout, l'échange est franc. Le président polonais cherche surtout à se justifier. «Comprenez-moi», dit-il à plusieurs reprises à propos de sa faible marge de manœuvre vis-à-vis de l'Union soviétique. «Adressez-nous des signes et faites des gestes qui nous autorisent à vous aider», répond Mitterrand, qui parle droits de l'homme et libertés publiques. Je raccompagne le général à sa voiture en pensant que cet homme réservé et presque aveugle n'a rien à voir avec l'image qu'en donnait un caricaturiste: un général féroce avec des lunettes de soudeur en train de river la Pologne à l'Union soviétique.

En prenant congé, j'oriente la conversation sur un sujet plus privé. Je sais qu'il doit rester pour une visite touristique. «Ma fille Monika rêve depuis toujours d'une promenade sur la Seine en bateau-mouche. Je voulais lui faire ce plaisir.» Bon père, en plus!

Fabius «troublé»

Juste le temps de courir au palais d'Iéna, où je dois faire une conférence sur les problèmes de sécurité en Europe devant l'Assemblée de l'Union de l'Europe occidentale. Constituée de délégations des parlements des 39 pays membres, elle est la seule assemblée interparlementaire européenne compétente en matière de défense.

Il me faut abandonner la tribune pour répondre à un coup de fil urgent du Premier ministre. Il me précise qu'à la séance des questions d'actualité, à l'Assemblée, l'après-midi, c'est le Parti socialiste qui va ouvrir le feu avec une question du député de l'Ille-et-Vilaine.

«Je répondrai moi-même à sa question, dit Fabius, et tu répondras à la deuxième.

– Mais ce n'est pas ce qui a été prévu!

– C'est comme ça.

– Tu as prévenu le président?

– Non.»

Et il raccroche. Je me dis qu'il sait ce qu'il fait. Je ne m'inquiète donc pas. Un Premier ministre doit rester maître de lui. Dans l'hémicycle, c'est l'ambiance des grands jours. J'ai toujours aimé ces affrontements virils où il ne faut pas craindre la bagarre. Jean-Michel Boucheron pose sa question dans les termes convenus. Laurent Fabius répond, en dramatisant un peu le propos. L'opposition assure le fond sonore habituel. «La question que vous me posez est probablement la plus difficile à laquelle j'ai eu à répondre, en tant que Premier ministre, depuis que je suis entré en fonction.» Je me dis qu'il ne faut rien exagérer. Genscher, Andreotti et même le pape ont rencontré Jaruzelski, ça ne doit pas être le diable! Il déroule ensuite tout l'argumentaire du président de la République pour justifier la venue du chef de l'État polonais, à sa demande. Tout va bien jusqu'à ce qu'au détour d'une phrase il se dise «profondément troublé» par cette visite. Je sens d'emblée que ce mot ne restera pas anodin. Un Premier ministre ne peut, sans conséquence, contredire publiquement le président de la République. Je suis, moi aussi, d'autant plus troublé qu'il n'était pas obligé de prendre la parole ni de se mettre ainsi en porte-à-faux. En plus, c'est tout le gouvernement qui risque d'être mis en difficulté.

Il me faut reprendre la situation à notre avantage. À une question semblable du député gaulliste Jacques Baumel, j'interpelle le grognard: «De Gaulle est bien allé voir Staline en 1945, au moment du renversement des alliances, bien qu'il n'ait jamais accepté les conséquences de Yalta ! » Et j'ajoute que Giscard a rencontré six fois Edward Gierek, le premier secrétaire du parti unifié polonais. Personne ne s'en était ému.

5 décembre 1985

François Mitterrand s'est envolé pour les Antilles, m'abandonnant aux bourrasques. Je laisse les professionnels français de l'agitation s'égosiller dans les médias, mais je « verrouille » à l'étranger. Pas de problème côté allemand : Kohl et Mitterrand se sont parlé au téléphone. Et Walesa déclare : « En politique, c'est l'efficacité qui compte », approuvé en cela par monseigneur Glemp, primat de Pologne.

Par quatre fois, le président de la République m'appelle : « Mais qu'est-ce qu'il lui a pris ? Je veux le voir dans mon bureau à mon retour... » Il « surjoue » l'autoritarisme, mais je sais qu'il ne fera rien contre le susceptible Premier ministre. À trois mois des élections, qui seront sans doute perdues, il serait contre-productif d'affaiblir le gouvernement. Mais je comprends, entre les lignes, que l'incident ne sera pas sans conséquence...

Mi-décembre 1985

À contrecœur, François Mitterrand finit par accepter la transaction que nous avons mise au point, Éric Rouleau et moi, pour libérer nos otages. Sous couvert de l'état de santé du terroriste, nous le mettrons dans un avion pour un pays européen de son choix, dès lors que nos ressortissants auront été « livrés » à nos représentants diplomatiques en Syrie, voire à Hafez el-Assad en personne. Mes contacts à Damas et les réseaux d'Éric Rouleau ont montré leur bonne volonté et leur efficacité. Aucun pays européen ne veut accueillir cet encombrant personnage. Heureusement, la Suisse est prête à nous donner un coup de main.

1986

Mi-janvier 1986

Bourse aux otages

Les Syriens ont fait savoir que les exigences des Iraniens ne font qu'augmenter à la « bourse aux otages ». Leur libération semble compromise, « compte tenu de l'approche des élections législatives en France ». Je n'ose imaginer que ces malheureux innocents puissent être l'objet de marchandages électoraux franco-français…

Début février 1986

J'ai convoqué l'ambassadeur d'Union soviétique pour lui signifier que les agissements de certains de ses diplomates sont inacceptables, car ils se mêlent des affaires de la France (sous-entendu se livrent à des activités d'espionnage). Selon le rapport que m'a remis la DST, ils s'intéressent tout particulièrement à nos sous-marins nucléaires basés à Brest, où l'un d'entre eux se rend régulièrement par le train.

À l'expulsion de quatre Soviétiques, Moscou réplique par le renvoi de quatre diplomates français. C'est le jeu habituel, car il faut sauvegarder les apparences. En réalité, personne n'est dupe et tout le monde espionne tout le monde, avec plus ou moins de moyens et d'efficacité. Nous savons toujours qui, dans l'ambassade « adversaire », est chargé du renseignement. En général, c'est l'attaché militaire adjoint.

Petite péripétie qui n'a rien à voir avec l'ampleur de l'affaire Farewell, qui s'était soldée par l'expulsion de 40 Soviétiques, et grâce à laquelle Mitterrand, dès son arrivée au pouvoir en 1981, avait acquis la confiance de Reagan. Il faut dire que cette affaire n'est pas à mettre au seul crédit de la gauche et qu'elle avait été suivie de longue date par la DST, sous la présidence de Valéry Giscard d'Estaing.

L'affaire Naccache ressurgit sur le devant de la scène. Le Comité de solidarité avec les prisonniers politiques arabes revendique plusieurs attentats dans la capitale. Ses membres demandent la libération du prisonnier.

Pour éviter les interférences fâcheuses, ce n'est pas le ministre qui est en contact direct avec nos services secrets mais son directeur de cabinet. Celui-ci reçoit toutes les semaines les directeurs de la DST et de la DGSE et me rend compte. Au ministre de faire la synthèse entre des informations, parfois contradictoires, après le rapport oral fait par son « dir cab ». Pas de traces. Il arrive que ce dernier soit aussi là pour « surveiller » son patron, en fonction des connivences politiques au sein du gouvernement ou de l'appareil d'État. Je n'avais pas à redouter ce genre de pratiques car j'avais mes entrées directes à l'Élysée.

12 février 1986

Dans la cathédrale de Canterbury, je signe, ainsi que mon collègue Geoffrey Howe, secrétaire d'État au Foreign Office, le traité qui autorise le percement et l'exploitation du tunnel sous la Manche. J'espère que cette réalisation formidable va arrimer un peu plus la grande île au continent. C'est en tout cas un premier pas de taille, un rêve centenaire qui va se réaliser, grâce, il faut le dire, à la détermination commune de Margaret Thatcher et de François Mitterrand, et Dieu sait qu'ils n'en manquent pas !

Ce haut lieu historique, siège cathédral du primat de l'Église anglicane, est situé à l'extrême pointe sud-est de l'archipel britannique qui tutoie les côtes du Calaisis, à l'endroit le plus étroit de la Manche. C'est là que fut assassiné au XIIe siècle Thomas Becket pour son opposition au roi d'Angleterre. Un drame qui inspira, en 1935, le grand écrivain britannique T. S. Eliot et son *Meurtre dans la cathédrale*. Mes références littéraires tombent à plat auprès de la Dame de fer.

16 février 1986

Bombarder Kadhafi

Le président de la République a donné l'ordre à nos Jaguar de bombarder l'aéroport tchadien de Ouadi-Doum, à partir de la capitale, N'Djamena. C'est l'aboutissement du contentieux avec Kadhafi. Les photos aériennes prises par l'armée montrent que la piste a été entièrement détruite, non par des bombes traditionnelles qui font des cratères facilement rebouchables, mais par des engins explosifs qui soulèvent le béton en profondeur sur des dizaines de mètres carrés.

17 février 1986

Alors que nous sommes à Luxembourg pour négocier les détails de l'Acte unique, j'apprends qu'un Tupolev de l'armée libyenne vient, en représailles, de bombarder N'Djamena sans faire de victimes. Le président de la République prend immédiatement la décision de lancer l'opération Épervier, destinée à interdire toute progression libyenne vers le sud du Tchad.

25 février 1986

François Mitterrand reçoit, dans le plus grand secret, le général Vernon Walters, ancien numéro deux de la CIA et actuel ambassadeur des États-Unis à l'ONU. Ce n'est pas à ce titre que l'envoyé très spécial de la Maison-Blanche a demandé audience à l'Élysée. Il connaît bien le palais pour y avoir servi d'interprète à un président et à un vice-président américains, John Kennedy et Richard Nixon, du temps du général de Gaulle. Il parle en effet un français parfait, car il a vécu dans notre pays quand il était adolescent. Il a été en outre attaché militaire à Paris de 1972 à 1976, à l'époque où s'y négociaient les accords de paix entre les États-Unis et le Vietnam. Je n'assiste pas à l'entretien.

Washington est décidé à frapper Kadhafi et souhaite que la France conduise l'opération, compte tenu de sa connaissance du terrain et de son implication au Tchad contre les manœuvres expansionnistes de la Libye. François Mitterrand semble refuser de participer à des frappes aériennes. C'est ce qu'il m'affirme quand il me rend compte de sa conversation avec Walters. À ses yeux, l'alliance d'une superpuissance et d'une puissance moyenne pour bombarder un petit pays, fût-il terroriste, mettrait la France dans une position intenable vis-à-vis du monde arabe. Il aura l'occasion de le réaffirmer publiquement lors de ses conférences de presse.

[Comme toujours, les choses seront plus nuancées quand on se référera aux archives américaines. François Mitterrand aurait accepté l'aide des Américains en matière de renseignement aérien et de transport de matériel lourd. Il aurait même été jusqu'à dire qu'il ne verrait pas d'inconvénient à renverser Kadhafi ou à l'humilier, « étant entendu que cela devait être fait de façon habile ». Je ne l'ai jamais, pour ma part, entendu dire les choses de façon aussi brutale. Il n'est pas rare que les Américains prennent leurs désirs pour la réalité.]

23 au 25 février 1986

Je me rends en Bulgarie afin de préparer la prochaine visite de François Mitterrand. Pour la première fois, je rencontre Petar Mladenov, le ministre des Affaires étrangères, en poste depuis dix-huit ans ! Les discussions tournent inévitablement autour des questions de désarmement. Mais il existe aussi un contentieux – mineur – qui pimente les conversations. Deux citoyennes françaises, nées bulgares, ont fait don à l'État français, en 1984, de l'immeuble Balatov, du nom de leur père, au centre de Sofia. Nous aimerions y installer nos services consulaires. Or l'administration communiste s'y oppose, au motif que la loi bulgare interdirait toute donation à un État étranger. Je m'amuse à pousser mon collègue dans ses retranchements.

« L'État n'est-il pas tout-puissant en Bulgarie ?

– Si. Nous allons trouver une solution "politique" », m'assure l'oligarque.

27 et 28 février 1986

À Paris, lors du quarante-septième sommet franco-allemand, le chancelier exprime son inquiétude: «En cas d'une attaque venue de l'Est à laquelle la France riposterait, les missiles à courte portée risqueraient d'atteindre le territoire allemand, qui se trouverait ainsi en première ligne du conflit.» La discussion est tendue car deux logiques s'affrontent: la française, qui n'entend pas voir sa liberté d'action entravée, et l'allemande, qui est légitime à ne pas recevoir des bombes sur la tête.

Mais de quelle Allemagne parle-t-on? Le territoire de la République fédérale seule ou de l'Allemagne d'avant-guerre? Genscher et moi nous isolons dans un bureau de l'Élysée pour nous pencher sur le traité de Berlin. Par ce texte, signé en 1926 entre l'Allemagne et l'URSS, les deux pays se promettaient une neutralité mutuelle en cas d'agression par un pays tiers. Nous déplions des cartes sur la table. C'est bien de la Grande Allemagne qu'il s'agit.

Pour preuve de sa bonne volonté et de la confiance qu'il porte à ses partenaires, le président Mitterrand fait une concession majeure au chancelier Kohl: «Je suis disposé à consulter le chancelier sur l'emploi éventuel des armes d'ultime avertissement françaises sur le territoire allemand.»

28 février 1986

Assassinat en eaux troubles

C'est la consternation à la fin du sommet. Nous apprenons que le Premier ministre suédois, Olof Palme, a été assassiné dans une rue de Stockholm d'un coup de feu tiré dans le dos et à bout portant. Son épouse n'a été que légèrement blessée. Le couple sortait du cinéma sans garde du corps. Je suis très peiné par le décès de celui que je considère comme un ami. Voilà tout juste un mois, nous bavardions en tête à tête, très amicalement, mais pour une affaire grave. Alors que j'étais en déplacement en Suède, il avait demandé à me voir. Il m'avait alors informé, sous le sceau du secret absolu, que ses services de contre-espionnage avaient identifié, dans les eaux territoriales, un sous-marin soviétique se livrant à des activités d'espionnage. «Nous sommes décidés à le mettre hors d'état de nuire, mais cela peut entraîner une crise grave avec l'URSS. Merci d'en informer le président Mitterrand.» Je ne peux m'empêcher de relier les deux événements…

5 mars 1986

Le djihad islamique annonce l'«exécution» de Michel Seurat. Nous savons que c'est une manipulation, car il est vraisemblablement mort depuis longtemps, de maladie ou de mauvais traitements. Mais son corps a été enfin retrouvé et va être rapatrié. Des dizaines de personnes ont traqué sa sépulture depuis plusieurs années. C'est une bien maigre consolation.

Sur ma proposition, François Mitterrand décide d'envoyer Éric Rouleau en Iran pour voir comment les autorités, qui ont prise sur le Hezbollah, peuvent nous aider. Il nous communiquera ses informations par messages codés connus de nous seuls. Le président de la République a bien fixé les limites de la mission: «Pas de livraison d'armes, pas d'extraditions de réfugiés politiques iraniens, et hors de question d'arrêter les livraisons d'armes à l'Irak.»

Par mes contacts à Téhéran, je sais que les mollahs sont demandeurs de revenir sur la scène politique internationale. Je leur ai fait miroiter l'établissement de relations diplomatiques avec la Communauté européenne. Donnant-donnant. L'autre point de discorde avec Téhéran est le remboursement de la dette que la France a contractée avec l'Iran lors de la création, du temps du shah et de Giscard, d'Eurodif, une usine de retraitement de l'uranium. Le président est d'accord pour le paiement échelonné du milliard de dollars dû.

La seule pierre d'achoppement est la libération du commando Naccache, dont les Iraniens ont fait le préalable à toute négociation. Pour François Mitterrand, s'il est envisageable qu'il gracie Anis Naccache, il est hors de question d'élargir les quatre terroristes condamnés à perpétuité pour avoir tué les policiers français qui protégeaient Bakhtiar. Il se révèle difficile pour Rouleau d'expliquer à ses interlocuteurs que l'on ne peut échanger quatre innocents contre quatre assassins…

8 mars 1986

Enlèvement de l'équipe de télévision d'Antenne 2 venue enquêter sur les zones d'ombre de la disparition de Michel Seurat. La série noire continue. Je suis abattu.

13 mars 1986

Éric Rouleau a fini par aboutir à un accord rédigé avec la complicité de Hachemi Rafsandjani, le principal conseiller de l'ayatollah Khomeiny. Demain, Naccache sera libéré, et je partirai le samedi 15 mars, veille des élections, récupérer nos otages à Damas qui seront confiés aux bons soins de Hafez el-Assad. Ils transiteront par la Suisse.

14 mars 1986

Odieux chantage

De retour de Téhéran, Éric Rouleau rédige de Tunis ce télégramme qu'il cosigne avec notre chargé d'affaires à Téhéran, Pierre Lafrance : « [...] Nos propositions ont été jugées trop modestes. La bourse des valeurs a atteint son zénith. » L'opposition française entretient depuis trois mois des relations suivies avec les ravisseurs et les milieux proches du gouvernement iranien, en leur promettant un traitement beaucoup plus avantageux que celui élaboré par l'actuel gouvernement [français].

Que s'est-il passé ? Rouleau a été réveillé en pleine nuit par son interlocuteur, le ministre des Gardiens de la révolution, Rafigh Doust, qui lui demande de passer le voir d'urgence. Il lui explique, non sans cynisme : « Vous nous offrez cent quand vos "adversaires" nous promettent mille. » La droite en a donc profité pour faire monter les enchères et s'approprier le bénéfice de la libération des otages. Je suis écœuré. Ces hommes vont rester en prison à cause de basses manœuvres politiciennes. Mitterrand me dit : « Il faudra tirer cette affaire au clair. » Nous sommes très surpris en effet que le clan Chirac ait pu ainsi s'infiltrer dans les arcanes, par définition complexes, de circuits diplomatiques officiels mais aussi officieux...

[À mon retour aux affaires en 1988, j'aurai la preuve qu'une « taupe » était nichée au Quai et avait percé les secrets du service

du chiffre. Les messages codés envoyés par Rouleau à Mitterrand étaient ainsi transmis à l'entourage de Chirac. Je convoquerai ce fonctionnaire subalterne pour en avoir le cœur net.]

16 mars 1986

Nous avons perdu les élections législatives, et c'est la première fois que des députés du Front national vont siéger à l'Assemblée. La victoire de l'opposition est sans appel.

17 mars 1986

Avant de se prononcer quant au choix du Premier ministre, François Mitterrand a organisé une réunion chez Louis Mexandeau, au ministère des PTT, avec quelques amis de sa «vieille garde» dont je suis. «Loulou» est un fidèle parmi les fidèles. Mais ce n'est pas la raison de cette réunion de grognards. Le bâtiment Art déco du ministère se prête plus aux réunions discrètes que les hôtels particuliers du Grand Siècle. On entre en voiture dans le parking souterrain et un ascenseur privé conduit directement aux appartements du ministre… Une confidentialité qui n'aurait pas été possible au Quai, par exemple.

Malgré le repas bien arrosé, comme toujours chez Mexandeau, l'ambiance est morose, ce qui n'empêche pas que l'humour ne fuse. Comme au jeu de fléchettes, des silhouettes passent pour être aussitôt abattues: Chaban, Giscard… À l'évocation du nom de VGE, Louis Mermaz lâche, pince-sans-rire: «Deux présidents, cela ferait un peu trop Dupont et Dupond», faisant référence aux personnages de Tintin, dont de Gaulle disait qu'il était son seul rival sérieux! Éclats de rire.

Le président, silencieux jusqu'alors, tranche le débat: «On ne contourne pas un obstacle, il faut au contraire s'appuyer sur lui. Revoyons-nous bientôt.» Nous avons tous compris que «l'obstacle» s'appelle Chirac. Il est le chef du plus important parti de la nouvelle majorité. Incontournable.

19 mars 1986

Loin du Quai

Jean-Louis Bianco, secrétaire général de l'Élysée, et Édouard Balladur, secrétaire général du gouvernement, travaillent de concert pour élaborer la liste des ministres sous l'autorité de leurs deux «patrons». Cela ne va pas sans grincements de dents.

François Mitterrand m'a demandé de ne pas m'éloigner. Il compte bien ne pas rester inerte dans le choix de mon successeur. Il a besoin de moi pour l'aider à trouver un ministre des Affaires étrangères avec lequel il puisse travailler en relative harmonie. Il ne veut en aucun cas avoir affaire à un «politique», imposé par Chirac, qui lui mènerait la vie dure et empiéterait sur son domaine réservé.

Le nom de Jean Lecanuet a été avancé. Le président le récuse, considérant que l'ancien candidat centriste à l'élection de 1965 contre le général de Gaulle est trop «atlantiste». Balladur plaide pour Giscard. «Deux présidents de la République, cela ferait beaucoup», redit Mitterrand. De toute façon, Chirac ne veut pas entendre parler de «l'Ex». Les blessures de 1981 sont encore à vif.

Le président souhaite un diplomate de carrière versé dans les relations avec l'Europe de l'Est et la Russie. Tout naturellement, je lui propose Jean-Bernard Raimond, l'ambassadeur que j'ai nommé à Moscou, un an auparavant, après qu'il a été en poste à Varsovie. Formé à l'école de Couve de Murville, il a été nourri à la mamelle gaulliste de la politique étrangère de la France. Ancien élève de l'École normale supérieure, il a une bonne plume et parle russe. Deux atouts essentiels aux yeux du président.

«Très bien. Je vous fais confiance. Appelez-le pour voir s'il est d'accord.»

Je téléphone à Jean-Bernard Raimond, à Moscou, qui tombe de sa chaise. Il reste un moment silencieux et finit par accepter. Homme affable et discret, je suis sûr qu'il ne fera pas d'ombre au président. C'est bien ainsi. *Le Canard enchaîné* ne tarde cependant pas à le surnommer «Jean-Banal Raimond»...

20 mars 1986

Cohabitation explosive

Jacques Chirac est nommé officiellement Premier ministre. C'est la première cohabitation de la Ve République. Certains cassandres prédisent la catastrophe. Une heure après la nomination de Chirac, une bombe explose aux Champs-Élysées : 2 morts et 28 blessés.

Je quitte le Quai d'Orsay avec le sentiment de la tâche inaccomplie.

22 mars 1986

François Mitterrand s'entretient avec le nouveau Premier ministre de la situation au Tchad. Sont également présents dans son bureau les nouveaux ministres Jean-Bernard Raimond (Affaires étrangères) et André Giraud (Défense). Par le secrétaire général de l'Élysée, Jean-Louis Bianco, je suis informé de la teneur de la conversation. Je dois continuer à suivre le dossier tchado-libyen. « Tenez-vous prêt au cas où », m'a recommandé le président. François Mitterrand trouve maladroite l'intervention américaine imminente dans le golfe de Syrte.

« Cela va unifier le monde arabe derrière Kadhafi.

– C'est exactement ce que je pense », répond Jacques Chirac.

24 mars 1986

Début de l'intervention américaine sur les côtes libyennes. Le général Gilbert Forray, chef de l'état-major particulier du président, est informé que des navires américains, entrés hier dans les eaux territoriales libyennes, ont coulé un navire et anéanti une base de lanceurs de missiles. Dans une note au président, il s'interroge sur la pertinence d'une telle opération qui va faire passer Kadhafi pour un héros ou un martyr. Et d'ajouter en soulignant : « Ils en ont trop fait ou pas assez… »

26 mars 1986

Jacques Chirac annonce qu'il souhaite que la France participe à la « guerre des étoiles », car c'est une promesse électorale du RPR. François Mitterrand lui répond qu'il n'en est pas question : « Tant que je serai là, la France n'y participera pas. Et si vous insistez, je ferai un référendum et je le gagnerai.»

Le père assassiné

Mais, en ce 26 mars, mes pensées vont vers une autre guerre. C'est le jour anniversaire de l'exécution de mon père, Georges Dumas, qui vient d'être institué «Juste parmi les nations» pour avoir caché des Juifs pendant l'Occupation. Certains d'entre eux, encore vivants, ont témoigné. Je suis ému aux larmes en recevant ce courrier transmis par l'ambassadeur d'Israël en France, Ovadia Soffer. Notre famille avait en effet aidé plusieurs personnes à échapper aux persécutions nazies.

En 1943, Simone Nathan, élève en classe de philosophie, qui devait rédiger une dissertation sur le thème de «l'allégeance», avait remis comme devoir une lettre au maréchal Pétain! Cet affront lui valut d'être renvoyée du lycée. Les gendarmes reçurent même l'ordre de l'arrêter. Comme elle était une amie de ma sœur, la famille Nathan, dont les biens avaient été confisqués, demanda aide et assistance à mon père dont on commençait à dire à Limoges qu'il «cachait des Juifs», ce qui était très risqué. Il trouva un couvent transformé en hôpital qui accueillit Simone comme une malade. Seules la mère supérieure et une religieuse, avec lesquelles Simone avait sympathisé, étaient dans la confidence. Malgré toutes les précautions, un «collabo» dénonça la présence de la jeune fille. Nous étions tous bouleversés. De cette période date mon aversion pour les traîtres et les dénonciateurs. Il fallut exfiltrer les Nathan. Mon père réussit à fournir des faux papiers à toute la famille pour lui permettre de quitter Limoges. En mars 1944, elle put se réfugier dans la Creuse, où elle vécut en sécurité jusqu'à la fin de la guerre.

Mon père sauva aussi la vie d'Henri Sandler, qui deviendra, après la guerre, le président de la communauté juive de Limoges. Démobilisé en 1940, après avoir passé trois ans sous les drapeaux, il rentra en Limousin. En 1943, les gendarmes vinrent l'arrêter au motif qu'il était réfractaire au STO (Service du travail obligatoire)! Les amis d'Henri firent appel à mon père, qui ne ménagea pas ses efforts auprès des autorités. Il obtint sa libération au bout de quarante-huit heures. Sans son intervention, il y a fort à parier qu'il aurait été livré aux Allemands et déporté…

Je me souviens aussi des Guterbaum, qui avaient trouvé refuge dans une fermette de Saint-Priest-sous-Aixe (Haute-Vienne). J'allais à vélo leur porter du ravitaillement, en prenant bien soin de ne pas éveiller l'attention. Ils étaient terrorisés par les gendarmes. Au moindre bruit, ils se cachaient dans le placard sous l'escalier.

Outre le diplôme remis à la famille du « Juste », il était stipulé qu'il fallait planter un olivier dans le jardin mémorial de Yad Vashem. Je me jure de creuser la Terre sainte lors de ma prochaine visite en Israël.

Du 2 au 4 avril 1986

Une bombe a explosé au-dessus de la Grèce dans un Boeing de la TWA et a fait, parmi les victimes, 4 morts américains. Un autre attentat à Berlin-Ouest fait 2 morts et 230 blessés dans une discothèque fréquentée par des GI. Les services américains sont persuadés qu'ils sont signés par les Libyens et nous informent que Reagan est fermement décidé à éliminer Kadhafi.

Dans le même temps, la DST a identifié deux membres de l'ambassade de Libye préparant un attentat contre l'ambassade des États-Unis à Paris. Le ministre de l'Intérieur procède à leur expulsion, sans autre forme de procès. Robert Pandraud, ministre délégué à la Sécurité, reçoit l'ambassadeur des États-Unis pour lui communiquer les détails du dossier, mais personne n'informe le président. Il est furieux. Même s'il est au courant par ses propres canaux qui convergent vers son directeur adjoint de cabinet, Gilles Ménage, il en fait une affaire de principe. Il fait dire au Premier ministre sa vive protestation. C'est le premier « couac » de la cohabitation.

4 et 5 avril 1986

Omelette à Latche

Le président de la République m'envoie en mission secrète à Tripoli. Comme toujours dans ces cas-là, je ne marque pas de date précise dans mes agendas. Il ne veut pas se laisser dicter sa conduite par les Américains ni par le gouvernement Chirac. Il n'a aucune sympathie pour le colonel libyen, mais il ne veut pas mettre le feu aux poudres dans le monde arabe. J'ai pour mission de comprendre les intentions du colonel. J'explique à Kadhafi que nous ne sommes pas alignés sur la politique américaine, mais je le mets en garde contre toute provocation.

Le temps presse. Je dois rendre compte en urgence au président, qui est en week-end à Latche. Je le fais prévenir de ma visite inopinée. J'arriverai dans la nuit à l'aéroport de Biarritz, qu'il faut faire rouvrir, ce qui n'est pas chose facile… Ses fidèles gendarmes m'attendent sur le tarmac. Nous partons pour Latche. Au cœur de sa forêt de pins, la bergerie est plongée dans l'obscurité. Danielle me reçoit en robe de chambre. Elle me propose une collation. Je n'ai rien avalé depuis douze heures. Je lui demande une omelette. François Mitterrand est en pyjama, assis sur le bord de son lit.

« Ah, Roland, je suis bien aise de vous voir. Heureusement que vous arrivez, car les Américains se font de plus en plus en pressants. J'ai à nouveau reçu cet après-midi le général Vernon Walters, porteur d'une lettre de Reagan.

– Que veulent-ils exactement ?

– Ils me demandent d'autoriser le survol du territoire par leur aviation "pour aller bombarder des camps terroristes de Kadhafi". Je leur ai demandé un délai de réflexion.

– Ont-ils précisé la date ?

– Walters est resté évasif. L'opération devrait se dérouler de nuit "entre le 12 et le 16 avril". »

Le chef de l'État, chef des armées, ne peut se satisfaire de ces imprécisions. Il me demande mon avis.

« Je pense surtout qu'ils veulent la peau de Kadhafi. C'est à mes yeux un "acte de guerre" à hauts risques dont le bénéfice pourrait se révéler mince. Il est loin d'être garanti que le dictateur soit tué. Et s'il l'était, la Libye serait en proie à une déstabilisation qui ne serait pas sans conséquence dans la région. Le "remède" dans ce cas serait pire que le mal.

– Je vais réfléchir », me dit le président en me raccompagnant.

14 avril 1986

Feu sur Tripoli

Le général Vernon Walters a demandé une nouvelle audience au président de la République. Nous sommes à quelques heures de l'expiration du délai. Le messager de Reagan annonce, en français, à Mitterrand, que le président américain vient de donner son feu vert pour bombarder des sites stratégiques à Tripoli et à Benghazi. Ce raid, baptisé « El Dorado Canyon », est la réponse directe aux récents attentats en Grèce et en Allemagne. La CIA a remonté la filière et intercepté des conversations qui prouvent l'implication des services de Kadhafi. Les Américains sollicitent une dernière fois l'autorisation de survol du territoire français par les 18 F-111, basés en Angleterre. Ils seront accompagnés d'avions ravitailleurs et de leur escorte. La pression est à son paroxysme.

François Mitterrand m'a demandé de passer le voir le soir même, de toute urgence, à l'Élysée. Je ne suis plus en charge de la diplomatie, mais il sollicite à nouveau mon avis en tant que « connaisseur du dossier libyen ». Comme à son habitude, il travaille dans un bureau obscur, éclairé par le seul halo de sa lampe de bureau. Il pose ses lourdes lunettes d'écaille et m'expose la situation. Il me parle de l'imminent projet américain. La tension est palpable.

Il me rapporte précisément les paroles qu'il a tenues à Walters, avec lequel il parle toujours sans détour : « Kadhafi devient franchement insupportable. Il entretient un climat de guerre. On ne peut plus raisonner avec lui comme lorsque l'on pensait trouver un *modus vivendi*. Le problème est celui de la façon de faire. Ce n'est pas le peuple libyen qui doit être puni. Il faut éviter tout ce qui fera apparaître Kadhafi comme un héros pour le monde arabe insaisissable, qui tourne de plus en plus à un intégrisme fou où les nerfs ont plus de place que la foi. »

Je lui déconseille à nouveau d'accepter le survol de notre territoire. Au-delà de l'ire des pays arabes, ce serait en outre s'associer à un acte de guerre majeur contre un pays indépendant et membre des Nations unies. Je lui indique que nos amis allemands, eux-mêmes directement concernés par l'attentat sur leur sol, n'ont pas cédé aux sollicitations de Washington demandant des mesures de rétorsion économiques et politiques contre Tripoli.

« Bon, me répond-il, ce que vous me dites me conforte dans mon opinion et le Premier ministre semble être, pour une fois, de notre avis, même si ce n'est pas tout à fait clair. » L'armada américaine devra faire le tour de l'Espagne qui, elle aussi, a refusé le survol. Les bombardiers passeront par le détroit de Gibraltar, où ils seront ravitaillés en vol. À la télévision américaine, Ronald Reagan s'adresse au peuple américain. Depuis le bureau ovale, il justifie, martial : « Nous avons fait ce que nous avions à faire et le referons si nécessaire. »

15 avril 1986

Bombardement de Tripoli. Le quartier général de Kadhafi a été endommagé. Il est clair que les camps terroristes n'étaient pas la seule cible, contrairement à ce qui nous avait été annoncé.

[Quand, à nouveau ministre, je serai de retour à Tripoli, Kadhafi insistera pour que je me rende sur les lieux du bombardement. Au sein de son immense quartier général, Bab el-Azizia, entouré de hauts murs, les vestiges du bâtiment éventré étaient restés en l'état. Sa dernière fille adoptive, Hana, était censée avoir péri dans l'attentat. Un registre était laissé à la disposition de tous les hôtes officiels en visite. Je mis un mot pour regretter la mort de victimes innocentes…]

Évasion du « Captif amoureux »

Par la radio, j'apprends la mort de Jean Genet. Abasourdi, j'ai l'impression d'avoir perdu un être cher. Je le savais fatigué, depuis des mois, par son cancer de la mâchoire. La maladie ne l'avait pas empêché d'aller au Maroc, en voiture, piloté par son ami Jacky Maglia. Rentré à Paris, il n'avait pu trouver une chambre à l'Hôtel Rubens, où il avait ses habitudes. Il s'était réfugié au Jack's Hôtel, 19, avenue Stephen-Pichon, près de la place d'Italie. Je m'y précipite.

La concierge m'annonce que le corps n'est plus là. Après s'être fait prier, elle accepte de me donner la clé. Elle me fait comprendre qu'elle m'a reconnu. Je gravis les deux étages et pénètre dans la petite chambre sans âme aux meubles de bois blanc. Le lit est défait. Sur le dossier de l'unique chaise, les vêtements tels qu'il les a quittés la veille : un pantalon de toile, un chandail et son légendaire blouson de cuir. Aucun objet dans le placard, dont la porte est entrouverte. Il était là de passage. Sur la table, les reliefs de son « repas » : un carton de lait entamé, quelques biscottes et un flacon de Nembutal, ce barbiturique qui, disait-il, calmait ses douleurs.

Il avait souvent parlé de se donner la mort. Voilà quelques années, il avait eu un malaise après avoir trébuché dans sa salle de bains. Le bruit alors avait couru qu'il avait fait une tentative de suicide à Athènes. J'avais fini par le joindre au téléphone : « Rassurez-vous, Roland, je n'ai fait que forcer un peu sur le Nembutal ! Je n'ai pas l'intention de mettre fin à mes jours. » J'étais cependant perplexe. Je savais par mon amie Paule Thévenin que son mari, médecin, refusait de lui prescrire de trop grandes quantités de ce puissant somnifère. Genet fulminait. Il subtilisait, paraît-il, des ordonnances pour rédiger de fausses prescriptions au nom de ses amis…

Deux femmes de chambre me surprennent dans ma réflexion. Elles s'excusent de ne pas avoir eu le temps de faire le ménage. La plus grande des deux, une Africaine, bredouille une explication : « Il est tombé en allant au lavabo. » Elle le croyait toujours vivant, à l'hôpital. Quand je lui apprends sa mort, elle se signe, comme pétrifiée. Elle commence à passer la serpillière de façon désordonnée. Je pense à la mère de Jean, elle aussi femme de chambre, pour ne pas dire bonne, qui lui avait donné naissance, non loin de là, à la clinique d'accouchement Tarnier, 89, rue d'Assas.

Je descends à la réception pour essayer d'en savoir plus auprès de la gérante. Elle m'assure que les pompiers sont venus très vite et qu'ils ont emporté son corps. Elle m'apprend qu'il n'était pas seul, mais qu'un couple d'amis logeait dans la chambre à côté. Elle me confirme qu'il s'agit bien de Jacky Maglia et d'un certain Mohamed. Alors que je m'étonnais que son manuscrit eût disparu, elle m'informa que « monsieur Gallimard » était passé. Je savais en effet que Jean Genet mettait la dernière main au *Captif amoureux*.

Je roule vers la morgue et me fais reconnaître à travers le judas. Je patiente quelques minutes avant d'entendre des pas et le tintement de lourdes clés que l'on fait jouer dans la serrure. J'ai le temps de revoir en flash ma dernière visite en ces lieux sinistres. J'étais venu reconnaître le corps d'Abdallah Bentaga, le funambule aimé de l'écrivain. Après une chute qui l'avait laissé infirme, il avait mis fin à ses jours en se tailladant les poignets. Genet avait été dévasté par cette mort. Il était venu pleurer à mon domicile, m'assurant avoir détruit son dernier manuscrit et renoncé à l'écriture. Je l'avais consolé. « Oui, il faut qu'une mort serve à quelque chose, qu'elle ait une signification », avait-il alors murmuré, au coin du feu, dans les volutes de sa cigarette.

Perdu dans mes souvenirs, je n'ai pas pris garde à ce qui m'entoure, et c'est mieux ainsi : des corps nus, d'autres habillés ou recouverts d'un drap. Je fais toujours antichambre. J'aperçois des brancards poussés par des garçons de salle qui passent et repassent en faisant crisser les roues sur les dalles luisantes. C'est un ballet irréel, comme rythmé par une musique de scène que je n'entends pas. Je demande à voir un responsable qui me fait pénétrer dans la salle des chambres froides. Derrière chaque porte métallique, un cadavre.

« As-tu un Genet ? demande une voix dans le couloir.

– Oui », répond une autre.

Sur un chariot, on m'apporte enfin le corps de Jean Genet tel qu'il est arrivé du Jack's Hôtel. Il est disposé entre deux autres civières : un Noir nu au sexe énorme et un clochard crasseux à la barbe hirsute. Des parias comme Jean les aimait.

Le préposé vérifie le nom inscrit sur une étiquette attachée au poignet : « Oui, c'est bien Jean Genet. »

Il a les yeux grands ouverts et la mâchoire de travers. Un légiste enfile devant moi sa blouse blanche, sans doute pour faire plus sérieux. Il clôt les paupières et tente de lui fermer la bouche.

« C'est difficile, car il lui manque une partie de la mâchoire.

– Je pense que son dentier a dû rester à l'hôtel. »

Malgré cela, le visage reste serein. Je me rassure en pensant qu'il n'a pas souffert.

Il porte toujours les vêtements avec lesquels il a passé la nuit : sa chemise et son pantalon de pyjama dont la braguette ouverte laisse entrevoir son sexe. La chemise est largement échancrée sur un torse laiteux d'adolescent où le temps n'a pas griffé son empreinte. Je remarque à la tête deux blessures apparemment superficielles, avec quelques petites traces de sang séché. Je demande à voir le rapport d'autopsie où le médecin légiste a écrit: « Mort naturelle. » C'est tout.

C'est à moi qu'incombe d'organiser les obsèques. Il m'avait dit qu'il souhaitait être inhumé dans le petit cimetière de Larache, dans le nord du Maroc. J'en avais avisé l'ambassadeur de Hassan II à Paris qui avait demandé l'accord du roi. Jacky, lui, assure que Jean aurait préféré être enterré au côté d'Abdallah, au cimetière de Thiais. Genet dans le carré musulman ? Pourquoi pas ? Je suis sûr qu'il n'y aurait vu aucun inconvénient. Nous fixons la date au 23 avril en nous promettant de n'y être que tous les trois: Jacky Maglia, Mohamed el-Katrani et moi. Il n'aurait pas aimé les couronnes et les discours.

À la réflexion, Jacky a changé d'avis. Il pense en effet qu'il aurait préféré le Maroc. Je le laisse décider.

23 avril 1986

L'homme aux semelles de vent

12 h 45. Je retrouve les deux amis de l'écrivain à la morgue avant la fermeture du cercueil. Jacky Maglia est hirsute et hagard. Mohamed se terre dans un profond abattement. Le cercueil a été installé dans une chambre mortuaire. Rien à voir avec ma précédente visite en ces lieux sinistres. La toilette mortuaire a transfiguré le défunt. Son dentier a été remis en place, mais surtout son « nez de boxeur » a été refait... Sa chemise bien repassée est boutonnée jusqu'au col. Je ne reconnais pas mon ami. Jacky et Mohamed non plus. Ils lisent le désarroi sur mon visage. Mohamed éclate en sanglots. Je le prends par l'épaule. Jacky, les yeux rougis, le console à son tour. Il a cueilli dans la rue une fleur, sauvage, comme Genet, poussée entre les pavés, comme lui. En un geste plein de tendresse, il la dépose sur la chemise immaculée. « Avant que vous n'arriviez, nous avons jeté des pétales de roses sur son corps; il faut quand même ajouter un peu de poésie à tout cela », dit Jacky. Il voudrait ouvrir le col de la chemise de Jean: « Il ne la portait jamais comme cela. » Il n'ose pas.

Les deux garçons n'en finissent pas de scruter ce visage inconnu. Ils veulent s'assurer que c'est bien lui. Jacky se penche de plus près sur le visage puis sur les chaussures qui dépassent du linceul : « Oui, c'est bien lui, je reconnais ses pieds ! » Mohamed confirme. La mort, pour se jouer des vivants, laisse toujours une place au comique.

14 heures. Levée du corps. Jacky, Mohamed et moi saluons Claude Gallimard et Laurent Boyer, ses éditeurs. Est également présente Leïla Shahid, la combattante de la cause palestinienne, la « grande cause » de Genet à la fin de sa vie. Libanaise d'origine, elle a épousé le romancier marocain Mohammed Berrada. C'est chez eux que Genet habitait quand il venait au Maroc. Mais leur terrible expérience commune avait été leur visite, en 1982, des camps de réfugiés palestiniens à Sabra et Chatila, à Beyrouth-Ouest. C'est là qu'eurent lieu les massacres perpétrés par les Phalanges libanaises et dont l'armée israélienne fut accusée de porter une part de responsabilité pour ne pas les avoir empêchés. Cette vision d'horreur bouleversa Jean Genet qui en fut hanté jusqu'à la fin de ses jours. *Quatre heures à Chatila* et *Le Captif amoureux* sont directement liés à cette histoire.

Jean Genet repose en terre marocaine dans le petit cimetière marin de Larache, battu par les vents de l'Atlantique, à 80 kilomètres au sud de Tanger. Comme un burnous de pierre, une bordure peinte à la chaux enserre le tumulus et tient à l'écart les herbes folles. Sur un gros caillou, également peint en blanc, une simple plaque avec le nom en lettres calligraphiées. Je sais qu'il n'aurait pas aimé mon intervention auprès de Sa Majesté, mais il ne le saura pas... L'essentiel est qu'il soit là, à deux pas de la maison qu'il avait fait construire pour la famille de Mohamed el-Katrani et surtout pour le fils de celui-ci, Azzedine, l'enfant qu'il considérait comme son petit-fils adoré. Sur une étagère, les quelques livres de l'écrivain sont les seules traces de son passage : des ouvrages de Michel Foucault annotés, le *Henri Matisse* d'Aragon, des livres d'histoire sur l'Islam et l'art grec. Un livre d'art sur Rembrandt aussi. Il était fasciné par *La Ronde de nuit*, dont il m'avait dit un jour : « Ce tableau, construit comme une cantate de Bach, a la puissance d'une cathédrale. » Pour protéger ce modeste héritage, je suggère à la famille qu'il soit déposé au petit centre culturel français de Tanger.

Les livres pour Genet étaient sacrés. Ils lui avaient permis de conquérir sa liberté. Il serrait toujours dans sa besace un recueil de Verlaine et un autre de Rimbaud. « J'espère bientôt n'en garder qu'un », m'avait-il confié. Dans les bourrasques de Larache, l'homme aux semelles de vent ?

29 avril 1986

À la télévision française, le Premier ministre Jacques Chirac affirme que c'est lui qui a pris la décision du non-survol du territoire. Qui de Mitterrand ou de Chirac ment ? Il est facile pour moi de le deviner. Le président l'a, bien sûr, consulté, mais il tient à faire savoir que ce genre de décision relève de sa seule responsabilité constitutionnelle. Piqué au vif, il demande à un émissaire de l'expliquer à un diplomate de l'ambassade américaine et suscite un article dans *Le Monde* qui rappelle les prérogatives du chef de l'État. On ne piétine pas impunément son domaine réservé. L'autre guerre, celle des chefs, est bel et bien déclarée.

Sans date

S'il laisse « le gouvernement gouverner », Mitterrand attend son heure. C'est-à-dire la faute de Chirac, pour sortir du bois. Face à son vibrionnant Premier ministre, le placide sage jouit à l'avance du bon tour qu'il va lui jouer. Il en est sûr. Je cite l'aphorisme de Lao-Tseu : « Si quelqu'un t'a offensé, ne cherche pas à te venger. Assieds-toi au bord de la rivière, et bientôt tu verras passer son cadavre. » Les lèvres esquissent un sourire, mais le regard est féroce.

4 au 6 mai 1986

Marquage à la culotte

Le G7 au Japon va être un test grandeur nature de la cohabitation dont personne ne sait vraiment comment elle peut fonctionner. Les deux hommes doivent trouver leurs marques. François Mitterrand a refusé de laisser à Jacques Chirac la tête de la délégation française. De même entend-il assister seul à la séance et au déjeuner inaugural. Chirac retardera donc sa venue pour ne pas subir une humiliation devant les autres chefs de gouvernement.

En revanche, Mitterrand est d'accord pour que ce dernier participe aux réunions bilatérales et aux rencontres élargies. Comme preuve de bonne volonté, Chirac a renoncé à l'entretien en tête à tête avec Reagan qu'il avait sollicité et dont il pensait qu'il lui serait accordé.

Avant son départ, le président de la République a bien pris soin de baliser le terrain, mais sans pour autant envenimer les choses. Dans une interview au quotidien *Yomiuri Shimbum*, il a rappelé: « Les rôles du président de la République et celui du Premier ministre sont complémentaires mais, en dernier ressort, la France ne parle que d'une seule voix à l'égard du monde extérieur. » Et, dans l'avion, il insiste auprès de ses collaborateurs pour qu'ils traitent « convenablement » Jacques Chirac. Surtout ne pas prêter le flanc à un clash à l'étranger qui ne manquerait pas de faire les choux gras de la presse française !

À Tokyo, même les autres chefs d'État et de gouvernement sont aux aguets. Il n'est pas mauvais qu'un partenaire (même s'il n'est pas un adversaire) puisse être parfois en situation de faiblesse... En séance, tout « roule » en apparence : le président prend la parole au nom de la France et laisse son Premier ministre apporter des précisions. Dans la coulisse, la compétition fait rage.

Mitterrand est furieux quand il apprend la teneur de la conversation de Chirac avec le Premier ministre japonais. La réplique ne se fait pas attendre. Lors de la conférence de presse, il refuse ostensiblement de lui laisser la parole. Jacques Chirac baisse le nez et consulte ses notes. À son retour, le président me confie : « Ce fut une épreuve, mais j'ai tenu bon ! »

18 mai 1986

Parmi les apôtres

En ce lundi de Pentecôte, j'ai été invité par François Mitterrand à escalader la roche de Solutré, en Saône-et-Loire. Cela fait partie des rites mitterrandiens auxquels je souscris rarement, à la différence des courtisans empressés qui se nomment Jack Lang,

Georges Kiejman, Roger Hanin ou Pascal Sevran. Ils ne manqueraient pas pour un empire ce rendez-vous de mai qui a valu quelques pages inspirées dans *La Paille et le Grain*. Je goûte peu, à vrai dire, ces phénomènes de cour qui se sont développés auprès du président monarque, où chacun essaie de briller par un bon mot. Si j'ai fait sincèrement partie du groupe, au plan politique, je ne me suis jamais considéré comme un « lèche-Pataugas ».

Il faut grimper une heure environ par un chemin escarpé et caillouteux, en haut duquel on contemple la campagne mâconnaise jusqu'aux contreforts du Jura. Après le déjeuner dans une auberge, les journalistes (des jeunes femmes surtout) sont invités à bavarder avec le chef de l'État qui leur distille quelques confidences amusées. Raminagrobis prend à l'évidence un plaisir gourmand à titiller le trottin.

Mai 1986

Malgré les instructions que j'ai données avant de quitter le ministère, le président ne reçoit plus les notes diplomatiques importantes en provenance des ambassades. Hubert Védrine, son conseiller pour les Affaires étrangères, l'en avise. Protestations présidentielles. Il juge cette attitude « indigne de la part de quelqu'un qui ambitionne de gouverner la France ». Pour contourner l'obstacle, le Quai demande aux ambassades de ne plus envoyer de « télégrammes » mais des « messages » qui justifieront ainsi de ne pas être communiqués à l'Élysée. Mesquin.

24 mai 1986

Chirac signe son forfait

Le voyage de Jacques Chirac en Tunisie a rouvert les plaies de l'affaire des otages. Depuis deux mois, le Premier ministre poursuit de sa vindicte l'ambassadeur Éric Rouleau, détenteur de tous les secrets de l'affaire des otages. Chirac a fait des pieds et des mains pour muter le diplomate ailleurs, mais il n'en a pas le pouvoir. Si c'est le Quai d'Orsay, donc Matignon, qui propose les affectations des ambassadeurs, c'est le président de la République qui signe leur nomination… Il refuse de le faire tant que Rouleau ne s'est pas vu attribuer un poste digne des services éminents qu'il a rendus à la France.

Le 20 mai dernier, Chirac a fait savoir qu'il refuserait, lors de sa visite à Tunis, de rencontrer l'ambassadeur qu'il priait de rester à sa résidence. Du jamais vu ! Par mes contacts dans la place, je suis au courant de l'affolement qui règne entre les conseillers de l'Élysée, de Matignon et les fonctionnaires du Quai. Un compromis de dernière minute est trouvé : Rouleau sera absent de Tunisie au moment où Chirac en foulera le sol.

[Il sera nommé ambassadeur itinérant pendant un an et demi avant que, de retour aux Affaires, je le nomme ambassadeur en Turquie de 1988 à 1991, affectation dûment signée par le président. Entre-temps, un autre épisode aura mis le Premier ministre à mal : la publication en 1987, par Le Matin, *du télégramme secret révélant le double jeu de la droite dans la libération des otages. Jacques Chirac apportera un démenti formel... Je découvre à cette occasion que Chirac, qui passe pour un brave type, est sans pitié et rancunier.]*

20 juin 1986

Libération des deux journalistes Philippe Rochot et Georges Hansen.

[Aurel Cornéa sera libéré le 24 décembre suivant, et Jean-Louis Normandin le 27 novembre 1987.]

24 juin 1986

Les foudres de Jupiter

Le président ne s'oppose pas à ce que le gouvernement prépare une nouvelle loi de programmation militaire. Notre force de frappe repose sur trois piliers : les sous-marins nucléaires, les missiles du plateau d'Albion et les chasseurs bombardiers. Le ministre de la Défense, André Giraud, envisage la fabrication de missiles mobiles dans le cadre de ce qu'il appelle la « riposte graduée ».

Lors du premier Conseil de défense, qui réunit le chef de l'État, le Premier ministre, le ministre de la Défense, les secrétaires généraux et le chef d'état-major particulier du président, la tension est vive. Pour Mitterrand, ces « missiles à roulettes » contreviennent à l'esprit même de la force nucléaire qui a comme seul objectif d'éviter la guerre.

Quand Giraud revient à la charge, le président-Jupiter fulmine : « C'est une folie, un non-sens ! Si jamais on venait à les utiliser, c'est que la guerre aurait éclaté. Que l'on se souvienne de ce que cela signifierait pour notre pays. Si l'on écoutait le gouvernement, on verrait alors circuler sur les routes des armes terribles au milieu des populations civiles ! Si par malheur la France devait connaître un nouveau conflit, elle a deux armes et deux seules : sa force de frappe et son appartenance à l'Alliance atlantique. » Rompez ! Les souvenirs de la guerre, la précédente, sont toujours présents à la mémoire de notre génération. L'exode. La débâcle. La pétaudière. L'humiliation.

26 et 27 juin 1986

Chaises musicales

Au Conseil européen à La Haye (Pays-Bas), la donne est différente. Il sera question d'affaires européennes, certes, mais à fortes implications intérieures. Chirac pense tenir sa revanche. Il fanfaronne : « Les conseils européens sont plus importants que les sommets des Sept. D'ailleurs, je connais mieux les dossiers communautaires que lui. À Mitterrand les déclarations avec de grandes idées, à moi de conduire les négociations. »

À ces sommets européens, chaque pays dispose de deux sièges, l'un pour le chef de l'État ou de gouvernement et l'autre pour le ministre des Affaires étrangères. Quand j'étais là, Mitterrand me laissait parfois sa place pour appeler Paris, écrire des cartes postales ou aller visiter un musée. Il faut dire que ces sommets peuvent être longs à gravir ! Or, la cohabitation à la française change la donne : trois personnes pour deux chaises.

Chirac s'est agité en sous-main. Content de lui, il informe Mitterrand :

« Tout est réglé, monsieur le président… »

Mitterrand, faux-cul :

« Ah bon ?

– Les partenaires sont d'accord pour nous réserver un statut particulier. »

Mitterrand, ironique :

« Tiens, tiens, un statut particulier ?

– Oui, nous aurons droit à trois sièges. »

Mitterrand, cinglant :

« Je refuse, il n'est pas question d'un traitement particulier de ce type pour la France. Nous aurons deux sièges, comme les autres.

– Vous refusez ? »

Mitterrand, patelin :

« Oui, je refuse. Pour les questions de sièges et d'intendance, vous vous arrangerez avec le ministre des Affaires étrangères… »

Et il s'agrippera à son fauteuil pendant tout le sommet. À la conférence de presse qui suit, il prend un malin plaisir à enfoncer le fer dans la plaie :

« Mesdames, messieurs, nous sommes deux mais nous parlons d'une seule voix, la voix de la France. Étant entendu qu'aux termes de la Constitution, c'est le chef de l'État qui est en charge de la politique étrangère de mon pays, c'est moi qui répondrai à vos attentes. Mais si vous aviez une question à poser au Premier ministre, je n'y verrai, évidemment, aucun inconvénient ! »

François Mitterrand m'a raconté cette histoire en rigolant, ce qui était rare chez lui, il faut bien le reconnaître. Elle est en tout cas révélatrice de la haute idée de sa fonction à laquelle il n'a jamais dérogé.

À La Haye, Espagnols, Danois, Italiens et Grecs nous suivent pour mettre en place des sanctions contre l'Afrique du Sud. Le président veut tout faire pour obtenir l'adhésion à cette politique des Allemands et des Anglais. Une fois encore, Margaret Thatcher mène un combat d'arrière-garde et réussit à obtenir un moratoire de trois mois pour l'application des sanctions. Il me demande d'intervenir auprès de Genscher.

3 juillet 1986

À New York, François Mitterrand est l'invité d'honneur du président Reagan à l'occasion de la célébration du centenaire de l'installation de la statue de la Liberté par les Français, sur la petite île de Liberty Island. Elle vient d'être restaurée et sa torche va à nouveau luire dans la nuit, comme un message universel à ceux qui vivent sous la dictature. Le président français n'aurait raté pour rien au monde l'occasion qui lui était donnée de rappeler le rôle essentiel de notre pays dans la conquête de la démocratie et des droits de l'homme au Nouveau Monde. Il est d'ailleurs le seul chef d'État étranger pour rendre hommage à « Miss Liberty », comme il dit en anglais.

7 juillet 1986

François Mitterrand à Moscou à l'invitation de Mikhaïl Gorbatchev. Le désarmement toujours. Nous parlons souvent, Mitterrand et moi, du rôle de l'Union soviétique dans la guerre. Je suis heureux de constater qu'il y fait une allusion en conclusion de son allocution : « Avant de terminer, comment ne pas penser à l'héroïsme du peuple soviétique qui, il y a plus de quarante ans, s'est illustré par son courage et ses martyrs dans la lutte et la victoire contre l'ennemi commun ? Il a, à cette occasion, écrit une grande page de son histoire et enrichi ce que j'oserai appeler notre patrimoine commun. »

9 juillet 1986

Visite à la Cité des étoiles, en compagnie de Jean-Loup Chrétien. Voilà déjà quatre ans qu'il a participé à un vol du vaisseau *Soyouz* et qu'il a été le premier Européen à faire une sortie dans l'espace. Rencontre avec Valentina Terechkova, la première femme cosmonaute, « star » parmi les étoiles dans son pays.

Août 1986

C'est moi le patron !

Chirac se répand sur le ring des médias et donne prise au match de boxe Élysée-Matignon. Dans une interview à l'influent journaliste israélien Ben Porat, qui lui pose une question sur les accords nucléaires franco-iraniens, il se défausse sur l'ancien président. Giscard dément. Mitterrand me demande de déposer une question écrite qu'il rédige de sa propre main, pour embarrasser Chirac. On n'est jamais si bien servi…

Dans un long article du *Point*, visiblement inspiré par l'entourage du Premier ministre, le journaliste raconte que les visites de courtoisie sont à l'Élysée et les entretiens de travail à Matignon, et que ceux-ci durent plus longtemps que celles-là. Mitterrand s'interroge : « Je ne comprends pas cette attitude. Que veut Chirac, m'humilier ? C'est ridicule. Occuper le terrain ? Il sait très bien qu'il ne peut pas prendre de décisions en politique étrangère sans moi. Il y a un seul patron, moi ! Chaque fois qu'il est dans les rails que j'ai tracés, il n'y a pas de problème mais, quand il s'en écarte, quand il vole de ses propres ailes, c'est l'incohérence et la confusion. Tout cela est au ras du terrain et manque d'élégance. »

26 août 1986

Sommet franco-allemand d'Heidelberg. Helmut Kohl et François Mitterrand s'interrogent toujours sur la confiance qu'ils peuvent avoir en Gorbatchev. Leur autre grande préoccupation est l'instauration d'une monnaie unique en laquelle le chancelier croit profondément. À Mitterrand, il dit : « Sur ce point, je suis prêt à me faire violer par l'Europe… »

9 septembre 1986

Helmut Kohl est à Paris pour s'entretenir avec Jacques Chirac. « Inspiré » par Matignon, le chancelier fait dire au président qu'il ne pourra pas lui rendre visite. Ce dernier répond qu'il est offusqué d'une telle attitude. Kohl, penaud, passera par l'Élysée avant même de se rendre à Matignon… Je suis informé des « cancans » par Genscher, qui me tient au courant des échanges entre Kohl et Chirac. Pour tenter de « casser » le ministre allemand, ce dernier dit au président : « Il faut se méfier de Genscher qui est trop complaisant envers les Soviétiques. »

17 septembre 1986

La terrible série noire continue. Un attentat rue de Rennes occasionne la mort de 6 personnes et fait 60 blessés, dont certains atrocement mutilés. On est obligé de faire le lien avec l'affaire Naccache. La libération du commando Naccache promise par Chirac n'est pas intervenue. Mitterrand, conformément à sa position de principe, s'y refuse toujours, comme il refuse toujours toute vente d'armes à l'Iran. Avertissement ou vengeance ? Le juge Boulouque enquête.

9 octobre 1986

Tour de passe-passe

Par un tour de passe-passe, je suis élu président de la commission des Affaires étrangères. Ce poste important revient toujours à un membre de la majorité. Or, je suis dans l'opposition… La droite au pouvoir a choisi pour remplir cette fonction le député centriste Bernard Stasi, qui a toujours montré une grande réserve vis-à-vis du Général. Les gaullistes purs et durs trouvent cette candidature inacceptable. Je présente donc la mienne. J'en parle avec mon vieil ami Jean de Lipowski, ancien combattant de la France libre dont le père est mort en déportation. Nous avons tous deux été élus députés, en 1956, voilà trente ans. Cette histoire a créé des liens. Bien que membre du RPR, il votera donc pour moi à la commission, ainsi, je suppose, qu'un député du Front national.

J'avais parlé de mon projet à Pierre Mauroy et à Louis Mermaz, le président du groupe socialiste à l'Assemblée. Ils ont battu le rappel de tous les députés de gauche. Pas un n'a manqué à l'appel. La droite, sûre de son fait, a été moins assidue. Après plusieurs tours de scrutin, je suis élu avec deux voix de majorité, à la surprise générale !

Par courtoisie, je téléphone à Jacques Chaban-Delmas, président de l'Assemblée, qui ne cache pas sa surprise et s'écrie : « Ah, je vois, vous leur avez fait un coup à la Chaban ! » Le roi des entourloupes parle en connaisseur. François Mitterrand, lui, tempère mon enthousiasme et me met en garde : « Attendez-vous à une attaque frontale. Ils vont dire que vous avez été élu avec les voix du Front national. » La campagne anti-Dumas commence aujourd'hui même.

Le vieux Daniel Mayer, qui avait rempli cette même fonction sous la IVe République, m'appelle pour me dire :

« Roland, à ta place, je démissionnerais !

– J'ai fait cela pour conserver un peu d'influence au parti…

– Tu as gagné, c'est bien. Mais tu ne peux accepter une seule voix du Front national. »

Toujours l'obsession des mains pures chez ceux qui n'ont pas de mains… Encore que l'austère défenseur des droits de l'homme sache se révéler parfois séducteur. Ainsi a-t-il entrepris de séduire mon épouse, Anne-Marie. Il l'invite à déjeuner. Elle me raconte qu'il est fort galant homme et que sa culture est étendue. Je n'en conçois aucune jalousie. Je repense à la formule de Mitterrand: «Je ne peux refuser à ma femme ce que je m'autorise à moi-même.» Il avait prononcé cette phrase à l'époque du pseudo-attentat des jardins de l'Observatoire. L'enquête de police fort poussée avait révélé les aventures extraconjugales des époux. Les gaullistes étaient à la manœuvre...

Le président de la commission des Affaires étrangères a des fonctions importantes. C'est lui qui désigne les rapporteurs dans l'élaboration des lois. Comme je suis minoritaire, je vais devoir «manœuvrer», ce qui n'est pas pour me déplaire. Quand se présente un problème politique majeur, on consulte en outre les présidents de commissions. Ils siègent aussi à la conférence des présidents qui établit l'ordre du jour de l'Assemblée nationale. Ma fonction sera d'autant plus délicate que je suis un opposant à la majorité. Ce qui est le plus important à mes yeux est de rester «dans le coup». Je vais ainsi être à un poste stratégique pour aider Mitterrand à reconquérir le pouvoir pour un second mandat.

1er décembre 1986

Révélation au musée

François Mitterrand inaugure le musée d'Orsay, initié par son prédécesseur, Valéry Giscard d'Estaing. L'ancien président est là, ainsi que le Premier ministre Jacques Chirac. Le côté cocasse n'est pas dans cette cohabitation muséale. Une femme brune qui a jeté sur ses épaules un châle rouge leur fait les honneurs des collections, bien mises en valeur par l'architecte italienne Gae Aulenti, sous la lumineuse verrière de l'ancienne gare.

C'est une conservatrice, grande spécialiste de la statuaire du XIXe siècle. Ils la connaissent tous les trois. Giscard parce que c'est une Clermontoise dont il a fréquenté la famille. Chirac parce que, en tant que maire de Paris, il a suivi de près – et parfois contesté – tous les avatars de la pyramide du Louvre, et que, en tant qu'ancien ministre de l'Intérieur, il connaît tous les secrets de la «Mitterrandie». Le président parce que c'est sa compagne. Elle s'appelle Anne Pingeot.

1987

J'ai retrouvé mes dossiers d'avocat, mais je n'ai pas oublié pour autant la vie internationale. Le président de la République ferraille autant qu'il peut avec le Premier ministre, qui essaie de brouter l'herbe de son pré carré. François Mitterrand m'a demandé de continuer à suivre les affaires européennes, en particulier les relations franco-allemandes, auxquelles il est très attaché.

C'est là que mes liens d'amitié avec Hans Dietrich Genscher se révèlent efficaces. Il vient presque tous les mois à Paris et m'invite régulièrement à l'ambassade d'Allemagne. Nous déjeunons en tête à tête et bavardons en allemand ou en anglais dans une petite salle à manger de l'hôtel de Beauharnais, la somptueuse résidence des ambassadeurs de la République fédérale.

Dans cet immeuble qui a conservé son décor d'époque Empire, le visiteur a l'impression qu'il va se trouver nez à nez avec Napoléon Bonaparte. En fait, c'était la résidence de son beau-fils adoptif, Eugène de Beauharnais, que celui-ci avait fait aménager à grands frais, ce qui lui avait valu l'ire du Premier consul, lui reprochant d'« avoir jeté l'argent à la rivière ».

Ces discussions avec le ministre allemand des Affaires étrangères sont passionnantes car d'une parfaite liberté de ton, en jetant la langue de bois aux orties. Elles me permettent surtout de rester en phase avec les affaires du monde. Nous parlons de nos « patrons » respectifs. Il est plus critique avec le sien que moi avec le mien. Nous demeurons les relais essentiels entre le chancelier et le président. Genscher me demande d'intervenir auprès de Mitterrand pour qu'il fasse pression sur Kohl. Le premier est toujours soucieux de l'avis du second.

Cette amitié entretenue a évidemment un sens dans la perspective d'un second mandat de François Mitterrand. Genscher me pose un jour carrément la question :

« Roland, penses-tu que Mitterrand va se représenter ?

– Sans l'ombre d'un doute. Et j'y travaille !

– Vraiment ?

– Oui, je le pense. Il sera candidat et il sera réélu. »

Cela confortait une « relation d'avenir ».

Nous avons aussi l'occasion d'évoquer nos guerres. Nous sommes tous deux orphelins et avons souffert de ce conflit. En 1943, il a été incorporé comme auxiliaire dans la Luftwaffe. Lors de la bataille de Berlin, en 1945, il se trouve être dans le groupe d'armée Wenck, dernier espoir d'Hitler face à l'avancée des armées alliées.

Ces déjeuners sans témoins ont le don de déplaire à ses collaborateurs, qui ne peuvent faire de notes à la chancellerie. Pour ce qui me concerne, je vais fournir un rapport circonstancié au président, lors d'une prochaine « visite du soir ».

26 mars 1987

François Mitterrand à Alger. Pour éviter les complications protocolaires qui avivent les susceptibilités (hymnes nationaux, dépôts de gerbe, etc.), il est plus aisé d'appeler ces rencontres « visites de travail ». Ainsi le président Chadli Bendjedid reçoit-il son homologue dans sa villa. C'est la cinquième fois que les deux hommes se rencontrent. Dans son discours en terre africaine, ancienne colonie, le président de la République n'hésite pas à apostropher le turbulent voisin : « Peu m'importent les protestations du colonel Kadhafi, la France défend le droit international et l'intangibilité des frontières. »

Ce discours de juriste me ramène immédiatement trente ans en arrière. J'étais jeune député de son parti, l'UDSR. Il était garde des Sceaux dans le gouvernement de Guy Mollet et m'avait proposé de l'accompagner en Algérie, ce que j'avais accepté avec enthousiasme. Le ministre de la Justice s'y rendait pour installer trois présidents de cour d'appel. Dans l'avion du retour, il m'avait demandé mes « impressions ». Je m'étais permis de lui faire remarquer que, parmi les trois magistrats nommés par la chancellerie, aucun n'était un Arabe d'Algérie. « Vous avez raison, mes services sont idiots, ils auraient dû me le proposer », se borna-t-il à répondre. Notre divergence sur l'Algérie était totale.

28 mars 1987

Chez François Ier

Comme, en 1539, François Ier recevait Charles Quint à Chambord, François Mitterrand fait les honneurs du joyau Renaissance à Helmut Kohl. L'empereur du Saint Empire arrivait d'Espagne pour se rendre à Gand, dans les Flandres. Sa ville natale refusait de payer la contribution aux guerres du monarque. Il entendait la châtier. Quatre cent quarante-huit ans plus tard, la guerre est toujours la préoccupation des hommes... Il s'agit de parler de l'équilibre des forces entre Américains et Russes, notamment en Europe. Ces derniers vont se prononcer en faveur d'une neutralisation de l'Allemagne, c'est-à-dire une sortie de l'Alliance atlantique. Il craint que les nombreux pacifistes allemands ne l'encouragent sur ce chemin risqué. Il y est opposé. Le président français aussi : « Cela reviendrait à considérer l'Allemagne hors de l'Europe. » La convergence de vues est totale. « La relation franco-allemande est à mes yeux plus importante que l'Europe », confie Kohl à Mitterrand.

29 mars au 2 avril 1987

Comme le président s'est rendu aux États-Unis, le Premier ministre veut y aller aussi. Sa candidature à l'élection présidentielle de 1988 est un secret de Polichinelle. Cette visite est cruciale pour sa stature internationale.

Un accord est signé pour mettre fin aux rivalités franco-américaines en matière de recherches contre le sida. Le président de la République me fait part de son mécontentement de ne pas avoir été prévenu du contenu de ce texte « de la plus haute importance », selon les termes mêmes du Premier ministre devant le Conseil des ministres.

31 mars 1987

Jacques Chirac est reçu par Ronald Reagan à la Maison-Blanche. La photo dans le Bureau ovale est le passage obligé de tout prétendant à une stature internationale. Mais dans la presse américaine, Chirac est décrit comme un « nationaliste ». Les rois du hamburger sourient quand il leur demande de revenir sur leur décision de boycotter le cognac et le camembert. Plus sérieusement, il se montre inquiet des négociations entre Washington et Moscou sur le désarmement en Europe et assure à Reagan que la France fera tout pour éviter la dénucléarisation du continent. En fait, il ne s'éloigne guère de la « doctrine » Mitterrand, à laquelle il emprunte même les arguments en faveur du tiers-monde : « Si l'on ne remet pas une partie de la dette des pays les plus pauvres, nous les jetterons dans les bras du marxisme. »

6 avril 1987

Valéry Giscard d'Estaing me succède à la présidence de la commission des Affaires étrangères, sans doute lui aussi élu avec un apport du Front national. Mais personne n'en parle, évidemment. Il est flatteur pour moi de voir l'ancien président de la République me succéder ! Il est évident qu'il avait plus de chances d'obtenir le poste que le pâle Stasi. Giscard m'a d'ailleurs téléphoné avant le vote :

« Mon cher ami, nous allons être adversaires. J'espère que cela va bien se passer.

– Pour ce qui me concerne, monsieur le président, il n'y aura aucun problème. »

Puis il me fait sa visite protocolaire à mon bureau de l'Assemblée. Nous parlons des dossiers chauds du moment. Il me raccompagne. Nous nous congratulons.

6 mai 1987

Dans la cour des grands

Leur relative identité de vues n'empêche pas le président d'être agacé par les postures de son Premier ministre, qui veut jouer « dans la cour des grands ». Je fais toujours partie des visiteurs du soir. Le président apprécie que je vienne lui rendre visite après dîner pour lui raconter ce que l'on dit en ville. Il me charge aussi de missions discrètes.

Ainsi me demande-t-il d'intervenir auprès des Soviétiques, à propos de la visite que le Premier ministre doit faire à Moscou, le 15 mai. François Mitterrand, toujours soucieux de ses prérogatives, n'a pas apprécié la demande de Jacques Chirac de se voir réserver un accueil quasi «présidentiel». Le faste protocolaire, en Union soviétique particulièrement, est toujours très codifié et révélateur du degré d'importance du visiteur...

«Dites à Gorbatchev que, s'il reçoit Chirac dans ces conditions, ses relations avec moi ne seront plus les mêmes... Les Russes ne doivent pas se méprendre sur la portée de ce voyage.» Je ne peux parler de cette affaire au téléphone, car je suis sans doute sur écoute. Je n'ai pas confiance non plus dans le courrier... Je prends ma canne et mon chapeau et me rends à Genève, où est en poste l'ancien ambassadeur soviétique à Paris. J'ai conservé de bonnes relations avec Iouli Vorontsov. Il accepte de se renseigner au Kremlin, où il a ses entrées.

En attendant la réponse, je dîne et loge chez mon ami d'enfance le banquier Jean-Pierre François qui possède une belle villa sur les hauteurs du lac Léman. Pas question d'aller à l'hôtel. Les lobbies des palaces de Genève sont le quartier général de la barbouzerie internationale.

Le lendemain, je déjeune en tête à tête avec Vorontsov sur la terrasse de sa résidence qui domine le lac Léman. Il a appris que «Matignon a exercé une forte pression pour tenter d'obtenir de Moscou des conditions exceptionnelles mais que les prétentions de M. Chirac se sont réduites au fur et à mesure des refus soviétiques». Il sera reçu par son homologue, donc pas en chef d'État, et ne verra le secrétaire général qu'à une ou deux reprises. De retour à Paris, je vais sans attendre rassurer François Mitterrand, qui ronronne d'aise en faisant mine de ne pas y toucher.

7 mai 1987

Sihanouk démissionne de son poste de président du Kampuchéa démocratique, un gouvernement ingérable qui comprend des sihanoukistes, les nationalistes de Son Sann, les Khmers rouges de Khieu Samphan et les provietnamiens de Hun

Sen. Mais je sais que le marionnettiste ne va pas tarder à sortir de sa boîte pour tirer à nouveau les ficelles.

11 mai au 4 juillet 1987

Je défends à Lyon les parties civiles au procès de Klaus Barbie, défendu par Jacques Vergès. Mais la cage de verre est vide. Son avocat s'est arrangé pour qu'il n'assiste plus aux audiences.

Le 6 avril 1944, les troupes de la Gestapo, sous le commandement de Klaus Barbie, investissent la colonie d'Izieu (Ain) et arrêtent les 44 enfants juifs résidents, de différentes nationalités (Allemagne, Autriche, Belgique, France, Algérie) ainsi que 7 adultes. Ils sont embarqués dans des camions vers la prison Montluc à Lyon avant d'être expédiés au camp de Drancy puis vers les camps de la mort. Je mets tout mon cœur à défendre la mémoire de toutes ces victimes. Jamais je n'aurais plaidé pour défendre un criminel de guerre. Quand j'étais jeune avocat, le bâtonnier m'avait commis d'office pour défendre un Noir qui avait travaillé pour la Gestapo. J'avais écrit au bâtonnier en justifiant : « Vous ne pouvez m'infliger cela... »

14 mai 1987

Hans Dietrich Genscher me téléphone pour que j'intervienne auprès du président, qui s'est engagé sur la « double option zéro » en matière de désarmement : suppression simultanée des fusées à longue portée (1 000 à 5 000 kilomètres) et à courte portée (moins de 500 kilomètres). Le chancelier est hésitant et son ministre veut lui faire adopter la « ligne Mitterrand ». Les deux hommes doivent se voir dans une semaine. J'écris une note au président où je souligne la phrase : « Genscher me dit que votre influence et votre opinion seront déterminantes sur Kohl. » Mon « axe » avec Genscher se révèle toujours efficace.

15 mai 1987

J'ai besoin d'argent et suis contraint, la mort dans l'âme, de vendre un bronze de Giacometti. Ne pouvant le faire ouvertement, et étant occupé par le procès Barbie, je demande à un ami de me servir de prête-nom. Ses parents sont conservateurs de musée. Sa mère était au musée de la Céramique à Sèvres et prenait des cours de chant avec moi. Ça n'allait pas au-delà de l'amour courtois.

3 juin 1987

Dans le cadre de son enquête sur l'attentat de la rue de Rennes, le juge Boulouque soupçonne Wahid Gordji, officiellement simple traducteur à l'ambassade d'Iran, d'être l'organisateur des réseaux terroristes sur notre sol. Il ordonne son arrestation. Les policiers ne le trouvent pas à son domicile. Il s'est réfugié à l'ambassade d'Iran, qui est mise sous surveillance. CRS et gardes mobiles empêchent toutes allées et venues. Gordji refuse toujours de sortir.

8 et 9 juin 1987

Télescopages historiques

G7 à Venise. Le chancelier Kohl annonce qu'il se range à l'option « double zéro » prônée par le président Mitterrand... Sur sa lancée, il plaide pour la mise en œuvre de « divisions franco-allemandes intégrées ». J'avoue que je dois faire un effort sur moi-même pour envisager ce que cela pourra représenter. La dernière fois que des Allemands et des Français ont « collaboré » militairement, cela a été plutôt douloureux. J'ai d'autant plus de mal à « intégrer » l'idée que je défends les parties civiles face à l'abjection de ce qu'a commis Barbie. Les télescopages de l'histoire n'en finiront jamais. Je me raisonne. Nous travaillons pour les générations futures. Plus jamais la guerre. Alors, s'il faut en passer par là...

1er juillet 1987

Entrée en vigueur de l'Acte unique. La cohabitation n'a pas pesé sur cette avancée européenne qui doit beaucoup à l'obstination discrète de Jacques Delors, ce « chrétien des catacombes », comme le surnomment ses détracteurs.

2 juillet 1987

Conférence de presse des Iraniens qui révèlent qu'un diplomate français, Didier Destremau, a prévenu Gordji à temps.

[Quand je reviendrai au Quai en 1988, je n'aurai de cesse de savoir ce qui s'est passé. J'ai demandé à voir Destremau, bien qu'il ne fût pas dans les usages que le ministre convoquât un subalterne, mais je voulais en avoir le cœur net. Le bruit courait au Quai que c'était lui, la taupe de Pasqua, mais il n'a pas voulu reconnaître les faits. Comme il avait dû agir sur ordre, je ne poussai pas plus loin l'investigation, mais je voulais « marquer le coup ». Il était « dans ses petits souliers ».]

À cette occasion, des fonctionnaires de la DST nous font une démonstration qui me laisse pantois. Ils nous montrent comment une dépêche, censée être ultraconfidentielle, hachée menu dans un broyeur du bureau de mon directeur de cabinet, peut être aisément reconstituée. J'avoue que nous n'étions pas assez prudents, parce que mal informés des techniques d'espionnage au sein même de nos équipes. Jamais je n'aurais pu imaginer reconstituer un texte à partir de miettes de papier…

17 juillet 1987

Rupture des relations avec l'Iran. Le chargé d'affaires Gholam Reza Haddadi est expulsé de France. En représailles, notre consul à Téhéran, Paul Torri, est accusé d'espionnage. Dans cette affaire, Pasqua s'est substitué aux diplomates du Quai. C'est la diplomatie corse.

12 au 22 octobre 1987

Voyage d'État de François Mitterrand en République fédérale d'Allemagne. Comme c'est la tradition, il invite le chancelier à se rendre prochainement en France. Ce dernier exprime le souhait de pouvoir parler devant l'Assemblée nationale. Le président lui explique que c'est impossible, car son règlement interdit l'audition d'une personnalité étrangère. Helmut Kohl est déçu et ne comprend pas une telle mesure. Michel Charasse est chargé de faire un courrier qui détaille par le menu les subtilités (et les aberrations) de la Constitution de la Vᵉ République.

29 novembre 1987

Les histoires « corses » de Pasqua

Au cours des tractations obscures menées par Charles Pasqua, ministre de l'Intérieur, Gordji se rend au Palais de Justice pour y être entendu par le juge Boulouque. Les apparences sont sauves. Après cette « formalité », il gagne, sous haute protection policière, l'aéroport du Bourget où un avion l'embarque pour Téhéran. Le même jour, les deux journalistes Jean-Louis Normandin et Roger Auque, qui seuls faisaient partie de la transaction, sont libérés. En revanche, Jean-Paul Kauffmann, Marcel Fontaine et Marcel Carton sont toujours retenus. Coïncidence troublante, le nœud « gordjien » n'a pas été tranché de façon égale pour tout le monde. Le forfait est signé. Interrogé par un journaliste sur l'éventuelle libération de Naccache, le président de la République redit son opposition : « On ne peut pas troquer le crime contre l'innocence. »

4 décembre 1987

Les frères ennemis cambodgiens se retrouvent à Fère-en-Tardenois (Aisne), petite ville à une heure à l'est de Paris. Pourquoi là ? Parce que le prince Norodom Sihanouk est un gourmand de bonne chère et de champagne. Il a ses habitudes dans le château-hôtel de l'endroit, tenu par Gérard Blot qui le soigne « aux petits oignons ». Au menu de cette première rencontre : foie gras, chevreuil et chaud-froid d'ananas. Le peuple khmer, exsangue, n'est pas invité au festin.

J'apprends, par des diplomates amis, que Hun Sen a été fort mal traité, sans égards ni aucune facilité, comme c'est habituellement la règle, alors qu'il est une des pièces essentielles de la sortie de crise au Cambodge. Je suis effaré par autant d'amateurisme. Si un jour je reviens aux Affaires, je sais qu'il me faudra « arranger les choses ».

1988

Janvier 1988

Heinrich Honecker, secrétaire général du comité central du parti communiste de la République démocratique allemande, est à Paris. Il répond à l'invitation que lui avait lancée Laurent Fabius, en 1985. Il est important de savoir ce qu'a dans le ventre l'homme qui embrassait Brejnev «à bouche que veux-tu».

Sans date

Roland, vous me gênez!

L'élection présidentielle approche et la situation a changé. L'agitation sociale est grande et le gouvernement Chirac peine à rétablir l'ordre. Je me présente dans la circonscription de Sarlat, où François Mitterrand vient me soutenir. Dans une interview à un quotidien local, j'ai dit, sincèrement, qu'il était évident à mes yeux que Mitterrand se représenterait. Dès la descente de l'avion, où il a lu la presse, l'attaque est cinglante:

«Roland, vous me gênez.

– Mais en quoi donc, président?

– Vous me gênez. Pourquoi avez-vous dit à un journaliste que vous étiez sûr que je me représenterais? Cela me gêne.

– J'ai exprimé mon opinion. Elle n'est pas forcément exacte...

– Oui, cela me gêne.»

Je tends le dos, j'attends le coup de grâce, mais il change de conversation, comme si de rien n'était.

25 février 1988

Voyage de François Mitterrand en Irlande, qui lui réserve un accueil triomphal. Dublin sait que Paris est un allié bienveillant, notamment face à l'intransigeance de Londres. Il est ovationné par les deux Chambres réunies en congrès extraordinaire. Il évoque devant la représentation nationale le rôle de l'Europe qui doit parler à haute voix « sans agressivité inutile ». Il prêche pour « un désarmement véritable, global, équilibré, simultané et vérifiable » et s'étonne des réserves émises par certains Européens sur le processus de désarmement entrepris par les Américains et les Soviétiques. Au Premier ministre, Charles Haughey, il rappelle qu'il est tout à fait opposé à la modernisation des armes nucléaires restant stationnées en Europe telle que l'ont prônée certains pays membres de l'OTAN. Cette prise de position est largement commentée par la presse internationale.

29 février 1988

Machiavel à la manœuvre

Dans une lettre au président de la République, le Premier ministre veut faire entendre sa différence. Il écrit brutalement : « Après en avoir délibéré avec les ministres concernés, je tiens à vous dire que le gouvernement s'interroge sur la portée des orientations que vous avez esquissées [à Dublin] au sujet des armements de l'OTAN et de leur modernisation. De telles orientations, si elles étaient confirmées, risqueraient de se révéler lourdes de conséquences pour la modernisation de nos propres forces nucléaires [...]. Un éventuel infléchissement de la "politique traditionnelle", que ne justifie aucune urgence, ne peut être décidé à quelques semaines du choix par les Français du nouveau président de la République. » L'arrière-plan électoral est sans ambiguïté !

La longue réponse, rédigée dans la journée même, est non seulement cinglante, mais aussi une leçon de stratégie militaire. Machiavel et son *Art de la guerre* sont à la manœuvre.

Pragmatique : « Il ne me paraît pas opportun de "moderniser" des armes à courte portée, c'est-à-dire d'accroître leur puissance de feu, au moment où s'engage un processus encore fragile de désarmement, processus qu'il est de la plus haute importance pour la paix de mener à bien.»

Professoral: «Vous admettrez que je me pose des questions sur des phrases aussi vagues et inappropriées que "de telles orientations, si elles étaient confirmées, risqueraient de se révéler lourdes de conséquences..." ou "un éventuel infléchissement de la politique traditionnelle de la France...".»

Gaulliste: «Notre "politique traditionnelle", c'est la stratégie autonome de dissuasion.»

Méprisant: «Or, les armes nucléaires à courte portée n'entrent que par une certaine faiblesse de raisonnement dans ce concept. Il ne faut pas confondre l'essentiel et l'accessoire.»

Rappel à l'ordre: «J'ai dû, dans le passé, corriger vos propos et ceux de vos ministres sur l'emploi des armes nucléaires tactiques. J'ai dû vous convaincre qu'il convenait d'approuver et de soutenir l'option zéro.»

Second rappel à la *doxa* gaulliste: «Bref, il m'a fallu intervenir pour que soit préservée "la politique traditionnelle de la France" imprudemment mise en cause, et pour servir la cause du désarmement et de la paix dont dépend la vie des Français.»

Provocant: «Je vous adresse cette réponse dans les normes de discrétion que nous avons jusqu'ici pratiquées. Mais si vous le souhaitez, je ne récuserai pas un débat public sur un sujet qui commande l'avenir et la sécurité de la France.»

La leçon est sévère. Les deux hommes ne «jouent pas dans la même cour». Ce débat esquissé ne va pas tarder à avoir lieu. François Mitterrand se sent en position de force. Mais pas question d'annoncer sa candidature pour l'instant. Jusqu'à l'extrême limite, il veut rester «président».

4 mars 1988

François Mitterrand inaugure «sa» pyramide du Louvre en compagnie de l'architecte sino-américain Pei et de François Léotard, ministre de la Culture. Jack Lang ne doit pas être loin... Le président s'est battu pour imposer les lignes pures du diamant de verre dont il est persuadé qu'il irradiera le plus grand musée au monde. Il a dû s'opposer à Chirac et plus encore à Balladur, ministre des Finances, qui ne voulait pas quitter les ors et les pourpres de l'aile Richelieu, retardant ainsi le projet. Mitterrand s'est personnellement investi dans ce chantier toujours en cours, guidé par la meilleure spécialiste qui soit, sa compagne Anne Pingeot. À la télévision, il déclare, fidèle à sa « vision » : « Il faut que les Français se retrouvent dans leur histoire, dans leur art, dans leur passé, pour qu'ils sachent mieux avoir l'ambition de leur avenir. »

28 mars 1988

Candidat de l'unité nationale

Sur Antenne 2, il annonce sa candidature à un nouveau septennat. Au présentateur, Henri Sannier, qui lui pose la question, il répond par un petit « oui » étranglé. Rien de grandiloquent dans cette profession de foi. Puis viennent les questions de Paul Amar, journaliste au service politique de la chaîne. D'emblée, Mitterrand attaque : « J'ai beaucoup écouté les discours des uns et des autres. Dans tout ce bruit, j'aperçois un risque que le pays retombe dans les divisions qui l'ont si souvent miné. Je veux que la France soit une. Elle ne le sera pas si elle est prise en main par des intolérants, par des clans. Il faut la paix civile à la France. Elle ne sera pas unie non plus si des intérêts particuliers, égoïstes par nature, exercent leur domination sur le pays au risque de déchirer le tissu social et d'empêcher la cohésion sociale. »

Il faut aller chercher la racine de cette posture dans l'affaire dite de l'école libre qui, voilà un peu plus de deux ans, a été un choc. J'ai été au plus près de lui pour sortir de cette fracture du pays en lui conseillant d'abandonner la promesse électorale. Je fais naturellement partie aujourd'hui de ceux qui lui conseillent : « On ne pourra remporter les élections législatives que si vous avez été réélu préalablement à la présidence. »

Au cours de cette interview télévisée, et même s'il a du mal à descendre de son piédestal présidentiel, il fait une apparente autocritique, ce qui est assez rare chez lui : « J'ai confondu le rôle du président de la République et celui du Premier ministre… » Et il redéfinit alors le rôle du chef de l'État, ce qui sera sûrement utile pour ses successeurs :

« Il exerce une fonction d'autorité et d'arbitrage.

Autorité, parce qu'il est indispensable que la France ait à sa tête un responsable qui soit en mesure d'indiquer les orientations en matière de politique extérieure, de sécurité et de défense, car il est le chef des armées. C'est lui qui décide de l'emploi de l'arme atomique; ce sont des responsabilités écrasantes qui reposent sur un seul homme.

Arbitrage et conseil, pour assumer le fonctionnement régulier des institutions. »

Et, pour bien enfoncer le clou: « S'il ne doit pas se prendre pour le Premier ministre, il ne faut pas non plus que le Premier ministre se prenne pour le président ! » Voilà où il voulait en venir. L'attaque *ad hominem* est ciblée.

Sans vouloir m'aventurer sur des terrains d'ordre trop personnel, je pense aussi que c'est surtout un moyen pour lui de rester maître du jeu. Les « secrets » commencent à affleurer. Il sait que la déflagration va être terrible. Il doit donc continuer à protéger Mazarine qui, pourtant, ne se satisfait plus de cette vie recluse. Ce n'est de ma part qu'une « impression »...

Une autre explication est possible. À plusieurs reprises, je l'ai entendu dire: « Chirac n'est pas capable d'exercer cette fonction... » Mais il semble avoir occulté une autre donnée de poids qui pourrait bouleverser un second septennat. Jacques Attali, faisant allusion à son état de santé, me confie: « Il a tort de se représenter, ça se terminera mal. »

Avril 1988

Annette Giacometti, pour créer sa fondation, achète un hôtel particulier à Claude Cheysson, cour de Rohan. Je ne trouve pas du tout ce local du XVIIIe siècle adapté à des œuvres volumineuses et lourdes. Ça l'amuse de me taquiner au travers de Cheysson. Annette joue les coquettes. Elle a bien « connu » tous ses avocats avant moi. Je n'avais qu'à lever le « petit doigt », mais j'ai toujours résisté à la veuve joyeuse !

Pour obtenir la déclaration d'utilité publique, il faut un accord du gouvernement, *via* le ministre de l'Intérieur. Je vois Charles Pasqua qui me reçoit avec tous les égards. Il signe les documents dans la semaine.

Mi-avril 1988

Cherchez la femme

François Mitterrand me charge de prévenir Michel Rocard qu'il pense nommer à Matignon. Je choisis le plus court chemin pour entrer en contact avec lui, sa maîtresse du moment, Évelyne Dassas, bien introduite au Parti socialiste. Elle se fait appeler Évelyne Christ-Dassas, ce qui n'est pas une usurpation, car elle est née d'un père grec, du nom de Christodoulou. Je la connais parce que j'avais autrefois défendu son père, collectionneur de tableaux et peintre à ses heures, dans une histoire de faux où il n'était pour rien. J'avais obtenu un acquittement.

J'avais alors fait la connaissance de sa fille, mince et délicate comme un tanagra, pour laquelle j'eus quelque temps un penchant. Ma femme m'avait fait des reproches à propos de cette liaison, dont elle avait eu connaissance par les « bonnes copines ». J'avais alors perdu Évelyne de vue.

Après une gentille carrière au théâtre, elle s'était reconvertie dans le *coaching* d'hommes politiques. Il est vrai qu'elle savait s'y prendre. Devenue mystique, elle avait, disait-elle, de longues conversations avec Mitterrand, qu'il ne fallait pas pousser beaucoup sur ce terrain, c'est vrai. Roger Hanin avait fait inviter « l'inspirée » parmi les disciples lors de l'ascension de la roche de Solutré. Mitterrand aimait sa compagnie et lui récitait des vers. L'entourage du président avait fini par prendre ombrage de cette relation qui virait au mysticisme. Pendant trois ans, elle fut interdite d'Élysée, à son grand dépit.

J'avais un peu fréquenté Rocard au moment des « Assises du socialisme ». Il s'agissait alors de conserver la dynamique de la gauche dans la foulée de la présidentielle de 1974. Mais rien ne nous rapprochait plus. En 1988, je n'ai plus de relation personnelle avec lui. Je ne peux donc pas passer par les circuits politiques qui auraient tout de suite subodoré qu'il y a anguille sous roche. Parfaite « entremetteuse », Évelyne réserve, à son nom, deux couverts dans un petit restaurant à côté de chez elle. Après nous avoir (re)mis en présence, elle s'esquive pour nous laisser déjeuner tranquilles. Rocard se demande bien ce que je lui veux :

« Qu'est-ce que Mitterrand veut faire de moi ?

– Il veut te nommer au poste suprême…
– Comment ?
– Oui. Premier ministre.
– Tu es sûr ?
– Ah oui, c'est lui qui me l'a affirmé.
– Qu'est-ce que je dois faire ?
– Il m'a dit : "Qu'il se prépare !" »

Rocard est plus que surpris. Je fais le compte rendu de notre entretien au président, qui recevra Michel les jours suivants.

[Sentimental, Rocard a toujours eu une relation originale avec les femmes. Il les associait à ce qu'il faisait. S'il a toujours eu quelques soucis avec ses épouses légitimes, il a eu des maîtresses brillantes et amoureuses.

Quand il était Premier ministre, il partageait la vie de la femme d'un chirurgien célèbre. Puis il a longtemps vécu avec une psychanalyste, Ilana, dont les méchantes langues juraient que c'était un agent du Mossad (les services secrets israéliens).

Mitterrand, qui le traitait de « zozo », se moquait volontiers du discours chantourné de Rocard. Un jour qu'il avait croisé André Santini, le député-maire d'Issy-les-Moulineaux réputé pour ses bons mots, ce dernier lui avait demandé :

« Vous comprenez, monsieur le président, ce que raconte Rocard ?
– Il a l'esprit clair mais l'élocution tourmentée…
– Alors, il a bien fait d'épouser une psychanalyste ! »]

19 avril 1988

Les « communicants » ont eu l'idée de « monter » une photo qui symbolise la réconciliation entre Mitterrand et Rocard. Rendez-vous est pris dans l'arrière-pays de l'Hérault pour une pseudo-randonnée dans les chemins escarpés (de la politique). Mitterrand a revêtu son équipement « solutréen » : blouson, casquette et Pataugas. Rocard, lui, a enfilé un imperméable clair et trop long par-dessus une chemise-cravate (!) et chaussé de lourds brodequins de montagne. Le barreur n'est pas, à l'évidence, un amateur de *trekking*. Évidemment, le côté artificiel de la photo saute aux yeux, celui de la réconciliation aussi… Quand ça ne veut pas, ça ne veut pas !

24 avril 1998

Mes réseaux secrets

Premier tour de l'élection présidentielle. Entre les deux tours, François Mitterrand m'a chargé de rencontrer le Front national, de façon tout à fait officieuse évidemment. Il s'agit non pas de faire voter pour le candidat de gauche mais d'agir en sorte que les voix d'extrême droite ne se reportent pas sur le candidat « gaulliste ». Cela ne me pose aucun problème moral, car ces hommes sont à mes yeux inoffensifs. Ils ne vont pas renverser la République. Je n'ai aucun contact de haut niveau avec le bureau politique du FN. La seule voie possible est de revoir mon copain de Limoges, Jean-André Faucher, dont je sais qu'il est proche de ce parti. Il sera ainsi mon « antenne » du côté de la droite « dure ».

Notre histoire remonte au lycée Gay-Lussac, avant la guerre. Nous avons 16 ans et nous castagnons vertement, car il est de droite et moi sympathisant socialiste. Les choses se gâteront pendant la guerre, quand il s'engagera au Parti populaire français (PPF) de Jacques Doriot, dont il est même nommé inspecteur général en Limousin. Mon copain devient alors un « ennemi » dont mes amis et moi devons nous méfier. On ne peut comprendre aujourd'hui le tourment que cela représente. C'était terrible, car nos familles étaient très liées. Nos grands-pères étaient amis et nos pères l'étaient aussi. Paradoxe de la guerre. Alors que j'étais recherché, en 1944, et que je ne pouvais rentrer chez ma mère, folle d'inquiétude car elle était sans nouvelles de moi, je trouvais toujours une écuelle de soupe chez les Faucher. J'avais souvent faim, en effet. Jean-André n'était pas là, évidemment, mais un jour son père me proposa, par son intermédiaire, de faire passer un message à ma mère. Jean-André vint donc déjeuner chez ses parents en ma présence. Il était coiffé de son béret à insigne et de sa chemise noire avec brassard. Il me jura, au nom de l'amitié, qu'il ne me trahirait pas. Je griffonnai un mot à ma mère qu'elle ne reçut jamais…

Par les hasards de la vie, mon chemin recroisa Faucher dans les rues de Paris à la Libération. Je fis semblant de ne pas le voir. Je n'ai pas eu le cran de le dénoncer comme « collabo ». Dénoncer quelqu'un m'a toujours répugné. Lors de l'épuration cependant, il sera condamné par contumace, en 1946 à Limoges, à l'indignité nationale et à la peine de mort pour « crime de trahison en temps de guerre ». Arrêté en 1948, après trois ans de cavale, il sera condamné à vingt mois de prison.

Entre les deux tours de l'élection présidentielle, c'est donc chez Jean-André Faucher, dans le XIIe arrondissement de Paris, que j'ai fait la connaissance de Roland Gaucher. La « reconversion » de Faucher, après la guerre, avait été spectaculaire et paradoxale. Repeint en radical de gauche bon teint, il avait fait ses classes à la Grande Loge de France. À l'élection présidentielle de 1965, il avait été ainsi l'artisan du rapprochement entre les radicaux et les francs-maçons d'un côté, François Mitterrand et les socialistes de l'autre. Ce dernier avait d'ailleurs fait de Faucher son attaché de presse sous la houlette de son directeur de campagne, Charles Hernu. Nous n'étions pas à un paradoxe près… Polygraphe compulsif, Faucher écrivait dans une foule de titres, de gauche comme de droite, sous différents pseudonymes. Encore aujourd'hui, il participe à des titres qui ne font pas dans la dentelle, comme *Le Crapouillot*, *Minute*, ou *Valeurs actuelles*.

Je raconte son histoire non pour l'accabler, mais pour rappeler combien l'homme est fait de contradictions et combien il est difficile, en temps de guerre, de savoir où est le « bon côté ». En politique aussi, d'ailleurs… Comme le rappelait Edgar Faure, expert en la matière : « Ce n'est pas la girouette qui tourne, mais le vent ! »

28 avril 1988
Les yeux dans les yeux

C'est le point d'orgue de toute élection présidentielle : le « duel » télévisé entre les deux candidats. La France entière attend la mise à mort de l'un des deux prétendants. Les premières escarmouches ont lieu pour des questions de préséance, mais qui ont leur importance. Jacques Chirac sait qu'il ne peut débattre avec le « président » au risque de n'apparaître que comme le challenger :

« Vous n'êtes pas ici le président de la République mais le candidat à l'élection. Je vous appellerai donc "monsieur Mitterrand"…

– Comme vous voudrez, "monsieur le Premier ministre"… »

Mitterrand, par cette seule formule, le remet « à sa place ». Chirac croit habile d'attaquer sur le terrain du terrorisme. Il accuse Mitterrand d'avoir « libéré des terroristes ». Mitterrand, outré, répond d'une voix blanche comme son visage :

« Je suis obligé de dire que je me souviens des conditions dans lesquelles vous avez renvoyé en Iran M. Gordji après m'avoir expliqué, à moi, dans mon bureau, que son dossier était écrasant et que sa complicité était démontrée dans les assassinats qui ont ensanglanté Paris, à la fin de 1986. »

Le Premier ministre, qui affecte d'habitude de jouer les gentlemen, sort les griffes :

« Monsieur Mitterrand, vous dérapez dans la fureur concentrée […]. Je n'ai jamais levé le voile sur une seule conversation que j'ai pu avoir avec un président de la République […]. Est-ce que vous pouvez me dire, en me regardant dans les yeux, que nous avions les preuves que Gordji était coupable, alors que je vous ai toujours dit que cette affaire était du seul ressort du juge, que je n'avais pas à savoir ce qu'il y avait dans le dossier […] ? Pouvez-vous vraiment contester ma version des choses en me regardant dans les yeux ? »

La réplique est sans appel :

« Dans les yeux, je la conteste. »

Jamais les Français n'ont été les témoins d'une telle altercation entre les deux têtes de l'exécutif. Ils se demandent bien lequel des deux grands fauves est le plus menteur…

Après le débat, comme souvent, Mitterrand fait le débriefing avec quelques proches. Il me livre son analyse : « Je suis sûr qu'ils veulent faire un coup avec les otages. Vous verrez, Roland, ce que je vous dis. Ils vont faire en sorte qu'ils soient libérés quelques jours avant le 8 mai. Mais ils se trompent. Cela n'aura aucune influence sur le vote des Français… »

4 mai 1988

Le « flair » de François Mitterrand, une fois encore, ne l'a pas trompé. En meeting électoral à Strasbourg, Jacques Chirac annonce à son auditoire : « Je viens à l'instant d'être informé que les trois otages français retenus au Liban viennent d'être remis aux mains du représentant du ministre de l'Intérieur. Je suis heureux qu'un terme soit mis à leur calvaire. » La salle exulte.

5 mai 1988

Sur l'aéroport de Villacoublay, le Premier ministre accueille les trois hommes. La France est émue de voir Jean-Paul Kauffmann, qui reconnaît à peine son grand fils... Cette libération des derniers otages du Liban intervient trois jours avant le second tour de l'élection présidentielle. La concomitance des dates n'échappe à personne... Mais, avec quelques porte-flingues de son entourage, qui voudraient bien l'entraîner vers la polémique, François Mitterrand joue l'apaisement, souverain : « Quel que soit le moment, c'était le bon moment. »

Du bureau présidentiel, il parle au pays : « Je suis heureux que tous les efforts entrepris depuis le début de ce drame aient enfin abouti et je remercie tous ceux qui ont œuvré pour ce retour. » Il ne rate pas l'occasion d'apparaître comme le grand « rassembleur ».

Deuxième partie

RETOUR À QUAI

8 mai 1988-25 décembre 1991

Les bourrasques heureuses

Nous sommes pris dans des bourrasques heureuses.
Nous ne sommes plus dans l'ordre tranquille, insupportable,
des quarante dernières années.

François Mitterrand à Helmut Kohl,
Latche, 4 janvier 1990

1988

8 mai 1988

Avec 54,08 % des voix, François Mitterrand, réélu président de la République pour un second septennat, me nomme à nouveau au Quai d'Orsay dans le premier gouvernement de Michel Rocard, à qui il a un peu forcé la main. Le Premier ministre m'aurait préféré ministre des Relations avec le Parlement ! Jospin, pourtant promis au ministère de l'Éducation nationale, a fait des pieds et des mains pour avoir le Quai, à un point tel que nous avons dû avoir une explication « virile ». Pierre Joxe, lui, se verrait bien place Beauvau, mais Rocard veut offrir l'Intérieur à son ami Claude Évin, dans la perspective des élections présidentielles auxquelles il pense déjà. Le jeu des chaises musicales bat son plein.

Traîtres en puissance

Mais revenons un peu en arrière. Les dessous de ma nomination méritent d'être racontés. Le président a fini par placer Rocard à Matignon, car ce dernier est populaire et a des idées. « Dans six mois, on verra au travers, mais puisque tout le monde en veut… » ironise Mitterrand. Il le nomme donc Premier ministre et part pour New York à une réunion des Nations unies. Curieusement, François Mitterrand aime cette ville cosmopolite qui ne dort jamais. Elle fait partie de ses cités de prédilection avec Gand, Venise et, bien sûr, Jérusalem.

Il m'a demandé de l'accompagner, car je suis évidemment toujours au courant de tous les dossiers brûlants. Nous sommes logés dans le même hôtel et nos chambres sont contiguës. Nous nous retrouvons ou chez l'un ou chez l'autre. Il suit bien sûr de très près la constitution du gouvernement. Il passe la tête dans l'entrebâillement de ma porte.

« Roland, quoi de neuf à Paris ?

– J'ai eu Rocard…

– Que vous a-t-il dit ?

– Il m'a dit : "Tu seras parfait comme ministre des Relations avec le Parlement. Tu es bon orateur, les députés socialistes t'adorent, l'opposition te respecte." »

François Mitterrand écoute sans mot dire. Il reprend :

« Qu'avez-vous répondu ?

– Que j'allais réfléchir… Rocard m'a demandé que je le rappelle.

– Ne le rappelez pas !

– Quand même, le Premier ministre m'a demandé…

– Non, non, vous ne rappelez pas. Mais pourquoi fait-il cela ?

– Il ne m'a rien dit de ses intentions. Mais j'ai ma petite idée…

– Ah oui. Dites-moi.

– Comme il est candidat à la présidence de la République, il veut retirer Joxe du ministère de l'Intérieur et le nommer au Quai de façon à libérer Beauvau pour son ami Claude Évin, qu'il croit influent.

– Pfff. Il est fou. »

Il répète :

« Il est fou. Il croit que le ministre de l'Intérieur peut avoir une influence sur l'élection présidentielle… »

Il rit d'un air peu charitable. Je sens que ça va barder pour Rocard et je n'en suis pas mécontent. La journée à l'ONU nous accapare et nous n'avons pas le temps de reparler du gouvernement. Le soir, nous nous retrouvons cette fois dans sa chambre.

« Roland, vous avez eu Paris ?

– Oui, Rocard m'a rappelé…

– Alors, que vous a-t-il dit ?

– Il a complètement changé d'avis.

– Ah bon… Qu'est-ce qu'il vous a dit "exactement" ?

– Oui, c'était alambiqué, mais pas plus que d'habitude : "Tu sais, j'ai bien réfléchi. Tu as formidablement réussi aux Affaires étrangères. Tout le monde est content de toi. Si tu en es d'accord, tu resteras au Quai." Je lui ai dit "d'accord" tout de suite!

– Parfait.»

Mitterrand jouit de ces situations où il amène les plus rétifs à résipiscence. Et moi, je ne suis pas mécontent d'avoir fait mordre la poussière à Rocard. Joxe, lui aussi, guignait les Affaires étrangères. Quand il était en voyage, il se débrouillait toujours pour voir le ministre des Affaires étrangères. C'était aussi le souvenir de son père, Louis Joxe, ministre de De Gaulle, qui le traînait, enfant, dans les ambassades. Mitterrand l'aime bien, même s'il est souvent agacé par son côté ombrageux. Il a été incontestablement un bon ministre de l'Intérieur. Les flics que je rencontre ne tarissent pas d'éloges sur son passage place Beauvau.

Même s'il ambitionnait les Affaires étrangères, ce qui était tout à fait légitime, Jospin ne m'aurait jamais ainsi «cassé». Sans doute aussi les affinités fraternelles interdisaient-elles ce genre de comportement. L'éducation protestante également. Pourtant, ils ont tous deux été élevés dans la religion réformée... François Mitterrand m'avait dit un jour: «Tous ceux qui sont passés par le gauchisme sont des traîtres en puissance!»

10 mai 1988

J'aborde à nouveau le Quai avec l'enthousiasme d'un débutant. Je vais pouvoir m'attaquer au dossier qui me tient le plus à cœur: la paix au Proche-Orient. Je n'imagine pas qu'un chef de la diplomatie française n'ait pas envie d'apporter sa pierre à l'édifice et de consolider ce château branlant qui empêche deux peuples de vivre en harmonie depuis des décennies.

Mitterrand m'approuve dans ma démarche tout en ne me cachant pas que mon agitation est illusoire: «Vous perdez votre temps. Même si vous arrivez à progresser, les deux ou trois questions fondamentales vont réapparaître et vous ne réussirez pas, car elles sont insolubles.» Il voulait bien sûr parler des territoires occupés par Israël, de la multiplication des colonies et du statut de Jérusalem, revendiquée comme capitale par les deux États. Au cours de mes nombreuses démarches, je constate en effet que les deux parties veulent peut-être la paix, mais chacune à ses conditions. Je reste cependant persuadé que la solution passe par la création d'un État palestinien.

Sans date

Vergennes au rapport

Me voilà locataire, pour quelques années sans doute, de l'un des plus beaux palais de la République. J'ai retrouvé, par hasard, à Bordeaux, les plans de l'architecte Lacornée, originaire de cette ville, et en ai fait faire des copies. Je constate que le palais est construit autour du salon de la Rotonde, qui donne sur le parc. Je décide d'y réinstaller le bureau du ministre, d'autant que les vieux huissiers me racontent : « C'était le bureau de monsieur Mendès France », à l'époque où le président du Conseil était aussi en charge du portefeuille des Affaires étrangères. Il devait en effet conduire de nombreuses négociations dans le cadre des affaires indochinoises et tunisiennes.

Soucieux d'être à la hauteur des grands de ce monde (!), je m'assieds derrière ce qu'il est convenu d'appeler le bureau de Vergennes. Las, on apprend vite que cette table et son encrier ne sont que des copies. Mais qu'importe ! Avec un peu d'imagination, on y trouve cependant l'inspiration auprès de celui qui régna pendant treize années sur la diplomatie de Louis XVI.

Il est étonnant de lire avec quelle acuité « moderne » Vergennes a appréhendé l'ampleur de sa fonction : « Il semblerait que le département des Affaires étrangères, chez une grande puissance, est une charge trop disproportionnée avec les moyens d'un seul homme. Y a-t-il en effet beaucoup de têtes assez bien organisées pour s'occuper à la fois d'une médiation, d'un traité de commerce, d'une discussion politique, d'un projet d'union, de l'intérêt de ses alliés, des mouvements de ses rivaux ? Ici du soin caché de fomenter des troubles, là de les prévenir, plus souvent de les apaiser ? Veiller à l'honneur de la nation, aux intérêts du commerce, à la liberté des mers [...]. À cette action continuelle de la pensée, joignons le travail courant, les dépêches, les conseils, les audiences, les instructions, la surveillance des bureaux, l'importunité des sollicitations, les devoirs de la place et surtout les luttes continuelles contre l'intrigue, l'envie et l'esprit de cour. » On jurerait cela écrit d'hier !

Mai 1988

Relisez la Constitution !

Mon prédécesseur au Quai d'Orsay me rend visite pour me faire part de son désappointement. Jean-Bernard Raimond ambitionne de finir sa carrière comme ambassadeur à Rome, mais le président de la République fait barrage. Pour ma part, j'ai appuyé sa candidature. Je n'ai aucune raison de lui nuire, car il a rempli ses fonctions en bon serviteur de l'État.

Moi : « Je pense que Jean-Bernard Raimond a toutes les qualités pour le poste qu'il convoite... »

Mitterrand : « Non ! »

Il me rappelle alors une anecdote que j'avais complètement oubliée. Jean-Bernard Raimond, alors ministre des Affaires étrangères, avait répondu à une interview du *Figaro* où il comparait l'action de Jacques Chirac, Premier ministre de cohabitation, à celle d'un vice-président. Crime de lèse-majesté ! J'insiste, et le président finit par lâcher : « Envoyez-le-moi. »

Quelques jours plus tard, il lui fait faire antichambre pendant un bon moment. Il le reçoit, bougon, sans l'inviter à s'asseoir, et lui dit deux choses. *Mezza voce* : « Monsieur le ministre, vous devriez relire la Constitution... » *Forte* : « En France, il n'y a PAS de vice-président ! » Puis, continuant le supplice avec délectation : « Le ministre [Roland Dumas] est intervenu pour que je vous nomme au poste que vous convoitez... Je vais réfléchir. Au revoir, monsieur le ministre. » Ce n'était pas gagné. J'ai dû revenir plusieurs fois à la charge pour faire céder le président.

[Le 27 juillet 1988, je propose en Conseil des ministres la nomination de Jean-Bernard Raimond au Saint-Siège. Mitterrand, goguenard : « Ça lui ira comme un gant ! » (Les gants font partie des accessoires surannés des diplomates de la IIIe République.) Le 23 septembre, le pape Jean-Paul II recevra les lettres de créance de notre ambassadeur au Saint-Siège... Jean-Bernard Raimond. Ce dernier s'installera dans la charmante villa Bonaparte, ou villa Paolina, du nom de Paolina Buonaparte. C'est une élégante maison du XVIIIe siècle au cœur d'un jardin fleuri où l'on oublie les torrides étés romains. La sœur de l'Empereur, devenue veuve, y vécut quelque temps avec son second mari, le prince Borghèse. Le beau bâtiment

n'a pas le côté somptueux du palais Farnèse, véritable musée, qui abrite l'ambassade de France à Rome. Ces deux postes sont très courus par les diplomates qui trouvent là des conditions de vie fort plaisantes. Et un peu d'éternité sans doute ? Si Rome n'est plus le centre du monde, la diplomatie vaticane continue de jouer un rôle non négligeable sur la scène internationale. Les Éminences en soutane ont, depuis deux mille ans, toujours été bien renseignées.]

Juin 1988

Annette Giacometti, dont j'étais l'avocat, envisage de créer une fondation qui permettrait de conserver sa cohérence à l'ensemble des œuvres de son mari qu'elle possède encore. En attendant cet horizon, qui s'annonce lointain, elle me « prête » un *Homme qui marche*, une des œuvres majeures d'Alberto. Elle souhaitait le voir installé dans mon bureau du Quai d'Orsay. À la réflexion, il sera mieux mis en valeur en haut du grand escalier d'honneur. Un éclairage subtil donne vie à cette sculpture grandeur d'homme. Les chefs d'État ou de gouvernement qui me rendent visite sont impressionnés par l'œuvre des années 1960 qui a une certaine notoriété aux États-Unis.

[Quand je quitterai mes fonctions, en 1993, je rendrai la sculpture à sa propriétaire.]

12 juin 1988

Chez la vicomtesse

Élections législatives. Je retrouve mon siège de député de la Dordogne. Pour François Mitterrand, il est fondamental qu'un ministre ait l'« onction » du suffrage universel. Une fois encore, j'ai dû abandonner mes clients et leur dossier en cours. Je les ai confiés à des confrères bienveillants. En revanche, c'est plus ennuyeux pour tous mes collaborateurs, que je ne peux licencier pour cause de « rentrée politique ». Je vais devoir trouver une solution…

Mon élection dans la circonscription de Sarlat doit beaucoup à Paulette Deviers, chez qui j'ai installé mon quartier général, dans sa belle maison de Saint-Chambraud, près de Terrasson. C'est un remarquable agent de relations publiques. Elle connaît tout le monde, et son ancien mari, autrefois communiste, a conservé ses connexions auprès des «progressistes». Elle fait surtout remarquablement l'omelette aux truffes qu'elle va elle-même «dénicher» grâce au flair de son petit chien.

Je retrouve aussi sa fille Christine. La politique, qui se joue souvent de nous, me fait affronter l'ancien mari de celle-ci, Jean-Jacques de Peretti, dont elle est divorcée. Elle est aujourd'hui la compagne de Claude Joncour, un militant socialiste, directeur marketing d'une filiale de Thomson, la CGR. Joncour s'était lié d'amitié avec Georges Dayan, un pied-noir, l'un des tout proches amis de François Mitterrand. Les Joncour avaient ainsi fait la connaissance de la fille des Dayan, Paule, avec laquelle Christine était devenue copine. Les deux jeunes femmes décidèrent d'ouvrir, dans les années 1970, une galerie de peinture sur le boulevard Saint-Michel. Il m'est arrivé une seule fois de m'y arrêter pour bavarder, avec François Mitterrand, alors premier secrétaire du Parti socialiste, lors d'une de nos déambulations au Quartier latin qu'il affectionnait tant. Mais la galerie dut fermer ses portes en 1982.

À l'occasion de mes séjours en Dordogne, je connais Christine plus intimement. Elle est drôle et énergique. Pas farouche non plus. Paulette, que j'appelle affectueusement «la vicomtesse», a montré son efficacité. Elle devient mon assistante parlementaire, car elle saura prendre soin de mes électeurs en mon absence. Je dois en effet laisser mon siège à mon suppléant.

Été 1988

De source iranienne

Je profite de mon retour au Quai pour remettre sur la table l'affaire des otages du Liban. Je veux en avoir le cœur net. Lors d'un voyage à Téhéran, je pose la question à Ali Velayati qui me confirme qu'un émissaire de Charles Pasqua a bien promis aux ravisseurs des sommes d'argent bien plus importantes que les nôtres. Devant mon incrédulité, il me fait rencontrer Hachemi Rafsandjani, dont je n'ai aucune raison de mettre la parole en doute. Il m'assure que les intermédiaires iraniens du Hezbollah ont bien reçu des chiraquiens. Je voulais en être sûr. Je ne peux écrire ici les mots crus qui viennent sous ma plume. Ceux qui, en France, sont les premiers à donner des leçons de morale ont montré là leur vrai visage.

13 juillet 1988

Dîner chez Claude Joncour avec Loïk Le Floch-Prigent et Alfred Sirven. Christine veut à tout prix faire nommer son mari directeur d'une filiale d'Elf.

[Quand je reviendrai à la charge, Le Floch m'enverra « sur les roses » du Parti socialiste. Les relations, ça n'aide pas à tous les coups...]

Fin juillet 1988

***Tétralogie* à forte odeur de soufre**

Comment joindre l'utile à l'agréable ? J'informe Hans Dietrich que je me rends à Bayreuth pour applaudir la *Tétralogie* de Wagner, revisitée par Boulez et Chéreau. Je suis logé au Kaiseralm de Bischofsgrün, un hôtel perdu parmi les forêts de sapins entaillées par les installations des remonte-pentes. Pas de ski en cette saison. À 2 heures, la terrasse se vide. Les mélomanes vont s'habiller. À 3 heures, robes longues et smokings envahissent le hall pour se rendre au Festspielhaus, à une demi-heure de là en voiture.

Il m'y rejoint le lendemain, pour parler encore et toujours de désarmement, avec un nouveau dossier épineux : les armements chimiques dont nous détenons encore des quantités importantes. Un protocole de 1925 en interdit l'utilisation, mais aucun texte ne régit leur fabrication ni leur stockage. Ils ont fait des ravages lors de la Première Guerre mondiale. Dans ces montagnes bavaroises, on pourrait penser qu'aucune menace ne pèse sur nous. Sur un sommet, j'avise une batterie d'antennes et de paraboles tournées vers la Tchécoslovaquie toute proche. Ces « grandes oreilles » rappellent que, même froide, la guerre est toujours là... Hans Dietrich et moi nous donnons rendez-vous dans un mois à Saint-Selve.

Août 1988

Voilà plusieurs semaines que j'étudie la situation au Vietnam et au Cambodge. Alors que j'étais jeune journaliste, j'avais « couvert » la négociation des accords de paix à Genève, en 1954. C'est à ce moment-là que j'avais noué des contacts avec Pierre Mendès France. Mon tropisme pour l'Asie s'accentuera encore quand je l'accompagnerai en Chine, en 1958, et ferai la connaissance de Zhou Enlai, le ministre des Affaires étrangères de Mao Zedong.

À plusieurs reprises, j'avais envisagé un rapprochement avec le Vietnam. Cette politique passait évidemment par une aide économique à un pays encore dévasté par la guerre. La réponse des Américains ne s'était pas fait attendre. J'eus quelques échanges musclés avec James Baker, qui voyait d'un mauvais œil le retour de la France dans ses anciennes colonies. « La France sera loyale avec ses alliés, mais elle entend conduire en toute liberté sa politique dans cette région du monde », avais-je répondu. Je n'avais pas du tout apprécié cette pression inadmissible.

Il nous faut inscrire cette nouvelle donne dans le marbre de l'ONU. Je profite de l'occasion de la venue prochaine du président de la République dans cette enceinte pour l'annoncer à la face du monde. Je pourrai alors intervenir auprès des Soviétiques et des Chinois pour ménager leur susceptibilité. Danielle Mitterrand est mise à contribution, car elle a noué, dès 1981, des contacts sur place avec l'Association du 21-juin. De passage en Thaïlande, elle ira visiter les camps de réfugiés cambodgiens dans ce pays, ceux-là mêmes qui ont fui leur pays pour échapper à la folie meurtrière des Khmers rouges. Ce sera une façon, pour la France, de répondre à la visite de Mme Thatcher, qui avait parcouru ces camps avec Norodom Sihanouk. Elle lui avait promis une aide militaire de la part de la Grande-Bretagne.

Fin août 1988

Grand branle-bas de combat à l'aéroport de Bordeaux-Mérignac. Le vice-chancelier d'Allemagne débarque. Le préfet a vu les choses en grand et mis des flics partout. Genscher est un ami. Je l'ai donc invité à passer deux jours à Saint-Selve, où je termine mes vacances. Nous bavardons dans le grand salon, qui est l'ancien chai de cette propriété viticole qui produisait du claret à l'instar de Montesquieu, dont le château de La Brède est à quelques kilomètres de chez moi. Nous parlons très librement. Genscher profite de ce climat de confiance pour évoquer un point sensible de l'armement français dont nous avions déjà discuté à Bischofsgrün : les armes chimiques. Il pointe d'emblée les contradictions de notre politique : « Vous dites être d'accord pour parvenir au désarmement chimique, mais vous souhaitez pouvoir garder vos stocks. » Je reconnais que cette attitude est incohérente et que les militaires et certains fonctionnaires du Quai s'accrochent au-delà du raisonnable à cette doctrine qui n'est plus tenable. J'ai dû batailler ferme contre une partie importante de l'administration du Quai sous l'influence du lobby de la Défense. Ils considèrent mon engagement comme « une imprudence du ministre ».

Je lui promets de plaider auprès du président pour sortir de cette aberration. Cette destruction des armes chimiques me tient d'autant plus à cœur que je me souviens d'avoir vu dans ma jeunesse les désastres opérés par le sinistre gaz moutarde sur les poilus revenus aveugles ou déments.

14 septembre 1988

La « communauté » en embuscade

Depuis plusieurs mois, je caresse l'idée de faire venir Arafat officiellement en France. Le Premier ministre, Michel Rocard, est circonspect. Le président de la République, franchement hostile. Il dit : « On ne peut méconnaître le peuple arabe... » Mais ce ne sont que des mots. Dans les faits, il ne veut pas heurter de front les Israéliens, c'est-à-dire s'opposer à leur politique américaine au Proche-Orient. Il est, sur ce point, intransigeant. J'ai décidé de me battre. Je profite de l'invitation du leader palestinien à Strasbourg, par le groupe socialiste au Parlement européen, pour précipiter les choses. Je propose au président et au Premier ministre de rencontrer le leader de l'Organisation de libération de la Palestine au Parlement, qui bénéficie de l'« extraterritorialité ». La diplomatie est aussi l'art de jouer sur les mots.

La discussion avec François Mitterrand est difficile. Il est toujours plus que réservé :

« Roland, faites attention, il y a à Strasbourg une forte communauté juive, vous allez vous heurter à des manifestations.

– Je m'entourerai de toutes les précautions, ne vous inquiétez pas. »

À la fin de l'entretien, il lâche : « Faites ce que vous croyez devoir faire, c'est vous le ministre », ce qui en langage mitterrandien veut dire « à vos risques et périls ». Mon projet annoncé suscite, comme prévu, une violente campagne de presse orchestrée par la communauté juive et l'ambassadeur d'Israël en France, membre actif du Likoud, qui conduit sur notre sol un activisme forcené. Dans *Le Quotidien de Paris*, il menace : « J'espère qu'aucun ministre français ne rencontrera Arafat. »

Strasbourg est en état de siège. Les forces de police sont encore plus importantes que celles déployées pour Ronald Reagan, que j'avais accueilli en Alsace le 8 mai 1985. À Arafat, je demande de clarifier ses positions sur l'État d'Israël. Il va aussi loin qu'il lui est possible, sans pour autant faire un pas vers la « reconnaissance », dont je lui fais pourtant comprendre que c'est le passage obligé.

Deux cents journalistes ont fait le voyage pour filmer la scène. J'ai prévu de dire quelques mots à l'extérieur du Parlement européen, mais sans répondre à la presse retenue derrière un cordon de police : « Tout mouvement qui peut mener le peuple palestinien à reconnaître Israël est souhaitable. La France l'encouragera. Le temps n'est-il pas venu de faire taire les armes ? » Et je m'éclipse vers la porte que j'ai bien pris soin de laisser ouverte derrière moi. Les journalistes, déçus, hurlent leurs questions. J'ai déjà disparu.

15 septembre 1988

À l'Élysée, j'ai du mal à cacher ma fierté :

« Vous avez vu que tout s'est bien passé à Strasbourg malgré les "criailleries" des uns et des autres. »

Le commentaire me cueille à froid :

« Oui, mais j'ai trouvé la poignée de main un peu longue.

– Et vous ne savez pas à quoi vous avez échappé ? Je retenais les bras d'Arafat pour qu'il ne me saute pas au cou ! C'eût été pire... »

Il sourit enfin :

« Je vois, vous n'avez pas voulu vous trouver dans la même situation que Rocard ! »

À Beyrouth en janvier 1981, les deux hommes étaient en effet apparus sur les écrans en train de se donner une interminable accolade. Il est contre ce genre de show, mais il me laisse faire, car mes audaces le servent.

15 au 17 septembre 1988
Dissidents et martyrs

Voilà trois ans que je ne suis pas revenu à Prague, la « capitale magique de l'Europe », comme la qualifiait André Breton. Je viens préparer la venue du président de la République. Je retrouve avec plaisir le cardinal Tomasek, un prélat courageux, haute autorité morale dans le pays. J'organise à l'ambassade le traditionnel petit déjeuner des opposants, passage désormais obligé de François Mitterrand. Ces rencontres me sont indispensables pour « prendre la température ». Je retrouve les fondateurs de la Charte 77 : Petr Uhl, qui prit part aux événements de Mai 68 à Paris ; ingénieur de formation, il survit comme plombier ; il parle un français parfait, comme l'historien Milos Hájek. Je fais aussi la connaissance de Václav Maly, un prêtre interdit de sacerdoce, et de l'ancien ministre des Affaires étrangères, Jiri Dienstbier, dont le seul crime est d'avoir pris part au printemps de Prague.

J'ai demandé et obtenu l'autorisation de me rendre sur la tombe de deux martyrs, Thomas et Jan Masaryk, à une demi-heure de voiture de la capitale. Ce pèlerinage est émouvant car, dans ma jeunesse, j'ai entendu souvent mon père parler de ces combattants de la démocratie. Nous écoutions religieusement les nouvelles à la radio. C'est pour moi comme un devoir sacré de leur rendre hommage. Mon père parlait allemand. « *Doktor Benes ist ein Lügner* ["menteur"] ! » hurlait Hitler. Je me souviens de ce discours, entendu avec mon père à la radio. Le Führer insultait Benes qui, avec Jan Masaryk, lutta pour que son pays renaisse à la fin de la guerre et paya de sa vie son engagement, victime de la stalinisation.

18 septembre 1988

Petit déjeuner avec Shimon Peres, mon homologue israélien, avant notre conférence de presse commune. Je me demande comment il va amener, entre deux croissants, la venue d'Arafat. Il ne dit rien. Moi non plus. Le gouvernement israélien n'a eu qu'un mot de commentaire: «Regrettable.» À la fin de notre «discussion», il glisse, mine de rien: «Il serait bien, Roland, que tu dises aux journalistes présents que la France ne reconnaîtrait pas un gouvernement palestinien en exil, s'il devait y en avoir un.» Je refuse tout net. Cela contrarierait mes plans. Il a essayé. Je n'ai pas cédé. Nous n'en reparlerons plus.

21 septembre 1988

Le président me soutient. Au Conseil des ministres, il met les choses au point et critique sans détour «les lobbies et agents d'Israël qui entendent faire la loi à Paris. Arafat n'est pas un inconnu. Tous les ministres des Affaires étrangères depuis Sauvagnargues [ministre de Giscard] sont allés le voir à Tunis. J'ai moi-même déjeuné avec lui, au Caire, voilà quinze ans. Le Premier ministre Michel Rocard l'a rencontré. Et il serait devenu scandaleux de le voir? Nous ne sommes pas israéliens. Nous ne sommes pas à la merci d'un froncement de sourcils de certains agents d'Israël et de différentes associations. La France doit conserver sa capacité de dialoguer. Ne soyons pas effrayés par la peur de perdre quelques voix aux prochaines élections. Il n'y a, au contraire, que comme cela que l'on en gagne».

29 septembre 1988

Voilà cinq ans que François Mitterrand n'a pas pris la parole devant l'assemblée générale de l'ONU. À la surprise générale, il annonce l'accord de la France pour abandonner la détention de stocks d'armes chimiques. Un tabou vient de sauter. La salle se lève et applaudit à tout rompre.

Au banc de la délégation française, j'attends l'autre passage qui me tient à cœur. Le président de la République annonce: «Mon pays, qui a facilité les premières rencontres entre partenaires cambodgiens, le fera plus encore et je l'espère prochainement. Il se tient prêt, si tel est leur souhait, à inviter les parties concernées à se rencontrer à Paris, le moment venu. » La délégation cambodgienne applaudit, au premier chef le prince Sihanouk. Ce diable d'homme reste l'allié incontournable, l'arbitre incontesté.

François Mitterrand profite de son séjour américain pour rencontrer Ronald Reagan. Les deux hommes ont prévu de faire une annonce commune sur la fin des armements chimiques. Le lieu de la conférence sera Paris ! Les fonctionnaires du Quai d'Orsay font grise mine. Sous l'influence de l'état-major de la Défense, ils continuent, contre vents et marées, à plaider pour cet armement obsolète. Je ne suis pas mécontent d'avoir tordu le bras à mon administration...

5 décembre 1988

Inauguration de la plaque en souvenir de Camille Claudel, sur la maison qu'elle habita quai de Bourbon. Quand je me suis installé, en 1956, sur l'île Saint-Louis, au rez-de-chaussée d'un hôtel du XVIIe siècle, je ne savais pas que j'emménageais dans l'atelier du sculpteur, amie de Rodin. Elle mérite bien que le passant se souvienne d'elle alors que ni son amant ni son frère Paul, le diplomate écrivain, n'ont fait d'effort pour adoucir son chemin de croix vers la folie. Nous avons gravé dans le marbre un extrait de lettre qu'elle avait envoyée à Rodin, en 1886 : « Il y a quelque chose d'absent qui me tourmente. » Moi aussi.

8 et 9 décembre 1988

Staline chez les Habsbourg

Visite de François Mitterrand à Prague. Il est le premier chef d'État français à se rendre officiellement en Tchécoslovaquie depuis 1918 ! C'est aussi pour lui le premier déplacement dans un pays de l'Est, en dehors de l'URSS. Le Premier ministre Lubomir Strougal, au très léger vernis démocratique, vient d'être remplacé par le stalinien Ladislav Adamec, et des opposants ont été inquiétés, voire emprisonnés. Dans une interview à la télévision enregistrée à Paris, François Mitterrand a clairement pris position : « Le problème des droits de l'homme se pose en termes impérieux et il convient de faire de grands progrès sur ce point. »

Lors du dîner officiel au château des Habsbourg, il n'hésite pas à aborder un tabou devant des hiérarques communistes décalqués. Il évoque «l'écho considérable que suscita en France ce qu'il est convenu d'appeler le printemps de Prague et le prestige moral qui s'attacha chez nous aux actes et aux personnes qui, à nos yeux, illustrent les valeurs auxquelles nous croyons». Contre toute attente, ces propos seront repris dans le quotidien communiste *Rude Pravo*, signe d'une évidente bonne volonté.

Autre preuve de détente, le fameux petit déjeuner à l'ambassade. Outre les dissidents que j'avais rencontrés en septembre, nous faisons la connaissance de Ladislav Lis, de Rudolf Battek et, bien sûr, de Václav Havel, dont la notoriété a franchi les frontières. Ils ont tous connu la prison et s'apprêtent à y retourner. Havel, rigolard, montre un petit sac avec une chemise propre et un nécessaire de toilette. «J'ai prévu cela au cas où je doive y retourner en sortant d'ici», dit-il avec l'esprit frondeur qui le caractérise.

Les cimetières, toujours... Je n'ai pas beaucoup de mal à convaincre le président d'aller à Lany, fleurir la tombe des Masaryk. Ils jouissent d'une aura considérable dans l'opinion publique qui rejette ce régime honni. En quittant le palais présidentiel, dans le froid de décembre, nous passons devant une pauvre femme qui, apercevant le fanion tricolore sur la voiture, nous fait un petit signe timide. Le régime de la peur. Encore dérouté par le discours à la langue de bois que vient de nous servir Gustáv Husák, Mitterrand m'affirme: «Vous les avez bien vus, Roland, tous ces dirigeants. Vous avez bien fait de les regarder, car vous ne les reverrez plus...»

1989

Janvier 1989

Thomson engage des négociations secrètes avec Taïwan pour la vente de 6 frégates de type Lafayette conçues pour la détection de sous-marins. Elles sont évidemment chargées de repérer et de contenir les éventuelles attaques de la Chine continentale.

10 janvier 1989

L'Espagne, qui assure la présidence tournante de la Communauté, a pris l'initiative, à ce titre, d'inviter le président de l'Autorité palestinienne. Bien joué ! J'approuve la décision de mon collègue Ordóñez, même si je regrette que la France n'ait pas eu ce courage plus tôt. Pour assurer la continuité de l'action diplomatique européenne, nous avons mis au point depuis plusieurs années un groupe de travail qui réunit le ministre du pays assurant la présidence, son prédécesseur (le Grec Károlos Papoúlias) et le successeur, moi en l'occurrence. Pour amplifier la voix de l'Europe dans le conflit israélo-palestinien, nous sommes convenus tous trois de nous rendre en Israël, en Syrie, en Jordanie et en Égypte.

18 et 19 janvier 1989

La visite officielle de François Mitterrand à Sofia a été difficile à mettre au point, car la Bulgarie reste le noyau dur du communisme en Europe. L'affaire de l'immeuble Balatov a été résolue. Sans citer cette affaire mineure, le président de la République y va cependant de son admonestation allusive: «Est-il concevable qu'un citoyen d'Europe ait à redouter l'arbitraire d'un pouvoir établi?» Au président Jivkov, qui a invoqué les acquis de la Révolution française, il rétorque: «L'héritage de la Révolution forme un bloc indissociable et nul ne saurait y puiser à loisir ce qui convient à ses thèses et rejeter ce qui le dérange.» Je ne suis pas sûr que l'interprète ait transmis la subtilité du propos!

Le lendemain, François Mitterrand a convié à l'ambassade pour un petit déjeuner des intellectuels bulgares en coquetterie avec le pouvoir. Nos «révolutionnaires» sont en fait des tenants de la *glasnost* et de la *perestroïka* de Gorbatchev relativement tolérés par le pouvoir. François Mitterrand rend hommage à «tous les combattants de la liberté». Il s'adresse en fait aux membres de l'Association pour la défense des droits de l'homme que nous n'avons pu rencontrer... Julia Kristeva, la philosophe française née en Bulgarie, ainsi que Danielle Mitterrand sont du voyage.

La question qui tue

Dans une ambiance surchauffée, nous rencontrons des étudiants de l'université Saint-Clément-d'Ohrid, en présence du ministre de la Culture qui fait grise mine. Seuls des étudiants communistes ont été invités, mais il en est venu beaucoup d'autres... Les questions fusent dans la bouche de jeunes gens courageux qui parlent un français parfait: «Que vaut le socialisme?» «Pourquoi ne peut-on visiter la France?» «Pourquoi avez-vous remis la Légion d'honneur à Todor Jivkov?» Pas facile de répondre à toutes ces questions pertinentes. Mais la plupart des demandes tournent autour du même désir:

«Nous voulons suivre des études en France. Comment faire pour obtenir un visa?»

Mitterrand botte en touche et se tourne vers moi:

«M. Dumas, notre ministre des Affaires étrangères, va régler tous ces problèmes...»

Je risque fort de faire des déçus... Mais le point d'orgue est la «question qui tue» d'un jeune homme courageux:

«Que pensez-vous des pays où les dictateurs se maintiennent au pouvoir contre la volonté de leur peuple?»

Je me demande bien comment le président va s'en sortir. La réponse jésuitique arrive à point nommé :

« Dans certaines circonstances, il est plus important de poser une question que d'avoir une réponse... »

L'amphithéâtre exulte. La question de l'étudiant est révélatrice d'un état d'esprit. En regagnant sa voiture, Mitterrand dit : « La jeunesse bulgare est mûre pour la démocratie ! »

Mon homologue me raccompagne à l'aéroport. Dans la voiture, Petar Mladenov me fait comprendre qu'il a des confidences à me faire, mais qu'il ne peut me parler devant son chauffeur... À l'aéroport, nous nous enfermons dans un petit bureau. « Je voulais vous dire que nous allons chasser la vieille garde et prendre le pouvoir au nom de la démocratie. » Je suis d'autant plus surpris de cette profession de foi que, l'année précédente encore, il avait assuré que « la diplomatie bulgare était identique jusque dans ses nuances à celle de l'Union soviétique ». La doctrine Gorbatchev entre-temps a, à l'évidence, fait son œuvre.

20 janvier 1989

Entrée en fonction du nouveau président des États-Unis, George Bush. J'ai un *a priori* favorable. Je l'ai rencontré quand il était vice-président et j'ai apprécié sa connaissance des « dossiers ». Normal pour l'ancien directeur de la CIA !

22 janvier 1989

Voyage officiel en Israël. L'ambassadeur qui m'accompagne me recommande : « Si vous voulez que votre visite soit un succès, ne prononcez jamais ici les noms d'Arafat ni de l'OLP. » Je ne compte pas m'enfermer dans ce diktat.

1er février 1989

Le jésuite et l'empire des Indes

Visite d'État en Inde. À New Delhi ont été déployés les fastes de l'empire des Indes. Le président s'en amuse, car éléphants, trompettes et uniformes chamarrés sont à l'opposé de ce qu'il avait connu une quinzaine d'années auparavant. Alors qu'il était premier secrétaire du PS, j'avais organisé à son intention un voyage en Chine populaire. Je lui avais suggéré de passer, au retour, par l'Iran. Il avait surtout voulu s'arrêter en Inde pour rendre visite à l'un de ses amis missionnaires, avec qui il était en contact épistolaire. « C'est l'homme le plus généreux que je connaisse. Il a créé un hospice pour les plus pauvres parmi les plus pauvres, les "intouchables". » Pierre Ceyrac, un jésuite missionnaire, avait créé la ferme de Manamaduraï dans le Tamil Nadu, au sud du sous-continent, où il offrait travail et nourriture à des milliers de villageois. De retour à Paris, François Mitterrand avait fait ce commentaire : « On touche là le fond de la misère humaine. »

Les services du protocole m'ont prévenu que je ne dois pas toucher la main de la femme du Premier ministre Rajiv Gandhi. Nous visitons la maison de sa mère assassinée, Indira Gandhi, qui suscite encore une grande ferveur dans l'opinion indienne. Nous sommes venus pour signer des accords de coopération dans les domaines médical et spatial. À Bombay, nous inaugurons l'Année de la France en Inde.

3 février 1989

Voyage officiel en Iran qui fête le dixième anniversaire de sa révolution islamique. Je ne cautionne rien mais aucune diplomatie digne de ce nom ne peut ignorer ce grand pays à la culture millénaire. Le contentieux est lourd entre nos deux pays. Je suggère à François Mitterrand de confier à François Scheer la formalisation d'un accord définitif. Le secrétaire général du ministère des Affaires étrangères est un diplomate aguerri en qui je mets toute ma confiance.

21 au 24 février 1989

Je retrouve à Paris le Premier ministre israélien, Shamir, en visite officielle. Nous rejouons le même dialogue qu'un mois auparavant. En langage diplomatique, cela s'appelle : « large échange de vues ». En langage militaire : « camper sur ses positions ». Au théâtre : « amuser la galerie ». Chez mon concierge : « dialogue de sourds ».

Fin février 1989

Fin du retrait des troupes soviétiques en Afghanistan. Gorbatchev a tenu sa promesse. Pouvait-il faire autrement ?

6 et 7 mars 1989

À Vienne, je rencontre mes homologues soviétique et autrichien, Chevardnadze et Alois Mock. Terrain neutre pour parler du désarmement. Je profite surtout de cette réunion pour convaincre le Soviétique de participer à Paris aux pourparlers de paix sur le Cambodge. Chevardnadze me promet d'être là.

Mars 1989

Les Vietnamiens, vivement « encouragés » par Moscou, annoncent leur retrait du Cambodge. L'aide des Soviétiques se fait plus chiche. Faute de paiement, ils viennent par exemple d'interrompre les livraisons en carburant qui permettaient au gouvernement de Hun Sen de maintenir la tête hors de l'eau. J'offre mes bons offices au chef du gouvernement cambodgien. Il m'est très reconnaissant d'avoir demandé à la compagnie Elf de mettre de l'essence dans ses véhicules. En liaison directe avec cette nouvelle donne, mon collègue soviétique, Edouard Chevardnadze, me confirme qu'il participera personnellement à la conférence de Paris sur le Cambodge.

17 et 18 avril 1989

Pas de « festival » Walesa

Je m'envole pour Varsovie, où je dois préparer la visite de François Mitterrand en Pologne et relancer la coopération bilatérale. J'ai dû batailler plusieurs semaines pour obtenir l'autorisation de déposer une gerbe sur la modeste tombe du père Popieluszko, devenue lieu de pèlerinage. Geste symbolique, destiné à montrer mon refus de cautionner le régime militaire et ses dérives. Ce sont en effet les sbires de la police de Jaruzelski qui ont battu à mort le jeune prêtre, aumônier du syndicat interdit.

Le président Jaruzelski me reçoit longuement. Il m'annonce qu'en signe d'apaisement il a autorisé Bronislaw Geremek, l'un des dirigeants de Solidarité, à se rendre à Paris. Je saisis la balle au bond et lui demande la même faveur pour Walesa. J'insiste.

Il reste inflexible : « Je ne veux pas qu'il se livre en France à un "festival". »

Nous avons réussi à instaurer un climat de confiance. Il est, comme tous les Polonais de sa génération, encore marqué par la guerre. Mais je découvre ses relations amicales avec Gorbatchev. Ce dernier a remué ciel et terre pour faire localiser l'endroit où a été inhumé le père de Jaruzelski, un petit hobereau exilé dans le désert sibérien. Le secrétaire général du PCUS a fait fleurir sa tombe. Les lunettes teintées ne parviennent pas à cacher l'émotion.

À l'issue de notre second entretien, il me raccompagne sur le perron du palais du Belvédère, siège de la présidence de la République. Nous prenons congé. Il me serre la main avec insistance. Il me retient par le bras et me dit d'une voix qui se voudrait teintée d'humour :

« Savez-vous ce que je vais faire maintenant, monsieur le ministre ?

– Non.

– Je vais rencontrer, pour la première fois officiellement, monsieur Walesa », en insistant bien sur le « monsieur ».

Il veut me signifier qu'il prend des initiatives en matière de transition démocratique. De retour à Paris, j'en informe immédiatement le président qui en est fort satisfait.

2 mai 1989

Vous avez dit « caduque » ?

Je vaincs les réticences du président, très réservé à l'idée de recevoir Yasser Arafat à l'Élysée. J'ai fait valoir que le roi d'Espagne et le pape lui ont bien serré la main. Ce sera donc protocole minimum. Il ne sera pas reçu en chef d'État, puisqu'il ne l'est pas, mais comme simple président de l'Autorité palestinienne. Ce n'est pas moi qui vais l'accueillir à Orly, mais mon secrétaire d'État, Thierry de Beaucé. Dans la cour de l'Élysée, pas de tapis rouge ni de gardes républicains. Il est, comme à son habitude, vêtu de sa vareuse kaki et de son légendaire keffieh, mais il n'a pas eu la possibilité de porter son ceinturon et son revolver plaqué or qui ne le quitte jamais. On ne va pas voir armé le président de la République française!

J'ai eu plusieurs conversations avec ses conseillers ainsi qu'avec Jacques Attali et Hubert Védrine. Nous savons que nous allons devoir affronter de vives critiques, notamment celles de la communauté juive. J'ai rencontré hier le président pour les derniers ajustements. Il analyse:

«Cette visite est importante pour lui. Il est reçu par un des cinq membres du Conseil de sécurité. Il faut qu'il donne quelque chose en compensation. Un geste, une parole.

– Nous devrions tenter d'obtenir une déclaration sur la charte de l'OLP [qui contient une disposition prévoyant la destruction de l'État d'Israël]. Il faudrait qu'il y renonce. Israël y serait sensible.

– Voyez ce que vous pouvez faire», me dit-il en accompagnant son propos d'un geste las.

Il me reconduit sur le palier de son bureau où j'ajoute:

«Je vais essayer de lui faire dire que la charte est devenue caduque.

– Essayez, mais il ne le dira pas!»

L'entretien avec Arafat a lieu dans le bureau présidentiel. François Mitterrand a le visage fermé pendant que les caméras de la télévision filment les premiers instants de la conversation. Jacques Attali, comme à son habitude, prend des notes. Courageux, car il sait qu'il va devoir affronter les insultes de ses amis.

Une rencontre est prévue avec le Premier ministre, mais pas de déjeuner pour cause de ramadan. Or, le président indique à son hôte qu'il souhaite que les entretiens se prolongent au Quai d'Orsay. Il facilite ainsi la mise en place du stratagème.

Dans mon bureau au ministère débute la réunion de travail. Yasser Arafat est accompagné de ses collaborateurs: Ibrahim Souss, représentant de la Palestine à Paris, et Farouk Kaddoumi, son «ministre» des Affaires étrangères. Pour ma part, ce qui est rare, j'ai rassemblé tous mes collaborateurs: le secrétaire général du Quai, le directeur de cabinet, le directeur du Moyen-Orient et le conseiller technique également en charge de ce domaine. Il n'est plus question de parler, il faut agir.

Je laisse filer la conversation sur les demandes habituelles de l'OLP : reconnaissance et autonomie du peuple palestinien, son droit à posséder un territoire, l'octroi par l'ONU d'un mandat de gestion qu'il exercerait, etc. Arafat prend des notes sur un petit carnet. Je suis frappé par ses mains fines, rajustant avec élégance les pans de son keffieh, et qui contrastent avec son visage mangé par une barbe en bataille. Ses yeux noirs roulent comme des billes quand on lui pose une question. J'amène la conversation là où je veux en venir. Avec une certaine détermination, je lui fais part de mes remarques :

« Vous savez que la charte est un point d'achoppement dans les pourparlers avec Israël. Il faudrait que vous abordiez cette question pendant votre séjour ici.

– Elle n'est pas appliquée parce qu'elle est dépassée.

– Peut-être, mais la destruction de l'État d'Israël figure toujours dans le texte.

– Oui, elle est dépassée.

– Vous voulez me faire comprendre qu'elle est caduque ? »

L'interprète, une jeune parente d'Arafat, hésite sur le mot « caduque ». Elle ne comprend pas et marque un temps d'arrêt. Elle interroge Ibrahim Souss, qui précise la signification du mot.

« Oui, c'est bien cela, renchérit-il.

– Alors, dès que vous aurez l'occasion, dites-le à la presse.

– Ce soir, je suis à la télévision française. Je le dirai. Je vous le promets. C'est entendu. »

À la fin de la réunion, il revient sur le mot et demande, à nouveau, sa signification. Il l'écrit sur son carnet en ayant du mal à le traduire en arabe et à l'orthographier. Au journal de 20 heures de TF1, en direct de l'Institut du monde arabe, Arafat prononce le mot espéré : « Oui, la charte de l'OLP est "cadouque". » Grande satisfaction.

3 mai 1989

Le mot « caduque » a fait le tour du monde dans la nuit. Tous les commentateurs s'en donnent à cœur joie. Il est loin de faire l'unanimité, en particulier dans les rangs des Palestiniens les plus radicaux. Au micro de Jean-Pierre Elkabbach, sur Europe 1, je pointe les avancées que ce mot induit tout en ne cachant pas le long chemin qui reste à accomplir vers la paix. Je me garde bien de confier comment les choses se sont passées dans les coulisses du Quai. Je ne veux surtout pas me mettre en avant. C'est le président de la République qui doit retirer les bénéfices de cette action diplomatique qui suscite des réactions pour le moins contrastées à Washington et à Tel-Aviv. Il ne manquera pas de le faire, j'en suis convaincu.

Dans sa conférence de presse, à l'Institut du monde arabe, les journalistes pressent Yasser Arafat de préciser sa pensée sur le sens du mot. « C'est dans le *Larousse* », dit-il en français, non sans humour.

François Mitterrand s'octroiera indirectement cette avancée diplomatique qui tient en un seul mot. À plusieurs reprises, il ira répétant : « C'est à Paris qu'Arafat a renoncé à la charte de l'OLP. » Incontestable...

12 mai 1989

Inauguration du nouvel hôtel du conseil régional à Limoges. Le président a tenu à ce que je l'y accompagne. Dans son discours, il fait une mention improvisée au martyre de mon père. Je suis ému.

19 au 21 mai 1989

Voyage au Canada et aux États-Unis pour préparer le sommet du G7, le 14 juillet, à Paris. François Mitterrand profite de l'escale au Québec pour réagir aux manifestations des étudiants en Chine. Je lui ai suggéré d'en dire un mot, car l'agitation s'accroît et la répression menace. Si elle se déclenche, elle sera féroce. Il déclare : « Il n'est jamais sain qu'un gouvernement tire sur sa jeunesse. »

Voilà un mois que je reçois quotidiennement deux ou trois télégrammes de notre ambassadeur. Michel Combal est un homme astucieux. Pendant les événements, coiffé d'une casquette d'ouvrier, il va à bicyclette au plus près des manifestants. C'est rare chez les diplomates !

Cette visite de « travail » est en fait l'occasion d'un week-end amical dans la propriété des Bush, dans le Maine. François Mitterrand et moi passons donc deux jours à Kennebunkport. C'est une maison de pierre trapue au toit d'ardoises qui domine l'océan sur une pointe rocheuse. La venue dans les domiciles privés est toujours une marque de grande confiance, censée aider à instaurer un bon « climat » entre chefs d'État. C'est surtout un moyen d'approcher de la « vraie » vie des dirigeants, et peut-être de la mieux comprendre. François Mitterrand le pratique volontiers à Latche. Il m'est arrivé de le faire à Saint-Selve pour mes collègues allemand, espagnol ou anglais.

La maison des Bush est un bien de famille : elle a été construite par le grand-père maternel de « Big George », comme on l'appelle, pour le différencier de « Little George », son fils [qui sera président des États-Unis de 2001 à 2009]. Nous sommes reçus « à la bonne franquette ». Je note que la vaisselle est dépareillée, comme souvent dans les maisons de campagne. Rien à voir avec les milliardaires texans de *Dallas*, dont François Mitterrand ne rate aucun rebondissement à la télévision. Quand retentit le générique, les secrétaires ont l'instruction de prévenir le président. Elles ont en effet un petit téléviseur dans le bureau où elles font des permanences tard le soir. Il abandonne ses dossiers ou éconduit son visiteur. Et s'il a un empêchement, il demande à son officier de sécurité d'enregistrer l'épisode !

À l'office avec les Bush

Le chef de clan à Kennebunkport est assurément Barbara, qui règne sur la tribu avec bienveillance mais autorité.

« Qui vient à l'office ? lance-t-elle le dimanche matin.

– Roland va se faire un plaisir de vous y accompagner, Barbara », réplique Mitterrand, qui adore me faire ce genre de farce…

Ainsi me retrouvé-je au temple pendant que lui reste à lire dans le grand salon. Un ouvrage sur le Grand Canyon fera très bien l'affaire. Il dit être fasciné par cet endroit « magique ».

Avant l'office, le président Bush prend la parole pour signaler ma présence aux paroissiens. Je suis évidemment perdu dans les pages de mon missel. C'est Barbara qui me remet dans le « droit chemin »… J'assiste ensuite à la « collation » qu'organisent ces derniers, chacun apportant qui un cake, qui une tourte. Nous sommes là dans le fief de ce qu'il est convenu d'appeler – généralement pour s'en moquer – les WASP (*white anglo-saxon protestants*), même s'ils sont mâtinés de Texans, avec ce que cela induit de côté cow-boy. C'est là que « Big George » a fait fortune dans le pétrole. Il ne faudrait pas commettre la faute de goût de comparer le clan Bush à la dynastie Kennedy. Pour eux, ce sont des mondains, des arrivistes et, pire encore, des démocrates ! On n'organise pas de *tea parties* à Kennebunkport, mais des *barbecues*. Après avoir élevé ses six enfants, Barbara Bush est devenue la collaboratrice zélée de son mari. Elle a constitué un des meilleurs carnets d'adresses des États-Unis.

Barbara est une femme fort drôle, à l'humour dévastateur même. Elle est restée « nature », se moque de son embonpoint. Lors de l'investiture de son mari, elle s'était déguisée en *First Lady*, avec robe de grand faiseur, brushing et maquillage. Aux photographes qui la mitraillent, elle lance : « Regardez-moi bien cette semaine, car c'est la seule fois où vous me verrez dans cet accoutrement ! » Une chose est sûre, elle ne se prend pas pour Jackie.

Il veut démissionner

Pierre Bérégovoy est aussi du voyage. Lors du vol de retour, notre avion se pose en pleine nuit sur l'aéroport international de Shannon, en Irlande, pour faire le plein de kérosène. Nous descendons sur le tarmac pour nous dégourdir les jambes. À un moment où François Mitterrand s'est éloigné, Bérégovoy s'approche et me confie tout à trac : « Je viens d'avoir une conversation avec le président : il veut démissionner. » Je me rends compte à ce moment que cela va très mal. J'en ai la confirmation quelques instants plus tard. Le président me rejoint, toujours sur le tarmac. Je le trouve alors d'une infinie tristesse. Il ne dit rien.

Je le savais malade par la rumeur publique, mais jamais il ne m'a fait de confidences à ce sujet. Je me rends compte, rétrospectivement, que je l'ai souvent vu avaler des pilules en grand nombre. Et son visage parfois ne peut dissimuler la souffrance.

23 mai 1989

Le président allemand, Richard von Weizsäcker, est réélu à la tête de la République fédérale d'Allemagne, alors qu'aucun opposant ne s'est présenté contre lui. Il n'a pas de pouvoir politique mais représente une autorité morale et il est populaire dans l'opinion. Au début de l'année dernière, il m'avait remis la grand-croix de l'ordre du Mérite de la RFA pour mon action en faveur de l'Europe et de l'Allemagne. La cérémonie avait eu lieu à l'ambassade d'Allemagne à Paris, en présence de François Mitterrand et de Hans Dietrich Genscher. Richard von Weizsäcker, pourtant respecté par l'ensemble de la classe politique, hésitait à se présenter pour un second mandat. Avocat, il avait défendu son propre père, nazi, devant le tribunal de Nuremberg. Évidemment, la figure du mien se présente à ce moment où l'Allemand me ceint de l'écharpe rouge. Une émotion incontrôlable me submerge. Les discours ajoutent encore à mon désarroi.

Lors de la cérémonie à l'ambassade, Weizsäcker m'avait entraîné discrètement dans un petit salon pour me questionner: «Que penseriez-vous de Genscher comme mon successeur à la présidence?» Je lui dis alors tout le bien que je pensais de mon ami. Le plan avait échoué, car le chancelier avait fait barrage.

24 mai 1989

Arrestation de Paul Touvier au monastère Saint-François à Nice. J'ai ces salauds en horreur. Si je pouvais exercer mon métier d'avocat, j'aimerais bien défendre les parties civiles. Une force mystérieuse me pousse à prendre la défense des victimes et de leurs ayants droit.

30 et 31 mai 1989

Fête ou désastre?

Sommet de l'Alliance atlantique à Bruxelles: «Fête ou désastre?» titre la presse. L'Otan célèbre en effet ses quarante ans de «défense commune», mais les 16 pays qui la composent ont du mal à visualiser l'avenir. Il est évident qu'il faut redéfinir ses missions dans la perspective de l'après guerre froide qui se profile.

Le président Bush impose à ses alliés sa «nouvelle vision de l'Europe»: 275 000 soldats, 20 000 chars et 3 400 avions pour chacun des deux «blocs» en présence. Or, les Soviétiques en disposent de quatre fois plus. Hans Dietrich Genscher ne manque pas de noter que le plan américain passe sous silence les missiles Lance et leur modernisation. Pour la première fois, les Allemands proposent une « troisième option zéro » prévoyant le démantèlement en Europe des missiles nucléaires à courte portée, après ceux à longue et moyenne portées.

La France n'a pas voix au chapitre, car elle a ses propres missiles et ne fait pas partie du « commandement intégré » de l'OTAN. Américains, Anglais et Allemands se disputent sur le « ton » qu'il convient d'observer dans le communiqué final.

4 juin 1989

Par mon ambassadeur à Pékin, je suis prévenu de la répression du printemps chinois sur la place Tian'anmen. Pour éviter la relative connivence des élites pékinoises, le gouvernement a fait venir du fin fond de l'empire l'armée qui a tiré dans le tas sans états d'âme. C'est Michel Rocard, Premier ministre, qui monte au créneau et annonce à l'Assemblée la suspension des rapports commerciaux avec la Chine, mais pas des relations diplomatiques.

Juin 1989

Mitterrand salue Talleyrand

Depuis des mois, nous travaillons aux festivités devant marquer le bicentenaire de la prise de la Bastille. J'ai souhaité organiser une exposition au Quai sur le thème : la diplomatie française pendant la Révolution. Le président Mitterrand a accepté de venir l'inaugurer. Arrivé fort tard, il salue, amusé, Talleyrand et Fouché. J'ai en effet invité Claude Rich et Pierre Brasseur, qui triomphent sur scène dans *Le Souper*, de Jean-Claude Brisville, le premier en ministre des Relations extérieures et le second en ministre de la Police. Le président chausse ses grosses lunettes pour déchiffrer nombre de télégrammes diplomatiques datant de cette époque. Il s'intéresse tout particulièrement à ceux transmis par le télégraphe Chappe, qui montra son efficacité à la bataille de Valmy, en 1792.

Je lui demande s'il souhaite visiter mon bureau. Il répond, sec, qu'il n'est pas venu là pour cela. J'ai évidemment pris soin de mettre au placard le portrait de De Gaulle *imperator* que m'a offert Salvador Dalí... Cette petite provocation n'était pas pour me déplaire quand je recevais des gaullistes interloqués. Mais je ne me voyais pas assumer cette insolence devant le président de la République, qui n'aurait pas goûté la plaisanterie...

[J'ai chargé un magistrat en disponibilité de réaliser cette exposition. Il s'en est fort bien acquitté, mais il a été pour le moins dispendieux en voyages à travers l'Europe pour aller y chercher des objets et des œuvres d'art. Il me faut bien vite le rendre à son « corps » d'origine. Le garde des Sceaux l'affecta dans la Somme. Je n'entendis plus parler de lui jusqu'au jour où, président d'une cour d'assises, il montra des bienveillances appuyées envers un jeune et beau Maghrébin qu'il était chargé de juger. Le délinquant bénéficia d'une peine de prison avec sursis. En raison de l'heure tardive du verdict, il fallut loger la cour, les jurés et le condamné dans un hôtel proche. Au milieu de la nuit, la police a été appelée pour une tentative d'agression. Le magistrat s'était introduit dans la chambre du jeune homme qui, n'ayant pas compris le sens de sa démarche amicale mais inopinée, l'avait poursuivi dans les couloirs de l'établissement pour lui casser la gueule. Un président de cour d'assises en pyjama et un jeune homme en caleçon ont dû se justifier devant les policiers... Les procès d'assises se prêtent rarement au vaudeville, d'habitude !]

5 et 6 juin 1989

François Mitterrand en Tunisie, où il salue « les avancées de la démocratie ». Le sort des travailleurs immigrés en France est toujours un point sensible dans les relations bilatérales. En vareuse de lin noir à col boutonné, il visite les oasis du Sud tunisien. Il peut se permettre, pendant quelques heures, une « traversée du désert » !

13 juin 1989

Visite officielle de Mikhaïl Gorbatchev en RFA, où il signe avec Helmut Kohl une déclaration excluant toute intervention des troupes soviétiques en RDA. Elles sont déjà là depuis quarante-quatre ans...

14 au 16 juin 1989

De la part de Napoléon

Visite d'État de François Mitterrand en Pologne. La donne politique est en train de changer. Le syndicat Solidarnosc a fait un triomphe au premier tour des élections législatives. Les représentants de l'opposition ont désormais leur place à la table de Jaruzelski pour le dîner officiel en l'honneur du président français. Que de chemin parcouru depuis notre première rencontre en 1985 ! Cela vaut bien une récompense. Le président remet la Légion d'honneur à Jaruzelski, comme c'est l'usage lors d'un voyage d'État. Il n'empêche qu'à Paris nombreux sont ceux qui vont « tiquer ».

Alors, comme toujours, Mitterrand fait dans l'humour distancié : « Je vous la remets de la part de Napoléon, parce que vous êtes général ! Et de ma part, parce que je suis président, pour le courage dont vous avez fait preuve dans les affaires de votre pays et aussi dans les affaires du monde. » Dans son remerciement, Jaruzelski me rend un hommage appuyé : « C'est grâce à Roland Dumas que nos relations sont redevenues normales et que vous êtes ici, monsieur le président. » Ce dernier fait comme s'il n'avait pas entendu.

À l'ambassade de France, nous recevons les « opposants » : le cardinal Glemp, Walesa et Geremek. Pour ces derniers, il s'agit de prendre le pouvoir économique. Le leader de Solidarnosc plaisante à travers sa grosse moustache : « Si l'on introduit le communisme au Sahara, il y aura bientôt pénurie de sable ! » Tout le monde rit de bon cœur. La visite en Pologne de François Mitterrand est jalonnée par deux hauts lieux symboliques qui nous renvoient, et lui et moi, à la Seconde Guerre mondiale : Gdansk et Auschwitz.

Pour ceux de notre génération, Gdansk, c'est Dantzig et son fameux couloir sur la Baltique qui séparait deux provinces allemandes, à l'issue du désastreux traité de Versailles en 1919 qui humilia l'Allemagne. Le dépôt d'une gerbe au monument de Westerplatte rend hommage à la résistance polonaise face au premier acte de guerre d'Hitler, le 1er septembre 1939. La guerre est toujours présente, et le président français ne manque jamais de rappeler que nos deux pays ont été alliés dans l'adversité. Le général est en grand uniforme. Sur le bateau militaire qui nous fait visiter le port de Gdansk, nous bavardons. Nous parlons de « nos » guerres. Les points communs entre nous sont émouvants. Le père de Jaruzelski, déporté par Staline en 1939, était mort en 1942 à sa sortie des camps. Et le jeune Wojciech, âgé de 16 ans, avait été envoyé comme bûcheron dans la taïga de Lituanie. Il s'excuse alors de nous abandonner pour aller se changer dans sa cabine. Il nous laisse entendre, avec une ironie sous-jacente, qu'un uniforme de général n'est pas approprié pour arpenter les rues de Gdansk, haut lieu de la contestation ! La population manifeste sa joie de voir le président français, qui répond en agitant les mains. Jaruzelski, en costume sombre, reste les bras ballants. Une vieille femme fait mine de s'étonner : « On ne le voit jamais ici d'habitude... »

Le déjeuner avec Walesa s'éternise, mais il faut aller déposer une gerbe au monument des Trois-Croix, qui rappelle la sanglante répression contre les grévistes, en 1970, qui se solda par un millier de morts. François Mitterrand s'approche d'un groupe d'ouvriers des chantiers navals en bleu de chauffe et casque blanc. « Merci d'être venu nous rendre visite, monsieur le président, nous faisons partie de la même Europe », dit l'un d'eux, ému. Nous le sommes aussi.

À la conférence de presse, le président de la République résume la portée de son voyage et se livre à un éloge appuyé des dirigeants de Varsovie, en qui il voit « des hommes de courage, des vrais patriotes ayant un sens aigu des responsabilités, qui ont accepté d'entreprendre une expérience difficile et ont fait le choix de la démocratie ». Un langage qui ne restera pas sans commentaires à Paris, où Jaruzelski reste le général de l'état d'urgence...

16 juin 1989

Au dernier jour de notre séjour en Pologne, nous apprenons que les événements se précipitent en Hongrie. Une foule énorme a accompagné les funérailles officielles d'Imre Nagy, exécuté en 1958. Il a été réinhumé dans une tombe décente sous une dalle de pierre. À Budapest, des soldats russes vendent leurs décorations aux passants. Les Hongrois ont bien compris que c'est le communisme qu'ils enterrent.

[Cet hommage au martyr de la démocratie est dû en partie à tous les opposants au parti communiste, mais en particulier à l'association des étudiants dont le leader s'appelle Viktor Orban. Il sera Premier ministre de Hongrie en 1998, puis à nouveau en 2010 sous l'étiquette « conservateur »...]

26 et 27 juin 1989

Sommet européen à Madrid. On apprend par un télégramme, avec satisfaction, qu'à la frontière austro-hongroise nos homologues ministres des Affaires étrangères ont symboliquement coupé, avec des cisailles, les barbelés sur la frontière séparant les deux pays. Ça craque de partout.

4 au 6 juillet 1989

L'Europe, maison commune

Depuis le 1er juillet, la France occupe la présidence tournante en Europe. Mikhaïl Gorbatchev est en France. À Strasbourg, le premier secrétaire du parti communiste soviétique prononce, devant l'assemblée parlementaire du Conseil de l'Europe, un discours où il précise son idée de « maison commune européenne » et plaide, une fois encore, pour la réduction des armes nucléaires tactiques sur le Vieux Continent. Ce projet séduit François Mitterrand, qui cherche à lui donner un contenu concret dépassant les questions de sécurité. Le président français rêve d'une coopération économique et scientifique. C'est dans cet esprit qu'il a proposé, à Moscou l'année précédente, d'associer l'URSS au programme Eurêka. À Paris sont signés des accords bilatéraux, entre les deux États, en particulier dans les domaines économique et scientifique.

13 et 14 juillet 1989

Pour donner plus d'éclat aux festivités du bicentenaire de la Révolution, nous avons imaginé les jumeler avec le sommet du G7. Edgar Faure avait été choisi pour présider le comité d'organisation des commémorations, mais il est décédé l'an dernier. Il était sur le sable comme une carpe hors de l'eau, et le président lui a fait cette élégance. Peut-être en souvenir d'une autre : Faure avait fait de Mitterrand son ministre d'État, pendant six semaines, en 1952, avant d'être renversé !

À l'hôtel de la Marine, rue Royale, j'accueille les chefs d'État et les accompagne au balcon qui domine la place de la Concorde. Je suis placé à côté de George Bush. Il ne tarit pas d'éloges sur le côté spectaculaire du défilé confié à la malicieuse imagination de Jean-Paul Goude. Les Américains savent mieux que quiconque exprimer une admiration enfantine. Pour ce qui me concerne, mon émotion est intérieure. Je suis transporté par cette évocation féerique loin de l'idée que je me faisais de la Révolution. Quand apparaît, au pied de l'obélisque, Jessye Norman, drapée de bleu, blanc, rouge, entonnant *La Marseillaise*, mon cœur républicain est transporté d'allégresse et de fierté alors que les feux d'artifice tricolores embrasent l'Arc de Triomphe. Ce chant de juillet m'emmène un demi-siècle en arrière, au Champ-de-Juillet à Limoges, où je communiais avec mon père dans la ferveur des manifestations patriotiques. Je sais qu'il serait fier de voir son fils, en pareil jour, au côté du président des États-Unis...

Mitterrand a profité de la présence de tous ces chefs d'État pour « pré-inaugurer » deux de ses grands travaux. Nous essuyons les plâtres lors d'un dîner de gala au sommet de la Grande Arche de la Défense. Hier, 30 chefs d'État et 2 000 invités s'étaient donné rendez-vous à l'Opéra-Bastille. J'ai eu peur que le balcon ne s'effondre sous le poids des personnages les plus puissants de la planète ! François Mitterrand et son épouse avaient fait leur entrée en dernier sous un tonnerre d'applaudissements. La première dame avait revêtu une robe rouge. À la Bastille, Danielle annonçait la couleur !

27 juillet 1989

À quatre quotidiens européens et au *Nouvel Observateur*, le président Mitterrand déclare : « L'aspiration des Allemands à l'unité me paraît légitime, mais elle ne peut se réaliser que pacifiquement et démocratiquement. »

25 au 29 juillet 1989

Noms d'oiseaux khmers

Après des mois de négociations, je suis parvenu à réunir les frères ennemis cambodgiens, au château de La Celle-Saint-Cloud. Il s'agit de préparer l'accord qui devra être signé à Paris dans quelques jours. Pour éviter les questions de protocole et de préséance, j'ai prévu une table ronde. Sihanouk et moi sommes face à face. Les autres se sont disposés à nos côtés : Hun Sen est le chef du gouvernement installé par les Vietnamiens ; Khieu Samphan conduit la délégation des Khmers rouges ; les « sihanoukistes » sont incarnés par le prince Norodom Ranariddh, qui est le « portrait craché » de son père ; Son Sann représente les nationalistes du Front de libération du peuple khmer. J'ai imposé cette quatrième faction pour atténuer l'oppoition frontale des autres. La DGSE me rappelle que Son Sann ne représente pas grand-chose. Je demande à nos services de ne pas s'occuper de considérations purement diplomatiques…

Ils ont refusé de se saluer et ne s'adressent pas la parole. Ils n'échangent que par mon intermédiaire. J'ouvre la séance pour fixer les enjeux : « Voilà près de vingt ans que le peuple khmer est déchiré par de terribles épreuves. L'heure de la paix est venue. Il n'existe pas de plus grande satisfaction pour un homme d'État que de pouvoir se dire qu'il a contribué, par ses efforts, à ramener la paix dans son pays et à renouer entre ses frères les fils déchirés. Je souhaite que cette simple pensée vous habite pendant ces deux jours. » Seul le prince me regarde et m'encourage de petits signes de tête. Les autres restent de marbre, comme absents, indifférents à ce qui se joue.

En fin de matinée, la rupture est consommée et ils refusent d'assister au déjeuner. De conciliabule en tractation de couloir, je réussis à les ramener à la table des pourparlers. Le prince Sihanouk m'a d'ailleurs prévenu hier : « Vous serez surpris, Excellence, vous devez savoir que les Cambodgiens adorent se disputer, mais je vous rassure : nous ne casserons pas les meubles de votre château. » Dans l'après-midi, les invectives repartent de plus belle. Les Khmers rouges reprochent à Hun Sen d'avoir facilité l'invasion et l'occupation vietnamienne. Et ce dernier a beau jeu de dénoncer le génocide opéré méthodiquement par les troupes de Khieu Samphan. Je réussis cependant à les convaincre de participer à la conférence internationale prévue cinq jours plus tard.

30 juillet 1989

J'ai mis tous mes espoirs dans cette conférence internationale sur le Cambodge. Je suis persuadé que la raison finira par l'emporter et que les quatre factions se mettront d'accord pour mettre fin à l'un des conflits les plus meurtriers de notre histoire. Au Centre des conférences internationales de l'avenue Kléber, 19 pays ont envoyé des représentants, dont les 5 membres du Conseil de sécurité : l'Américain Baker, le Soviétique Chevardnadze, l'Anglais Howe et le Chinois Qian Qi Chen. Est également présent le secrétaire général de l'ONU, Pérez de Cuéllar. Dès l'ouverture de la conférence, que je copréside avec mon homologue indonésien, Alatas, je sens que nous avons fait fausse route. Il ne faut pas compter sur les belligérants pour s'entendre. L'accord devra être imposé par les grandes puissances.

Le prince Sihanouk, me voyant dépité par l'échec, me lance de sa voix nasillarde : « Les Chinois, les Chinois, Excellence. » Je n'ai sûrement pas suffisamment impliqué Pékin. Je vais donc changer ma politique et imposer aux frères ennemis une solution passant par les 5 membres du Conseil de sécurité de l'ONU. Épuisé et la mort dans l'âme, je clos la conférence internationale, mais sans suspendre les pourparlers, qui se poursuivront dans la coulisse tout l'été.

Été 1989

C'est le retour de Pékin dans le « grand jeu » diplomatique international, après les massacres de Tian'anmen. Mais l'intervention du ministre chinois des Affaires étrangères est occultée par deux événements imprévus. Le règlement de comptes entre Vietnamiens et Khmers rouges a tourné à l'affrontement. Le ministre vietnamien a déclaré : « Les Khmers rouges nous ont forcés à intervenir pour sauver le Cambodge du massacre. Nous n'avons pas été une force d'occupation mais de libération. Les Khmers sont des nazis, de monstrueux criminels dont il faut se débarrasser. » L'attaque est d'une violence inouïe et n'arrange pas la sérénité. Khieu Samphan rétorque évidemment à l'encontre des Vietnamiens : « Les nazis, c'est vous, les envahisseurs. »

Un autre événement, dramatique celui-là, m'oblige à suspendre la séance. Nous apprenons que le colonel américain William Higgins a été exécuté par ses ravisseurs. En représailles à l'enlèvement du chef du Hezbollah cheikh Obeid par les Israéliens, cet officier des forces des Nations unies à Beyrouth avait été enlevé à son tour par des milices pro-iraniennes puis pendu. James Baker, le secrétaire d'État américain, doit quitter la conférence. Le président Mitterrand assure le secrétaire général de l'ONU que cet assassinat « révolte le peuple français ». Baker a saisi cet alibi pour quitter la conférence où l'attitude des États-Unis est ambiguë. Il s'est rangé du côté des Chinois et de Sihanouk en opposition à « l'ennemi » vietnamien, allié aux Soviétiques, que l'Amérique poursuit de sa vindicte avec obstination.

Au cours de l'été, riche en rebondissements, un autre incident a des conséquences diplomatiques imprévues. Le ministre vietnamien des Affaires étrangères, Nguyen Co Tach, est victime d'une crise cardiaque. Je m'occupe personnellement de sa prise en charge. Je l'accompagne au Val-de-Grâce, où il est soigné par les meilleurs spécialistes. Puis je le confie au docteur Morin, mon cardiologue personnel, avec pour mission de remettre mon homologue sur pied le plus vite possible. À l'occasion de cet ennui de santé, je tisse des liens personnels forts avec cet homme charmant et cultivé qui se passionne pour l'histoire et la vie politique française. Je ne désespère pas, à travers lui, de faire évoluer la position très intransigeante de Hanoi sur le dossier cambodgien.

Norodom Sihanouk a disparu. Il a quitté Paris sans laisser d'adresse. Il a traité de nazi le représentant d'une des factions qui a menacé de porter plainte auprès de la justice française. Le prince, volontiers couard, se serait carapaté pour cette raison. En fait, il est allé prendre ses instructions à Pékin. Comme le prince semble toujours persuadé qu'il va passer en jugement en France (!), je lui envoie un de mes anciens collaborateurs, maître Charrière-Bournazel, pour le faire revenir à la raison et l'assurer qu'il ne risque rien.

23 août 1989

Pour protester contre l'occupant soviétique et réclamer leur indépendance, les populations des pays Baltes ont imaginé une «chaîne humaine» allant de Vilnius à Tallinn en passant par Riga. Deux millions de citoyens se sont donné la main en signe de protestation vis-à-vis de l'Union soviétique. La date n'a pas été choisie au hasard. C'est le cinquantième anniversaire du pacte germano-soviétique, qui a signé la fin de l'indépendance des trois petites républiques.

20 septembre 1989

«Petit papier» au Conseil des ministres signé Lionel Jospin: «Cher Roland. Je crois ne te l'avoir jamais dit. Mais sache que j'apprécie vivement tes survols de la vie internationale chaque semaine. En outre, je me sens presque toujours en communauté d'analyse ou de réaction avec toi...» Je me demande ce que me vaut ce brusque témoignage d'amitié. C'est toujours agréable.

Joxe au bordel

Autre «petit papier». Pierre Joxe veut me voir à la fin du Conseil:

«Il faut que je te parle.

– Que se passe-t-il, Pierre?

– Mes "services" me signalent qu'il existe un endroit dans Paris où ils ne peuvent se rendre, car il est "protégé".

– Eh bien, fais ton travail et va y voir...

– Oui, mais la "protection", ce serait toi!

– Ah! Tu me parles de Katia la Rouquine, de son vrai nom Lucienne Goldfarb. Elle tient en effet une "maison de rendez-vous" au 10, rue du Débarcadère.

– Dès que mes fonctionnaires veulent y faire un tour pour voir s'il n'y a pas de trafics ou de proxénètes, ils ont toutes les difficultés pour faire leur inspection...

– Que veux-tu que je te dise? Tu me demandes si je connais Katia, la réponse est oui. Nous sommes tous deux passionnés d'opéra. Mais surtout, elle reçoit toutes sortes de gens, y compris des diplomates étrangers, et puisque tu veux tout savoir: elle me renseigne...

– Bon, alors ça va !

– Tu devrais savoir qu'elle reçoit des gens "très bien", et pas seulement des ministres étrangers, si tu vois ce que je veux dire... qui fréquentent les clubs échangistes. Je ne fais pas partie de sa clientèle. C'est elle qui fut, autrefois, la cliente de mon cabinet d'avocats... »

[Contrairement à ce que l'on pense, il n'y pas au Quai d'Orsay de cellule en charge du « confort nocturne » des Excellences après leur programme officiel. Certains pays sont assez ouverts sur ce point. Alors que j'étais arrivé à Vienne trop tard pour aller à l'Opéra, qui commence de bonne heure, le directeur de cabinet du chancelier Kreisky me demanda, nullement embarrassé, si je souhaitais un « accompagnement ». À cette occasion, j'appris qu'il suffisait de demander un « second oreiller » au concierge de l'hôtel. Les Autrichiens poussaient même le raffinement jusqu'à en préciser la couleur, rose ou bleu, en fonction de l'orientation sexuelle du client...

Cette pratique bien codifiée permettait sans doute d'éviter bon nombre de désagréments. Alors que je n'étais pas encore ministre, j'avais eu à défendre un ministre autrichien (précisément) en visite à Strasbourg. Il était allé seul à l'aventure dans un parc de la capitale alsacienne réputé pour sa drague homosexuelle. Il s'était fait « détrousser » (!) et molester jusqu'au sang. Un procès devait déterminer les responsabilités. J'avais réussi à obtenir le huis clos au motif que l'un des agresseurs était mineur. Mon client fut acquitté. Mais la vie politique de cet honorable père de famille fut évidemment brisée. Un « second oreiller » l'aurait mis à l'abri de ce genre de désagrément !]

Octobre 1989

L'histoire s'accélère. Des images nous parviennent de manifestations monstres à Leipzig où la foule défile en scandant aux plus timorés : « Rejoignez-nous. » Des véhicules blindés font route vers le centre-ville. La réunification en marche pourra-t-elle se faire sans un bain de sang ? Mitterrand craint plutôt la « neutralisation » de l'Allemagne. L'hypothétique réunification ne va-t-elle pas remettre en cause la relation franco-allemande, moteur de la construction européenne ? Des rumeurs courent selon lesquelles, une fois réunifiée, la « Grande Allemagne » en sortirait pour pouvoir conduire, les mains libres, une politique « danubienne » comme avant guerre. Info ou intox ?

17 octobre 1989

Visite officielle du président israélien Herzog. Il est sympathique et plus mesuré que les autres, mais il n'a aucun pouvoir…

18 octobre 1989

Destitution d'Erich Honecker. L'Allemagne de l'Est commence à se fissurer. Nous vivons des jours exaltants, mais nous avançons dans le brouillard.

24 octobre 1989

Dîner informel entre François Mitterrand et Helmut Kohl à l'Élysée. Il s'agit de préparer le prochain sommet, mais le vent de l'histoire s'est invité à la table des deux hommes. Ils ont intérêt à bien s'entendre. Je ne suis pas invité. Si j'étais présent, Genscher devrait l'être aussi, et Kohl ne veut sous aucun prétexte avoir « sur le dos » son populaire et omniprésent ministre, vice-chancelier qui plus est. « Dites bien à Roland que ce n'est pas contre lui », a précisé le chancelier au président.

4 novembre 1989

Le sommet franco-allemand qui s'est achevé hier à Bonn a été exclusivement consacré aux « événements ». La colère gronde en RDA et une gigantesque manifestation s'est réunie sur l'Alexanderplatz. « L'Alex », comme disent familièrement les habitants, est le centre de Berlin-Est, conçu plus pour les parades militaires que pour les protestations populaires ! Mon ambassadrice me dit que la manifestation est retransmise en direct à la télévision est-allemande. Les choses sont vraiment en train de s'accélérer…

8 novembre 1989

Hans Dietrich Genscher devant le Bundestag : « Nous savons gré au président Bush et au président Mitterrand des paroles claires qu'ils ont prononcées à propos de l'unité allemande.

Cela vaut aussi pour les propos cordiaux de mon collègue et ami Dumas, hier, devant le Parlement français. »

9 novembre 1989

L'histoire en direct

Chute du mur de Berlin. À la télévision, je n'en crois pas mes yeux. Les plaques de béton, constellées de graffitis, tombent comme un château de cartes. Les scènes de fraternisation sont émouvantes. Le peuple allemand a parlé. Je ne croyais pas voir ce spectacle de mon vivant. Les mots manquent.

10 novembre 1989

Jivkov renversé en Bulgarie. Mise en alerte des troupes soviétiques en RDA. Tout peut encore virer à la catastrophe. Gorbatchev a-t-il les reins assez solides pour faire obstacle à la vieille garde ? Son message envoyé à Mitterrand n'est-il pas un appel au secours ? Il lui demande de contribuer à ce que « les événements ne prennent pas une tournure indésirable ».

Au micro de RTL, je recadre les enjeux : « Ce mouvement d'émancipation que nous avons voulu et encouragé doit être consolidé, notamment en renforçant la construction européenne. Il nous faut également travailler au désarmement de l'Europe, en parfaite entente avec nos partenaires de l'Alliance atlantique, afin de définir un nouveau mode de vie entre les citoyens de l'Est et de l'Ouest. » Dans cet esprit, je suggère au président de la République de réunir au plus tôt les Douze pour travailler d'arrache-pied en ce sens et dégommer les divergences de vues qui ne laissent de m'inquiéter.

11 novembre 1989

Au pied du mur éventré, Rostropovitch fait entendre la voix de son violoncelle. Mais je sais par les télégrammes diplomatiques que les unités soviétiques de Berlin-Est stationnées dans la caserne de Berlin-Karlshorst sont en état d'alerte maximal. Et si Gorbatchev faisait avancer ses divisions, ne risquerait-on pas une « normalisation » à la hongroise ou à la tchécoslovaque ? Les messages en provenance du Kremlin sont ambigus, voire inquiétants. Une dépêche de l'ambassadeur Jean-Marie Mérillon à Moscou l'est tout autant. À propos des risques de violences en Allemagne de l'Est, il écrit : « Gorbatchev devrait normalement donner un coup d'arrêt qui pourrait permettre de redresser progressivement la RDA. » Le Kremlin, fidèle à sa vieille politique, souffle le chaud et le froid.

13 et 14 novembre 1989

Je me rends en urgence à Moscou pour en avoir le cœur net.

16 novembre 1989

Table ronde sur le Cambodge. J'ai bien du mal à être sur tous les « fronts ».

17 novembre 1989

Jacques Delors, président de la Commission européenne, me rejoint à Varsovie. Depuis le printemps, le général Jaruzelski s'accommode d'un gouvernement démocratique. Nous rassurons le Premier ministre Tadeusz Mazowiecki. Lors de la conférence de presse, il met en garde : « Maintenir une Europe riche et une Europe pauvre serait une nouvelle source de périls. »

18 novembre 1989

Les bonheurs dangereux

En sa qualité de président de la CEE, François Mitterrand prend l'initiative de convoquer une réunion informelle des Douze à l'Élysée. Dans son idée, il s'agit de ne pas « polluer », avec des considérations sur la réunification, le Conseil européen de Strasbourg, prévu pour le 9 décembre. Le dîner est tendu, d'autant que Mme Thatcher a pris nettement position contre l'unification allemande.

Afin de corriger les inégalités entre « riches et pauvres », nous jetons les bases d'une Banque européenne pour la reconstruction et le développement des pays de l'Est qui s'ouvrent à l'économie de marché. La mise en œuvre de l'union politique suscite des divergences d'appréciations. Les Allemands ne sont pas pressés de mettre en place la monnaie unique chère aux Français. L'urgence du chancelier est d'obtenir au prochain Conseil européen

« une déclaration en faveur de l'autodétermination du peuple allemand ».

On ne peut aller contre la volonté des peuples d'aspirer à la liberté, mais le pessimisme fondamental de François Mitterrand affleure vite. « Il est des bonheurs dangereux », constate-t-il, avec une forme de lassitude dans la voix. Il a toujours présent à l'esprit le risque d'un brutal retournement de situation à Moscou. Il veut tout faire pour sauvegarder la position de Gorbatchev et l'aider dans ses réformes.

À Budapest, les dirigeants hongrois expriment leur conviction que les réformes démocratiques sont irréversibles. La liberté est en marche.

28 novembre 1989

Le chancelier en solo

Coup de théâtre. Devant le Bundestag, le chancelier Kohl présente un « Programme en dix points pour l'unification des deux Allemagnes ». C'est un très long texte qui précise la marche à suivre pour tenter de faire fonctionner ensemble les deux États aux systèmes et aux mentalités si opposés.

Il est clair, aux yeux de Mitterrand, que Kohl veut privilégier la réunification allemande à la construction européenne. Il est furieux d'être ainsi mis devant le fait accompli. Comme d'habitude, il me demande de faire passer le message auprès de Genscher. Je l'invite à venir à Paris au plus vite.

30 novembre 1989

Hans Dietrich Genscher est arrivé, toutes affaires cessantes, à Paris. Il m'assure qu'il n'était pas non plus au courant des intentions du chancelier. Il me raconte, pour la petite histoire, que Kohl a fait taper le texte de son plan chez lui, par sa femme, pour sauvegarder un secret absolu. Il est clair qu'il veut entrer dans l'histoire comme « l'homme de la réunification ».

Genscher me redit que le chancelier n'est pas pressé de voir s'instaurer la monnaie unique. Il est influencé par le puissant président de la Bundesbank, Hans Tietmeyer, qui ne veut pas assujettir le florissant Deutsche Mark au franc et à la lire jugés

« volatils »... Pour les Allemands, l'urgence est ailleurs. Ils ont conscience de vivre un moment historique. L'Europe peut attendre. J'enjoins Genscher de convaincre Kohl de faire un geste en direction de Paris.

5 décembre 1989

François Mitterrand, dans une lettre aux 11 pays membres, rappelle l'urgence de fixer une date pour réunir la conférence intergouvernementale (CIG) qui devra mettre en œuvre la monnaie unique : « C'est un dossier fondamental pour l'avenir de notre Communauté [...]. Ce sera la preuve de notre volonté d'aller de l'avant. » L'injonction est bien sûr destinée à Kohl.

6 décembre 1989

À Kiev, rien de nouveau

Le président et moi sommes à Kiev pour rencontrer Gorbatchev avant le sommet de Strasbourg. En son absence, les conseillers de Kohl on fait discrètement savoir à l'Élysée que le chancelier est finalement d'accord pour réunir la conférence intergouvernementale avant la fin de 1990. L'information doit rester secrète jusqu'à Strasbourg.

Ce voyage précipité dans la capitale ukrainienne a aussi sa petite histoire. Les négociations entre Américains et Soviétiques se sont poursuivies en tête à tête entre les deux superpuissances. Or, à ce moment, la France préside la CEE. À ce titre, François Mitterrand a trouvé cavalier que l'Europe (c'est-à-dire lui !) ait été tenue pour quantité négligeable et qu'il n'ait pas même été informé : « Comment, l'Europe n'est plus rien ? C'est inadmissible ! » Une fois encore, il me charge de le faire savoir et me commande : « Arrangez-vous pour qu'on revienne dans le coup... »

Je parle à Chevardnadze et même à Gorbatchev en leur exposant les risques encourus de mécontenter ainsi le président français. Nous convenons d'une rencontre, mais où ? Nous avons un rythme de rencontres annuelles avec les Soviétiques, une fois à Paris et l'autre à Moscou. Mitterrand me dit : « Je suis allé en URSS l'année dernière. Je ne peux y retourner sans susciter les foudres de l'opposition et du *Monde.* » Gorbatchev, lui, ne veut pas sortir de l'Union soviétique. Trop risqué.

« Il faudrait trouver une destination à mi-chemin, dis-je, sans penser à une ville en particulier.

– Kiev », lance Gorbatchev, qui a toujours la repartie vive.

Nous arrivons le matin dans la capitale ukrainienne sous la neige. Une splendeur. Sur les rives du Dniepr, la ville fait étinceler le bulbe doré de ses cathédrales byzantines sous un pâle soleil de neige. Évidemment, il n'y a pas d'ordre du jour, car cette rencontre est purement « symbolique ». Gorbatchev suggère : « Je vais vous faire visiter les églises et la place Maïdan avec sa colonne, centre névralgique de la cité. » Il fait aussi froid dans les saints lieux que dehors ! Le secrétaire général se transforme en guide touristique et nous montre sur une fresque la silhouette d'Anne de Kiev, devenue reine de France de 1051 à 1060, après son mariage avec le roi Henri Ier. Mitterrand connaît. Ça tombe bien. Nous avons droit à une conférence sur les Capétiens.

Pas d'entretien formel, si ce n'est une conversation à bâtons rompus dans un petit restaurant au bord du fleuve. Lors de la réunion avec la presse vient la question que tout le monde se pose :

« Pourquoi êtes-vous venu à Kiev, monsieur le président ?

– Je voulais savoir, de la bouche de M. Gorbatchev, ce qu'il avait en tête après les accords qui viennent d'être passés entre Soviétiques et Américains, et notamment s'il voulait "faire bouger ses divisions" ! »

Dans la capitale ukrainienne, Mitterrand et Gorbatchev confrontent et partagent leurs analyses. Ils n'ont pas apprécié le plan en dix points de Kohl et craignent de voir ainsi bousculer les frontières, celle des deux Allemagnes, mais aussi la germano-polonaise, plus connue sous le nom des deux rivières qui la matérialisent : l'Oder et la Neisse.

[Cette entrevue a fait l'objet de commentaires d'autant plus fantaisistes qu'il n'existe aucune trace écrite officielle de la conversation entre les deux hommes. Certains, dans l'opposition, sont même allés jusqu'à dire qu'ils s'étaient mis d'accord pour empêcher la réunification allemande ! Balivernes. Une chose est sûre : le secrétaire général n'a pas caché au président sa profonde inquiétude, le mot

est faible. Il est même allé jusqu'à dramatiser sa situation : « Est-ce que les Européens veulent voir à ma place un maréchal soviétique ? » François Mitterrand agitera plusieurs fois cette formule comme un épouvantail.]

8 et 9 décembre 1989

Un sommet dur à gravir

Sommet « historique » à la préfecture de Strasbourg. Le président ouvre la séance par un tour d'horizon général où il ne cache pas sa préoccupation. Il fait sienne la formule de Gorbatchev sur le maréchal soviétique. Son ton est assez docte. Madame Thatcher opine, parle de frontières « inviolables ». Elle demande au chancelier de s'engager sur l'intangibilité de la ligne Oder-Neisse. Le chancelier ne cache pas son agacement. Pour ne pas avoir l'air d'être de parti pris, en tant que président de séance, Mitterrand laisse dire.

Kohl prend la parole, il se veut rassurant : « Les problèmes allemands ne pourront être résolus que sous le toit de la maison européenne. Je l'ai souvent dit et je le répète, mais peut-être ne l'avez-vous pas entendu ? » Il a le sentiment de parler dans le vide, car ses collègues lui posent toujours la même question. Seuls Jacques Delors et Felipe González ont l'air de s'intéresser à son argumentation.

Helmut Kohl ne veut pas s'engager sur la frontière germano-polonaise. Il répète : « Ce sera à l'Allemagne unie et souveraine de le faire. » Il ne l'avoue pas, mais c'est pour des raisons électorales qu'il ne peut accepter ce préalable à la réunification. Son aile droite lui ferait des difficultés. Il a d'ailleurs beau jeu de lancer à Mme Thatcher : « D'ailleurs, ce n'est pas à l'ordre du jour. »

Alors que Mitterrand lui demande de préciser ses intentions, il dit, comme une concession : « L'essentiel est de faire progresser la Communauté européenne. Il nous faut fixer aujourd'hui un calendrier clair pour démontrer notre volonté d'aller de l'avant. » Il reprend mot pour mot les termes de la lettre de Mitterrand du 5 décembre. Mitterrand fait mine de considérer comme un avancement majeur cette déclaration dont il est le seul à avoir eu la primeur. « Quand les événements nous échappent, feignons d'en être les maîtres», disait le cynique Talleyrand. Madame Thatcher proteste pour la forme.

Le chancelier n'en a pas terminé. Il lui reste à obtenir une déclaration des Onze sur la réunification. Néerlandais et Italiens ne veulent pas en entendre parler. À plusieurs reprises, Thatcher a demandé des apartés à Mitterrand pour tenter de faire front commun.

Un jour qu'il voulait l'amadouer, ne lui avait-il pas susurré: «Aux heures cruciales de l'histoire, nos deux pays se sont toujours rapprochés»? Mais pour aboutir à son projet d'union monétaire, le Français sait qu'il a plus besoin de l'Allemand que de l'Anglaise... Alors, il louvoie sur les eaux de la ligne Oder-Neisse et ne condamne pas la réunification si elle se fait aux conditions qu'il a indiquées. Le Premier ministre britannique refuse tout compromis avec le chancelier. Elle vocifère.

Au cours du dîner, servi dans les salons du préfet, l'empoignade continue. Margaret Thatcher provoque Helmut Kohl en imaginant que la Grande Allemagne, de sinistre mémoire, voudra réintégrer en son sein les minorités allemandes, aujourd'hui vivant sous d'autres drapeaux. «Tous ces soupçons sont intolérables, alors que depuis sept ans je prends chaque jour des risques pour l'Europe», pleure le chancelier, presque au sens propre du terme. Alors que Mitterrand calme le jeu en demandant que l'on travaille au projet de communiqué commun, les deux continuent à s'écharper sur des mots ou des lambeaux de phrase. «Alors, on la prend, cette phrase, oui ou non?» tonitrue Kohl, excédé par la Dame de fer.

Arrière-pensées

C'est moi qui tiens la plume. Au dessert, je livre mon brouillon. Mitterrand ironise: «C'est un excellent texte, car il exprime les arrière-pensées de tout le monde!» Madame Thatcher ne le cautionne pas, car il ne contient rien sur l'Acte final d'Helsinki ni sur l'intangibilité des frontières. Il est tard dans la nuit. François Mitterrand siffle la fin de partie. Comme toujours, c'est à Genscher et à moi de rédiger le rapport final. Nous nous y attelons avec les conseillers diplomatiques. Au fil de notre échange, il prononce machinalement la phrase suivante:

« Pour nous, la RDA n'est pas un pays étranger, nos partenaires doivent le comprendre. » Je saisis que l'unification allemande est déjà acquise dans sa tête. Je sais que cette phrase susciterait des réactions hostiles. Je cherche avec lui une formulation moins percutante. Je propose : « Les citoyens de la RDA ne sont pas des étrangers pour l'Allemagne. » Mais cette « affirmation négative » n'est pas satisfaisante pour un texte dont nous mesurons la portée historique. Nous arrivons alors à cette belle phrase introductive : « Nous recherchons le renforcement de l'état de paix en Europe dans lequel le peuple allemand retrouvera son unité à travers une libre autodétermination. » Les feuillets raturés s'étalent sur la table, en français, en allemand et en anglais. Nous sommes heureux d'avoir enfin trouvé les mots qui conviennent. « Il nous faut maintenant prévenir et rassurer les Soviétiques », dis-je à mon ami avant d'aller dormir quelques heures.

Au matin du 9, Genscher et moi faisons nôtre le rite observé par le président et le chancelier. Nous prenons un café en commun pour procéder aux derniers aménagements du communiqué final. Nous sommes satisfaits du résultat, car il peut se lire de plusieurs façons…

Haute voltige

À la conférence de presse, les journalistes prennent un malin plaisir à parler de « discussions de marchands de tapis ». Mitterrand, jouant les offusqués, assure « qu'il n'y a pas eu de marchandages ». Il se livre alors à un numéro de haute voltige dont il a le secret. Il commence par un hommage appuyé au chancelier pour amener en douceur ce qui lui tient le plus à cœur, l'Union économique et monétaire : « Je me réjouis que nos amis, et particulièrement nos amis allemands, aient admis que c'était assez important pour que cette décision soit prise. » Et il justifie : « À aucun moment elle n'a été liée à la question allemande. La première était réglée avant même le sommet et la seconde n'a été discutée que le soir. » Et d'enfoncer le clou : « D'ailleurs, le droit à l'autodétermination n'a rien de neuf puisqu'on le trouve dans toutes les déclarations occidentales. »

La portée de ce sommet est considérable en ce que l'Allemagne a « sacrifié » sa monnaie sur l'autel de sa réunification. Les

Américains sont furieux de ce qui apparaît comme un succès français. Le président Mitterrand a arrimé un peu plus l'Allemagne à son grand projet économique européen. La France n'a perdu en rien de sa souveraineté. Du grand art.

[Dans les années qui suivront, Genscher me fera cette confidence: « Je n'avais jamais connu une atmosphère aussi tendue lors d'un sommet européen. Le chancelier avait eu l'impression d'avoir été soumis à un interrogatoire de police. Il le vivait d'autant plus mal qu'il avait le sentiment de ne pas être payé en retour des efforts financiers très importants qu'avaient consentis les Allemands. »

Après qu'elle eut quitté le pouvoir, Margaret Thatcher sera reçue à l'Élysée par le président pour un dîner privé. Avec ce sens de la nuance qui la caractérisait, elle lui dira sans détour: « L'Allemagne est encore plus dangereuse depuis sa réunification. Elle est en train de reconstituer son empire. Vous les avez réunifiés, et maintenant les nazis sont dans la Communauté! »]

14 décembre 1989

En ma qualité de président du Conseil des ministres de l'Union, je pars pour Moscou afin d'informer les Soviétiques de la portée du sommet de Strasbourg. Avant toute chose, Gorbatchev me fait part de son fort mécontentement: « Le plan de Kohl est inacceptable », redit-il. Il a d'ailleurs « convoqué », si l'on peut dire, Genscher le lendemain pour lui dire de quel bois de Sibérie il se chauffe.

C'est au cours d'un long entretien que Gorbatchev m'affirme espérer encore un « nouvel ordre international ». Cette formule résume, à elle seule, son état d'esprit positif. Je rentre à Paris rassuré.

16 décembre 1989

François Mitterrand rencontre George Bush à Saint-Martin. Cette petite île des Antilles a l'étrange particularité d'être pour moitié française et, pour l'autre, néerlandaise. Après la chute du mur de Berlin, François Mitterrand appelle de ses vœux une réforme de l'Alliance atlantique. Il trouve qu'elle est trop « militaire » et ne prend pas assez en compte les bouleversements en cours. L'Américain reste intraitable: « La CSCE [Conférence sur la sécurité et la coopération en Europe], la CEE et le G7 sont là pour cela. » Les États-Unis veulent garder la haute main sur la sécurité en Europe.

Le week-end à Kennebunkport a incontestablement permis d'établir des liens personnels entre les deux chefs d'État. Les journalistes veulent leur faire dire que c'est au détriment de la relation anglo-américaine. Mitterrand récuse cette façon de voir: « On n'est pas lancé dans une compétition sentimentale. » Et il conclut, romantique: « On peut avoir le cœur ouvert à plusieurs amitiés ! »

17 et 18 décembre 1989

Au dernier sommet de l'Arche à Paris, les Sept étaient convenus de venir en aide financièrement à la Pologne et à la Hongrie. Il a été décidé que la Commission européenne en assurerait le suivi. J'ai demandé à Jacques Delors, son président, de m'accompagner à Varsovie et à Budapest pour coordonner la mise en place de ces décisions importantes. Nous savons que ces pays ne peuvent être seulement payés de mots. Il faut maintenant les aider à se développer. Cela va coûter très cher, comme la réunification allemande.

20 au 22 décembre 1989

Malgré un climat social tendu qui pourrait virer à l'affrontement, François Mitterrand n'a pas voulu remettre sa visite en République démocratique allemande, prévue de longue date. C'est un moyen d'exercer sa pression sur Helmut Kohl. À Bonn, on se déchaîne contre le président français qui veut « bloquer la réunification ».

Il veut connaître ce que les nouveaux dirigeants « ont dans le ventre » et surtout ne pas apparaître comme cautionnant d'emblée la réunification. Nous rencontrons Gerlach, le successeur de Honecker, le Premier ministre Modrow et Gregor Gysi, le nouveau président du SED (Parti socialiste unifié d'Allemagne), l'ancien parti communiste. Nous voulons savoir comment ils voient l'évolution du régime, quelles sont leurs idées. En ont-ils ? À Gysi, Mitterrand donne des cours d'opposition : « Montrez-vous, débattez, parlez au peuple avec un langage clair. » Il retrouve son âme d'opposant et ses réflexes de militant. Ils sont impressionnés.

22 décembre 1989

Alors que s'ouvre la porte de Brandebourg à Berlin, le peuple roumain en insurrection a renversé hier son dictateur, Nicolae Ceausescu, « le génie des Carpates ». Je suis partagé par des sentiments contraires : la joie que j'ai éprouvée à la Libération, en 1944, mais aussi la crainte du retour de bâton. Jamais je n'aurais pensé vivre de tels moments intenses.

Nous sommes fidèles à notre rituel. À Pankow, quartier de Berlin-Est ayant été la capitale de cet État moribond, nous prenons notre petit déjeuner avec des dissidents qui sont, pour la plupart, des dirigeants politiques plus ou moins reconvertis, et le président du consistoire de l'Église évangélique. Là encore, nous les soumettons à la question. Ils sont, eux aussi, soucieux de garanties de la part de l'Europe.

Sera-t-il encore là demain ?

Le président résume sa pensée : « Je ne m'opposerai pas à la volonté des Allemands. Ils n'ont pas à être punis à travers les siècles d'un moment terrible de leur histoire, mais je cherche à développer une méthode "pédagogique" : évitons de recréer des sentiments de méfiance et d'opposition militaire, mais je dois dire aussi aux Allemands que Moscou existe, que Gorbatchev est là… » Et, songeur, il ajoute : « Sera-t-il encore là demain ? » Puis, lyrique, comme il sait si bien le faire pour emporter l'adhésion : « Les Allemands d'ici ont été très mal traités par l'histoire. Ils ont été séparés, opprimés, rejetés dans un monde qui n'était pas le leur. Nous avons quelque chose à réparer. » Inutile de dire que l'émotion est grande dans l'assistance.

Sur les conseils de notre ambassadrice à Berlin-Est, Joëlle Timsitt, nous nous rendons à Leipzig où, pendant des mois, le peuple défilait tous les lundis pour exiger le départ des dirigeants communistes. L'enthousiasme de la population fait chaud au cœur. Notre petite délégation est acclamée par une foule en liesse. À Saint-Thomas, l'église où « officiait » Jean-Sébastien Bach, nous comprenons le rôle qu'a joué le clergé dans la contestation. Le pasteur nous raconte les premières heures, décisives, qui ont fait basculer l'histoire. On ne dira jamais assez le rôle des Églises dans la lutte contre la dictature communiste.

Sous les auspices du grand Jean-Sébastien, nous nous rendons au Gewandhaus, un théâtre où nous attendent Kurt Masur et un orchestre de chambre. L'immense chef reprend pour nous la baguette qu'il a abandonnée afin de se placer en tête de la révolte. Cette suite de Bach entendue dans de telles circonstances m'émeut au plus haut point. Je suis convaincu de vivre des moments d'exception. Les vieux oripeaux de mon histoire personnelle se déchirent là dans un rare moment de communion. À l'université, les étudiants euphoriques nous pressent de questions sur le désarmement ou le tiers-monde, sur le monde en général. Ils ont le sentiment d'avoir vécu enfermés. Ils ont soif d'un ailleurs qui s'appelle Liberté.

De Paris nous viennent les premiers échos de la contestation de ce voyage dans la bouche de nos politiciens à courte vue. Devant la presse, le président précise, surtout à leur intention et à celle de l'opinion ouest-allemande : « Dans les circonstances présentes, il n'y avait pas de bonne date pour ce voyage, mais il devait avoir lieu pour marquer notre estime aux auteurs du changement dans ce pays, leur montrer l'intérêt de la France et de l'Europe pour un développement authentique et les aider à prendre conscience de l'environnement international. »

Je regagne Paris avant la fin de la visite officielle, car je dois ouvrir la conférence euro-arabe. En présence de Jacques Delors, j'accueille les 22 représentants des pays de la Ligue arabe. Dans ce monde multipolaire, je suis convaincu plus que jamais que l'Europe doit jouer son rôle de pôle de stabilité.

25 décembre 1989

Le génie des Carpates à terre

Jugement sommaire et exécution des Ceausescu. Ce régime digne d'*Ubu roi* est enfin tombé. La Roumanie est coupée du monde. Bernard Kouchner veut faire parvenir une aide humanitaire aux insurgés. Je mets à profit mes bonnes relations avec le Bulgare Petar Mladenov, que j'avais quitté à l'aéroport de Sofia alors qu'il fomentait un coup d'État. En novembre, il a réussi à renverser le vieux Jivkov et à prendre sa place. Il donne bien volontiers son autorisation pour laisser passer le convoi conduit par Bernard Kouchner, toujours prompt à jouer les aventuriers. Notre ambassadeur accueille les humanitaires et met à disposition ses locaux pour les transformer en base logistique.

[En 1990, Mladenov deviendra président de la République de Bulgarie, mais son passé le rattrapera. Il devra démissionner quand seront révélées ses positions répressives à l'égard des étudiants sous l'ancien régime.]

28 décembre 1989

Le porte-parole du ministre chinois des Affaires étrangères regrette la vente des six frégates à Taïwan. Il menace : « Si la vente de ces bateaux de guerre était confirmée, nous considérerions cette décision comme une ingérence dans les affaires intérieures de la Chine. » La menace est suffisamment grave pour que je rappelle à Paris notre ambassadeur à Pékin « pour consultation ». Cela fait partie des manœuvres diplomatiques codifiées sur une « échelle de Richter » de la protestation. Personne n'est dupe.

31 décembre 1989

Dans ses vœux au pays, le président de la République annonce son projet de « Confédération européenne ». C'est une vague idée, mais qui n'est pas aboutie, et il n'est sûrement pas opportun de l'officialiser ainsi alors que nos partenaires n'ont pas été prévenus. Je vois tout de suite les difficultés qu'une telle proposition va susciter. Il renchérit sur l'idée de la « maison commune chère à Gorbatchev », pour reprendre la main après les initiatives du chancelier. Les deux projets sont aussi un moyen d'exprimer une autonomie vis-à-vis des Américains, sans pour autant remettre en cause les accords fondamentaux de sécurité et de défense. Je pense que cette « fantaisie » lui a été soufflée par Attali, qui est la « boîte à idées » de Mitterrand. Ce dernier a toujours peur d'être en retard d'une suggestion ou d'un plan.

1990

2 janvier 1990

Au pied du mur

Le président de la République a présenté hier ses vœux par téléphone au président roumain Iliescu, le chef des insurgés, l'instigateur principal du coup d'État. Il lui a annoncé ma venue. Je n'avais pas répondu aux nombreuses sollicitations du dictateur Ceausescu, sachant que je ne pourrais rien faire pour entraver la dérive de son régime. Les dissidents eux-mêmes, avec lesquels notre ambassadeur avait des contacts, nous conseillaient de ne pas nous compromettre.

Pour « griller la politesse » à mon ami Genscher, qui est également sur le coup, je pars directement de Bordeaux pour Bucarest par un avion du GLAM. Je suis ainsi le premier ministre occidental à rencontrer les nouveaux dirigeants au ministère des Affaires étrangères. Ils n'ont évidemment pas commis l'erreur de s'installer dans le délirant palais que Ceausescu a fait construire au centre de la capitale après avoir fait raser plusieurs quartiers historiques.

Le pays est dirigé par un triumvirat provisoire d'hommes plutôt sympathiques et déterminés. Ion Iliescu, destitué par le dictateur, avait été confiné jusqu'alors dans un rôle médiocre. Le « beau gosse », Petre Roman, a été nommé Premier ministre au lendemain de Noël. Ce fils d'apparatchik d'origine juive hongroise parle un français parfait, car il a suivi des études d'ingénieur à Toulouse. Ses détracteurs affirment qu'il était en France un agent de la Securitate, les services secrets roumains. Dumitru Mazilu, un diplomate dissident du parti communiste sort de prison, où il avait été jeté sur ordre de Ceausescu.

Avec Henri Nallet, ministre de l'Agriculture, qui m'accompagne, nous passons en revue les moyens de faire repartir, sans tarder, l'économie roumaine. Le peuple insurgé est impatient. Sur la place de la Révolution, je lui adresse le salut de l'Europe et de la France: «Cette année du bicentenaire de la Révolution a rendu toute sa force et tout son rayonnement à un mot trop longtemps oublié: la liberté.» J'ai appris cette phrase phonétiquement en roumain.

Je vais me recueillir et déposer des fleurs aux endroits où des patriotes ont fait don de leur vie pour instaurer la démocratie. Comme c'est maintenant incontournable dans les anciennes «démocraties populaires», les mal nommées, j'organise un petit déjeuner avec les dissidents à l'ambassade. Il est réconfortant de constater que, malgré l'éteignoir intellectuel mis en place par le terrifiant couple Ceausescu, écrivains, poètes et philosophes ont continué leur activité artistique et politique. Ils ont tous eu à souffrir de l'arbitraire du pouvoir, mais toujours la France et la langue française furent pour eux un point fixe, un soutien moral.

Je n'ignorais pas ce point et j'ai apporté avec moi des caisses de livres destinés au futur Institut des hautes études françaises que je promets de fonder et d'aider financièrement au nom des liens fraternels qui unissent nos deux pays. J'assure mes interlocuteurs que notre pays ne laissera pas tomber la fragile démocratie roumaine.

Partout flotte le drapeau national dont les insignes communistes en son centre ont été découpés ou brûlés. Avant mon départ, Petre Roman m'en offre un que je garde précieusement.

3 janvier 1990

Je vois le président pour évoquer la rencontre du lendemain avec le chancelier. Je ne sais trop comment amener le sujet sur la confédération «inopinée». Il finit par l'aborder de lui-même:

«J'ai pensé que c'était un bon moyen pour intégrer tous les nouveaux pays qui frappent à la porte de l'Europe. Ça va être compliqué de les faire adhérer directement. Vous vous rendez compte : intégrer la Pologne, avec toutes les conséquences sur notre agriculture…

– Plutôt que de les faire lanterner pour entrer dans la Communauté, vous voulez leur proposer un "sas" d'attente.

– Oui, c'est cela. On ne peut les faire entrer de plain-pied sans des risques majeurs pour la stabilité. »

Je l'informe que les Tchèques m'ont fait part de leur vive préoccupation, c'est un euphémisme. Václav Havel et son ministre des Affaires étrangères, Jiri Dienstbier, ne veulent pas entendre parler de cette Europe à deux vitesses qui les mettrait en porte à faux avec les Russes sur le plan de leur défense et de leur sécurité. Tous les pays de l'ancien bloc de l'Est n'ont qu'une obsession : entrer dans l'Union pour bénéficier des largesses de l'Occident, des bienfaits de la société de consommation et se mettre à l'abri derrière le bouclier de l'Alliance atlantique. Havel m'a clairement posé la question de savoir si nous envisagions la présence de l'Union soviétique dans la confédération. Quand je lui ai rappelé que la Russie fait partie intégrante de l'Europe, il était effondré.

Pour amadouer les Tchèques, Mitterrand leur suggère que le siège de la confédération pourrait se trouver à Prague ! L'idée est peut-être bonne, mais elle n'est pas mûre. Une fois encore, Mitterrand a eu raison trop tôt.

4 janvier 1990

La réponse du berger

François Mitterrand a invité Helmut Kohl à Latche, comme il l'avait fait, en octobre 1981, pour son prédécesseur Helmut Schmidt. Voilà neuf ans déjà ! Les deux hommes avaient alors parlé économie : le franc venait d'être dévalué et le mark réévalué. Sur le plan international, le monde avait été saisi par l'assassinat du président Sadate, qui venait d'intervenir, la veille, au Caire.

En ce début d'année 1990, la donne est éminemment politique. Le refroidissement est tangible entre Paris et Bonn, Mitterrand n'ayant pas apprécié d'être mis devant le fait accompli par Kohl avec son plan de réunification en dix points.

Son projet de confédération est aussi la réponse du berger landais à la bergère bavaroise (si l'on ose dire !). Il lui a ainsi réservé un chien de sa chienne, Baltique, son labrador adoré, qui ne quitte pas son maître d'une truffe. Un jour que l'animal s'est enfui de l'Élysée, la vie du palais a été suspendue et les gendarmes priés de le retrouver fissa.

12 janvier 1990

Je reçois le Comité pour le Cambodge, composé d'une cinquantaine d'éminentes personnalités françaises. Elles se déclarent horrifiées par les horreurs perpétrées par les Khmers rouges. Elles me demandent de ne pas associer ces derniers aux discussions de paix et de les exclure de tout organisme international. Ce n'est pas la première fois que je suis confronté aux « bonnes âmes ». Sur le terrain de la morale, elles ont raison, mais on ne fait pas de bonne politique avec de bons sentiments. Je sais qu'aucun accord ne pourra se faire sans eux. Je garde en mémoire le proverbe chinois que m'avait cité Sihanouk: « Le tigre est moins dangereux en cage au village qu'en liberté dans la forêt. » Par les télégrammes diplomatiques, je suis informé que de semblables manifestations anti-Khmers rouges se déroulent dans les grandes capitales, de Jakarta à Canberra, en passant par Tokyo.

14 janvier 1990

Le prince « chinoise »

Le prince Norodom Sihanouk se manifeste par une lettre écrite de Pékin où il me met en garde contre tout accord qui pencherait en faveur des provietnamiens de Hun Sen contre les Khmers rouges, dont il avait pourtant eu à souffrir personnellement. Une partie de sa famille avait été massacrée. Bien sûr, il exprime là la position de ses mentors chinois, mais il fait également preuve d'un réel sens politique fondé sur une abnégation personnelle.

15 et 16 janvier 1990

Les combats continuent de faire rage au Cambodge, où chaque partie en cause essaie de pousser son avantage et de faire bouger les lignes afin d'arriver en position de force à la table des négociations. Il me faut agir vite.

J'ai décidé de convoquer à Paris une réunion extraordinaire des cinq membres du Conseil de sécurité, en prenant bien soin de ne pas heurter la susceptibilité des différentes factions cambodgiennes. Sous-jacente à cette réunion demeure la question de fond : que faire des Khmers rouges ? Je propose cette fois un ambitieux plan de paix qui pourra s'imposer à toutes les parties en cause : élections libres, désarmement des forces en présence, neutralité du Cambodge, création d'un Conseil national suprême (CNS), présidé par le prince, le tout contrôlé par les forces des Nations unies déjà présentes sur place.

18 janvier 1990

Le vieil homme et la mort

J'accompagne François Mitterrand dans sa visite officielle en Hongrie. Le pays s'est résolument tourné vers l'économie de marché. La transition démocratique est en marche. Les élections sont prévues pour le printemps, nous confirme le président par intérim, Matyas Szuros. Il fait partie du Forum démocratique, devenu le Parti socialiste qui s'apprête à gouverner. Le président Mitterrand « douche » un peu l'enthousiasme général en rappelant que la Hongrie fait toujours partie du pacte de Varsovie… Il ne manque jamais une occasion de replacer toute action politique dans son contexte historique.

Personne n'a oublié la terrible répression des chars soviétiques en 1956, qui avait écrasé dans le sang le premier soulèvement populaire de l'après-guerre dans un pays de l'Est. Reste aussi présent à la mémoire des Hongrois le procès stalinien qui envoya à la mort des patriotes dont la figure de proue est Imre Nagy, un ancien Premier ministre qui s'était battu pour l'avènement de la démocratie.

Connaissant le goût du président pour les cimetières, j'ai prévu de lui faire découvrir celui de Rakoskeresztur, où avait été inhumé Nagy, et une dizaine de démocrates pendus par le totalitarisme. Nagy a été réhabilité l'an dernier. Nous nous recueillons, émus, devant une dizaine de tombes. Ce sont de petit tumulus, avec une pancarte en bois peint fichée sur un totem. Le président dépose une gerbe tricolore, une couronne de branches de pin piquées d'œillets rouges et blancs ainsi que d'iris bleus. La fille de Nagy et le président du comité de la mémoire nous accompagnent. Il est le seul survivant du procès. Le vieil homme lit, en tremblant, un remerciement. Il nous confie que Nagy avait été enterré ici parmi ses compagnons d'infortune, deux ministres, un conseiller et un journaliste.

Avant le dîner officiel à la résidence des hôtes du pays, François Mitterrand m'invite à marcher dans « le parc solitaire et glacé ». Un brouillard crépusculaire étreint nos deux silhouettes. Juste avant notre départ, nous avons appris le décès subit de Charles Hernu. Le président se livre alors à son exercice favori : une méditation à haute voix sur la mort.

À propos d'Hernu il dit, de façon presque drôle : « Lui seul ne sait pas qu'il est mort ! On est vivant et puis, soudain, tout s'arrête. Pffuit. Tout est fini. On tombe dans le néant. Dans quoi ? On ne sait pas ! » Long silence. Il évoque aussi les martyrs de la démocratie que nous venons d'honorer. Il est satisfait de leur avoir rendu hommage au travers de la mémoire de Imre Nagy. La cruauté du stalinisme lui fait horreur. Il dit : « La mort n'est rien, ce n'est que déchets. Mais l'essentiel demeure : le souvenir de l'œuvre accomplie dans le souvenir des vivants. »

Pour sortir de ce climat mortifère, j'évoque le grand pianiste Georges Cziffra, célèbre dans le monde entier en tant qu'interprète de Liszt. J'ai invité sa veuve, Soleilka, d'origine égyptienne, à nous accompagner dans ce voyage officiel. Je raconte à François Mitterrand comment je les avais accueillis à Paris alors qu'ils avaient fui la répression, en 1956. J'avais facilité tant bien que mal leur installation. Ils ne parlaient même pas français. Ils m'en furent reconnaissants. Je devins l'avocat et l'ami de Georges Cziffra. Je l'aidai notamment à mettre au point les statuts de sa fondation, dont l'écrin est la chapelle royale de Saint-Frambourg, à Senlis. J'assiste à la signature, en présence du président hongrois, d'un accord entre la fondation et le gouvernement de Budapest qui jette les bases d'un centre culturel européen. La boucle est bouclée. Rien ne pouvait mieux rendre hommage à ce virtuose d'exception.

20 janvier 1990

François Mitterrand reçoit Margaret Thatcher à l'Élysée. Il sait qu'il a fort à faire avec elle. Alors il pratique son art de la diplomatie « enveloppante », qu'il ne peut utiliser avec un James Baker par exemple : à l'Américain, ancien colonel de parachutistes, il faut dire oui ou non et savoir si nous sommes avec ou contre lui. Quand il est auprès de la Dame de fer, Mitterrand sait qu'il ne faut pas la heurter de front, alors il badine. Elle ronronne en caressant le casque impeccable de sa permanente auburn.

Février 1990

Helmut Kohl annonce son projet d'Union économique et monétaire entre la République fédérale d'Allemagne et la République démocratique. Il fait suite à son plan en dix points, annoncé voilà trois mois devant le Bundestag. Les nuages ne se sont pas encore dissipés entre Paris et Bonn.

6 février 1990

Je rejoins James Baker à l'aéroport de Shannon (Irlande), où son avion fait escale sur la route de Moscou pour le *refueling*. Le plein durant plusieurs heures, nous avons le temps de parler dans un salon désert. Il fait nuit noire. Je suis là pour l'entretenir de nos dernières rencontres avec Gorbatchev.

9 février 1990
Quelle Allemagne ?

Au cours d'une de nos nombreuses conversations, j'ai suggéré à Genscher de prendre les devants pour rassurer les pays d'Europe centrale qui s'inquiètent fort de la montée en puissance de l'Allemagne. Quel jeu y jouera-t-elle ? Comment se rééquilibrera le couple franco-allemand ? À quoi ressemblera demain notre Europe ? Quels seront ses moyens de défense ? Autant de questions auxquelles il appartient aux Allemands de répondre. À Potsdam, non loin de Berlin, il explique et rassure en bon avocat : « L'Allemagne unifiée accédera à la pleine souveraineté internationale, une fois éteints les droits et responsabilités des quatre grandes puissances garantes, par une démarche juridique négociée au grand jour. Le nouvel ordre mondial qui résultera de l'unification sera fondé sur la paix, la sécurité, la coopération et le développement dans le respect des frontières existantes.

L'unification devrait conduire à l'achèvement de l'Union européenne. Elle devra permettre de surmonter la division du continent tout entier. » La clarification n'est pas inutile.

9 et 10 février 1990

Helmut Kohl et Hans Dietrich Genscher rencontrent Mikhaïl Gorbatchev à Moscou. Le ministre allemand m'appelle pour me dire ce qui s'est passé. J'agis de même. Nous avons confiance en Gorbatchev, mais nous sentons que la vieille garde renâcle.

11 février 1990

Nelson Mandela sort de prison, après vingt-sept ans et six mois de détention. Nous sommes rivés au téléviseur qui retransmet l'événement en direct, impatients de découvrir sa physionomie, car seule une vieille photo de lui a circulé dans les médias internationaux. Je suis frappé par son visage calme et serein, sans amertume apparente. Je demande à mon cabinet de l'inviter à Paris le plus vite possible.

13 février 1990

Il nous faut maintenant passer à la négociation entre les quatre alliés vainqueurs de la dernière guerre et les deux Allemagnes. Une réunion de la CSCE à Ottawa nous fournit l'occasion de réunir le clan occidental pour en discuter. Il neige sur la capitale fédérale canadienne, et nous nous retrouvons très tôt le matin à l'ambassade de la RFA. Genscher et moi avons imaginé de convier à un petit déjeuner nos collègues américain et britannique, Baker et Howe. En l'absence des ministres soviétique et est-allemand, nous échafaudons plusieurs plans qui se veulent les plus pragmatiques. Dans la voiture qui nous conduit à la conférence de la CSCE, il dit avec détermination : « Roland, l'Allemagne ne sera plus jamais ce qu'elle a été entre 1933 et 1945. » Je lui en donne acte bien volontiers.

15 février 1990

Des frontières disputées

Dîner informel de Kohl et de Mitterrand à l'Élysée. Les deux hommes ont à jouer cartes sur table. Le chancelier n'est pas en bonne posture. Son propre parti, la CDU (Union chrétienne-démocrate), diffuse des tracts électoraux vantant l'annexion de territoires étrangers, notamment la Silésie, attribuée à la Pologne à la fin de la guerre. La fameuse ligne Oder-Neisse refait donc plus que jamais surface, donnant raison aux craintes maintes fois exprimées par François Mitterrand et Margaret Thatcher. Je n'ai pas assisté à ce repas, mais j'imagine que le président de la République a jugé ces dérives électorales inadmissibles. On peut d'autant plus le supposer que la conférence de presse qui s'est tenue à l'Élysée, fort tard après le dîner, a montré une certaine divergence de vues entre les deux hommes. J'y assiste. Kohl a le visage empourpré de l'homme bouillonnant. Mitterrand, le masque tendu de l'homme contrarié. Ils répondent brièvement aux journalistes qui se pressent. La question clé arrive à la fin de la conférence :

« Le chancelier a-t-il apporté des garanties sur les frontières issues de la dernière guerre ? » demande un journaliste.

Kohl botte en touche :

« Quand l'Allemagne unifiée aura un gouvernement et un parlement, c'est à eux qu'il appartiendra d'apporter la réponse. Je n'ai rien d'autre à ajouter. »

Il arrache les écouteurs [de la traduction] pour signifier qu'il n'entend pas répondre à d'autres questions. Il est tard. Il est pressé de regagner Bonn.

« La conférence de presse n'est pas terminée, dit Mitterrand d'un ton qui ne souffre pas la discussion. Je n'ai pas les mêmes empêchements [que le chancelier]. Je puis vous le dire sans détour, la ligne Oder-Neisse DOIT être reconnue ! »

La divergence n'est pas étalée au grand jour, mais les journalistes politiques ont bien saisi, entre les mots, que les deux hommes ne sont pas sur « la même longueur d'onde ».

19 au 22 février 1990

François Mitterrand visite le Pakistan et le Bangladesh. Il est le premier chef d'État français à se rendre à Islamabad depuis la création du Pakistan, voilà quarante-deux ans. La réception est somptueuse, avec cuivres cinglants et uniformes chamarrés. Ce pays musulman est dirigé par une femme, Benazir Bhutto, à qui le président trouve charme et intelligence. Les discussions portent sur le souhait du pays de voir la France l'aider à développer une centrale nucléaire. Un dossier « chaud » sur le plan diplomatique, car les relations avec le grand voisin indien sont tendues, à cause notamment d'un conflit frontalier sur les cimes du Cachemire.

À l'occasion du déplacement au Bangladesh, l'un des pays les plus pauvres de la planète, le président a demandé : « Il faut marquer ce voyage par une initiative forte. » Attali s'est mis à gratter des idées, comme il sait si bien le faire, et a testé sur moi son projet :

« On va leur proposer un grand barrage...

– Tu es fou, nous n'aurons jamais les moyens.

– La France fera les études...

– Et après...

– Après ? On vendra le projet à l'ONU, qui demandera à la Banque mondiale de le financer. »

Mitterrand trouvait Jacques Attali ingénieux et intelligent. Il est vrai qu'une idée chassait l'autre et que le président, comme tous les hommes de pouvoir, n'avait pas son pareil pour s'approprier les suggestions des autres, les passer à sa propre moulinette et les faire siennes.

23 au 26 février 1990

Sous la banquise rouge

Je poursuis vers Hanoi (Vietnam), où je suis très impatient de nouer des liens avec les autorités communistes. C'est mon premier voyage dans la péninsule indochinoise, alors qu'elle m'a beaucoup mobilisé, voilà plus de trente ans, au côté de Pierre Mendès France. La France doit reprendre pied au Vietnam avant que les Américains ne « débarquent », ce qui va quand même demander un peu de temps... Mon collègue Nguyen Co Tach m'accueille à la descente de l'avion. Il a l'air bien remis de ses ennuis de santé.

Hanoi est grouillante, comme toute ville d'Asie, mais d'une façon moins désordonnée. Les voitures sont peu nombreuses. Un peuple industrieux, au visage fermé, se déplace à vélo ou sur des cyclomoteurs bricolés. Les immeubles sont décrépits et les maisons pauvres. Aucun luxe ici. L'Occident n'a pas (encore) marqué Hanoi de son empreinte.

Nguyen fait partie des anciens révolutionnaires parmi les plus ouverts du régime. Il a travaillé par exemple au rapprochement de son pays avec l'ASEAN (Association des nations du Sud-Est asiatique). Il a aussi noué les premiers contacts discrets avec l'administration américaine. Mais il a fort à faire avec les hiérarques du parti, plus staliniens que Staline. Je les rencontre à tour de rôle dans leurs résidences, figés sous la banquise communiste. Leur langue de bois, parfaitement « synchrone », aussi. J'ai l'impression d'être à Moscou ou à Pékin voilà vingt ans.

Le passage obligé de toute visite diplomatique est la réception à l'ambassade de France. J'accueille mon homologue et ses collaborateurs dans une grande salle où fut organisée, l'an dernier, une exposition sur la « Grande Révolution française », ainsi qu'on l'appelle dans les pays communistes. Sont restés, à dessein, au mur, une copie naïve du tableau de Delacroix *La Liberté guidant le peuple*, une reproduction du *Serment du Jeu de paume*, de David, et un portrait de l'abbé Sieyès, auteur de *Qu'est-ce que le tiers état?*, un pamphlet qui mit le feu aux poudres de la Bastille. Notre ambassadeur, Claude Blanchemaison, a voulu rappeler que la France est aussi un pays « révolutionnaire »... Il fait asseoir à mon côté Mme Binh, une réformatrice qui fut la cheville ouvrière des négociations de paix avec les Américains. Elle parle un français parfait, ce qui n'est pas le cas de la nouvelle génération.

Par courtoisie, j'ai soumis le texte de mon discours à Nguyen. Je vois bien qu'un passage le chiffonne mais qu'il n'ose pas me contrarier. Il finit par me dire que je ne fais aucune allusion à la « neutralité » du Cambodge, une des conditions essentielles mises par Hanoi à la solution de la crise. Des oreilles peu complaisantes nous écoutent autour de la table. J'ajoute le thème de la neutralité dans mon allocution. Je croise le regard de Nguyen, qui me sourit. Personne n'est dupe, mais tout le monde est content. Personne ne perd la face.

Le lendemain, direction Hô Chi Minh-Ville. Le contraste est saisissant. L'ancienne Saigon est propre et dynamique. Le commerce règne en maître et les enseignes américaines aussi. Tous les vainqueurs de la guerre d'Indochine contre les Français ont demandé à me voir. Le général Giap, le vainqueur de Diên Biên Phu, me reçoit en grand uniforme. Il a plus de 80 ans. Il reste attaché à la France et à sa langue. Il regrette le retard de son pays. Sa confidence en forme d'autocritique est touchante : « Nous avions découvert les secrets de la guerre moderne mais pas les secrets de l'économie [de marché]. »

Mon second interlocuteur est aussi un personnage « historique » de l'indépendance vietnamienne. Pham Van Dong, le « neveu préféré » de l'oncle Hô, a été Premier ministre jusqu'en 1987. Je l'avais vu en 1954 à la conférence de Genève où, ministre des Affaires étrangères, il était venu à la table des négociations. Il s'exprime avec application dans un français châtié. Il est aveugle et âgé. Nous parlons peu politique mais plutôt littérature. Dans sa retraite montagnarde, sa nièce lui lit Rousseau et Hugo. « Des écrivains révolutionnaires ! » dis-je. Il part d'un grand éclat de rire. Il a tenu à me rencontrer pour m'avouer une chose :

« Je voulais vous dire que les Français précèdent les Russes dans le cœur des Vietnamiens.

– Vous voulez dire "chronologiquement" », le taquiné-je.

Il réfléchit un moment et répond, secoué à nouveau d'un grand rire amical :

« Les deux ! »

Dommage que notre pays n'ait pas pu (pas su ?) faire fructifier ce bel héritage. Mon « ami » Nguyen vient me saluer à l'aéroport. Il me reparle de l'évolution politique qui lui tient tant à cœur.

« Il va nous falloir modifier nos institutions, séparer l'État du parti. Ce sera une grande révolution.

– Je crois que cela va être difficile. Il vous faudra être patient…

– Faites-moi confiance. Vous verrez. »

[Quelques semaines plus tard, c'était tout vu. Nguyen Co Tach était limogé…]

1er mars 1990

Dumas « antiallemand »

Genscher, qui fait tout pour titiller Kohl, m'invite à faire un exposé devant la Berliner Press Konferenz. Toute la presse allemande a répondu à son invitation. À la tribune, je prononce un discours offensif pour regretter l'imprécision de Kohl quant à ses plans pour la réunification de l'Allemagne et son obstination à ne pas reconnaître publiquement l'intangibilité de la ligne Oder-Neisse. Genscher regrette aussi la gouvernance solitaire du chancelier, qui ne dit rien de ses intentions à ce propos. Je fais part aux journalistes des craintes de la France à une époque où nous redoutons que l'Allemagne ne sorte de l'Union pour mener une politique politiquement et commercialement expansionniste vers l'Europe centrale. C'est la hantise de Mitterrand.

2 mars 1990

En pétard, Kohl téléphone à Mitterrand, qui me raconte l'échange :

« Qu'est-ce que Dumas est venu faire à Berlin ?

– Roland a été invité en tant que ministre des Affaires étrangères…

– Il a critiqué notre politique devant la presse pour mettre en doute ma loyauté. Et en plus, Genscher était au premier rang, et il s'est levé le premier pour applaudir. François, c'est inadmissible !

– Je vais en parler à Roland…

– C'est vrai que son père a été fusillé par les nazis, mais ce n'est pas une raison pour faire de l'agitation ! Je crains qu'il ne soit toujours antiallemand. »

Pour Mitterrand, l'incident n'est pas grave, mais Kohl est fâché contre moi. Il me trouve trop français. Je le trouve trop germanique.

4 au 6 mars 1990

Visite à Paris du président de l'Assemblée fédérale tchécoslovaque, Alexandre Dubcek. François Mitterrand a demandé que l'on réserve un accueil « convenable » à l'homme qui reste le symbole du printemps de Prague, au début de 1968. Pour moi, il est l'icône de la résistance à l'oppression soviétique. Je trouve dans mon bureau un petit homme timide à lunettes. Je suis ému, car son histoire me touche.

François Mitterrand le respecte, car c'est à ses yeux un authentique homme de gauche, alors que Havel est un conservateur. S'il a de la considération pour l'écrivain et le poète, il trouve l'homme politique trop à droite et trop proaméricain.

8 mars 1990

Vote au Bundestag de la résolution sur la frontière Oder-Neisse. Enfin ! L'Allemagne ne remettra plus en cause ses marques avec la Pologne. Un point de friction en moins avec Londres. Un quitus ainsi donné à Helmut Kohl. François Mitterrand lui fait globalement confiance mais il nous met toujours en garde contre son successeur : « Respectera-t-il ce que nous avons construit ? »

9 mars 1990

En cassant des cailloux

Visite du président polonais Jaruzelski, en compagnie de son Premier ministre, Tadeusz Mazowiecki, et de son ministre des Affaires étrangères, au nom imprononçable de Skubiszewski, que l'on surnomme entre nous Scoubidou. Ces derniers sont tous deux membres de Solidarité, ce qui en dit long sur l'évolution de la situation politique en Pologne depuis la première visite du général, voilà cinq ans. Cette fois, le général a droit à tous les honneurs de la République.

Il a souhaité voir la pyramide du Louvre. Dans la voiture qui nous y conduit, je lui demande si je peux lui parler en russe. Il est secoué d'un petit rire nerveux entrecoupé de silences : « Oui, hi, je l'ai appris, hi, en Sibérie, hi, en cassant des cailloux… »

11 mars 1990

Déclaration d'indépendance de la Lituanie. Le tricot soviétique commence à se défaire. Le risque est grand de susciter une réaction violente de la part des Soviétiques.

Gorbatchev me dit que la sécession en cours des pays Baltes est fomentée par les Américains, pour qui cette zone du nord de l'Europe est stratégique.

19 et 20 mars 1990

Havel aux anges

Václav Havel en visite en France. Le président et moi allons l'accueillir à l'aéroport d'Orly. Un hélicoptère nous conduit jusqu'au cœur de Paris. Après avoir tourné autour de la tour Eiffel, nous sommes censés atterrir sur l'esplanade des Invalides. Havel n'écoute pas Mitterrand, qui lui parle des élections en RDA. Par la porte ouverte qui fait voler ses boucles blondes, il est aux anges. Fasciné par le survol de la capitale comme un enfant qui découvre une maquette au matin de Noël. Il a plutôt l'air d'un éternel étudiant. Il aimerait tellement prolonger ce moment de grâce. Le président demande au pilote de « faire un tour ». Nous allons jusqu'à la Grande Arche de la Défense.

La République le loge dans la résidence de Marigny, juste à côté de l'Élysée. Le moins que l'on puisse dire est qu'il détonne dans ce décor compassé décoré « à la Louis XV » du temps de Giscard. Il n'aime rien tant que bousculer le protocole. Il se rend au Quai d'Orsay pour une visite impromptue. Il veut évoquer avec moi l'évolution de l'Europe avec l'entrée des pays de l'Est en son sein. Nous échafaudons des théories visionnaires, parfois un peu folles. Un crayon à la main, il me dessine l'Europe de ses rêves, qui tient en trois grands cercles qui se recoupent : l'Union, la Confédération et l'Alliance atlantique. Nous partons d'un grand éclat de rire. Je lui demande de signer le papier, ce qu'il fait de bonne grâce. Je le ferai encadrer « pour l'histoire ».

30 mars 1990

À Moscou, je rencontre Edouard Chevardnadze. L'obsession des Soviétiques est toujours l'unification allemande. Dans son bureau du ministère, nous parlons en russe. À un moment de la conversation, je dis, ce qui n'est pas très malin : « Tant que je serai là, je ne précipiterai pas les choses. » Mes propos sont rapportés à Mitterrand, qui me recadre : « Vous avez été imprudent. » Je comprends que j'ai outrepassé ma fonction. Les grandes décisions, c'est lui et lui seul.

4 avril 1990

Concorde Carter-Arafat

Yasser Arafat et Jimmy Carter sont à Paris le même jour, officieusement afin de relancer le plan Baker pour le processus de paix au Proche-Orient. L'ancien président américain arrive de Bruxelles, accompagné de son épouse, avant de se rendre à Amsterdam visiter le musée Van Gogh. Les deux hommes se rencontrent à l'Hôtel de Crillon, place de la Concorde, ce qui est un bon début pour des accords de paix ! C'est une étape importante pour Arafat, car il n'a jamais eu de contact à ce niveau avec un Américain. Certes, Carter n'est plus aux affaires, mais il a été l'instigateur et le signataire, en 1978, des accords de Camp David avec Menahem Begin et Anouar el-Sadate. Les symboles comptent en politique.

Il a été prévu que je rencontre personnellement Arafat, car il n'est pas question qu'il soit reçu par François Mitterrand alors qu'il l'a été il y a moins d'un an. L'affaire est compliquée. Son entourage fait des pieds et des mains pour qu'il voie François Mitterrand. J'en fais part au président qui me suggère : « Pourquoi ne pas les recevoir tous les deux ? » Je m'efface donc et organise en catastrophe la venue des deux hommes à l'Élysée, ce qui n'est jamais évident pour les Américains, qui détestent l'improvisation. L'ancien président arrive d'ailleurs en retard pour éviter les photos sur le perron de l'Élysée avec le Palestinien au keffieh. Jimmy Carter est flanqué de son épouse Rosalynn, qui l'accompagne partout. Il explique : « Depuis mon départ de la Maison-Blanche, elle m'accompagne et prend des notes. » J'en conclus qu'elle l'aide dans la rédaction de ses Mémoires.

19 avril 1990

Sommet de Key Largo en Floride. La sécurité en Europe face à la réunification allemande et à l'indépendance lituanienne est à l'ordre du jour. Ce sont deux sujets sensibles qui risquent de susciter des réactions incontrôlées à Moscou. Baker et moi convenons de surveiller ce que se passe à Vilnius comme le lait sur le feu.

20 avril 1990

Dès mon retour à Paris, je convoque le représentant lituanien, M. Backis. Personne ne le connaît dans les services du Quai. Je demande que l'on procède à des vérifications pour être sûr qu'il est bien habilité à transmettre mon message de la plus haute importance au président Vytautas Landsbergis. Après enquête, il a toutes les qualités pour cela. Il est le fils du dernier chef de la délégation lituanienne à Paris, avant l'annexion par l'URSS, le 15 juin 1940.

21 avril 1990

Mon directeur de cabinet, Bernard Kessedjian, reçoit M. Backis et lui demande de transmettre à Vilnius le message franco-américain : « Mettez entre parenthèses tous les textes issus de la déclaration d'indépendance afin d'ouvrir des négociations avec Moscou. Nous avons de bonnes raisons de penser que le Kremlin réagira de façon positive à cette initiative. »

Dans l'après-midi, Backis est porteur de la réponse de Landsbergis, mais la conversation s'éternise dans le bureau voisin du mien. Je crains un contretemps. Par le téléphone intérieur, j'appelle mon directeur de cabinet :

« Je sais avec qui vous êtes. Dites-moi d'un mot comment cela se passe.

– Très bien. »

Je suis rassuré. Backis a apporté des nouvelles encourageantes : « Vilnius est en liesse. Je vous apporte l'accord total de Landsbergis. » Le ton est même étonnamment compréhensif d'après le message dont est porteur l'émissaire : « Nous sommes tous gorbatchéviens. Il a remarquablement manœuvré. Il a su gagner du temps face aux durs de son régime. » En contrepartie, le président lituanien souhaite voir résolus deux points : l'arrêt de l'incorporation de recrues lituaniennes dans l'armée soviétique et de l'embargo de livraison de gaz et de pétrole russes. Je demande que ces demandes ne soient pas suspensives à l'ouverture des négociations. Je fais passer une note en urgence au président qui me la renvoie avec cette mention manuscrite : « C'est très bien. » Je rédige un télégramme à l'attention de James Baker. À l'Assemblée, je suis la cible des critiques de l'opposition.

21 avril 1990

J'ai fait convoquer les ministres des Affaires étrangères à Dublin, qui assure la présidence tournante. Je souhaite faire valider par nos partenaires la décision que nous avions prise Baker et moi. J'informe aussi Chevardnadze. Le ministre me répond que les autorités soviétiques acceptent d'ouvrir des négociations. Tout va bien. Dans un pub, nous vidons quelques pintes à la santé des Baltes. La réputation de « fêtards » des Irlandais n'est pas usurpée.

25 avril 1990

Cinquante-cinquième sommet franco-allemand à l'Élysée. Les ministres des deux pays travaillent ensemble en réunions bilatérales, mais les vraies décisions sont prises dans le bureau présidentiel. L'essentiel des discussions tourne autour de la réunification. François Mitterrand discute pied à pied et n'entend pas être placé devant le fait accompli, même s'il sait que l'histoire s'est mise en route et que rien ne pourra l'arrêter.

À la conférence de presse, ce ne sont pas tellement les questions de défense qui préoccupent les journalistes, mais l'émergence de cette « grosse » Allemagne qui risque d'étouffer, pensent-ils, la France sur le plan économique et démographique. Le président et le chancelier font assaut de pédagogie pour les rassurer. Les opinions publiques sont un facteur qu'il ne nous faut pas négliger.

Sans date

Christine Deviers-Joncour intervient une fois encore auprès de moi pour obtenir mon accord dans la vente des frégates à Taïwan. Je lui oppose une fin de non-recevoir en lui expliquant le contexte géopolitique qui date du général de Gaulle. Je ne suis pas sûr qu'elle ait tout compris. Elle disparaît, furieuse.

5 mai 1990

2 + 4 = 6

Première réunion à Bonn des ministres des Affaires étrangères des 4 + 2. L'anodine addition cache le début des négociations complexes qui devraient permettre à l'Allemagne de se réunifier.

Cette ambition du peuple allemand n'est pas possible sans l'accord de ce qu'il faut bien appeler les « puissances occupantes ». Américains, Russes, Britanniques et Français possèdent encore des troupes dans leurs « zones d'occupation », qui leur ont été attribuées à la Libération, y compris dans les quatre secteurs de Berlin, ancienne capitale du Reich.

Par commodité, nous appelons ces réunions les 4 + 2 [4 alliés et 2 Allemagnes]. Genscher préférerait que l'on parle de 2 + 4 pour mettre en avant qu'il s'agit bien, au premier chef, d'une affaire allemande. Nous le plaisantons sur ses exigences de protocole. Mais je me rends compte qu'il ne plaisante pas : « Ne continuons pas à faire subir à l'Allemagne les humiliations du traité de Versailles » [à la fin de la Première Guerre mondiale]. Sujet sensible.

25 mai 1990

François Mitterrand à Moscou. C'est plutôt tendu. Il a voulu faire de cette visite un événement de politique intérieure. Il a convoqué micros et caméras pour mettre en scène sa visite. Mais il est difficile de retenir un Gorbatchev très préoccupé par la situation en URSS. Je dois courir après lui dans les interminables salles du Kremlin pour le convaincre de venir parler aux médias français, ce qui n'est guère pour lui plaire. L'Union soviétique est un bateau ivre en train de faire naufrage. Il est difficile pour lui d'expliquer ce qui se passe. Le sait-il vraiment ?

28 mai 1990
N'ayez pas peur

Le Premier ministre polonais est en visite à l'Élysée. Mazowiecki est un catholique convaincu, émanation de Solidarnosc et de l'Église polonaise. Je ne m'étais pas rendu compte jusqu'alors de l'importance de l'Église catholique en Pologne, avant les visites que j'ai faites là-bas et mes rencontres avec le pape Jean-Paul II. « N'ayez pas peur. » Comment un mot banal prononcé par quelqu'un qui ne l'est pas peut-il avoir une telle force ? La phrase, lancée à la face du monde lors de la messe d'intronisation du pape, en 1978, avait essaimé sur toute la planète. C'est bien sûr la référence à l'Évangile selon saint Matthieu, mais surtout une parole (parabole ?) éminemment politique. Un mot peut faire trembler des murailles. À méditer pour un diplomate.

Dans mon éducation laïque et républicaine, j'ai peut-être manqué de spiritualité et de sens du sacré, même si ma famille n'était pas anticléricale. Paradoxalement, j'ai cru trouver cette spiritualité dans la laïcité et dans la maçonnerie, mais cela n'a pas été le cas non plus.

6 juin 1990

Le prisonnier guide ses geôliers

Je rencontre pour la première fois Nelson Mandela, qui assiste à la soirée des droits de l'homme sur l'esplanade du Trocadéro, à Paris. Le président Mitterrand y prononce un discours inspiré qui révèle son admiration : « Face aux outrages subis sans compromission, vous avez été capable d'aller au-devant de ceux qui, hier, vous rejetaient. Vous avez été respectueux de ceux qui vous avaient si longtemps méprisé, prêt à discuter avec les successeurs de ceux qui vous avaient condamné et emmuré dans le silence des bagnes. Telle est la force des droits de l'homme lorsque l'opinion soutient leur défenseur. Aujourd'hui, c'est le prisonnier qui guide les geôliers sur les chemins de la liberté. C'est lui qui montre à ceux qui se croyaient les maîtres qu'ils étaient esclaves de leurs préjugés et qui leur enseigne comment on peut s'affranchir du système où fut enfermée la patrie commune. » Évangile selon François…

Le dîner officiel est organisé par Danielle Mitterrand, en tant que présidente de France Libertés. La France ne déploie pas (encore) le tapis rouge à celui qui n'est que le président de l'ANC (Congrès national africain).

9 au 10 juin 1990

Je pars pour Prague, en visite officielle, où je suis accueilli par mon homologue, Jiri Dienstbier, un homme fort sympathique qui boit autant qu'il aime les filles. Le projet de Confédération européenne, cher à François Mitterrand, est au cœur des entretiens. Les Tchèques ne veulent pas en entendre parler. Mon voyage est un échec sur toute la ligne. C'est le type même de proposition mal préparée et qui arrive à contretemps.

12 juin 1990

François Mitterrand dans l'océan Indien. Après les Seychelles, voilà l'île Maurice, où tonnent les 21 coups de canon. Il reçoit le collier de fleurs du Premier ministre, sir Anerood Jugnauth, qui s'adresse à lui en français. Sous une ombrelle, à l'aéroport de Plaisance, le président déclare : « Je salue en vous un pays qui est parvenu en peu d'années à s'arracher au malheur du sous-développement. » Maurice ambitionne en effet d'être le « petit dragon » de l'océan Indien. À Madagascar, François Mitterrand est le premier chef d'État français à fouler le sol de la Grande Île depuis l'indépendance. Cet accueil chaleureux et spontané a l'air de le revigorer. Le docteur Gubler ne le lâche pas d'une semelle.

Mi-juin 1990

François Mitterrand aurait envisagé de démissionner. C'est ce que raconte Michel Charasse, qui assure avoir rattrapé, au dernier moment, un communiqué annonçant la nouvelle, déjà parti au service de presse. Il est vrai que le président est déprimé. Il ne m'a toujours rien confié sur son état de santé. Je fais donc « comme si » je n'étais pas au courant.

18 juin 1990

Dîner au restaurant Le Quai avec Christine. Mais Le Dôme, restaurant de poisson, sur le boulevard du Montparnasse, a sa préférence. Il arrive qu'elle ait des goûts plus modestes : Le Bar à huîtres, L'Alsace ou Le Baumann, rue Marbeuf. Elle me reproche mon air absent. Je pense à mes dossiers.

20 juin 1990

Le discours de La Baule marque un tournant dans les relations entre la France et l'Afrique. C'est Erik Orsenna, l'une des plumes du président, qui l'a rédigé, mais nous y avons travaillé de conserve. Le langage que le François Mitterrand tient aux 37 chefs d'État présents leur est pour le moins inhabituel. Personne ne leur a jamais dit : « Le vent de la liberté qui a soufflé à l'est devra inévitablement souffler un jour en direction du sud.» Et il enfonce bien le clou: «Il n'y a pas de développement sans démocratie et pas de démocratie sans développement.»

Aux journalistes qui se pressent, je résume: «Nous quittons le contexte de la guerre froide où nos relations étaient fondées, pour les pays exportateurs, sur des échanges d'approvisionnement garantis, sans considération ni pour la démocratie ni pour les droits de l'homme. Nous invitons fermement les pays du continent africain à accélérer le processus de démocratisation afin de pérenniser les échanges avec le Nord.»

22 juin 1990

Pendant qu'Helmut Kohl et François Mitterrand se concertent à Assmannshausen, nous les ministres tenons réunion des «4 + 2» à Berlin. Pour éviter les susceptibilités, je demande que l'on ne parle plus désormais que des «6» [Américains, Soviétiques, Britanniques, Français, Allemands de l'Ouest et de l'Est]. Mais seule la France joue le jeu dans les documents officiels.

Chevardnadze rappelle que l'URSS n'acceptera jamais l'appartenance de la nouvelle Allemagne à l'OTAN. Il exige un traité de paix mettant un terme à tous les points encore en suspens. Ce genre de document est long et complexe à rédiger. Nous allons tout droit vers un blocage. Pour sortir de la chausse-trappe, je propose un «règlement final» qui actera le renoncement des quatre puissances victorieuses de 1945. Mon idée est loin de faire l'unanimité.

Adieu à Charlie

Pour détendre l'atmosphère, il a été décidé «d'aller dire adieu à Charlie»! Pendant la guerre froide, c'était l'un des trois passages obligés, à Berlin, entre l'Est et l'Ouest, entre les secteurs américain et soviétique. Il était le troisième, le «C comme Charlie», dans les noms de code des communications radio. C'est une baraque en préfabriqué, agrandie au cours des années, pour abriter les policiers américains et soviétiques opérant les contrôles qui, en période de crise, pouvaient durer des heures. Les sentinelles se regardaient en chiens de faïence et, certaines fois, les chars en venaient à se toiser.

Nous nous rendons sur la Friedrichstrasse, grande artère commerçante de l'avant-guerre. Baker, Chevardnadze, Hurd et moi ordonnons symboliquement l'enlèvement de la « guitoune » et prononçons chacun un petit discours. Une grue enlève alors Charlie dans les airs et la pose sur un semi-remorque qui s'éloigne, suivi par une fanfare militaire. L'ambiance est à la rigolade, ce qui est rare dans ce contexte. Baker me glisse à l'oreille en riant : « Je vais la faire installer dans mon ranch pour y recevoir mes amis ! »

[On peut toujours voir Checkpoint Charlie au cœur de Berlin. Il a été réinstallé à la demande des nombreux touristes mécontents de sa disparition. Des figurants en uniforme jouent les rôles des soldats américains et soviétiques. Ils se font photographier devant ce qui est devenu au pire une attraction, au mieux un « lieu de mémoire », comme on dit aujourd'hui.]

5 et 6 juillet 1990

L'Alliance de l'Atlantique Nord s'est réunie à Londres. Le communiqué final ne brille généralement pas par son lyrisme. Or, quelle surprise de lire un texte où des poètes ont été visiblement inspirés :

« L'Europe est entrée dans une ère nouvelle et prometteuse. Les pays du centre et de l'est du continent secouent leur joug. L'Union soviétique s'est embarquée pour le long voyage qui mène à une société libre. Les murs s'écroulent, qui enfermaient jadis les personnes et les idées. Les peuples d'Europe déterminent leur propre destin. Ils font le choix de la liberté, du libéralisme économique, de la paix. Ils font le choix d'une Europe entière et libre. Il faut donc que notre Alliance s'adapte à la situation, et elle ne manquera pas de le faire. »

Juillet 1990

Jean-Yves Le Drian, député-maire de Lorient, revient de Taïwan enthousiaste. « Marché fantastique », lance-t-il à la cantonade. Il défend les chantiers navals de Saint-Nazaire. Je défends la politique étrangère de la France. Brouillage sur la ligne socialiste.

17 juillet 1990

Réunion à Paris des Six [2 + 4]. J'ai invité notre collègue polonais à nous rejoindre dans l'après-midi. Le 3 juillet dernier, il s'est ouvert à moi de l'inquiétude que suscite à Varsovie l'ambiguïté des déclarations de Bonn sur la reconnaissance de la frontière Oder-Neisse. Les Polonais ne sauraient se satisfaire d'un simple accord avec les Allemands. Ils souhaitent un engagement des Six, garanti par le droit international. Nous nous mettons d'accord pour affirmer que « la confirmation du caractère définitif des frontières constitue un élément essentiel de l'ordre de paix en Europe ». Skubiszewski est satisfait.

29 juillet 1990

J'apprends avec tristesse le décès du chancelier autrichien Bruno Kreisky. Il a dirigé son pays de 1970 à 1983. Il était l'ami de François Mitterrand et est devenu le mien. Nous avions de longues conversations, sensibles et profondes. Son analyse politique était toujours pertinente. Sans doute tenait-elle à son incroyable parcours politique. Fils de cette brillante bourgeoisie juive viennoise massacrée par les nazis, il avait adhéré à 15 ans aux jeunesses socialistes. Inquiété au moment de l'annexion de l'Autriche par Hitler, il avait émigré en Suède, où il s'était marié.

Ministre des Affaires étrangères après les élections de 1959, il sera la cheville ouvrière du parti social-démocrate autrichien, qui le portera au pouvoir en 1970. C'était le genre d'hommes paradoxaux qui ne sont jamais là où on les attend. Juif propalestinien, très sévère vis-à-vis d'Israël, il parlait à Kadhafi. C'est par son intermédiaire que je pus, à la demande de François Mitterrand, entrer en contact avec le Guide de la révolution libyenne et le rencontrer pour la première fois en 1983.

Chemin de croix

Cette année-là, plus préoccupé par les affaires extérieures, Kreisky fut mis en minorité aux élections. Pour garder son siège, il dut se résoudre à faire un geste en faveur des conservateurs. Ces derniers demandaient la grâce du général Reider, jugé et emprisonné en Italie pour avoir été l'un des organisateurs du massacre des fosses Ardéatines, le 24 mars 1944. Il avait procédé à l'exécution de 335 résistants, dont 75 Juifs du ghetto, en représailles à un attentat qui avait tué 33 soldats allemands.

Kreisky était prêt à le gracier, mais il ne voulait pas risquer de mettre en fureur les résistants et les communistes italiens, avec lesquels il ne pouvait « traiter » en direct. Il s'en était ouvert à François Mitterrand, qui m'avait demandé de rencontrer Enrico Berlinguer, secrétaire général du Parti communiste italien (PCI).

Je ne cachai pas au président que ce qu'il me demandait me coûtait beaucoup. Aller plaider le retour en grâce d'un criminel de guerre, de l'acabit de ceux qui avaient assassiné mon père, était une épreuve pire encore que la réconciliation de l'Allemagne démocratique. Ce n'était pas la première fois que nous parlions des contradictions qui m'agitaient. Je savais que mon entrée en politique était au prix de ce « chemin de croix ». Pour Mitterrand, la démarche était de l'ordre de la raison d'État (même s'il ne prononça pas le mot) et mes atermoiements finirent par l'irriter : « On n'est pas là en train de faire du sentiment, dites-moi oui ou non ! » Je ne pouvais pas lui refuser cette mission, ni à Kreisky d'ailleurs. D'autant qu'elle marquait mon entrée dans la diplomatie internationale.

À Rome, je fus reçu par le « marquis rouge », que l'on appelait ainsi parce que, bien que fils d'un petit hobereau sarde, il était communiste. Petit, l'œil vif, il parlait un français élégant comme sa mise. Il me fit grande impression. Lui aussi faisait partie de ces hommes politiquement incorrects. Dès les années 1970, il s'était opposé à l'hégémonie soviétique. Et le moins que l'on puisse dire est qu'il était en coquetterie avec Moscou.

Je lui fis part de la question qui se posait : « Si Kreisky gracie Reider, cela suscitera-t-il des manifestations au sein de la gauche italienne ? » Il réfléchit longuement et finit par me dire qu'il n'y aurait pas de problème du côté des résistants ni des communistes. Il voulait cependant être sûr que notre conversation resterait secrète. Je le lui promis évidemment. Je partis pour Vienne annoncer la nouvelle au chancelier, qui en fut satisfait.

Dire que je me sentais serein serait exagéré. Pendant quelques semaines, je fus même un peu « secoué ». Mon malaise fut encore accentué par un rebondissement inattendu. Alors que Reider aurait dû rentrer discrètement, il fut accueilli en grande pompe à l'aéroport de Vienne par le ministre de la Défense ! Les journaux autrichiens rapportèrent la scène. Le tollé fut général en Italie. J'étais furieux et malheureux.

3 août 1990

Invasion du Koweït par l'Irak. George Bush et François Mitterrand ont une conversation *via* une ligne téléphonique sécurisée. Le président français est convaincu que Saddam ne va pas s'arrêter là et risque d'asseoir son hégémonie sur toute la région, non seulement au plan politique, mais aussi économique, grâce au contrôle d'une riche région pétrolière. Il est d'accord pour mettre en œuvre un embargo sur le commerce irakien et sur les avoirs des dirigeants. Les deux hommes évoquent également les mesures militaires à prendre.

26 au 28 août 1990

Peu de vacances. Je rentre de Moscou pour accueillir Nelson Mandela à Paris, car François Mitterrand est à Oslo, où il rencontre Václav Havel…

31 août 1990

C'est vraiment la fin des hideux stigmates de la guerre. Signature à Berlin du traité d'unification des deux Allemagnes. Il prendra effet le 3 octobre. Je suis heureux de la tâche accomplie. La paix sera garantie quand les Soviétiques auront signé.

Septembre 1990

Voyage à Taïwan de Jean-Marie Le Guen, Jean-Christophe Cambadélis, Patrick Sève et Julien Dray : « lobbying de gauche » pour les frégates qui mobilisent le ban et l'arrière-ban. Moi, je ne suis jamais allé à Taïwan, et Pékin m'a à l'œil…

12 septembre 1990

Baker a les boules

Signature à Moscou du traité définitif de réunification de l'Allemagne. Les Soviétiques font des difficultés de dernière minute. Certes, Gorbatchev et Chevardnadze ont fini par accepter que l'Allemagne unifiée fasse partie de l'OTAN, mais la vieille garde en place au Kremlin (l'armée et les staliniens) craint évidemment, une fois leurs troupes retirées, que les armées de l'OTAN ne se massent à la frontière de l'URSS. Chevardnadze, après avoir consulté le secrétaire général, assure être au bout des concessions et préfère se retirer...

Or, la signature a lieu demain à 10 heures. Genscher, affolé, me réveille. « Toi seul et les Américains pouvez débloquer la situation. Les Anglais suivront », me lance-t-il comme un défi. Je ne peux réveiller Baker. Ses assistantes me disent qu'il dort « avec des boules dans les oreilles ». J'apprends, à cette occasion, que ce type de situation est très codifié : un responsable américain doit toujours être dans une position de confort liée à son rythme naturel. Je ne réveille pas Mitterrand, qui n'accepte pas d'être dérangé la nuit. Je joins Douglas Hurd, qui ne peut pas plus importuner la lady : « De toute façon, le déploiement occidental en Allemagne orientale est acquis à ses yeux et elle ne reviendra pas sur sa position. » En pleine nuit, je mets au point avec Genscher mon scénario... Je dors quelques heures dans une petite chambre de l'ambassade de France que j'affectionne tout particulièrement.

13 septembre 1990

L'Europe de Yalta enterrée

Comme à l'habitude, nous nous retrouvons, entre ministres, au petit déjeuner. Je prends la direction des opérations.

« Est-on prêt à signer aujourd'hui ?

– *Ja* », claironne Genscher, en forçant la note.

James Baker est surpris. Douglas Hurd se demande ce qui se passe.

« Nous suivrons la France, annonce Baker, qui veut en finir.

– C'est d'accord », dit Hurd.

Nous pouvons donc rejoindre la conférence au Kremlin. Mikhaïl Gorbatchev préside la séance de signature. Mon scénario a prévu que Genscher, en tant que vice-chancelier, écrive une lettre où il assure que son « pays ne prendra aucune initiative militaire qui porterait atteinte à la sécurité des deux parties ».

Je peux alors déclarer, avec la solennité qui convient en pareil cas : « Avec cet accord se met en place le nouvel ordre international, fondé sur le droit et la coopération et non plus sur la confrontation et la domination. » J'ai fait à dessein allusion au « nouvel ordre international » que Gorbatchev appelle de ses vœux.

Genscher est ravi. Il se lève, prend ostensiblement mes mains dans les siennes et dit : « Roland, je n'oublierai jamais ce que tu as fait pour l'Allemagne et pour moi. » Nous sommes l'un et l'autre fort émus. L'assistance applaudit. Nous venons d'enterrer à Moscou l'Europe de Yalta.

[Cette crainte des Soviétiques de voir les forces de l'Alliance à leur porte est on ne peut plus d'actualité avec le déploiement d'armements installés par les Occidentaux en Pologne, dans les pays Baltes, voire en Turquie.

Je soutiens que cette question a été abordée dans le traité. Il avait bien été précisé que « les forces de l'OTAN ne se déploieraient pas le long des anciennes frontières de l'URSS ». Or, cette clause ne figure plus dans le traité… Je me demande à quel moment a eu lieu la manipulation, pour ne pas dire mystification.]

14 au 16 septembre 1990

Chopes et saucisses

Pendant que le président est à Prague, Genscher et moi, sur la route de Munich où va se tenir le sommet franco-allemand, empruntons, le cœur léger, le chemin des écoliers. C'est le cas de le dire, car il veut me montrer Halle, la ville de son enfance, en Saxe, située en ex-RDA. C'est une preuve de reconnaissance et d'amitié. Pour lui, cette page d'histoire que nous avons écrite ensemble a de profondes résonances émotionnelles et affectives. Nous nous installons dans un hôtel misérable digne du tiers-monde.

Le lendemain, il me montre l'endroit où, jeune avocat, il avait installé son cabinet avant de fuir à l'Ouest. Il est triste de me faire visiter une cité grise et ravagée par l'incurie du communisme : immeubles sans confort, routes défoncées. Dans les rues, des soldats soviétiques marchent par deux. Il reste encore du travail à faire…

Réception à l'hôtel de ville. Le bourgmestre m'offre une gravure représentant une scène de marché au pied de la cathédrale, à l'époque où la cité natale de Haendel était un marché prospère. Genscher offre un exemplaire du traité de Moscou, que nous venons de signer. L'assistance applaudit. L'émotion est palpable. Nous sortons pour marcher dans la rue. Sur une place, des couples dansent au son d'un orchestre grimpé sur une estrade. La foule nous y pousse. Genscher, au micro, fait partager sa joie et me passe la parole. En allemand, j'improvise un petit discours où j'assure que la France souhaite une Allemagne unifiée au sein d'une Europe pacifique et démocratique. Nous vidons force chopes et avalons des chapelets de saucisses. Moment de fraternité intense. Récompense « charnelle » pour une action politique souvent abstraite.

En hélicoptère, nous rejoignons la Thuringe. Après Erfurt, nous arrivons à Weimar, le but de notre escapade, la ville de Goethe et de Schiller. Moi qui ai été élevé à la mamelle du romantisme allemand, je vis intensément cette proximité avec les deux grands écrivains. Nous visitons la maison de Goethe. Sur son lit de mort, une rose est remplacée chaque jour.

Bien vite, nous sommes rattrapés par l'histoire qui nous a amenés là. Sur le mur du petit théâtre, une plaque rappelle que, dans ces lieux, fut proclamée la République de Weimar, en 1919. Cette tentative de démocratie sera éradiquée par l'hitlérisme. À 10 kilomètres de là, le camp de Buchenwald saisit d'effroi avec son slogan qui « accueillait » les déportés : « *Arbeit macht frei* » (« Le travail rend libre »). Pour une fois, Genscher reste muet. Dans notre regard, la certitude que ce pour quoi nous nous battons ne sera pas inutile pour les générations futures.

17 et 18 septembre 1990

Un rêve s'accomplit

À Munich, le cinquante-sixième sommet franco-allemand est empreint d'émotion. Le chancelier Kohl exprime la reconnaissance de tout un peuple qui recouvre la liberté et laisse derrière lui les humiliations de l'histoire. « Sans nos amis français, sans vous, rien n'aurait été possible», lance-t-il à un François Mitterrand au visage radieux. «Le rêve que nous chérissions depuis longtemps s'est accompli dans la liberté et l'autodétermination.» Il pense aussi à saluer les soldats qui depuis 1945 ont garanti la sécurité du pays. Certaines villes, d'ailleurs, ont souhaité conserver les garnisons françaises auxquelles elles se sont attachées. Nous avons vraiment le sentiment du devoir accompli.

24 septembre 1990

Devant l'assemblée générale des Nations unies, à New York, le président de la République se veut lyrique: «Un nouvel ordre mondial est en train de naître…»

3 octobre 1990

Entrée en vigueur du traité d'unification des deux Allemagnes. Dans tout le pays, la liesse est à son comble. Une grande famille réunie a le sentiment que les humiliations du passé ont été lavées. Hier, j'ai reçu une lettre signée Hans Dietrich Genscher, que je garde précieusement comme un trophée: «Cette journée de joie signifie pour tous les Allemands la fin de la période de l'après-guerre. Elle offre une chance unique d'entamer une ère nouvelle pour l'ensemble de l'Europe. À cet égard, nous pourrons nous appuyer sur le bien précieux que constitue l'amitié unique qui s'est développée entre nos deux peuples. L'amitié personnelle qui nous lie depuis longtemps a encore fait ses preuves ces derniers mois. Après les drames du passé, j'apprécie votre amitié à sa juste valeur. J'ai été très heureux de vous montrer ma région natale à nouveau libre et partie intégrante de l'Allemagne […].»

Octobre 1990

Picasso et Chagall dans le processus

Shimon Peres au Quai d'Orsay. Au cours du dîner officiel, auquel j'ai invité tous les membres influents de la communauté juive, le chef de la diplomatie israélienne assure que son pays est déterminé à conclure la paix avec les Palestiniens et à rassurer les Syriens sur ce point. Sans trop se faire d'illusions sur l'entreprise, il me suggère, avec humour, de rendre visite au président syrien

Hafez el-Assad: « Toi qui es l'avocat de Picasso, tu es un habitué des dossiers complexes. » La salle rit. J'aperçois Simone Veil qui applaudit. Et Peres d'ajouter, en bon diplomate: « Au trait bien net de Pablo Picasso, je préfère celui, plus flou, de Marc Chagall. » C'est à ce moment que je décide de relever le défi et de briser la glace avec Damas, car aucun Occidental ne pouvait jusqu'alors toucher la main d'un responsable syrien.

6 et 7 octobre 1990

Il n'a pas été facile de trouver cette date pour la tenue du sommet franco-italien. Giulio Andreotti, l'inoxydable chef des démocrates chrétiens, a beaucoup insisté pour que notre réunion coïncide avec le Prix de l'Arc de triomphe ! C'est un passionné de courses hippiques. Quand il vient à Paris, il va régulièrement à Longchamp, incognito. François Mitterrand, toujours soucieux de complaire à ses hôtes, a jugé bon de l'accompagner. Je sais pourtant qu'il a horreur des courses de chevaux et des jeux de hasard !

Après la messe

Andreotti est actuellement mon homologue aux Affaires étrangères dans le gouvernement de Bettino Craxi, mais il a été plusieurs fois président du Conseil. C'est un chrétien convaincu qui assiste à l'office tous les matins à 6 heures. Quand je suis en visite à Rome et que nous avons des dossiers à traiter en particulier, il me donne rendez-vous à 6 h 30, après la messe basse !

13 et 14 octobre 1990

À Bratislava, François Mitterrand propose de réunir l'année prochaine à Prague les assises de la future Confédération européenne qu'il appelle de ses vœux avec obstination. Il a tenu à venir en Slovaquie pour rendre hommage à Alexandre Dubcek, grand humilié de l'histoire. En décembre 1989, ce dernier a été évincé de la présidence de la République au profit de Vàclav Havel. La visite de François Mitterrand pose un problème diplomatique. C'est, au final, l'Assemblée nationale, dont Dubcek est le président, qui nous reçoit.

26 et 27 octobre 1990

Aller et retour à Jérusalem pour prévenir Yitzhak Shamir de la prochaine rencontre au Caire entre François Mitterrand, Hosni Moubarak, Yasser Arafat et Hussein de Jordanie. Il lâche : « Cela ne me rend pas heureux, mais je peux le comprendre et je n'ai rien à dire. »

Sur le chemin du retour, je m'arrête à Rome où a été convoqué un Conseil européen extraordinaire, contre l'avis même du président français. Il s'agit surtout de l'unification monétaire. Margaret Thatcher a demandé à voir François Mitterrand en tête à tête. Au moins n'est-elle pas ambiguë : « Jamais je n'abandonnerai le privilège de battre monnaie ! » Chacun est dans sa logique.

28 et 29 octobre 1990

Rencontre Mitterrand-Gorbatchev à Paris et à Rambouillet. L'économie s'est dégradée en Union soviétique et la situation de Gorbatchev est de plus en plus controversée. Ce sommet franco-russe a été précipité à sa demande, car la prochaine rencontre était prévue en novembre, à Paris, dans le cadre de l'OSCE (Organisation pour la sécurité et la coopération en Europe). J'ai l'impression qu'il est venu chercher auprès de nous une planche de salut. Il livre sans détour son désarroi : « J'ai peine à imaginer comment les choses auraient pu se passer – y compris pour moi-même – s'il n'y avait pas eu ce rapport de confiance, les relations chaleureuses que j'ai eues avec vous... » Il se plaint du climat de défiance dont il fait l'objet dans nombre de pays occidentaux, alors qu'il est persuadé d'avoir donné les gages de réforme qui lui étaient demandés. Je fais part aux deux hommes du projet de traité franco-russe que je suis en train de rédiger avec Chevardnadze, qui va permettre d'instiller une coopération plus efficace et approfondie entre nos deux pays. Pendant que Danielle et Raïssa visitent une ferme expérimentale, François Mitterrand, lui, signe un crédit de 5 milliards de francs.

5 novembre 1990

Le roi de Jordanie, Hussein, est reçu à l'Élysée. Il a rencontré la veille Tarek Aziz. Il se déclare favorable à l'embargo occidental sur l'Irak.

7 novembre 1990

Accompagné de son épouse, Winnie, Nelson Mandela est à Paris. Il fait la tournée de tous ceux qui l'ont aidé pendant sa captivité. Il se rend aux sièges du PS et du PCF. À l'Élysée, où il déjeune avec François Mitterrand, il déclare : « Je suis flatté d'être au cœur de la démocratie française. » Des mots souvent prononcés comme des évidences qui, dans son cas, ont tout le poids de l'expérience vécue.

13 novembre 1990

Picasso, vous trouvez ça bien ?

Dans les salons de l'Élysée, François Mitterrand remet officiellement à l'Espagne deux tableaux de la collection personnelle de Picasso, dont le peintre avait souhaité qu'ils regagnent sa terre natale : *Hommage aux Espagnols morts pour la France* (1947) et *Les Toits de Barcelone* (1903). Le premier sera exposé au musée Picasso de Barcelone et le second face à *Guernica*.

Je suis là, à la fois en tant que ministre et ami du peintre. Une fois encore, tout se mélange. C'est Felipe González qui en tant que président du gouvernement espagnol reçoit les tableaux au nom de son pays. Est également présente Jacqueline Picasso, la veuve du maître, dont je demeure l'ami. Nous sommes toujours émus quand nous nous revoyons. Tant de souvenirs partagés. Ma bataille de *Guernica* a été un des grands morceaux de bravoure de ma vie d'avocat. C'est moi qui ai dû apprécier si les « libertés publiques » étaient respectées en Espagne de façon à autoriser la venue du tableau au Prado [puis au musée Reina Sofia], selon le vœu du maître.

Mitterrand dit quelques mots pas très inspirés. Picasso n'est pas sa tasse de thé. Combien de fois l'ai-je entendu me demander : « Picasso, vous trouvez ça bien, Roland ? »

Pas comme Pompidou, qui avait parlé avec brio lors du quatre-vingt-dixième anniversaire du peintre au musée du Louvre. Ce dernier, trop âgé, n'avait pas fait le déplacement et m'avait demandé de le représenter. Huit de ses toiles avaient été confrontées à des chefs-d'œuvre de la peinture classique. Picasso, inquiet, m'avait posé la question : « Est-ce que mon *Arlequin* "tient" au côté du *Gilles* de Watteau ? »

19 au 21 novembre 1990

Dans le droit fil de ce qui a été décidé à Helsinki en 1974, j'organise à la demande de François Mitterrand une réunion de l'OSCE afin de signer la « Charte de Paris pour une nouvelle Europe ». Ce sera un épisode marquant de la présidence française. Il s'agit ni plus ni moins d'assurer tous les pays participants de leur souveraineté reconnue par tous les autres, chacun étant égal en droits et en devoirs. Les signataires vont doter l'Organisation de moyens permanents pour conduire son action, notamment la possibilité de disposer de capacités opérationnelles en cas de manquements aux principes démocratiques. Nous allons enfin signer de nouveaux accords de désarmement afin de donner à l'Europe son visage à présent pacifié.

La conférence se tient au Centre des conférences internationales de l'avenue Kléber, dans le lourd bâtiment qui n'a guère changé depuis la guerre, où il abritait le haut commandement militaire allemand... Il m'a semblé de bon augure de faire quelques aménagements pour gommer cet aspect des choses, avec l'aide d'un jeune architecte de mes amis qui a construit un décor à la mesure de l'événement. Des drapeaux et des fleurs en masse. Il a même imaginé un salon d'accueil qui déborde sur l'avenue Kléber. Dans la nuit, on m'appelle : une poutre de cet édifice provisoire s'est effondrée alors que la conférence débute demain à 9 heures. Nous nous retrouvons « sur le pont » avec l'architecte et les entrepreneurs. En quelques heures, tout est remis d'aplomb. Quand je préviens le président, après que tout est rentré dans l'ordre, il ironise : « Vous avez bien fait de ne pas me prévenir, je me serais alerté inutilement. » Il est très satisfait de la façon dont le bâtiment a été aménagé et regrette au passage que la France n'ait pas un centre de conférence international. « J'aurais dû le prévoir dans les grands travaux du septennat », rêve-t-il. Mais sa préoccupation va vers les trois pays Baltes, dont il sait qu'ils sont la pierre d'achoppement de la conférence.

In-ac-cep-ta-ble !

La Lituanie, l'Estonie et la Lettonie ont été invitées à cette réunion, où elles ont toute leur place, compte tenu de leur histoire tourmentée et de leur aspiration à l'indépendance. Gorbatchev a connaissance de leur participation, mais il a compris que les petites républiques ne comptent pas rester inertes. En tant qu'observatrices, elles ont pris place au balcon de la salle de conférence, mais elles me font savoir qu'elles souhaitent intervenir à l'assemblée plénière. Gorbatchev demande à me voir en urgence avant les débats de l'après-midi. Je lui donne rendez-vous dans le bureau qui m'a été dévolu en tant que président. Alors que je m'y précipite, je suis rejoint dans le couloir par un Chevardnadze affolé qui répète: «Nous allons à la catastrophe.» Gorbatchev, nerveux et le visage sombre, reste debout dans mon bureau. Il n'y va pas par quatre chemins:

«Il m'est impossible d'accepter la présence des pays Baltes ici, dans l'état actuel de l'Union soviétique.

– Mais ils sont là en tant qu'observateurs.

– Non, c'est impossible. In-ac-cep-ta-ble! Ce serait reconnaître leur souveraineté, et ça, je ne le peux pas.

– Il est difficile à ce stade…

– Non, Roland, je ne peux pas "faire passer" cela.»

C'est la première fois qu'il m'appelle par mon prénom. Il laisse entendre qu'il a des comptes à rendre…

«Je vais voir ce que je peux faire…

– Il faut arranger cela, Roland, sinon ce sera la rupture.»

Il me faut agir vite pour ne pas compromettre «ma» conférence. Je demande à mes collaborateurs de recevoir chacune des délégations. Mais elles ne comprennent pas ce revirement de situation. Elles sont dûment accréditées, possèdent les badges et autorisations qui leur donnent accès à toutes les réunions, à tous les représentants des autres pays. Les Baltes ne veulent rien entendre, se sentent humiliés.

Je dois alors leur parler directement. Je joue cartes sur table en leur révélant la situation telle qu'elle est.

«Si nous entrons dans la salle, que se passera-t-il? me demandent-ils naïvement.

– Nous allons au-devant de très grandes difficultés. Vous allez gêner l'action de la France, me mettre personnellement dans une situation embarrassante et compromettre la signature de l'Acte final de la conférence!»

Je charge à peine le trait. Ils sont abasourdis.

« Mais comprenez, monsieur le ministre, notre embarras aussi vis-à-vis de nos opinions publiques. Que vaut désormais notre déclaration d'indépendance ?

– Prenez patience, comptez sur moi. Je ne vous laisserai pas tomber. Mais surtout pas d'esclandre !

– Que nous proposez-vous alors ?

– Je vais commencer par vous recevoir en fin d'après-midi au Quai d'Orsay. Et je vous promets que je vous rendrai visite dès que possible. J'en prends l'engagement moral. »

Je les accueille séparément au Quai d'Orsay, ce qui, aux yeux de nombreux journalistes présents, vaut reconnaissance. Je note qu'ils font durer la rencontre à dessein. Je me prête au jeu pour ne pas qu'ils aient le sentiment d'avoir été reçus entre deux portes. Je leur dois bien cela. Devant la presse, qui fait antichambre ou se presse sur le perron, ils peuvent ainsi sauver la face : « Nous avons été reçus officiellement par le ministre au Quai d'Orsay... »

Le lendemain, je les autorise à suivre les travaux dans les rangs du public. À aucun moment ils ne croisent la délégation soviétique. Les apparences sont sauves, ce qui est important en diplomatie. Les travaux reprennent normalement et je peux mener à bien la conférence, qui se termine comme convenu par la signature de l'Acte.

Cet incident, qui aurait pu fort mal se terminer, révélait à mes yeux la situation périlleuse dans laquelle se débattait Gorbatchev. Il n'était pas seul à décider. Et les pays Baltes n'étaient sûrement pas trois petits États d'opérette, pris en tenaille par l'URSS. Aux yeux de l'état-major soviétique et du KGB, c'était une zone stratégique majeure de l'empire rouge. C'est par là qu'ils redoutaient une intrusion occidentale contre laquelle ils se sont prémunis en installant, pendant cinquante ans, un armement et des systèmes d'écoute très sophistiqués, sur terre et jusqu'au fond des mers.

7 décembre 1990

Je reçois au Quai Ali Velayati, ministre des Affaires étrangères de la République islamique d'Iran, et Loïk Le Floch-Prigent, qui souhaite développer les activités commerciales d'Elf dans ce pays.

14 décembre 1990

Vente à Drouot d'une collection de tanagras. Je demande à Christine de suivre les enchères pour ces sculptures en terre cuite afin de compléter ma collection de céramiques antiques. Elle achète l'ensemble... Je les lui rembourse.

19 décembre 1990

À la presse, j'annonce: «La "crise irakienne" est entrée dans une phase critique.»

1991

5 janvier 1991

Nous cherchons par tous les moyens à ne pas nous jeter dans la guerre sans avoir épuisé toutes les marges de manœuvre de la négociation. La France ne peut briser en quelques jours la bonne image qu'elle conserve dans le monde arabe.

Michel Vauzelle, président de la commission des Affaires étrangères de l'Assemblée nationale, part pour Bagdad, officiellement en tant que simple député dans une démarche « tout à fait personnelle ». Il rencontre Saddam Hussein pendant quatre heures. Ce dernier souhaite mettre dans la balance la réouverture de négociations pour résoudre le conflit israélo-palestinien

Il n'est pas jugé opportun que je me rende à Bagdad, au risque de me « griller ». J'ai eu l'occasion de rencontrer par trois fois avant le conflit le maître de l'Irak. J'ai été frappé par son côté rugueux. Il joue au grand chef militaire et n'a guère de conversation. Rien à voir avec Hafez el-Assad, peut-être aussi cruel, mais plus intelligent et redoutable dialecticien.

En revanche, Tarek Aziz, le ministre des Affaires étrangères d'Irak, est un homme d'une parfaite urbanité. Ce chrétien fumeur de havanes est jusqu'alors toujours prêt à arrondir les angles, mais il n'a aucune marge de manœuvre. Après nos conversations, il concluait toujours par : « Il faut en parler au chef, maintenant ! »

7 janvier 1991

Dès son retour, Vauzelle fait son rapport au président de la République. Devant la presse, je qualifie ses informations de « précieuses ».

8 janvier 1991

À sept jours de l'ultimatum de l'ONU à l'Irak et à la veille de sa rencontre avec Tarek Aziz, le secrétaire d'État américain m'annonce qu'il souhaite rencontrer le président de la République, lors de sa tournée des alliés européens.

Nombreux sont ceux qui, en France, craignent l'offensive terrestre qui semble pourtant inéluctable et insistent auprès du président pour que je me rende sur place. Je suis aussi soumis à la pression des pays du Maghreb qui veulent calmer le jeu, l'Algérie notamment. Le président Chadli Bendjedid rentre d'une tournée dans les capitales arabes. François Mitterrand dépêche à Alger un « envoyé personnel ». C'est Jean-Louis Bianco, secrétaire général de l'Élysée, qui est chargé d'amadouer les sourcilleuses autorités algériennes. Tous veulent que nous discutions avec Saddam Hussein. Nos ambassades envoient des télégrammes sur des manifestations de rue plus ou moins orchestrées. Nous essayons de gagner du temps.

Le président Bush vient aux nouvelles, car une mésentente s'est fait jour entre nos deux pays. Nous avons commencé à parler de trêve, mais seulement après l'évacuation du Koweït par Saddam, à qui nous demandons de faire une déclaration pour annoncer ses intentions de retrait. Par Tarek Aziz, Saddam me fait dire qu'il souhaite que je me rende en Irak pour en discuter. Le maître de Bagdad est un renard du désert : « Que Dumas vienne d'abord, je ferai la déclaration après. » François Mitterrand ne serait pas contre ce voyage de la dernière chance. Hors de question avant que le raïs n'ait annoncé son retrait.

De fait, depuis plusieurs semaines, j'ai mis en place une diplomatie parallèle discrète, de façon à ne pas couper les ponts avec Bagdad et convaincre Saddam de se retirer. J'ai réactivé mes réseaux algériens, que je n'ai jamais négligés depuis que je me battais, dans les années 1950, pour faire triompher la décolonisation de l'autre côté de la Méditerranée. Le circuit passe par Genève, où Ahmed Ben Bella vit en exil depuis 1981. Le premier président de l'Algérie indépendante est un ami de l'ambassadeur d'Irak en Suisse, parent de Saddam. Le circuit est compliqué mais il fonctionne. Ces échanges n'échappent évidemment pas aux « grandes oreilles » américaines. Les Américains ont laissé faire pendant quelques semaines, car ils sont obligés d'avoir quelques égards envers la France. Dans le bureau du président auquel j'ai demandé audience pour lui, le secrétaire d'État, James Baker, finit par exprimer son mécontentement. C'est moi qui suis en première ligne : « Que voulez-vous faire, vous les Français ? Vous allez discuter pendant combien de temps encore ? Si vous continuez, cela va s'apparenter à de la trahison ! »

Trahison !

Le secrétaire d'État fait part de l'incompréhension de son gouvernement quant aux « atermoiements français ». Il ne craint pas de parler de « double jeu », car des informations inquiétantes sont arrivées au Pentagone. Le ministre de la Défense, Jean-Pierre Chevènement, fait des déclarations dans la presse contre toute intervention militaire en Irak. Vu de Washington, une telle prise de position est incompréhensible. Baker, cassant, explique que la Maison-Blanche est stupéfaite que l'armée française puisse ainsi ne pas être en ordre de marche.

Pendant cette démonstration sans concession, je vois le masque du président devenir de marbre. La réaction ne se fait pas attendre, sèche : « Monsieur le secrétaire d'État, au terme de la Constitution française, le "chef des armées", c'est moi. » Le président se débat comme un beau diable pour sauvegarder les apparences. Il veut s'adresser aux Américains en allié et non comme un soumis.

Sur le perron de l'Élysée, deux micros ont été dressés. James Baker assure que « Washington et Paris partagent une parfaite identité de vue » ! Pour ce qui me concerne, je redis aux journalistes que, depuis 1983, « la France veut une conférence internationale sur le problème israélo-palestinien ». Ce message d'apparente fermeté est en fait destiné à rassurer le monde arabe. Dans les faits, la tension est toujours palpable. Mitterrand me demande d'« arranger cela ». Contrairement aux usages diplomatiques, je raccompagne le secrétaire d'État à son avion… Humiliant pour moi !

Nous avions déjà eu des échanges « virils », Baker et moi. Une fois, à une réunion de l'OTAN à Bruxelles, il avait été tellement désagréable à mon égard, donc à l'égard de la France, que j'avais fait un esclandre. J'avais ostensiblement quitté la salle en demandant à mon ambassadeur de me remplacer et avais regagné Paris. Du jamais vu ! Nous ne nous étions pas parlé pendant quinze jours.

9 janvier 1991

Le président me donne la parole en premier, selon l'usage, pour mon rapport hebdomadaire au Conseil des ministres. Ma priorité va évidemment vers l'actualité : « Allons-nous à la guerre ou non ? » C'est mon unique préoccupation, car nous sommes à quatre jours de l'expiration de l'ultimatum à Saddam. J'évoque la réunion de la dernière chance à Genève entre Tarek Aziz, le ministre irakien, et Baker, le secrétaire d'État américain. Je ne livre pas aux ministres tous les détails de sa visite et de l'échange musclé qui a eu lieu hier dans le bureau du président.

Je veux aussi évoquer la Chine et la livraison des vedettes à Taïwan, sujet qui n'est jamais abordé. Je profite du voyage à l'étranger de nos collègues pour mettre le dossier sur la table du Conseil : Lionel Stoléru à Tokyo et Roger Fauroux, précisément à Taipei, la capitale de Taïwan. À ce propos, je précise : « Il s'agit là d'un voyage judicieux, même s'il doit entraîner quelques grincements de dents à Pékin. » Je ne peux aller plus loin dans la critique de la décision du Premier ministre, entérinée par le président de la République. Pour la première fois, l'affaire des frégates de Taïwan est ainsi évoquée en Conseil des ministres.

Michel Rocard saisit la balle au bond et m'envoie un petit mot : « Chine. Le président – il te le dira – est favorable au maintien d'un gel des relations politiques : pas de visites ministérielles ni de discours publics de désaccord, etc. Mais il n'est pas favorable au gel des relations économiques ni à tout autre qui laisserait la place à nos concurrents. La discrétion s'impose mais le *pushing* ne saurait être exclu. Amitiés. M. R. » Il me faut maintenant me débrouiller avec cette feuille de route pour le moins paradoxale :

rigidité politique, imagination commerciale et discrétion diplomatique.

La tempête se lève

Le président de la République tient une conférence de presse à l'Élysée, alors qu'à Genève se prolonge, plus longtemps que prévu, la conversation de la dernière chance entre Baker et Aziz. Il semble y voir une lueur d'espoir. Hélas, après sa rencontre avec le ministre irakien à l'hôtel Intercontinental de Genève, le secrétaire d'État annonce : « Aucun progrès tangible n'a été enregistré. »

[Je n'ai pu, à ce stade, rendre compte des très nombreuses réunions, concertations, conversations téléphoniques qui ont eu lieu lors de ces journées cruciales pour l'avenir du monde. Leur verbatim en serait par trop fastidieux. Toutes les conférences interministérielles ne traitent pas que de l'Irak. La Corse requiert aussi toute notre attention. Depuis les nuits bleues du tout début de l'année, l'annonce du plan Joxe n'a pas calmé les esprits.]

11 janvier 1991

Journée funeste. L'opération Tempête du désert au Koweït, envahi par l'Irak, se prépare, ainsi que le retour à la guerre froide tant redouté. Les troupes soviétiques sont entrées en Lituanie. À Vilnius, elles s'emparent du ministère de la Défense, ce qui est de mauvais augure. Moscou opère la « normalisation » que nous redoutions.

12 janvier 1991

Des combats ont éclaté entre l'Armée rouge et les forces de police lituaniennes pour s'emparer, à Vilnius, de l'académie de police, qui résiste aux assauts. Nous sommes inquiets. Toutes les chancelleries s'agitent.

13 janvier 1991

Sur le gril d'Anne Sinclair à « 7 sur 7 ». Elle veut me faire dire quand aura lieu l'intervention française au Koweït. Difficile de résister à son sourire ravageur et à ses yeux pervenche. Je ne livre pas l'information qu'elle souhaite. Elle fait son boulot. Je fais le mien.

En revanche, j'insiste sur les dangers de l'escalade en Lituanie. Les chars soviétiques ont fait 14 morts dans l'attaque de la tour de Vilnius. Cela rappelle les dramatiques antécédents de Budapest en 1956.

15 janvier 1991

Nous travaillons d'arrache-pied à un ultime plan de paix au Koweit. À 1 heure du matin, notre ambassadeur à l'ONU le dépose devant le Conseil de sécurité. Il reprend en six points le discours que le président de la République a prononcé devant l'Assemblée générale des Nations unies, le 24 septembre dernier. Les Américains n'y prêtent aucune attention.

Sans date

Coup de téléphone de Mouammar Kadhafi à François Mitterrand, ce qui n'arrive jamais. Le colonel veut entrer dans le jeu diplomatique: «Il faut que les gens raisonnables comme vous et moi s'en mêlent, car il y a tellement de fous dans le monde en ce moment!» (!) Le chef d'État libyen se désole d'être tenu complètement en dehors du coup dans le conflit irako-koweïtien. Quand le président me raconte l'anecdote, il rit de bon cœur malgré la gravité du moment.

16 janvier 1991

George Bush a appelé François Mitterrand pour lui annoncer que les pourparlers avec Saddam ont échoué et que l'opération Tempête du désert va commencer dans quatre heures. Le président américain veut s'assurer de l'engagement de la France au côté des 27 pays coalisés. «Nous sommes à vos côtés», répond le président français, qui s'interroge sur la «psychologie» de l'Irakien qui conduit son pays à la ruine. L'Américain se moque de telles considérations. «Il faut espérer qu'il sera bientôt renversé», conclut l'hôte de la Maison-Blanche, avant d'ajouter: «Merci, mon ami.» Le sort du dictateur irakien est déjà scellé…

La situation est tendue. Le président de la République fait lire un message à l'Assemblée par le Premier ministre devant une représentation nationale debout, selon la tradition. Au Sénat, c'est à moi que revient cet honneur. «L'emploi de la force est légitime», y assure-t-il. À 20 heures, François Mitterrand s'adresse à la nation, en direct à la télévision. Le ton est solennel: «Depuis ce matin, la crise internationale est entrée dans une phase décisive [...]. Les armes vont parler.» En chef de guerre, il demande, avec persuasion, aux Français de faire bloc autour de nos 12 000 soldats.» Cela me remue les tripes. Les bruits de botte me rappellent trop de mauvais souvenirs.

17 janvier 1991

Helmut Kohl est réélu chancelier fédéral d'Allemagne. Pour la France, c'est une bonne nouvelle. Nous allons continuer sur notre lancée. Il nous présente l'une de ses nouvelles collaboratrices, issue de son parti, la CDU. Elle s'appelle Angela Merkel, qu'il surnomme familièrement «*die Kleine*» [«la Petite»].

20 janvier 1991

Mitterrand s'inquiète de ne pas avoir de nouvelles de Bush. Il l'appelle pour savoir où en est la campagne aérienne. Le président américain est surtout préoccupé par des tirs irakiens en direction d'Israël. Il explique qu'il fait tout son possible pour contraindre le Premier ministre Shamir à ne pas mettre d'huile sur le feu par des déclarations intempestives. Mitterrand regrette que la guerre se fasse aussi en direct sur les chaînes de télévision du monde entier. «Vous avez raison, CNN fait le jeu de Saddam», dit Bush. Nous sommes tous «branchés» sur cette chaîne américaine, sauf le président de la République. Ostensiblement.

29 janvier 1991

Chevènement l'a ouverte

Jean-Pierre Chevènement, ministre de la Défense, démissionne du gouvernement. Sa position est intenable. Fort de ses liens avec Saddam Hussein, il est un adversaire acharné de la guerre en Irak. Il avait déjà démissionné, en 1983, de son poste de ministre de la Recherche. «Un ministre, ça ferme sa gueule ou ça démissionne.» Moi, je l'ai souvent fermée. Arrivée de Pierre Joxe au «ministère de la Guerre», comme on devrait dire maintenant. Présentez armes!

5 février 1991

La campagne aérienne entre dans sa quatrième semaine. Lors d'une conversation téléphonique, Mitterrand rappelle à Bush l'importance pour la France du Maghreb en particulier et du monde arabe plus généralement. Il lui explique que ce qui peut apparaître comme des tergiversations de sa part est en fait la volonté de ne pas heurter les « pays francophones ». Il dit attendre l'offensive terrestre et ajoute cependant : « Nous ne sommes pas pressés. » Nous voulons laisser encore une place à la négociation.

10 février 1991

Mitterrand m'appelle à 9 heures du matin : « Roland, suspendez tous les pourparlers. Plus aucun contact avec Bagdad. On ne donne pas suite à la motion de Gorbatchev. » Je comprends que la Maison-Blanche a opéré son ultime pression. Mitterrand se bat comme un beau diable pour sauvegarder les apparences. Il ne manque jamais une occasion pour réaffirmer : « Nous sommes dans l'Alliance. Nous y remplirons nos devoirs, mais nous sommes responsables d'un secteur militaire. C'est notre affaire. » Nous conservons l'apparence d'une marge de manœuvre.

15 février 1991
La mort ou la défaite

Gorbatchev téléphone à Mitterrand pour lui faire part du plan de paix franco-russe qu'il souhaite soumettre à l'Irak. Je me trouve par hasard dans le bureau présidentiel. Impossible de trouver un interprète à l'Élysée. « Roland, vous qui parlez russe… » dit Mitterrand… Je mouille ma chemise, car il me faut à la fois traduire les paroles de l'un et de l'autre, tout en répondant aux propositions du chef du Kremlin.

« Nous allons présenter à l'ONU une motion de suspension des hostilités et nous voudrions la signer avec la France… » annonce le secrétaire général. En même temps que je traduis, je fais des signes de dénégation à Mitterrand, car cette proposition serait inacceptable pour les Américains, qui sont pressés d'attaquer. Je redis à Gorbatchev notre position : retrait sans condition.

19 février 1991

Gorbatchev vient de soumettre ce plan de paix à l'ONU. Au cours de leur conversation téléphonique, Bush et Mitterrand sont convenus qu'il faut maintenant aller vite. Ce dernier me dit que la guerre est inéluctable : « Saddam doit choisir entre la mort ou la défaite. »

22 février 1991

Sous la pression de l'URSS, l'Irak a accepté un cessez-le-feu. La coalition rejette la proposition mais déclare que les forces irakiennes battant en retraite ne seront pas attaquées. Saddam a vingt-quatre heures pour évacuer le Koweït.

23 et 24 février 1991

Dans la nuit a commencé l'opération Sabre du désert. Les blindés de la coalition ont franchi la frontière koweïtienne. 12 500 soldats français sont engagés. La guerre éclair doit symboliquement durer cent heures.

14 mars 1991

George Bush et François Mitterrand se retrouvent en tête à tête à la Martinique, dans un hôtel de style « colonial », sur la commune des Trois-Îlets, lieu de naissance de Joséphine de Beauharnais. Je vais accueillir le président américain à sa descente d'Air Force One. Dans l'hélicoptère qui nous emmène vers le lieu de la rencontre, il me pose cette question incongrue en survolant les villages : « Roland, expliquez-moi la structure sociale des Antilles. Ces petites maisons appartiennent à leurs occupants ? » Le président américain a l'air de confondre la Martinique avec Cuba !

La guerre en Irak est finie. L'ambiance est redevenue sereine. La rencontre a lieu dans une ancienne demeure coloniale transformée en hôtel. Au cours d'un rafraîchissement non loin de la piscine, le président français attire l'attention de son homologue sur la situation des Palestiniens. Il ne cache pas l'ampleur de la tâche. « Tout le reste est facile à régler à côté de ce problème-là. » Il rappelle qu'il est attaché à Israël et qu'il a été le premier chef d'État français à s'y rendre. Il est très attentif à sa sécurité. C'est la raison pour laquelle il n'a pas autorisé la reconstruction de la centrale construite par un « gouvernement français malheureux » après qu'elle a été détruite par les bombardiers israéliens. « Je leur tiens un langage de vérité, mais leur intransigeance les conduit dans une impasse. »

Otages d'Israël

Le président Bush partage ce point de vue mais reconnaît que le Congrès, où le lobby juif américain a une forte influence, contrarie sa détermination à agir. « Je sais que vous pensez que nous sommes les otages des Israéliens », dit-il. Sa clairvoyance ne va pas plus loin.

François Mitterrand évoque la Jordanie comme un pôle de stabilité dans la région qui peut jouer un rôle clé. Bush est plus réservé car, selon certains pays arabes de la coalition, Saddam et Hussein s'étaient mis d'accord pour se partager les puits de pétrole du Koweït. Il apprend aussi à Mitterrand que la reine Noor tient des propos antioccidentaux.

« C'est pourtant une belle Américaine [d'origine syro-libanaise], lance Mitterrand, vachard.

– Oui, elle est pas mal.

– Mieux que pas mal ! dit en connaisseur le président français.

– Il faudrait lui prendre sa reine [à propos du roi]...

– Sur ce point aussi nous pouvons être alliés. »

La complicité entre les deux hommes est totale. Le ti-punch a fait son effet.

La conversation glisse alors sur le Liban. François Mitterrand raconte que pour Hafez el-Assad : « La situation est simple à ses yeux, le Liban et Israël, c'est la Syrie, et Jésus-Christ était syrien ! » Et les deux présidents de partir d'un rire sonore. François Mitterrand s'approprie là des anecdotes que je lui avais racontées quand j'avais été reçu par le président syrien dans son fief de Lattaquié. C'est de bonne guerre.

Le déjeuner est servi par de belles Martiniquaises en costume local, un madras dans les cheveux. Bush se tourne parfois vers moi pour obtenir des éclaircissements. Il n'oublie pas non plus de poser des questions sur Castro. La CIA n'a pas dû manquer de signaler les bonnes relations que la première dame entretient avec le Líder Máximo. Mitterrand raconte qu'il l'a rencontré en 1975. Il pense qu'il devient « raisonnable » et qu'il sera bientôt le « dernier des marxistes », comme *Le Dernier des Mohicans*.

C'est Bush qui conduit la conversation, en passant en revue tous les problèmes du monde, pays par pays. Mais il n'a pas besoin de fiches comme Reagan. En tant qu'ancien directeur de la CIA, il connaît ses dossiers ! Mitterrand aussi. Bush semble impressionné par la maîtrise géostratégique et historique que le président français a du monde. Il s'adresse à lui comme à un « sage ».

À propos de la Yougoslavie, François Mitterrand reconnaît qu'il existe, en Europe, de nombreux risques de conflits. Il développe alors sa théorie des « grands ensembles » et reprend une formule que je l'ai entendu maintes fois citer : « L'Empire austro-hongrois avait du bon, on a eu tort de le démanteler. » Il est légitime que les peuples prennent en main leur destin, mais la stabilité du monde risque d'en payer le prix.

Faisons comme si

En disant cela, Mitterrand confirme à Bush que l'Europe est loin de pouvoir disposer d'une force de défense commune à tous les États membres, faute d'unité politique. Il espère qu'au siècle prochain elle aura la possibilité de le faire, « mais pas au prix d'une rupture avec les États-Unis ». Il réaffirme son attachement à l'OTAN. Il ne souhaite pas qu'il y ait d'ambiguïté sur ce point. Dans les faits, il continuera à faire « comme si » la France avait une marge de manœuvre. C'était une de ses formules de prédilection quand il fallait avaler une couleuvre ou duper un opposant : « Roland, faisons "comme si" ! »

François Mitterrand se situe plus que jamais dans la ligne instaurée par le général de Gaulle à la fin de la dernière guerre, même s'il ne s'en prévaut jamais. Le Général demeure l'adversaire qu'il ne cite presque jamais.

Un jour que je me présentais à la députation contre Jean Charbonnel, en 1967, il avait fait le déplacement pour me soutenir à Brive (Corrèze). Un autre « jeune loup » du Premier ministre Pompidou était venu en Corrèze tenter de ravir la circonscription d'Ussel à la gauche. J'avais tiré à boulets rouges dans mon discours sur ce garçon dénommé Chirac. Mitterrand prit la parole après moi et ne fit aucune allusion au « jeune loup » en question. Au cours du dîner qui suivit, il me fit cette critique : « Roland, vous parlez trop de Chirac. Il faut faire comme s'il n'existait pas. Dire du mal d'un adversaire, c'est se desservir soi-même. » J'avais appris ce jour-là quelque chose que j'ai toujours mis en œuvre par la suite.

22 mars 1991

Visite du vice-Premier ministre chinois Zhu Rongji. Je fais preuve d'autant de souplesse que je le peux pour rétablir des relations de confiance avec Pékin. Difficile. Le Chinois ne se paie pas de mots.

9 au 11 avril 1991

François Mitterrand reçoit officiellement Lech Walesa, l'homme qui, avec Jean-Paul II, a desserré l'étau de la dictature en Pologne.

Libération du Koweït. Les deux événements se télescopent. C'est en tout cas le fruit d'une activité diplomatique intense qui a occupé nos jours et nos nuits...

Ramadan 1991

Chez le Bédouin

La fin de la guerre du Golfe m'autorise à retourner voir le colonel Kadhafi. Il ne faut jamais le lâcher d'une semelle. Finies, les ruses que je devais utiliser au début des années 1980 quand j'étais en mission secrète. Fini aussi le grand bluff quand je venais négocier le retrait du Tchad par les troupes libyennes, seul, sans même prévenir l'ambassade.

Je suis accompagné, cette fois, par une petite délégation. Trois membres de mon cabinet, pour qui c'est « formidable » de rencontrer un dictateur, m'accompagnent, ainsi que deux journalistes qui suivent la politique étrangère. J'ai droit désormais à tout le protocole diplomatique un peu trop lourd à mon goût. Réception par l'ambassadeur de France et par le ministre des Affaires étrangères, qui n'a rien à dire. J'attends avec impatience le début de l'aventure. Je préviens mes accompagnateurs: «Il va y avoir du sport!»

En fin d'après-midi, on nous annonce que nous allons rejoindre le Guide sur ses terres dans l'est du pays. Dans un avion Dassault des forces armées libyennes, nous décollons, direction Benghazi. Sur la base militaire, l'ombre portée des Mig sur la piste par le soleil couchant rend l'atmosphère fantomatique. Dans de grosses berlines Mercedes, nous roulons, plein sud, sur une route rectiligne et bien asphaltée. Dans l'obscurité, nous observons, à intervalles réguliers, des sentinelles au garde-à-vous.

Dans un endroit désertique, plusieurs 4 × 4 Land Rover sortent de la nuit. Nous y embarquons pour rouler pendant une demi-heure sur une piste chaotique. L'arrivée est digne d'un décor de film hollywoodien: un mobile home, comme en ont les stars sur les tournages, flanqué de tentes de Bédouin. La star dans ce désert, c'est Mouammar Kadhafi. Revêtu d'une gandoura marron et coiffé d'un calot noir, il se lève d'un anachronique fauteuil de style qui constitue l'unique mobilier, si ce n'est le téléviseur et les téléphones satellite que j'avais remarqués à Bab el-Aziza. Un garde du corps m'apporte un siège. Ma petite délégation s'assied en tailleur sur les tapis de laine.

Kadhafi se lève et me serre longuement la main.

«Je n'ose pas prendre de vos nouvelles, de peur de vous compromettre», lance-t-il, non sans humour.

Nous évoquons l'évolution favorable de la situation. «L'affaire du Tchad est derrière nous», avoue-t-il. Elle est pour l'instant soumise au verdict de la Cour de La Haye (Pays-Bas), qui n'a pas encore statué. Nous évoquons la guerre du Golfe. Je précise: «Il nous fallait être dans la guerre pour réparer l'insulte faite au droit et pouvoir participer aux négociations de paix qui ne manqueront pas de se tenir...»

Mais je sens bien qu'il est gêné par les oreilles indiscrètes de mes collaborateurs et des journalistes. Il se lève prestement et, un petit tapis de prière sous le bras, s'en va se prosterner vers La Mecque à l'extérieur de la tente. La nuit sans lune commence à être fraîche. Des gardes ont allumé un grand feu près de l'entrée de la tente. Au loin, un chien hurle à la mort. Des dromadaires blatèrent. Je signifie à mes collaborateurs qu'ils vont devoir nous laisser et tenter de séduire les amazones en uniforme qui forment la garde « rapprochée » du Guide.

Il revient détendu. Il plaisante sur sa longévité : « J'ai vu passer trois présidents français, trois raïs en Égypte, trois rois en Arabie saoudite, trois présidents en Irak, et je suis toujours là ! » Silence. Puis il déclare :

« Je veux lutter contre l'impérialisme des Américains et celui de leurs valets anglais.

– Oserai-je vous faire remarquer que plusieurs milliers d'Anglo-Saxons vivent en Libye et travaillent dans des secteurs stratégiques comme l'exploitation pétrolière ?

– Oui, c'est vrai », lâche-t-il sans autre commentaire.

Puis il reprend :

« Les Américains ont voulu me tuer. Si la France avait autorisé le survol de son territoire, je ne serais plus là…

– Où étiez-vous le 15 avril 1986, voilà exactement cinq ans ?

– Dans ma caserne qui a été détruite. Les Américains le savaient, mais ils sont arrivés trop tard. Je suis reconnaissant au président Mitterrand, qui m'a sauvé la vie. À vous aussi ! »

Il reste un long moment silencieux puis enfourche ses destriers favoris : la lutte contre le colonialisme et le problème palestinien. Pour éviter l'enlisement dans le sable qui nous entoure, j'évoque les relations commerciales et culturelles entre nos deux pays. Il est prêt à favoriser l'exploitation de champs pétrolifères et la production d'électricité par des entreprises françaises. Il se réjouit aussi que « ses » étudiants choisissent la France, plus que l'Angleterre ou La Mecque !

Les couleuvres d'Arafat

Après une heure et demie d'entretien, il nous faut rentrer à l'hôtel. Le ministre Bishari nous attend pour un dîner léger. Je ne dis rien de la conversation avec son patron. Il ne demande rien non plus. Nous sommes las et envisageons d'aller nous coucher quand on annonce à l'hôtel l'arrivée d'Arafat, qui souhaite me parler. Il est 1 heure du matin… Il est à l'évidence ravi qu'un Occidental veuille bien rompre l'ostracisme général dans lequel il est tenu depuis qu'il a apporté son soutien à Saddam dans la guerre du Golfe. Je lui explique que cette attitude va lui fermer bien des portes. Il va devoir avaler bien des couleuvres. Il n'est pas à une près. De Tunis, il se rend tous les mois à Tripoli pour venir chercher les maigres subsides que lui octroie Kadhafi…

15 avril 1991

Jacques Attali a quitté l'Élysée pour prendre, à Londres, la présidence de la BERD (Banque européenne pour la reconstruction et le développement). Elle a été initiée l'année dernière par François Mitterrand pour aider des pays de l'Europe centrale et orientale à passer à l'économie de marché. C'est une bonne idée, car la diplomatie ne peut seule aider ces pays sur la voie de la démocratie.

Shamir laminé

En marge de l'inauguration de la BERD, François Mitterrand reçoit, à l'ambassade, le Premier ministre israélien, qui a demandé à le voir. J'assiste à cet entretien pour le moins frais. À mots à peine couverts, M. Shamir me fait reproche d'avoir « osé » recevoir Arafat à Strasbourg. Il ne fait aucune allusion à sa venue à Paris en 1989. Quand on attaque un de ses ministres, François Mitterrand prend sa défense : « Il ne vous a pas échappé, monsieur le Premier ministre, que Roland Dumas n'est pas membre du Likoud ? » Il ne peut pas, en ma présence et après avoir approuvé ma politique, ne pas la défendre et moi avec…

Israël fait payer le prix fort à la France. Depuis lors, l'État hébreu a tout fait pour nous tenir éloignés des négociations au Proche-Orient. Shamir nous délivre son long exposé habituel que je connais par cœur et précise, à propos des territoires occupés, pierre d'achoppement à nos yeux : « Il ne s'agit pas de territoires occupés, mais de l'héritage naturel du patrimoine historique du peuple juif. »

François Mitterrand attaque, cinglant :

« Vous avez choisi d'écarter la France, c'est bien. C'est votre affaire. Mais [ce faisant] vous écartez aussi l'Europe et le Conseil de sécurité [dont la France est membre permanent]. Croyez-vous seulement à ce que vous faites ?

– L'histoire du peuple juif…

– L'histoire nous dira ce qu'il en sera. Personnellement, je n'y crois pas [à votre conférence de paix], mais si vous réussissez, je vous dirai bravo.

– Dans le cas contraire ?

– Dans le cas contraire, celui de l'échec, je vous remercierai d'avoir tenu la France à l'écart de ce désagrément. »

La leçon est sévère. Le Premier ministre israélien rit jaune. Il rapetisse à vue d'œil. Je me demande comment il va reprendre la main. Il tente la flatterie :

« Nous savons que vous êtes un ami d'Israël, mais le peuple juif a une histoire millénaire que personne ne peut compromettre. Et je ne voudrais pas être celui-là. »

Mitterrand en revient au concret. Le ton est acide :

« Vous vous en prenez à la France parce qu'elle a reçu Arafat. Je vous ferai remarquer qu'elle a été la dernière à le faire. Vous, vous avez préféré l'appui d'un autre pays : l'URSS. Quel est votre "tuteur" aujourd'hui ?

– Monsieur le président...

– C'est Gorbatchev ! Et il ne l'a pas reçu, Arafat, Gorbatchev ?

– Si.

– Enfin, je voulais vous dire une chose : la France a été dans la guerre [du Golfe] mais ne sera pas dans la paix, de par votre seule volonté. Vous voulez qu'il en soit ainsi. Soit. Nous verrons bien.

– Au moins, comme cela, chacun gagnera quelque chose », conclut Shamir, pris de court.

Quelques rires crispés se font entendre dans les deux « entourages ».

[Pour comprendre le contexte du propos, il faut remonter cinq jours en arrière. Au Conseil des ministres du 10 avril, François Mitterrand avait expliqué sa position et regretté la mesquinerie de l'État juif : « La conférence de paix sur le Proche-Orient est déjà esquissée par Shamir. Il entend écarter, donc punir, l'Europe, qui a défendu le droit des Palestiniens. C'est un règlement de comptes par de petits esprits. Mais cela ne tiendra pas la route, car ce système est dépassé. L'absence de l'Europe dans le règlement au Proche-Orient n'a pas d'importance. »

En bon stratège, il attend son heure et pointe du doigt un point important qu'ont semblé négliger les «petits esprits» de Tel-Aviv: «Nous devons être réalistes. Que ce soit l'une ou l'autre conférence, ce sera très bien, mais il faudra bien que le Conseil de sécurité arbitre un jour. Sinon, qui donnera son aval à un accord? Il faudra bien qu'il y ait, à un moment donné, un arbitrage international.» Ce n'est pas un sous-entendu, il faudra bien compter avec la France. Et à la fin de son propos, il laisse transparaître son amertume face à l'ingratitude: «La France se doit de rappeler à ses partenaires l'engagement moral auquel on a souscrit en nous engageant dans la guerre du Golfe. La vie des soldats français a été exposée pour une guerre qui n'était pas seulement celle du pétrole.» Israël aurait pu être un peu plus reconnaissant...]

Sans date

Les médecins sont des ânes

Le médecin colonel Claude Kalfon est nommé médecin-chef de la présidence de la République. Il est chargé d'organiser l'accompagnement médical, de plus en plus lourd, de François Mitterrand dans ses déplacements. Le docteur Claude Gubler n'apprécie guère cette concurrence et ne se gêne pas pour dire que le galonné n'a jamais exercé la médecine et ne connaît que «l'évacuation sanitaire». Gubler le tient dans l'ignorance du dossier médical. Le président rudoie souvent ce «toubib» à rouflaquettes et le traite d'âne. Le rôle du médecin n'est pas facile. Il doit, sans broncher, rédiger des rapports médicaux qui minimisent l'état du président. On parle de sciatique, de cruralgie, de faux mouvement consécutif à un parcours de golf, mais jamais de cancer... Il est tenu par un «secret d'État», ainsi que François Mitterrand l'a exigé de ses thérapeutes, dès que le diagnostic de la maladie a été posé, au début du premier septennat. Même Danielle n'a pas été mise au courant d'emblée. Seule Anne était dans la confidence.

Me revient en mémoire l'attitude de François Mitterrand à l'époque de la maladie du président Pompidou. Il n'était pas le dernier, alors, à regretter publiquement que «le président de la République ne dise pas la vérité au peuple qui l'a élu». Lors de son élection voilà dix ans déjà, n'avait-il pas promis de publier tous les six mois un rapport médical ?

Il est vrai que la rémission de ces dernières années l'a autorisé sans doute à pratiquer la méthode Coué. « Je n'ai pas de cancer ! » allait-il répétant au moment de sa candidature à un second septennat.

30 avril 1991
Sous le regard de Mao

Pendant que Michel Rocard est en Nouvelle-Zélande pour recoller les morceaux du *Rainbow Warrior*, je m'envole pour Pékin. Tout est codifié en Chine. Et une visite ministérielle n'est faite que de « passages obligés ». Je m'y conforme donc. Les chaînes de télévision françaises, sans grande imagination, doivent rapporter des images de l'incontournable Cité interdite, avec gros plan du portrait de Mao Zedong, et une déclaration du ministre français sur les droits de l'homme.

Les prisonniers politiques sont nombreux en Chine, notamment le millier d'étudiants qui avaient manifesté, voilà deux ans, à Tian'anmen. Je m'y prête d'autant plus de bonne grâce que mon interlocuteur principal, Li Peng, est le responsable de la répression féroce de Tian'anmen. J'ai prévenu mes hôtes, qui savaient d'ailleurs à quoi s'en tenir. J'y vais donc de mon couplet : « Un grand pardon sans réserve serait fort apprécié en Occident... » Je prononce le mot d'« amnistie ». Je sais que cela ne sert à rien, mais si je ne le fais pas j'aurai à la fois les récriminations de la presse, une remarque acide de tel collègue « droit-de-l'hommiste » au Conseil des ministres et une apostrophe mordante lors des questions d'actualité à l'Assemblée.

Le cœur de nos discussions n'intéresse pas la presse française : l'hégémonie du Japon dans la région, l'influence sur la Chine de l'implosion de l'URSS ou encore la laborieuse réconciliation au Cambodge. Je réserverai mes analyses aux journaux russes ou allemands.

Mais, en fait, ma visite a surtout pour but de renouer le dialogue politique avec Pékin, dialogue houleux en mer de Chine pour cause de frégates, et de développer les relations économiques. Le courant passe bien avec le Premier ministre Li Peng qui, dans la droite ligne de Deng Xiaoping, achète la paix sociale grâce à un enrichissement individuel de la classe moyenne émergente. Pour justifier la marche effrénée de son pays vers le capitalisme, il reprend la célèbre formule de Deng : « Qu'importe qu'un chat soit blanc ou noir. S'il attrape des souris, c'est un bon chat ! »

Christine Deviers-Joncour m'accompagne dans ce déplacement, comme elle l'a fait à New York au siège des Nations unies. Généralement, c'est plutôt l'opéra qui nous rassemble en voyage.

10 mai 1991

Les ennuis commencent

Voilà dix ans, François Mitterrand était élu président de la République. Je revis l'explosion de joie d'une majorité de Français et la forte exaltation qui était la mienne. J'étais, en 1981, député de la Dordogne. J'avais appelé l'Hôtel du Vieux Morvan, où résidait François Mitterrand quand il était à Château-Chinon. J'avais réussi à le joindre au téléphone. C'était son beau-frère Roger Hanin qui faisait le « standardiste ». Je m'attendais à une phrase « historique » ou, à tout le moins, une expression de joie. Il lâcha, fataliste, cette curieuse constatation : « Maintenant, les ennuis commencent. » Et il raccrocha en me donnant rendez-vous le lendemain à Paris.

Mai 1991

L'expérience Rocard touche à sa fin. En évoquant avec moi les candidats potentiels à Matignon, François Mitterrand cite, l'air de ne pas y toucher, le nom d'Édith Cresson. J'ose suggérer pour elle un grand ministère du Commerce extérieur. Le président susurre, sibyllin : « Je crois qu'elle ambitionne beaucoup plus que cela... » Je comprends immédiatement !

15 mai 1991

Édith Cresson est nommée Premier ministre par un président qui veut en faire une « Dame de fer » à la française. « Vaste programme», comme aurait dit le général de Gaulle. Il est certain qu'Édith a du caractère, mais cela suffira-t-il ?

16 mai 1991

Non sans émotion, Genscher et moi retrouvons Weimar, où nous avons réuni les ambassadeurs français et allemands dans les pays d'Europe centrale. Nous voulons harmoniser notre discours et nos actions en direction des anciens pays du bloc de l'Est. J'avoue ne pas être entièrement tourné vers ce louable objectif. Je sais qu'à Paris se joue mon sort de ministre des Affaires étrangères.

Vais-je être reconduit ? Mitterrand ne m'a rien promis, fidèle à sa légendaire liberté de manœuvre. Mon «agent» dans la place est Élisabeth Guigou, qui m'appelle régulièrement. Bénéficiant de sa «proximité» avec Hubert Védrine, elle peut ainsi être dans le secret des dieux (le secret de «Dieu»?). Védrine remplace en effet Bianco au secrétariat général de l'Élysée, poste que ce dernier occupait depuis presque dix ans. Il va se voir confier un maroquin ministériel. Élisabeth me confirme que les choses sont bien engagées. Mais j'ai oublié de lui demander si je conservais mon titre de ministre d'État, ma seule exigence. De retour à mon hôtel, je la rappelle. Elle me rassure. C'est par elle que j'apprends que «sur proposition du Premier ministre le président de la République t'a reconduit dans tes fonctions de ministre d'État, ministre des Affaires étrangères». Mon ami Genscher exulte plus que moi. Il l'annonce à la cantonade, lors du dîner, et d'une voix de stentor commande : «Champagne pour tout le monde ! »

22 mai 1991

Édith à la peine

Le discours de politique générale du nouveau Premier ministre à la tribune de l'Assemblée nationale est un monument d'ennui. Sans majorité, elle doit composer avec les centristes et les communistes et «ratisser large». Son texte est un fastidieux catalogue de toutes les mesures, envisagées par les ministères, qu'elle égraine d'une voix trop haut perchée. J'échange quelques mots avec Charles Pasqua en fin de séance. «Qu'est-ce qu'il lui a pris de la nommer à Matignon ? m'interpelle le député de Neuilly. Mitteuran sé plannelé [Mitterrand s'est planté].» Il a tout de suite noté l'erreur de casting. Le président de la République, que je rencontre le soir, est contrarié par ce baptême du feu peu convaincant. «Je lui avais pourtant recommandé de faire court», grogne-t-il.

Début juin 1991

En Conseil restreint, je m'oppose à nouveau et fermement à la livraison de vedettes à Taïwan, donc au Premier ministre. Frontalement. J'essaie de plaider auprès d'Édith Cresson que l'on ne peut soutenir deux politiques étrangères opposées. Au nom de préoccupations purement commerciales, elle défend bec et ongles la vente de ces bâtiments de guerre qui va ruiner notre politique étrangère avec Pékin. Édith Cresson a réussi à circonvenir le président. Il s'est débarrassé du dossier en le lui confiant.

3 juin 1991

Je reçois du Premier ministre une convocation, tamponnée «diffusion restreinte», à une réunion deux jours plus tard et ainsi rédigée: «J'ai décidé de tenir à l'hôtel Matignon, le mercredi 5 juin à 12 heures, une réunion consacrée à la vente à Taïwan d'une licence de construction de bâtiments de surveillance maritime, non armés, avec fourniture et équipements associés. Je vous demande de bien vouloir y assister personnellement.» Cela ne souffre pas la discussion! Je comprends alors que les jeux sont faits. Tant d'assurance ne peut traduire que la patte présidentielle.

4 au 6 juin 1991

Nous nous enlisons au Cambodge. Pour sortir de l'ornière, il me faut affaiblir les Khmers rouges afin qu'ils ne s'imposent pas en arbitres de la dispute entre le prince Sihanouk et le chef de gouvernement, qui se regardent en chiens de faïence. Il a été prévu une réunion à Jakarta organisée par mon coprésident indonésien, Alatas. Le prince n'a pas prévu d'y assister, ce qui contrarie mes plans. Je fais fuiter l'information selon laquelle la France pourrait reconnaître le régime provietnamien de Hun Sen. La manœuvre réussit. Les Chinois expédient Sihanouk à Jakarta. Pas d'avancée sur le plan de la négociation, mais Son Altesse Royale est revenue dans le grand jeu. C'est ce que je voulais.

12 juin 1991

Dumas, touché, coulé

Malgré l'arbitrage d'Édith Cresson en faveur de la livraison des vedettes à Taïwan, je prends mon courage à deux mains et demande à voir le président après le Conseil. Il me reçoit dans son bureau, en présence de Michel Charasse, avec qui il doit déjeuner. Ce n'est pas la première fois qu'il entend mes arguments, mais il se montre irrité par mon insistance: «C'est une affaire réglée par le Premier ministre. Je ne reviendrai pas sur sa décision.» Au nom de nos relations anciennes et amicales, il n'a pas élevé la voix, mais le ton est sans appel. J'ai épuisé mon dernier joker. Devant mon air dépité, il me raccompagne jusque sur le palier et me serre la main. «À bientôt», me dit-il. Dans son imperceptible haussement de sourcil, je lis: raison d'État.

14 juin 1991

Un «bobinard» chez Mucha

À Prague, François Mitterrand assiste à la clôture des assises de la Confédération européenne. Il lance un vibrant appel à abolir «la distance physique créée par un demi-siècle de séparation». Mais, mal inspiré, il a déclaré hier «qu'il pourrait se passer des dizaines d'années avant que les pays de l'Est n'entrent dans la Communauté»! Il a de ce fait jeté le soupçon sur les intentions françaises, faisant apparaître, du coup, sa Confédération comme un faux nez. Je crains fort que ce projet ne soit mort-né. Je décide donc de le suivre de loin.

Je me suis promis de prendre enfin du temps pour visiter Prague, ce que je n'ai guère eu l'occasion de faire jusqu'alors. Contrairement aux idées reçues, un ministre en exercice, otage d'un programme d'enfer, n'a pas le loisir de s'adonner au tourisme.

Dans l'après-midi, j'ai séché la conférence qui tourne en rond pour aller me perdre dans les ruelles où une lumière dorée fait scintiller les façades des palais. J'ai pris rendez-vous avec la belle-fille d'Alfons Mucha, le peintre et affichiste qui fut le promoteur de l'Art nouveau avec Guimard et Gallé. Elle habite toujours la maison de l'artiste, face au palais présidentiel. C'est en fait un petit « bobinard » pour messieurs appréciant les toutes jeunes filles. Je me contente de prendre le thé. Quand je parle de ma visite à la maison Mucha à Havel, il fait des allusions grivoises en se marrant.

Je loge au palais Buquoy. La résidence de France est un bâtiment baroque ocre rose au cœur de Mala Strana. Il fait nuit. Dans la douceur du soir, par la fenêtre ouverte sur le jardin, j'entends avec bonheur la rumeur joyeuse d'une ville rendue à la liberté.

20 juin 1991

À une courte majorité, le Bundestag vote le transfert de la capitale allemande de Bonn à Berlin. Un peu pour le principe, je fais du mauvais esprit : « Berlin, la Grande Allemagne... » Mitterrand m'envoie dans les cordes : « Roland, arrêtez avec vos histoires : Berlin, c'est l'Allemagne. L'Allemagne, c'est Berlin. » CQFD.

Le chancelier et ses ministres vont quitter le « village », comme ils appelaient la petite capitale fédérale, installée au bord du Rhin après la guerre. Il faudra de longues années avant que l'ancienne capitale historique ne retrouve son lustre des années folles.

25 juin 1991

Kohl joue perso

La Croatie et la Slovénie déclarent leur indépendance. C'est évidemment inacceptable pour le gouvernement yougoslave, qui veut non seulement préserver l'unité de la Fédération, mais aussi protéger la minorité serbe de Croatie. Pour nous également.

Alors que les ministres européens des Affaires étrangères ont planifié la reconnaissance et l'intégration progressive à l'Union des différentes composantes de l'ancienne Yougoslavie, Helmut Kohl reconnaît, sans crier gare, l'indépendance de la Croatie. Mitterrand et moi y voyons le ferment de conflits interethniques. La France est traditionnellement proserbe, car la Serbie a été, à deux reprises, du côté des Alliés, alors que la Croatie s'était rangée du côté de l'Allemagne nazie.

Entre 1915 et 1918, les Alliés, au premier rang desquels les Français, avaient lutté contre l'avancée des armées austro-hongroises auxquelles s'étaient joints les Bulgares. Cette amitié franco-serbe est d'ailleurs gravée dans la pierre à Belgrade.

Plusieurs monuments en témoignent. Le premier a été érigé en 1930 pour le soutien de la France lors de la Première Guerre mondiale. J'y dépose une gerbe, ainsi qu'au monument à Franchet d'Espèrey (1936) et à celui au Héros inconnu (1938), situé au mont Avala.

28 juin 1991

Sommet des Douze à Luxembourg. La tonalité est plutôt grise, comme le ciel. Si le traité concernant l'union monétaire est presque bouclé, il n'en va pas de même pour l'union politique. Je me débats pour mettre au point une méthode de travail, au moins pour lister des points d'accord concernant le traité d'union politique. En vain. Les Anglais ne veulent pas en entendre parler.

Les Allemands jouent un jeu dangereux. À propos de l'éclatement de la Yougoslavie, une divergence de fond se fait jour. Mitterrand plaide pour l'intégrité des États, obsédé qu'il est par l'éclatement des pays dont le corollaire est l'exacerbation des nationalismes, la guerre donc. Kohl est d'un avis opposé: « L'autodétermination des peuples avant toute chose. » Nous atteignons là un point de rupture. Pendant que le chancelier prend la parole, le président liste sur une feuille les pays ou provinces qui vont demander leur indépendance: Moldavie, Slovénie, Slovaquie, voire Lombardie. Il en compte 17. Je lui suggère de la lire à haute voix pour frapper les esprits.

Au dîner qui suit dans un château proche de la capitale luxembourgeoise, Genscher me prend dans une embrasure de porte et me lance: « Alors, la France est contre la liberté d'expression des peuples ? Pour nous Allemands, c'est primordial. » J'essaie de lui faire comprendre que l'on ne fait pas forcément de la bonne politique avec de bons sentiments: « Le problème n'est pas là. Il s'agit de savoir si nous voulons hâter le processus de désagrégation de la Yougoslavie ou pas. » Le risque est grand, en effet, de retomber dans les déchirures qui entraînèrent la Première Guerre mondiale. Pour une fois, nous ne sommes pas sur la même longueur d'onde.

1er juillet 1991

Dissolution du pacte de Varsovie à Prague. Au palais Czernin, siège du ministère des Affaires étrangères tchécoslovaque, Václav

Havel déclare: «Ce jour constitue la fin d'une ère de haine, de confrontation et de division de l'Europe en blocs, et le début d'une époque historique fondée sur de nouvelles structures reposant sur des relations équilibrées entre les pays de l'ancien bloc soviétique.» Des six dirigeants des pays encore membres du pacte, seul Mikhaïl Gorbatchev n'a pas fait le déplacement...

[On avait négocié le démantèlement des deux «pactes». Or l'Alliance atlantique est toujours là et se développe même. L'équilibre dans le traité final n'a pas été respecté. C'est la cause de nombre de tensions que nous connaissons actuellement et en particulier des mauvaises relations de l'Occident avec la Russie, notamment après les événements d'Ukraine.]

5 juillet 1991

À La Haye, Genscher me met le couteau sous la gorge: «Acceptez-vous, oui ou non, de reconnaître la Slovénie et la Croatie?» Devant mon refus, nos partenaires s'étonnent du grave différend qui oppose les «deux amis». Suffisamment rare pour être mentionné.

Juillet 1991

Hara-kiri

Je dois «ramer» auprès des Anglais et des Japonais pour porter les excuses de la France après les propos du Premier ministre. Sur les antennes d'ABC News, le journaliste Chris Wallace lui tend un piège en ressortant des propos vieux de quatre ans. Édith Cresson s'enferre en assurant que l'homosexualité, «différente et marginale», est plus proche des coutumes anglo-saxonnes que des usages latins. La déflagration est immense. Les tabloïds anglais se déchaînent. Mitterrand est effaré. La presse anglaise en rajoute en retrouvant une interview au *Times*, en 1989, et une autre, déjà à ABC News, où elle comparait les Japonais à des «fourmis jaunes menant des existences démesurément laborieuses et inacceptables pour les standards européens, concernant les loisirs et la Sécurité sociale». Quand son effigie est brûlée au Japon, je sais à ce moment précis qu'elle va devoir se faire *hara-kiri*.

En France, c'est sa marionnette du «Bébête show» qui prend les coups. Édith est croquée sous le masque de la panthère

Amabotte, qui lèche les palmes de Kermit, la grenouille censée représenter le «Dieu» Mitterrand. Le Premier ministre s'aventure, non sans courage, à attaquer la séquence humoristique de Stéphane Collaro et de Jean Roucas. C'est un humour à l'évidence machiste, mais il est toujours risqué de critiquer les bouffons. Le remède est pire que le mal. La marionnette est sur-le-champ transformée en «Didi-la-Teigne» et le débat déplacé sur la liberté d'expression, perdu d'avance par le gouvernement.

À la demande de Mme Cresson, il me faut aussi rassurer les Chinois, très fâchés de la vente actée des vedettes à Taïwan. Mon communiqué «d'apaisement» remis aux autorités de Pékin est un monument de «dentelle sémantique et diplomatique»: «Le gouvernement français a décidé d'autoriser les industriels français à entreprendre des négociations avec Taïwan sur la vente de coques de frégate sans armement. Il s'agit d'une affaire purement commerciale qui n'implique aucune relation officielle avec les autorités de Taïwan. En prenant cette décision, le gouvernement français a tenu compte de préoccupations de la Chine concernant sa sécurité et l'intégrité du territoire chinois. La France réaffirme les termes de la déclaration conjointe franco-chinoise de janvier 1964, selon laquelle le gouvernement de la République populaire de Chine est le seul gouvernement légal de la Chine. La France continuera à œuvrer au développement des relations amicales avec le gouvernement de la République populaire de Chine dans tous les domaines.» Cela s'appelle «avaler son chapeau».

14 juillet 1991
Amère victoire

Dans son interview de la fête nationale, le président de la République défend bec et ongles son Premier ministre qui bat des records d'impopularité. Mais l'essentiel n'est pas là. George Bush est en France. Comme l'Élysée est abandonné à la voracité des invités de la *garden-party*, les entretiens auront lieu au château de Rambouillet, la résidence de campagne des présidents de la République. Avant d'aller rejoindre son «ami George», François Mitterrand explique au pays où en est la situation militaire au Koweït. À la question acide du journaliste Albert du Roy de savoir si la victoire n'est pas amère, il répond: «Une victoire, même amère, est préférable à une défaite! » Pan. L'objectif a en effet été atteint: Saddam s'est retiré mais il demeure dangereux. Les soldats de la force Daguet ont pu descendre les Champs-Élysées sous les vivats de la foule, mais il reste des troupes françaises à la frontière entre la Turquie et l'Irak, prêtes à intervenir si le démon Saddam se « réveillait ». Le président évoque clairement le risque pour ce dernier de voir certains de ses sites stratégiques détruits par les Alliés.

La guerre contre l'Irak a montré la solidité de la coalition et l'efficacité de l'axe Paris-Washington. Mitterrand et Bush doivent en parler à Rambouillet. Auparavant, François Mitterrand tient à montrer à George Bush la chambre où François Ier a rendu l'âme. La mort toujours.

La conversation porte sur l'OTAN et les questions de défense en Europe. Depuis la fin de la guerre froide, les États-Unis souhaitent se désengager du Vieux Continent qu'ils ont aidé à libérer, et les Européens sont désireux de prendre en main leur propre sécurité. La donne géostratégique a changé, puisqu'à un équilibre des forces fondé sur la dissuasion nucléaire se sont substitués de nouveaux besoins, notamment la nécessité de disposer de « forces d'intervention rapide ». La libération du Koweït en a été la parfaite illustration.

Des entretiens ultrasecrets ont eu lieu à l'OTAN dans le dernier trimestre de l'année dernière entre Américains, Français, Britanniques et Allemands pour redéfinir l'organisation et les objectifs de l'Alliance. Nous avons proposé la création d'une sorte de « pilier européen » de l'Alliance atlantique. Mais les Américains s'y sont opposés, craignant une perte d'influence. Il faut dire, pour être honnête, que la volonté politique n'était pas au rendez-vous de notre côté. Nous avons en fait préféré plaider pour l'identité européenne de défense plutôt que de nous battre pour réformer l'Alliance. Moi le premier…

Quant au Proche-Orient, le président Bush a les idées claires. Il développe.

Déçu: « Tout le monde a donné une réponse positive à notre projet de réunion, mais Shamir me déçoit: il ne lance que des paroles en l'air. »

Convaincu : « Nous sommes pourtant tous pour la tenue de cette conférence sur le thème : "les territoires contre la paix". »

Déterminé : « J'ai l'intention de la réunir malgré les critiques. Pour moi, c'est le début du "cycle électoral" qui s'annonce [les élections sont prévues pour l'année prochaine]. »

Clairvoyant : « Je me heurterai au poids des protestations et de l'argent. »

Cynique : « L'argent juif coule des deux côtés, chez les démocrates comme chez les républicains. J'ai l'air de faire là une observation cynique, mais c'est la vérité. »

Optimiste : « Je suis optimiste malgré tout. Baker a encore une chance d'aboutir. »

17 et 18 juillet 1991
Cynique Major

L'ordre du jour du G7 de Londres a été bousculé par la demande pressante de Mikhaïl Gorbatchev d'y être entendu. John Major, le Premier ministre britannique, en a fait part à ses collègues avant d'accepter sa venue. Le secrétaire général vient quémander une humiliante aide financière pour son pays, au bord de la faillite. Les queues sont interminables devant des magasins vides et le peuple gronde. Son projet de libéralisation économique en cinq cents jours a échoué. Il assure pourtant avoir respecté les recommandations des experts occidentaux, mais il a péché par angélisme. Comment transformer en un an et demi une économie dirigée en système libéral dans un pays aussi immense où tout sens de l'initiative individuelle a été étouffé pendant soixante-dix ans ? Mitterrand et moi sommes très surpris par la désinvolture avec laquelle Major botte en touche. A propos de l'aide financière à l'Union soviétique : « Il faut en garder pour son successeur » ! lâche-t-il avec un cynisme qui laisse pantois.

L'ordre du jour « officiel » du G7 est surtout consacré au Moyen-Orient. Après le dîner chez la reine à Buckingham Palace, nous improvisons un meeting avec James Baker dans un petit salon. Non sans une certaine flagornerie, il me lance : « Roland, c'est toi qui as en main la clé du conflit israélo-palestinien ! » Je me demande bien où il veut en venir. En fait, il est passé par

Hussein de Jordanie pour constituer la délégation jordano-palestinienne. Mais le « petit roi » ne veut prendre aucune initiative sans l'accord d'Arafat. Ce dernier, se sachant incontournable, fait monter les enchères et exige, en préalable, la reconnaissance formelle de l'OLP, son organisation, encore considérée comme « terroriste ». « Appelle tout de suite Arafat pour lui faire comprendre que c'est une chance à saisir. Il faut qu'il accepte la présence de Palestiniens des territoires qui ne s'afficheront pas comme membres de l'OLP. »

J'en réfère sur-le-champ au président, qui me donne son feu vert : « Agissez le plus vite possible et de la façon la plus énergique, qui sait ? » Je fais passer le message à Arafat. À trois reprises, Baker, visiblement inquiet, me demande où j'en suis. Je finis par recevoir une réponse encourageante mais dilatoire du *chairman* de l'OLP. Alors que nous entrons en séance pour parler de désarmement, Baker me glisse un petit mot manuscrit en lettres capitales : « Ce dont on a absolument besoin est qu'Arafat dise au roi Hussein *d'avancer*, de commencer à former une délégation conjointe avec les Palestiniens des territoires. Ceci *peut* et *doit* être fait à titre personnel, non officiel [pas en tant que représentant de son organisation]. »

19, 20 et 21 juillet 1991

Je passe le week-end à obtenir cet accord. Les relations téléphoniques avec le QG d'Arafat à Tunis sont difficiles. Je me dis que c'était bien la peine d'avoir observé tant de récriminations de la part de Washington pour en arriver là. Enfin, la pertinence de notre politique au Proche-Orient est reconnue au plus haut niveau !

24 juillet 1991

Alors que Baker s'impatiente, je lui fais parvenir ce télégramme : « La formule jordano-palestinienne est celle qui offre le plus de possibilités. Je continuerai, comme vous me l'avez demandé, à mettre à profit cette idée. » Ma réponse est dilatoire, car je bute sur le refus d'Arafat, qui craint toujours une marginalisation de son organisation.

25 juillet 1991

Je prends le taureau palestinien par les cornes et convoque Fayçal Husseini, le représentant d'Arafat dans la négociation entre la Jordanie et les Américains. J'envoie un avion le chercher à Amman, où il réside. Je le reçois en pleine nuit dans un Quai d'Orsay désert. La discussion est âpre. Je plaide pour la « solution Baker » en répondant du mieux que je peux à ses objections. Mais quand bien même l'OLP finirait-elle par accepter, elle met sur la table un autre problème bien plus lourd : une négociation sur le statut de Jérusalem en préalable à toute autre discussion. Après une heure de « combat » pied à pied, je finis par persuader Husseini que toute discussion sur le statut de Jérusalem mettrait en péril le fragile équilibre de la négociation. J'ai gagné la partie. Il veut en discuter avec Baker. À 2 heures du matin, je le fais conduire à Villacoublay, où notre avion l'emmène àWashington.

26 juillet 1991

Je préviens le secrétaire d'État de la bonne issue de ma discussion avec Husseini. Sur-le-champ, il me remercie chaleureusement. En revanche, j'apprends qu'Arafat est furieux d'avoir été « court-circuité ». De mes discussions avec les Soviétiques il apparaît que nous sommes dans une relative identité de vue. Cerné de toutes parts, le patron de l'OLP a fini par se ranger à la « formule Baker ».

Je suis heureux que la France ait ainsi réintégré le « grand jeu », même si elle n'en tirera pas les bénéfices. La conférence va se tenir à Madrid. Les Israéliens sont plus que jamais réservés. Shamir conduira cependant la délégation de façon à peser de tout son poids sur les discussions qui s'annoncent plus que serrées.

Fin juillet 1991

Les astres sont favorables

J'essaie maintenant de sensibiliser nos « amis américains » à la finalisation du dossier cambodgien. Les Chinois et les Soviétiques, comme les Anglais, tous pressés d'aboutir, ne sont pas d'une grande utilité pour la mise au point des détails des accords de paix qui seront signés à Paris fin octobre. Les Américains finassent, car ils savent qu'une fois réglé le problème cambodgien ils devront s'attaquer à la normalisation de leurs relations avec le Vietnam, et ils n'y sont pas prêts. Je vais essayer de prendre de l'avance sur ce terrain-là…

Washington a jusqu'au bout contrarié l'adoption d'une résolution du Conseil de sécurité autorisant l'envoi d'une mission exploratoire des Nations unies. Les Américains font même des difficultés quant au choix de la date de la conférence de Paris. Ils ne sont pas les seuls, le diable aussi. J'ai choisi la date du 31 octobre, car c'est le jour anniversaire du prince Norodom Sihanouk. Il me fait savoir, après consultation des oracles, que les astres sont favorables. Mais la date ne convient pas aux Américains, car Baker sera à Madrid ce jour-là pour l'ouverture des négociations pour le Proche-Orient. Washington tergiverse sur le choix d'un autre calendrier. De « guerre lasse », je fixe arbitrairement la conférence au 23 octobre. Las ! Le prince a consulté ses devins, qui lui déconseillent vivement cette date… J'insiste. Il me faut intervenir personnellement pour le convaincre, car je n'ai pas d'accès direct aux oracles ! Après plusieurs jours, il finit par accepter. Sans doute a-t-il utilisé tous les ressorts de la magie pour conjurer le mauvais sort…

7 août 1991
Comme en 14

Au Conseil des ministres, le président annonce ouvertement que son choix se porte vers la Serbie. Il se lance dans un vaste exposé historique et géopolitique dont il raffole et qui bluffe toujours ses interlocuteurs : « Toutes les données du siècle se trouvent réunies sur un terrain dangereux. Les Douze n'ont pas de forces de combat ou d'intervention. L'URSS, qui a ses problèmes de nationalités, n'interviendra pas. Nous devons tenir compte des amitiés traditionnelles. Pour nous, comme pour la Russie, c'est la Serbie. La Slovénie et la Croatie sont plutôt tournées vers les Germains. En conclusion, l'affaire est très grave, elle ne s'arrange pas et ne s'arrangera pas. » Tous les ministres écoutent religieusement. Il enchaîne : « Que peut faire, dans ce contexte, la Communauté ? Refuser ou accepter les combats ? Laisser la guerre se développer? Recommencer comme en 14? À tout cela, je ne vois qu'une réponse, une seule règle: la démocratie. Votez, faites voter, laissez voter avec un contrôle international, mais n'ayons pas d'illusions, les affrontements seront multiples... »

8 août 1991

Je suis effondré quand j'apprends l'assassinat de Chapour Bakhtiar dans sa villa de Suresnes. Cette fois, le dernier Premier ministre du shah d'Iran n'a pas résisté aux tueurs ayant pour mission d'exécuter la fatwa prononcée par l'imam Khomeiny voilà dix ans. Il avait échappé par miracle, en 1980, au commando dirigé par le Libanais Anis Naccache, qui avait cependant ôté la vie à deux policiers français et à une voisine. C'est à moi que revient la pénible tâche d'aller reconnaître le corps à la morgue. L'opposant farouche aux ayatollahs a été égorgé. Je reviens au ministère chamboulé.

18 août 1991

Ce que nous redoutions le plus – et lui le premier – vient d'arriver. Un coup d'État à Moscou renverse Mikhaïl Gorbatchev en Crimée où il passait ses vacances, avec Raïssa et leur petite-fille. Sa *datcha* a été cernée par l'armée et les communications avec le monde extérieur, coupées. C'est la raison pour laquelle nous n'arrivons pas à le joindre. De l'Élysée, François Mitterrand fait plusieurs tentatives infructueuses.

19 août 1991

À Moscou, l'état d'urgence a été proclamé et les chars ont envahi les rues de la capitale de l'empire soviétique. À Paris, la « soviétologue » Hélène Carrère d'Encausse, récemment élue à l'Académie française, téléphone à plusieurs reprises au président et à moi. Elle craint pour la vie de Gorbatchev. « Ils vont l'assassiner », prédit-elle. L'ambassadeur d'URSS demande à me rencontrer de façon officieuse. Arrivé dans une voiture banalisée, il entre au Quai par la petite porte du secrétariat. Il est porteur d'une lettre des insurgés mais ne veut pas sembler cautionner le coup d'État.

Je file à l'Élysée remettre le document au président. Sur les écrans de la télévision, François Mitterrand sort de son dossier la lettre que Guennadi Ianaïev, le porte-parole et meneur des putschistes, lui a adressée. Le président parle pour le moins maladroitement des « nouveaux dirigeants de l'Union soviétique » et lit des extraits de la lettre où Ianaïev assure que ni les avancées de la démocratie ni la sécurité de Gorbatchev ne sont remises en cause.

L'ambiguïté faite homme

Les paroles du président semblent considérer que le putsch est un fait acquis : « La première phase est réussie, puisque Gorbatchev est écarté du pouvoir, presque arrêté, et que des menaces pèsent sur Boris Eltsine. » Il prend soin de préciser cependant : « Les Soviétiques sont habitués à un début de démocratie... On ne peut pas revenir en arrière. Je crois que le changement intervenu brutalement en URSS peut interrompre, mais je ne pense pas qu'il puisse arrêter le mouvement de démocratisation. »

Dans les coulisses du studio installé dans un salon de l'Élysée, je suis assis au côté de Jack Lang, qui m'interroge, effaré :

« C'est toi qui lui as demandé de parler de la sorte ?

– Pas du tout, il ne m'a rien dit de ses intentions.

– C'est fou, il faut que tu rattrapes ça. »

Après l'émission, je l'approche pour lui faire part de ma réserve. Il répond, sibyllin :

« Dans les deux hypothèses, j'ai voulu sauvegarder les intérêts de la France. »

Cela veut-il dire qu'il préfère, à tout prendre, le retour à l'empire soviétique plutôt que l'aventure démocratique de Gorbatchev ? L'ordre à la chienlit ? Je ne parviens pas à lui faire préciser sa pensée. L'ambiguïté, toujours. L'une de ses maximes favorites est celle du cardinal de Retz : « On ne sort de l'ambiguïté qu'à son détriment. »

20 août 1991

Le putsch est en train d'échouer. Le quarteron d'apparatchiks qui a fomenté le « coup » envisage d'aller récupérer le « prisonnier » en Crimée. Boris Eltsine, qui a, jusqu'alors, fait preuve d'un grand sens politique, a décidé de les prendre de vitesse et d'envoyer un de ses proches collaborateurs pour ramener Gorbatchev à Moscou. Ce sera pour lui la preuve de sa victoire politique. Quand j'apprends cette nouvelle par notre ambassadeur, je lui demande de mettre immédiatement un de nos diplomates dans l'avion d'Alexandre Routskoï, le vice-président depuis un mois, qui doit aller chercher Gorbatchev en Crimée. Il dépêche Michel-Yves Peissik, le numéro deux de l'ambassade de France, parfaitement russophone, avec pour mission d'assurer le secrétaire général de notre soutien. De le rassurer aussi. Je pressens en effet qu'il doit être fort éprouvé par sa destitution programmée. Curieusement, le secrétaire général semble préférer regagner Moscou dans l'avion des putschistes plutôt que dans celui d'Eltsine et de notre diplomate... À ce stade, il ne pense pas que les rebelles exigent son départ, et ce serait sans doute une preuve de sa faiblesse politique que d'apparaître comme «l'otage» de son adversaire.

Les images d'ailleurs en témoignent. Sur toutes les télévisions du monde, on voit un Gorbatchev, en tenue décontractée, descendre la passerelle, visiblement abattu. Pas autant cependant que Raïssa, apeurée, les traits tirés, serrant contre elle sa petite-fille emmitouflée dans une couverture.

Valéry Giscard d'Estaing n'a pas tardé à exploiter l'ambiguïté des propos de son successeur. Il me faut rattraper le coup. Je profite de la réunion des ministres des Affaires étrangères à La Haye [les Pays-Bas assurent la présidence de l'Union] pour recadrer «l'analyse présidentielle» et répondre à Valéry Giscard d'Estaing. Afin d'étouffer l'incendie, je m'arrange avec Genscher, censé me poser une question, apparemment embarrassante, qui me permet de remettre les pendules à l'heure.

«Heureusement que le ministre des Affaires étrangères a rattrapé la bévue du président», conclut, bon prince, Giscard, qui me donne un satisfecit.

[Je reverrai Gorbatchev quelque temps plus tard. Il me confiera: «Quand j'ai vu le Français en Crimée, j'ai tout de suite pensé: "Ça, c'est mon ami Dumas! Cela m'a rassuré." »]

21 août 1991

Des vies au fer « rouge »

Une foule immense campe dans les rues de Moscou. Je suis en liaison permanente avec mon ambassadeur pour tenter de comprendre l'attitude de l'armée. C'est la clé de l'insurrection. Très vite, nous apprenons que les militaires pactisent avec les manifestants. Gorbatchev démissionne de son poste de secrétaire général du PCUS mais reste président de l'Union soviétique. Il promet une purge au sein du PCUS pour en chasser les conservateurs rebelles, mais personne n'est dupe, le pouvoir lui échappe.

22 août 1991

Alors que Gorbatchev perd pied, Eltsine marque des points, prouvant un réel sens politique. Devant la Maison blanche, siège du Parlement, où il s'est réfugié, le président de la Russie s'adresse à la foule, contre l'avis de ses conseillers, qui craignent pour sa vie. Il n'a pas eu accès aux studios de la télévision d'État. Hissé sur un char, il annonce la fin du putsch en agitant le drapeau tricolore de la Russie. Exit la faucille et le marteau. Il va pouvoir se rendre maître de la société centrale de télévision, des ministères et des agences économiques clés.

Au parlement de Russie, la scène est surréaliste. Le pouvoir change de main en direct à la télévision. Alors que Gorbatchev parle à la tribune, le géant Eltsine s'avance et d'un doigt vengeur lui intime l'ordre de signer la dissolution du parti communiste en tant « qu'organisation criminelle ». Gorbatchev refuse, apostrophé violemment par des députés, alors qu'Eltsine signe ce document qui scelle la fin d'une histoire vieille de soixante-dix ans et qui a marqué nos vies au fer « rouge ».

25 août 1991

À l'émission d'Anne Sinclair, « 7 sur 7 », je commente ces événements. J'annonce la reprise des relations diplomatiques avec les pays Baltes et mon prochain voyage sur place.

27 août 1991

Pendant qu'à Paris intervient la signature officielle du contrat des vedettes de Taïwan, je vole vers la Lituanie. Après deux heures et demie de vol, mon Falcon 900 roule sur la piste de Vilnius et vient se ranger le long du terminal. J'utilise un appareil de l'armée avec un équipage militaire, car la situation est loin d'être stabilisée en Lituanie. J'en ai vite la confirmation. Un des membres d'équipage ouvre la porte et déplie la passerelle, mais les bruits d'une dispute en russe attirent mon attention. Je m'enquiers de ce qui se passe. Le commandant de bord m'informe qu'un officier soviétique et un douanier estonien sont prêts à en venir aux mains, au pied de la passerelle, afin de savoir qui aura la prééminence pour contrôler mon passeport diplomatique. Au bout de dix minutes, je me présente en haut de la passerelle pour signifier que la plaisanterie a assez duré. Je descends les marches, drapé dans ma dignité outragée et leur demande en russe, ce qui les interloque, de bien vouloir viser et tamponner tout à tour les passeports de ma délégation, ce qu'ils font avec un évident excès de zèle. Ce n'est pas seulement l'histoire qui balbutie, mais un pays en mal de souveraineté qui apparaît clairement à nos yeux.

28 août 1991

Un lingot dans ma poche

Dans le nord de l'Europe, la fin de l'été éclaire les journées d'une lumière irréelle qui s'ajoute à une étrange impression : celle d'être dans un « ailleurs » figé dans le temps. Ce sentiment est encore accentué par le fait que les pays Baltes ont été, pendant un demi-siècle, rayés de nos mémoires.

Mes hôtes lituaniens me font faire le tour de la ville en prenant soin de me montrer furtivement le siège du KGB et les casernes où se sont repliées discrètement les troupes soviétiques. Le pays est encore occupé malgré sa déclaration d'indépendance. C'est précisément l'homme qui en est le père que je m'apprête à rencontrer : Vytautas Landsbergis, un musicologue et pianiste, farouchement anticommuniste. Il vit retranché dans le Parlement. Au fur et à mesure que la voiture progresse, il nous faut contourner des barrages de sacs de sable, de chevaux de frise ou de blocs de béton.

La façade du bâtiment est constellée d'impacts. Des hommes en armes m'accompagnent jusqu'à l'intérieur du Parlement. En haut du grand escalier m'attend un quinquagénaire à barbichette. Il est devenu de fait le chef de l'État. Il m'accueille en anglais avec force amitié et m'invite « sans protocole » dans un bureau aux meubles dépareillés. Partout des images pieuses ou des statues religieuses en plâtre. Le seul portrait accroché au mur est celui de Václav Havel.

Il est très heureux de ma présence et de l'aide que la France apporte à son combat et à celui de ses partisans. Quand je lui annonce que nous allons rétablir les relations diplomatiques, il est aux anges. C'est tout juste s'il ne m'embrasse pas ! Quand je sors symboliquement de ma serviette un lingot, il est à la fois stupéfait et le plus heureux des hommes.

« Nous allons vous rendre les 2 246 kilos d'or que la Banque de France détient depuis 1939, lui dis-je.

– Permettez-moi de vous demander plus encore : nous voudrions que ce soit la France qui patronne l'entrée de la Lituanie dans le sein des Nations unies. »

Je dois avouer qu'à ce moment précis nous avons les uns et les autres les larmes aux yeux. Il est des moments rares où la diplomatie se dépouille de ses attributs pour ne laisser place qu'à l'humain. Pour fêter ces bonnes nouvelles, il m'invite à dîner dans le bureau voisin où a été dressée une table avec des assiettes et des couverts dépareillés. Le repas est modeste, comme le décor, mais l'amitié en est le plat principal. Parmi les nombreux sujets abordés figure celui de notre ambassade, qui sera installée à l'Hôtel Stendhal, où notre illustre écrivain aurait séjourné quelque temps.

Pendant que nos collaborateurs règlent en anglais les questions pratiques, je demande à Landsbergis des nouvelles de son piano. Il est touché que je connaisse ce détail de sa biographie ! Il me raconte, en souriant, qu'il l'a fait transporter dans la grande salle du Parlement et qu'il en joue la nuit… « Même pendant les combats », confesse-t-il. Nous parlons en français, car il connaît parfaitement notre langue. « J'ai même appris le provençal », révèle cet homme étonnant. Il me raconte ses voyages d'étudiant en France quand son groupe était accompagné d'un guide, membre du KGB, qui ne les quittait pas d'une semelle...

Il a été prévu une conférence de presse. Quand je pénètre dans la salle, les journalistes se lèvent et m'applaudissent à tout rompre. Je dois avouer que je n'ai pas l'habitude de ce genre de traitement de la part des médias! Je détaille l'essentiel de notre conversation avec le «président». Ils sont enchantés. C'était sans compter avec la question perfide du correspondant du *Sunday Times*:

«La France va-t-elle payer les intérêts des cinquante-deux années pendant lesquelles elle a conservé cet or?»

Je trouve cette question d'une goujaterie insigne et sors de la réserve diplomatique à laquelle je m'astreins habituellement:

«La différence, monsieur, entre la Grande-Bretagne et la France, est que celle-ci a conservé ce trésor pour le rendre, le moment venu, à ses propriétaires; alors que la Grande-Bretagne a remis le stock d'or aux autorités soviétiques contre remboursement des emprunts russes détenus par les porteurs de nationalité anglaise. En clair, vous avez payé avec l'argent des autres!»

29 août 1991

À Riga, capitale de la Lettonie, je suis accueilli par le vice-président, Andrejs Krastins. Il m'explique, embarrassé, que le président Gorbunovs est parti chasser... avec Eltsine, arrivé dans la nuit de Moscou pour une visite impromptue... Les deux hommes se connaissent bien. Si l'indépendance semble inéluctable, le sort et le maintien d'armements «sensibles» ne peuvent être traités à la légère. Notamment une base de sous-marins nucléaires au fond de la baie de Riga.

Les thèmes abordés devant les autorités et les journalistes lettons sont les mêmes: reprise des relations diplomatiques, restitution des 999 kilogrammes d'or, soutien de la candidature de la Lettonie à l'ONU, reconnaissance de l'indépendance par l'Union.

Après avoir déposé une gerbe au monument à la Liberté, je marche dans les rues de Riga, en compagnie de mon collègue Janis Jurkans. Il me conduit vers notre ambassade, ou plus exactement le bâtiment qui va le redevenir. Il avait été transformé en siège du KGB par les Soviétiques! Sans autre forme de procès, il me lance : « C'est à vous ! » Les révolutions ont ceci de bon que l'on ne s'y embarrasse pas de procédures administratives... Le centre ancien a conservé ses maisons du XVIIIe siècle. Avertie par la radio de ma venue, la foule se presse sur notre passage. Je sais bien que ce n'est pas moi que l'on applaudit mais la France. Cela fait quand même au chaud au cœur.

30 août 1991

La révolution en chantant

Je suis le premier ministre occidental à visiter l'Estonie, coincée sur le golfe de Finlande entre la Russie et la Lettonie. Les Estoniens sont différents des autres Baltes, visiblement plus proches des Finlandais. Leur langue s'apparente au finnois et Tallinn est à une encablure d'Helsinki. Le président du Conseil suprême m'accueille. L'homme, élégant et distingué, n'a pas du tout les apparences de l'ancien apparatchik qu'il est pourtant. Arnold Ruutel a su se reconvertir à temps et accompagner la « révolution en chantant », comme on l'appelle ici. Dès la fin des années 1980, les démocrates avaient témoigné de leur opposition au régime en se réunissant sur les places pour entonner des airs traditionnels ! Ils étaient ainsi parvenus à le jeter bas sans qu'une goutte de sang fût versée.

Là encore, les voitures du cortège doivent franchir des chicanes pour atteindre la citadelle où sont installés les ministères. Mon homologue, Lennart Meri, me fait les honneurs de sa modeste résidence. Ancien élève du lycée Janson-de-Sailly, cet homme grand au front dégarni parle un français châtié. Il connaît six langues, dont le russe, et pour cause : il a vécu douze ans en Sibérie, où son père, diplomate et traducteur de Shakespeare, avait été déporté par les Soviétiques... Au cours de notre visite de Tallinn, il me montre, dans le parc du château du comte Orloff, la statue de Staline, déboulonnée au moment des événements. Elle gît toujours là, regardant le ciel, comme le dernier avatar d'un régime honni.

[En 1992, Meri deviendra président de la République d'Estonie. Réélu, il le restera jusqu'en 2001.]

3 septembre 1991

Genscher et moi travaillons au rapprochement des points de vue entre Bonn et Paris. En avocats pragmatiques, nous savons que les disputes entre nos pays sont un poison compromettant les résultats du sommet de Maastricht qui doit entériner le projet d'Union européenne et de défense commune. Mitterrand et Kohl y sont très attachés. Nous jetons également les bases d'un Tribunal pénal international.

6 septembre 1991

Boris Eltsine, devenu de fait le maître de l'empire russe, salue l'indépendance retrouvée de la Lituanie, de la Lettonie et de l'Estonie. Je suis soulagé. L'invasion des chars russes n'est plus à redouter. Je fais accélérer mon nouveau voyage sur place. Je dépêche un diplomate, Philippe de Suremain, pour préparer le terrain. J'ai dans l'idée de le nommer ambassadeur à Vilnius. Il est à la fois symbolique et utile en diplomatie d'être le premier…

10 septembre 1991

La réunion de la CSCE a été prévue depuis longtemps à Moscou, mais Genscher et moi avons pensé qu'il était opportun de reconnaître l'indépendance des pays Baltes à cette occasion. D'autant qu'il est le président en exercice du Conseil des ministres de la Conférence sur la sécurité et la coopération en Europe. Signe des temps, la réunion se tient dans l'ancienne Maison des syndicats, où j'étais venu, voilà sept ans, avec François Mitterrand, m'incliner devant la dépouille de Tchernenko… Il fait toujours aussi froid, mais le bâtiment est méconnaissable dans sa sobriété. Quand Gorbatchev apparaît, la salle l'applaudit debout. Dans sa courte allocution devant les délégations, il assure : « La liberté est notre bien suprême. » En aparté, Eltsine me glisse à l'oreille à propos des Baltes : « Leur annexion était une malhonnêteté. Aujourd'hui, ils sont libres, et c'est très bien ainsi. » La page du stalinisme est bien tournée.

12 septembre 1991

Je profite de ce que la France préside le Conseil de sécurité de l'ONU pour y faire entendre la voix des pays Baltes. Je demande à mon représentant à New York d'insister sur la portée symbolique de leur accession à l'indépendance. Un autre verrou vient de sauter.

19 septembre 1991
Le Vatican en sous-main

Visite de François Mitterrand dans cinq anciens *Länder* de l'Est. En aparté et dans le plus grand secret, preuve qu'il a toute confiance en moi, Genscher me confie qu'il a reçu, hier soir, un coup de fil de monseigneur Soldano. C'est le tout nouveau secrétaire d'État du pape, le chef du gouvernement des affaires temporelles du Vatican, en premier lieu les Affaires étrangères. Il lui a communiqué un message pressant de la part de Jean-Paul II : « Reconnaissez au plus vite la Croatie. » Le Vatican s'est arrangé pour que la Pologne et l'Autriche le fassent dans un premier temps. Le Vatican le fera après l'Allemagne pour ne pas apparaître en première ligne et sauvegarder les apparences. Je fais part à Genscher de mon effarement : « Cette reconnaissance précipitée est dangereuse et contre-productive. Elle va surtout encourager les Serbes à être plus offensifs. » Cette nouvelle donne ne va pas arranger notre rapprochement. Entre Potsdam et Weimar, la Croatie s'est invitée à toutes nos discussions. Sur ce sujet, Mitterrand ne « lâche » pas Kohl qui finit par reconnaître ne pas avoir suffisamment considéré les conséquences diplomatiques mais surtout militaires d'une telle décision. Nous sommes convenus, Genscher et moi, de ne reconnaître la Croatie qu'au début de l'année prochaine.

1er octobre 1991

Václav Havel à Paris pour la signature d'un traité d'amitié et de coopération avec la Tchécoslovaquie. La France s'engage à soutenir les efforts de son pays pour obtenir, à terme, son « intégration complète » à la Communauté européenne. Le traité relance, d'autre part, l'idée d'une Confédération européenne coparrainée par MM. Mitterrand et Havel. L'art de jouer sur les deux tableaux.

11 octobre 1991

Mousquetaires de l'Europe

Déjeuner avec Hans Dietrich Genscher et Francisco Fernández Ordóñez. Le ministre espagnol des Affaires étrangères a eu moins de chance que moi en Lituanie. Il a surtout moins bien préparé son voyage, et son avion a dû faire demi-tour... En toute chose, nous devons faire preuve de pragmatisme. C'est la ligne à laquelle nous tenons, Genscher et moi, de conférence en sommet, de discours en négociation, sans nous décourager.

De l'optimisme, il en faut quand nous énumérons les pays qui vont nous faire défaut à Maastricht, notre prochain rendez-vous «crucial». De l'humour aussi: j'apprends à mes deux homologues que d'Artagnan y a reçu son bâton de maréchal. Ils rigolent: «Ah, ces Dumas [Alexandre et Roland]!» Et j'ajoute que c'est dans cette ville des Flandres qu'un boulet mortel a fauché le mousquetaire du roi. «C'est peut-être ce qui nous attend!» s'esclaffe Hans Dietrich.

14 octobre 1991

Anglais et Néerlandais sont plus royalistes que le «roi Bush» en matière de sécurité en Europe. «Au fond, Jim Baker nous comprend mieux que Hans van den Broek», s'énerve Genscher. Mitterrand, lui, ironise en paraphrasant le «mot» de Staline sur le Vatican: «La Hollande, combien de divisions?» Nous suggérons à nos «patrons» d'écrire une lettre conjointe pour «secouer» le Premier ministre néerlandais: «Les Européens doivent montrer qu'ils veulent prendre des responsabilités plus grandes dans les domaines de la sécurité et de la défense.» Dernier coup de reins avant Maastricht.

23 octobre 1991

Accords de Paris sur le Cambodge. Pour le peuple cambodgien, c'est la fin de douze années d'horreur. Et pour moi, plus égoïstement, la satisfaction du devoir accompli, après trois années d'inlassables négociations. Au centre de la grande salle du Centre des conférences internationales, tapissée d'une moquette bleue, couleur des Nations unies, ont été posées des dizaines de gerbes de fleurs. C'est cette même salle de l'ancien hôtel Majestic qui avait vu, le 27 janvier 1973, la signature des accords de paix entre Américains et Vietnamiens.

À 15 heures, le président de la République fait son entrée. Nous sommes assis côte à côte, face à la délégation complète du Kampuchéa dans toutes ses composantes, menée par le prince Norodom Sihanouk. François Mitterrand me demande à l'oreille de lui en nommer tous les membres. Il s'intéresse tout particulièrement aux Khmers rouges, dont il essaie de scruter le visage impassible. Khieu Samphan, avec sa crinière blanche, ressemble à un vénérable grand-père alors qu'il a été le «génocideur» fanatique de tout un peuple. «Il a une sale gueule», murmure le président.

Dans son discours d'ouverture, le secrétaire général de l'ONU déclare que la mission qui est confiée à cette dernière est incontestablement la plus complexe de son histoire. François Mitterrand fixe, comme il sait si bien le faire, les enjeux pour les Cambodgiens eux-mêmes: «À partir d'aujourd'hui, le peuple khmer va retrouver la pleine maîtrise de son destin. Il n'appartient qu'à lui de déterminer son avenir politique, et personne n'acceptera qu'il connaisse de nouvelles souffrances. Le Cambodge aspire à la paix, ce qui exclut tout esprit de revanche, qui serait aussi dangereux que l'oubli de l'histoire.»

Le prince Norodom Sihanouk, les mains jointes, boit les paroles du président. Petit homme mais grand politique, il a, une fois encore, surmonté les vicissitudes de l'histoire de son pays. Il se réjouit de la paix retrouvée pour son peuple. Il est ému. Quand il quitte le centre de conférences, il est ovationné par la foule massée sur l'avenue Kléber. C'est l'incontestable héros du jour.

24 octobre 1991

De la Pompadour à Choiseul

Je ne peux laisser repartir dans leur pays mes 19 confrères qui ont participé au succès de ces accords et y ont apposé leurs signatures. Je me dois de les recevoir dans un cadre digne de l'événement historique. Mon ami le maire de Versailles, André Damien, m'avait proposé de mettre à disposition l'hôtel du ministère des Affaires étrangères à Versailles. J'ai donc mis à profit cette invitation pour organiser un déjeuner « royal » dans ce lieu non ouvert au public. Le prince est évidemment de la partie chez le duc de Choiseul. L'intérêt de ce monument historique réside dans son étage d'apparat voulu par le ministre de Louis XV, en 1762. Une grande galerie de cinq pièces en enfilade accueillait les archives diplomatiques du roi. La décoration des salons témoigne de l'ambition personnelle et diplomatique de Choiseul. La galerie s'ouvrait par la galerie des Traités, avec un portrait en majesté du ministre arrivant de Rome, où il avait été ambassadeur, et se terminait par la salle des Missions. Au centre se trouvait la salle France, la plus luxueuse, et, de part et d'autre, la salle des Puissances du Midi et les salles des Puissances du Nord, des Puissances d'Italie et des Puissances d'Allemagne.

La table d'apparat a été dressée dans un salon où un trompe-l'œil évoque une scène d'Extrême-Orient. J'ai fait venir la porcelaine de Sèvres du Quai ainsi que les huissiers en habit et chaîne d'argent. Le menu a été choisi par mes soins : des truffes en feuilleté, sauce périgourdine, arrosées de château-haut-brion 1984 et de dom-pérignon 1983. Je souhaite montrer, par ce clin d'œil historique, que diplomatie et gastronomie sont des arts qui remontent à l'Ancien Régime. Une fois encore, la République a mis ses pas dans ceux de la monarchie.

Et ce qui a raté sous les auspices de la Pompadour à La Celle-Saint-Cloud a été réussi sous le regard de Choiseul. Encore ému par les événements et la qualité des mets français dont il est fort friand, le prince lève sa coupe et m'invite au Cambodge : « Mais laissez-moi le temps d'y arriver. Vous serez le premier Français et le premier ministre occidental qui posera le pied sur le sol de ma chère patrie retrouvée. Vous l'avez bien mérité ! »

30 et 31 octobre 1991

Mon «prisonnier»

Conférence de Madrid pour le Proche-Orient. La communauté internationale engage un nouveau processus de paix. J'ai dû me battre pour avoir un strapontin. Américains et Israéliens se sont une fois de plus alliés pour taper sur le nez de la France. Dans ce genre de situation, il ne faut pas faire profil bas, mais au contraire en «rajouter». J'exprime sans ambage à Baker ma réprobation des mauvaises manières ainsi faites à la France.

Je retrouve dans la délégation palestinienne, conduite par Yasser Arafat, un de mes «clients», monseigneur Hilarion Capucci. Je l'avais en effet défendu, à Jérusalem, alors qu'il avait été convaincu par les Israéliens de trafic d'armes, dans le cadre de «menées terroristes». Cet archevêque de confession grecque catholique s'était en effet servi de son immunité diplomatique pour transporter dans sa Mercedes des armes à destination de l'Organisation de libération de la Palestine. Je fis ma plaidoirie en anglais. Je ne parvins pas à lui éviter les geôles d'Israël. Il avait été condamné à sept ans de prison mais avait été élargi, sur intervention du Vatican.

Arafat arrive vers moi en riant: «Je vous ai amené votre prisonnier.» Capucci me saute au cou, ce qui impressionne l'assistance, car il a fière allure dans sa soutane noire d'évêque melkite, sur laquelle brille un pectoral en or. Les flashs crépitent autour de moi. Je suis pour le moins surpris par cet accueil «médiatique».

23 au 25 novembre 1991

Le prince Norodom Sihanouk est rentré le 14 novembre, par un avion de ligne d'Air France, dans son pays, après treize années d'exil en Chine. On a ressorti pour l'occasion sa vieille Chevrolet décapotable blanche, comme au bon vieux temps. Le tout-puissant Premier ministre Hun Sen est allé chercher le prince à Pékin et a orchestré l'événement qui suscite l'enthousiasme du peuple massé le long du parcours emprunté par le cortège entre l'aéroport et le palais royal.

Les deux protagonistes m'ont invité à représenter la France aux festivités, puisque nous avons joué un rôle de premier plan dans les négociations de paix. Le roi a abandonné la couronne pour le simple titre de prince mais retrouve son palais. Dans un des pavillons où se sont massés les officiels, Sihanouk me tire par la manche pour m'avoir à ses côtés. À mi-voix, il me recommande de pratiquer, comme lui, le « salut khmer ». Nous fendons la foule en nous inclinant, à droite et à gauche, les mains jointes sous le menton : « Voyez, Excellence, c'est plus commode et plus rapide que de serrer les mains ! »

Finesse et habileté

Je prends la parole pour saluer cette ère nouvelle : « Le retour de Norodom Sihanouk est un événement d'une portée majeure pour la péninsule indochinoise, pour la paix dans le monde et pour le peuple cambodgien. » Et j'ajoute que « le prince saura assumer avec finesse et habileté sa fonction de président du Conseil national suprême ». Tout n'est pas réglé, en effet, sur le plan politique. Le CNS ne pourra être convoqué que si tous les protagonistes des accords de paix y sont présents. Or, manquent à l'appel deux représentants de l'opposition : le Khmer rouge Khieu Samphan et l'ancien Premier ministre nationaliste, Son Sann, auprès desquels j'ai envoyé des émissaires pour les convaincre de venir siéger.

L'ambassadeur de France, Philippe Coste, a installé ses bureaux dans une villa. L'ancienne ambassade de France, au bout du boulevard Monivong, qui était autrefois la plus belle, dans son parc de 4 hectares, n'est plus que ruine parmi les herbes folles. Les Khmers rouges y avaient installé un orphelinat dont on ne peut dire s'il est abandonné. La ville, jadis une des plus charmantes d'Indochine, est sale, peuplée de mendiants et d'estropiés. Les villas coloniales, construites à la française, sont squattées par des familles misérables.

Misère et foie gras

Au hasard des avenues surgissent les vestiges de ce passé sous forme d'enseignes anachroniques : Ma Belle est redevenu un magasin de confection et Chez Lipp un restaurant où les habitués m'assurent que les crêpes Suzette sont « comme à la maison »... Mais la vie reprend malgré tout. De petits marchands vendent quelques légumes et de l'essence dans des bouteilles en plastique. Les vélos traînent d'incroyables ballots de marchandises. Les seuls véhicules que l'on croise sont les 4 × 4, immaculés et neufs, de l'Apronuc (Autorité provisoire des Nations unies au Cambodge). Alors que l'on m'implore d'inaugurer la toute nouvelle concession Renault, je ne peux faire autrement que d'accepter. J'espère que les entrepreneurs français auront l'audace de venir se réimplanter en cette terre francophone si attachante. En compagnie du prince, j'inaugure aussi le pavillon Napoléon-III qui vient d'être restauré par la France. Lors du banquet servi en mon honneur, Norodom Sihanouk invite officiellement François Mitterrand. On sert du foie gras, un mets plutôt inattendu. Le prince, qui en est friand, devra s'en expliquer au cours de la conférence de presse à la suite de la question insolente d'un journaliste : « Vous ne devriez pas me critiquer à propos du foie gras de chez Fauchon. Ce n'est pas pour moi. Je reçois des hôtes d'État, il faut bien les honorer... » Incorrigible dialecticien !

2 décembre 1991

François Mitterrand à Londres. John Major ne veut pas entendre parler de fédéralisme européen. Le déjeuner avec le successeur de Margaret Thatcher est plutôt froid. Les Premiers ministres passent, la politique de la perfide Albion reste.

6 décembre 1991

Les pays Baltes n'ont plus de locaux diplomatiques à Paris depuis la guerre. Réquisitionnés par les Allemands, ils n'ont pas été restitués par la France de la Libération, qui a montré peu de zèle à défendre leurs intérêts. Dès le mois d'octobre 1944, elle reconnaissait le rattachement des pays Baltes à l'Union soviétique. Et allait encore plus loin dans une note du 28 octobre 1945 : « Les ressortissants baltes sont considérés comme des citoyens soviétiques. »

Je me suis battu pour trouver un immeuble boulevard Montmartre dont je finance la location sur les fonds du ministère. Nous sommes très émus quand réapparaissent les plaques dévissées en 1940 et cachées en province, par le père de Backis. Nous sommes émus de cet acte symbolique. L'inauguration est modeste, presque familiale. Les trois présidents sont invités à déjeuner à l'Élysée par le président. Ces événements n'intéressent bien sûr pas les médias, dont les caméras sont braquées sur les vainqueurs de la Coupe Davis, eux aussi reçus par François Mitterrand. Les pitreries de Noah coiffant le béret basque de Borotra font l'ouverture des journaux télévisés... Ce doit être cela qu'en termes journalistiques on appelle « la hiérarchie de l'information ».

8 décembre 1991

Feu l'URSS

Par les télégrammes de mon ambassadeur, je suis de très près les faits et gestes des deux tsars de Russie. Eltsine n'en finit pas de marquer des points. Dans le plus grand secret, il réunit dans une *datcha* enneigée de la Biélorussie (qui se fait désormais appeler Belarus) le président de ce pays, Stanislaw Chouchkievitch, et le chef d'État ukrainien, Leonid Kravtchouk. Les trois hommes signent l'arrêt de mort du traité de 1922 qui avait établi l'Union soviétique. Ils la remplacent par la CEI (Communauté des États indépendants).

16 et 17 décembre 1991

Les ministres des Affaires étrangères des Douze sont réunis à Bruxelles pour tenter d'adopter une position commune sur la Yougoslavie. L'Allemagne fait toujours cavalier seul. Deux thèses s'affrontent, deux philosophies même. Sans parler des affinités historiques de sinistre mémoire, la CDU de Kohl, catholique et conservatrice, se sent proche des Croates, qui n'ont aucune affinité avec les Serbes orthodoxes ni les Bosniaques musulmans. De plus, un lobby puissant de travailleurs migrants croates et slovènes, bien intégré en RFA, fait pression à Berlin. Enfin, sans faire de « projection » psychanalytique, les Allemands ne voient pas pourquoi il faudrait refuser à ces peuples l'autodétermination pour laquelle ils se sont battus afin d'obtenir leur propre réunification.

Le ministre Genscher est sur des charbons ardents. Il se lève régulièrement pour informer le chancelier. Je propose un plan en deux temps. Une reconnaissance « conditionnelle », le 23 décembre, pour la Croatie et la Slovénie, à laquelle tient tant l'Allemagne. Puis une confirmation, le 15 janvier 1992, pour ces deux pays auxquels pourraient se joindre la Macédoine et la Bosnie-Herzégovine. Nous passons à deux doigts de la rupture.

18 décembre 1991

Aventures syriennes

Escale de vingt-quatre heures à Amman (Jordanie) pour ne pas me rendre directement à Damas, où je dois rencontrer Hafez el-Assad. C'est l'aboutissement de plusieurs mois de tractations. Nahed Ojjeh a été fort utile dans l'approche du président syrien. Depuis notre visite à François Mitterrand dans sa bergerie de Latche, la fille du général Tlass et moi nous sommes trouvé bien des affinités, dont les plus saillantes sont intellectuelles. Menacée de la saisie de ses biens par les fils de son défunt mari milliardaire, elle a fait appel à mes conseils.

Elle possède en effet une collection de tableaux de maîtres et de meubles d'époque dont elle a décoré son hôtel particulier de la place des États-Unis. Son avocat, que je connaissais par ailleurs, lui avait conseillé de prendre contact avec moi. Je fus donc convié à un thé pour évoquer la façon d'éviter la saisie. La seule issue juridique que je trouvai fut de la faire nommer conseiller culturel de l'ambassade de Syrie, ce qui lui garantissait une immunité, grâce à un passeport diplomatique, et l'inviolabilité de son domicile. Toutes les poursuites contre elle cessèrent immédiatement.

Ce n'était pas qu'une nomination de convenance, car Nahed Ojjeh est vraiment une femme intelligente et cultivée, un mécène reconnu qui recevait à sa table Nicolas Sarkozy aussi bien que Dominique Strauss-Kahn. De grands patrons de presse et des journalistes réputés pour leur indépendance d'esprit se retrouvaient là avec le gratin de l'industrie. Je dois avouer que ces dîners mondains n'étaient pas ma tasse de thé à la menthe. Je préférais les tête-à-tête, à minuit, de retour de mission lointaine, ou les en-cas grignotés au bord de la piscine du *basement*.

Ses dîners étaient remarquables, servis par un personnel de maison stylé. Je me souviens d'avoir été impressionné par sa chambre à coucher très *Mille et Une Nuits* décorée de miroirs dans tous les sens. Nous aimions aller ensemble au cinéma. Nous ne nous cachions pas. Cela aurait été d'ailleurs difficile, car j'étais en permanence accompagné par mes officiers de sécurité et surveillé par des agents des « services étrangers ». Tout ce qui concernait la Syrie était considéré comme « sensible ». À travers elle, c'est mon objectif syrien que je poursuivais.

Notre relation intriguait Mitterrand. Il faisait mine de s'interroger :

« Comment avez-vous pu si facilement entrer en contact avec le Syrien (c'est ainsi qu'on surnomme Hafez el-Assad au Moyen-Orient) ?

– J'ai mes entrées à Damas...

– Ah oui, je vois. Madame Ojjeh ! »

Un autre jour :

« Roland, vous voyez toujours Nahed ? »

Moi, faussement embarrassé :

« Bof, de temps en temps...

– Comment cela, "de temps en temps" ?

– Oui, c'est une amie...

– Je vais vous inviter tous les deux et j'en aurai le cœur net. »

[Un peu plus tard, j'apprendrai de la bouche de la dame qu'il joue le même jeu avec elle. Il lui téléphone et minaude : « Vous voyez toujours Roland ? »

Elle croit exciter ma jalousie en me laissant entendre qu'il n'est pas indifférent à son charme. Je pense surtout qu'il plaît à la dame de laisser entendre qu'elle se fait courtiser par le président de la République française...]

21 décembre 1991

L'Union soviétique a définitivement implosé. À Alma-Ata, capitale du Kazakhstan aux confins de la Chine, les cinq républiques d'Asie centrale rejoignent, après la Moldavie, l'Arménie et l'Azerbaïdjan, la CEI.

23 décembre 1991

La République fédérale d'Allemagne reconnaît unilatéralement, et de façon anticipée, l'indépendance de la Croatie et de la Slovénie. Nous sommes inquiets. Cette décision a comme mérite inattendu de rapprocher les points de vue de la France et des États-Unis qui sont, eux aussi, farouchement opposés à l'éclatement de la Yougoslavie. Chevardnadze est remplacé par Kozyrev.

Noël 1991

Le drapeau rouge est abaissé sur la tour du Kremlin pour être remplacé par celui, blanc, bleu, rouge, de la Russie. Tout un symbole. Le jour de Noël, Mikhaïl Gorbatchev démissionne. Assis à une petite table, il appose sa signature sur le document mettant fin à la gigantesque utopie communiste. Voilà exactement six ans qu'il a nommé Boris Eltsine à la tête du parti communiste de la ville de Moscou. Ce dernier règne désormais sur le plus vaste État issu de feu l'URSS. Le plus incroyable est que ce bouleversement majeur s'est déroulé sans effusion de sang.

Troisième partie

LA FIN D'UN MONDE

Janvier 1992-17 mai 1995

Le mal a des rapports intimes avec la mort
et c'est avec l'esprit de pénétrer les secrets de la mort
que je me penche avec tant de ferveur sur les secrets du mal.

Jean Genet

1992

Début janvier 1992

Je mets à profit quelques jours de congé pour me replonger dans le dossier des armements chimiques. Nous y travaillons de concert avec les Allemands, mais les réticences sont nombreuses. Les « Grands » ne font guère d'efforts pour se séparer de ce complément d'arsenal militaire. Les petits pays se sentent protégés par cette arme de dissuasion du pauvre. Les plus farouches opposants sont les pays arabes, qui ne voient pas pourquoi on veut leur imposer cet abandon du chimique alors que l'ennemi israélien possède l'arme nucléaire.

Janvier 1992

Voyage au Ghana. Aucun intérêt autre que protocolaire, si ce n'est la rencontre à Accra avec des écrivains et des poètes de ce pays anglophone que nous ne connaissons pas en France.

8, 9 et 10 janvier 1992

En visite officielle en Israël, je rencontre les membres du gouvernement ainsi que des responsables palestiniens. Aux premiers je redis le souhait de la France de développer les relations bilatérales. Aux seconds j'ai affirmé notre intérêt porté au processus de paix. Ces derniers ont insisté sur leur espoir de voir la communauté européenne s'impliquer davantage dans le processus de paix au Proche-Orient. Comme c'était prévisible, j'ai dû corriger le sentiment de la presse israélienne en niant que le gouvernement français ait une politique foncièrement « proarabe ». Ce reproche est récurrent. Le Premier ministre Yitzhak Shamir ne pense pas différemment. Nous sommes là dans les « passages obligés de la diplomatie » où chacun campe sur ses positions.

« Votre politique compromet l'image d'Israël dans le monde. Vous avez tort de ne pas faire la paix maintenant. La répression seule blesse l'âme juive. L'image de votre peuple s'en ressentira si vous ne changez pas d'attitude dans les territoires occupés. »

Shamir me regarde longuement, les yeux vides. Je ne sais pas s'il entend mon discours ou s'il pense « cause toujours ». Sa bouche sévère se transforme en une moue boudeuse que je l'ai maintes fois vu arborer. Sa réponse tombe : « Je sais. » Intraitable mais un vrai « caractère ».

L'olivier de mon père

Seul mon vieil ami Shimon Peres, chef du Parti travailliste, a une vision plus équilibrée de la position française en général et de la mienne en particulier. Je suis toujours heureux de rencontrer cet homme fin et élégant, au physique comme au mental, même s'il joue volontiers les funambules de la diplomatie.

Je profite évidemment de ce voyage pour remplir la promesse que je me suis faite : planter moi-même un olivier de paix au mémorial de Yad Vashem. Sur une colline dans l'ouest de Jérusalem, c'est un endroit chargé sur le plan émotionnel. Devant les caméras de la télévision, j'agrandis avec une binette le trou qui a été préparé et j'y installe l'arbrisseau porteur d'espoir. M'ont accompagné le couple Klarsfeld ainsi que Michel Dreyfus-Schmidt, vice-président du Congrès juif mondial. Je prends la parole pour rappeler la funeste époque de la guerre, avec ses persécutions et ses cruautés. Je suis tellement submergé par l'émotion que je dois abréger mon discours. C'est sans doute la première fois que cela m'arrive. Mon amie d'enfance, Simone Nathan, est là aussi. Nous tombons dans les bras l'un de l'autre. Elle raconte en pleurant le sort de sa famille. L'émotion est à son paroxysme. On ne peut faire abstraction de notre histoire personnelle, surtout quand elle est si douloureuse.

Je ne peux passer par Jérusalem sans errer dans ses vieilles ruelles où l'histoire sourd sous chaque pavé et derrière chaque bloc du mur des Lamentations. Je me recueille dans les lieux saints que se disputent (pacifiquement) des congrégations et des communautés chrétiennes de tous rites. C'est toute la complexité du monde chrétien qui bouillonne ici. On ne sort pas indemne de ces endroits.

Alléluia

Un autre lieu marqué par l'histoire me plaît plus que tout. C'est un village arabe au fond d'une vallée, non loin de Jérusalem. Dans une sorte d'oasis se cache une commanderie croisée qui se trouve être un fragment de territoire français (le sultan Abdulaziz l'avait offerte à Napoléon III). Vit là une communauté de moines olivétains qui me réserve un accueil d'une chaleur exceptionnelle. Le supérieur, le père Gourion, est un Juif converti au catholicisme. J'étais passé rendre visite à ces moines en coup de vent voilà un an. Ému par la modestie de leurs moyens, je leur avais fait envoyer des subsides sur les fonds du ministère pour deux « chantiers » qui leur tenaient à cœur. D'abord la restauration de fresques du XIIe siècle représentant les croisés qui ont construit ce monastère. Malgré les destructions successives dues au fanatisme des armées turques et caucasiennes, il reste des vestiges lisibles qui ont recouvré leur fraîcheur.

Les fonds du ministère ont également permis de restaurer les 240 tuyaux d'un orgue portatif usagé récupéré au Saint-Sépulcre. C'est un vieux frère, originaire d'Amérique latine, qui a remonté l'ensemble. J'ai, bien sûr, droit à un récital. Les voix des moniales se mêlent au timbre grave des hommes en un chant céleste qu'accompagne l'instrument. C'est dans ces moments-là que le doute sur l'existence de Dieu me taraude.

[Quelques jours après mon retour, j'ai appris avec peine qu'un lâche avait arraché le petit arbre, sans doute parce que j'avais serré la main d'Arafat. Théo Klein, président du Conseil représentatif des institutions juives de France, a fermement condamné cet acte indigne. Les autorités de Yad Vashem ont eu beau replanter l'olivier de paix, le même fanatisme l'arracha à nouveau...]

15 janvier 1992

C'était la date initialement retenue pour la « reconnaissance conditionnelle » des anciennes républiques yougoslaves. Mais

Kohl n'a pas honoré sa parole. La situation s'aggrave dans les Balkans. Les Serbes s'approchent de Sarajevo.

30 janvier 1992

Ils sont devenus fous !

Voyage d'État à Oman avec Pierre Joxe, Georges Kiejman et Jean Kahn. Croisière sur le yacht du sultan Qabous. L'ambassadeur de Grande-Bretagne a, comme attaché militaire, un officier de la Royal Navy dont le sultan est très proche. Ou plus exactement, l'ami du sultan a comme « couverture » la fonction d'attaché militaire britannique. Ainsi avons-nous remarqué que tous nos dossiers de vente d'armes à Oman sont systématiquement « retoqués » au profit de l'industrie britannique... L'officier parle à l'oreille du sultan. L'équipage du yacht est également constitué d'impeccables officiers anglais. « C'est *Lawrence d'Arabie* », susurre Mitterrand.

Mais le film en Technicolor vire au cauchemar. Le scandale gronde à Paris, car Georges Habache, hémiplégique, vient d'être admis sur notre sol, à la suite d'une crise cardiaque. L'autorisation a été, apparemment, donnée par mon directeur de cabinet, Bernard Kessedjian, à la demande de la Croix-Rouge qui l'a installé dans un de ses établissements, l'hôpital Henri-Dunant dans le XVIe arrondissement. L'affaire est d'autant moins secrète qu'une équipe d'Antenne 2 a suivi le cortège de l'aéroport à l'hôpital. Colère de François Mitterrand qui commence par s'en prendre à moi. Je lui affirme que je n'ai pas été sollicité, ni de près ni de loin. Je ne suis au courant de rien. Il a du mal à me croire.

Je passe tout le temps de la croisière sur le pont inférieur du navire, où a été installé le poste de liaisons codées avec l'Élysée. J'essaie de minimiser l'affaire. Mitterrand, qui m'a rejoint, a tout de suite flairé l'ampleur de la bévue et des conséquences politiques qu'elle pourrait avoir. Furieux, il veut savoir qui a donné les ordres. Dans le Concorde qui nous ramène à Paris, il tempête devant les journalistes : « Ils sont devenus fous ! » À mon oreille, il ajoute : « Les socialistes n'ont aucun sens politique. »

La presse tire à boulets rouges. L'opposition se déchaîne, avec le sens de la mesure qui la caractérise. Le sénateur Lecanuet, qui a la dent blanche mais dure, tempête à la tribune: «On en est à pactiser avec les adversaires, c'est la politique des souks!» Alain Juppé, secrétaire général du RPR, demande s'il y a encore un État, et Philippe de Villiers exige carrément la démission de François Mitterrand!

Édith Cresson en profite pour régler ses comptes et récupérer l'affaire à son profit. Dans un communiqué, elle demande des démissions, à commencer par la mienne, qu'elle veut obtenir du président. Démission de Bernard Kessedjian. Mon directeur de cabinet pleure dans son bureau. Georgina Dufoix est aussi contrainte de quitter la présidence de la Croix-Rouge.

1er février 1992

On perd ses nerfs

Nuit blanche à l'Élysée avec le directeur adjoint de cabinet du président, Gilles Ménage. Je réveille le juge d'instruction Bruguière pour voir comment ne pas aggraver la situation et expulser Habache sans autre forme de procès. Il se montre compréhensif car Habache n'a fait l'objet d'aucune charge en France, mais il ne faut pas trop lui en demander:

«Arrangez-vous quand même pour que je l'entende au moins une fois!

– Faites-le le plus vite possible, monsieur le juge, pour que nous puissions l'expulser.»

À 8 heures arrive François Mitterrand, d'une humeur de dogue. Il est accompagné de son médecin, le docteur Gubler, et d'Hubert Védrine, secrétaire général de l'Élysée. Le président n'a pas pu s'opposer à son Premier ministre qui, à défaut de la mienne, a obtenu la démission de François Scheer, secrétaire général du Quai d'Orsay. Je finis par l'accepter, la mort dans l'âme.

François Mitterrand n'a pas voulu s'opposer à la décision d'Édith Cresson, mais il est très contrarié de devoir en arriver là. Il apprécie Scheer et sait que nous nous privons d'un diplomate de grande valeur. Il me demande de «réparer» sur-le-champ ce qui lui apparaît comme une injustice. En bon serviteur de l'État, le secrétaire général a accepté la sanction avec une grande dignité. C'est lui qui m'a servi de «paratonnerre».

Message de Fabius, pétochard comme à son habitude: «Débarrassez-vous de ce Habache par tous les moyens, même anormaux, sinon ce sera le désastre.» Manifestations en Israël. Séguin a appelé mon cabinet: «Renvoyez-le vite, sinon le monde arabe sera à feu et à sang.»

Départ pour New York afin d'assister au Conseil de sécurité de l'ONU. Dans l'avion, questions insidieuses des journalistes accrédités à l'Élysée qui étaient à Oman et partent avec nous pour les États-Unis. Ils ont bien compris que l'affaire est grave. Védrine et moi tentons de calmer le jeu, en vain. Je perds mon sang-froid. J'engueule les journalistes, ce qu'il ne faut évidemment jamais faire. Nous avons beau dire que nous n'étions pas au courant, personne ne veut nous croire. Je pense au mot de lord Byron: «La vérité est étrange.»

2 février 1992

New York. Kennedy Airport. George Bush nous attend à l'hôtel. Il prend Mitterrand à part: «Vous avez bien agi dans l'affaire Habache. Sachez, François, qu'il n'y aura aucune parole critique en provenance de Washington.» À l'ONU, rencontres bilatérales avec Boris Eltsine et Li Peng, ministre chinois des Affaires étrangères.

Déjeuner présidé par George Bush: les droits de l'homme, Tian'anmen. Personne ne parle d'Habache. Je respire.

À Paris, un Michel Rocard venimeux demande ma démission sur TF1. Il pense tenir la revanche de toutes les couleuvres qu'il a dû avaler quand il était Premier ministre.

3 février 1992

Retour dans la nuit à Paris en Concorde. Sur deux couchettes voisines, le président et moi ne dormons pas. Arrivée à l'Élysée à 5 heures du matin. Il fait froid. Nous sommes exténués. Différentes hypothèses sont envisagées pour éloigner Habache. Le président craint par-dessus tout la réaction des Israéliens. J'appelle Shamir qui, contre toute attente, me rassure en disant que l'éternel rival d'Arafat est à leurs yeux un *has been* du terrorisme. Le juge Bruguière, qui se montrait assez optimiste quant à l'expulsion, m'annonce que les Danois ont, voilà plusieurs années, lancé un mandat d'arrêt contre le terroriste. Les choses se compliquent. On avait découvert au Danemark une cache d'armes dont un lot était semblable à celui caché en forêt de Fontainebleau et qui était censé appartenir au Front populaire de libération de la Palestine, le mouvement marxiste-léniniste d'Habache. Je dois en urgence demander à mon collègue danois ce que son pays lui reproche. Alors qu'il est en déplacement en Tchécoslovaquie, je parviens à le joindre dans la nuit. Il me rassure: « Habache ne nous intéresse pas. »

Commission d'enquête du Sénat. Conférence de presse. Je ne suis pas disposé à me laisser faire. Je rappelle que ni l'assassinat de Jean de Broglie, ministre du général de Gaulle, ni le massacre de la grotte d'Ouvéa (Nouvelle-Calédonie) n'avaient conduit à la démission du ministre de l'Intérieur de l'époque. Je rafraîchis la mémoire de l'opposition déchaînée qui réclame ma démission: « N'avez-vous pas aidé un terroriste, Eldridge Cleaver, accueilli en France ? » Je fais en l'occurrence preuve de cynisme, car c'est moi qui, à la demande de Jean Genet, avais fait en sorte que l'activiste noir américain des Black Panthers ne soit pas inquiété...

De Klerk et Mandela rompent le pain

Le président en exercice de l'Afrique du Sud, Frederik De Klerk, et Nelson Mandela, président de l'ANC, sont à Paris pour la remise du prix Houphouët-Boigny à l'UNESCO. Le président de la République les a conviés à l'Élysée ainsi que les présidents ivoirien et sénégalais. La portée de ce déjeuner est hautement symbolique. S'ils se sont déjà parlé, les deux hommes n'ont jamais été reçus ensemble et « officiellement ». C'est le déjeuner de la réconciliation définitive. Rien n'est laissé au hasard, surtout pas le plan de table. Frederik De Klerk, chef d'État en exercice, est assis à la droite du président Mitterrand, qui fait face à Houphouët-Boigny. C'est Mandela qui a pris place à la droite du « vieux sage » de l'Afrique.

Je suis frappé par la déférence que De Klerk manifeste à l'égard de Mandela. Il faut dire que ce dernier est impressionnant: grand et racé, habillé avec une élégance de lord anglais. Il porte cependant sous son veston un gilet de laine fantaisie qui révèle sa volonté de ne pas respecter tout à fait le *dress code* occidental.

À l'Assemblée nationale, je fais face et décide de me « payer » Rocard. Je n'ai pas oublié que, lors du déclenchement de la guerre du Golfe, il faisait de la voile en mer Adriatique. Je fais souffler la métaphore nautique : « Il y a ceux qui sont faits pour être des barreurs de gros temps et les autres qui ne peuvent être que des barreurs de petit temps. » Les députés rigolent. La presse se régale. Règle numéro un : mettre les rieurs de son côté.

5 et 6 février 1992

Visite officielle de Boris Eltsine qui vient signer un accord de coopération et surtout récupérer un chèque de 3 milliards et demi de francs. Après l'avoir accueilli à Orly, j'installe le « tsar » au Trianon, dans le lit des rois. En marge des rencontres, la vodka coule à flots. Je dois pourtant avoir les idées claires. Maastricht m'attend. Le président de la République réserve un accueil mesuré au président russe. Le courant passe mal entre les deux hommes.

7 février 1992

La situation d'Édith Cresson est de plus en plus instable. Ses jours sont comptés. Elle signe cependant l'achèvement de la rédaction du traité de Maastricht, qui entérine la création de l'euro, la politique monétaire commune, la citoyenneté européenne, la politique de sécurité et la coopération judiciaire et militaire. Il ne restera plus qu'à le ratifier. J'appose également ma signature au côté de celle de mes homologues ministres des Affaires étrangères. L'affaire Habache continue à faire des ravages. Face au dépôt d'une motion de censure, le Premier ministre dément la tenue d'élections anticipées. Le rapprochement des deux événements montre le gouffre qui les sépare. Pourtant c'est ce pitoyable fait divers qui continue d'alimenter les gazettes. Surtout ne pas se décourager.

24 février 1992

Inter arma caritas

À Lisbonne, nous célébrons le rapprochement entre l'Europe des Douze et les pays d'Amérique latine. Nous déjeunons dans le palais des comtes d'Óbidos, siège de la Croix-Rouge, dont les *azulejos* retracent la chanson de geste de ce petit État qui conquit un empire. Le plafond est décoré de fresques. L'une d'entre elles attire mon attention. Elle représente une scène de compassion sur un champ de bataille, avec cette mention dans un cartouche : « *Inter arma caritas.* » [« Au milieu des armes, la charité. »] Dommage que je ne l'aie pas repérée plus tôt. Je m'en serais servi dans l'affaire Habache ! Je suis assis à côté de mon collègue britannique, Douglas Hurd, qui « casse » son ancienne patronne, mais avec un irrésistible humour britannique. Il faut dire qu'il a le sens de l'anecdote car il écrit, à ses moments perdus, des thrillers politiques.

À l'époque où elle était encore dans l'opposition, elle ne connaissait rien aux affaires internationales mais fut amenée à rencontrer le ministre espagnol des Affaires étrangères. Après lui avoir fait le baisemain, l'hidalgo lui déclare tout de go : « Je connaissais déjà votre intelligence par la réputation qui vous est faite, mais ma surprise aujourd'hui vient de votre exceptionnelle beauté… » Après cette déclaration, il n'était plus question de critiquer l'Espagne devant elle !

Autre histoire, à propos d'une motion votée au Parlement européen. Madame Thatcher, alors Premier ministre, avait un jour demandé à son ministre :

« Douglas, que veut dire "xénophobie" ?

– Il s'agit, madame, d'un sentiment irrationnel et incontrôlé à l'égard des étrangers.

– C'est une très bonne chose ! »

Il n'y a pas qu'entre conservateurs anglais que l'on se « chipote ». Lors de la réception à l'ambassade de France, Mário Soares, président de la République, me raconte : « Un mois avant la signature de l'acte d'adhésion du Portugal, en 1986, Rocard m'a rendu visite à Lisbonne pour me tenir le discours suivant : "Mário, tu dois t'ôter de la tête l'idée de faire adhérer ton pays à la CEE. Jamais le Portugal n'entrera dans la Communauté…" » À ce moment, le président portugais a les yeux exorbités et se frappe le front de l'index.

25 février 1992

Pour la troisième fois, je réunis au château de La Celle-Saint-Cloud les ministres socialistes en exercice dans la Communauté.

Nous essayons de faire la même chose que le chancelier, qui réunit tous les mois les ministres de la démocratie chrétienne. Ils sont seulement plus nombreux que nous…

26 février 1992

Avant de partir pour Rabat, Jean Daniel, patron du *Nouvel Observateur*, m'a fait appeler pour m'inviter à lire, dans son ouvrage *La Blessure*, le chapitre intitulé « Impromptus marocains » : un panégyrique de soi-même pour tenter de justifier son attitude face au roi Hassan II, en 1989, lors de l'émission « L'Heure de vérité », restée célèbre pour sa révérence précautionneuse qui n'avait d'égale que la platitude de ses questions. Décidément, il n'en finira jamais de se justifier.

27 février 1992

Audience royale au palais de Rabat. Comme entrée en matière, je parle à Hassan II de sa santé, à la suite d'une interview du *Figaro Magazine* où on le disait souffrant :

« Majesté, êtes-vous remis de votre grippe ?

– Je suis complètement guéri. »

Il a une quinte de toux…

« Est-ce une suite de la grippe ?

– Non, c'est de la trachéite [il est gros fumeur de cigarettes américaines]. Mais parlons de l'avenir, le reste n'est que péripéties. »

Il est détendu, souriant et porté à la blague. Je commence par évoquer le conflit au Proche-Orient et le statut de Jérusalem.

« Tout dépend des Israéliens : ou ils veulent une solution politique, auquel cas la ville doit être libre d'accès pour tout le monde et à tous les lieux de culte sous contrôle international ; ou bien ils choisissent une solution technique, cultuelle.

– Israël demande que Jérusalem devienne la capitale de l'État…

– S'ils persistent dans leur idée de faire de Jérusalem la capitale éternelle d'Israël, pourquoi pas ? Dans ce cas, il leur faudra abandonner aux musulmans les quartiers de la ville qui leur appartiennent, notamment les lieux de culte.

– N'est-ce pas risqué quant au processus de paix engagé ?

– Si. Israël doit faire attention, car au conflit israélo-arabe pourrait se substituer un conflit israélo-islamique, d'ici jusqu'au Pakistan et à l'Indonésie.

– C'est un risque, en effet.

– Enfourcher le cheval palestinien est une chose, mais enfourcher le destroyer de l'Islam en est une autre !

– Vous savez combien nous souhaitons la stabilité du Maroc, car c'est un facteur de paix dans la région. La France fait confiance à Votre Majesté…

– Je vais vous raconter l'histoire du poète vieillissant qui demande à ses valets : "Servez-moi du vin et dites-moi à l'oreille que c'est du vin." Ils le prennent pour un gâteux mais se font remettre à leur place : "C'est vous qui êtes des sots. Le vin, je peux le humer, le voir, le déguster et le boire, mais je ne l'entends pas. Et j'aime que l'on me dise que c'est du vin !"

– Très drôle.

– Ah, monsieur Dumas, c'est surtout agréable à entendre, ce que vous me dites. Je sais que la France veut la stabilité du Maroc, mais c'est encore plus doux à mes oreilles de vous l'entendre répéter ! »

Dans les pays arabes, il est indispensable de prendre soin des palabres, qui sont plus un témoignage de politesse que de déférence à l'égard de son interlocuteur, qu'il soit souverain ou palefrenier. Il n'est pas convenable d'aborder tout à trac les questions qui se posent.

Mon voyage éclair au Maroc a pour objet de calmer Sa Majesté, fâchée contre la campagne en faveur de la libération des prisonniers politiques. J'en obtiens quelques-unes et des promesses de réformes touchant aux libertés publiques. Le côté bipolaire de cet homme me dérange : comment peut-on être à la fois un chef d'État moderne, en phase avec son temps, et un sultan médiéval ?

28 février 1992

Entretien Mitterrand-Moubarak à l'Élysée. Les deux hommes ont une certaine proximité, car le raïs favorise les séjours du président en Haute-Égypte. Après la vague d'attentats, la Libye est au cœur des préoccupations.

« Nous avons modéré les Anglais et les Américains, mais n'oubliez pas que nous sommes victimes d'attentats.

– Non, je ne l'oublie pas.

– La justice française a été mise en œuvre, le juge Bruguière a remonté la piste libyenne. Or, notre juge est indépendant. Tout dépendra donc de ses conclusions.

– Quelles sanctions envisagez-vous : un embargo sur le pétrole, un contrôle sur le trafic aérien ?

– Nous sommes obligés de marquer notre mécontentement à l'égard de la Libye, car nous avons une forte opposition et une opinion publique très remontée. Nous sommes pris entre la nécessité de punir et la nécessité de ne pas aggraver la situation en Afrique du Nord. Telle est notre difficulté. »

3 mars 1992

Loïk Le Floch-Prigent vient me demander des autorisations d'exploration pétrolière en Irak. Je m'y refuse et lui dis que, s'il passait outre, je le désavouerais publiquement.

4 mars 1992

Dénoncez les ennemis de la nation !

Au Conseil des ministres, le président de la République fait un long dégagement sur la décentralisation et exhorte les candidats aux élections régionales à se secouer un peu. « La décentralisation aura été un des actes essentiels du premier septennat. Je suis contre l'État glouton. Maintenant vont en profiter ceux qui étaient contre : la droite, bien sûr, mais aussi certains technocrates qui craignaient d'être délestés de leur pouvoir. L'État a été privé de ses attributs seigneuriaux. Nous avons fait une République plus moderne, bien adaptée à l'environnement contemporain et aux ententes européennes. Vous devez défendre ce label de la République d'aujourd'hui contre ceux qui s'y sont opposés. Il faut les dénoncer comme les ennemis de l'État et de la nation ! » La Gironde, nous voilà !

10 mars 1992

Je bavarde avec Bush à Bruxelles. Il me dit, non sans ironie :

« Sur la Yougoslavie, nous approuvons la France… »

Je plaisante à mon tour :
« Nous allons enfin nous retrouver sur la même ligne ! »
En fait, les Américains n'étaient pas mécontents de voir les Français et les Allemands se disputer sur le sujet.
Genscher me tient un discours paradoxal sur les frictions entre Haut-Karabakh et Azerbaïdjan : « Le danger, vois-tu, Roland, c'est la concurrence et la surenchère que les États se font entre eux. C'est très dangereux pour l'Azerbaïdjan. »
Je l'écoute et n'ose lui dire : « Oui, c'est comme l'Allemagne à propos de la Croatie ! »
Règle *number one* en diplomatie : tenir sa langue…

12 et 13 mars 1992

Déplacement en Syrie pour convaincre Hafez el-Assad de s'engager plus efficacement dans le règlement du conflit israélo-palestinien. Le rendez-vous se fait attendre. J'en profite pour rendre visite à Mustapha Tlass. Il me montre, dans sa bibliothèque, parmi les maquettes d'avions, la rangée des livres de François Mitterrand dédicacés par l'auteur. Il en est fier. Il me raconte qu'il écrit de son côté. Je n'ose lui parler de Gina Lollobrigida, à laquelle il a consacré, me dit-on, des poèmes enflammés.
Je finis par être reçu chez Hafez el-Assad. Il se déclare prêt à participer à « une nouvelle phase de négociations ». En me serrant la main, il dit : « Revenez quand vous voulez, ma porte vous est toujours ouverte. »
[Cette rencontre avec le « diable » me sera régulièrement reprochée et sera l'une des causes de ma première grande difficulté pendant cette année.]

16 mars 1992

Déjeuner avec le roi Hussein de Jordanie à l'Élysée. Il raconte son entrevue avec Saddam avant la guerre du Golfe. Le Maître de Bagdad avait confié au Petit Roi : « Je sais que le monde entier sera contre nous, mais Dieu est de notre côté. Je n'ai donc pas peur de l'affrontement. » Le souverain poursuit avec une autre anecdote :
« Saddam a toujours trois avions prêts à décoller quand il part à l'étranger, de peur des attentats. Il en choisit un au dernier

moment. Il se comporte comme le général Zia, le président pakistanais.

– Sans doute, mais ça n'a pas empêché son avion d'exploser en vol », lâche un Mitterrand pince-sans-rire.

Après le repas, le président me parle de la note envoyée par l'Intérieur, selon laquelle Le Pen a l'intention de rendre visite demain au général Aoun. Ancien président du Conseil libanais, menacé dans son pays, il a été exfiltré par la DGSE. Nous lui avons trouvé un asile confortable à la villa Gaby, sur la corniche de Marseille.

« J'ai donné des instructions pour éviter journalistes et photographes », dis-je.

Mitterrand est d'un avis contraire :

« Non, qu'il y aille. Laissons-les se discréditer l'un et l'autre. »

Le général Aoun veut se rapprocher de Paris. Nous lui avons proposé un asile en Sologne, près d'Orléans. Par courtoisie, je préviens Elias Hraoui, le président libanais, qui rétorque : « Il se prenait déjà pour de Gaulle, maintenant il va se prendre pour Jeanne d'Arc ! »

Mars 1992

Après ma visite à Assad, la presse israélienne déverse sur ma tête des tombereaux d'ordures. Je fais un saut à Tel-Aviv pour tenter de calmer le jeu.

Entre deux réunions sur le Haut-Karabakh pour développer le plan de paix français en Arménie, je reçois au Quai d'Orsay l'écrivain albanais Ismail Kadaré, à qui j'ai fait obtenir l'asile politique, en novembre 1990. L'écrivain était presque le seul opposant politique dans son pays. Ayant suscité la haine du régime sanguinaire d'Enver Hoxha, il s'était résolu à fuir. Je lui avais procuré un asile et une protection dans une petite ville de Touraine. Le régime communiste étant tombé, il a été pressenti pour devenir le président de la République d'Albanie. Mais ce petit homme sombre ne me paraît pas avoir la trempe d'un Václav Havel. Il m'annonce qu'il va refuser la proposition.

Je m'envole pour New York où je dois appuyer l'envoi par l'ONU de 20 000 Casques bleus au Cambodge. Je n'ai laissé à personne d'autre ce dossier qui me tient particulièrement à cœur.

23 mars 1992

Retour à Tallinn pour inaugurer la nouvelle ambassade de France, celle instaurée dans les années 1920 ayant été détruite par le régime communiste. J'ai fait nommer un copain, Jacques Huntzinger, le petit-neveu du général qui signa la reddition de la France, face à un Hitler triomphant, dans le fameux wagon amené par les Allemands en forêt de Compiègne.

Jacques Huntzinger n'est pas diplomate de carrière et est ravi de cet honneur. J'ai pu dégager en catastrophe un budget pour installer les bureaux.

24 mars 1992

Je passe ma vie dans les avions. Je dois aller d'Helsinki à Ottawa. Dans la capitale finlandaise, j'assiste avec 50 ministres des Affaires étrangères à un déjeuner (quelconque) où le dossier du Haut-Karabakh est le plat de résistance. Nous nous sommes arrangés, Genscher et moi, pour trouver une position commune, malgré nos divergences apparentes. Nos discussions ont eu lieu à son domicile, le 21 mars, jour de sa fête d'anniversaire, à laquelle il m'a invité. J'étais le seul ministre étranger parmi ses amis.

À ma grande surprise, le dîner officiel offert par le président finlandais dépasse tout ce que j'ai vu en Europe, sauf peut-être à la cour d'Angleterre. Le président Koivisto est accueilli à coups de trompettes. Au bout de chaque rangée, un majordome, le bras levé, tient en respect les serveurs tant que le président n'est pas servi. Dès que son assiette est déposée devant lui, le majordome abaisse le bras et les autres fournissent aux convives les plats attendus.

À Ottawa, nous enregistrons un incontestable succès diplomatique auquel je ne suis pas étranger. Le traité Open Sky permettra aux signataires d'organiser des vols de reconnaissance réciproques et inopinés, moyen indispensable à la mise en place de processus de désarmement contrôlés. Nous profitons de la présence de tous les pays occidentaux dans la capitale fédérale canadienne pour faire « baptiser » notre subtile mécanique des 4 + 2 par l'onction internationale de tous les vainqueurs de la Seconde Guerre mondiale. C'est l'une des étapes incontournables de la réunification.

31 mars 1992

Après la déroute des socialistes aux cantonales, j'ai quitté la Dordogne pour aller skier à Chamonix et me reposer. Je passe ensuite par Genève pour rentrer à Paris. J'accompagne le président à l'inauguration d'une exposition sur les Vikings. Nous nous sommes découvert une passion commune pour ces peuples nordiques. Je lui rappelle qu'en tant que fils de Normande, donc un peu « Nord-man » moi-même, je suis plus justifié qu'un Charentais à m'intéresser aux Vikings ! Il sourit. Il me glisse à l'oreille : « Passez donc me voir à l'Élysée. » Je sais que c'est pour évoquer la composition du nouveau gouvernement.

J'ai besoin de vous

À 15 heures, je suis dans son bureau. Il dit hésiter encore. Je lui conseille :

« Il faut appeler "Béré".

– J'ai pensé à trois personnes : Lang, Bérégovoy et vous. Lang et vous êtes les plus brillants. Bérégovoy est un peu terne, mais il est sérieux et rassurant. »

Je renchéris :

« Je continue à penser qu'il est le meilleur d'entre nous. Il a en effet accumulé à Bercy un capital de confiance, mais il faudra exiger de lui qu'il fasse une autre politique économique et sociale. Il n'a pas été très coopératif avec les Premiers ministres qui se sont succédé, aussi bien Rocard que Cresson. On a besoin de lui pour faire une autre politique sociale, mais il faut pour cela desserrer les cordons de la bourse !

– Vous avez raison. J'ajoute qu'il aura envie de réussir, donc de faciliter cette nouvelle politique. Comment voyez-vous la suite ?

– D'abord, en finir avec les « affaires ». Je vous suggère une modification de procédures pénales, de façon à centraliser toutes les affaires pénales à Paris. Il faut donner plus de pouvoir aux magistrats pour qu'ils terminent ces procédures dans un délai de six mois et purger enfin la République de ce cancer qui se répand dans tout l'appareil d'État.

– Et sur le plan économique ?

– Il n'y a plus d'argent dans les caisses, c'est vrai, mais il faut cependant trouver le moyen d'augmenter les bas salaires et les petites retraites.

– Comment ?

– Il y a énormément d'argent dans le privé. Observez ce qui vient de se passer à propos de la bataille boursière sur l'OPA Perrier. Les groupes financiers ont jonglé avec des sommes colossales. Il faudrait privatiser certaines entreprises à hauteur de 40 à 50 milliards de francs.

– Cinquante milliards, c'est beaucoup !

– Mais, en fait, j'aurais dû commencer mon exposé par Maastricht. C'est par là qu'il faut prendre le travail parlementaire et faire ratifier le traité rapidement.

– Vous avez raison. C'est même notre cheval de bataille. Il faut essayer de conduire la procédure parlementaire jusqu'à son terme pour la modification constitutionnelle puis la ratification. (Long silence.) Mais si nous ne pouvons pas y parvenir, je n'hésiterai pas à user du référendum. »

Et il ajoute :

« Bien entendu, vous restez au Quai d'Orsay. C'est d'ailleurs la raison principale pour laquelle je n'ai pas fait appel à vous pour Matignon. Vous êtes indispensable pour assurer la bonne ratification du traité de Maastricht. Ce sera un grand débat dans l'opinion publique. Il faut absolument que vous ayez les mains libres pour le conduire. Vous êtes victime de la place où vous êtes, mais j'ai besoin de vous.

– Ça aurait été une grande joie d'aller à Matignon. C'est un rêve que je caresse depuis longtemps, mais je comprends très bien ce qu'il en est et j'aime ce que je fais…

– Je crois que nous avons le bon *timing*.

– Sauf si vous faites le changement de Premier ministre le 1er avril ! Les journalistes nous attendent au tournant. »

En me raccompagnant, il me serre chaleureusement la main et ajoute :

« Tenez-vous à une distance "rapprochée".

– Je ne vais pas loin. Seulement applaudir Pavarotti dans *Le Bal masqué* de Verdi à l'Opéra-Bastille ! »

Il est heureux d'apprendre que la prestation du célébrissime ténor sera retransmise à l'extérieur sur écran géant. De fait, des milliers de fans sont rassemblés autour du «Génie» de la Bastille. Le Tout-Paris est là à se congratuler, en ce soir de première. Je suis assis entre Claire Chazal et Patrick Poivre d'Arvor d'un côté, et Anne Sinclair et Dominique Strauss-Kahn de l'autre.

1er avril 1992

Les journalistes racontent n'importe quoi. Ils ont inventé que j'ai pris le thé au Ritz avec le président. Je préfère faire des longueurs à la piscine du palace avec Pamela Harriman, ambassadrice des États-Unis en France. Pour noyer le poisson, je raconte que j'étais à une exposition où j'ai croisé Jean François-Poncet, mon prédécesseur au Quai du temps de Raymond Barre. Tout cela est presque exact.

Comme je connais le déroulement du scénario gouvernemental, je suis donc libre de mon temps. Laurent Boyer, l'éditeur de Genet, m'a vivement encouragé à aller applaudir, en banlieue, l'adaptation du texte de l'écrivain au théâtre: *Sabra et Chatila*. À Gennevilliers, aucune star politico-médiatique. C'est sans doute trop loin! Des jeunes gens me reconnaissent et me sourient. La signification de ce texte va bien au-delà de la révolte. «C'est la beauté qui triomphe», dit Genet. De fait, ces Palestiniens de théâtre sont beaux comme l'étaient les jeunes rebelles algériens.

2 avril 1992

Larmes de crocodile

Fin de l'«expérience» Cresson. Pierre Bérégovoy est nommé à Matignon. Ministre de l'Économie depuis 1988, candidat déclaré au poste de Premier ministre, il n'a pas manifesté un grand zèle pour financer la politique sociale d'Édith. Les éléphants du PS versent des larmes de crocodile sur le sort de la panthère de Mitterrand.

Les nouvelles du matin annoncent le changement de Premier ministre. Vers 10 heures, la secrétaire du président m'appelle: «Il vous invite à déjeuner.» Nous sommes en tête à tête autour d'une petite table ronde élégamment fleurie. Il me redit combien il regrette que je ne puisse aller à Matignon et qu'il compte sur moi au Quai. Nous parlons du départ d'Édith Cresson.

« C'est vrai qu'elle finissait par se brouiller avec tout le monde, avoue-t-il.

– Elle avait deux défauts rédhibitoires à mes yeux : celui que vous dites et surtout qu'elle n'avait jamais tort. Ses difficultés étaient dues aux ministres, aux fonctionnaires, aux députés, au Parti socialiste, voire à l'Élysée...

– Vous avez raison, elle faisait un complexe de persécution universelle. Elle avait cependant des qualités. Elle a été attaquée de toutes parts, c'est injuste. »

Il me donne ensuite ses instructions pour la ratification du traité de Maastricht.

« Il va falloir aller le plus vite possible, dis-je.

– Oui, et surtout avoir l'avis du Conseil constitutionnel.

– Ça sera fait la semaine prochaine.

– Il faut ensuite enchaîner avec le débat de politique générale de façon à ne pas polluer la vie publique.

– Méfions-nous du parti communiste qui votera probablement la censure. Il faut donc que nous nous assurions au préalable du concours de ceux qui sont Européens parmi eux. Voyez cela.

– Entendu.

– La grande bataille sera celle du référendum. Je n'hésiterai pas.

– J'y participerai avec enthousiasme, monsieur le président.

– Gardons la tête froide et sachons ne rien dire. »

À propos de la composition du gouvernement, il évoque les communistes « réformateurs » :

« J'aurais bien appelé Marcel Rigout [ancien ministre de la Formation professionnelle dans les gouvernements Mauroy]. C'est un honnête homme, compétent et loyal.

– Oui, mais nous ne pouvons pas nous brouiller dans l'immédiat avec le parti communiste, car "il nous attend au tournant". »

C'est moi qui lui avais présenté Rigout, un stalinien pur et dur, qui disait pis que pendre des socialistes dans notre département de la Haute-Vienne. Je m'étais violemment opposé à lui lors de la campagne électorale de 1956 qui m'avait valu d'emporter, contre toute attente, le siège de député. Mitterrand avait su le «retourner», comme on dit dans les romans d'espionnage. Sa grande théorie était: «Les communistes, on les réduit et après on les utilise», ce qu'il avait magistralement réussi dans sa mairie de Château-Chinon.

Nous passons en revue les caciques du PS, dont Jack Lang est la figure de proue, en matière de boulimie politique.

«Oui, il est difficile, veut tout contrôler et ne fait confiance à personne, reconnaît Mitterrand.

– Il faudrait faire entrer quelques têtes nouvelles...

– À ce propos, je voudrais vous parler de Georges Kiejman. J'aimerais bien que vous lui trouviez "quelque chose". Il ne s'entend pas avec Lang. Il a des difficultés de communication avec les autres, mais c'est quelqu'un de très intelligent et j'y tiens beaucoup.

– Je comptais réorganiser le ministère, car j'ai besoin d'un secrétaire d'État polyvalent aux côtés de celui pour les Affaires européennes et peut-être celui de la Coopération, s'il m'est rattaché.

– Parfait.»

Au dessert, nous parlons d'opéra. Je lui demande s'il accepterait de remettre la Légion d'honneur à Luciano Pavarotti. Il est ravi. Il est très fier de «son» Opéra-Bastille. «Je suis heureux que ce bâtiment existe. Il est très beau, le soir, quand il est illuminé. Dans la journée, ça laisse à désirer... Mais l'essentiel est que tout le monde puisse aller à l'opéra.»

Je pense l'entretien terminé au café, mais il dit:

«Accompagnez-moi à mon bureau, j'ai des choses à vous montrer.»

Nous passons de la sobre salle à manger au Salon doré, où les présidents de la République (à l'exception de Giscard) ont installé le «centre de pouvoir».

« Ah oui, la Turquie. Faut-il effectuer ce voyage?

– Je vous le déconseille.»

Il me charge de prévenir les Turcs en évitant l'incident diplomatique. Il fouille dans une pile de papiers.

«Ah, lisez la lettre de Kadhafi, c'est gratiné.»

C'est un message personnel adressé *via* Maheritsas [le directeur de cabinet du Premier ministre grec Andréas Papandréou, qui a ses entrées chez Kadhafi]. Kadhafi accepte de livrer deux « terroristes » libyens à la France à condition que le gouvernement prenne l'engagement solennel de ne pas les livrer aux Anglo-Saxons. Mais il accepte qu'ils soient jugés et condamnés chez nous ! Et il promet monts et merveilles.

François Mitterrand me raccompagne chaleureusement à la porte de son bureau. Le nouveau Premier ministre fait antichambre. Je croise un collaborateur du président. Il me narre en rigolant que la campagne de Jack Lang pour aller à Matignon ou, à tout le moins, avoir rang de ministre d'État a été intense. « Monique Lang et Françoise Castro-Fabius, les folles du lobby, ont mené un interventionnisme musclé », dit-il en se marrant.

Je retourne au Quai, où m'attend Hun Sen, le Premier ministre cambodgien. Il arrive d'Italie après être passé par la Thaïlande. Il regrette en apparence : « Je n'ai pas de chance, je visite trois pays, et dans chacun il y a une crise politique ou un changement de gouvernement ! » Il plaisante. Il sait que j'ai tout fait pour lui réserver un accueil convenable, à la différence du gouvernement de Jacques Chirac.

8 avril 1992

Rentrée scolaire

Le premier Conseil se réunit au grand complet, ministres et secrétaires d'État. Ces derniers ne siègent pas habituellement. Les nouveaux sont gauches. Les anciens affectent d'avoir leurs habitudes. Nous bavardons debout. L'huissier claironne : « Monsieur le président de la République ! » Personne ne regagne sa place, marquée par un petit bristol, en fonction d'un ordre protocolaire très codifié. Les conciliabules continuent. Le président dit d'une voix de surveillant général : « Nous ne sommes pas ici dans une cour de récréation ! » J'ai changé de place. En tant que ministre d'État parmi les plus anciens, je suis « monté en grade », non à la gauche du président, mais à la droite du Premier ministre.

Le président annonce des temps difficiles : « Il n'y a pas d'âge d'or pour un gouvernement. Ils ont tous connu des difficultés, y compris ceux du général de Gaulle. Songeons à la grève des mineurs et au soulèvement d'Alger. Il faut faire face, avec résolution, sans broncher et sans attaque cardiaque ! » Puis vient la « leçon ».

« Mesdames et messieurs les ministres, il vous faudra décider, et monsieur le Premier ministre, arbitrer. La présidence de la République n'est pas un recours, une "instance supérieure". Le gouvernement s'arrête au Premier ministre. Il n'y a pas deux gouvernements en France, je n'ai jamais voulu cela. » Il faut voir là l'influence de Bérégovoy, qui n'entend pas se faire court-circuiter par les courtisans, les « visiteurs du soir » et les disciples de Solutré qui sont souvent les mêmes.

François Mitterrand invite les ministres à ne pas lire les papiers préparés par leur administration ou leur cabinet : « Personne n'écoute ces documents qui se croient écrits pour l'histoire. » Pour les nouveaux venus, il explique comment s'organise le travail et se classent les différents points de l'ordre du jour. Certains prennent des notes sur les petites feuilles disposées sur leur sous-main. À la fin de la « classe », le « professeur » Bérégovoy y va de son couplet pour appeler à la « discipline et à la solidarité gouvernementales ». Il demande aux ministres de ne pas abuser des gyrophares ni des Klaxon deux tons. Sourires peu charitables.

Visite de Brian Mulroney. Le Premier ministre canadien est venu commémorer les combats de Vimy en 1914-1918 et de Dunkerque en 1939-1945, où sont tombés tant de soldats canadiens. Il est porteur d'un message de Bush qu'il a vu la veille : « Dites à Mitterrand que je suis le seul chef d'État américain qui a perdu 63 % de ses suffrages en un an, et je suis toujours là. » Ça doit être de l'humour texan…

13 au 15 avril 1992

Encore une catastrophe !

En fin de compte, le voyage en Turquie a été maintenu. Danielle et les Kurdes… À Ankara, la capitale politique, nous sommes accueillis par le président, Turgut Özal, et son Premier ministre, Süleyman Demirel, avec lequel il s'entend mal. Les présidents doivent passer en revue la troupe impeccablement alignée le long du tapis rouge. Bizarrerie du protocole turc, un micro a été disposé devant les militaires. L'hôte du pays doit dire en turc: «*Merhaba asker!*» [«Salut, soldats!»] Mitterrand n'est pas trop friand de ce genre de fantaisie. Alors, il prononce la formule rituelle… en français. Dans un claquement de pied, ils répondent en chœur: «*Tesekur ederim!*» [«Merci!»] Nous allons déposer une gerbe au mémorial d'Atatürk, le père de l'indépendance.

À la présidence de la République, je suis frappé par la modestie du lieu. C'est en fait le cabinet de travail de Mustafa Kemal Atatürk. Monsieur Özal sait que le problème kurde tient à cœur au «couple présidentiel». Il a lui-même des ancêtres kurdes… Heureusement, Danielle n'est pas là. Alors, le président turc «attaque» d'emblée, en indiquant qu'il ne s'agit pas d'une «minorité» et qu'ils ont les mêmes droits et devoirs que les autres composantes de la nation turque. Le plaidoyer de François Mitterrand tombe un peu à plat.

Turgut Özal fait ensuite un «vaste tour d'horizon», comme on dit en langage diplomatique. À propos des républiques musulmanes d'Asie centrale, il affirme: «Nous sommes les seuls à pouvoir y faire reculer l'intégrisme religieux.» Concernant la CEE: «Nous sommes pour une union douanière qui permettrait la libre circulation des marchandises et non pas celle des hommes, car nous n'ignorons pas votre problème d'immigration.»

Après le dîner d'État et les discours officiels, nous rentrons à l'hôtel. Vers minuit, je suis réveillé par Hubert Védrine qui n'a pas osé déranger le président. La situation est suffisamment grave pour le réveiller, mais je prends sur moi de ne pas le faire. D'après les renseignements transmis par nos militaires, les Américains s'apprêteraient à attaquer demain le nord de l'Irak afin de bombarder des armements antiaériens. Ils sollicitent, pour ce faire, la participation de huit de nos avions basés comme les leurs… en Turquie.

Au petit déjeuner, j'en informe le président qui tombe des nues, tout comme son conseiller diplomatique, Pierre Morel. Il est surpris, car Pierre Joxe, ministre de la Défense, ne lui a rien dit. Même instruction que d'habitude: «Dumas, voyez cela, appelez Paris.»

Le voyage ne saurait être complet sans un passage par Istanbul qui a gardé tout le charme de l'Orient. C'est à l'évidence l'une des plus belles villes au monde, bruyante et dynamique, hérissée de minarets. Les liens entre l'Empire ottoman et le royaume de France sont anciens. Au lycée de Galatasaray, ouvert sous le Second Empire, le président de la République se félicite de l'ouverture de classes de français.

La visite historique continue : Sainte-Sophie, le palais de Topkapi et une séance de derviches tourneurs. Mais l'ambassadeur et moi sommes peu attentifs à la chute de Constantinople, en 1453. En désespoir de cause, j'envoie un télégramme ainsi rédigé : « Veuillez informer le cabinet du ministre de la Défense que le président de la République n'a pas donné son accord à ce projet. »

Je me rapproche de mon homologue turc, M. Çetin, pour lui expliquer la situation. Il finit par me dire qu'il est au courant depuis huit jours de la bouche même de l'ambassadeur des États-Unis, qui avait fait cette démarche « au nom des trois alliés américain, français et anglais ». Il s'agissait d'anéantir des radars irakiens munis de missiles capables de repérer et détruire automatiquement des avions américains.

Dans les jardins du palais de Topkapi, aujourd'hui musée, le président me prend à part et grommelle : « Chaque fois que nous partons, il se produit une catastrophe. La dernière fois, à Oman, c'était l'affaire Habache ! » Au cours du repas officiel servi sur un navire voguant sur le Bosphore, je reste en contact avec Paris par téléphone satellite. Je ne profite guère du charme de l'instant. Tout le monde scrute mon visage pour savoir ce qui se passe. Le chef d'état-major du président me rassure : « L'opération est annulée, car les Turcs ont prévenu les Irakiens, qui ont commencé à démanteler leurs installations… » Je remonte à la salle à manger et informe François Mitterrand d'un petit clignement d'yeux dont nous sommes coutumiers et qui veut dire : « Tout va bien. »

17 avril 1992

Le directeur du département Asie m'informe avoir reçu une sollicitation de la part de Valéry Giscard d'Estaing. Il demande que les services du Quai veuillent bien lui préparer un dossier sur Taïwan où il doit prononcer, en mandarin, une conférence sur « l'unité chinoise »… Je donne bien évidemment mon accord. Le directeur de l'Asie me raconte qu'il lui a déconseillé de s'exprimer dans la langue de Confucius, car «ses inflexions n'étaient pas suffisantes pour se faire comprendre». «L'Ex», comme dit *Le Canard*, a été vexé.

22 avril 1992

Ne pas broncher

Le Conseil des ministres examine le texte de la révision constitutionnelle préalable à la ratification du traité de Maastricht. Le président de la République improvise longuement.

Convaincu: «Ne soyez pas obsédés par l'opposition. Vous verrez que les opposants ne se rallieront que contraints et forcés par leur base et pour ménager leur avenir, pas pour faire plaisir au gouvernement!»

Déterminé: «Il faut mobiliser tous les secteurs d'opinion. Chacun doit ressentir qu'il s'agit d'un acte "dramatique".»

Faussement conciliant: «On peut faire des concessions avec les opposants sur la forme, adopter un mot plutôt qu'un autre, mais pas de négociations ni d'amendements sur le texte. Pas de conditions préalables.»

Inflexible: «Je préfère que le gouvernement se brise, que le président de la République soit désavoué, plutôt que de broncher sur la voie qu'on s'est tracée. C'est oui ou c'est non. Pas de conciliabules mais un véritable travail parlementaire.»

24 avril 1992

C'est au tour de la France d'accueillir mes collègues allemand et polonais, qui constituent, avec moi, le Triangle de Weimar. J'ai choisi de leur faire connaître la Dordogne, dont j'ai été élu député à trois reprises. Nous sommes inquiets des nouvelles menaces qui sont apparues en Europe: résurgence de nationalismes exacerbés et conflits ethniques qui conduisent à de graves violations des droits de l'homme, en particulier ceux des minorités. Les difficultés économiques entraînent des tensions sociales. La dégradation de l'environnement est préoccupante. Dans notre communiqué final, nous insistons: «Ces défis ne pourront être relevés que par un véritable partenariat à l'échelle de notre continent. La stabilité en Europe sous tous ses aspects – politique, sécurité, économie, questions sociales et d'environnement – requiert la solidarité de tous. » C'est précisément l'objet de notre engagement tripartite.

Le cœur a ses raisons

Nous déjeunons à Trémolat, village du Périgord noir qui domine un incroyable méandre de la Dordogne, presque circulaire. Nous nous promenons sur le « cingle », ce chemin d'où l'on domine toute la vallée. En aparté, Genscher m'informe :

« Dimanche, je vais annoncer officiellement ma démission.

– Que se passe-t-il ?

– Je souffre du cœur et dois me faire opérer. Mes médecins m'ont demandé d'arrêter le rythme infernal auquel nous vivons, tu le sais aussi bien que moi.

– Je suis triste. Nous avons fait du bon travail.

– Je pars avec regret, mais notre amitié demeure. »

Ce départ me fait un choc. Genscher a passé dix-huit années à la tête de la diplomatie allemande ! Et c'est vraiment un ami.

25 et 26 avril 1992

Week-end à Málaga. Nahed Ojjeh m'a invité dans sa somptueuse villa. À l'aéroport, sa berline avec chauffeur est venue se ranger au pied de mon jet. Nahed reste tapie au fond de sa voiture aux vitres teintées. Elle porte un chapeau léger et des lunettes noires. J'ai l'impression de jouer dans un film. J'ai emporté *Le Sommeil et le Rêve*, de Michel Jouvet, pour lire au bord de la piscine. Pas de danse des sept voiles. Ça, c'est *Salomé*, l'opéra de Richard Strauss qui fit scandale.

28 avril 1992

Je reçois successivement Boutros Boutros-Ghali, secrétaire général de l'ONU, et João de Deus Pinheiro, ministre portugais des Affaires étrangères, à propos de mon plan de paix pour la Yougoslavie.

Déjeuner à l'Élysée avec Quilès, Lang et moi. Le président a invité son « grand communicant », Jacques Pilhan, pour savoir comment il doit s'investir dans la campagne pour Maastricht. « Le traité, c'est bien, mais il faut aussi vous occuper des pauvres », dit

Pilhan. Le président veut qu'on lui trouve, « dans les quarante-huit heures », une manifestation pour lui permettre de s'exprimer sur ce point. En nous raccompagnant, il me rappelle qu'il prononce, lundi à Strasbourg, un discours sur l'Europe, « la Grande Europe », plaisanté-je. Au passage, il égratigne mon secrétaire d'État aux Affaires européennes Catherine Lalumière : « Qu'est-elle allée faire aux États-Unis et au Canada ? » À vrai dire, je n'en sais rien. Il a l'œil à tout. Chacun doit rester à sa place !

Moi, je suis autorisé à « gambader » un peu. Il m'a mis en contact avec Pilhan pour me « préparer au cas où ». Il me fait miroiter le poste de Premier ministre et peut-être sa succession... Évidemment, ça fait plaisir sur le coup, mais je sais qu'il tient le même langage à d'autres...

Débordé, il me faut renoncer à me rendre à la remise du prix Karajan à mon amie Mirella Freni et à son mari Nicolaï Ghiaurov. Cela m'attriste.

29 et 30 avril 1992

Touche pas à mon patriote

Au Conseil des ministres, le président se lance dans un long soliloque où les considérations historiques le disputent aux analyses politiques. Toujours à propos du traité de Maastricht, il a été ulcéré par les attaques de l'opposition mettant en cause son « patriotisme ». Voilà bien un sujet sur lequel il ne faut pas le chatouiller : « Nos adversaires prétendent défendre la patrie. Ils ne sont pas plus patriotes que nous ! Qu'est-ce que le patriotisme ? C'est l'amour du sol où l'on est venu, le fondement du *jus soli* [« le droit du sol »]. Or, ce traité assure précisément la paix, la paix de la patrie. Il assure que notre pays sera à l'abri à l'intérieur de ses frontières et ne sera l'objet d'aucune revendication. »

Réception à l'Élysée en l'honneur du Premier ministre japonais, Kiichi Miyazawa, qui, après chaque phrase, incline le buste de façon respectueuse. Le président, aimable : « Nous manquons d'un ami dans l'Extrême-Orient, d'un correspondant, d'un point d'appui. Or, le Japon pourrait être un partenaire idéal et essentiel. » Il « vend » ensuite la France d'une façon très enthousiaste : « C'est le meilleur pays d'Europe. Nous ne connaissons pas le désordre de l'URSS ni l'appauvrissement de la Grande-Bretagne. Nous n'avons pas à régler les problèmes de l'Allemagne et notre stabilité politique est plus grande qu'en Italie. » Sont abordés ensuite les gros dossiers économiques et les difficultés du Japon avec ses grands voisins, la Chine et l'ancienne URSS qui s'appelle désormais la CEI.

Le Premier ministre japonais veut entraîner le président sur le terrain du renforcement du G7. Mitterrand s'y oppose : « Ce n'est pas un directoire mondial qui s'occupe de tout. Nous ne devons pas nous substituer à l'ONU. Que dirait le tiers-monde ? »

Après un apéritif, un dîner en petit comité est servi dans le salon des Maréchaux. Le morceau de choix est réservé à la Chine. François Mitterrand pose beaucoup de questions au Premier ministre japonais, qui est bien informé sur le grand voisin : « Entre nous et de façon confidentielle, je peux vous dire que les réformistes gagnent du terrain. Mais sur le plan des droits de l'homme, aucune amélioration à attendre. Deng Xiaoping a bien étudié la situation de l'URSS et ne veut pas reproduire les mêmes erreurs. »

Le dessert est servi. Les Japonais sont intrigués par les « tulipes glacées aux amandes ». Ils hésitent à manger des aliments qu'ils ne connaissent pas. Idem pour nous quand nous voyageons en Asie ! Les chancelleries ont en mémoire le désagrément arrivé à George Bush, le 8 janvier dernier : le président des États-Unis s'était évanoui à table après avoir vomi sur le Premier ministre japonais. Toutes les télévisions du monde avaient révélé l'incident...

5 mai 1992

Maastricht, toujours et encore, au Conseil des ministres. « Si la détente [entre les Blocs] est devenue une réalité, nous assisterons à des conflits locaux, type Yougoslavie. Avant d'arriver un jour aux Nations-Unies d'Europe, nous entrons dans une nouvelle période qui verra la naissance de pays multiples qui veulent "exister". Des forces "centrifuges" vont se faire jour de nouveau. C'est pour cela qu'il faut accepter de rencontrer les peuples, de les traiter en amis, pour comprendre leurs ambitions. »

À propos des adversaires du traité : « Il faut maintenant se déterminer sur la tactique à suivre. Nous allons entre nous constituer une sorte de "consultation permanente" afin de ne faire aucune concession, ne consentir à aucun amendement. Nous devons, bien sûr, ménager leur amour-propre, ou du moins ce qu'il en reste ! S'ils veulent quelques concessions de forme supplémentaires, soyez généreux. Nous ne sommes pas là pour arbitrer leurs conflits internes mais, quand ils auront des blessures, essayons de les leur panser. »

À propos de blessure, cela « cogne » fort entre Joxe et moi. Le ministre de la Défense me reproche mes propos tenus au Portugal sur la Bosnie-Herzégovine. J'ai osé envisager la possibilité pour la France d'intervenir en envoyant des observateurs parmi ceux des autres pays. Il brandit une dépêche d'agence et vitupère : « C'est irresponsable ! »

J'affirme haut et fort que l'attitude du ministre de la Défense est « ridicule ». La France a toujours joué un rôle en Yougoslavie et n'a jamais entendu baisser les bras. Et puisqu'il m'a attaqué, je riposte en rappelant : « Quand il s'est agi d'envoyer des Casques bleus, le ministre de la Défense a voulu fixer lui-même leurs zones d'implantation en Yougoslavie, ce qui a mis le Conseil de sécurité et le secrétaire général de l'ONU hors d'eux... » Je m'efforce de garder un ton mesuré alors que les collègues affichent une certaine gêne.

Comme à son habitude, le président ne tranche pas les disputes entre ministres. Il contourne l'obstacle et nous gratifie d'une analyse historique que l'on a maintes fois entendue. Il conclut : « Il fallait donc dans cette affaire yougoslave, tout en suivant le mouvement, obtenir des garanties internationales. Sinon, nous n'étions pas capables de défendre dans cette région du monde les intérêts français. Georges Clemenceau était pour la destruction de l'Empire austro-hongrois, mais l'Église catholique ne défendait pas les mêmes positions. Ne perdons pas de vue que la France à ses amitiés là-bas [en Serbie]. Nous devons donc y veiller. » Et comme si de rien n'était : « La parole est maintenant au ministre des Postes et Télécommunications... »

6 mai 1992

Réunion chez le Premier ministre. Je refuse de serrer la main de Joxe, qui s'en étonne, à la cantonade. « Il en sera ainsi tant que tu n'auras pas fait d'excuses ! » Il ne comprend que le langage de la « force ».

10 mai 1992

Dix ans de trop

Comme tous les ans à cette même date, François Mitterrand réunit ses amis à l'Élysée pour commémorer son élection en 1981. Toute la « Mitterrandie » est rassemblée. Il fait beau, une table a été dressée sur la terrasse dans le jardin. C'est, une fois encore, l'occasion d'un monologue rarement interrompu. François Mitterrand évoque sa succession. À un moment, il dit : « Je pense que celui qui est le mieux placé pour me succéder, c'est Roland... » Je baisse la tête pour ne pas avoir l'air triomphant ni voir certains visages contrariés... Je suis sur un petit nuage. L'aréopage mitterrandien est suspendu aux lèvres de l'oracle. Toute la tablée s'esclaffe, comme un seul homme, quand arrive la suite : « Je peux le dire, puisqu'il est là : malheureusement, il a dix ans de trop ! » Il n'a pas son pareil pour les coups sur le nez !

13 au 15 mai 1992

François Mitterrand dans les pays Baltes. J'ai persuadé le président de faire cette visite symbolique qui marque leur retour dans le concert des nations libres. La reconnaissance à l'égard de la France est immense. Mais les questions demeurent : « Quand les troupes d'occupation partiront-elles et que va faire l'Occident pour nous aider ? » Il prononce à chaque étape de longues allocutions où se mêlent les leçons de l'histoire, la force des liens de la culture et de la langue, la nécessité de dépasser les humiliations du passé, notamment par le développement économique.

À Tallinn (Estonie), il plaide pour un rapprochement des trois États et un rééquilibrage au sein de l'Europe entre les plus riches et les plus pauvres.

À Vilnius, il est plus percutant : « Il est inadmissible qu'un État libre puisse avoir des armées étrangères sur son sol sans son accord. Il faut donc que vous régliez entre la Lituanie et la Russie ce problème, car c'est elle qui a la responsabilité de ces forces. »

Mai 1992

Mitterrand m'appelle et me demande de passer le voir immédiatement à l'Élysée:

« Avez-vous lu la presse serbe?

– Euh, oui... »

Je n'ose pas lui dire que je ne suis guère familier de ces journaux-là. En fait, il a vu les dépêches de l'AFP où l'on rend compte d'une manifestation antifrançaise à Belgrade: des graffitis souillent le monument au parc de Kalemegdan, qui a été voilé de noir. Il est ulcéré: « Ils se sentent aujourd'hui trahis par l'engagement de la France dans la force de l'ONU en Bosnie. » Il me demande de réagir officiellement: « On ne peut laisser ainsi insulter l'armée française. » Je convoque l'ambassadeur et envoie deux émissaires à Belgrade. Les choses finissent par rentrer dans l'ordre.

21 et 22 mai 1992

L'histoire en héritage

À La Rochelle, en marge du plateau de fruits de mer qui rassemble le président et le chancelier, le plat de résistance est constitué par la décision de créer un corps d'armée franco-allemand. Et Dieu sait s'il y en a, des résistances! En première ligne, les Américains. Mitterrand: « Leur réaction est incxplicable. Nous faisons ce qu'ils préconisent depuis des décennies! Cette création n'est pas tournée contre les États-Unis d'Amérique. Ils ne sont pas raisonnables. Nous sommes de bons alliés. »

Il est donc décidé que j'irai à Camp David expliquer ce projet à Bush et à Baker. À la fin du sommet, après des discussions sur le TGV, le président ajoute: « Nous devons aussi donner un grand prix à la dimension culturelle. La CEE ne peut se réduire à des questions économiques et militaires. La culture est indispensable: les écoles, les œuvres d'art, tous les biens culturels, au fond, tout ce que l'histoire nous a légué. »

27 mai 1992

Au Conseil des ministres, le président évoque les différentes procédures de ratification du traité de Maastricht chez nos partenaires: «La Grande-Bretagne l'a ratifié. Il serait singulier de voir la France ne pas le faire...» Les journaux sont remplis d'articles sur la division de la droite. Comme à l'Assemblée nationale, le débat a secoué la majorité du Sénat, présidé par Alain Poher. Les présidents des groupes centriste et républicain indépendant, Daniel Hoeffel et Marcel Lucotte, ne sont pas disposés à suivre leur homologue du groupe RPR, Charles Pasqua, dans une éventuelle épreuve de force avec le gouvernement. Le bras de fer pour l'instant fait rage... au sein de la droite entre «bonapartistes» et «orléanistes».

Tapie dans la nasse

J'avais prié Bernard Tapie à déjeuner voilà quelques semaines. Entre-temps, il a été inculpé par le juge Boizette. Par délicatesse, il m'a appelé hier pour savoir si notre rencontre était maintenue. Je n'ai pas l'habitude d'abandonner les gens en difficulté. En arrivant, il gesticule et lance: «C'est très dur. Je ne suis pas sorti de chez moi depuis trois jours et j'ai pleuré pendant trois nuits. Deux cents personnes sont massées devant chez moi, rue des Saints-Pères. Ma femme et moi devons avoir des ruses de Sioux. Deux voitures sont sorties de ma cour en trombe pendant que je passais par les toits pour venir ici.»

Au cours du repas, il se plaint de l'attitude de Laurent Fabius, le premier secrétaire du Parti socialiste, et de Michel Vauzelle, le garde des Sceaux: «Ils ne sont pas courageux.» Il pense même que ce dernier a circonvenu le procureur général pour hâter les poursuites contre lui. Il en veut tellement au garde des Sceaux qu'il présentera un candidat contre lui à Marseille aux législatives de l'année prochaine: «On lui fera mordre la poussière.» Il n'y va pas par quatre chemins: «Tous ceux qui m'ont manqué, je les ai flingués (*sic*). Bez est en prison et Pezet n'est plus rien.»

Il me demande conseil. En bon procédurier, je lui suggère de ne pas attendre: «Dans les heures qui suivent, tu dois tenir meeting à Marseille ou ailleurs avec tes partisans pour dénoncer publiquement la machination dont tu dis être la victime.» Je retrouve mes réflexes d'avocat (que je n'ai jamais perdus): «Devant le juge d'instruction, ne te comporte pas en petit garçon. Proteste énergiquement contre l'inculpation. Dénonce la machination politique. Insurge-toi contre la violation du secret de l'instruction. Étonne-toi que, la veille de ta comparution, le juge d'instruction ait cru bon de donner une interview à *France-Soir*, et demande qu'un exemplaire de ce journal soit déposé au dossier. »

Tapie est d'une intelligence brute, simple, directe. Il accompagne ses mots par des mimiques et des gestes très méridionaux. Une bête de scène ! Il vous regarde droit dans les yeux. J'ai l'impression que le roc a quand même pris un coup et que notre rencontre lui a fait du bien.

Pour échapper aux journalistes qui traînent toujours au Quai, je le raccompagne par une petite porte qui donne à l'arrière, sur la rue de l'Université. Les huissiers le reconnaissent et lui serrent la main, ce qui n'est pas dans les usages. Ils disent : « Nous sommes avec vous, monsieur Tapie. » Il sait gagner le cœur des gens simples. C'est une incontestable qualité en politique...

Conseil de défense dans l'après-midi. Alors que la plupart de nos partenaires ont diminué les dépenses militaires, compte tenu de l'amélioration de la situation internationale, la France les maintient. Je m'insurge contre cette décision du Premier ministre. Je lui rappelle qu'il avait critiqué l'arbitrage de Mme Cresson. Il le reprend maintenant à son compte. Pierre Bérégovoy a cédé au lobby militaire...

Chez Giscard

J'ai été prié à dîner par Valéry Giscard d'Estaing dans son hôtel particulier de la rue de Bénouville, en compagnie de son ancien ministre des Affaires étrangères, Jean François-Poncet, et de Hans Dietrich Genscher. Ces deux derniers viennent de participer à « La Marche du siècle », l'incontournable émission politique de Jean-Marie Cavada sur France 3. Je dois reconnaître que l'ancien président a été parfait durant la période qui a précédé la ratification. Nous nous sommes téléphoné à deux reprises et avons déjeuné une fois. À ma demande, il a réuni les sénateurs UDF et a su les mobiliser. Il me raccompagne jusque dans le vestibule.

« Il faut que cela se traduise d'une façon nouvelle dans la politique intérieure française...

– Qu'entendez-vous par là, monsieur le président ? »

Il sourit. Nous évoquons le débat au Sénat à propos de Maastricht et la situation de la droite divisée. Je lui dis :

« Je compte sur les excès du sénateur Pasqua pour ressouder tous ceux qui sont favorables à l'Europe.

– Vous n'imaginez pas dans quel état de déliquescence "ils" sont ! »

Il sourit à nouveau, avec une gourmandise de félin cette fois.

Sans date

Ma devise : « Il faut faire preuve de beaucoup de considération [envers ses adversaires] pour éviter d'avoir à faire des concessions. » C'est un précepte que j'ai souvent respecté dans ma carrière professionnelle. Je crois devoir à cette pratique ma « cote » au Sénat.

1er juin 1992

À l'aéroport militaire de Villacoublay, nous attendons Abdou Diouf, le président du Sénégal, dans le petit salon d'honneur. Le président et moi évoquons l'opposition qui tire systématiquement à boulets rouges sur notre politique : « L'Allemagne, le mur de Berlin, Eltsine et aujourd'hui la Yougoslavie. » Il a très mal « digéré » les critiques sur son attitude pendant le putsch de Moscou. Il s'en explique. Je sens que cela lui tient à cœur : « Qu'ai-je fait ? J'avoue que mon émission n'était peut-être pas très bonne. Je veux parler de la lecture de la lettre des putschistes. Mais tout de même, tout de même ! J'ai fait ce qu'il fallait et j'avais pris mes précautions. » Je n'en saurai pas plus.

Sur la Yougoslavie, il fait allusion à notre prise de position en faveur de la Serbie : « Les torts sont partagés et les problèmes sont complexes. Je trouve ridicule que l'on veuille interdire les matchs de la Coupe d'Europe aux équipes yougoslaves. On ne va tout de même pas les comparer à l'Afrique du Sud de l'apartheid ou à l'Irak agresseur du Koweït ? » Il me redit : « Dumas, il faut expliquer que les responsabilités sont partagées. Nous avons plus que des "intérêts" à défendre. N'oublions jamais que les Serbes ont été à nos côtés dans l'histoire. Nos devons en tenir compte. Et surtout, ne pas céder aux injonctions américaines… »

Dîner d'État en l'honneur d'Abdou Diouf. Je suis assis à la gauche du président. Au Sénat se joue la motion de censure contre le gouvernement Bérégovoy. Thème de la bagarre conduite par Pasqua : le vote des ressortissants de la Communauté aux élections municipales et européennes. Ils sont un million et demi de résidents en France. Pierre Joxe, ministre de l'Intérieur, fait passer un « petit papier » au président qui me le fait lire : « Quelques minutes avant la clôture, il manque trois voix à la motion de censure. » À plusieurs reprises, le regard de Mitterrand croise celui de Joxe qui, au bout d'un moment, lui fait signe de la main que tout est terminé. Le président se penche à mon oreille : « Je le regrette un peu, car c'est le genre de combat que j'aime, et cela ne m'aurait pas déplu d'en découdre sur ce sujet ! »

2 juin 1992

Les Danois disent non au traité de Maastricht par référendum. Nous nous y attendions, mais nous sommes déçus. Comment peut-on avoir peur de l'Europe à ce point ?

3 juin 1992

Le peuple tranchera

Au Conseil des ministres, le président prend la parole après mon exposé. Il m'a déjà fait part de son intention de se tourner vers le référendum pour faire ratifier le traité de Maastricht, mais il ne l'a jamais clairement exprimé à ses ministres. Nous sommes, pour la plupart, opposés à cette voie référendaire que nous jugeons risquée. Alors, il tourne autour du pot : « Il faut que la réforme constitutionnelle aille à son terme, c'est-à-dire au vote du Congrès comme "on" l'a décidé et comme "on" le veut. Si toutefois "on" ne devait pas convoquer le Congrès, il appartiendrait alors au peuple de trancher. De toute façon, la ratification du traité lui-même relèvera du vote populaire... »

Je lève les yeux. Il est 11 h 30.

Le président me regarde intensément. Je comprends qu'il a compris que j'ai compris [qu'il prend le risque du référendum] ! Et il sonne la charge contre la Chambre haute. Le ton, le rythme des phrases sont gaulliens : « Mais pourquoi prendre autant de précautions ? Nous n'avons pas à céder aux injonctions du Sénat. Le Sénat n'est pas maître de la République. S'il veut changer l'équilibre des pouvoirs, je m'y opposerai ! » Il lâche alors le « morceau » : « En définitive, c'est le peuple qui choisit et nous irons au référendum. Si les parlementaires, y compris les nôtres, sont désavoués, si les partis politiques, y compris les nôtres, sont désavoués, eh bien, ils le seront ! Tout se fera dans la clarté, ce sera plus simple : le peuple tranchera. Un gouvernement s'honore toujours en prenant tous les risques qui sont en même temps toutes ses chances. »

Au cours d'une conversation en tête à tête, je lui demande ce qui l'a convaincu de lancer son appel au référendum. Il dit : « J'ai bien réfléchi. Je ne veux pas qu'un autre gouvernement, une autre majorité, puisse défaire ce que nous aurons décidé. Ce que le peuple aura voulu. »

Valéry Giscard d'Estaing me fait dire qu'il souhaite me parler pendant le déjeuner. Il me recommande d'accepter le report du débat de révision constitutionnelle. Je lui indique que nous souhaitons, au contraire, le poursuivre :

« Comme marque de confiance, je voulais vous dire que nous avons décidé ce matin d'aller au référendum.

– Je le savais ! Mais faites-y attention. Un référendum, ce n'est pas aussi simple que cela…

– Nous prenons le risque…

– Vous allez isoler les gaullistes !

– Je sens, monsieur le président, que cela vous fait de la peine ! »

Il rit.

« Oui, vous me faites beaucoup de peine et, malgré cela, je sens que vous allez le faire quand même… »

La Bosnie abandonnée

Au Sénat, alors que je suis retenu par le débat sur la réforme constitutionnelle, je reçois le ministre bosniaque des Affaires étrangères. Haris Silajdzic a tenu à me voir en urgence. « Le drame s'aggrave en Bosnie-Herzégovine. Les Serbes de Serbie et de Bosnie massacrent les populations civiles et torturent des enfants. Un million de personnes ont dû fuir. » Je suis terrifié par son discours, car je doute qu'il soit venu jusqu'à Paris pour me raconter des histoires.

Il est très sévère vis-à-vis de l'Union européenne et de la Communauté internationale : « Voilà six mois que nous demandons l'intervention de l'ONU, mais personne n'a rien fait. Nous sommes abandonnés et les vivres commencent à manquer. » J'envisage avec lui les différents *scenarii* possibles. Il continue :

« Il faut une intervention militaire.

– Comment voyez-vous la répartition des rôles entre nous ? »

Avec l'énergie du désespoir, il ajoute :

« Vous vous chargez de l'aviation, des chars et de l'artillerie, et, nous, nous enverrons nos soldats baïonnette au canon ! »

Il ne plaisante pas.

« Il vous faudra aussi contrôler l'espace aérien, neutraliser l'artillerie serbe et ensuite dégager l'aéroport.

– Il me semble que l'urgence est avant tout humanitaire, il faut donc d'abord dégager l'aéroport de Sarajevo. »

Je n'ose lui dire, de façon abrupte, qu'à ce stade la France n'interviendra pas militairement.

Juin 1992

Christine Deviers-Joncour s'est installée au 19, rue de Lille. Elle souhaite y tenir salon. Elf compte sur son entregent.

11 et 12 juin 1992

Le président m'a demandé, ainsi qu'à Jack Lang, d'accueillir Sa Majesté Elizabeth II à l'aéroport de Bordeaux-Mérignac. Le chef du protocole de l'Élysée ne nous quitte pas d'une semelle. Il ne saurait y avoir de couac. Un voyage d'État d'une souveraine britannique est le *must* de toutes les réceptions officielles ! Il fait beau. Elle a revêtu un manteau et un chapeau blanc cassé, chaussures et sac à main assortis. Le soir, dîner de gala à bord du yacht royal, *Britannia*, à quai dans le port de Bordeaux. Le président nous rejoint, impressionné comme moi par la beauté lumineuse de lady Di. Assis à côté d'elle, j'ai le loisir d'admirer ses jambes interminables qui s'échappent de la fente inattendue de sa robe de soirée. Son sourire est aussi éclatant que le petit diadème qui couronne ses cheveux. Mais elle n'a d'yeux que pour son mari…

La réception est on ne peut plus anglaise. Le menu aussi… Comme il se doit, on nous sert le porto sur le dessert. Un moyen de rappeler que ce sont les Anglais qui ont « inventé » ce nectar, comme ils ont développé le vignoble bordelais.

Le lendemain, c'est la visite de la ville sous la conduite de son maire, Jacques Chaban-Delmas, et de son épouse, Micheline, chapeautée comme toutes ces dames. La souveraine a revêtu une robe à larges fleurs bleues et jaunes, veste ivoire gansée des mêmes couleurs que la robe. Elle se déplace dans la SM Maserati décapotable de Pompidou, spécialement arrivée de Paris.

Au marché des Grands-Hommes, elle découvre les spécialités locales. Il paraît qu'elle est gourmande et adore le foie gras. Après la visite de la cathédrale, je l'accompagne en voiture vers l'hôtel de ville, où l'accueille le maire qui souhaite la bienvenue à la souveraine et à son époux, le prince Philip d'Édimbourg. Discours protocolaires.

La reine à la baguette

En descendant le cours Gambetta, la reine Elizabeth II répond aux vivats de la foule d'un sourire voilé et d'une main gantée. Elle me confie qu'au marché elle a admiré le stand du pain et qu'elle aurait bien aimé rapporter une baguette à Londres… Les désirs d'une reine étant des ordres, je dis à son officier d'ordonnance d'entrer en contact avec la sécurité française. Panique. On n'arrête pas le cortège royal pour aller au pain ! J'insiste. La voiture s'immobilise, contrevenant à toutes les règles de sécurité. L'officier français vient au rapport.

« Veuillez trouver une baguette de pain », lui ordonné-je…

Je n'ai jamais vu une telle incompréhension dans le regard d'un fonctionnaire de police désorienté, où se lit à la fois l'incrédulité, la peur d'avoir mal compris l'instruction, le doute que ce soit une (mauvaise) plaisanterie. Pas de boulangerie dans les parages, mais une épicerie-dépôt de pain. Monsieur Bernard Lagarde, le gérant, pense lui aussi que l'on se moque de lui. « Une baguette pour la reine d'Angleterre, s'il vous plaît. » Il refuse qu'on la lui paie. La reine est ravie. « Je vais pouvoir repartir avec une baguette sous le bras. » Elle fait gentiment référence à la caricature des *froggies* outre-Manche : les « mangeurs de grenouilles [*frogs*] » portant béret basque et baguette de pain !

Sur la route de l'aéroport, elle m'interroge sur Maastricht et le référendum, l'Europe de l'Est, les élections américaines. À propos du président des États-Unis, elle lâche : « Bush est en difficulté. C'est dommage, car c'est un bien brave homme. Je le trouve trop gentil. Il faut être beaucoup plus dur dans la vie publique. » Je croise son regard bleu qui a l'éclat de l'acier. Je suis surpris qu'elle s'exprime aussi librement, car elle est censée ne jamais parler politique. Pour ne pas l'embarrasser, je fais dévier la conversation sur sa famille. À propos de dureté, elle m'avoue qu'elle est tout aussi dure avec ses fils qu'avec ses belles-filles et ses petits-enfants...

En arrivant à l'aéroport, je lui rappelle que nous devons passer les troupes en revue. « Oui, mais je ne veux pas oublier mon pain. » L'officier d'ordonnance a compris que c'est à lui de s'en charger. Tout est parfaitement huilé et silencieux, comme la Bentley royale qui nous a amenés jusque sur le tarmac.

17 et 18 juin 1992
Mini-coup d'État

4 h 30. Fin du débat sur la modification institutionnelle au Sénat. J'ai lâché beaucoup de lest pour obtenir un vote favorable, mais je n'ai pu empêcher un fâcheux amendement sénatorial. Ce texte prévoit que la loi organique concernant le vote des ressortissants européens devra être votée dans des termes identiques par les deux assemblées. C'est une rouerie du sénateur Pasqua qui pourra ainsi faire bloquer cette loi et par conséquent empêcher le vote des étrangers communautaires.

Au Conseil des ministres, je rends compte de l'obstruction sénatoriale et des interminables palabres qui l'ont entourée. J'insiste aussi sur le lâchage des groupes centriste et UDF. Le président regrette : « Il est surprenant que la majorité sénatoriale ne se soit pas intéressée au traité lui-même et se soit bornée à faire de la politique intérieure. » Il file la métaphore guerrière : « Ils sont victimes de peur collective. Où sont-ils donc, ces fiers soldats de la démocratie ? Une loi organique qui prétend embrasser tout le sujet est inadmissible. Le Sénat s'arroge un droit égal à celui de l'Assemblée nationale. Je n'aime pas beaucoup les braves gens qui se drapent dans l'armure de Louis Napoléon Bonaparte. » Et il porte le coup de grâce : « C'est un mini-coup d'État. »

L'affaire aurait pu en rester là sans la maladresse du porte-parole du gouvernement, Martin Malvy. Il déclare dans un communiqué que le gouvernement conteste le pouvoir constituant du Sénat. C'est inexact, mais le feu est mis aux poudres. Le président du Sénat écrit au Premier ministre qui tente d'apaiser la bronca. J'essaie de joindre mon « allié » de circonstance, Valéry Giscard d'Estaing. Je le réveille dans le Colorado… Je n'arrive pas à avoir son appui. Je tente la carte Barre qui me répond : « Ce qu'ont fait les sénateurs est inadmissible. On ne peut vouloir par ce biais modifier l'équilibre qu'ont voulu les constituants de 1958. »

Le président m'appelle quatre fois pour savoir où l'on en est. Il en profite pour m'inviter : « Nous déjeunerons sur la terrasse, il y aura des cèpes… » François Mitterrand, qui n'est pas en grande forme, a froid dehors. Les serveurs rapatrient la table à l'intérieur. Les cèpes sont ceux que notre ami commun, Charles Salzmann, mon camarade du lycée Gay-Lussac de Limoges, lui a apportés, précisément du Limousin où, juif persécuté, il s'était réfugié pendant la guerre. D'un coup, mon enfance resurgit sous mon « palais » : pas celui de la République, mais ces forêts sombres qui sentent le terreau humide où nous courions gamins. J'avais complètement perdu de vue Salzmann. Il s'était longtemps occupé des sondages à l'Élysée avant de prendre la présidence de l'ATMB (Autoroute et tunnel du Mont-Blanc), poste qu'il vient de quitter. Nous tombons dans les bras l'un de l'autre.

En savourant les champignons, nous mettons au point une tactique. Le président dit : « Il faut sauver la face de tout le monde et savoir faire fi des questions d'orgueil. Réglez cela dans la journée avec le Premier ministre. » Je comprends que j'ai carte blanche avec « Béré » pour tenter de sortir de l'impasse.

À l'Assemblée nationale, les messages les plus catastrophiques me parviennent. Les centristes sont toujours vent debout si l'on ne revient pas au texte du Sénat. Ils dénoncent « les caprices du président ». L'alternative est simple : soit nous nous faisons battre sur l'amendement de retrait de la disposition sénatoriale, soit nous le retirons de notre propre chef. Il me faut l'avis du président. Il est au mont Valérien pour les cérémonies commémoratives de l'appel du général de Gaulle. Je réussis à le joindre une dernière fois. Il dit: «Je préfère cette dernière solution. Il n'est jamais bon pour un gouvernement d'essuyer un vote contre lui…»

Bérégovoy fera demander une suspension de séance à l'Assemblée pour rédiger un nouveau texte acceptable par les sénateurs. Il viendra le lire vers 22 heures. La partie est gagnée. Nous avons eu chaud.

21 juin 1992

C'est l'été. Je prends une journée de repos à Saint-Selve. Par la fenêtre ouverte de ma chambre, je contemple les deux tilleuls que j'ai plantés voilà quinze ans et qui ont prospéré. Ils masquent la vue que j'avais auparavant sur les prairies et les bois. Il me faut désormais regarder les choses de près. Leurs fruits embaument dans la douceur de cette belle soirée striée des trilles de martinets. Odeur d'enfance.

24 juin 1992

Frapper un grand coup

À la fin du Conseil des ministres, le président de la République me fait signe de l'index pour que je vienne lui parler. «Venez ce soir à 18 heures.» Il veut frapper les esprits dans l'ancienne Yougoslavie. Nous échafaudons des plans. À cette heure-là, j'ai prévu une cérémonie au Quai où je dois remettre la Légion d'honneur à ma vieille amie Denise Tual. Monteuse de cinéma dans sa jeunesse, elle a surtout réalisé des films sur les surréalistes, dont un sur André Masson. Pour cause de réquisition élyséenne, j'expédie Denise en une demi-heure chrono.

Le président me reçoit *illico*: «Je veux frapper un grand coup. Je sens ça. Sortir des sentiers battus de la diplomatie classique. J'envisage d'aller en Yougoslavie; Belgrade, Sarajevo?» Je suis stupéfait. Je lui déconseille la capitale serbe, trop risquée politiquement. Il en convient. Il poursuit: «Je prendrai Kouchner avec moi. Vous assurerez la préparation de ce déplacement et surtout vous resterez là pour "couvrir les arrières" en cas de difficultés, notamment sur le plan diplomatique.»

La présence du secrétaire d'État à l'Humanitaire s'explique surtout parce que le président veut desserrer l'étau serbe qui étouffe la capitale bosniaque, où les vivres commencent à manquer. Il ne faut pas que l'opération apparaisse comme «militaire».

Nous évoquons plusieurs dates possibles. Il envisage la possibilité de partir de Lisbonne, où nous serons samedi. Nous nous quittons avec toujours la même recommandation: «Le secret est de règle. Un secret absolu.»

26 juin 1992

Chez le boucher de Belgrade?

Escale de deux heures à Madrid pour saluer mon collègue Francisco Fernández Ordóñez, dit Paco. Atteint d'un cancer, il a demandé à Felipe González de lui trouver un remplaçant. Ce dernier a choisi un autre de ses proches, Javier Solana, son ministre de l'Éducation, pour diriger la diplomatie espagnole. Devant le côté précipité de l'opération, Javier et moi expédions une conférence de presse pour répondre à la curiosité des journalistes. Direction Lisbonne. Je rejoins le président de la République à l'ambassade de France, avant le dîner donné par le président Mário Soares, grand admirateur de François Mitterrand. Ce dernier me prend à part:

«Roland, avez-vous réfléchi? J'aimerais bien aller à Belgrade…

– Il faut y renoncer.»

Pour le convaincre, j'emploie la grosse artillerie:

«Les critiques vont fuser de toutes parts. La presse va se déchaîner: "Mitterrand chez le tyran rouge", "La France pactise avec le boucher de Sarajevo".»

Il a l'air d'hésiter:

«Attendez encore avant de déclencher le dispositif, même du côté français. PERSONNE ne doit être mis au courant avant que j'aie pris ma décision définitive.»

Il ne me facilite pas la tâche, car je ne peux demander au dernier moment à mes collaborateurs de préparer une mission aussi délicate.

« Je vous propose qu'on commence les préparatifs en laissant croire que c'est moi qui pars.

– Bonne idée. »

De l'hôtel Le Méridien où j'ai installé mes quartiers, j'appelle Kouchner sans trop donner de détails : « J'aurai besoin de toi à Lisbonne. » Il frétille, me bombarde de questions, prêche le faux pour savoir le vrai, comprend qu'il s'agit de la Yougoslavie. Je fais préparer par Jacques Blot, directeur de l'Europe au Quai, des fiches sur les différents responsables politiques et militaires des républiques yougoslaves, le moyen de les joindre facilement et les langues dans lesquelles on peut communiquer avec eux.

Je croise mes collègues allemand et danois particulièrement échauffés. Leurs deux pays s'affrontent ce soir au football et le match est retransmis en direct à la télévision ! Le soir, en faisant un petit tour dans les ruelles de Lisbonne qui dégringolent vers le Tage, nous nous retrouvons, le président et moi, dans un troquet en train de regarder le match à la télé. C'est l'événement dans le quartier. On a reconnu Mitterrand. Les gens et les enfants s'agglutinent pour voir ces Français qui se passionnent pour la victoire du Danemark. Mitterrand commente le match en connaisseur.

Nous sommes en retard au dîner officiel au château de Queluz, ce petit Versailles rococo. De retour à l'ambassade, pendant que le président donne des coups de fil dans sa chambre, je « coince » le docteur Gubler dans une petite pièce. Je lui laisse entendre qu'un déplacement important pourrait avoir lieu, de façon à ce qu'il prenne ses précautions pour le maintenir en forme. François Mitterrand m'accueille dans sa chambre, assis au bord du lit. Nous répétons la manœuvre, réexaminant chaque détail.

Il revient sur son obsession :

« Aller à Belgrade me paraît exclu. Visiter les autres capitales aussi. Cela altère le caractère de ce voyage.

– Il faudra clarifier le sens de votre démarche…

– Je ne veux pas apparaître en position de négociateur. Évitons donc la critique de ce point de vue. Il n'est pas question de me substituer aux organismes existants qui sont là pour cela. »

Je lui souhaite bonne nuit et regagne mon hôtel. Je passe une mauvaise nuit. Je prends froid à cause d'une climatisation mal réglée.

27 juin 1992

Le rituel est respecté. François Mitterrand et Helmut Kohl ont pris leur petit déjeuner, flanqués de leurs interprètes habituelles, qui font partie de la famille. Je l'attends à la sortie du salon pour savoir ce qu'ils se sont dit : « Je lui ai parlé d'une initiative française, sans plus. Je n'ai mentionné ni la nature ni la destination. Mais je lui ai demandé d'être discret. »

Début du Conseil européen à Lisbonne où nous sommes censés examiner le « paquet Delors II », c'est-à-dire le financement de la Communauté. Le président et moi laissons les débats se dérouler en « roue libre ». Je lui fais part de l'entretien que j'ai eu à Paris avec Boutros Boutros-Ghali. Le secrétaire général de l'ONU m'a demandé si la France pouvait envoyer 80 experts de plus, au cas où nous devrions gérer l'aéroport de Sarajevo. Les Serbes ne veulent pas entendre parler d'Américains. Mitterrand est d'accord. Ça tombe bien.

En séance, on me passe un mot. C'est Jean-Michel Casa, mon directeur adjoint de cabinet, qui m'informe que Kouchner s'agite à Paris et met mon équipe en porte-à-faux. Il a alerté les VO [service des voyages officiels], demande à être accompagné à Lisbonne de collaborateurs, car il veut intervenir à la table des négociations du Conseil européen. Je lui fais dire de se calmer, lui donne rendez-vous le lendemain au Méridien, avec l'instruction de « surtout ne rien faire d'ici là ». Il est capable de tout faire capoter.

Le président, qui est assis à côté de moi, prend des notes d'une écriture serrée, avec son stylo à plume Montblanc. Il finit par me tendre le papier : c'est le « plan d'attaque » pour la Yougoslavie. En face de mon nom dans un encadré est écrit : « Dumas prépare l'opération et prévient les organisations internationales de mon envol (*sic*) (secrétaire général, lord Carrington, Cyrus Vance, Mário Soares, Helmut Kohl, etc.). »

Pour la première fois, il mentionne la démarche faite quelques jours auparavant par BHL [Bernard-Henri Lévy]. Il était porteur d'un message de détresse du président Izetbegovic. Il insiste sur ce point. J'en profite pour lui dire que j'ai moi-même reçu, le 3 juin, le ministre des Affaires étrangères bosniaque qui m'a dressé le même tableau apocalyptique.

C'est au tour du président de la République française de prendre la parole. Il parle longuement. Elliptique. Une demi-heure. Je lis sur le visage de certains partenaires une certaine incompréhension: «Où veut-il en venir?» Il conclut: «Nous ne pouvons nous contenter de la diplomatie traditionnelle. Chaque pays doit agir en usant de ses relations particulières. La France y est prête. Elle agira.» Comprenne qui pourra.

L'après-midi, je suis seul en séance. J'interviens sur l'élargissement de la Communauté à de nouveaux pays. François Mitterrand me rejoint et me demande «où l'on en est de notre affaire». Il compte intervenir personnellement sur le chapitre des relations extérieures de l'Europe, prévu à l'ordre du jour. Il pourra ainsi aborder, mine de rien, la Yougoslavie et préparer nos partenaires à l'initiative française. Le président du conseil italien, Giulio Andreotti, plaide pour une intervention militaire en Yougoslavie «comme celle qui a été faite dans le nord de l'Irak pour défendre les Kurdes». Il ne risque rien. Il expédie les affaires courantes car il a donné la démission de son gouvernement quelques semaines auparavant.

Je fais une brève apparition en début de séance et demande à Élisabeth Guigou, secrétaire d'État aux Affaires européennes, de me remplacer. Il s'agit d'examiner le communiqué final. J'ai apporté hier soir au texte les modifications qui me paraissaient nécessaires.

Opération Sarajevo

Je rejoins Le Méridien, où j'ai fait installer un PC dans une suite. Kouchner m'y attend, fébrile.

«Bernard, nous allons frapper un grand coup à Sarajevo.

– Formidable, je connais tout le monde là-bas!»

Une fois encore, je lui recommande de se tenir tranquille. Je ne lui en dis pas plus. Je commence ma tournée téléphonique. À Belgrade, je joins Mme Adamovic, l'interprète de Milosevic, très proche de lui, ce qui prouve que ce n'est pas seulement une spécialité française… Par son intermédiaire, je joins facilement le président de la fédération yougoslave.

«Je voudrais me rendre à Sarajevo.

– C'est dangereux. Passez donc par Belgrade. Vous atterrissez à l'aéroport et un hélicoptère vous emmènera à Sarajevo. Nous garantissons votre sécurité à cent pour cent.»

Il pense que mon embarras est dû au fait que le rencontrer me poserait problème, ce qui est évident.

«Je comprends le sens de votre mission. Vous n'êtes pas obligé de nous voir, ni même de nous saluer. Vous changerez simplement de moyen de transport à l'aéroport.»

À notre ambassadeur à Belgrade, je demande de nous procurer un hélicoptère, ce qui n'est pas facile, puis je joins tous les officiers de la Forpronu (Force de protection des Nations unies) sur place à Sarajevo: les généraux Niambar, commandant en chef, Morillon et MacKenzie. À chacun je pose la question de l'état de la piste à Sarajevo, car c'est ce qui va décider du succès ou de l'échec de l'expédition. Ils répondent tous qu'elle n'est pas détruite mais encombrée et qu'il faut simplement la dégager.

Par l'intermédiaire de Georges-Marie Chenu, notre chargé d'affaires à Zagreb, je joins Alija Izetbegovic, le président bosniaque, pour lui annoncer mon voyage. Idem pour Franjo Tudjman, le président croate. Kouchner a appelé sur place le représentant de Médecins sans frontières. Toutes les informations concordent: ce voyage est dangereux et tous déconseillent de l'entreprendre.

La discussion sur le communiqué final du sommet se poursuit, assommante. Mon absence a été remarquée. Les collègues sentent qu'il se passe quelque chose. «Alors, Roland, tu fais l'école buissonnière?» plaisante mon homologue belge.

Mitterrand et moi nous éclipsons à nouveau pour mettre au point les derniers détails. Il fait venir le général Christian Quesnot, son chef d'état-major particulier, et l'informe du voyage. Je lui demande de m'aider à régler l'histoire des hélicoptères. Je préfère que ce soit lui qui s'adresse au ministre de la Défense, avec qui je suis toujours en froid, de manière à ne pas attiser les tensions. Joxe est sourcilleux, comme son regard.

Le président m'annonce qu'il a dit un mot en particulier à Kohl dans le corridor, mais assure qu'il ne l'a pas informé de son départ pour Sarajevo mais que «les événements se précipitaient».

Il avait été convenu que c'est moi qui participerais à la conférence de presse. Il se ravise. C'est lui qui ira, car les journalistes sont fébriles. Ils s'agglutinent autour de moi et me bombardent de questions : « C'est vous qui partez ou c'est le président de la République ? » Notre dispositif a été éventé. Dans la voiture qui nous conduit à l'aéroport, je l'en informe. Il grogne : « On ne peut avoir confiance en personne. » Je lui indique aussi que le plan de vol n'est prévu que jusqu'à Split et « subsidiairement » pour Sarajevo, où il est interdit de se poser. Il se mure dans un silence contrarié.

Il est très courageux

À l'aéroport, Mário Soares est venu nous saluer. François Mitterrand informe le président portugais de son plan. Ce dernier me jette un regard partagé entre inquiétude et admiration. Nous accompagnons le président jusqu'à la passerelle. Nous lui serrons la main avec émotion. L'avion roule sur la piste et décolle. « Il est vraiment très courageux », dit Soares.

Je regagne Paris dans le poste de pilotage pour être en liaison avec Villacoublay. Le commandant de bord me prévient que tout est « OK ». On me passe un casque où j'entends les conversations entre la tour de contrôle militaire et l'avion présidentiel. Celui-ci n'a pu entrer en contact avec Sarajevo. Seulement avec Split. Le temps passe. La nuit tombe. Il est jugé plus prudent de passer la nuit, comme prévu, à Split, au bord de la mer Adriatique.

De retour au Quai, j'appelle le cabinet du chancelier Kohl, qui accuse réception. Il sera difficilement joignable, car il est en week-end. Mais je pourrai lui parler dimanche soir.

Vers 21 heures, Pierre Joxe, qui m'a préalablement téléphoné « pour faire la paix », me rend visite au Quai. Il est très inquiet de la façon dont l'arrivée du président à Split va être gérée sur place. Je le rassure en lui indiquant que notre ambassadeur en Croatie s'est occupé de l'intendance. Nous avons aussi prévu un programme de substitution avec visite d'une base humanitaire et d'un détachement français de la Forpronu. Je lui dis surtout que je viens de parler à Kouchner et au président. Ce dernier grommelle toujours : « Ah, je regrette tout cela, car je voulais absolument coucher à Sarajevo ce soir. »

[J'apprendrai plus tard que, mis au courant de l'envol pour Sarajevo, Joxe avait envisagé de faire décoller la chasse française pour escorter l'avion présidentiel jusque sur les côtes adriatiques et qu'il avait fallu toute la force de conviction du général Quesnot pour dissuader le ministre de la Défense de se lancer dans une telle opération militaire !]

Dans la nuit, je téléphone aux autorités serbes et obtiens du chef d'état-major yougoslave, Zivota Panic, qu'il accepte de donner des ordres aux milices serbes « indépendantes » (!) pour qu'elles dégagent les pistes. Les forces de l'ONU leur prêteront la main. L'aéroport de Sarajevo sera opérationnel demain matin.

Dans la nuit, Kouchner me rappelle. Le président aussi pour savoir où j'en suis de mes négociations avec les Serbes car, de Split, ils n'ont pas de communications directes avec Belgrade. Ils sont ravis de savoir que l'aéroport est en cours de dégagement.

Dimanche 28 juin 1992

Merci, la France !

[Personne n'a remarqué que c'est le jour anniversaire de l'assassinat de l'archiduc François-Ferdinand d'Autriche, le 28 juin 1914, qui passe pour être l'élément déclencheur de la Première Guerre mondiale. À aucun moment François Mitterrand n'y a fait allusion devant moi. Mais, connaissant son goût pour l'histoire, je doute que cette coïncidence de date soit le fruit du hasard…]

J'arrive à mon bureau aux aurores. J'attends. Je suis évidemment inquiet. Je m'assure que les Transall basés à Orléans et à Toulouse sont prêts à prendre l'air pour emporter vivres et matériel médical quand l'ordre leur en sera donné.

À 10 h 31, un de mes collaborateurs passe la tête dans l'entrebâillement de la porte et lance : « C'est fait, ils viennent d'atterrir à Sarajevo ! » Nous sommes heureux. Je m'assure que Joxe est bien au courant. Le ministre de la Défense arrive comme les carabiniers. Il est vexé d'apprendre la nouvelle par ma bouche…

La télévision rapporte la visite de François Mitterrand dans la ville dévastée, qui a eu à subir les bombardements serbes depuis trois mois et les impitoyables tirs de tireurs isolés. Le président se déplace en véhicule blindé léger. Sur certaines images, on le voit même porter un gilet pare-balles. Ses gardes du corps craignent à l'évidence ces snipers. Après avoir visité l'état-major des Casques bleus pour les encourager, il se rend à la présidence bosniaque, puis à l'hôpital pour saluer les nombreux blessés. La foule applaudit, remercie la France. Des images pour l'histoire.

29 et 30 juin 1992

Visite au roi Fahd d'Arabie saoudite. À Djeddah, dans son immense palais réfrigéré, nous évoquons les problèmes du monde arabe, nous venons d'apprendre l'assassinat du président algérien, Mohamed Boudiaf. Il analyse : « Il y avait en Algérie 49 partis politiques qui n'ont obtenu que très peu de voix aux élections. Où sont passés ces militants et ces électeurs ? Ils ont été avalés et digérés par le FIS [Front islamique du salut] et les intégristes. » Il est d'humeur badine et me raconte des histoires de Bédouins.

1er juillet 1992

Je repasse par Paris pour me rendre sans délai à Alger afin d'assister aux obsèques de Mohamed Boudiaf, assassiné à Annaba. Mitterrand, que j'avais fait consulter, avait répondu : « Que Dumas y aille, s'il n'est pas trop fatigué. »

Le président du Haut Comité d'État n'est resté au pouvoir que cinq mois, après un exil de vingt-huit ans au Maroc. Il avait entrepris de faire la chasse à la corruption dans l'appareil d'État algérien. C'est peut-être là qu'il faut chercher la main qui a commandité le crime.

Les organisateurs m'ont placé au premier rang du cortège, parmi les militaires. Quand Arafat m'aperçoit, il se précipite sur moi, m'embrasse et ne me lâche plus. Pendant toute la cérémonie, il pleure en psalmodiant des versets du Coran. La musique arabe est envoûtante et la foule reprend en chœur des incantations qui ponctuent l'éloge funèbre de Boudiaf. La troupe alignée le long du caveau tire des salves d'honneur. La cérémonie n'a duré qu'une quarantaine de minutes dans l'incroyable pagaille d'une foule en désarroi.

6 au 8 juillet 1992

Dans l'avion qui nous conduit à Munich pour la réunion du G7, le président évoque le risque de cohabitation après les élections législatives de 1993: «J'appellerais bien Giscard [en cas de changement de majorité], mais j'imagine qu'il sera pressé et bousculera les choses pour me faire partir. Je ne dis pas que je ne partirai pas avant 1995, mais je veux être maître de ma décision et de ma date.» Message «téléphoné»: songe-t-il à se retirer?

Le soir, nous nous retrouvons dans un des châteaux de Louis II de Bavière, conviés par le président allemand. Eltsine a été invité à se joindre aux agapes. Le président américain se présente au balcon, tantôt avec le chancelier, tantôt avec le président russe, devant les caméras et les flashs qui crépitent. George Bush vient vers moi, tout sourire, les bras au ciel. «*Show-biz!*» s'amuse-t-il.

8 au 10 juillet 1992

Comme de vieux étudiants

Sommet de l'Union de l'Europe occidentale à Helsinki. Cet organisme a été institué juste après la guerre pour contrarier les ambitions soviétiques en Europe. Il joue aujourd'hui le rôle de passerelle entre l'Alliance atlantique et la Communauté européenne, avec d'incessantes querelles de préséance entre les deux organisations.

Dans la voiture, Mitterrand me dit, gourmand:

«Nous allons essayer ce soir de nous trouver un bon petit restaurant de poisson typiquement finlandais. En existe-t-il?

– Je pense que oui.

– Avec les 53 délégations présentes, ils risquent peut-être d'être tous complets.

– Ce n'est pas le genre de vie que mènent les autres chefs d'État...

– C'est nous qui avons raison. La vie est un peu plus agréable comme cela. Au fond, nous vivons comme de vieux étudiants!»

La bataille est vive entre les États-Unis et la France. Le nouveau ministre allemand des Affaires étrangères est intervenu à trois reprises auprès de moi pour me dire que son pays se sent mal à l'aise dans cette incessante querelle franco-américaine. Klaus

Kinkel est l'ancien directeur de cabinet de Genscher. Membre du Parti libéral démocrate (FDP), il n'a pas la trempe de son mentor. Les Hongrois et les Néerlandais, sans doute « attisés » par les Américains, exigent la subordination. La réunion entre ministres des Affaires étrangères se prolonge. Nous devons laisser la place aux chefs d'État. À notre grande surprise, nous voyons débarquer Kohl et Mitterrand qui jouent les complices. Le chancelier lance alors à la cantonade : « C'est la première percée du corps franco-allemand », et ils s'asseyent parmi nous en rigolant. Stupéfaction générale ! Arrive Bush, lui aussi d'humeur badine, accompagné de ses collaborateurs. Il regarde sa montre et dit : « C'est toujours la même chose, c'est l'Europe qui nous retarde ! » Hilarité générale.

Nous avons réussi de haute lutte à faire reconnaître dans le communiqué final la non-subordination de l'UEO à l'OTAN. J'ai « emporté le morceau » après deux tête-à-tête directs avec Baker. Pour montrer la « parfaite identité de vue entre Washington et Paris », Baker et moi quittons ostensiblement la salle de conférences bras dessus, bras dessous devant photographes et caméras.

11 juillet 1992

La *Tosca*, de Puccini, va connaître un succès jamais égalé avec cette version en DVD. La représentation exceptionnelle a été tournée au palais Farnèse, l'ambassade de France à Rome, là même où le compositeur et son librettiste, Victorien Sardou, ont situé l'action. Malgré les réticences des défenseurs du patrimoine, j'ai donné mon accord, à la demande de mon ami Plácido Domingo, qui tient le rôle du chevalier Cavaradossi. Le palais Farnèse est sans doute une des plus belles ambassades au monde. Ce n'est pas un musée. Je suis heureux d'avoir contribué à le faire (re)vivre et mieux connaître. L'opéra filmé est surtout le moyen pour le plus grand nombre d'accéder à un art encore jugé élitiste.

14 juillet 1992

Dans la traditionnelle interview de la fête nationale, le président déclare que « la République n'a pas de comptes à rendre au régime de Vichy ».

17 juillet 1992

Bousquet ne « passe » pas

Manifestation en souvenir du cinquantième anniversaire de la rafle du Vél'd'Hiv en juillet 1942. 13 000 Juifs y ont été parqués dans des conditions inhumaines avant d'être envoyés dans les camps d'extermination. La déclaration du 14-Juillet a suscité des remous dans l'opinion et en particulier au sein de la communauté juive. Quand le président arrive sur les lieux, au côté de Jean Kahn, des sifflets montent de la foule. Des excités crient : « Mitterrand, à Vichy ! » Robert Badinter est debout à la droite du président, je suis à sa gauche. Robert a le bon réflexe. Il monte à la tribune et éructe, défiguré par la colère : « Vous m'avez fait honte. Il y a des moments où il est dit dans la Parole : "Les morts vous écoutent." Je ne demande pas d'applaudissements, mais le silence que les morts appellent. Taisez-vous. Vous déshonorez la cause que vous croyez servir. » Le président reste d'un blanc de marbre, mais il est visiblement « secoué ». Le malaise se lit sur le visage des invités. Badinter n'ignore rien du passé de son ami. Il m'a dit un jour : « La seule chose qui ne "passe" pas, c'est Bousquet... »

Juillet 1992

Depuis plusieurs jours, je suis l'objet de pressions constantes de la part de ministres qui veulent se rendre en Israël. Les élections ont ramené les travaillistes au pouvoir, ce qui ouvre des perspectives nouvelles. Raison de plus, pensent-ils, pour insister. Les plus ardents sont mes deux secrétaires d'État, Kouchner et Kiejman. Chacun veut être le premier. Ils se marquent à la culotte. Ils ont réservé leurs dates, annoncé leur passage et tenu des conférences de travail. Je n'arrive pas à les contenir. Au cours d'une réunion chez le secrétaire général du Quai, Kiejman, qui insiste pour être le premier, dit, sans crainte du ridicule : « Génétiquement parlant, c'est moi qui comprends le mieux les Israéliens. » Pour ne pas être en reste, Kouchner excipe d'une invitation ancienne relative aux questions de santé en Israël pour nous forcer la main. C'est la guerre des pro-israéliens.

J'appelle le ministre israélien des Affaires étrangères qui m'annonce sa visite à Paris dès après la venue de Baker à Tel-Aviv. Je fais savoir aux agités qu'il ne serait pas convenable qu'ils rencontrent Shimon Peres avant que François Mitterrand ne l'ait reçu. Fin des manœuvres. Rompez !

Dans l'après-midi, le président reçoit à l'Élysée le nouveau Premier ministre de l'État fédéral yougoslave, Milan Panic, élu le 14 juillet. Ce petit homme vibrionnant a fait fortune aux États-Unis dans les laboratoires pharmaceutiques avant de rentrer au pays pour faire carrière avec un bon paquet de dollars en poche. François Mitterrand lui raconte sa rencontre avec le président bosniaque Izetbegovic :

« Il est enfermé irrémédiablement dans son raisonnement. »

Et il ajoute :

« Il n'est pas question d'envoyer sur place des militaires français, et nous userons même de notre influence au Conseil de sécurité pour qu'il en soit ainsi.

– Merci, merci, merci », répète le Serbe au moins dix fois, à tel point que cela en devient gênant.

Quand il prend congé, il ne lâche plus les doigts du président. Je crains même qu'il ne lui baise les mains ! Vidal, le conseiller diplomatique de l'Élysée, qui assiste à la rencontre, m'a fait passer ce mot pendant l'entretien : « Je crains pour lui qu'il ne se fasse assassiner… » L'homme ne nous paraît guère fiable, en effet. Nous nous arrangeons pour limiter ses déclarations à la presse sur le perron de l'Élysée. Incontrôlable.

29 juillet 1992

C'est le dernier Conseil avant les vacances. Le président commente le rapport d'Émile Biasini, son secrétaire d'État chargé des Grands Travaux. Il se justifie : « Ce ne sont pas des palais qui nous sont réservés pour notre retraite ou nos familles. C'est pour le bien général. »

Été 1992

La discussion est toujours vive entre les conseillers et les amis du président pour savoir s'il est opportun ou non de faire ratifier par référendum le traité signé à Maastricht. Entre les deux voies possibles, parlementaire et référendaire, je préfère la plus tranquille, c'est-à-dire la première. Le président persiste à s'orienter vers la seconde tout en mesurant les risques encourus, ce qui ne manque pas de noblesse.

«Je veux que ce soit irréversible et qu'un autre président après moi, ou une autre majorité, ne puisse défaire ce que nous avons fait. Ce n'est pas le Parlement qui doit trancher, mais le peuple.

– C'est courageux, mais nous prenons un gros risque.»

Le lendemain de l'annonce, Valéry Giscard d'Estaing, président de l'UDF, me téléphone. Et m'annonce: «Nous allons vous aider.»

Il me propose d'organiser des réunions communes entre les défenseurs de l'Europe, qu'ils soient de droite ou de gauche, «entre vous et nous», dit-il. Nous désignons Élisabeth Guigou, qui a une bonne connaissance des dossiers européens en tant que ministre déléguée aux Affaires européennes. Elle s'est surtout beaucoup investie dans la préparation et la négociation du traité de Maastricht. Mais l'affaire n'aura pas de suite. Le lendemain du meeting commun, VGE me téléphone pour me faire comprendre que la personne choisie par nous n'était pas «à sa hauteur». Il faut dire aussi que cette initiative n'avait pas l'heur de plaire dans les rangs de notre formation. Aller sur les estrades avec l'adversaire pour dire la même chose que lui n'était pas bien vu des adeptes de la petite tambouille politicienne…

Face à notre scepticisme, François Mitterrand apparaît assez sûr de lui. Il sait qu'il va devoir aller lui-même «au charbon», ce qui ne manque pas de courage, car la maladie se manifeste à nouveau.

23 août 1992

J'ai 70 ans. Le premier à me téléphoner est Genscher, ensuite Plácido Domingo, d'Acapulco. Mirella Freni m'appelle de New York et son mari, Nicolaï Ghiaurov, de Salzbourg. Le soir, c'est Houphouët-Boigny, le président de la Côte d'Ivoire, qui me témoigne son amitié.

24 août 1992

Le président vient dîner à Saint-Selve. Nous plaisantons sur l'âge. Il est détendu et joyeux.

25 août 1992

Moscou aux abonnés absents

Je pars très tôt pour Londres afin d'assister à la première réunion de la conférence internationale sur la Yougoslavie, coprésidée par lord Carrington et Boutros Boutros-Ghali. Elle commence par un déjeuner avec le Premier ministre John Major. Sont présents le vice-secrétaire d'État américain, Lawrence Eagleburger, le secrétaire au Foreign Office, Douglas Hurd, le médiateur pour la Bosnie et la Croatie, Cyrus Vance, et le ministre des Affaires étrangères russe, Andreï Kozyrev.

Pour une fois, un Américain connaît bien la réalité des Balkans. Eagleburger a été ambassadeur à Belgrade, et Bush l'a même nommé conseiller diplomatique pour la Yougoslavie. Sa longue déclaration est véhémente. Il dit que l'on a tort de faire une fixation sur les prétendus crimes de la Serbie, que les atrocités sont des deux côtés, que ce serait une erreur que notre conférence renforce l'embargo contre la Serbie. Je lâche: «Je préfère que ce soit Eagleburger que moi qui le dise!» Il va même jusqu'à nier les atrocités commises par les milices paramilitaires dans la république sécessionniste de Croatie, en 1991. Il y a même gagné son surnom de «Lawrence de Serbie» [par analogie avec Lawrence d'Arabie]!

Enhardis par cette déclaration, Peter Carrington, Boutros Boutros-Ghali et Cyrus Vance disent la même chose. C'est le renversement des alliances… Major, lui, «flotte» à l'évidence. Les Russes aussi. Quand je demande à Kozyrev si la Russie est prête à participer à la force militaire d'accompagnement de l'aide humanitaire, il me fait une réponse embarrassée. Moscou n'existe plus guère sur la scène internationale.

2 septembre 1992

Des militants trop «amortis»

Au Conseil des ministres, le président de la République justifie son choix du référendum.

Clairvoyant: «On ne peut "inventer" le peuple français comme il n'est pas mais comme on souhaiterait qu'il soit. En agissant ainsi, on ruinerait à la longue la République. C'est pour cela que j'ai pris mes risques. »

Paradoxal : « Je considère, à tout prendre, que l'autre procédure [la voie parlementaire qui était assurée] était en définitive plus dangereuse pour la démocratie que de prendre le risque que nous courons aujourd'hui. »

Républicain : « Mais ne perdons pas de vue que l'on peut cumuler les avantages. Si le vote est acquis par le chemin le plus difficile, cela constituera un réveil de la conscience politique. C'est vrai que nous faisons une confiance un peu aveugle à notre peuple, mais ne faut-il pas se comporter comme cela quand on est républicain ? »

Autocritique : « J'ai voulu assurer la construction européenne en l'assoyant sur le consensus national. On a trop oublié d'informer le peuple, dans le passé, des perspectives de cette construction. Il ne sait rien, ne comprend pas de quoi on parle. Le traité ? Il n'est pas rédigé dans un langage populaire. »

Militant : « Ce sera rude, mais ce sera un exercice démocratique sain, y compris pour nous-mêmes. Nous allons retrouver nos réflexes de militants qui étaient un peu "amortis" ! »

Il parle ensuite de son « duel télévisé » qui aura lieu demain avec Philippe Séguin. « Je suis connu pour être critique et assez avare de compliments pour le dire aujourd'hui : je connais trop les ressources de la dialectique oratoire pour ne pas me méfier mais, ces derniers temps, les choses se sont bien passées. Le Premier ministre [Pierre Bérégovoy] a fait une excellente intervention [télévisée], argumentée et pédagogique. J'espère que je ferai aussi bien que lui. »

Dans l'après-midi, il reçoit lord David Owen, coprésident avec lord Carrington de la commission de l'ONU sur la Yougoslavie. Lord Owen vient faire le forcing pour que la France accepte de s'associer aux pressions économiques sur Belgrade. Mitterrand redit ses convictions et ses craintes :

« On ne peut accepter le partage territorial au gré des considérations ethniques. Je crains que sur cette base on ne trouve pas de solution, car les Serbes ne céderont pas. »

Owen acquiesce :

« Les Serbes ne sont pas d'accord pour la constitution d'un État homogène et unifié en Bosnie-Herzégovine…

– Tito était un homme raisonnable malgré sa brutalité. Il a fait triompher le droit par la force. Personne à l'étranger ne s'en est alors mêlé, et pendant vingt ans ces peuples ont vécu ensemble », analyse Mitterrand.

3 septembre 1992

Au sommet de son art

Je suis parmi le public dans le grand amphithéâtre de la Sorbonne plein à craquer. Le président a préféré débattre avec un « politique » plutôt qu'un grand patron, mais il n'a pas choisi son interlocuteur. Séguin est le chef de file du « non » au référendum, mais il respecte l'homme qui est en face de lui. D'autant plus que François Mitterrand n'est pas en forme. Il a les joues et les yeux creux. Séguin a étalé ses notes sur la table, ce qu'il ne faut jamais faire. Mitterrand n'a que sa force de persuasion. Dieu sait si elle est grande. Il parle avec son cœur d'un projet exaltant pour les générations futures. Séguin est sur la défensive, empêtré dans la déférence au grand aîné.

En lui donnant du « monsieur le président », il met sur un piédestal et valorise tout ce que François Mitterrand dit. Au moment de l'entracte, le président me fait appeler dans les coulisses où une « loge » lui a été installée à côté de ce qu'il faut bien appeler un « studio de télévision ». À ma grande surprise, j'y découvre tout un appareillage médical. Il est très faible. Guillaume Durand, qui anime le débat, s'inquiète, car il tarde à revenir sur le plateau. Il fait enfin son apparition, tel un spectre. Et la magie opère à nouveau. Le verbe est précis comme une lame, la pensée claire comme une source de jouvence.

Phénomène curieux chez Mitterrand, avant même que sa maladie ne soit connue, il arrivait « crevé » à une réunion publique et me demandait de se reposer cinq ou dix minutes. Dès qu'il entendait les bruits de l'assistance puis les applaudissements, il retrouvait toute son énergie. Quelque chose en lui s'allumait alors.

À la fin de l'émission, je vais saluer Philippe Séguin qui me confie : « J'ai retenu un peu mes coups, car cela me faisait peine de voir le courage dont il fait preuve alors qu'il est si malade. »

Jean d'Ormesson faisait aussi partie des « contradicteurs ». Il me dit : « Je me suis fait avoir comme un gamin. Je n'ai pas dormi de la nuit pour préparer des arguments convaincants. » D'Ormesson avait trouvé la formule suivante :

« Vous êtes très bas dans les sondages...

– Oui, eh bien ?

– Vous risquez de plomber le référendum.

– Je sais que ce que vous souhaitez, c'est que, quelle que soit la réponse, je m'en aille. »

La salle a ri. L'affaire était pliée.

9 septembre 1992

Conseil des ministres. Louis Mexandeau, ministre des PTT, lit une intervention particulièrement fastidieuse sur les nouvelles technologies. Le président montre des signes d'agacement et lui signifie par des gestes d'abréger. Il finit par lâcher : « M. Mexandeau nous a habitués à être un bon orateur. Je peux donc lui faire la remarque suivante : il serait beaucoup plus agréable de l'entendre autrement que lorsqu'il lit un document. Je dis cela parce que je connais son talent. » Loulou est pivoine. Bérégovoy se penche vers moi et me glisse à l'oreille : « Ce qu'il peut être cruel parfois ! »

10 au 12 septembre 1992

À l'occasion de sa visite à Paris, Shimon Peres, ministre des Affaires étrangères d'Israël, m'a demandé à trois reprises que j'intervienne auprès des Syriens. Il s'en est ouvert au président de la République qui lui a dit n'y voir aucun inconvénient. Je donne un dîner officiel en son honneur. J'ai, bien sûr, convié ce que la communauté juive française compte de membres influents. Le ministre d'Israël se montre avec moi plus que fraternel. Le climat de confiance est total.

Au moment des toasts, nous abandonnons, l'un et l'autre, nos discours préparés par nos services. Nous improvisons. Il souhaite me voir jouer un rôle entre son pays et la Syrie, en raison de mes relations anciennes avec le monde arabe en général et Damas en particulier.

Après dîner, je convie Shimon Peres à poursuivre notre conversation en tête à tête. Israël souhaite obtenir de la Syrie une paix complète allant jusqu'à la reconnaissance mutuelle avec échange d'ambassadeurs. En contrepartie, son pays était prêt à faire des concessions politiques et territoriales, comme cela avait été le cas avec l'Égypte. Nous élaborons un plan en cinq points que je soumettrai à Hafez el-Assad, le président syrien.

Soir du 10 septembre 1992

Depuis quelque temps, j'ai noté un changement physique impressionnant. François Mitterrand a maigri, sa peau s'est parcheminée. Ses yeux semblent profondément enfoncés dans les orbites. Marie-Claire Papegay, la fidèle secrétaire, qui d'habitude a toujours un sourire dans la voix, me dit sur un ton sourd: « Roland, je vous passe le président de la République ». Lui, laconique:

« Roland, c'est vous?

– Oui, président. Bonsoir.

– Vous savez que vous avez toute ma confiance.

– Merci, monsieur le président.

– Demain matin, je me fais opérer.

– Ah, quelle nouvelle!

– Je voulais que vous le sachiez. Je vous remercie de veiller à tout avec le Premier ministre à qui j'ai transmis mes pouvoirs.

– Combien de jours serez-vous en convalescence?

– Quelques jours. Je vous donnerai des nouvelles. Bonsoir. »

Clac. En raccrochant, je reste un long moment perplexe, surpris par le côté sec de l'échange. Aucun affect, encore moins d'apitoiement. Je savais qu'il attendait le référendum pour se faire opérer. Il n'a pas pu. Ses médecins l'ont convaincu d'intervenir plus tôt.

12 septembre 1992

Comme le président est toujours à l'hôpital, je demande son accord au Premier ministre pour aller rencontrer Hafez el-Assad. Il me dit OK.

14 septembre 1992

J'ai précipité mon voyage en Syrie, car Shimon Peres m'a laissé entendre que les Américains essaient de s'entremettre. Il souhaite que la France ait le bénéfice de cette négociation. De même veut-il réintroduire la France dans le processus de paix. J'ai pris soin de ne pas passer par l'administration du Quai. Je n'ai pas besoin d'un «porte-avions», mais d'une vedette maniable. Le poisson-pilote est, bien sûr, mon amie Nahed Ojjeh. Hafez el-Assad m'a fait dire que son ministre des Affaires étrangères ne serait pas là et que ce n'était pas utile de prévenir mon ambassadeur. J'atterris sur l'aéroport de Damas où un Mystère 20 aux couleurs syriennes m'attend en bout de piste. Mais il n'est pas seul. Sont également là le ministre syrien Chareh et mon ambassadeur, Daniel Contenay! J'ai encore des progrès à faire en matière de services secrets.

Le Mystère syrien m'emmène à Lattaquié, lieu de résidence de Hafez el-Assad. C'est une station balnéaire et un port franc construit sur des sites antiques dont il ne reste pratiquement rien. Puis un hélicoptère militaire me dépose non loin d'une résidence en bordure de mer. Cossue sans être ostentatoire. Le président syrien m'attend en haut du perron, souriant. Il me fait admirer le paysage marin et son jardin, en particulier une sorte de rocaille de pierre blanche où bruissent des cascades.

Il me demande d'emblée des nouvelles de François Mitterrand. Je lui explique. Il me parle des maladies de la prostate... Nous discutons de la pratique des langues. Il a appris le français au lycée pendant sept ans mais a tout oublié. Il s'est familiarisé avec l'anglais dans l'armée de l'air et avec le russe pendant ses stages en URSS.

À la veille du référendum en France, il s'intéresse à ce qu'il appelle le «plébiscite». Il veut savoir ce que le traité de Maastricht va changer: «Alors, dans quelques années, la France n'aura plus de gouvernement, ce sera l'Europe qui décidera de tout?» Je dois «ramer» pour lui expliquer notre politique qui paraît pour le moins étrange à un autocrate! Il est très au courant des dossiers et un redoutable dialecticien. J'ai affaire à un véritable homme d'État.

Pour amener la conversation vers ce pour quoi je suis venu, j'évoque la réconciliation franco-allemande comme base de la construction européenne. « Oui, dit-il, il faut que les peuples sachent mettre fin à leurs guerres et faire la paix. Mais la paix, pour être durable, doit être juste. Il ne faut pas qu'une partie veuille en profiter pour confisquer les droits de la partie adverse. » Il m'apporte la transition sur un plateau. Notre jeu de chat et de souris l'amuse. Il rit. Son regard s'allume. Je me lance : « Je suis venu vous parler d'Israël… »

Chez le Bismarck de Damas

L'entretien dure quatre heures. Le « Bismarck du Moyen-Orient », comme on le surnomme, aime les fresques historiques, les métaphores, les citations. Il est en cela très oriental. Pourquoi aller droit au but alors que l'on peut user de chemins de traverse qui sont le charme de la conversation ? Il est très au fait de la situation internationale. Il reconnaît que le nouveau plan de paix américain et l'arrivée d'Yitzhak Rabin à la tête du gouvernement israélien changent la donne. Il possède bien ses dossiers et passe pour un travailleur forcené qui peut convoquer un ministre en pleine nuit.

Quand j'entre dans le vif du sujet, il change de tactique. J'évoque la sécurité des frontières, la nécessité de protéger Israël de toute agression et de garantir la Syrie de toute invasion. J'en arrive alors au point principal : la souveraineté sur le Golan disputée entre les deux États, le sort des 12 000 colons juifs qui s'y sont implantés. Damas a toujours fait de la restitution de ce plateau, situé au nord-est du lac de Tibériade, la condition préalable à toute négociation de paix. Chaque mot compte. Le ministre prend des notes. Hafez el-Assad écoute avec attention la traduction de son interprète, puis s'adresse à moi directement en anglais. Il se tourne à nouveau vers ce dernier pour être sûr d'avoir bien compris. À trois reprises, il me dit : « Il est possible de discuter avec les Israéliens s'ils veulent réellement la paix. »

Curieusement, il ne fait aucun commentaire sur le Golan. En revanche, il ne mâche pas ses mots sur les colonies de peuplement : « On ne peut pas moins faire pour la Syrie que l'on a fait pour l'Égypte [où des colonies avaient été finalement rasées]. » Il se lance dans une attaque en règle de Henry Kissinger, l'ancien secrétaire d'État américain. Il redit qu'il est favorable au rôle de l'Europe et à la médiation de la France. « Mais l'Europe est favorable à Israël », regrette-t-il.

J'ai gardé pour la bonne bouche le plan en cinq points de Shimon Peres. Il m'écoute et s'enquiert, non sans ironie : « Est-ce que ce point de vue est partagé par M. Rabin ? » Il met le doigt où le bât blesse, car il sait les dissensions qui existent entre le Premier ministre israélien et son ministre des Affaires étrangères. Son regard sceptique en dit long. Il répète : « Tout est discutable. »

Il me convie alors dans une salle à manger vaste mais sans style et s'excuse de ne prendre que des laitages, car il souffre de l'estomac. Il est assis en face de moi. Son crâne en poire renversée, au front dégarni et hypertrophié est surprenant. Ses petits yeux noirs qui vous percent ont quelque chose d'inquiétant. J'essaie de le convaincre de participer au deuxième volet de la conférence de paix de Madrid sur le développement et la coopération économiques dans la région, il me rétorque : « Vous me priez d'assister à cette conférence pour parler de la coopération dans la paix alors que la paix n'est pas encore faite. C'est comme si vous me demandiez de récolter les pommes avant d'avoir planté le pommier ! »

Voyage à forte « résonance »

Dès mon retour à Paris, j'appelle sur-le-champ Shimon Peres pour lui rendre compte dans le détail de cette longue entrevue. Il me remercie et ajoute : « Roland, tu dois savoir que ton déplacement à Damas a eu une forte "résonance" à Washington et ici aussi [en Israël]. » Ce n'est pas nouveau. La résonance est en fait une forte hostilité américaine à toute initiative française. Dès ma rencontre avec Peres, le département d'État avait envoyé un message à Israël on ne peut plus clair : « Avant la visite en Israël du ministre français des Affaires étrangères, M. Roland Dumas, les États-Unis font valoir que l'initiative française ne contribue pas à la promotion du processus de paix. » Peres est embarrassé. Il me demande de faire savoir que je ne suis pas chargé d'une discussion directe avec Arafat. Pour les Israéliens et les Américains, le barbu au keffieh est plus que jamais l'incarnation du diable.

Le vice-secrétaire d'État Lawrence Eagleburger ne me l'envoie pas dire. Dans une lettre qui fait fi des usages diplomatiques, il écrit : « Étant donné le point de vue que nous ont exprimé les parties, je pense qu'il ne serait pas sage, voire contre-productif, d'ajouter à ce stade des voix supplémentaires. » *Vlan*. Je trouve le propos cavalier dans la forme et indécent sur le fond. Piqué au vif, je réponds sur le même ton en le rappelant au respect de la souveraineté et à l'indépendance de notre diplomatie. Je précise que ce sont les parties en cause qui nous ont demandé d'intervenir. Je poursuis en affirmant haut et fort qu'il ne faut pas compter sur moi pour faire de la France un pion sur l'échiquier de la politique américaine, fût-ce au Proche-Orient. Et je conclus par une phrase sans équivoque : « J'entends poursuivre, au nom de mon pays souverain, une action diplomatique que je crois utile à la cause de la paix. »

16 septembre 1992

Un combat noble à mener

À 17 heures, François Mitterrand sort à pied du pavillon d'urologie de l'hôpital Cochin, suivi de son chirurgien en blouse blanche, le professeur Ady Steg, chef du service d'urologie, et de son adjoint, le professeur Bernard Debré, le fils de Michel Debré. La médecine est œcuménique. Pour rassurer l'opinion, le président a prévu de répondre aux questions des journalistes massés nombreux devant le perron. C'est la première fois qu'un chef d'État en exercice parle du cancer qui le frappe.

Arlette Chabot :

« Vous êtes en forme ?

– Ce sera à vous d'apprécier ! »

Jean-Luc Mano :

« Vous avez toujours souhaité la transparence. Avez-vous envisagé de démissionner ?

– Je n'y ai pas encore songé. Je ne pense pas qu'on m'ait enlevé un lobe du cerveau ? Il ne vous a pas échappé que ce n'est pas de ce côté-là que ça se passe ! »

Arlette Chabot :

« Vous réagissez bien contre la maladie ?

– Comment voulez-vous que je fasse ? C'est un combat noble à mener. »

À une question sur le référendum, il répond: «Je souhaite que les Français optent pour le oui. La France ne pourra que s'en trouver grandie. Mais je ne suis pas venu parler politique, même si j'ai bien l'intention d'en parler de temps à autre...»

17 septembre 1992
Maastricht ou la guerre

Au Conseil des ministres, retardé d'un jour, le président revient longuement sur le référendum et exhorte ses ministres à en parler avec conviction et de la façon la plus simple possible. Il n'y va pas par quatre chemins: «Ce sera Maastricht ou la guerre. Il faut bien expliquer que l'Europe sans Maastricht, c'est l'Europe des affrontements.» Il conclut: «La France aura beaucoup plus d'autorité après le référendum pour parler de la construction européenne, car ce sera le peuple français qui aura décidé...»

18 septembre 1992

Mitterrand me dit le plus grand bien de son chirurgien, le professeur Ady Steg: «C'est le meilleur et j'ai une totale confiance en lui. Vous devriez le rencontrer.» Le président rend hommage à sa mesure, à sa discrétion. Il ne me rappelle pas que c'est le professeur Steg qui, dans les premiers jours de son septennat, lui avait révélé la présence d'un cancer métastasé. Je me demande comment il a pu «tenir» pendant plus de dix ans.

20 septembre 1992

Le traité de Maastricht a été soumis à référendum. Un studio de télévision est installé dans une annexe du palais, au 1, rue de l'Élysée. Quilès [ministre de l'Intérieur] m'appelle au téléphone pour que je retienne le président dans son bureau: «Ne lui dis pas d'y aller, car nous n'avons pas les résultats définitifs, et ce n'est pas gagné.» François Mitterrand est impatient d'avoir les résultats. Il me demande sans cesse d'appeler Quilès pour connaître les derniers chiffres. Il est très tendu, car il a mis tout son poids dans la balance. Un échec devant le peuple serait aussi le sien... Quand on apprend que c'est gagné (de justesse, à une très courte majorité), nous nous dirigeons vers le studio d'où il va enregistrer son allocution, nous marchons d'un pas léger...

Je ne suis pas cardiaque !

Une table grise a été dressée devant une cheminée. Après être passé devant la maquilleuse qui lui donne un teint frais, il se présente dans le halo de lumière : « Nous venons de vivre l'un des jours les plus importants dans l'histoire de notre pays... » Il en est convaincu. Il sait que le spectre de la guerre entre la France et l'Allemagne s'est définitivement éclipsé. Il est heureux d'avoir gagné le pari « de la jeunesse et du renouveau ». Comme Reagan après sa prestation, il me demande : « Ça allait ? » J'hésite à lui répondre par l'affirmative, car il a buté sur un mot. Je finis par le lui dire. « On la refait ! » lance-t-il au réalisateur. Après l'enregistrement, il me glisse à l'oreille : « Vous savez, Roland, je sais que je suis malade, mais heureusement que je ne suis pas cardiaque, car j'y serais resté ! »

25 septembre 1992

Le président est à Belle-Île, dont il a découvert tardivement la beauté sauvage. Il est accompagné du docteur Bernard Kouchner et de Robert Mitterrand. Avec la maladie, les deux frères se sont rapprochés. C'est l'aîné qui avait fait venir au chevet du cadet un ponte de l'urologie américaine, le professeur J. Edson Pontes. Celui-ci n'avait pas examiné le malade mais confirmé qu'il fallait poursuivre la chimiothérapie. De Detroit, il avait envoyé par fax ses prescriptions.

Octobre 1992

Négociations secrètes à l'hôtel Meurice entre Israéliens et Palestiniens. Il est fréquent que ce type de rencontre ait lieu dans les palaces parisiens. Elles se tiennent au niveau de conseillers diplomatiques et de ministres, très rarement de chefs d'État, enregistrés sous de faux noms. Un moyen de garder le contact dans la plus grande discrétion. Généralement nous savons ce qui se dit mais nous ne nous en mêlons pas.

Nouveau voyage en Syrie. Ma mission est triple : faire en sorte de réintroduire la France dans le jeu diplomatique au Proche-Orient, convaincre Assad de lâcher du lest vis-à-vis d'Israël et essayer d'en savoir plus sur la façon dont notre concitoyen Michel Seurat est mort. La thèse de la maladie ne tient pas. J'ai déjà fait parvenir des fiches dentaires pour faciliter son identification. Dans un salon quelconque du palais présidentiel à Damas, le président syrien me garde pendant sept longues heures. La discussion est plus serrée que lors de la précédente rencontre. Je demande une interruption pour aller aux toilettes.

La vérité me revient en plein visage. Michel Seurat a été exécuté d'une balle dans la tête « sur un ordre venu de très haut », c'est-à-dire vraisemblablement des Syriens, et son corps jeté dans la fosse commune d'un cimetière chiite de Beyrouth, non loin de l'ambassade de France. De retour à Paris, François Mitterrand me demande de garder le secret sur cette macabre vérité.

9 octobre 1992

Alors que je prends congé de mon homologue tchèque, Josef Zieleniec, mon directeur de cabinet m'annonce que le directeur de la DST en personne, Jacques Fournet, lui a fait part de rumeurs sur mon compte. J'aurais touché des commissions d'Elf qui m'auraient permis d'acquérir un appartement. Comme mon dernier achat d'appartement remonte à 1974, je ne prends pas l'affaire au sérieux. J'ai d'autres choses à faire…

[J'aurais dû m'en soucier sur le moment, car cette histoire d'appartement m'a pourri la vie pendant des années. La justice a fini par me blanchir, mais au prix de bien des souffrances. Dans les années 2000, je finirai par apprendre qu'un homme de main proche d'Alfred Sirven avait participé à des tentatives de déstabilisation sur ma personne. Je n'ai pas souvenir que le juge d'instruction ait entrepris de l'interroger plus avant…]

14 octobre 1992

Visite à l'Élysée du Premier ministre danois, Schlüter, qui vient faire part de ses difficultés pour faire ratifier le traité de Maastricht. Il voudrait obtenir la renégociation du traité. Le président est sec : « Personne ne peut obliger les Danois à entrer dans l'Union mais ils ne peuvent pas non plus obliger leurs onze partenaires à renégocier. » Puis il se radoucit :

« Combien de temps avez-vous mis pour venir de Copenhague ?

– Une heure et demie.

– Voyez, l'Europe est petite. C'est pour cela qu'il faut la faire ! »

16 octobre 1992
« L'autre » égal zéro

Dans l'avion qui nous mène directement de Birmingham à Berlin, François Mitterrand ne dit pas un mot de l'ennuyeux Conseil européen « informel » auquel nous venons d'assister. J'ai dû plancher sur la « subsidiarité », c'est-à-dire la répartition des compétences entre Union et États membres. Pour la deuxième fois en quelques jours, il me parle de Jacques Delors : « Il a fait des bêtises depuis deux ans, mais il reste quand même le seul possible pour me succéder… » Il n'a pas ouvert le livre ancien sur sa tablette. Puis il ajoute :

« Roland, il faudrait que vous y travailliez.

– Nous avons déjà mis au point plusieurs réunions avec Mermaz en ce sens.

– Continuez ! C'est cela, il n'y a pas de raison qu'on laisse passer "l'autre". »

Il joint le geste à la parole, en faisant un rond du pouce et de l'index, ce qui veut dire « zéro ». « L'autre », c'est évidemment Michel Rocard…

17 octobre 1992

À Berlin, nous assistons aux obsèques de Willy Brandt. L'ancien chancelier antinazi, prix Nobel de la paix, était unanimement respecté en Allemagne. Une fois encore, l'histoire me saute à la gorge. Je n'en sortirai jamais. La cérémonie, fort simple, a lieu dans l'ancien Reichstag, dont seuls les murs ont été conservés. C'est l'incendie de ce parlement, en février 1933, qui servit d'alibi à Hitler pour suspendre les libertés publiques. Le Führer attribuait l'attentat à un jeune communiste « spartakiste ». Les historiens pensent qu'il faut plutôt y voir la main des nazis eux-mêmes pour piétiner la démocratie. Nous avions alors entendu la nouvelle à la radio, et mon père avait commenté que cela n'augurait rien de bon.

Le Philharmonique de Berlin, dirigé par Claudio Abbado, joue la *Symphonie inachevée* de Schubert. En 1942, c'est en manifestant contre la venue à Lyon de cet orchestre que j'avais été arrêté et emprisonné au fort Barraux. Brève cérémonie militaire sur le parvis du Reichstag. Je suis impressionné par le drapeau noir, rouge et or qui enveloppe le cercueil. L'énorme aigle des rois allemands qui git en son centre semble agripper le corps de ses puissantes serres. La musique militaire entame l'hymne national. Puis, alors que des officiers emportent le cercueil vers le fourgon mortuaire, l'orchestre joue, mais sur un rythme plus lent que ce que j'entendais dans ma jeunesse, *Ich hatte einen Kameraden*. Je revois les soldats de la Wehrmacht défiler en chantant cet hymne guerrier dans nos villes. Construire l'Europe pour éviter la guerre. Ce n'est pas qu'une formule.

La charge émotionnelle a été forte, aussi bien pour Mitterrand que pour moi. Nous marchons pendant une heure le long du canal de la Spree. Malgré l'automne, les arbres n'ont pas perdu leurs feuilles dorées. Ce ne sont pas deux hommes âgés qui flânent en ressassant le passé, mais deux jeunes gens romantiques qui refont le monde.

18 octobre 1992

Je reçois mon relevé d'indemnités de déplacement en date du 7 février 1992. Sous la rubrique « Mission Maastricht » est portée à mon crédit la somme de 895,36 francs [136 euros]. C'est peu payé pour un si grand geste !

19 octobre 1992

Une dispute titanesque rebondit de jour en jour entre Lang et Kouchner pour savoir lequel des deux annoncera à la télévision la campagne à destination des enfants de France pour les enfants de Somalie. Le premier prétend que c'est pour lui, parce qu'il est ministre de l'Éducation nationale et que l'opération se déroule dans les classes. Que nenni, répond le second, pour qui c'est de l'humanitaire pur, fonction qu'il a en charge sous mon autorité. Je laisse faire les garnements et compte les coups !

3 novembre 1992

Bill Clinton est élu président des États-Unis. Un collègue, député de mon département, me téléphone, enthousiaste :

« C'est un événement extraordinaire…

– Pourquoi donc ?

– Mais parce qu'il est de gauche !

– …»

4 novembre 1992

Au Conseil des ministres, Bernard Kouchner intervient sur la réorganisation du ministère de la Santé ainsi que du Centre national de transfusion sanguine (CNTS) après l'affaire dite du sang contaminé. C'est Lang qui est chargé de monter au créneau. Avec force circonlocutions, il se déchaîne contre ceux qui ont lancé la campagne contre Fabius et les ministres de l'ancien gouvernement. François Mitterrand prend la défense de l'actuel premier secrétaire : « À partir de ce drame humain se développe une campagne honteuse. Personne n'a le courage de s'exprimer, encore moins le comité scientifique. C'est une véritable conspiration du silence. Fabius a pris une décision audacieuse à l'époque. »

D'Air Force One

Le président Mitterrand reçoit un message de George Bush. Le président républicain a perdu l'élection contre le démocrate Bill Clinton. À bord d'*Air Force One*, qui le ramène chez lui, le président des États-Unis télégraphie : « Cher François, le soleil se couche sur ma vie publique pendant laquelle j'ai apprécié de travailler avec vous si étroitement. Croyez en mon respect et en mon amitié que je chérirai toujours. » Signé : « George. »

Ce n'est pas qu'une formule. Alors que tout aurait dû opposer le conservateur américain et le socialiste français, il existait entre eux une forme de complicité. Bush respectait Mitterrand. Il avait de l'admiration pour son intelligence, sa culture et son appréciation « historique » des événements. C'est pourquoi, à la différence d'un Reagan qui ne faisait que lire les fiches préparées par son administration, il était toujours soucieux d'avoir son avis.

7 et 8 novembre 1992

Voyage en Chine pour rencontrer le prince Norodom Sihanouk et lui parler du Conseil national suprême (CNS). Il habite dans l'ancienne légation française, une grosse villa sans charme dans le quartier des ambassades. C'est à cet endroit que se passa, en 1900, l'épisode connu sous le titre *Les 55 Jours de Pékin*, qui fit florès au cinéma : le siège des légations étrangères, par les Boxers chinois en révolte, qui se solda par l'écrasement de l'empire Qing sous les coups des coalisés occidentaux. Le prince est un passionné de cinéma. Il a même tourné des films, dont la plupart ont disparu dans la tourmente de la guerre au Cambodge. Sa vie est d'ailleurs une histoire romanesque. Il me raconte cette histoire qu'il entrecoupe de petits ricanements nerveux: «Mao Zedong avait ordonné aux Khmers rouges de ne pas trucider les enfants de la princesse Monique [épouse de Sihanouk].» Ils «exécutèrent» les consignes à la lettre et épargnèrent les enfants du prince et de Monique. En revanche, ils assassinèrent ceux que le prince avait eus d'un premier lit. Le prince poursuit: «Ils ont appliqué les consignes à la lettre. Et quand j'en ai parlé à Mao par la suite, il m'a fait cette réponse déconcertante: "J'ai été trop imprécis dans mes ordres!"»

Il me conduit à mes appartements. J'aborde ce pour quoi je suis venu:

«Il faut que je vous parle de votre élection au suffrage universel [en tant que président du Conseil national suprême]...»

Il ne répond pas. Il sort enfin de son silence et se borne à dire:

«Excellence, faites ce que vous voulez. C'est à vous de décider. Je vous suivrai.»

9 novembre 1992
Ministres responsables

En direct à la télévision, François Mitterrand répond aux questions de deux femmes, Ruth Elkrief et Arlette Chabot. Cette dernière pose d'emblée la question que tout le monde attend: «Monsieur le président, comment allez-vous?»

Quand il est embarrassé, il a ce curieux tic de frotter la paume de sa main gauche, les doigts écartés, sur le dos de sa main droite.

La question que tout le monde se pose est bien sûr la responsabilité ministérielle dans l'affaire du sang contaminé. Il compatit avec sincérité à la douleur des familles qui ont perdu un être cher à cause de traitements qui devaient les sauver. Mais il doit répondre à une question bien difficile: la réunion de la Haute Cour de justice qui devrait être amenée à voir comparaître les ministres concernés, voire le premier d'entre eux. Il reconnaît le côté «boiteux» des articles de la Constitution qui consacrent cette disposition. Mais dans l'attente d'une réforme constitutionnelle, il ne se résout pas à «l'impunité ministérielle». Alors il énonce, comme à regret: «Je suis le défenseur de la Constitution, je ne peux faire autrement que de l'appliquer.» La magistrature suprême fait fi des sentiments personnels. Cruel.

10 novembre 1992

Dans la nuit, Paul Quilès, ministre de l'Intérieur, me cherche partout. Il finit par me joindre au téléphone pour me faire part de la stupeur de Laurent Fabius qui s'estime «lâché» par le président: «Il veut démissionner de son poste de premier secrétaire du Parti socialiste et ne pas conduire la campagne des législatives l'an prochain.» Nous reconnaissons qu'il doit être difficile de vivre pareille situation alors qu'il est évident qu'il ne pouvait être informé des risques médicaux encourus par les transfusés. C'est toute la question de la «responsabilité ministérielle», un cas bien difficile à trancher.

Au sommet franco-italien, où se sont retrouvés François Mitterrand et Giuliano Amato dans la salle des fêtes de l'Élysée, Pierre Bérégovoy se tourne vers moi pendant que les deux «chefs» parlent. Il ne dit pas autre chose: «Il ne va plus être facile d'être ministre désormais...»

À la fin du sommet, le président me fait signe de l'index. Il ne comprend pas l'attitude de Fabius: «Il souhaite me voir. Je l'avais pourtant prévenu avant-hier de ce que j'allais dire à la télévision.»

11 novembre 1992

François Mitterrand fait déposer une gerbe sur la tombe du maréchal Pétain à l'île d'Yeu. Je ne suis, bien sûr, pas au courant de cette initiative. Pendant ce temps, il m'envoie représenter le gouvernement au mémorial du mont Valérien, qui est le «sanctuaire gaulliste» par excellence. Comme d'habitude, il m'a dit, mine de rien: «Roland, c'est vous qui y allez, n'est-ce pas?» Sous-entendu: les gaullistes, c'est pour Dumas.

24 novembre 1992

Clinton *gay friendly*

Bill Clinton ne s'est pas manifesté jusqu'alors, si ce n'est par un coup de fil à François Mitterrand. Le président des États-Unis a fait répondre à ma demande de rencontre qu'il ne recevrait aucune personnalité étrangère avant sa prise de fonction, le 20 janvier prochain.

En revanche, Philip Johnson, un juriste international, qui assure sa communication en Europe, a fait passer ce message inattendu *via* le secrétaire général de l'Élysée qui m'a « refilé le bébé » : « Comment la France réagirait-elle si M. Clinton, qui a promis de nommer des homosexuels déclarés à des postes importants, procédait à un tel choix pour l'ambassade des États-Unis à Paris ? » Je trouve pour le moins inattendue cette première préoccupation du président des États-Unis ! Je chantourne la réponse suivante : « Je n'y verrais aucun inconvénient à la condition qu'il parle parfaitement notre langue et que son amour le porte, sans autres considérations, vers la France... »

25 novembre 1992

Au Conseil des ministres, le président de la République intervient à propos de l'agitation des paysans : « Ils sont manipulés. Tenons toujours les mêmes arguments, mais en évitant les interventions tous azimuts des uns des autres. Pas question de céder. Essayons de durer comme cela jusqu'en mars [date des élections législatives]. » À la fin du Conseil, Bérégovoy se penche vers moi : « Quel dommage que nous n'ayons pas vingt ans de moins, et toi et moi ! »

25 au 27 novembre 1992

François Mitterrand est en visite officielle en Israël. Nous nous retrouvons à Jérusalem, dans le hall de l'hôtel King David, pour la visite aux monuments des souvenirs. Le président paraît. La cour se précipite. C'est à qui en rajoutera dans l'emphase. L'écrivain Claude Lanzmann : « Vous avez fait hier, président, un discours shakespearien... »

François Mitterrand utilise sa popularité en Israël pour dire ce qu'il a à dire, car il sait que les autorités ne lui en tiendront pas grief. Il rappelle les trois composantes de sa politique moyen-orientale : son affinité personnelle avec le peuple juif, son opposition déterminée à l'occupation des territoires conquis par Israël durant la guerre de 1967, et que le corollaire de la paix est le développement économique de la région pour en éradiquer la pauvreté. Il enfonce le clou devant les députés: «Je n'ai pas aperçu d'autres forces que l'OLP en mesure de s'exprimer au nom des Palestiniens.»

De retour à l'hôtel King David, j'admire de ma chambre, située au cinquième étage, les remparts de la vieille ville de Jérusalem, qui m'ont toujours fasciné par leurs reflets changeant tout au long de la journée. J'ai rendez-vous avec Shimon Peres pour parler des Américains.

«Eagleburger est toujours hostile à la France», regrette-t-il.

Je lui fais part de mon échange «salé» avec le secrétaire d'État américain et le pousse dans ses retranchements pour qu'il m'en dise plus.

«Eagleburger reproche à la France son ambition d'avoir une politique étrangère indépendante. Ça l'irrite au plus haut point.»

27 novembre 1992

Dans l'affaire Touvier, la Cour de cassation casse partiellement l'arrêt de la chambre d'accusation de Paris qui a prononcé le non-lieu le 13 avril dernier. L'ancien chef de la milice régionale de Lyon devra se représenter devant la justice.

2 décembre 1992

Le Conseil des ministres est entièrement consacré à la révision constitutionnelle pour modifier la saisine de la Haute Cour de justice et la nomination des membres du Conseil supérieur de la magistrature (CSM). Le président sur ce dernier point: «Je ne méconnais pas le faux procès instruit contre moi par les syndicats de magistrats eux-mêmes qui veulent en réalité un conseil corporatif élu par eux!» Il évoque, non sans humour, la façon dont il choisissait jusqu'alors les membres du CSM: «La Cour de cassation me proposait trois noms sur lesquels je n'avais pas grande liberté de choix, car les personnages étaient souvent identiques. Sur quel critère me prononçais-je donc? Sur le visage... J'en arrivais donc à faire application du "délit de sale gueule". Il m'arrivait même d'en désigner quelques-uns qui l'avaient [la sale gueule]. Mais en définitive, tous ces magistrats ne sont pas mal. Ils ont l'esprit de corps. Ils sont sympathiques. J'ai "hérité" de ceux qu'avait nommés mon prédécesseur. Ils étaient aussi agréables que ceux qui leur ont succédé. Même si leur orientation politique est souvent contraire à la nôtre, ce sont des hommes de dialogue… »

Quatorze ans, c'est trop long !

À propos de la réforme de la Constitution de la Ve République, il soliloque sur les précédentes : « J'ai voté contre en 1946, car elle était en faveur de l'anarchie, et en 1958, car elle plaidait pour la monarchie. » Il parle ensuite des différentes hypothèses en matière de durée du mandat présidentiel. « Quatorze ans, c'est trop. Il faut avoir de la compassion pour le monde autour de soi. Et puis je vois leur impatience… » Certains ministres ne peuvent retenir un sourire (cela fait plus de onze ans qu'il est à l'Élysée).

« On parle toujours de la dérive monarchique [des présidents de la Ve République]. Elle a cessé depuis 1981. Qu'est-ce qui a pu donner cette impression ou laisser courir ces images contraires à la réalité en ce qui me concerne ? Ma démarche ? Le fait que je me tienne raide dans certaines circonstances ? Eh bien, je vais vous le dire. Quand je me tiens raide, c'est que j'ai mal au dos, et pas à cause des pouvoirs que me confère la Constitution ! »

Le Premier ministre y va de son compliment appuyé : « Vous avez donné à la Constitution son vrai sens et son plein effet. Grâce à vous, il a été possible de faire cohabiter deux majorités. Quant à la dérive monarchique, laissez-moi rire… »

François Mitterrand semble ne pas avoir entendu la flagornerie. Il poursuit son autojustification : « L'opposition ne veut plus de la cohabitation, sous prétexte qu'elle a été "diabolique". Ce n'est pas vrai. Avec Chirac, je n'ai pas eu de difficultés. Il dit que j'ai gêné son expérience parce que j'ai refusé de signer les ordonnances ? C'était mon droit. Quant aux lois proposées par le Parlement, je les ai toutes signées, une fois qu'elles ont été votées. Si j'avais refusé, c'eût été une forfaiture… » Il conclut en révélant : « Je n'ai qu'un regret et n'ai commis qu'une seule erreur pendant cette période de cohabitation : ne pas être assez souvent intervenu dans les affaires de la France et du gouvernement ! »

Décembre 1992

La guerre des bananes

Le président a pris la décision de confier à moi seul la négociation du GATT [General Agreement on Tariffs and Trade, ancêtre de l'OMC). Je fais de nombreux allers et retours entre Genève, siège de l'Organisation, et Bruxelles, siège de la Commission. La confusion la plus totale règne, et je suis bombardé d'instructions contradictoires de la part de l'Élysée, de Matignon et du ministre de l'Agriculture. Je me souviens de l'échange au Conseil des ministres du 18 novembre, qui était pour le moins confus.

Bérégovoy: «Dans cette affaire du GATT, nous ne devons compter que sur nos forces et ne pas perdre de vue l'objectif.» Mitterrand: «Souvenez-vous que Napoléon a gagné toutes les batailles de la campagne de France, et cela a fini à Sainte-Hélène...» Le ministre de l'Agriculture évoque les stocks de bananes qui saturent le marché allemand. Le président, faussement agacé: «Qu'y puis-je, moi, si les Allemands n'aiment pas et ne mangent pas celles qu'on leur propose?» Cette question de la banane est un «serpent de mer», si j'ose dire. Les Allemands aiment les petites bananes de l'Amérique centrale et les Français les grosses produites dans les Antilles... Il faut réduire les contingents de grosses bananes françaises pour laisser la place aux petites bananes. Que de temps perdu!

19 décembre 1992

Les deux Chambres ont adopté une résolution visant à mettre en accusation Laurent Fabius, Georgina Dufoix et Edmond Hervé devant la Haute Cour de justice pour «non-assistance à personne en danger», dans l'affaire dite du «sang contaminé». Triste affaire, car je suis convaincu que l'ancien Premier ministre n'y est pour rien. C'est la responsabilité du capitaine de navire. Madame Dufoix a bien résumé la situation pour ce qui la concerne: «responsable mais pas coupable».

Conversation téléphonique avec Édouard Balladur. Il veut me faire part de la teneur de sa conversation avec le chancelier Kohl.

23 décembre 1992

Après mon tour d'horizon international, j'insiste sur la situation dramatique en Bosnie. Madame Marie-Noëlle Lienemann, ministre déléguée au Logement, intervient pour dire que la diplomatie ne suffit plus, que les négociations ne sont plus de mise et qu'il faut maintenant déclencher les hostilités contre les Serbes : « Il n'y a pas de raison que l'on ne fasse pas en Serbie ce que l'on a fait pour le Koweït contre l'Irak. »

Le président réplique avec une cruauté perverse :

« Il faut se méfier des parallélismes excessifs. La preuve est que vous n'en faites pas, car aujourd'hui vous êtes pour la guerre contre les Serbes alors qu'hier vous étiez contre la guerre en Irak... »

Pan ! sur le nez de la belliqueuse qui est sortie de son domaine de compétence. Sourires peu charitables autour de la table du Conseil.

24 décembre 1992

J'ai un document de la plus haute importance à remettre en main propre au président. À l'Élysée, Paulette Decraene, la secrétaire de permanence, m'annonce qu'il vient de partir pour Villacoublay. Elle ne me dit pas pour quelle destination mais elle sait que je sais. Les assistantes de François Mitterrand sont d'une discrétion et d'une loyauté à toute épreuve. Comme tous les ans, François Mitterrand va en famille passer les fêtes de fin d'année en Égypte. « En famille », cela veut dire avec Anne et Mazarine.

Je ne suis pas un adepte des motards et des sirènes hurlantes mais il me faut aller vite. Le commandant de bord a été prévenu, l'avion m'attendra en bout de piste. Ma voiture s'avance jusqu'au pied de la passerelle, qui a été descendue. François Mitterrand apparaît à la porte de l'appareil. Je lui remets le pli. Nous parlons une minute de ce qu'il contient. Il ne dit rien d'autre. Moi non plus. Jamais je n'ai été indiscret au point de poser la moindre question. J'ai toujours attendu qu'il fasse les premiers pas. Mais le tarmac glacial de l'aéroport militaire ne se prête pas à des conversations privées.

1993

1er janvier 1993

Je suis désormais un citoyen européen. Le grand marché unique des Douze abolit les frontières. Ce jour entre en vigueur le traité de Maastricht pour lequel nous nous sommes tant battus. J'ai l'impression d'être un homme neuf dépouillé de tous ses oripeaux du passé. La seule chose dont je suis sûr est qu'aucun conflit majeur ne pourra décimer les pays de l'Union.

6 janvier 1993

De nombreux sans-abri sont morts de froid. Au Conseil, le président se dit scandalisé par l'« amorphisme » ambiant : « Je n'ai pas vu de cortège se dirigeant vers l'Hôtel de Ville réclamant au maire de Paris [Jacques Chirac] de prendre des mesures concrètes. Non, je ne suis pas en train de fomenter des manifestations, mais ayons le courage de nous exprimer comme les héritiers du message dont nous sommes porteurs. Certes, nos adversaires sont de braves gens, mais ils disent toujours la même chose, à savoir que la gauche est constituée de rêveurs et que l'économie ne supporterait pas les réformes [en faveur des plus démunis]. Il incombe au gouvernement de mener ce combat, au Parlement et dans l'opinion. Nous avons toutes les raisons d'en avoir gros sur le cœur. »

8 janvier 1993

Voyage à Alger pour tenter de rétablir de bonnes relations. À la fin de l'année dernière, les élections pluralistes se sont soldées par la victoire du Front islamique du salut, qui a obtenu 47 % des voix au premier tour. L'armée, ainsi désavouée, a interrompu le processus démocratique et limogé le président Chadli Bendjedid. François Mitterrand avait jugé « pour le moins anormale » cette décision. Cette simple « petite phrase » avait suscité l'ire des sourcilleux généraux. L'ambassadeur d'Algérie en France avait été rappelé. Je réussis à rétablir le dialogue en replaçant l'enjeu sur le terrain économique.

9 janvier 1993

Nous sommes en pleine crise d'hystérie à propos de la Bosnie. Monsieur Bernard-Henri Lévy se prend pour le ministre des Affaires étrangères. Il multiplie les déclarations et fustige notre prétendu immobilisme à propos de la guerre en Bosnie. Je n'ai aucune sympathie pour ce flibustier de la politique et son omniprésence médiatique m'agace au plus haut point. J'en suis à craindre une « dilution » de la relation de confiance que j'ai toujours eue avec le président de la République, chez qui il a ses entrées.

À l'Élysée, je fais part à François Mitterrand de l'effet que les déclarations de Lévy suscitent au Quai d'Orsay. Comme à son habitude, il minimise et devant mon air furieux, que je ne cherche pas à dissimuler, il me « cajole » comme il sait si bien le faire :

« N'y prêtez pas attention, Roland, cela n'a aucune importance mais je suis obligé d'en tenir compte car il a une grande capacité de nuisance. Continuez votre action. Ne vous en préoccupez pas. »

Il est vrai que la marge de manœuvre est faible. On ne peut démettre quelqu'un d'une position qu'il s'est lui-même arrogée. L'« affaire » aurait pu en rester là mais elle rebondit quand il invite chez Lipp le président bosniaque, Izetbegovic, en compagnie de Mmes Simone Veil, Élisabeth Guigou, Anne Sinclair, Claire Chazal et de MM. Dominique Strauss-Kahn, Harlem Désir et Dominique Bromberger. Au menu : pot-au-feu pour tout le monde, mais surtout photographes et télévision.

Piqué au vif, je déclare au « Grand Jury RTL-Le Monde » : « S'il le faut, nous irons nous-mêmes et par nous-mêmes [libérer les camps]. » Et j'annonce au passage que les Bosniaques ont tué deux de nos soldats.

10 janvier 1993

Le président de la République a écouté mes déclarations sur RTL, où j'ai pu laisser entendre que les camps bosniaques devaient être libérés par la force et surtout que la France pourrait le faire seule. C'était certes maladroit, mais j'étais excédé par les va-t-en-guerre germanopratins.

À 7 heures du matin, coup de fil de Mitterrand qui me réveille : « Mais enfin, Roland, qu'est-ce qui vous a pris, vous qui êtes si réfléchi d'habitude ?

– Il s'agit, dans mon esprit, d'une action de force contrôlée par les Nations unies. Cela ne veut pas dire que nous y allions seuls, mais la France peut donner l'exemple…

– Non, non et non ! Je ne suis pas d'accord. Il faut arranger cela.

– Vous voulez que je fasse une autre déclaration ?

– Ah, non. Surtout pas ! »

Il s'agit, de mon point de vue, de tenter d'enrayer, par une manœuvre diplomatique forte, la purification ethnique entreprise par l'armée serbe violant les femmes musulmanes de Bosnie. Qu'avons-nous fait jusqu'alors ? Je suis embarrassé pour agir car toute action doit être menée par l'Europe. Or ce sont les Britanniques qui la président et le moins que l'on puisse dire est que John Major est frileux. Il a envoyé à Zagreb Dame Ann Warburton, une vieille diplomate anglaise tout droit sortie d'un roman de Walter Scott, flanquée de la députée européenne Simone Veil, en manteau de vison. Elles n'ont pu se rendre dans le premier camp venu ni interroger des témoins. Elles n'avaient pas d'interprète. On a appelé cela une mission…

[La polémique n'ira pas plus loin que quelques égratignures sur des ego boursouflés (celui de BHL et le mien sans doute). Le président ne me tiendra pas rigueur de cette agitation médiatique, car elle ne touche pas au cœur de son « domaine réservé » ni à la profondeur de notre relation de confiance.]

La tempête souffle sur les jardins du Quai d'Orsay, et ce n'est pas une métaphore : des rafales à 120 km/h. Le drapeau tricolore est déchiqueté par le vent. Buissons et bosquets semblent près d'être arrachés par les bourrasques. Les grands arbres remuent à peine. Ils sont comme les grands hommes: ce sont eux qui résistent le mieux quand se lève l'ouragan.

13 janvier 1993
Humour à froid

Au Conseil des ministres, le président annonce que le porte-avions *Clemenceau*, qui devait appareiller pour l'Amérique du Sud, part pour la mer Adriatique. «On prétend que c'est pour intervenir, c'est faux! Il s'agit de protéger, voire sauver les populations civiles. J'ai entendu dire qu'il y aurait un conflit entre le ministre de la Défense et moi [au sujet de l'envoi du navire dans cette région en guerre]...» Joxe compulse ses notes, les autres sourient. «C'est vrai que c'est l'anniversaire du départ de Chevènement, mais ce n'est pas une raison...» Des audacieux se marrent vraiment. D'autres sont désemparés par cet humour à froid. Il poursuit, faussement fâché, comme il sait si bien le faire: «Au contraire, je tiens à dire que l'envoi du *Clemenceau* m'a été demandé par la Défense, et j'ai dit oui. Alors, qui cherche un incident sur des faits délibérément faux? Cette atmosphère est étouffante. Il ne s'agit pas de préparer une attaque française, mais bien de prendre des mesures de sauvegarde à l'égard de civils en péril.»

13 au 15 janvier 1993

Cent trente-deux États signent à Paris, sous l'égide de l'ONU, la Convention sur l'interdiction des armes chimiques (CIAC). C'est une avancée considérable, rare dans l'histoire de l'ONU. Il a fallu de l'opiniâtreté et de la conviction pour en arriver là. J'ai ferraillé dur contre le lobby militaro-industriel solidement arrimé au Quai. Une fois encore, le couple franco-allemand a montré son efficacité dans une entreprise que le monde entier s'accordait à reconnaître comme vouée à l'échec.

Georges Kiejman, mon secrétaire d'État, est fort marri de ne pas être assis à la tribune. Il lui a été demandé de présider le banc de la France... dans la salle. Pendant que me revient de présider les entretiens avec les chefs de délégation américain, russe, néerlandais, etc., M. Kiejman s'est vu confier la mission de recevoir le ministre des Affaires étrangères mongol, celui des îles Cook et surtout le président du micro-État de Nauru.

En mon absence, il a présidé la conférence, ce qui consistait à appeler les orateurs à la tribune et à veiller à ce qu'ils ne dépassent pas les cinq minutes qui leur étaient imparties. Je lui fais savoir, par un billet du service du protocole, que je compte prendre la parole pour clore les débats. Estimant que ce rôle lui revient de droit, il boude la fin de la cérémonie en représailles. Personne ne s'est rendu compte de son absence.

16 et 17 janvier 1993

Je mène campagne électorale à Sarlat. Par trois fois, j'appelle le président pour lui donner les dernières informations concernant les frappes américaines en Irak. La nouvelle d'un bombardement nous est parvenue par l'intermédiaire de la Défense. Concernant la participation de la France, il a commencé par dire, vendredi 14: «Nous n'avons pas été prévenus, nous n'avons pas discuté, donc c'est non!» Mais Bush l'a appelé ce jour-là. Il m'a demandé de me rapprocher des Anglais pour voir ce qu'ils pensaient faire. J'ai été en liaison quasi constante avec Douglas Hurd. Il m'a fait part de leurs réticences qui rejoignent les nôtres.

20 janvier 1993

Au Conseil des ministres, j'évoque les bombardements sur l'Irak. Le président de la République précise qu'il avait refusé de participer à l'opération américaine sur Bagdad, car la France n'a pris des engagements que pour protéger la zone kurde (dans le nord-est du pays) et la zone chiite. Il indique, au passage, que deux autres opérations prévues par Washington ont été décommandées devant le refus français.

Louis Mermaz, porte-parole du gouvernement, déclare devant la presse que «si la France n'a pas participé à l'opération sur Bagdad, c'est parce que cela outrepassait le mandat fixé par les Nations unies». Pour ne pas «mouiller» le président, qui a effectivement prononcé ces paroles, Mermaz les met dans ma bouche. Protestations de John Major à Londres et commentaires peu amènes dans la presse française sur mon compte. Je ne peux rien dire sans mettre en cause le président de la République. Je laisse passer l'orage.

21 janvier 1993

Voyage de François Mitterrand en Allemagne, où il célèbre avec le chancelier Kohl le trentième anniversaire du traité de l'Élysée de coopération franco-allemande du 22 janvier 1963.

26 janvier 1993

Nous signons un traité d'amitié et de coopération avec Lennart Meri, mon ancien collègue devenu président de la République d'Estonie. Je retrouve avec plaisir cet homme qui pratique un français parfait et plein d'humour : « Pendant quarante ans, Vladivostok était pour nous plus près que la Finlande ! » Quand il quitte la table après le déjeuner, il est embarrassé par l'attitude des huissiers qui retirent sa chaise et le cérémonial qui le conduit jusqu'au président. Il confesse : « J'ai toujours gardé des instincts ordinaires… »

27 janvier 1993

Pas d'intervention armée en Afrique !

L'instabilité au Togo est abordée au Conseil des ministres. Des différends frontaliers avec le Ghana en sont la cause. Le président rappelle la règle d'or : « La France n'a pas à intervenir militairement dans aucun de ces pays d'Afrique. Moi présent ici, il n'y aura pas d'intervention armée en Afrique. »

Il se lance dans une vaste fresque historique sur la façon dont la colonisation a dessiné les frontières sans tenir compte des populations. « Mais s'agit-il d'un conflit tribal ou d'un débat démocratique dans lequel la dictature est ébréchée ? On me dit que l'opposition togolaise se fâche. Je constate qu'elle se fâche surtout à Paris, dans les officines, et en particulier rue de Solferino [siège du PS]. Tout cela est la traduction sotte et simplette de ces manifestations que j'entends se faire jour un peu partout. Ma doctrine est simple : intervention militaire, non, économique, peut-être, et surtout diplomatique. » Il se tourne vers moi : « C'est à vous de jouer, monsieur le ministre… »

3 février 1993

« Quant à ceux qui spéculent sur mon départ, ils peuvent toujours attendre ! » affirme Mitterrand.

8 février 1993

Dépositaire de la République

Le Conseil a été avancé à ce lundi en raison du voyage en Indochine. À propos de la journée de commémoration des persécutions racistes et antisémites entre 1940 et 1944, François Mitterrand se souvient : « Participant au premier Conseil des ministres, le 25 ou 26 août 1944, au ministère de la Guerre, en présence du général de Gaulle, Georges Bidault l'avait exhorté : "Mon général, vous devez proclamer la République." Le Général avait répondu : "Jamais la République n'a cessé d'exister, j'en étais le dépositaire !" L'explication du général de Gaulle rejoint la mienne. » À ce moment, Mitterrand développe une série d'arguments à caractère juridique pour prouver que la République avait cessé d'exister le 10 juillet 1940, lorsque celle-ci avait abdiqué et donné mandat au maréchal Pétain de réformer les institutions. « Le Maréchal en avait abusé pour se proclamer le lendemain chef de l'État français. La République avait donc cessé d'être pour laisser la place à un État nouveau. Il est donc faux, inexact et injuste d'incriminer la République pour des faits qui ne se sont pas produits de son temps. Vichy, c'était le régime de la faiblesse, la pagaille et la pétaudière. »

Il s'interroge sur les critiques dont il fait l'objet : « Il est tout de même surprenant qu'il ne se soit rien produit pendant cinquante ans et que tout cela se réveille maintenant. Je dirais que c'est dérisoire et mériterait un examen plus approfondi. N'imaginez pas cependant que, dans l'immédiat après-guerre, on était dans la mièvrerie, que l'on pratiquait le baiser de paix et que l'on pardonnait à ses ennemis de la veille ! Demandez donc à Dumas, ici présent, dont le père a été fusillé par les Allemands et qui a connu cette période après la Libération : on tuait partout... »

Les ministres sont suspendus à ses lèvres fines. On sent que cette introspection est douloureuse. « Il faut savoir ne pas entretenir les brandons de la haine dans un pays. Tout ce qui la fait ressurgir m'est insupportable. Voulez-vous que nous recommencions ce qui fut fait entre 1940 et 1944 ?» Il prend de la hauteur : «J'atténuerai mon propos de deux façons. D'abord, je dois dire que certains travaux d'historiens nous ont appris ce que beaucoup de Français ignorent. Cela peut justifier l'indignation à laquelle nous avons assisté. Par exemple, nous savons, par l'ouverture des archives, ce qui s'est passé au Vél'd'Hiv. Mais, croyez-moi, nous devons résister à ces emballements [...].» Et comme s'il répondait à un journaliste imaginaire, il fait les questions et les réponses : «Ce que j'éprouve en ce moment ? Une sorte de détachement qui me permet de regarder les événements de plus loin.»

Février 1993
Une campagne aux rayons X

Pour répondre aux besoins des habitants de la circonscription de Sarlat, j'ai promis d'intervenir afin de financer un scanner à l'hôpital de cette ville dont le maire est mon adversaire aux législatives... et l'ancien mari de Christine... J'ai demandé à mon amie Nahed Ojjeh, qui préside une fondation, de voir dans quelle mesure elle pourrait le faire financer par cet intermédiaire. Les coups commencent à pleuvoir, y compris d'un bord auquel je ne m'attendais pas. Le docteur Bernard Kouchner, ministre de la Santé, se montre peu coopératif à mon égard : «Je n'ai jamais donné et ne donnerai jamais aucune autorisation d'appareillage, en dehors de la carte sanitaire.» Mon Dieu, protégez-moi de mes amis...

9, 10 et 11 février 1993

Voyage au Vietnam et au Cambodge. À Hanoi, le dîner officiel débute par les hymnes nationaux. Quand retentit *La Marseillaise*, le général Bigeard, qui fait partie de la délégation, est au garde-à-vous. Il reste figé de la même façon en entendant l'hymne de ses anciens ennemis. Ça doit être la première fois... C'est une petite musique, aigrelette et joyeuse. Les toasts sont prononcés avant le repas. François Mitterrand déclare : «Je suis venu clore un chapitre et en ouvrir un autre. J'adresse un message fraternel au peuple vietnamien.» Le général Giap, vainqueur de Diên Biên

Phu, assis à la gauche du président, secoue sa crinière blanche en signe d'approbation. Il esquisse un sourire timide quand François Mitterrand ajoute: «L'embargo imposé par les Américains n'a plus de raison d'être.» Cela me rappelle mes empoignades avec James Baker, quand il m'interrogeait sur notre politique vietnamienne et me lançait, sans autre forme de procès: «J'espère que vous n'allez pas leur donner d'argent, au moins.»

Tout au long du voyage, je fais pression sur le président pour qu'il prononce des paroles fermes sur la levée de l'embargo et qu'il nous encourage, nous les ministres, et en particulier celui des Finances, à ne pas suivre les prescriptions du Fonds monétaire international ni celles de la Banque mondiale, quand on sait qu'ils obéissent aveuglément à l'administration américaine. Je plaide avec autant de conviction que je le peux: «Les Américains décideront de la levée de l'embargo quand ils le voudront, c'est-à-dire quand leurs intérêts seront sauvegardés. À ce moment-là, nous verrons notre administration docile et nos industriels prudents se précipiter derrière eux, mais il sera trop tard. La puissance économique américaine l'aura déjà emporté.»

Le lendemain, rendez-vous avec l'ancien Premier ministre Pham Van Dong, que j'avais rencontré lors de ma précédente visite. Des lunettes noires cachent la cécité de ce curieux petit vieillard. Il ponctue chaque phrase d'un ricanement mécanique qui finit par mettre mal à l'aise. Il enfile des banalités comme des perles du Japon: «Je sème comme vous lorsque vous avez écrit *La Paille et le Grain*. Votre visite d'aujourd'hui sème des grains.» Et encore: «Le monde change. (Silence.) Un peu trop à mon goût. Il y a trop d'improvisation.» Mitterrand l'interroge sur les échecs du communisme. Pham Van Dong répond: «Ce qui se fait mal ne peut survivre, c'est le cas de l'URSS. C'est malheureux, mais c'est comme cela! Les peuples croient maintenant que les États-Unis d'Amérique vont apporter tout ce dont ils ont besoin et toute l'aide qu'ils réclament. C'est une grande illusion. Les États-Unis ne s'intéressent qu'à eux-mêmes!» Mitterrand approuve: «J'ai vu cette expérience en Afrique. Beaucoup de promesses. En réalité, les États-Unis ne s'intéressent qu'à des questions stratégiques et économiques comme le pétrole. Je pense que Clinton n'arrivera pas à remonter la pente. Ça restera comme cela, et nous aurons bien des difficultés… »

Ennemis d'hier

À l'ambassade de France, une tente a été installée dans les jardins pour accueillir les invités. Le président et moi sommes à la table d'honneur. À une table ronde, j'aperçois le général Giap en grande conversation avec le général Schmitt, qui a sauté en parachute sur Diên Biên Phu alors qu'il était lieutenant. Je me demande ce que les ennemis d'hier peuvent bien se raconter.

Dans le C130 inconfortable qui nous emmène sur les lieux de la célèbre bataille, il me confirme qu'ils ont parlé « stratégie ». Il dit : « J'ai eu confirmation que Giap avait bien des conseillers chinois à ses côtés au moment de la bataille… » Ce fut un moment clé de la guerre d'Indochine qui se déroula du 20 novembre 1953 au 7 mai 1954. Il opposa dans le nord du Vietnam les forces françaises, commandées par le général de Castries, à celles du Viêt-minh, commandées par le général Giap.

L'avion se pose brutalement sur la piste composée de plaques métalliques. Le général Schmitt nous fait visiter les lieux comme s'il les avait quittés la veille. Il nous décrit les combats, les parachutages de nuit, l'odeur des morts et les plaintes des blessés. Je ne peux m'habituer à l'horreur de la guerre. Le PC du général de Castries est encore là, protégé par ses sacs de sable et ses plaques blindées. Il faut descendre profondément dans la terre pour voir les quelques alvéoles dans lesquelles étaient logés les différents postes de commandement.

Dans l'avion du retour, je lis les Mémoires de guerre du général Giap. Il y est très peu question de marxisme, mais plutôt de soulèvement du peuple, de nationalisme. La guerre d'Indochine était plus une guerre d'indépendance qu'un combat idéologique. Côté français, elle est surtout révélatrice de l'incurie des dirigeants de la IVe République. Même le général de Gaulle y a sa part de responsabilité pour y avoir nommé l'amiral d'Argenlieu, de préférence au général Leclerc. Le premier, un moine-soldat exalté, n'eut de cesse d'humilier Hô Chi Minh. Un poison qui envenima les relations entre les Français et ceux que l'on n'appelait pas encore les Vietnamiens.

11 et 12 février 1993

Accueil royal

Au Cambodge, la partie diplomatique est serrée, car la paix est encore précaire. Quinze mille Casques bleus ont été déployés, dont 1 500 Français. Ils n'ont pas réussi à enrayer la guérilla que les Khmers rouges mènent toujours dans les provinces. À Phnom Penh, la vie a repris ses droits, mais j'ai peine à imaginer qu'en 1975 les Khmers rouges avaient entièrement vidé la capitale de ses habitants et exterminé un million et demi de leurs compatriotes.

La route entre l'aéroport et le palais royal est noire de monde. Banderoles et fanions s'agitent dans le vent. Cette fois, le prince a sorti sa Mercedes décapotable. Les enfants des écoles, en bleu marine et blanc, sont agenouillés et se courbent, les mains jointes. Chaque déplacement des deux « monarques » fait l'objet de prosternations : ils marchent à l'abri de dais pour les protéger du soleil. Sous leurs pas, des tapis où des enfants jettent des pétales de fleurs… Le bain de foule vire à l'émeute. Le service de sécurité s'affole. Nous rebroussons chemin.

Le palais royal est composé de différents pavillons au toit pagode, disséminés dans un immense parc dessiné au cordeau. Ils ont été restaurés tant bien que mal pour permettre le retour de « Monseigneur Papa ». Le prince Norodom Sihanouk jouit d'une immense popularité et d'un profond respect, même de la part de ses ennemis d'hier. Il manie à la fois les formules ampoulées d'un protocole hors d'âge et une grande brutalité de ton. Lors du dîner d'apparat, il parle, longuement et avec une certaine désinvolture, de la période de la révolution.

Non loin de lui est assis Khieu Samphan. Sihanouk s'en moque gentiment. « Je ne sais pas exactement où se situe M. Khieu Samphan dans l'organigramme des Khmers rouges… » Celui-ci plisse les yeux et sourit. Il s'attaque ensuite au Premier ministre Hun Sen : « Nous étions ensemble à l'époque, car nous étions contre l'attitude des Américains qui ont voulu entraîner le Cambodge dans la guerre. » Il qualifie au passage Henry Kissinger de « crétin ».

Il explique longuement comment il a été victime du coup d'État de Lon Nol, précisément parce qu'il résistait aux

Américains: «Ils nous ont dupés en nous laissant croire qu'ils resteraient ici, en Indochine, pour se battre contre le Vietnam et substituer leur armée à celle des Vietnamiens. Et ils sont partis! Lon Nol a été trompé. Moi, je le savais. C'est pourquoi je me battais pour conserver à mon pays sa neutralité.» Il poursuit, bavard: «Depuis, je me suis réconcilié...

– Même avec Kissinger? l'interrompé-je, avec une certaine provocation.

– Bien sûr, même avec "monsieur" Kissinger. Je suis un bon bouddhiste et n'en veux à personne. Je m'efforce de n'être ni haineux ni rancunier.

– Et même avec Lon Nol?

– Oui, même avec "monsieur" Lon Nol.»

Le prince est à l'évidence en verve, enjoué et alerte. Il profite de la venue du président français pour asseoir un peu plus son autorité. La situation politique au Cambodge échappe à la «raison», c'est pourquoi elle est si difficile à appréhender.

Lors d'un entretien en tête à tête avec Mitterrand, il reprend son intarissable monologue. À propos de son élection à la tête du Conseil national suprême (CNS), il paraît moins conciliant que lors de notre rencontre à Pékin: «Je ne veux pas m'engager dans la campagne électorale, car cette élection va amener une division des forces politiques. Si je me présente, je serai dans un camp, donc contesté, et ne pourrai plus jouer le rôle d'arbitre. Or, je veux à tout prix éviter la guerre civile.» Je remarque qu'il ménage encore les Khmers rouges. Dans son discours, il les englobe toujours dans les «forces de résistance». Il va même jusqu'à dire qu'ils lui font confiance et qu'il a de l'autorité sur eux...

Aussi François Mitterrand prend-il bien soin de parler avec toutes les factions du CNS. Au moment des toasts, il s'adresse à elles toutes, non sans humour: «Nous avons été ravis, messieurs, de vous recevoir à Paris. Nous serions contents de vous y revoir. Mais, je vous en prie, économisez-vous le voyage, réalisez dès maintenant l'accord qui vous engage!»

Après le dîner, les invités se rendent à pied vers un pavillon au toit cornu pour assister à la représentation du Ballet royal. Nous sommes les témoins de la renaissance de l'art sacré des Khmers qui a accompagné les cérémonies royales depuis plus de mille ans. Cet art anéanti en 1975 par les Khmers rouges, comme contre-révolutionnaire, vient d'être remis à l'honneur par la fille du prince. Il a nommé Bopha Devi, elle-même ancienne danseuse, ministre de la Culture, avec pour principale mission de faire renaître le Ballet royal et de veiller à la restauration des magiques temples d'Angkor. Le dépaysement est total, sauf une « fausse note », sans doute involontaire, mais divertissante. Au moment où s'avance François Mitterrand, l'orchestre, en costume traditionnel, exécute *V'là l'général qui passe...* Choc des cultures !

Au dernier jour de la visite, nous ne pouvons pas faire autrement que d'admirer les temples d'Angkor. Le prince, intarissable, raconte l'histoire de l'Empire khmer, dont ce joyau fut la capitale. Comme à son habitude, François Mitterrand sort des sentiers battus et balisés par le protocole pour détailler la finesse des sculptures ou caresses des arbres dont les racines enserrent certains temples comme pour les étouffer. Panique dans les services de sécurité ! L'endroit a été certes déminé, mais il faut rester prudent et ne pas s'aventurer « en dehors des clous ». Mais comment faire rentrer dans le rang un président qui n'en fait qu'à sa tête et un prince bavard qui papillonne, inconscient du danger ? C'est Pierre Joxe, ministre de la Défense, qui, avec autorité, ramène les deux chefs d'État dans le droit chemin. Non mais !

17 février 1993

Pétard mouillé

Rocard, fils d'astrophysicien, a (re)découvert à son profit le big bang. Dans son discours de Montlouis-sur-Loire (Indre-et-Loire), il souhaite à l'évidence « tuer le père ». Constatant les « erreurs commises par les socialistes depuis 1981 », il prône « la nécessité d'une rupture pour accomplir une renaissance ». On ne saurait être plus critique sur l'action gouvernementale, à laquelle il a pourtant participé.

Il préconise « une alliance qui fédère des centristes aux socialistes et des écologistes aux communistes "rénovateurs" ». La formule connaît un certain succès dans l'opinion. Mais cela ne veut pas dire grand-chose. Elle est même éculée. Cela fait trente ans que j'en entends parler. Trente ans que l'on va d'échec en échec quand on veut s'allier avec les centristes. Si Fabius est un esprit faible, Rocard est un esprit faux.

La droite feint de nous aimer individuellement. Lorsque je rencontre un membre d'un parti de droite, il ne tarit pas d'éloges sur ma personne : « c'est bien, ce que vous faites », « j'ai beaucoup d'admiration pour vous », « au fond, vous êtes à part », « la vérité est que vous n'êtes pas socialiste ». En réalité, ils nous haïssent. La droite n'aime les socialistes que morts. Le big bang est un pétard mouillé.

2 mars 1993

Eltsine se prend pour de Gaulle

À Moscou, je rencontre Boris Eltsine. Il me vante « l'exploit » du général de Gaulle, en 1958, « homme fort et courageux qui a su faire le référendum et imposer sa loi ». Je lui raconte cependant mon expérience de député viré :

« Le Général nous avait dit : "Donnez-moi les pleins pouvoirs pour réformer la Constitution, et vous irez jusqu'à la fin de votre mandat." Nous nous sommes retrouvés à la fin de 1958 renvoyés dans nos foyers... »

Il rit et se tourne vers Kozyrev, son ministre des Affaires étrangères :

« Voilà exactement ce qu'il faut que je fasse ! »

Le président russe se débat dans de graves problèmes institutionnels qui entravent son action. Il est très demandeur d'informations sur l'équilibre des pouvoirs en France, car il se trouve dans une impasse. J'ai l'impression qu'il se prend pour de Gaulle :

« Les réformes tardent. À la crise économique s'ajoute maintenant la crise politique, à cause de la violation par le Parlement du principe de séparation des pouvoirs. Et, contrairement à ce qui est possible en France, moi, je ne peux pas dissoudre le Parlement. Mais j'ai bien envie de le faire quand même... Est-ce que la communauté internationale me comprendra ?

– Elle comprendra qu'au nom de la démocratie, et compte tenu des conditions exceptionnelles, le président a été contraint...

– Arrêtez, monsieur Dumas, arrêtez ! N'allez surtout pas raconter cela à l'extérieur…

– Et vous, ne dites pas que c'est moi qui vous ai donné le "tuyau" ! »

Rires. Nous parlons alors de l'Europe, dont je lui dresse un tableau flatteur :

« Alors que les États-Unis se montrent de plus en plus protectionnistes, les Douze, tous ensemble, représentent une force considérable de 350 millions d'hommes avec d'énormes potentialités économiques et technologiques.

– La Russie n'a rien à craindre de l'Europe.

– Il faut qu'elle intègre la dimension "Europe" dans sa diplomatie. Et, pour ma part, je suis partisan que la Russie participe plus activement au processus d'intégration européenne…

– La Russie, c'est l'Europe depuis toujours ! Nous aussi, nous voulons l'intégration. »

9 mars 1993

Première visite de François Mitterrand aux États-Unis depuis l'élection de Bill Clinton. Avant d'aborder les dossiers brûlants de la Yougoslavie et de la Russie, il y va de son compliment appuyé : « Pour un Français, cela est toujours un événement, et un événement heureux, que de venir à Washington pour rencontrer le président des États-Unis d'Amérique. C'est avec le même intérêt qu'aujourd'hui j'arrive dans cette ville capitale afin de rencontrer un président dont la renommée a déjà fait plusieurs fois le tour de la terre, mais que je ne connaissais pas. »

11 mars 1993

Aucun protocole pour la venue de Slobodan Milosevic à l'Élysée. En revanche, c'est moi qui vais accueillir sur le perron les négociateurs de l'ONU, Cyrus Vance et David Owen. Milosevic, malgré sa gueule renfrognée, n'est pas antipathique à Mitterrand. Il est serbe… Il n'est pas directement partie prenante dans le conflit en Bosnie, mais il peut user de son influence pour convaincre les Serbes de Bosnie d'aller à la table des négociations aux Nations unies. Il s'agit en effet de pousser les trois factions, serbe, croate et musulmane, à négocier entre elles un accord de paix.

Les discussions à l'Élysée ayant tourné en rond, je ne peux me résoudre à laisser repartir le président serbe ainsi que les représentants de l'ONU, alors que je les ai « sous la main ». J'improvise un dîner au Quai d'Orsay et suggère au président de la République de nous y rejoindre pour le café. « Ce sera décisif », lui dis-je. Il n'est pas du tout dans les usages diplomatiques que le président soit ainsi mis directement à contribution dans une négociation en dehors de son palais. Mais je sais le respect qu'il inspire à Milosevic et de quel poids il peut faire pencher la balance. Le président serbe est surtout très flatté de la considération dont il fait l'objet. La vanité des dirigeants est une arme qu'il ne faut jamais négliger en diplomatie…

Vers 9 heures du soir arrive au Quai un François Mitterrand en majesté dont la venue n'était évidemment pas annoncée. Effet de surprise garanti ! Il prend la direction de la discussion en faisant une pression appuyée sur le Serbe. Il le flatte aussi : « Vous êtes un leader important. Réfléchissez bien à ce que vous faites aux yeux de l'histoire. Vous avez un rôle crucial à remplir pour rétablir la paix dans la région. » Pendant qu'il lui tient ce discours, je vois la gueule butée du Serbe reprendre figure humaine. Il s'amadoue.

François Mitterrand regagne l'Élysée. Après avoir consulté en privé ses collaborateurs, Milosevic me dit, en anglais, à la fin des entretiens : « Je donne l'ordre à mon ministre des Affaires étrangères de partir demain pour New York. » La victoire n'est pas mince, car il a pris l'engagement devant ses troupes d'aller discuter avec les Américains, sans considérer cela comme une humiliation. Certes, l'ONU n'est pas l'Amérique, mais quand même.

12 mars 1993

J'appelle de bonne heure le président pour lui faire part de la bonne issue de la négociation. Il en est très heureux. Je ne m'étais pas trompé dans mon analyse. Et il faut souvent, en diplomatie, faire des entorses au protocole. On doit même le faire, certes avec circonspection. Quand on met ainsi en jeu le président, il vaut mieux ne pas se tromper… C'est ce à quoi je me suis employé pendant les presque dix années que j'ai passées au ministère des Affaires étrangères.

19 mars 1993

Aux fraises

En Dordogne, je « ratisse » le canton de Vergt, circonscription de Périgueux, pour mon élection à la députation. Je pense avoir quelques heures de liberté où je vais pouvoir « déconnecter » et m'occuper de mes électeurs. La « guerre » à laquelle je suis confronté est plutôt aimable. Les producteurs de fraises du canton sont vent debout contre les importations espagnoles. L'Europe apparaît comme la responsable de leurs difficultés commerciales. Je dois habilement composer. Par chance, je connais bien le dossier de la fraise ! Je suis harcelé par mon directeur de cabinet, Daniel Bernard, car le général Morillon a décidé de forcer le blocus de Srebrenica, ville de Bosnie encerclée par les troupes de Ratko Mladic. Après des heures de vains palabres avec les assaillants serbes, le courageux général, coiffé du béret bleu de l'ONU, a décidé de faire passer coûte que coûte son convoi humanitaire.

Mitterrand s'agite et Bérégovoy s'inquiète. Je suis dans la petite salle enfumée de l'Hôtel du Nord, où j'ai réuni les maires du canton. Heureusement qu'ils me connaissent bien et sont de bonne composition, car je les abandonne régulièrement pour aller téléphoner. Le président a donné ses instructions : « Que Dumas appelle Milosevic tout de suite. » Facile à dire et à faire à Paris, mais moins évident dans un bourg rural ! Je demande à Bernard de « mettre la main » sur Milosevic à tout prix. Le président serbe n'est pas à Belgrade. Il est injoignable. Je fais intervenir notre ambassadeur pour avoir un rendez-vous téléphonique. Je n'aurai pas Milosevic, mais mon message lui a été transmis. Morillon a quand même pu passer et secourir les malheureux affamés de l'enclave de Srebrenica. Je suis heureux d'avoir contribué à la réussite de l'initiative du « général courage ». Le lendemain, la presse ne parle que de la venue de Salman Rushdie en un tapage médiatique orchestré par Jack Lang...

21 au 28 mars 1993

Entre les deux tours, notre préoccupation va principalement vers la Bosnie. Plusieurs Conseils de défense se tiennent dans le bureau présidentiel, en présence du Premier ministre, Pierre Bérégovoy, ministre de la Défense par intérim, et de l'amiral Lanxade, chef d'état-major des armées. À l'approche des législatives, Joxe a abandonné la Défense pour aller présider la Cour des comptes. Le président de la République, en début de réunion, me demande de faire un point de la situation sur le terrain, aux Nations unies, où je viens de rencontrer le secrétaire général, Boutros Boutros-Ghali, et à Washington, où je me suis entretenu avec mon homologue, Warren Christopher. L'ancien collaborateur de Cyrus Vance ne m'a pas fait forte impression.

Bérégovoy: « Tout est bloqué. Il nous faut avoir une réflexion stratégique. »

Lanxade: « Les Serbes veulent faire traîner la négociation pour gagner du terrain. L'appui de la Russie leur donne quelque avantage, mais ils n'ont pas franchi l'irréparable: ils ne tirent pas encore sur les forces de l'ONU. »

Mitterrand: « Les Américains veulent être la pièce essentielle de la structure de commandement [des forces de l'ONU]. »

Bérégovoy: « Il est impossible à nos troupes de rester en Bosnie sans que celles-ci soient protégées. Nous sommes donc engagés dans un bras de fer avec le Pentagone [ministère américain de la Défense]. »

Mitterrand: « Je sais bien qu'il n'est pas question d'intervenir tant que le plan de paix n'est pas signé par toutes les parties, mais quelle est la contribution exacte des Américains? Je demande au ministre des Affaires étrangères d'appeler la Maison-Blanche. »

Bérégovoy: « La question qui va se poser dans les jours qui viennent est d'éviter le massacre de musulmans. Il faut donc une escorte musclée autour des convois humanitaires. Avant de lancer des opérations de cet ordre, il est nécessaire d'assurer la sécurité de nos troupes. »

Mitterrand: « Il est décidé aujourd'hui qu'aucune opération militaire ne pourra avoir lieu sans que je sois consulté... »

24 mars 1993

L'adieu aux larmes

Ministres et secrétaires d'État sont réunis pour ce dernier Conseil qui se tient traditionnellement dans le salon Murat, au rez-de-chaussée du palais. Nous savons que les élections législatives seront perdues. Le président, en complet gris, fait son entrée, précédé par l'huissier qui porte ses dossiers et lui déplace son fauteuil. Selon l'ordre du jour, je dois « rapporter » en premier. Puis vient la longue liste de promotions dans l'ordre de la Légion d'honneur. Fastidieux. Certains s'ébrouent et bavardent avec leur voisin. Rappel à l'ordre : « Nous sommes très nombreux. C'est une tentation d'avoir des conversations particulières, mais la règle [du silence] doit rester la règle. »

Le président commence par rendre un hommage (mesuré) à Bérégovoy : « Je vais me sentir un peu seul… » Comme à son habitude, il se pose à lui-même la question qui taraude tout le monde : Rester ou partir ? « Cela va dépendre des résultats. J'ai décidé de rester autant que ma santé me le permettra. J'utiliserai pour cela tous les pouvoirs que j'ai à ma disposition, et je sais bien que je serai la cible d'agressions de toutes sortes. »

Il fait alors référence au général de Gaulle qui a quitté le pouvoir en 1969 après un référendum perdu : « Mais c'est lui qui avait fixé l'enjeu. Je n'ai pas l'habitude de suivre ses enseignements même si, dans une certaine mesure, je l'estime. Il a rendu bien des services à la France. Mais sur bien des points, je conteste son action et ne le prends pas pour guide. » Ce genre de référence à son glorieux prédécesseur est rare dans sa bouche. Il poursuit son autojustification : « Partir aujourd'hui, ce serait provoquer une nouvelle élection [présidentielle], donc une nouvelle "fermeture" [car elle serait perdue]. J'ai un devoir. Croit-on vraiment que la fonction m'apporte autre chose que des inconvénients ? Ce n'est pas le fait d'avoir une voiture et un chauffeur, de vivre sous des dorures avec des huissiers et de bénéficier d'une bonne cuisine qui me fera perdre la tête. Je vois surtout ce que je gagnerais à partir. Mais le devoir, où est-il, le devoir ? Il est de signifier à l'ensemble des forces rassemblées au cours des douze dernières années qu'elles ne sont pas à ce point anéanties qu'elles auraient ainsi perdu la volonté de combattre. Eh bien, j'entends incarner l'ensemble de ces forces dans ce combat-là. »

Il analyse l'échec électoral. Il fait la critique du Parti socialiste. D'une façon *soft* dans un premier temps : « Nous n'avons pas eu de doctrine assez ferme. Des millions de citoyens se sont sentis abandonnés. Ils se sont alors tournés vers le populisme. »

Tout briser

Il cite les pourcentages de voix obtenus par chacun des partis en lice. L'expert en mode de scrutin refait surface. Il charge : « Je me reproche de ne pas avoir imposé aux rebelles [du PS] un changement de loi électorale. Je souhaitais un scrutin de type allemand [un système mixte avec une première moitié au scrutin uninominal majoritaire et une seconde moitié au scrutin proportionnel plurinominal qui garantit une meilleure représentativité de l'électorat]. J'en ai parlé plusieurs fois au premier secrétaire du Parti socialiste. Mais voilà, il fallait réduire le nombre des circonscriptions. Cela ne valait-il pas mieux d'accepter ce modeste sacrifice pour en éviter un beaucoup plus grand ? » Et d'enfoncer le clou : « J'aurais dû tout briser pour ne pas vous exposer. Or, vous ne l'avez pas voulu, chacun pensait être plus fort dans son petit coin, à commencer par les dirigeants du PS eux-mêmes. Chacun croyait à son propre sauvetage plutôt qu'à une sauvegarde collective. Cela traduit un manque de fraternité et d'espoir. C'est cet esprit-là qu'il faudra retrouver. Vous observerez que le Parti socialiste n'a jamais atteint de chiffres record, même du temps de Léon Blum où il représentait 17 à 18 %. On a enregistré jusqu'à 23 % en 1978 [sous sa direction]. Cela m'amène à une autre constatation. Même fatigué, le Parti socialiste représente encore "quelque chose". Cela veut dire aussi que Chirac s'arroge un droit qu'il n'a pas de parler au nom de la France… »

À mots à peine couverts, il met en garde contre une forme d'embourgeoisement de la gauche. Il fait référence aux grands devanciers, mais aussi à ces femmes et hommes obscurs qui ont constitué, au XIXe et au début du XXe siècle, le noyau des luttes sociales « sans aucune chance de voir la réussite de leur entreprise ». Il poursuit : « Si ces hommes et ces femmes existent aujourd'hui, je les accompagnerai jusqu'à mon dernier jour dans leur combat. » Puis, essayant de croiser le regard de ceux qui sont en face de lui, il exhorte : « Constituez-vous aussi un noyau vigoureux, cohérent, qui ne se perde pas dans les querelles, qui ne craint pas les obstacles et accepte les sacrifices, au prix de renoncer à une vie facile. »

Seul devant la mort

Le président a parlé. Vient le tour de l'homme. « Dites-vous aussi que l'on n'est jamais vraiment seul, sauf devant la mort. Oui, devant la mort, on est seul. » Tout le monde se regarde. Curieusement, la pendule posée au milieu de la table ponctue ce propos grave d'une note guillerette. Elle sonne les douze coups de midi alors qu'elle ne se manifeste jamais d'habitude.

À ce moment précis, ce n'est plus l'inoxydable bête politique qui transparaît, mais l'homme usé qui se bat avec les démons. « On me reproche le secret, or il faut être secret. Et je préférerais à tout prendre l'affrontement, car je redoute l'étranglement qui se ferait dans le silence, dans l'ombre. »

Le Premier ministre se racle la gorge. En face de moi, Ségolène Royal, ministre de l'Environnement, a les yeux rouges. Je me tourne vers mon voisin de gauche, Michel Sapin, ministre des Finances. Je vois une larme couler sur sa joue. Il prend des notes et dit : « Je ne l'ai jamais fait, mais aujourd'hui c'est formidable ! »

François Mitterrand laisse parler son cœur : « Le grand chagrin que l'on éprouve peut faire penser que l'on ne s'en remettra pas, ce serait même plus beau de ne pas s'en remettre ! Qui n'a pas éprouvé un grand chagrin d'amour qui rend si malheureux ? Ou bien cet abattement lorsque l'on est en proie à une forte maladie ou face à un deuil ? On se refuse à croire au lendemain, puis la nature reprend le dessus. » À mi-voix, il confesse, de façon presque inaudible, comme une supplique : « Il n'y en a plus pour longtemps, mais j'aimerais bien voir l'aurore se lever. »

Il conclut : « Je tiens à vous remercier tous. J'aime ces cercles d'amitié. J'ai du respect pour chacun d'entre vous et je tiens à vous remercier sur les plans personnel et sentimental, pour la confiance que vous m'avez témoignée. Eh bien, nous demeurons quand même le deuxième parti de France, ce n'est donc pas une catastrophe ! »

Dernière recommandation : « Je ne lèverai pas la séance. Je vous demande de sortir par la porte qui est à ma gauche [vers le salon des Aides de camp]. Je veux vous serrer la main individuellement. Je vous recommande surtout la dignité. Pas de déclarations sur le perron, pas d'interviews à la radio. La loi, c'est le silence... Pour le moment. »

Le dos au mur

Il ne se résout pas à lâcher la parole, comme pour savourer ces derniers instants d'une vie politique qui lui échappe. L'ambiance est lourde. Alors, il tente de blaguer : « Je serai donc au prochain Conseil des ministres sans vous. C'est eux [la nouvelle majorité] qui seront avec moi ! J'ai connu semblable situation [en 1986]. Elle n'était toutefois pas la même, mais j'ai, de ce fait, une certaine expérience ! Après quelque temps, les granits se fissurent, les unités de façade disparaissent, les clans réapparaissent. Je vois très vite celui qui sait sourire, qui est humain, et celui qui porte en lui la haine. Au fond, je regrette que vous n'assistiez pas à ce spectacle ! » Puis, pour ne pas finir sur une note trop triviale, il reprend de la hauteur et se drape dans le drapeau : « Nous sommes le dos au mur. C'est une bonne position pour reprendre l'offensive. Je vous promets bien des difficultés, elles valent la peine d'être vécues. Vous avez servi la République. Vous avez servi la France. »

Nous nous dressons comme un seul homme et applaudissons. Les larmes se mêlent aux sourires. Le président se lève à son tour et se dirige, en traînant la jambe, vers le salon des Ambassadeurs. Il se place de l'autre côté de la porte à double battant pour nous saluer un par un.

Je me souviens surtout des larmes de Ségolène. C'est tout juste si elle ne sanglote pas sur son épaule. Leur échange est plus long qu'avec les autres. Il a des gestes paternels envers elle. Elle lui tient les deux mains et ne les lâche plus. Moi, il me gratifie d'une poignée chaleureuse et d'un viril : « Roland, restons en contact. De toute façon, nous nous revoyons cet après-midi. » La poignée à Bérégovoy est glaciale. Mitterrand n'aime pas les perdants. C'était d'autant plus décevant que « Béré » avait attendu longtemps le couronnement de Matignon pour appliquer « sa » politique. Le moins que l'on puisse dire est que le résultat n'a pas été à la hauteur des attentes.

Parmi tous les Premiers ministres que j'ai connus, j'ai une affection particulière pour Pierre Mauroy. Je le dis d'autant plus sereinement que je n'ai pas participé à ses deux premiers gouvernements. C'est lui qui avait « ouvert le feu » en mettant en place un gouvernement avec les communistes, ce à quoi j'avais travaillé pendant de longues années. Ceux-ci l'avaient « à la bonne », comme on dit. Il était un véritable homme de gauche. Les choses ont changé de cap avec l'arrivée de Fabius, pour lequel les communistes n'avaient pas de sympathie. Je ne reproche pas à Mauroy de ne pas m'avoir pris dans son gouvernement, car je savais bien que c'était Mitterrand qui décidait en dernier lieu. Je devais attendre mon heure.

Cérémonial désuet

Le début d'après-midi est consacré à la réception des lettres de créance de nouveaux ambassadeurs. Mitterrand n'a pas changé un iota ce cérémonial compassé qui aurait mérité d'être dépoussiéré. « Monsieur l'ambassadeur de Malaisie », tonne l'huissier. Débarque un petit homme coiffé d'une calotte. Il s'incline respectueusement, les mains jointes. Je me dis qu'il y a encore, au royaume de France, du Louis XIV recevant l'ambassadeur du roi de Siam, le faste en moins. L'excellence se retire pour laisser la place au Népalais.

Il a une veste de costume occidental mais porte le saroual bouffant serré aux chevilles. « *Good journey ?* » [« Vous avez fait bon voyage ? »] interroge le président, qui ne connaît que quelques mots d'anglais. Alors, la conversation se poursuit dans un sabir de circonstance. Le jeu est immuable. Il fait asseoir l'Excellence sur un canapé : « Quand êtes-vous arrivé ? Connaissez-vous Paris ? Transmettez mes amitiés à Sa Majesté (ou au président X). » Certains bafouillent quelques mots incompréhensibles. D'autres, émus, lisent un petit compliment. Il en existe évidemment qui sont de « grosses pointures » parfaitement au fait de la géopolitique. Puis il faut immortaliser l'événement par des clichés pris par trois photographes devant une fenêtre qui donne sur le parc.

Entre la présentation de chaque lettre de créance, il se passe dix minutes que le président aime bien mettre à profit pour parler politique intérieure, la plupart du temps. Pour l'heure, il s'amuse des nombreux messages que lui fait passer Valéry Giscard d'Estaing. Il sort de sa poche une feuille pliée en quatre. « On me supplie de ne pas prendre "le RPR" [Chirac] comme Premier ministre. » Et il ajoute : « Il paraît que tout est prêt au RPR pour chasser le président de l'Élysée... » Il sourit. Son œil s'allume. Je vois le chat Tom se pourlécher les babines du bon tour qu'il va bientôt jouer à la souris Jerry.

Je ne quitte pas l'Élysée. À 19 heures est prévue une réunion avec le Premier ministre qui doit parler ce soir au journal de TF1. Autour de Mitterrand et de Bérégovoy sont présents Ségolène Royal, Anne Lauvergeon, Michel Charasse, Hubert Védrine et moi. La discussion va bon train. Le président nous interroge sur le meilleur choix au sein du RPR [pour le poste de Premier ministre]. C'est évidemment Balladur qui tient la corde, mais « Ballamou », comme ironise *Le Canard enchaîné*, résistera-t-il au « bulldozer » Chirac, ainsi que le surnommait Pompidou ?

« Chirac, pour le moment, n'a qu'une seule idée en tête, c'est de me faire partir. Il veut des élections présidentielles anticipées, et le plus vite possible, car il est sûr de les gagner. Giscard, lui, veut attendre 1995 pour avoir le temps de "grignoter" les derniers mètres qui le séparent encore de Chirac. »

Bérégovoy regarde sa montre. En quelques minutes, nous décidons d'une tactique en trois points qu'il va développer à la télévision : 1. Le président attendra l'issue du second tour dimanche pour s'exprimer. 2. Son choix se portera sur un Premier ministre « européen ». 3. Il ne sera pas enclin à choisir quelqu'un assurant qu'il le fera partir à la première occasion. Le message est clair. *Exit* Chirac. D'ailleurs, veut-il vraiment du poste ?

Si je meurs demain...

À 20 h 30, nous nous retrouvons après l'interview du Premier ministre. François Mitterrand est d'humeur badine. « Je ne dramatise pas, mais je constate que je suis le seul obstacle à ceux qui veulent le pouvoir à tout prix. Tout leur sera bon. Des calomnies, des arguments politiques fallacieux... une poutre qui tombera d'un toit au cours d'une de mes promenades. Croyez-moi, ils comptent sur ma maladie, mais ils savent qu'elle est à évolution lente ! » Il se tourne vers moi, avec un sourire complice : « Dumas, si je meurs demain d'un arrêt brusque du cœur, inquiétez-vous-en, car mon cœur va très bien. Il n'y a pas de métastases de ce côté-là. » C'est la première fois que je l'entends plaisanter sur son cancer…

25 mars 1993

Au micro de Jean-Pierre Elkabbach, qui n'a que Chirac à la bouche, je déclare avec un bon sens de paysan limougeaud : « Pourquoi voulez-vous que le président de la République se jette dans la gueule du loup ? Ce serait trop bête ! »

28 mars 1993

Second tour des élections législatives. Sévère défaite du Parti socialiste avec 17,4 % des voix. On fait porter la responsabilité de l'échec à Bérégovoy, qui n'a pas eu le temps de voir les effets de la politique qu'il a mise en œuvre. C'est injuste. Je l'ai plusieurs fois rasséréné quand il se plaignait auprès de moi des mauvais chiffres de l'économie. C'était viscéralement un homme de gauche et il était sincèrement convaincu qu'il réussirait à redresser la situation. Il comptait aussi sur son « bagout », comme il le disait lui-même non sans autodérision. Pour ce qui me concerne, je suis également battu. J'ai bien conscience que ma vie va changer du tout au tout.

29 mars 1993

Pierre Bérégovoy quitte Matignon, la tête basse, après la déroute des législatives. Édouard Balladur le remplace, la gorge avantageuse. Au Quai, mon raide successeur, Alain Juppé, ne souhaite pas faire de cérémonie républicaine de passation de pouvoir. Il ne goûte guère l'insolence du tableau de Dalí représentant de Gaulle en *imperator*. Au placard. Moi aussi ?

29 mars 1993

La vengeance des petits

Monsieur Jean Kahn, président du Conseil représentatif des institutions juives de France, n'a pas perdu de temps. Il a déclaré, selon *Libération* : « À voir la façon dont Roland Dumas a traité Israël, on avait plutôt du bien, en tout cas pas de mal, à espérer de la nouvelle majorité. » Me reviennent en mémoire ses compliments mielleux et ses remerciements pour ce que je faisais en faveur de la communauté et de lui-même. Quand j'étais au pouvoir, il disait : « Je vous remercie d'avoir fait en sorte que dans les débats européens la sensibilité juive puisse s'exprimer. » Ou bien encore lorsque j'ai reçu Shimon Peres qui, en sa présence, m'a demandé d'intervenir pour l'État hébreu en Syrie. N'aurait-il pas mieux fait de se demander si Israël avait traité convenablement le ministre des Affaires étrangères de la France et la France elle-même ? Les ingrats sortent du bois.

Avril 1993

Dans un écho du *Figaro,* Mme Christine Clerc croit me desservir en amusant la galerie avec le tableau de Dalí. Elle prétend que j'ai quitté le Quai en emportant le fameux portrait (que Dalí m'avait d'ailleurs offert en tant que ministre). Il n'en est rien. Piqué au vif, je lui écris pour rétablir la vérité : « J'ai laissé le tableau dans les collections des Affaires étrangères. En faisant une petite enquête, vous le trouverez sans doute dans les caves du ministère... » Elle s'est excusée dans un rectificatif. C'est elle qui, en 1986, avait reproché à Henri Krasucki d'être un « Français de fraîche date », faisant allusion à son origine juive polonaise. Elle avait passé sous silence ses brillants états de service dans la Résistance qui lui avaient valu sa déportation à Auschwitz. Méchante plume...

Je n'ai pas de meilleures relations avec sa consœur Catherine Nay, originaire de Périgueux, dont je fus le député. Mon ami Bénouville lui avait demandé d'écrire sur moi un papier favorable dans *Jours de France,* qu'il dirigeait, ce qu'elle avait fait à contrecœur. Rimes plates.

Elle m'a un jour invité à déjeuner chez son compagnon, Albin Chalandon, un authentique résistant, qui fut ministre du Général avant de présider Elf de 1977 à 1983, puis garde des Sceaux de cohabitation de 1986 à 1988. J'étais alors dans l'opposition à l'Assemblée nationale et avais aidé le Parti socialiste à fourbir ses armes lors des questions orales à l'Assemblée nationale. Chalandon avait été mis en cause dans une affaire financière ourdie par la célèbre maison Chaumet, les joailliers de la place Vendôme. Madame Nay me fit comprendre que je faisais preuve de mauvaises manières…

2 avril 1993

Philippe Séguin est élu président de l'Assemblée nationale. J'ai du respect pour cet homme de conviction, même si nous ne partageons pas les mêmes points de vue, en particulier sur l'Europe. Je n'oublie pas qu'il a été *fair-play* dans le duel télévisé avec François Mitterrand et qu'il n'a pas « tiré sur l'ambulance », comme avait écrit Françoise Giroud dans *L'Express* à propos de Chaban-Delmas lors de la campagne présidentielle de 1974.

3 avril 1993

Petite mort

La démission collective du comité directeur du Parti socialiste est votée. Michel Rocard prend la direction provisoire du PS. Les mitterrandistes « historiques » sont marginalisés. Pour le coup, la page va être vraiment tournée !

Les anciens ministres bénéficient pendant six mois de leur traitement et de quelques avantages, le temps de se « retourner ». Que vais-je faire ? J'ai certes 70 ans, mais je ne me vois pas prendre ma retraite. Mon cabinet d'avocats, qui me permettait de vivre (fort bien), n'existe plus en tant que tel. J'ai perdu mes repères, mais je ne m'en rends pas vraiment compte. On quitte un monde tourbillonnant, mais parfaitement organisé, où tout est pris en charge par des gens compétents. Et, du jour au lendemain, plus rien. Plus personne ne vous appelle. Une petite mort.

Je trouve un petit bureau et une assistante, près de l'Étoile, auprès de Bienvenue en France. Cette association, subventionnée par le Quai d'Orsay, est animée par des épouses de diplomates. Mais j'ai l'impression d'avoir été transporté en Amazonie.

1er mai 1993

Assassiné par la méchanceté

J'apprends par la radio que Pierre Bérégovoy s'est donné la mort dans sa bonne ville de Nevers, dont il vient d'être réélu député. Je suis atterré. La campagne de presse orchestrée contre lui l'a miné. Gilberte et lui voulaient réaliser leur rêve : posséder un appartement dans un « beau quartier ». Roger-Patrice Pelat, l'ami de captivité de François Mitterrand, lui avait consenti pour ce faire un prêt à 0 %. Mais Bérégovoy avait fait de la lutte contre la corruption son cheval de bataille. La presse se déchaîne. Les humoristes en rajoutent. Joxe, resté gosse de riche, enfonce l'ouvrier du gaz en croyant le sauver : « Quand on a de pareilles chaussettes, on ne peut être malhonnête ! » Plantu, en une du *Monde*, croque « Béré » et ses chaussettes tire-bouchonnées.

Dans les couloirs de l'Assemblée et dans la salle des pas perdus du Palais, j'avais croisé « Béré », ces dernières semaines très abattu. Sa candeur m'avait frappé : « Roland, toi qui es avocat, comment un magistrat peut-il donner un dossier d'instruction à un journaliste ? » Je me rendis compte qu'il ne connaissait rien aux mœurs médiatiques. La politique ne lui avait pas assez tanné le cuir.

4 mai 1993

François Mitterrand à Nevers, la voix étranglée : « Toutes les explications du monde ne justifieront pas qu'on ait pu livrer aux chiens l'honneur d'un homme, et finalement sa vie... » Nous nous sentons tous coupables de ne pas avoir mieux accompagné la détresse de l'ancien Premier ministre.

10 mai 1993

Comme tous les 10 mai, nous commémorons l'élection à la présidence de la République de François Mitterrand. Toute la fine fleur de la « Mitterrandie » est là : Fabius, Charasse, Mexandeau, Mermaz, Fillioud, Joxe, Rousselet, les Dayan et les fidèles secrétaires Marie-Claire Papegay et Paulette Decraene. Cinq petites tables ont été dressées dans le jardin d'hiver. La verrière de cette ancienne serre exotique irradie les visages d'une lumière crue qui marque les traits. François Mitterrand est livide. Je suis assis à la table du président. Louis Mexandeau, les pommettes allumées, y va de son compliment très touchant. Il évoque, évidemment, la disparition de Pierre Bérégovoy et la défaite électorale.

François Mitterrand nous exhorte à « mettre de l'ordre dans nos idées ». Il plaide surtout pour l'unité des socialistes : « La tendance chez nous est de se disséminer dans des partis dispersés. Croyez-moi, si vous restez unis, vous aurez des chances de revenir au pouvoir. Si j'avais 45 ans ce soir, je serais plein d'espoir ! » Après le déjeuner, nous nous réunissons en cercle autour de lui. Il s'absente un moment pour aller téléphoner à Gilberte Bérégovoy. « Elle a été sensible à vos témoignages d'amitié. Elle m'a dit : "Pierre a été assassiné par la méchanceté." » Mitterrand s'en veut, comme nous tous, de ne pas avoir été plus attentif à son état dépressif. Il cite pourtant Michel Charasse qui, quelques jours auparavant, lui avait confié : « Béré va mal, je crains qu'il ne se suicide. » Le président assure qu'il lui a alors téléphoné. Et il conclut : « Sa mort a été précédée d'une grande souffrance. »

31 mai 1993

Urbi et Gorby

Le président reçoit les époux Gorbatchev en visite privée en Bourgogne. Tenue de campagne pour tout le monde. Au château de Cormatin, ils se perdent dans les labyrinthes de buis. Les deux hommes plantent un chêne. Raïssa Gorbatcheva ne quitte pas son mari. Elle ne lui lâche pas la main. Combien de fois l'ai-je vue, au cours d'entretiens, intervenir pour commenter ce que disait son mari ? Danielle, au moins, était plus réservée en public. Elle est là aussi car, native de Verdun, elle a vécu sa jeunesse à Cluny, où ses parents étaient enseignants. La visite de l'abbaye est incontournable. Au cours du déjeuner, la politique reprend le dessus. Mikhaïl Gorbatchev est pessimiste sur la situation en Russie :

« Mon inquiétude majeure est que l'appareil d'État est en train de s'inféoder à la mafia, au moment où l'on définit les nouveaux régimes de la propriété individuelle.

– La montée en puissance de la corruption ira toujours plus vite que la construction de l'Europe, hasardé-je.

– Oui, c'est cela. Qu'est-ce que c'est que ces prétendus démocrates qui ont réduit à la misère 70 % du peuple russe ? »

Après « l'ascension » de la roche de Solutré, en ce lundi de Pentecôte, les « apôtres » ont rejoint « Dieu » et ses invités à l'auberge de « Saint-Laurent », d'où l'on jouit d'une vue magnifique sur la Saône et sur Mâcon. Mitterrand et Gorbatchev parlent de la Yougoslavie. Ce dernier dit :

« À "L'Heure de vérité", on n'a pas voulu me laisser m'expliquer. L'histoire, nous la connaissons, vous et moi. On sait qui a poussé à la reconnaissance des républiques [les Allemands]...

– J'ai freiné tant que j'ai pu...

– Je le sais. Aujourd'hui, nous savons que nous avions raison.

– Il fallait des garanties préalables très strictes.

– Oui. On ne peut tout ramener à des critères ethniques, sinon où s'arrêtera-t-on ?

– En reconstituant ainsi les tribus du Moyen Âge, on ne pourra jamais construire l'Europe. Ce sera l'Europe ou les tribus », dit Mitterrand en saucant son sandre en matelote.

J'oriente la conversation sur les pays Baltes, un sujet qui me tient à cœur :

« Qui est à l'origine, selon vous, des événements dans ces pays quand vous étiez au pouvoir ?

– Je ne sais toujours pas, mais je reste persuadé que ce sont des provocations américaines qui ont mis le feu aux poudres. »

[Je retrouverai Gorbatchev à Berlin bien longtemps après, lors du 25e anniversaire de la chute du Mur, en novembre 2014. Il a beaucoup grossi. Je lui demande des nouvelles de sa santé. Toujours chaleureux à mon égard, il répond, énigmatique : « C'est une vraie question... » Genscher, qui, lui, a beaucoup maigri, devait être également présent, mais il vient d'être hospitalisé. Quant à Kohl, il ne se déplace plus qu'en fauteuil roulant. J'étais ainsi le seul Français acteur de l'événement à être là. Aucun officiel de notre pays en dehors de l'ambassadeur de France...

Les affinités entre la Russie et l'Allemagne sont fortes. Gorbatchev a assuré que ces liens garantissent la paix en Europe.

C'est le discours qu'il tenait autrefois vis-à-vis de la France. La roue tourne mais pas dans le bon sens.

J'ai prononcé deux discours et me suis reposé dans un hôtel berlinois très confortable. Dans le tiroir, une bible. J'en ai profité pour relire l'épître de Paul aux Athéniens. Quelle magnifique plaidoirie d'avocat !

Les Allemands sont aimables et gais. Ils ne râlent pas comme à Paris. Et qu'est-ce que les filles sont belles ! Ah, si j'avais vingt ans de moins...]

8 juin 1993

Assassinat de René Bousquet, ancien préfet de Vichy, ami de François Mitterrand. Il m'est tellement antipathique que je me dis qu'il l'a bien mérité. Je n'ose aborder ce sujet tabou avec Mitterrand.

Je n'ai rencontré Bousquet qu'une seule fois dans ma vie. C'était en 1967 alors que je venais d'être élu député de Brive. Mitterrand voulait me faire connaître des gens « qui comptent » à Paris. C'était le cas de le dire, car je l'accompagnai boulevard Haussmann à un déjeuner qui se tenait dans un salon de la Banque de l'Indochine. Bousquet en était le secrétaire général. Mais, pour Mitterrand, il restait surtout l'influent administrateur de *La Dépêche du Midi*, quotidien régional qui le soutenait politiquement. Ils s'étaient connus à Vichy, où Bousquet était secrétaire général de la police, mais ça, c'est une autre histoire...

Je trouvai le personnage fort antipathique, arrogant et sûr de lui, l'archétype du type de droite. Mitterrand ne comprit pas ma réaction négative :

« Mais non, il est un peu raide mais c'est quelqu'un de valeur. S'il n'y avait pas eu la guerre, il aurait été ministre, voire président du Conseil. » Nous n'étions pas du tout sur la même longueur d'onde...

Juin 1993

Eva Joly a inculpé Bernard Tapie. Je le croise quelques jours plus tard, et il me raconte cette incroyable scène :

Bernard Tapie : « Madame le juge, puis-je vous dire un mot ? »

Eva Joly: «Je vous en prie, monsieur Tapie.»

Lui: «On m'a raconté que, lorsque l'on entre dans votre cabinet, on en sort ou pour aller en prison ou dans votre lit. Et moi, je n'aime pas la prison...»

Elle: «Arrêtez, monsieur Tapie, je pourrais vous faire inculper pour outrage à magistrat.»

Jamais je n'aurais osé dire une chose pareille. Je pense qu'une fois encore il galèje, et je vérifie auprès de son avocat qui confirme: «Oui, c'est vrai, et je ne savais plus où me mettre.»

Sans date

Le cabinet américain Kroll révèle que j'aurais touché des commissions sur des ventes d'armes! Kroll est un cabinet, tenu par le lobby juif américain, qui fait de «l'information», voire de la désinformation. L'entreprise de déstabilisation est en marche... Furieux, j'appelle à New York le grand patron pour demander des explications. Il joue les surpris devant mon ire et jure ses grands dieux que c'est une erreur. Je reçois Jacques Fournet, patron de la DST, qui a informé le président. Les deux se connaissent bien. Il a nommé à ce poste sensible cet ancien préfet de la Nièvre. Heureusement, j'ai la «couenne dure».

7 juillet 1993

C'est en regardant à la télévision le sommet du G7 à Tokyo que je prends conscience que quelque chose m'a échappé. Le vide s'est installé dans ma vie. Je ne suis plus rien.

31 août 1993

L'été, il n'est pas rare que François Mitterrand m'appelle pour m'inviter à déjeuner. Son plaisir est d'aller à pied jusqu'à l'hôtel Bristol, situé rue du Faubourg-Saint-Honoré, un peu plus loin que le ministère de l'Intérieur. Nous parcourons à pied les cent mètres qui séparent le palais du palace. Il aime par-dessus tout avoir une table dans le jardin intérieur. En savourant une sole parmi les clients de l'hôtel, surpris de cette présence inattendue, il a le sentiment d'être dans la «vraie vie».

Lors d'une de ces rencontres d'été, François Mitterrand m'a dit: «Écrivez, vous verrez, c'est un vrai plaisir!» J'ai suivi ses conseils. Je griffonne ces notes pour mes Mémoires. Mais j'ai besoin de remettre à plat ma « vie d'avant », quand j'étais député et avocat très impliqué dans les mouvements anticoloniaux.

Ma vie d'avant

Rendez-vous au Petit Zinc avec Sylvia Lacan et sa fille Judith Miller-Lacan. Elles représentent un moment important de ma vie. Dans le petit restaurant du Quartier latin, nous nous remémorons une foule de souvenirs, dont certains semblaient irrémédiablement enfouis.

Sylvia Lacan connut son heure de gloire, avant guerre, en tant que comédienne, sous le nom de Sylvia Bataille. Élève de Charles Dullin et amie de Jean Renoir, elle tourna dans la plupart de ses films, dont le plus mémorable est *Partie de campagne*, en 1936. Elle travailla aussi avec Marcel Carné, notamment dans *Les Portes de la nuit*. Des classiques pour une femme qui ne l'est pas !

Bien qu'âgée, elle a conservé une vérité dans l'intensité de ses yeux curieusement écartés. Elle dit, à propos du cinéma de Renoir : « Nous n'étions peut-être pas toujours beaux, mais nous étions toujours vrais. » Nos évocations partent dans tous les sens, car Sylvia, née Maklès, est la sœur de Rose, qui a épousé le peintre André Masson, avec qui j'avais une amitié fort riche.

Tout naturellement, elle me parle de son premier mari, Georges Bataille, et de leur fille Laurence. C'est elle que je fus amené à défendre, car elle militait, au sein du réseau Jeanson, pour l'indépendance de l'Algérie, au début des années 1960. À cette occasion, je fis la connaissance de l'écrivain dont l'œuvre « transgressive » allait profondément entailler ma vie. Il était venu à mon cabinet du quai de Bourbon, petit vieillard couleur de muraille, et m'avait offert un exemplaire de *Madame Edwarda*, avec cette dédicace : « À Roland Dumas, ce livre qui appelle un plaidoyer impossible. » À propos de cette histoire de prostituée, Sylvia Lacan confie : « Il m'a envoyé un jour la plus belle lettre d'amour, que j'ai malheureusement déchirée, car il l'avait écrite dans un bordel… »

Elle évoque évidemment la figure du « pape de la psychanalyse », le père de Judith. Elle me raconte qu'il aimait me rencontrer, car il découvrait à travers moi un continent qui lui était étranger : les termes juridiques. Or, il était fasciné par le sens des mots, leurs contresens, leur essence. Il adorait d'ailleurs les jeux de mots, qui par leur cocasserie et leur mystère ouvraient les portes de l'inconscient. Il m'avait ainsi fait, un jour, cette dédicace : « À Roland Dumas, mon bras "droit" (*jus*) », *jus* voulant dire « le droit » en latin. À propos de latin, j'avais affaire avec cette famille à une *gens,* une tribu, où se mêlaient parents, grands-parents, enfants, petits-enfants, tous impliqués dans la lutte pour l'indépendance de l'Algérie. Je ne crains pas de dire que tous, à des degrés divers, ont eu une influence considérable sur mes engagements philosophiques, mes goûts artistiques, et même ce qui peut apparaître comme « l'originalité » de mon parcours.

4 septembre 1993

« Les Russes quittent la Lituanie », a titré *Le Monde* voilà deux jours, et aujourd'hui c'est le pape qui se rend dans les pays Baltes. Il baise le sol de ces pays (partiellement) libérés. Je suis fier d'y avoir apporté ma pierre.

13 septembre 1993

Voilà cinq jours, l'État hébreu et l'OLP se sont mutuellement reconnus. C'était la dernière étape avant la signature des accords d'Oslo, intervenue à Washington entre Yitzhak Rabin et Yasser Arafat sous la houlette de Bill Clinton. Cette réussite est l'aboutissement des négociations secrètes que Mahmoud Abbas, numéro deux de l'OLP, et Shimon Peres, ministre des Affaires étrangères israélien, ont tenues dans la capitale norvégienne.

[Les accords d'Oslo sont devenus moribonds à la suite du déclenchement de la seconde Intifada en septembre 2000 et de la réoccupation par Israël de plusieurs régions de Cisjordanie.]

14 septembre 1993

En voyage officiel à Séoul, François Mitterrand est victime d'un malaise. La télévision retransmet les images où l'on voit le président français titubant, lourdement appuyé sur le bras de son aide de camp. Mon successeur, Alain Juppé, minimise l'incident. Élégant.

Sans date

Le Tribunal pénal international a donné raison au Tchad dans le conflit qui l'oppose depuis des lustres à la Libye et qui a été l'alibi de Kadhafi pour déclencher les hostilités contre ce pays du Sahel. Je suis heureux que la justice internationale soit allée dans le sens que j'ai toujours préconisé.

19 septembre 1993

Mort d'Annette Giacometti. Alberto et elle n'avaient pas eu d'enfant, pas plus que Diego, le frère décédé. Je lui avais donné l'idée de mettre sur pied une fondation pour protéger l'œuvre du sculpteur. Elle était un peu hallucinée, dans tous les sens du terme. C'était, disait-elle, Jean-Paul Sartre qui lui avait conseillé de prendre des substances « dopantes »...

21 septembre 1993

Réunion du Triangle de Weimar en Pologne. À Gdansk, les présidents Mitterrand et Walesa sont faits docteurs *honoris causa*. La démocratie avance à grands pas.

11 octobre 1993

Je reçois de Pékin une lettre de Sa Majesté Norodom Sihanouk qui me fait chaud au cœur. Elle prouve que la diplomatie parvient (parfois) à des résultats... « Le peuple cambodgien et moi vous rendons un vibrant hommage pour votre historique et si importante contribution au retour du Cambodge à la paix dans l'indépendance et une authentique démocratie. Nous n'oublierons jamais ce que votre Excellence a fait et continue de faire pour le salut de notre patrie [...]. »

1er novembre 1993

En vertu du traité de Maastricht, la Communauté économique européenne (CEE) se transforme en Union européenne (UE).

18 novembre 1993

Servons la vie

Inauguration de l'aile Richelieu au Grand Louvre. François Mitterrand est heureux. Il a pu voir l'aboutissement de son rêve : la création d'un musée hors du commun par la richesse des œuvres qu'il accueille. Après avoir évoqué quelques vicissitudes qui ont jalonné sa mise en œuvre, il cite en conclusion Marguerite Yourcenar : « "Là, il y avait le Louvre, il y avait le commencement du grand rêve de l'histoire, le monde de tous les vivants du passé." Elle ajoutait : "Quand on aime la vie, on aime le passé, parce que c'est le présent tel qu'il a survécu dans la mémoire humaine." J'ajouterai, si je me le permets : parce qu'il dessine aussi les lignes de l'avenir. » Et pour bien redire sa conception personnelle du chef-d'œuvre : « Servons la vie, servons la création, l'art, l'imagination, inscrivons-nous dans le fil de l'histoire, nous n'en sommes que les modestes ouvriers, et, pour un soir, réjouissons-nous. »

9 décembre 1993

Le président de la République m'a invité à Prague, où nous sacrifions au rituel du petit déjeuner à l'ambassade de France. Mais les choses ont bien changé. Je ne suis plus au gouvernement, et nos « dissidents » ont pris le pouvoir. Havel est devenu président de la Tchéquie, séparée démocratiquement de la Slovaquie. Dienstbier a été trois ans ministre des Affaires étrangères, et les autres sont députés ! Leur combat, et le nôtre peut-être, a été payant.

Les deux présidents inaugurent l'Institut français rénové. C'est une institution de Prague qui vit passer, depuis les années 1930, nos plus illustres contemporains. Nous assistons au colloque « Paris-Prague : intellectuels en Europe ». On y rend hommage à Hubert Beuve-Méry et à Vladimir Jankélévitch. Au printemps 1935, André Breton, accompagné de Paul Éluard, y prononça sa célèbre conférence sur les « séductions légendaires » de Prague.

À ce moment précis, je suis conforté dans l'idée que la culture est l'indispensable miel de l'homme de pouvoir. Václav Havel en est une noble incarnation.

30 décembre 1993

Reconnaissance mutuelle du Vatican et de l'État d'Israël. Juifs et catholiques. Les seuls qui tutoient Dieu et ont l'éternité devant eux.

1994

10 et 11 janvier 1994

À Bruxelles, le chef de l'État plaide pour « l'identité européenne de défense ». Cela suscite quelques frictions avec les Allemands, qui demandent qu'il y ait toujours une relation entre cette identité et l'Alliance atlantique. Je ne compte plus les fois où Genscher est intervenu auprès de moi pour faire ajouter cette clause afin de ne pas déplaire aux Américains, envers lesquels les Allemands considèrent avoir une « dette morale ». Et Washington ne laisse rien passer sur ce point. La France a évidemment une plus grande marge de manœuvre, tout du moins en apparence.

19 janvier 1994

Le président et moi sommes de retour à Sofia pour retrouver « nos » dissidents. Nous les avions accueillis pour le désormais célèbre petit déjeuner de l'ambassade. Que de chemin parcouru en cinq ans ! L'un d'entre eux, Jeliou Jevlev, est devenu président de la République bulgare [élu au suffrage universel] en 1992. C'est lui qui nous accueille à l'aéroport et nous accompagne à notre ambassade, où est servi un déjeuner digne de ce nom. Il remercie Mitterrand : « Ce petit déjeuner de 1989 a fortifié notre courage en tant qu'opposants et surtout donné l'élan dont nous avions besoin pour emprunter le bon chemin. »

Le président français fait un tour de table et demande son témoignage à chacun. Il reconnaît Blaga Dimitrova, turbulente poétesse, amie de Romain Gary. Elle a exercé quelque temps la fonction de vice-présidente de la Bulgarie avant de se fâcher avec Jevlev. Elle dit: «Il est intéressant de constater à quel point la politique transforme un être humain, car elle induit chez lui une autre façon de penser.» Elle encense Mitterrand: «Votre visite, en 1989, avait pour nous la valeur d'un signe de la part de l'Europe, un signe d'autant plus symbolique que nous fêtions le bicentenaire de la Révolution française.»

Je vous écoute

François Mitterrand n'a pas son pareil pour faire mine de ne pas entendre le compliment alors que son regard brille. Elle s'adresse directement à lui en faisant allusion à l'une de ses phrases, banale en apparence, et qui pourtant avait marqué les esprits: «Vous nous aviez dit: "Je vous écoute." Or, personne ne nous avait jamais écoutés! Vous nous avez permis de nous exprimer. Pour la première fois, nous pouvions nous faire entendre en toute liberté...» Ce mot dans sa bouche est lourd de sens. Elle en précise la subtilité et les exigences: «La liberté est une épreuve fondamentale, parce que les tentations deviennent presque irrésistibles. Mais quel bonheur que celui d'une liberté difficile, une liberté qui exige sans cesse de décider et de choisir...»

Vania Chervenkova annonce qu'elle n'est «pas encore» une dissidente de Jevlev, ce qui prouve que l'esprit rebelle est toujours bien vivant. Il faut dire qu'elle est devenue la rédactrice en chef de son journal et qu'apparemment elle n'est pas disposée à être un béni-oui-oui avec le pouvoir en place.

François Mitterrand connaît l'œuvre de l'écrivain satiriste Yordan Raditchkov, qui pourtant n'est guère traduite dans notre langue. Il lui demande précisément où en sont ses traductions avec les éditeurs français. Il est flatté.

Le journaliste Stefan Prodev est le fondateur du journal socialiste *La Douma*. Il raconte qu'à l'issue de la rencontre avec Mitterrand il avait publié un article intitulé «Douze naïfs révoltés». Il explique: «On ignorait les difficultés de la vie qui nous attendait. Nous croyions à l'ouverture, à la joie et au romantisme. Mais nous savons maintenant que la révolution mange toujours ses enfants et que la démocratie peut s'autodétruire.»

Il est beaucoup plus dans la réalité que ses collègues et exprime ses craintes. Il plaide pour un engagement à gauche sans faille: «Nous savons désormais que le centre est un "trou noir" et qu'il se remplit du nationalisme, de la xénophobie et du populisme brutal qui, en 1933, nous a conduits du chômage au nazisme.» Et il conclut à l'adresse de Mitterrand: «L'heure arrive de faire l'unité de l'Europe, c'est-à-dire l'unité des forces antifascistes. Ces cinq années ont été importantes pour nous. Mais nous sommes ici plus que jamais droits dans la tranchée, celle de la résistance.»

François Mitterrand, dissident

Le président de la République saisit la balle au bond. Il aime ces discussions sur la philosophie politique. Moi aussi. Il réprouve le fait que le communisme se soit souvent transformé en nationalisme permettant à certains dirigeants de se maintenir au pouvoir par un tour de passe-passe. Il en profite aussi pour reparler de son projet de Confédération européenne: «Ce sera le moyen pour nous de régler nos problèmes, sur une base démocratique et à égalité de chances.» Le président Jelev prend la parole en dernier. Il a le visage triste mais c'est un pince-sans-rire: «Je me sens, moi aussi, comme un dissident.» Il explique que «l'alternance démocratique n'a pas de sens en Bulgarie, où il n'existe ni droite ni gauche comme en Occident. Je crois que ce serait une grave erreur de vouloir appliquer ces critères à notre société, pour laquelle cela n'a aucun sens. Ma priorité est de lutter de toutes mes forces pour l'intégration de mon pays dans l'Union.»

Je note au passage que tous ces (anciens) dissidents portent des barbes: des longues, des courtes, des brunes et des blanches, des hirsutes et des taillées. Ce doit être un signe de reconnaissance! La référence à la dissidence a été constante. Mitterrand ne veut pas être en reste. Il fanfaronne: «Si je devais aujourd'hui me faire faire des cartes de visite, je mettrais: "François Mitterrand, dissident".»

26 janvier 1994

Annette Giacometti m'a désigné comme «légataire universel», ce qui est embarrassant compte tenu de mes fonctions publiques. J'ai demandé au tribunal de grande instance de Paris d'interpréter ce testament. Ce dernier vient de rendre un jugement qui me désigne comme «exécuteur testamentaire». À ce titre, j'obtiens la saisine immédiate de tous les biens meubles composant la succession Giacometti, c'est-à-dire les œuvres du sculpteur. Je vais devoir travailler désormais à la constitution d'une Fondation Giacometti, selon le vœu d'Annette.

Depuis la mort de son mari, en 1966, elle a réalisé un travail titanesque pour mettre au point le catalogue raisonné de l'œuvre. Je l'ai surtout aidée à traquer les faux Giacometti qui ont fait florès au fur et à mesure que la cote de l'artiste atteignait des sommets inégalés.

7 février 1994

Obsèques de Félix Houphouët-Boigny, mort le 7 décembre. Selon la coutume africaine, il faut au moins attendre quarante jours avant les cérémonies funèbres. La fin d'une époque. Le gotha de la Ve République est rassemblé : l'ancien président Valéry Giscard d'Estaing et la plupart des Premiers ministres. Dans la grandiose cathédrale de Yamoussoukro, l'office célébré par monseigneur Bernardin Gantin, doyen du collège des cardinaux à Rome, dure trois heures…

Le «vieux», comme le surnommaient les Ivoiriens, a voulu construire dans son village natal un sanctuaire aussi spectaculaire que Saint-Pierre de Rome. Il a consacré la fin de sa vie à ce projet sans se préoccuper de sa succession, qui va être compliquée. Le bal des ambitieux a déjà commencé.

Tout le monde sait que je vais être nommé à la tête du Conseil constitutionnel. Les hiérarques français chuchotent. Certains, comme VGE, me posent carrément la question. Ma réponse est toujours la même : «Je ne peux rien dire…»

19 février 1994

«Édouard m'a tuer»

Week-end à Chamonix. Lors de ma dernière entrevue à Matignon avec lui, le Premier ministre avait émis le souhait de nous revoir à Chamonix, comme nous le faisions habituellement de façon discrète. Mais les choses ont changé. Une meute de journalistes et de cameramen campent sur le chemin de son chalet.

Édouard Balladur a donc envoyé à ma rencontre les gendarmes de sa sécurité pour m'éviter d'être importuné.

Il me reçoit devant sa lourde cheminée de granit où crépite un bon feu. Il commence à faire nuit. Par la fenêtre, au-delà de la terrasse, le mont Blanc n'est plus qu'une masse sombre. Après quelques banalités mondaines, il en vient au sujet qui le préoccupe: «Dois-je considérer que la période de cohabitation paisible est terminée?» Il ajoute d'un air pincé, faussement conciliant: «Je vous parle avec beaucoup de franchise, comme d'habitude, et je souhaite savoir ce que je dois faire.»

Je comprends d'emblée qu'il s'agit de «l'affaire Canal +». André Rousselet, le grand ami de François Mitterrand, président fondateur de la chaîne cryptée, a été évincé par le nouvel actionnaire, Jean-Marie Messier, qui se prend pour un *tycoon*. La riposte a été orchestrée par Jacques Pilhan, le conseiller en «com» de Mitterrand. Un article a été publié dans *Le Monde,* signé Rousselet et intitulé «Édouard m'a tuer». Cela fait référence au «Omar m'a tuer» de l'assassinat très médiatisé de Ghislaine Marchal, sur les hauteurs de Mougins, en 1991. Balladur pense que c'est l'Élysée qui est à la manœuvre: «Je suis en droit de me poser des questions. Je ne comprends pas très bien le jeu de Mitterrand. Pour qui? Pourquoi? S'il souhaite terminer convenablement son deuxième mandat, il a intérêt à ce que les choses continuent comme elles se sont déroulées depuis un an.» Je le rassure: «Je ne pense pas que l'Élysée ait mis la main dans cette campagne de presse. Rousselet est "soupe au lait" et vraiment indépendant d'esprit, quels que soient ses liens avec le président. Je crois surtout qu'il a été terriblement vexé.»

Il menace cependant à fleurets mouchetés en laissant entendre qu'il a des «munitions» dans ce qu'il est convenu d'appeler «l'affaire des Irlandais de Vincennes», où sont «mouillés» la cellule antiterroriste de l'Élysée et son chef, le préfet Christian Prouteau. Un rapport est, paraît-il, «accablant». Je comprends que c'est le message qu'il voulait me faire passer à destination du «château»...

Il parle ensuite des difficultés de la cohabitation:

«Je suis en proie à une surenchère de la part de ma majorité qui souhaite que j'en découse avec le président de la République.»

Je lui concède :

« J'ai noté, depuis un ou deux mois, un "raidissement" de la part du président à votre égard.

– C'est probablement à propos de la politique étrangère ?

– Il a mal pris en effet l'expulsion des Iraniens dans l'affaire Gordji, prétendant qu'il n'était pas au courant.

– C'est tout à fait faux, l'information lui a été donnée *via* Charasse... »

Comme nous n'arriverons pas, à ce stade, à démêler le vrai du faux, nous parlons de mon successeur, Alain Juppé qui, comme un fait exprès, téléphone au même moment. En raccrochant, Balladur lâche : « C'est un garçon qui ne renvoie jamais l'ascenseur, il est difficile de caractère et manque d'humour. » Sa « courtoise suffisance », comme dit *Le Canard*, sait se montrer vacharde.

En me raccompagnant, il me demande : « Alors, je continue ? » Je lui fais un signe de tête qui veut dire : « Je vous le conseille. » Les gendarmes me raccompagnent à ma voiture. Les caméras de TF1 tournent sous les *sunlights*. Le journaliste lance des questions. Je passe sans répondre. Nous sommes convenus, Balladur et moi, de ne rien déclarer à la presse. Cela vaut mieux...

17 mars 1994

Procès de Paul Touvier devant la cour d'assises des Yvelines pour complicité de crimes contre l'humanité. Je suis l'un des avocats des parties civiles. Je représente les organisations de résistants. Jamais je n'aurais pu défendre un criminel de la dernière guerre. Le procès est moins « grandiose » que celui de Barbie. Touvier est à l'évidence un « second couteau ». Le petit vieillard mal fagoté qui entre dans la cage en verre blindée n'a aucun regard pour les ayants droit des victimes. Son avocat, maître Jacques Trémolet de Villers, ancien collaborateur de Tixier-Vignancour, demande l'exclusion des parties civiles, étant entendu que les victimes se sont réveillées un peu tard. Je m'élève, furieux : « Ce qui était valable pour un Allemand (Barbie) ne le serait pas pour un Français... » À la fin du procès, il vient me serrer la main et me dit qu'il m'admire...

27 mars 1994

Dimanche des Rameaux. Voilà cinquante ans jour pour jour que mon père, Georges Dumas, mourait sous les balles d'un peloton d'exécution allemand à Brantôme (Dordogne). Curieusement, l'évocation de mon père me renvoie toujours à Mitterrand. Comme si les deux images se superposaient. J'aurais dû en parler à Jacques Lacan !

7 avril 1994

« Le Cardinal » s'est suicidé

Mort de François de Grossouvre, d'une balle dans la tête, à l'intérieur de son bureau capitonné de l'Élysée. Personne n'a rien entendu. J'ai toujours pensé que cela finirait mal. Il est mort de « dépit amoureux ». Je l'ai souvent répété : Mitterrand était un séducteur qui captait ses proies jusqu'à parfois les étouffer, tel le boa.

La jalousie de Grossouvre l'a conduit à vouloir détruire celui qu'il aimait, je veux parler de Mitterrand. C'était une relation trouble et troublante. Il était le dépositaire de tous les secrets de la « Mitterrandie », à commencer par ceux de la « deuxième famille ». Il demeurait ainsi à la caserne de l'Alma, au-dessus de l'appartement d'Anne et de Mazarine Pingeot, dont il était le parrain.

Les deux femmes ont dû s'installer à contrecœur dans cette confortable mais sinistre annexe de la présidence de la République. Il n'était plus possible de continuer à les protéger en toute sécurité dans le petit appartement qu'Anne possède rue Jacob.

Grossouvre et Mitterrand vivaient donc à l'Alma en compagnie de leur « deuxième famille ». Le premier avec sa maîtresse, Nicole. Le second auprès d'Anne et Mazarine. Il n'était pas rare qu'ils fassent voiture commune pour y rentrer le soir, chacun vers sa vie hyperprivée, l'un de secrets les mieux gardés de la République.

Grossouvre avait longtemps joui d'une grande liberté d'action, d'autant plus souple qu'il faisait partie des *stay behind* [« ceux qui restent dans l'ombre »]. Il bénéficiait d'un bureau à l'Élysée, d'une secrétaire et d'un garde du corps, membre de la cellule antiterroriste de l'Élysée. Il rasait les murs, chuchotait à l'oreille du président, prenait des airs mystérieux. Le vrai courtisan comme on n'en fait plus. Ridicule.

Il était seulement « visible » en tant que président des chasses présidentielles, qui lui permettaient d'avoir des contacts directs avec des hommes politiques étrangers ou des grands patrons. Mitterrand, qui avait la chasse en horreur, laissait la bride sur le coup à ce fringant écuyer. Grossouvre avait de l'allure et de la culture, de l'argent et de l'entregent. Un personnage d'Ancien Régime en quelque sorte. Avec sa barbichette coupée en pointe, il avait des faux airs de Richelieu. Les gendarmes le surnommaient « le Cardinal »...

Les choses ont commencé à se gâter quand il s'est mêlé de politique étrangère. Il nouait des contacts en Arabie saoudite ou ambitionnait de réconcilier les deux Corées, autant de dossiers qui ne simplifiaient pas ma tâche ! Il m'embarrassait. Je m'étais plaint au président, qui m'avait assuré qu'il ne lui avait jamais confié aucune mission de cet ordre. Il s'était attaqué aussi au fils du président, Jean-Christophe, qu'il accusait d'avoir des fréquentations et des activités douteuses. Je m'en étais ouvert à Mitterrand qui m'avait dit : « Parlez-en à Jean-Christophe. » Ce dernier m'avait confirmé que Grossouvre le poursuivait de sa vindicte.

Petit à petit, le courtisan avait fait l'objet de la disgrâce du monarque. Il le vivait mal. C'est à partir de ce moment, à mon avis, qu'il développa une démarche suicidaire. Elle se manifesta par des bavardages intempestifs dont il n'était pas coutumier jusqu'alors. Il parlait beaucoup, et surtout à des journalistes de droite comme François d'Orcival ou Jean Montaldo. L'auteur de *Mitterrand et les 40 voleurs* défend la thèse « abracadabrantesque » de l'assassinat.

À ceux qui tentent de l'étayer, je dis qu'ils n'ont pas vu l'état d'exaspération et de dépression dans lequel Grossouvre se débattait depuis quelques années. Il souffrait en outre de violents acouphènes qui lui étaient insupportables, dans le sens premier du terme. J'affirme surtout que s'il était dingue, en effet, il n'était pas suffisamment dangereux pour qu'il eût fallu l'empêcher de nuire. Ces amateurs de romans politiques sont les mêmes qui mettent en doute la « mort voulue » de Pierre Bérégovoy, le 1er mai

1993. Ces deux morts par arme à feu posent, évidemment, la question de la sécurité des hommes politiques pourtant entourés de policiers éminents, dont le rôle est particulièrement ingrat. Je connais bien Christian Prouteau, en charge de la sécurité du président. Il est entièrement dévoué à sa personne. Face à un danger qui pourrait menacer le chef de l'État, je suis convaincu qu'il tirerait. Il est là pour cela. Mitterrand a toute confiance dans « ses » gendarmes « parce que ce sont des militaires ». Il ne supporte pas les flics : « Ce sont de gros alcooliques bons à rien. » Je fais mine de m'étonner. Il insiste : « Ils sont les premiers à vous trahir. Si on m'assassine, ça viendra de là ! »

Une balle dans la tête

Le président de la République a, lui aussi, pouvoir de vie et de mort. Au nom de la raison d'État, il est susceptible de donner un ordre en ce sens. Nous en avons très rarement parlé, mais il m'avait un jour confié que les affaires faisant entrer cette notion de raison d'État, c'est-à-dire le « meurtre d'État », sont fort rares. « Une ou deux », m'avait-il avoué. Il avait cité le cas de Carlos sans m'en dire plus. Ce dernier avait tué deux agents de la DST et s'en est vanté. J'avais compris qu'il avait donné l'ordre de faire ce qu'il fallait pour l'empêcher de nuire à nouveau. C'est grave, mais on peut considérer qu'il s'agit d'actes de guerre. On échappe alors au droit commun. La guerre, c'est fait pour tuer… C'est pour cela que c'est ignoble.

Dans le différend qui l'opposait à Jean-Edern Hallier, il n'a pas placé l'enjeu sur ce plan. Ce n'était pas le président qui parlait mais le père. Il craignait pour sa fille Mazarine. Alors que je tentais de minimiser la nuisance potentielle du pamphlétaire, il s'était emporté : « Mais Roland, s'il s'agissait de l'enlèvement de votre fille, vous ne feriez pas ce qu'il faut ? » C'est-à-dire l'empêcher de nuire par tout moyen, d'après ce que j'ai alors compris. Quand il se lâchait vraiment, il allait jusqu'à dire : « Il y a des types qui méritent une balle dans la tête ! »

François Mitterrand savait, par les écoutes, que Jean-Edern Hallier préparait un ouvrage où il allait tout raconter de son passé et révéler l'existence de la « deuxième famille » : « mon pamphlet », comme le désignait l'auteur qui plastronnait dans les studios de radio et de télévision. Le président m'avait chargé de savoir ce que contenait cette «mazarinade». La tâche était difficile. Par un tour de passe-passe, je réussis à me procurer le tapuscrit et me précipitai à l'Élysée, après dîner, sans lui dire au téléphone les raisons de ma venue. On nous écoute...

Le président travaille dans son bureau sous le halo de sa lampe. Tout le Salon doré est plongé dans l'obscurité. La scène est crépusculaire :

«Ah, Roland que se passe-t-il ?

– Voilà le document, monsieur le président.

– Comment l'avez-vous eu ?

– Je ne peux pas encore vous le dire sans "griller" ma source... »

Il commence à lire consciencieusement. Il tourne les pages lentement, ponctue ces quelques phrases de longs silences. Il marmonne :

« C'est une honte... Comment peut-il affirmer une chose pareille ?... C'est du roman... Il a osé... »

Allez prévenir Danielle

J'attends sans mot dire. Au bout d'une demi-heure, il relève la tête, déchausse ses lunettes d'écaille et me dit :

« Roland, pouvez-vous aller dire à Danielle qu'il va paraître une "chose" désagréable ?... Elle est à côté. »

La tâche est loin d'être évidente. J'ai rempli bien des missions délicates, mais celle-ci l'est entre toutes. Dans un petit salon qui jouxte les appartements privés, Danielle regarde la télévision. Trois écrans sont allumés. Elle suit trois programmes en même temps. Elle pose sa tapisserie au petit point et me saute au cou.

« Roland ! Quelle surprise ! Que fais-tu là ?

– François me demande de te prévenir de la parution prochaine d'un ouvrage...

– Je t'arrête ! Ne te fatigue pas. Je sais tout depuis le début...

– Merci, Danielle, tu me facilites la tâche...

– C'est la vie de François. Cela ne me regarde pas ! »

L'attitude de Danielle m'apparut élégante.

[Je n'avais pu révéler à François Mitterrand l'origine de la « fuite », car il était partie prenante, malgré lui, dans un « marché »

que j'avais mis en place pour obtenir le document. Je ne voulais pas utiliser une arme qui aurait pu apparaître comme un chantage. Je peux révéler le nom de mon « agent », car il n'est plus de ce monde. Il s'appelait Jean-Marc Varaut. Il était l'avocat d'Hallier. Varaut avait été un temps mon associé quand nous partagions un cabinet commun avenue Hoche. Il était royaliste, engagé politiquement à droite, un temps chez les Républicains indépendants de Giscard. Il ne faisait pas de déclaration fiscale, ne bougea pas malgré les relances de l'administration, les admonestations du bâtonnier et la pression de ses amis, dont moi. Jusqu'au jour où il fut condamné à de la prison ferme… Il allait être radié du barreau. Sa carrière serait finie. Il débarqua un soir, en pleurs, dans mon bureau, en menaçant de se suicider. Il était désespéré.

« La seule issue juridique possible est que tu demandes la grâce de Mitterrand.

– Mais il n'a jamais gracié personne…

– Essaie quand même. »

Me voilà à nouveau, visiteur du soir, dans le bureau présidentiel. Je lui raconte l'histoire. Il reste impassible.

« Varaut est un adversaire politique.

– C'est un ami.

– Non, je n'ai jamais gracié personne pour raison fiscale ! »

Ce n'était pas le bon jour. Pourtant, je savais qu'il nourrissait une certaine admiration pour l'homme, fin, cultivé et bon orateur. J'avais autrefois assisté à une réunion électorale que tenait Mitterrand, premier secrétaire, à Paris, dans le cadre d'une campagne pour les municipales. Varaut était venu lui apporter la contradiction. Les militants du Parti socialiste avaient empêché ce dernier de s'exprimer en faisant du tapage. Mitterrand avait alors lancé : « Taisez-vous. Ce que vous allez entendre ne va pas vous plaire, mais je vous demande de l'écouter, car cela sera bien dit. »

Varaut était désemparé que je n'aie pu arriver à mes fins. Il me demanda de refaire une tentative. Je revins à la charge au « château » :

« S'il vous plaît, si vous ne le faites pas pour lui, faites-le pour moi.

– Bon, c'est bien parce que c'est vous et que vous me le demandez avec une telle insistance, mais n'y revenez pas !

– Merci infiniment, monsieur le président. »

Je n'avais pas voulu lui dire la vérité à ce moment, car ce « marché » l'aurait embarrassé. C'est plusieurs mois plus tard que je lui racontai l'histoire, quand il fallut empêcher la parution du bouquin et le conduire au pilon. Cette fois, j'eus recours aux gendarmes de l'Élysée. Comme dans les romans d'espionnage, ils interceptèrent le camion à la sortie de l'imprimerie. Le livre finira par être publié en 1996, un mois après le décès du « personnage principal »...]

20 avril 1994

Verdict dans l'affaire Touvier : réclusion criminelle à perpétuité pour crime contre l'humanité. La défense se pourvoit en cassation.

27 avril 1994

En Afrique du Sud, l'ANC remporte les premières élections générales multiraciales, et Nelson Mandela devient le premier président noir de la République d'Afrique du Sud. Je suis frappé par la destinée de cet homme qui m'a toujours impressionné au cours de nos rencontres par la dimension humaine de son discours, par son pragmatisme et la volonté farouche de ne rien lâcher sur l'essentiel, c'est-à-dire la dignité de ses concitoyens.

1er mai 1994

Le tapage Tapie

Le président est revenu très fatigué de son voyage en Ouzbékistan. Voir Samarkand et mourir ? Hier, il a réuni son cabinet et quelques proches pour clarifier la situation. Il est une fois de plus en froid avec la rue de Solferino qui l'accuse de « tapisme » outrancier et de faire barrage à Rocard, candidat à sa succession. Il se justifie : « Aux européennes, j'approuverai tous les candidats de gauche qui se seront déclarés en faveur de l'Europe. À la présidentielle, mon candidat sera naturellement celui du Parti socialiste. » Il ironise sur ceux qui le disent *has been* : « Je croyais ne plus gêner personne. On disait que je ne comptais plus ! Eh bien, je me suis trompé, je dois gêner encore. Pourtant, je me contente de garder la place au chaud pour mon successeur. Ça doit être encore trop pour certains ! »

Il a demandé à Bernard Tapie de l'accompagner à Nevers pour les cérémonies en hommage à Pierre Bérégovoy, un an après sa disparition. Sans doute n'est-il pas mécontent de prouver que Tapie est populaire alors que Rocard déplaît. La démonstration marche au-delà de toute espérance.

Dans les rues, la foule acclame l'ancien patron de l'Olympique de Marseille. Nanard salue, signe des autographes, intercepte un ballon jeté par un gamin. « Tapie, Tapie ! » crie la foule. François Mitterrand a toutes les raisons d'être agacé. Ces manifestations peuvent accréditer le fait qu'il « roule » pour Tapie. Elles sont surtout malvenues pour l'hommage à un défunt. Elles sont enfin un manque de respect dû à sa fonction. Le président de la République n'accepte pas de passer au second plan. Je le vois se rapprocher de moi. J'accélère le pas pour me retrouver à sa hauteur (sa Hauteur ?). « Roland, prenez Tapie en main et faites cesser ce tapage... »

S'il se moque de l'apparat du pouvoir, je puis en témoigner, il est sensible au prestige qui s'attache à la fonction plus qu'à la personne qui l'incarne. Lors du premier septennat de François Mitterrand, Henry Kissinger, l'ancien secrétaire d'État américain, était venu en visite privée en France. Un de ses amis français avait organisé en son honneur un dîner dans son hôtel particulier à l'ouest de Paris. J'avais été invité ainsi que le président de la République, qui était arrivé très en retard, comme à son habitude. À son entrée, tout le monde avait continué à bavarder sans se lever ni même s'interrompre. Moi y compris. Le lendemain, il me fait appeler par le secrétaire général de l'Élysée qui me dit : « Le président n'est pas content. À toi, il pardonne tout, mais il n'a pas apprécié qu'aucun des convives ne se soit levé hier. Il voulait que tu le saches... »

2 mai 1994

Réunion houleuse chez Tajan, où Mary-Lisa Palmer apprend que 18 œuvres de Giacometti vont être mises aux enchères pour financer la création de la fondation. Elle est furieuse. Ou elle ne dit rien ou elle crie.

6 mai 1994

La reine a disparu

Inauguration du tunnel sous la Manche par François Mitterrand et Sa Majesté Elizabeth II, après sept années de travaux. Je suis invité en tant que signataire du traité, en 1986, avec mon ancien collègue Geoffrey Howe, qui est également présent. L'Eurostar royal a inauguré en premier le trajet. Il est venu se ranger nez à nez avec le train du président en gare de Coquelles, près de Calais (Pas-de-Calais). La reine a revêtu un ensemble fuchsia avec le bibi assorti. Ses toilettes sont ainsi faites que l'on ne peut la manquer dans la foule grise des costumes et des imperméables. Le crachin est en effet en harmonie avec la situation. Elizabeth II est, comme il se doit, accompagnée par le prince Philip d'Édimbourg, toujours deux pas en arrière pour respecter le protocole.

En gare de Coquelles, les deux chefs d'État coupent le ruban tricolore tissé en dentelle de Calais, fort prisée outre-Manche. Sont également présents le Premier ministre français, Édouard Balladur, le Premier ministre anglais en exercice, John Major, qui a succédé à une Mme Thatcher, toute de noire vêtue (il ne faut pas entrer en concurrence avec la flamboyante garde-robe royale!), le Premier ministre belge, Jean-Luc Dehaene, et le président de la Commission européenne, Jacques Delors.

Après son discours, la reine s'éclipse un moment. Le président s'impatiente et se tourne vers moi:

« Roland, qu'est-ce que fait la reine? »

Je ne peux lui apporter de réponse.

« Allez voir. »

Je ne me vois pas aller demander des explications au service du protocole sur les commodités royales. J'improvise:

« Elle arrive, elle est partie se changer.

– ... »

Elle réapparaît dans le même ensemble fuchsia. Je suis un peu nigaud. Sa Majesté et le président prennent place dans la Bentley bordeaux et y resteront pendant la traversée.

À la gare de Saint-Pancras à Londres, un cadeau est offert au président de la République: une pendule décorée d'une gemme.

François Mitterrand improvise une réponse qui suscite la franche hilarité de la souveraine et de l'assistance : « Voilà un mois, Madame, nous avons fêté le quatre-vingt-dixième anniversaire de l'Entente cordiale, qui est vraiment cordiale entre nous, enfin presque toujours ! » Je crois pouvoir dire que le courant passe. Tout le monde rit. La reine au premier chef.

[François Mitterrand s'entendait aussi bien avec Mme Thatcher, ce qui n'était pas gagné d'avance ! Elle avait du respect pour lui. Je pense que ce sentiment datait de la guerre des Malouines, au printemps 1982. Il avait pris clairement position pour le Royaume-Uni et contre l'Argentine. Il était allé jusqu'à communiquer les codes secrets des armes vendues par la France aux Argentins.

Il avait même dit à Claude Cheysson, qui avait inspiré le discours de Cancún : « Le tiers-monde, c'est bien. Une fois, ça va, mais n'y revenez pas trop... » Cheysson défendait les pays en développement, en particulier en Amérique du Sud. Mitterrand défendait le droit. « L'Angleterre est une alliée, disait-il, on doit lui porter secours et assistance, comme c'est écrit dans les textes. » Et il ajoutait : « Mais n'en faisons pas trop quand même. » Avec lui, c'était toujours « à la petite cuiller ».]

10 juin 1994

Cinquantième anniversaire du massacre d'Oradour-sur-Glane où périrent 642 innocents, victimes de la barbarie nazie. Je n'ai pas prévu de me rendre aux cérémonies de commémoration, car ma mémoire est, de toute façon, hantée par ces cohortes de martyrs, au premier rang desquels chemine Georges Dumas, mon père.

Je plaide à Nice. Le président de la République m'appelle. Il tient absolument à ce que je sois à son côté. Je lui déclare que je suis très occupé. Il me fait cette réponse culpabilisante : « Roland, ce n'est pas gentil... » Je saute dans un avion privé pour Limoges et assiste à la fin de la cérémonie. Revenir à Oradour est pour moi un déchirement. Les ruines de ce village dévasté par la division Das Reich sont un cauchemar éveillé. Se souvenir, oui, mais pourquoi rouvrir la cicatrice ? Le président me témoigne sa gratitude d'avoir pu le rejoindre. Dans son discours, il donne la réponse.

Comme il le fait souvent, en ce genre de circonstances, il plie le discours qui lui a été préparé et improvise avec son cœur. Il n'est jamais aussi bon que dans ces moments-là: «Nous ne voulons pas que cela se reproduise. Il appartient aux générations futures de bâtir un monde où les Oradour ne seront plus possibles...» Il laisse la suite des commémorations à son Premier ministre, Édouard Balladur.

Il me demande de rentrer avec lui à Paris dans son avion. Nous ne sommes que tous les deux avec ses officiers de sécurité. Pendant tout le voyage, il ne me parle que de la mort de mon père. Je comprends à ce moment qu'il avait prévu ce scénario et qu'il fallait impérativement que je sois là... Il me pose une foule de questions auxquelles je ne peux répondre, car j'étais alors dans la clandestinité. Et ses compagnons d'infortune ont subi le même sort que lui et n'ont pas pu parler. «Comment a-t-il été arrêté, comment l'ont-ils tué, qui l'a trahi?» Il veut comprendre l'enchaînement infernal qui a conduit Georges Dumas, un petit fonctionnaire socialiste, syndiqué, proche de la franc-maçonnerie, révoqué avant guerre pour avoir transmis un ordre de grève, à faire le sacrifice de sa vie par idéal.

Pourquoi lui et pas moi?

Sous-jacente à ses questions était la constante interrogation qui le taraudait sur sa propre trajectoire, moins «linéaire». Je comprends à ce moment que ce passé confus, qu'il s'évertue à défendre, lui pèse. Je lui raconte comment Georges Dumas a fait ma propre éducation politique. Il m'emmenait au Champ-de-Juillet assister aux grands meetings antifascistes du Front populaire et applaudir Léon Blum arrivé à Limoges, tel le messie, en avion. J'évoque aussi mes bagarres de lycéen avec les Croix-de-Feu et comment nous allions manifester, contre les nantis, au manège où montaient à cheval les jeunes gens de la bonne société limougeaude.

Puis il veut tout savoir de la situation politique en Limousin et surtout sur le clivage qui s'était fait jour entre ces socialistes qui votèrent les pleins pouvoirs à Pétain et ceux qui, à l'instar de mon père, se réfugièrent dans la dissidence puis dans la clandestinité. Dans son commentaire, je comprends qu'il fait une sorte de parallèle entre nos deux destinées. Il ne peut nier qu'il vient d'un milieu conservateur. Il ne parle jamais de son père, mais il met toujours en avant les convictions « progressistes » de sa mère, catholique convaincue influencée par les idées du *Sillon* de Marc Sangnier. Il conserve, me confie-t-il, son livre d'heures dans son bureau de l'Élysée…

Sans vouloir faire de psychanalyse à bon compte, je sens qu'il fait un « travail » sur lui-même. Mais à aucun moment il ne fait un *mea culpa* sur ses convictions de jeunesse.

J'ai louvoyé, c'est vrai, mais pas dans les choix personnels qui ont animé mes engagements. S'il faut faire le programme commun avec les communistes, je rencontre des communistes. Si le deuxième tour est serré et qu'il faut faire barrage aux gaullistes, je vais rencontrer le Front national. Mais ça ne change rien à mes convictions.

12 juin 1994

Rocard au Tapie

La liste de Michel Rocard n'obtient que 14 % à l'élection européenne. Tapie et Le Pen ont eu raison du big bang. Rocard est furieux. Il assure être la victime d'un *Scud* tiré de l'Élysée.

4 juillet 1994

François Mitterrand en Afrique du Sud. Il est le premier chef d'État à se rendre dans ce pays depuis l'accession au pouvoir de Nelson Mandela. Je regrette de ne pas y être invité. Il est si rare de rencontrer des « types bien » en politique !

11 juillet 1994

Six cents personnes sont rassemblées dans le grand salon de l'Hôtel Georges-V. Tous les collectionneurs, les marchands et les courtiers du monde entier se sont donné rendez-vous pour la vente exceptionnelle des Giacometti, dont les 14 bronzes. Sous le marteau de Jacques Tajan sont dispersées, entre autres, *La Clairière*, *La Femme de Venise* et *Annette assise*, pour 41 millions de francs. Il faut bien payer les assurances, le stockage, la protection de la collection.

Été 1994

Le bal des blouses blanches

Les médecins s'affairent autour du président qui souffre le martyre. D'un côté, les tenants de la médecine traditionnelle, représentée par Steg et Gubler. De l'autre, les représentants d'une médecine douce, à laquelle s'est rangée Mazarine, en désespoir de cause. Sur les conseils de Régine Bosco a été introduit dans le cercle présidentiel le docteur Philippe de Kuyper, un homéopathe adepte des thérapies dites naturelles. Il utilise des poudres de «perlimpinpin» fournies par un certain Mirko Beljanski, inquiété par la justice pour pratique illégale de la médecine. C'est tout le dilemme face à ce genre de maladie. Soit un traitement de cheval, mais qui risque de tuer le malade, soit une médecine douce, peut-être peu efficace, mais qui atténue les souffrances. Je ne suis pas à même de trancher, mais voir un individu souffrir est insupportable.

14 juillet 1994

Pour la première fois, un détachement de l'Eurocorps comprenant blindés et soldats allemands défile sur les Champs-Élysées. Je suis partagé par des sentiments contraires. La satisfaction d'avoir réussi une réalisation utile à la paix. Mais cela réveille aussi en moi l'humiliation ressentie quand la Wehrmacht défilait au même endroit, en juin 1940.

C'est le même sentiment qui m'a retenu quand Genscher m'avait demandé d'aller se recueillir sur la tombe de mon père à Limoges. Malgré mon amitié pour lui, je n'avais pu m'y résoudre. Il avait fait le même geste avec Chevardnadze, dont le frère avait été tué sur le front russe. Si j'étais prêt intellectuellement, quelque chose en moi s'y refusait viscéralement. Je n'étais pas en outre le seul concerné. J'imagine que des voix n'auraient pas manqué de s'élever. Oradour n'est qu'à 20 kilomètres de Limoges. Bien sûr, les faits en question remontent à un demi-siècle. Mais je suis encore frappé, quand il m'arrive d'aller dans le Limousin profond, de découvrir au mur de fermes reculées le portrait de Georges Guingouin, le «préfet du maquis»! Et je n'oubliais pas non plus qu'en 1956 j'avais été élu député du Limousin, donc d'Oradour-sur-Glane, pour mon opposition au réarmement allemand. Décidément, je n'en finissais pas de faire mon deuil. Je me dis aujourd'hui que j'ai sans doute eu tort.

18 juillet 1994

Danielle, de son côté, a subi un pontage coronarien à l'hôpital Broussais, alors que son mari se prépare à une seconde intervention chirurgicale à Cochin. C'est Anne qui va veiller sur lui. Comme il l'avait fait pour la première opération, deux ans auparavant, il m'appelle pour me prévenir :

« Roland, je voulais vous dire que je vais devoir me faire opérer à nouveau...

– Comment, les médecins ont raté la première ?

– Ah ! Les médecins sont des ânes... »

Cela commence à aller mal. Il souffre et n'a plus le ressort qu'il avait avant. Il compte les jours jusqu'à la fin de son deuxième septennat : « Dix mois, c'est encore à ma portée. »

Fin juillet

François Mitterrand est allé se reposer quelques jours à Souzy-la-Briche (Essonne), résidence présidentielle qu'il a toujours appréciée, car il y passait les week-ends avec Mazarine, enfant, et sa mère. C'est là que la « petite demoiselle », comme l'appelaient « ses » gendarmes, se livrait aux plaisirs de l'équitation.

Bien vite, François Mitterrand a besoin de revoir la mer. Il part avec Anne et Mazarine pour Belle-Île. La famille s'installe au Castel Clara. Il reprend goût à la vie en contemplant la lumière d'un paysage constamment renouvelé et en retrouvant le bienfait des promenades solitaires, sur le chemin des douaniers. Le docteur Tarot fait quelques incursions aux commandes de son avion personnel.

15 août 1994

Arrestation au Soudan de Carlos, immédiatement livré à la police française. C'est un coup de maître de Pasqua qui veut « terroriser les terroristes ». Vergès prend en charge sa défense.

[Au bout d'un certain temps, la rupture interviendra entre les deux hommes, car Vergès était persuadé que Carlos avait

été « retourné » par la DST et commençait à « balancer » sur son compte.]

16 août 1994

Voilà un an qu'a été créée Operalia. Cette association a pour but de repérer et de promouvoir de jeunes talents de tous pays dans le domaine de l'art lyrique. C'est une idée de Lucienne Goldfarb et de mon ami le ténor Plácido Domingo. J'en accepte la présidence d'honneur. Christine Deviers-Joncour s'occupe des relations avec la presse. Notre ambition est d'en faire l'un des concours de chant parmi les plus prestigieux au monde. Plácido Domingo affiche la double ambition d'identifier les talents lyriques pour « faire vivre la musique » et de les accompagner dans le lancement de leur carrière.

25 août 1994

François Mitterrand participe aux cérémonies du cinquantième anniversaire de la libération de Paris.

[Un témoin de la scène me raconte qu'en marge du défilé Mitterrand dit à Chirac qu'il ne comprend pas pourquoi il ne se représente pas. C'est sa petite chanson pour diviser les adversaires. Il avait fait dire la même chose à Raymond Barre. C'est moi qui étais le messager ! Je faisais une conférence au Sénat avec l'ancien Premier ministre de Giscard et en avais prévenu le président. Il m'avait alors dit : « Très bien. Demandez-lui donc de ma part pourquoi il ne se présente pas. »]

Septembre 1994

Plus que jamais, c'est le ballet des blouses blanches autour de l'illustre patient. Les choses ont cependant changé depuis l'été. En août est arrivé le docteur Jean-Pierre Tarot. C'est André Rousselet qui a recommandé cet anesthésiste au grand cœur. Il l'a vu au chevet de Jean Riboud et il a grandement soulagé les dernières années de vie du grand patron. Sa méthode ? Un compagnonnage de chaque instant avec son patient dont il veille à atténuer la douleur en lui permettant de continuer à avoir une activité (presque) normale. Puis, un accompagnement en douceur quand la vie s'échappe. Il ne se comporte pas seulement en médecin, mais en ami bienveillant. Discrétion, sagesse et dévouement sont les maîtres mots de son action. Une petite caméra ne le quitte jamais. Avec l'accord de François Mitterrand, il le filme, notamment dans ses promenades. Des archives pour l'histoire ?

Sans date

Un gisant

Je rends visite au président dans sa chambre. Entouré de livres, il est allongé sur son lit, vêtu d'une robe de chambre. Les yeux mi-clos, il ressemble déjà à un gisant. Nous parlons un temps des affaires du monde, mais très vite la conversation arrive sur sa santé. D'une voix sourde qui entrouvre à peine une bouche sans lèvres, il murmure, en mettant la main sur sa clavicule : « Le cancer est là, je le sens... » Il souffre à l'évidence mais ne se plaint pas plus. Petit à petit cependant, la vie reprend ses droits. La conversation le ranime. Il a gardé toutes ses facultés intellectuelles.

12 septembre 1994

Interview vérité de François Mitterrand par Jean-Pierre Elkabbach. Il m'a dit qu'il voulait « s'expliquer devant les Français ». En cours d'interview, il se fâche et devient blême : « Non, je ne ferai pas d'excuses au nom de la République ni de la France. Vichy, ce n'était pas la France. » Elkabbach, qui jusqu'alors a planté ses banderilles avec délectation dans la chair de l'animal blessé, se calme. Il s'est fait une spécialité de ces interviews « à l'américaine » où il faut tourmenter l'interlocuteur pour lui faire dire sa vérité.

Je me souviens qu'Elkabbach m'avait supplié de faire partie des journalistes accrédités à poser des questions à Gorbatchev, lors de sa venue à Paris, le 5 juillet 1989. Dans la bibliothèque de l'Élysée, Georges Bortoli représente TF1, Christine Ockrent, France 2, et Jean-Pierre Elkabbach, Europe 1. Je lui avais demandé de faire attention de ne pas trop malmener notre hôte que nous cherchions par tous les moyens à ne pas déstabiliser. Il s'y était engagé. « La guerre froide est terminée », dit le secrétaire général.

Alors que l'émission s'était passée sans encombre, Elkabbach saisit la balle au bond et pose la question qui tue: «Nous fêtons le bicentenaire de la prise de la Bastille; le mur de Berlin n'est-il pas la dernière Bastille à abattre?» Gorbatchev botte en touche mais fulmine intérieurement et arrache nerveusement l'oreillette de la traduction simultanée pour signifier que l'interview est terminée.

Mitterrand, en bon diplomate, et en hôte attentif, vient à la rescousse du secrétaire général: «Nous avons à bâtir en commun une relation solide et pacifique entre nos deux pays. Ensuite, défendre la paix, c'est-à-dire lutter pour un désarmement simultané, contrôlé, les yeux bien ouverts. Enfin, bâtir l'Europe, notre continent commun.» Gorbatchev, furieux, m'avait pris à part: «Roland, j'ai accepté de répondre aux questions des journalistes de la télévision française, mais "ton" journaliste est insupportable.»

28 septembre 1994

Le scénario lui échappe

L'enquête sur les écoutes téléphoniques met en cause la cellule antiterroriste de l'Élysée, dirigée par Christian Prouteau. La méthode de défense de Mitterrand a toujours été imparable sur ce point: «Il n'y a jamais eu de systèmes d'écoutes à l'Élysée.» Ce n'était pas contestable, car le central est physiquement installé au sous-sol des Invalides et placé sous l'autorité du Premier ministre!

[Il fallait voir comment, en mai 1993, Mitterrand s'était sorti de la chausse-trappe quand des journalistes belges lui avaient demandé des éclaircissements. Ils le suivaient depuis quatre ans et avaient eu toutes les facilités pour pénétrer sa prétendue «intimité». En fait, il les manipulait et était le propre metteur en scène de sa «chanson de geste». Jusque-là, tout s'était bien passé. Mais avec cette question qu'aucun journaliste français n'avait osé poser, le scénario lui échappait et il n'aimait pas ça! Il était furieux et avait coupé court à l'interview en assurant, péremptoire: «Je ne pensais pas que l'on descendrait si bas. Je vous le redis, il n'y a pas d'écoutes à l'Élysée!» Ce qui était vrai. Il n'avait pas son pareil pour jouer sur les mots! Cela demeure un grand moment de télévision qui ressort régulièrement.]

Sans date

Au cours d'une de nos rencontres du soir, François Mitterrand évoque la fin de son mandat et me dit qu'il a l'intention de me nommer à la présidence du Conseil constitutionnel, « mais c'est secret », prend-il bien soin de préciser, « n'en parlez à personne ». Quelques jours plus tard, au cours d'un colloque au Sénat, je fais la connaissance d'un des Sages du Conseil, Jacques Robert. C'est un protestant de la Charente qui ne passe pas pour un plaisantin. Assis à côté de moi à la tribune, il me susurre, alors qu'un orateur pérore : « Alors, monsieur le ministre, c'est vous qui allez nous présider ? » J'élude la question.

7 octobre 1994

François Mitterrand est épuisé par la chimiothérapie et la radiothérapie. Il part pour un quatrième séjour à Belle-Île, au Castel Clara. Il est accompagné, cette fois, de Danielle. Sont également présents les Kiejman et le docteur Kalfon.

Novembre 1994

François Mitterrand ne quitte plus guère la chambre de son appartement privé de l'Élysée. Il ne s'habille que pour présider le Conseil des ministres ou une cérémonie officielle. Les parapheurs non signés s'entassent sur le bureau bleu derrière lequel il ne s'assoit plus guère.

La confusion règne parmi les médecins. L'une des rares qui a accès à ses appartements est Anne Lauvergeon, son sherpa, dont il apprécie l'intelligence et l'énergie. Elle est, en tout bien tout honneur, sa « confidente ». Hubert Védrine, secrétaire général, en conçoit une jalousie qui le fait se départir de sa pondération habituelle. Auprès de quelques fidèles de la « Mitterrandie », il ironise : « Elle ne doit pas mettre de petite culotte quand elle monte le voir. » Les deux rivaux ne se parlent plus.

Le « gardien du temple », comme il se nomme lui-même, c'est Michel Charasse, comme moi en coquetterie avec le Parti socialiste. Il veille au grain et continue à taper, avec deux doigts, des courriers secrets sur sa machine à boule électrique. Le vieil anticlérical dans le rôle du père Joseph ! Nous nous retrouvons de temps en temps à déjeuner. Michel et moi pleurons comme de vieux grognards. Nous parlons de « lui » et échangeons nos informations.

10 novembre 1994

Mazarine, le choc de la photo

Paris Match révèle les premières photos de Mazarine, la fille naturelle qu'il a eue avec Anne Pingeot et qu'il avait reconnue par-devant notaire en 1984. Je connaissais son existence depuis sa naissance ou presque. Au début du septennat de Giscard, alors que je sortais du Palais, j'avais croisé François Mitterrand, le long des quais de Seine, poussant un landau… La scène était suffisamment cocasse pour que je comprenne. Mais il ne m'avait pas dit explicitement que c'était sa fille.

Mazarine a aujourd'hui 20 ans. La ressemblance avec son père est frappante. Le président lui voue un amour exclusif (excessif ?) dont elle a maintes fois tenté de se libérer. Adolescente, elle se révoltait même contre ce père trop aimant, au grand dam de sa mère. Cela me valait des conversations avec François, qui me demandait souvent des nouvelles de ma fille, Delphine. Je savais, dans ces cas-là, qu'il avait envie de parler de la sienne. C'était une des rares fois où il me tutoyait.

La photo publiée par *Paris Match* traduit bien l'amour qu'il lui porte. Au sortir du restaurant de poisson Le Divellec, sur l'esplanade des Invalides, François Mitterrand couve du regard sa fille et esquisse un geste tendre envers elle. Tout l'entourage connaissait l'existence de Mazarine. Et même au-delà. À l'école de la fillette, parents et enfants étaient au courant. Profession du père ? « Président de la République ! » répondait avec fierté la vive écolière. Mitterrand m'avait confié : « N'est-ce pas qu'elle est jolie ? » Il parlait de sa fille comme on vante une maîtresse.

La publication de cette photo a été une histoire à rebondissements. Dès que le cliché eut été pris par deux paparazzis le 21 septembre, *Paris Match* les acheta pour s'en assurer l'exclusivité. C'était évidemment un scoop exceptionnel, mais sa publication n'allait pas sans risque. Roger Thérond, le précautionneux directeur de la rédaction du magazine, appartenant au groupe Lagardère, avait dépêché au « château » un de ses proches collaborateurs, Stéphane Denis, qui avait déposé sur le bureau de la secrétaire Paulette Decraene une enveloppe de papier kraft contenant la « bombe ».

Mitterrand m'avait appelé sur-le-champ : « Je ne veux pas que ces photos paraissent. » Dans un premier temps, il était furieux et préoccupé. J'avais donc privilégié la voie judiciaire et rencontré la présidente du tribunal de grande instance. Elle me fit vite comprendre que les juges rechigneraient à interdire une telle publication, et que cette censure constituerait une atteinte au sacro-saint principe de liberté de la presse.

J'en informai Mitterrand qui, contrarié, me demanda de rencontrer le directeur de *Paris Match*. Le président était surtout inquiet à l'idée que la « révélation » intervienne alors que Mazarine préparait son concours d'entrée à l'École normale supérieure. Il craignait qu'elle ne soit déstabilisée et n'échoue. J'essayai donc de gagner du temps. Thérond me promit de garder les clichés sous le coude, jusqu'au jour où il m'appela en arguant du fait qu'il ne pouvait plus attendre car elles allaient paraître dans un tabloïd italien. C'était bien sûr un « enfumage » car *Match* en possédait les droits exclusifs.

Quand je prévins le président de l'imminence de la publication, il rendit les armes, comme soulagé. C'était la catharsis du théâtre antique, quand la représentation publique du drame libère l'homme de ses tensions intérieures. Il savait surtout qu'il ne pouvait quitter la scène sans léguer aussi à sa fille chérie la « part de vérité » qui lui revenait de droit.

19 novembre 1994

Le chef de l'État se rend à Liévin, où se tiennent les assises du Parti socialiste. Il prépare sa sortie et réfléchit à la façon dont il va prendre congé, non seulement du pouvoir, mais aussi du parti qui lui a permis son extraordinaire destinée politique. C'est le retour aux « racines » : le socialisme ouvrier, le militantisme du monde du travail. Les méchantes langues disent qu'il est bien temps de s'y ressourcer.

11 décembre 1994

Au micro d'Anne Sinclair à « 7 sur 7 », Jacques Delors, porté par les sondages, doit annoncer s'il se porte candidat à l'élection présidentielle. Alors que le suspense est à son comble et qu'une foule de Français le plébiscitent, il finit par lâcher : « Non. » Devant son poste de télévision, François Mitterrand glousse : « Il voudrait être élu sans être candidat ! » C'est l'animal politique qui parle.

31 décembre 1994

Parabole

Dans l'incontournable message de vœux aux Français, le président de la République suit les passages obligés de la conjoncture économique, mais il a voulu parler économie et Europe. À propos des difficultés économiques : « La croissance n'est pas une fin en soi. Elle doit être l'instrument d'une répartition plus équitable des richesses créées par tous. » Il n'a pas de concurrent pour l'art de la formule simple, compréhensible par tous : « L'avenir de la France passe par l'Europe. En servant l'une, nous servons l'autre. » Il manie aussi l'émotion : « L'an prochain, ce sera mon successeur qui vous exprimera ses vœux. Là où je serai, je l'écouterai, plein de reconnaissance pour le peuple français qui m'aura si longtemps confié son destin. » La France est émue devant son poste. Mais le plus incroyable est à venir : « Je crois aux forces de l'esprit et je ne vous quitterai pas. » A-t-on jamais entendu pareille parabole dans la bouche d'un président ? C'est Jésus s'adressant à ses disciples…

1995

4 janvier 1995

Ils ont humilié Chirac

François Mitterrand souffre, mais le président s'amuse. Il est en pleine possession de son art de gouverner. La semaine des vœux, où le Tout-État et le Tout-Paris se précipitent à l'Élysée, lui donne l'occasion d'un exercice monarchique dont il raffole. Le matin, il reçoit les hommages du maire de Paris qui arrive flanqué d'Alain Juppé, ministre des Affaires étrangères, présent en tant qu'adjoint au maire, et de Charles Pasqua, tout-puissant ministre de l'Intérieur. Ce sont les seuls qui manifestent un peu d'amitié au Corrézien. Tous les autres collent à Balladur, dont tous les commentateurs prédisent l'élection assurée à la présidence de la République.

Ce dernier s'y voit déjà. Il a commis dans *Le Figaro* un article où il vante «sa» politique, sans égard pour le domaine réservé du président de la République. À partir de ce moment, celui-ci va cesser de le considérer et va mettre en valeur Chirac, dont pourtant il ne vantait guère les mérites jusqu'à présent.

Alors qu'il snobe ostensiblement Balladur, Mitterrand se montre chaleureux à l'égard de Chirac et évoque, avec humour, ses expériences contrastées de candidat aux élections présidentielles. C'est un message «téléphoné», une façon de dire: «Ne vous découragez pas!» Le président de la République retient ensuite le maire de Paris, pendant un long moment, autour d'un verre. Puis il l'invite à venir dans son bureau. Tous les hiérarques et les journalistes se perdent en conjectures… C'est le signe du retour en grâce. Mitterrand adore jouer son Baltique et renverser le bel ordonnancement des « quilles » qui l'entourent.

Je fais (respectueusement) remarquer au président que son long aparté fait du bruit dans le landerneau parisien… La réponse ne tarde pas, pincée, à dessein : « Je n'ai pas apprécié la façon dont "ils" ont humilié Chirac. » C'était possible de la part d'un souverain de dire cela. Pas de la part d'un socialiste parlant d'un adversaire politique ! On n'en était plus là. C'était Versailles. Le monarque avait parlé. Dommage que je ne sois pas Saint-Simon.

D'ailleurs, pour que tout le monde ait bien compris, le porte-parole de la présidence enfonce le clou auprès des chroniqueurs accrédités qui frétillent, car il y a du scoop dans l'air. Jean Musitelli insiste : « François Mitterrand et Jacques Chirac ont eu une conversation "à bâtons rompus", suivie d'une réception privée. Ce fut un échange très chaleureux, sur un ton très détendu. Ils ont abordé les problèmes de la Ville de Paris de façon très générale, puis la perspective de la présidentielle… »

L'après-midi sont reçus ce qu'il est convenu d'appeler les corps constitués. Le président semble absent. Sans doute pense-t-il à ce qu'il va répondre à Marceau Long, vice-président du Conseil d'État, qui parle au nom de tous les « corps ». Mais les vœux de ce dernier tombent un peu à plat. Que souhaiter à un président affaibli par la maladie et qui ne sera plus là l'an prochain ? François Mitterrand répond en prenant de la hauteur, toisant son Premier ministre impassible au premier rang. Il cible : « Une échéance arrive, c'est la loi, c'est la règle. Aucun d'entre nous n'est maître de son destin… » Ça, c'est pour l'avenir. Pour le passé, il tacle le bilan : « Trop peu de réformes à mon goût. » Et saisissant la question des sans-abri morts de froid, il interroge, de marbre : « Comment se fait-il qu'il ait fallu ces événements pour que l'on se rende compte des difficultés exceptionnelles de logement que connaissent certains de nos concitoyens ? Pourquoi faut-il attendre que le mal soit là pour agir ? » Il a montré publiquement à qui va sa préférence. La cohabitation apaisée se termine au pilori. Et le banni d'hier peut se rêver en dauphin. Il a braqué le soleil sur Chirac et, éclipse après éclipse, Balladur va retourner aux ténèbres.

6 janvier 1995

Jusqu'à la dernière minute

La question que les commentateurs se posent et qui fait la petite chronique des dîners en ville: va-t-il tenir? Au cours d'une autre cérémonie des vœux, il assure qu'il remplira son mandat «jusqu'à son terme». C'est ce qu'il m'a dit quelques jours avant, quand il est passé par Saint-Selve. Il a quitté Latche pour regagner Paris mais a fait un crochet pour nous voir. Sur la route de l'aéroport de Bordeaux, il s'est arrêté chez moi et a passé la nuit à la maison.

Il est fatigué. Il a dormi, si l'on peut dire, dans la chambre située au rez-de-chaussée qui constitue un petit appartement indépendant. Nous l'avons entendu se lever sept ou huit fois au cours de la nuit. Il a ses habitudes dans cette chambre décorée d'œuvres de Charchoune, dont j'avais été l'avocat. Elle donne de plain-pied sur le jardin. Il peut ainsi s'échapper au petit matin pour aller toucher les arbres.

À chaque fois qu'il s'annonce, nous n'avons pas de souci pour le repas. Ma femme sait lui faire plaisir en cuisinant des lamproies à la bordelaise, qu'elle prépare à son intention. Elle a son fournisseur attitré, qui pêche les poissons «spécialement pour le président». C'est une recette traditionnelle de la cuisine occitane. On ne trouve ce poisson qu'en début d'année, au moment où, du confluent de la Garonne, il remonte le cours de la Dordogne. La préparation en est spectaculaire, car il faut le saigner vivant... Le sang est alors mélangé au vin pour accompagner la marinade que renferment des pots en terre. Ce sont les «pots de François». On est prié de ne pas y toucher... Après une longue cuisson de deux heures à petit feu, on sert le plat avec des croûtons aillés. Nous avons servi ce soir un vin de graves assez jeune dont les arômes de fruits rouges se marient délicatement avec la sauce au vin. Gourmand comme un capucin, il raffole de cette cuisine familiale qui lui rappelle son enfance.

Avant le dîner, nous avons pris l'apéritif familial. Il adore le Lillet, ce vin cuit inventé par l'aïeul de mon épouse. Le soir, alors que le graves a peut-être produit ses effets, j'ai orienté la conversation sur Bérégovoy, qui s'est suicidé six mois auparavant.

J'ai reçu voilà quelque temps une journaliste du *Monde diplomatique* qui avait fait la tournée des châteaux dans le Massif central. Dans toutes ces belles maisons du côté de chez Giscard, on raconte, m'a-t-elle assuré, que Mitterrand a fait assassiner son Premier ministre. Il lâche : « Pfff ! Ce n'est pas par lui que je commencerais ! »

Il a repris figure humaine malgré les cheveux ras, comme il les porte désormais. Son séjour parmi nous lui a fait du bien. Il prend congé avec émotion. Il embrasse ma femme avec tendresse. Il l'a toujours beaucoup aimée, même s'il appréciait encore plus sa sœur, qu'il n'hésitait pas à venir visiter, au débotté, d'un coup d'avion.

Au moment de repartir, assis à côté du chauffeur comme à son habitude, il a ouvert la portière pour me dire : « Soyez rassuré, Roland, je ne leur laisserai pas une minute, j'irai jusqu'au bout ! » J'en suis convaincu. J'ai maintes fois constaté sa volonté de fer qui lui permettait non seulement de surmonter la maladie, mais aussi d'imposer ses vues aux plus coriaces.

Début 1995

Le docteur Tarot a rejoint l'Élysée, où il s'est installé dans un studio à l'étage de l'appartement privé. Les gourous et le docteur Kalfon sont évincés. Le docteur Gubler, marginalisé, continue cependant à signer des bulletins de santé... en pointillé. Je profite de mon relatif temps libre pour visiter l'hôtel de Beauvais, rue François-Miron, dans le quartier du Marais. Dans cette maison aujourd'hui délabrée vint jouer Mozart. C'est pourquoi on la surnomme souvent l'hôtel Mozart. Il est question d'y installer de simples bureaux. Je rêve à haute voix d'un musée Chagall, dans l'esprit du musée Picasso, à l'hôtel Salé.

[Ce rêve deviendra cauchemar. Madame Joly s'emparera de cette anecdote quand Christine racontera, sottement, que je voulais acheter pour mon compte cet hôtel historique. Devant l'ampleur des conséquences du bavardage, elle finit par dire aux juges : « Avec Dumas, on ne sait jamais s'il est sérieux ou s'il plaisante ! » Une enquête digne de ce nom aurait facilement prouvé que ce monument appartenant à l'État depuis 1943 était de ce fait inaliénable !]

17 janvier 1995

Le nationalisme, c'est la guerre

Standing ovation devant le Parlement de Strasbourg alors que François Mitterrand vient inaugurer la présidence française de l'Union européenne. Son discours est impressionnant en ce qu'il mêle vision politique et souvenirs personnels. Il ne lit pas son texte, il ouvre son cœur à des femmes et à des hommes saisis par la parole d'un homme qui n'a plus rien à démontrer. Je retrouve dans son message ce dont nous avons maintes fois parlé, nous enfants de la guerre. Loin de moi l'idée de me comparer à lui, j'aurais pu dire la même chose, sans pour autant atteindre à cette force du verbe visionnaire. Je ne résiste pas à l'envie de recopier ces phrases qui correspondent mot pour mot à ce que je pense.

C'est son dernier grand discours sur la terre de France, une sorte de testament: «Il se trouve que les hasards de la vie ont voulu que je naisse pendant la Première Guerre mondiale et que je fasse la Seconde. J'ai donc vécu mon enfance dans l'ambiance de familles déchirées qui, toutes, pleuraient des morts, qui entretenaient une rancune, et parfois une haine, contre l'ennemi de la veille. L'ennemi traditionnel [...]. Il faut transmettre non pas cette haine, mais cette chance de réconciliation que nous devons à ceux qui, dès 1944-1945, eux-mêmes ensanglantés, déchirés dans leur vie personnelle, ont eu l'audace de concevoir ce que pourrait être un avenir plus radieux qui serait fondé sur la réconciliation et sur la paix [...]. Il faut vaincre les préjugés. Ce que je vous demande là est presque impossible, car il faut vaincre notre histoire, et, si on ne le fait pas, une règle s'imposera: le nationalisme, c'est la guerre. La guerre, ce n'est pas seulement le passé. Cela peut être notre avenir, et c'est vous, mesdames et messieurs les députés, qui êtes désormais les gardiens de notre paix, de notre sécurité et de cet avenir!»

28 janvier 1995

Chemin de croix

François Mitterrand a entrepris son chemin de croix. Il visite les lieux et les personnes qui ont jalonné sa vie. Aujourd'hui, c'est Château-Chinon, où ses amis lui ont préparé une petite fête. Ce territoire de la Nièvre a été sa base arrière et son champ d'expérimentation politique, notamment avec les communistes : trente-cinq ans parlementaire, trente-deux ans conseiller général (dont dix-sept en tant que président). Emmanuelli et Jospin ont joué des coudes pour se retrouver à la table présidentielle. Moi, je suis avec le « peuple de gauche »... Entre le coq au vin et la charlotte au chocolat (pas de régime minceur dans la Nièvre !), François Mitterrand dresse un long bilan de son action à la tête de l'État et liste les questions qui ne sont pas réglées : retour à la croissance, relance de la politique contractuelle, chômage de longue durée, notamment chez les jeunes, donner des garanties à la démocratie. À l'adresse des militants, il lance : « Je vous le dis, les socialistes gouverneront plus tôt qu'on ne le croit. Vous allez devoir mener un grand combat politique. » Et il conclut, comme une confidence à une assistance émue : « Toute vie est bousculée, troublée sur le plan spirituel et physique. Vous m'avez apporté une sorte de paix intérieure. »

Fin janvier 1995

Repas peu royal au Palais

J'appelle la présidence pour un rendez-vous. La fidèle secrétaire, Marie-Claire Papegay, me répond : « Désolée, Roland, pas aujourd'hui, il est très fatigué... » Elle m'appelle, quelques jours plus tard, pour me dire qu'il souhaite me voir. Il me reçoit dans sa chambre, allongé sur son lit. Je sais qu'il veut me parler de ma nomination au Conseil constitutionnel. C'est Robert Badinter qui, au cours d'un repas frugal à la fin de l'année dernière, m'avait demandé en premier si j'accepterais cette fonction. Nous avions déjeuné sur un guéridon Empire dans un coin du grand salon du Conseil constitutionnel. La bouteille de vin était restée posée sur le tapis avec son bouchon... La réception était modeste. Austère, comme peut l'être Robert. Il attendait que le serveur ait apporté les assiettes pour m'entretenir. Il achevait son mandat de neuf ans et souhaitait briguer un siège de sénateur des Hauts-de-Seine. À aucun moment il ne m'a dit qu'il était en service commandé par Mitterrand mais: «J'ai l'intention de demander au président de te nommer à ma place.»

En milieu d'après-midi, François Mitterrand me reçoit donc, toujours alité. Il me fait asseoir à son chevet: «Vous savez, Roland, que Robert ne peut faire un autre mandat au Conseil constitutionnel. Si vous en êtes d'accord, je vais vous nommer président à sa place.» C'était la confirmation «officielle» de ce qu'il m'avait laissé entendre en septembre dernier. J'étais censé l'apprendre de sa bouche.

«Je vous remercie, monsieur le président. Je suis très sensible à l'honneur que vous me faites...

– Bien, mais ne dites rien à personne! Motus.»

Toujours la même recommandation. L'affaire a été vite enlevée. Il me reparle alors de son cancer. Je quitte l'Élysée en proie à des sentiments confus. Le président est fort mal en point.

Quelques jours plus tard, le secrétaire général de l'Élysée, Hubert Védrine, m'appelle: «Je vais publier en fin de matinée le communiqué du président qui te nomme au Conseil constitutionnel. L'information sera reprise au journal télévisé de 13 heures. Tiens-toi prêt!» Je me demande s'il fait allusion à ma bourde lors de ma nomination aux Affaires européennes. Cette fois, je n'irai pas en Camargue et ne dirai rien à personne. «Le président te recevra mercredi, après le Conseil des ministres, pour la prestation de serment.»

2 février 1995

À la télévision, je suis en service commandé pour défendre la candidature d'Henri Emmanuelli, ancien premier secrétaire jusqu'en 1993, à la primaire du Parti socialiste qui va désigner son héraut. Mitterrand veut à l'évidence tirer le tapis sous les pieds de Jospin.

3 février 1995

Le Parti socialiste choisit Lionel Jospin comme candidat à l'élection présidentielle à une forte majorité, près de 66 %...

22 février 1995

Le président me reçoit quelques minutes. Il me fait de brèves recommandations, sans plus. Je comprends qu'il m'a nommé à ce poste pour « services rendus ». Je connais bien les droits civil et pénal, la correctionnelle et les assises, mais moins bien, il faut l'avouer, le droit constitutionnel. Mais j'ai dans la manche « le » spécialiste de la question, le professeur Maurice Duverger, que j'avais connu chez le peintre André Masson. Il a rongé son frein jusqu'à la fin, car il attendait que Mitterrand le nomme parmi les Sages du Palais-Royal.

Le brillant juriste, alors qu'il était jeune agrégé de droit public, avait commenté les lois raciales de Vichy en quelques « appréciations » sans doute maladroites. Mitterrand était très attentif quant aux nominations, mais il avait surtout un « entourage » qui considérait le juriste comme suspect de sympathies vichystes, ce qui était sans doute très exagéré. Robert Badinter ne laissait rien passer. Duverger a été ainsi victime d'une campagne de dénigrement qui l'a profondément affecté.

8 mars 1995

Prendre soin de Marianne

L'instant est solennel. Je prête serment devant le président de la République. La cérémonie, rapide et simple, se déroule dans un salon de l'Élysée proche des appartements privés. Selon le protocole, sont présents le Premier ministre, Édouard Balladur, et son garde des Sceaux, Pierre Méhaignerie, ainsi que les présidents des deux Chambres : René Monory pour le Sénat et Philippe Séguin pour l'Assemblée nationale. Sont également présents les membres que ces derniers viennent de désigner et qui vont prêter serment avec moi : Étienne Dailly et Michel Ameller.

François Mitterrand fait son entrée, suivi de son aide de camp. Je suis frappé de le voir ainsi debout, en relative forme. Le docteur Tarot fait des miracles. Le président lit la formule selon laquelle je dois « remplir mes fonctions en toute impartialité et garder secret le contenu des délibérations du Conseil ». Il ordonne :

« Levez la main droite et dites "je le jure".

– Je le jure. »

Le photographe de l'AFP immortalise ce moment. La fierté que j'éprouve n'a rien à voir avec celle ressentie quand on est nommé ministre. Le travail gouvernemental est concret. Celui du Conseil constitutionnel se présente comme plus abstrait. C'est du juridisme pur, ce qui ne dispense pas de cultiver la « philosophie » du droit public. Les neuf Sages sont surtout là pour défendre la République. Prendre soin de Marianne ! En tout cas, c'est comme cela que je le ressens.

9 mars 1995

Je prends possession de mon bureau au Palais-Royal qui « colle » à la Comédie-Française. Il jouxte le salon où se tiennent les réunions du Conseil. Dans le prolongement, le grand salon, qui a gardé son décor d'origine, dessiné par Fontaine. Sur ma table, à ma droite, un bel exemplaire relié de la Constitution de la Vᵉ République. Ironie de l'histoire, me voilà le garant et le défenseur de ce texte, voulu et rédigé par le général de Gaulle, que ni Mitterrand ni moi n'avons voté ! Est-ce l'histoire qui se joue de nous ou nous qui nous jouons d'elle ?

Le secrétaire général, Olivier Schrameck, est d'accord pour continuer à diriger les services. C'est lui qui, assis à un petit bureau, rédige le compte rendu des délibérations toujours tenues à huis clos. Il me fait faire le tour de la maison et me présente les huit autres membres nommés par tiers par le président de la République et par ceux des deux Chambres.

Je dispose d'un petit appartement composé d'un salon, d'une salle à manger et d'une chambre à coucher. Ce sont les anciens appartements de Marie-Clothilde de Savoie, l'épouse de « Plon-Plon », le cousin germain à qui Napoléon III avait donné la jouissance du Palais-Royal. Le décor est bien sûr classé monument historique, mais il est pour le moins défraîchi. J'apporte quelques tableaux contemporains de ma collection pour réveiller la belle endormie. En partant, Robert Badinter m'a fait comme seule recommandation de mettre aux normes l'installation électrique qui doit dater de Léon Noël, le premier président, bien oublié, nommé par de Gaulle en 1959. Ça ne rigole pas avec Robert.

11 mars 1995

Pas de testament

Le président se rend au sommet de Copenhague pour le développement social. Les journalistes le titillent sur la venue prochaine de Fidel Castro à Paris. L'ONU vient en effet de condamner Cuba pour sa politique défaillante en matière de droits de l'homme. Mitterrand se justifie: «Si la France devait rompre toute relation diplomatique avec les pays où ils ne sont pas respectés, il ne resterait plus grand monde... C'est tout à fait regrettable. Mais la situation de Cuba est quand même particulière, puisque ce pays, longtemps après la fin de la guerre froide, se trouve complètement isolé et victime d'un blocus dont je ne vois pas la nécessité. Je crois que le retour à une certaine prospérité économique devrait permettre le retour à une réelle liberté intérieure. C'est ce à quoi j'aspire. Et c'est ce que je dirai à M. Fidel Castro.»

Une autre lui parle de «testament politique» à propos du discours qu'il vient de prononcer. Il ironise: «Je n'ai pas écrit de testament. Honnêtement, j'aurais dû y penser! Alors, un testament politique, c'est encore plus difficile... Je vais vous dire: je n'en ferai pas. Que fait-on des testaments politiques? L'histoire est là pour nous le démontrer: le premier soin de vos successeurs est de le déchirer. Surtout si l'on a choisi soi-même son successeur! Alors je ne commettrai pas cette imprudence. Quant à l'image que j'aimerais laisser après moi, on en reparlera, si vous le voulez bien. Mais j'ai ma petite idée quand même!»

13 mars 1995

Dans un entretien donné au *Figaro*, François Mitterrand annonce qu'il votera pour Lionel Jospin, le seul capable à ses yeux de «cristalliser l'espérance de la gauche». Dieu sait pourtant s'il pense le contraire! Nous en avons souvent parlé en tête à tête. Il analyse avec une moue d'évidence: «Jospin fera les voix de la gauche...» Et avec un sourire entendu: «Mais ce qui est difficile, c'est les deux ou trois pour cent qui manquent!» Sous-entendu: «Moi, je les ai faits, et on va le voir à l'œuvre.» À ses yeux, personne à gauche ne semble digne de lui succéder.

13 mars 1995

Le président de la République reçoit, en fin de matinée, le président cubain, Fidel Castro. Ce à quoi il s'est toujours refusé jusqu'alors, conscient du risque politique. Il l'accepte comme les derniers « soldes » de fin de mandat. Danielle Mitterrand a fini par gagner la partie. Elle a accueilli auparavant le Líder Máximo à la résidence de Marigny pour un petit déjeuner. Elle était entourée de ses amis de France Libertés, association qui pilote, entre autres, des actions humanitaires à Cuba. Devant les caméras, elle se hisse sur la pointe des pieds pour faire la bise à Fidel. La droite va crier à la provocation.

Ce n'est pas seulement pour faire plaisir à Danielle que François Mitterrand a consenti à cette visite (« officiellement privée », si l'on peut dire). Il veut pousser les Américains à desserrer l'embargo qui asphyxie le peuple cubain et interdit le développement de l'île. Nous dénonçons régulièrement cette « obsession » américaine, une posture sans efficacité ni justification politiques.

Je suis à l'Élysée. Derrière une fenêtre, je regarde le géant barbu fouler à pied, et en costume de ville, le gravier de la cour de la présidence. Je ne le rencontrerai que dans l'après-midi au siège parisien de l'UNESCO, dont il est officiellement l'invité…

[L'Amérique, en la personne d'Hillary Clinton, avait déjà fait payer le prix fort à Danielle, en mai 1993. Alors qu'elle était reçue à la Maison-Blanche pour parler du système de santé en France, la First Lady *avait fait subir à son homologue l'humiliante fouille au corps après le passage sous les portiques de sécurité. Il est peu probable qu'elle se serait comportée de la sorte avec sa grande amie Bernadette Chirac. Il faut dire que Danielle avait fait de la provocation. Devant le Law Group, une association d'éminents juristes, elle avait plaidé la cause du peuple cubain. La presse américaine s'était déchaînée contre la « communiste » française.]*

24 mars 1995

François Mitterrand continue à mettre en scène sa sortie. Il a choisi l'alibi d'inaugurations pour ses derniers « pèlerinages ». À Bourges, dans le Cher, le « pays de ses pères », il se définit comme

« un point fixe pour la France jusqu'au second tour de l'élection présidentielle ».

À Nevers, dans la Nièvre, le « pays de sa vie », il coupe le ruban devant l'Institut supérieur de l'automobile et des transports. Il veut s'adresser à de vraies gens. Un déjeuner détendu a été organisé sous des tentes en plein air. Giscard a orchestré sa sortie dans le solennel. Mitterrand veut faire dans le populaire.

29 mars 1995

Pour bien rappeler à ceux qui l'auraient oublié qu'il a fait des réformes, il s'est invité au cinquantième anniversaire de la Mutualité de la fonction publique. Il me dit, alors que je ne lui demande rien : « J'ai fait toutes les réformes qu'il était possible de faire sans désorganiser le pays. »

30 mars 1995

Le dernier des « grands présidents »

Inauguration de la Bibliothèque nationale de France par François Mitterrand, qui lui donnera un jour son nom. Il est fier de cette réalisation dans laquelle il s'est personnellement investi. Sans vouloir retirer de mérite à l'architecte Dominique Perrault, Mitterrand, d'une certaine façon, cosigne l'œuvre. Quatre bâtiments, en forme de livres ouverts qui enserrent un jardin, résument la philosophie mitterrandienne : des livres et des arbres. Les premiers lui parlent, il parle aux seconds. Il ne peut vivre ni sans les uns ni sans les autres. De tous ses grands travaux, cette très grande bibliothèque est son testament.

Il est plus critique avec d'autres réalisations de son règne. Le « kolossal » ministère des Finances sur le quai de Bercy, défendu par son architecte, Chemetov, qui a voulu incarner la puissance des pouvoirs régaliens de l'État. Sur ce point, c'est réussi ! Mitterrand avait été convaincu de cette thèse par la formidable découverte sous le Louvre des fondations de la forteresse de Philippe Auguste. Un jour que nous visitions le chantier du Grand Louvre, il m'avait entraîné voir ce qu'il restait du donjon royal. Comme un enfant émerveillé visitant un château fort, il m'avait dit, montrant les impressionnants vestiges médiévaux :

« C'est là qu'était enfermé le trésor royal ! » Bercy, c'est le Louvre moderne, le « trésor » de l'État…

Quand il ne peut contenir sa fierté d'avoir « tenu » deux septennats, il confesse : « Je serai le dernier des grands présidents. » Il ne pense pas seulement à ses grands travaux. Il fait mine de s'en offusquer : « Il est choquant de penser que les pierres marqueront plus que les lois. »

[Même s'il ne le disait pas, il est évident qu'il se voyait comme faisant partie de la lignée des monarques qui avaient régné sur la France plus que de la liste des présidents des cinq républiques successives. Cette impression était flagrante quand il parlait du Grand Louvre et, dans une moindre mesure, de la Grande Arche de la Défense. Les deux monuments balisaient cet extraordinaire paysage urbain. D'une certaine façon, il avait achevé le « travail » de tous les souverains qui avaient apporté leur pierre à cette perspective unique au monde, allant du palais de François Ier aux tours de la Défense de Pompidou, en passant par les Tuileries de Catherine de Médicis, la Concorde de Louis XV, les Champs-Élysées de Louis XVI, l'Arc de Triomphe de Napoléon Ier, le tout mis en écrin par Haussmann et Napoléon III, pour lequel il nourrissait une certaine admiration. François Mitterrand était en quelque sorte l'aboutissement de ce mouvement qui, pendant des siècles de luttes, était parvenu à la souveraineté du peuple. Pour lui, c'était un mouvement continu, certes avec des soubresauts, qui soulevait le même pays, les mêmes gens, la même culture.]

Avril 1995

Certains membres du Conseil constitutionnel ont été un peu réticents à ma nomination. Mon premier travail a été de les amadouer. J'ai retrouvé au Palais-Royal mon vieux copain Maurice Faure. Un ami commun me raconte leur conversation avec le truculent radical, dont il imite l'accent rocailleux du Haut-Quercy :

« Alors, Maurice, comment cela se passe-t-il avec Dumas ?

– C'est le paradis !

– Comment ça ?

– Tu sais, avec Badinter, ce n'était pas rigolo tous les jours. On n'avait pas le droit de dire un mot…

– Avec Roland, on est libres, on discute. Il arrange les histoires. C'est le jour et la nuit ! »

9 avril 1995

L'inventaire du notaire

Devant les élus socialistes, réunis à la porte de Vincennes, Lionel Jospin déclare : « Pourquoi n'aurions-nous pas collectivement et n'aurais-je pas, moi, comme candidat à l'élection présidentielle, le droit d'inventaire ? N'est-ce pas cela, l'attitude de la raison ? N'est-ce pas cela, l'attitude de l'esprit critique et de l'esprit de progrès ? » C'est sans doute vrai, mais cette déclaration est pour le moins inopportune. Nombreux sont ceux qui, dans le parti, à l'instar de Fabius ou d'Emmanuelli, « tiquent ». Je ne suis pas en reste. À propos d'inventaire, j'écris dans un journal local : « On ne va quand même pas élire un candidat qui a des préoccupations de notaire… » Les copains me disent que l'intéressé n'a pas apprécié mon humour.

11 avril 1995

La parution du livre d'entretiens avec Elie Wiesel, *Mémoire à deux voix*, suscite quelques remous. Mitterrand y parle de son enfance et de ses relations avec René Bousquet. Il conclut : « Je suis en paix avec moi-même. » C'est Jacques Attali qui a combiné l'opération, comme la réunion avec les prix Nobel à l'Élysée. Je dois reconnaître qu'il peut avoir de bonnes idées mais, pour ce qui concerne ce livre, l'artifice est patent. Ce « salaud de Bousquet », comme dit Wiesel, marque la fracture entre les deux hommes.

14 avril 1995

Maintenant, tu sais

L'émission de Bernard Pivot, « Bouillon de culture », a été enregistrée voilà trois jours pour se prémunir contre tout aléa lié au direct. François Mitterrand apparaît livide et la parole hésitante. Son obsession : « Tenir jusqu'au 7 mai. » Comme toujours dans le feu de l'action, il retrouve toutes ses facultés intellectuelles. On y parle plus de grands travaux que de littérature. De religion aussi.

L'entretien se termine sur cette ultime pirouette suscitée par la question de Pivot :

« Au jour de votre mort, que souhaiteriez-vous que Dieu, s'il existe, vous dise ?

– Maintenant, tu sais. »

Ce qui prouve qu'il doute, comme tous les agnostiques, puisque le doute sur l'existence de Dieu n'est levé qu'en arrivant au ciel. Moi, je ne sais pas ce que je souhaiterais qu'« Il » me dise. Ce n'est pas encore mûr ! Je ne dis même pas « une messe est possible ». Je laisse cette responsabilité à mes descendants. Ils feront bien ce qu'ils voudront. Cela m'est égal.

20 avril 1995

Avec le président polonais Lech Walesa, François Mitterrand préside au Panthéon la translation des cendres de Marie et de Pierre Curie. Il a voulu être, là encore, le premier à honorer une femme pour ses mérites personnels. Mais j'en fais une autre lecture, plus intime. La physicienne polonaise a découvert le polonium et le radium, qui ont fait progresser le traitement contre le cancer. Il n'a guère confiance en les médecins mais croit en la science.

On ne peut s'empêcher de penser à la grandiose cérémonie qui eut lieu au même endroit, en décembre 1964, à l'occasion du transfert des cendres de Jean Moulin, et du formidable discours d'André Malraux. Son « entre ici, Jean Moulin » résonne encore dans les mémoires des plus anciens d'entre nous. C'est l'un de mes grands regrets de n'y avoir pas assisté. J'avais été invité mais n'avais pu m'y rendre, car on mariait le même jour la jeune sœur de mon épouse. Le dilemme fut intense, mais ma femme finit par me convaincre. On a cru que je m'étais abstenu pour des raisons politiques (qui auraient été malvenues). C'était tout simplement pour avoir la paix dans la famille…

5 mai 1995

Danielle et François Mitterrand ont acquis, au mont Beuvray, dans le parc naturel régional du Morvan, pour un franc symbolique, une parcelle où ils souhaitent se faire inhumer. Il a toujours fait une fixation sur Bibracte et sur Vercingétorix, dans lequel il voyait la première incarnation du « sentiment national ». Il oubliait un peu vite que le chef gaulois avait reçu une éducation d'officier romain…

7 mai 1995

Journée chargée pour François Mitterrand. Après avoir voté à Château-Chinon, il s'envole pour Londres. La reine a convié une cinquantaine de chefs d'État et de gouvernement pour le cinquantième anniversaire de la victoire des Alliés sur l'Allemagne nazie. Monsieur et Mme Mitterrand saluent Sa Majesté Elizabeth II et le prince Philip, en grand uniforme. Au déjeuner officiel, servi dans la grande galerie de Buckingham Palace, le président de la République française est assis à la droite de la reine, insigne honneur. Il est d'ailleurs « cerné » par deux souveraines, puisque à sa propre droite se tient Beatrix, reine des Pays-Bas. À Paris est en train de se jouer l'un des actes majeurs de la République : l'élection de son président. Précipité historique. Dans la soirée, on apprend que Jacques Chirac est élu président de la République.

8 mai 1995

François Mitterrand, encore en fonction, et Jacques Chirac, nouvellement élu, célèbrent ensemble le cinquantième anniversaire de la victoire. Il faut savoir signer une trêve. Les deux présidents affichent une complicité non dissimulée. Chirac se montre particulièrement aimable. Dans la tribune officielle, où sont rassemblés chefs d'État et têtes couronnées, il met un genou à terre devant Danielle Mitterrand pour ramasser son écharpe jaune, emportée par le vent. Je me demande même à cet instant si le vieux président malade ne s'est pas enfin fait à l'idée de voir le leader de la droite lui succéder, tant il doutait de la capacité d'un socialiste à le faire.

Dans l'après-midi, le président en exercice s'envole pour Berlin, où il retrouve le chancelier Kohl qui l'accueille au Schauspielhaus, en compagnie de son épouse. Danielle, la résistante, a également fait le déplacement. François Mitterrand prononce sans notes un discours d'une forte portée politique et humaine, même si certains passages sont rugueux à mon oreille.

Il n'est pas anodin que son avant-dernier message s'adresse au peuple allemand. Notre histoire commune a marqué notre jeunesse d'une cicatrice indélébile. Et notre travail en commun a été l'un des événements politiques majeurs du XXe siècle. Il dit: «C'est bien le moins que je devais à l'Allemagne de venir vous parler. À l'Allemagne d'aujourd'hui, mais aussi à l'Allemagne de toujours, que l'histoire, la géographie, la culture ont indissociablement liée à la France. Étrange, cruelle, belle et forte aventure que celle de ces peuples frères auxquels il aura fallu plus d'un millénaire pour se reconnaître tels qu'ils sont, pour s'admettre, pour s'unir, pour chercher l'un chez l'autre les leçons de la science, de la philosophie, de la politique, pour revenir ensemble à leur propre source [...].»

Victoire ou défaite?

Il s'interroge évidemment sur la portée de cet événement pour les Allemands: «Est-ce une défaite que nous célébrons aujourd'hui? Est-ce une victoire? Et quelle victoire? C'est sans doute la victoire de la liberté sur l'oppression, mais c'est surtout, à mes yeux, le seul message que je voudrais laisser: une victoire de l'Europe sur elle-même [...].»

Emporté par son élan, il se livre alors à un exercice dont il n'est pas coutumier: évoquer en public sa propre expérience de prisonnier de guerre, devant un parterre d'Allemands stupéfaits: «Je veux me souvenir de ce que j'ai vu moi-même à l'époque où Hitler était le maître de l'Europe et où j'étais ce soldat blessé et prisonnier. Dans ma solitude d'une prison en Allemagne, après avoir tout perdu, jusqu'à mon identité, et pendant des mois n'ayant plus aucun espoir, le ciel était sombre. Comment espérer alors en d'autres que moi, comment espérer là, en pleine Allemagne nazie pour mille ans? Eh bien, j'ai repris espoir, parce que j'ai connu des Allemands!» L'émotion est à son comble. Le chancelier pleure.

Il poursuit: «Oui, je les ai connus. C'était quelquefois mes gardiens. C'était les soldats chargés de m'empêcher de retrouver la liberté et qui n'y sont d'ailleurs pas parvenus [il s'est évadé]. C'était une partie de votre peuple qui échappait, en vérité, aux commandements, aux directives, aux enthousiasmes fallacieux, aux rassemblements, à la passion, à l'enthousiasme de la victoire du début, des Allemands qui résistaient, peut-être sans le savoir, parce qu'ils étaient tout simplement des honnêtes gens. »

Jamais personne n'a parlé comme cela, à ce niveau de responsabilité, à un peuple encore humilié par son passé. François Mitterrand veut laver la plaie encore béante. Il sait qu'il n'aura plus d'autre occasion. Il va encore plus loin dans l'introspection : « Je ne suis pas venu célébrer la victoire dont je me suis réjoui pour mon pays, en 1945. Je ne suis pas venu souligner la défaite, parce que j'ai su ce qu'il y avait de fort dans le peuple allemand, ses vertus, son courage, et peu m'importe l'uniforme et même l'idée qui habitait l'esprit de ces soldats qui allaient mourir en si grand nombre. Ils étaient courageux. Ils acceptaient la perte de leur vie. Pour une cause mauvaise, mais leur geste à eux n'avait rien à voir avec cela. Ils aimaient leur patrie. Il faut bien se rendre compte de cela. L'Europe, nous la faisons et nous aimons nos patries. Restons fidèles à nous-mêmes. Nous pourrons alors passer, l'esprit en paix, le témoin à ceux qui vont nous suivre. »

La blessure singulière

J'ai entendu bien des discours dans ma vie, connu bien des situations paradoxales, mais jamais je n'ai assisté à un tel moment de catharsis devant un aréopage si nombreux. À l'émotion des Allemands s'ajoute la mienne. Je reste comme pétrifié. Les phrases me reviennent en écho : « Et peu m'importe l'uniforme et même l'idée qui habitait l'esprit de ces soldats... » Ces paroles remuent en moi des sentiments « contrastés », comme on dit en termes diplomatiques. Je n'en finirai donc jamais d'apurer ce passé ? Curieusement, en ce moment de désarroi, c'est Genet qui me murmure à l'oreille : « Il n'est pas à la beauté d'autre origine que la blessure, singulière, différente pour chacun, cachée ou visible, que tout homme garde en soi, qu'il préserve et où il se retire quand il veut quitter le monde pour une solitude temporaire mais profonde. »

9 mai 1995

Commémoration de la victoire à Moscou, à l'invitation du « tsar » Boris [Eltsine]. Mais le président français et le chancelier allemand ont décidé de ne pas assister au défilé militaire sur la place Rouge, une façon « diplomatique » de condamner l'intervention russe en Tchétchénie. François Mitterrand est très fatigué. Danielle s'en ouvre à moi. Elle craint qu'il ne tienne pas le coup. Je la rassure. Sous les yeux admiratifs de Bill Clinton, François Mitterrand prend la parole dans la grande salle moderne du palais des Congrès, au Kremlin. Dans un pays qui commence à découvrir la liberté, le président français plaide pour la démocratie, « pour que tous les peuples prennent en main leur destin ». Mais cette prise de parole n'a pas la portée du discours de Berlin qui va marquer l'histoire de la réconciliation.

13 mai 1995

Les réunions du Conseil constitutionnel se tiennent dans une certaine solennité. Le protocole est codifié, notamment pour ce qui concerne les emplacements autour de la table en U : par ancienneté et en fonction de la prééminence de celui qui nous a nommés. Je passe d'abord par mon bureau du Palais-Royal. Les huit membres sont réunis dans le salon voisin. Ils se lèvent quand je fais mon entrée.

Le Conseil constitutionnel confirme alors publiquement l'élection de Jacques Chirac à la présidence de la République. Je prends la parole devant la presse dans le grand salon dévolu, en particulier, à cette proclamation solennelle.

En tant que président, je me rends au « domicile » de Jacques Chirac, à l'Hôtel de Ville de Paris, pour lui annoncer sa victoire. Je suis accueilli, tout d'abord, par Alain Juppé, qui n'est pas là en tant que mon successeur au Quai d'Orsay, mais en tant qu'adjoint au maire de Paris et proche de Jacques Chirac. Ce dernier me reçoit chaleureusement dans son bureau, qui est connu pour être le plus vaste de la République.

Quatrième partie

RÈGLEMENTS DE COMPTES

17 mai 1995-23 août 2014

La comédie humaine

Aucune puissance humaine, ni le roi, ni le garde des Sceaux, ni le Premier ministre ne peuvent empiéter sur le pouvoir d'un juge d'instruction, rien ne l'arrête, rien ne lui commande.

Honoré de Balzac, *Splendeurs et misères des courtisanes*, 1847

1995

17 mai 1995

Avant de recevoir le nouveau président pour son investiture, François Mitterrand a prévu de prendre le petit déjeuner avec un dernier invité qu'il apprécie, bien que celui-ci ait toujours affecté d'être un opposant politique. Jean d'Ormesson a du mal à cacher son admiration pour le vieux chef d'État. Je me demande bien ce qu'ils ont pu se dire.

[Les circonstances de cet ultime rendez-vous ont été révélées par l'académicien lui-même, expert en matière d'autodérision. Je me sens donc autorisé à les rapporter. À propos de l'affaire Bousquet, Mitterrand lui déclare : « Vous constatez l'influence puissante et nocive du lobby juif en France. » Je pense d'autant moins que l'écrivain a menti que Mitterrand a proféré à plusieurs reprises ce genre d'affirmation. Mais en tirer la conclusion qu'il était antisémite est stupide. Il ne l'était pas, mais il n'avait jamais pu se résoudre à condamner un ami. C'était, je crois, au-dessus de ses forces. Je n'excuse rien. Bousquet restait à mes yeux un salaud.

C'est pourquoi je trouve déplorable la formule prétendument humoristique de Roger Hanin quand on lui a demandé d'expliquer pourquoi Mitterrand avait fait appel à d'Ormesson au terme de son mandat. Hanin a répondu : « Je crois qu'il voulait s'amuser et qu'il a choisi le plus con ! »

Quelque temps après, alors que je ne savais rien de leur conversation, Mitterrand m'avait confié : « J'ai bien connu le père, André, et l'oncle, Wladimir, tous deux diplomates fort réactionnaires. Je ne les aimais pas du tout. Mais j'apprécie la culture, l'humour et le charme du fils... »]

Mes petits canards

Passation de pouvoir entre le président de la République et son successeur, Jacques Chirac. Ce dernier le raccompagne jusqu'au bas des marches gainées de rouge. Les deux hommes se serrent la main. François Mitterrand fait en sorte qu'ils se tournent vers les photographes, très nombreux, pour immortaliser ce moment. Il lui glisse quelques mots à l'oreille: « Prenez soin de mes petits canards. » Des canetons sont nés en effet quelques jours auparavant dans les jardins de l'Élysée, où il avait fait recreuser les bassins transformés en massifs de fleurs par un prédécesseur sujet aux piqûres de moustiques... Il a toujours été sensible et attentif à ce qui, de près ou de loin, exprime la loi de la Nature.

[Je tiens cette anecdote de la bouche même de Jacques Chirac qui m'avait convoqué quelques semaines plus tard pour m'annoncer que les canetons avaient été dévorés par un vol de corbeaux. Il m'avait alors demandé s'il fallait prévenir François Mitterrand de cette triste disparition ! J'avais pris sur moi de répondre non.]

Dans la salle des fêtes, c'est moi qui, aux termes de la Constitution, confirme publiquement l'élection du président: « Les Françaises et les Français ont été heureusement impressionnés par les conditions dans lesquelles a été transmis l'exercice de la responsabilité présidentielle. Celles-ci traduisent la continuité de la République et de l'État, et font honneur à notre démocratie. C'est le témoignage d'un commun accord entre vous-même et François Mitterrand à qui j'adresse une pensée respectueuse et reconnaissante. C'est à vous, monsieur le président de la République, qu'incombe désormais la plus haute charge de l'État. Je forme personnellement, et au nom de tous les membres du Conseil constitutionnel, des vœux très chaleureux et très sincères pour la réussite de votre mission... Que la nation renouvelée et solidaire apporte dans le monde son idéal de justice et de paix... Ces vœux traduisent, au-delà des divergences naturelles et légitimes d'appréciation et d'opinion, l'aspiration profonde des

Françaises et des Français. Vous êtes, monsieur le président de la République, le garant de la vocation et du destin de la France.» Résonnent alors les 21 coups de canon tirés depuis l'esplanade des Invalides.

J'ai essayé d'humaniser mon propos pour me différencier de Robert Badinter qui n'a pas son pareil pour faire dans le «sérieux désincarné». Chacun son style. Mais je ne me voyais pas laisser partir un homme de cette qualité, qui aura marqué l'histoire de la France, en me cantonnant à un message chiffré sur le résultat de l'élection!

J'avais, évidemment, prévenu Jacques Chirac que je ferais allusion à François Mitterrand: «Vous dites ce que vous voulez, je n'y verrai "naturellement" aucun inconvénient.» Cet adverbe est chez lui un tic de langage. J'avais aussi annoncé à Mitterrand que je comptais lui rendre hommage devant son successeur. Il avait immédiatement questionné:

«Vous avez prévenu Chirac?

– Oui, bien sûr.

– Que vous a-t-il répondu?

– Que j'étais libre de dire ce que je voulais.

– Très bien. Alors, faites-le!»

Retour à la case départ

Tous les corps constitués sont rassemblés dans la salle des fêtes de l'Élysée. Les nouveaux courtisans aussi. Je me souviens que pour l'investiture de François Mitterrand, en 1988, je n'avais pas assisté à la cérémonie officielle. J'étais pourtant à l'Élysée mais avais préféré rester dans le bureau des huissiers. Je ne suis pas un professionnel des mondanités. Le bal des courtisans me fait horreur.

Pendant ce temps, François Mitterrand traverse la Seine pour rejoindre sa chère rive «gauche». Il se rend au siège du Parti socialiste, rue de Solferino, où il prononce quelques mots sensibles: «Quand j'ai été élu, je suis parti de chez moi et suis passé par ici avant d'aller à l'Élysée. Aujourd'hui, je quitte l'Élysée et rentre chez moi, en venant vous saluer.» La boucle est bouclée. Devant un parterre aux yeux brillants, il dit: «J'achève ma vie politique. J'aborde la dernière étape de mon existence dont j'ignore la durée, mais elle ne peut être extrêmement longue maintenant… » Les « camarades » lui offrent une petite Renault verte. Elle sera pour Mazarine.

Ce sont des amis qui me rapportent les termes du speech amical, rue de Solferino, car je suis à l'Élysée. Il faut dire que je viens rarement au siège du Parti socialiste…

Il ne rentre pas à proprement parler « chez lui ». Sa maison de la rue de Bièvre est occupée par Danielle et Jean-Christophe. Il lui a fallu trouver un domicile « neutre », séparé des deux familles, où puisse travailler un secrétariat, car sa vie publique ne va pas s'arrêter du jour au lendemain. Il faut, en outre, que l'endroit soit facile à protéger, car la cellule antiterroriste a encore des exigences. Son cabinet et les collaborateurs du Premier ministre ont trouvé cet appartement en location qui donne sur le Champ-de-Mars. C'est cet aspect qui lui a plu : il pourra y faire ses promenades sous les grands arbres qui bordent la rue. Il reconnaît qu'Édouard Balladur a été bienveillant pour arranger le côté pratique de l'opération. Jacques Chirac, lui, avait gentiment proposé de garder la jouissance du domaine de Souzy-la-Briche. C'est moi qui avais été chargé de transmettre la proposition. Le président l'avait déclinée. Il ne voulait plus bénéficier d'aucun privilège « régalien ».

18 mai 1995
En cellule

J'ai perdu mes repères depuis que j'ai quitté le Quai. Je me rends compte que les dix ans de ma vie que j'y ai passés ont été exceptionnels. Comme tout homme en désarroi, je me tourne vers mon passé. Je déjeune avec un ami d'enfance, Jean Melchior, ancien médecin hospitalier. Il me rappelle que, voilà tout juste cinquante-trois ans, le 18 mai 1942, nous étions arrêtés par les polices française et allemande. Étudiants à Lyon, nous avions imaginé de tout faire pour empêcher l'Orchestre philharmonique de Berlin de donner son concert au théâtre. Nous avions loué la plupart des places pour le laisser jouer devant une salle quasi vide. Melchior aurait alors jeté des bombes lacrymogènes et des boules puantes du haut de la coupole. Moi et quelques autres aurions jeté des tracts antiallemands. Notre scénario de potaches fut éventé et la police vint nous rafler. Nous nous sommes alors retrouvés bouclés dans les sous-sols du commissariat de Lyon.

Melchior me rappelle une anecdote que j'avais oubliée : « J'étais surpris de ton calme. Allongé sur un banc, tu répétais sans cesse : "Je dois dormir, car demain je passe mes examens !" » J'étais alors étudiant à Sciences-Po. Mais je ne pus passer mes examens. Au petit matin, on nous embarqua dans un fourgon qui nous transporta au fort Barraux, dans l'Isère, où l'on nous boucla dans des cellules voisines. Nous fûmes libérés peu de temps après. Au début de la guerre, ce type d'insoumission n'était pas encore sévèrement sanctionné.

19 mai 1995

Pas à la hauteur

François Mitterrand s'installe donc dans un appartement de 240 mètres carrés que l'État met à sa disposition, au troisième étage du 9, avenue Frédéric-Le-Play, près du Champ-de-Mars. Il y fait quelques promenades avec Georges-Marc Benamou, censé recueillir ses souvenirs. Sans doute a-t-il le regret de ne pas avoir eu le temps ni la force de rédiger de vrais Mémoires. Alors, il parle aux uns et aux autres. Il a rompu avec Elie Wiesel à la parution, en juin, de leurs *Mémoires à deux voix*. Ravages de l'affaire Bousquet... De même est-il fâché par la parution du troisième tome de *Verbatim*. Jacques Attali me confirme qu'il ne lui a pas soumis le manuscrit avant parution. Lors d'une de mes visites vespérales à l'Élysée, je revois encore le président, le nez chaussé de ses lourdes lunettes d'écaille, relisant, plume à la main, les épreuves du premier tome de *Verbatim* et pester, en jetant le volume de côté : « Pfff, ce n'est pas "écrit", il faudrait tout refaire ! » Mitterrand ne se reconnaît pas dans les citations qu'Attali lui prête. « Il a forcé sur les guillemets », s'agace-t-il.

Louis XIV avait son Saint-Simon et Napoléon son Chateaubriand. Mitterrand avait, comme historiographes, son fou Hallier, rayé des cadres, puis son Attali polygraphe, son Wiesel susceptible et son Benamou affabulateur. Il a conscience que ses « auteurs » ne sont pas à la « hauteur ».

Il lit beaucoup, des livres, peu de journaux. Il écrit, « à peu près deux heures par jour », dit-il. Il tient à son essai *De l'Allemagne*, pour lequel il m'appelle souvent. Il y travaille avec Dominique Bertinotti. Il me demande de rédiger le chapitre sur le Triangle de Weimar. Hubert Védrine témoigne : « Il n'a pas géré la dimension symbolique de la réunification allemande. »

Il préface le livre de son amie Marie de Hennezel, *La Mort intime*. Je crois qu'il aime bien les conversations, voire les silences, avec cette femme qui a une grande science de l'accompagnement des mourants. Il lui a confessé : « Nous sommes chacun dans un avion qui finira un jour par s'écraser sur une montagne. La plupart des gens l'oublient. Moi, j'y pense tous les jours, mais peut-être est-ce parce que je commence à entrevoir la montagne à travers le hublot. » Étrange métaphore pour un homme de la terre. Il ne parlait jamais de montagnes auparavant...

Il part pour Venise. Il a ses habitudes dans l'appartement du peintre Zoran Music et de son épouse Ida. Il aime la ville qui lui garantit l'incognito ou presque. On me raconte qu'au moment du carnaval il se mélange à la foule, le visage masqué d'un loup noir. J'ai du mal à le croire.

Mais de toutes les cités italiennes, il préfère Florence. Normal pour celui que l'on a si souvent qualifié de « florentin ».

Juin 1995

Maintenant que je vous ai nommé

François Mitterrand, membre de droit, m'a incidemment annoncé qu'il ne siégera pas au Conseil constitutionnel, mais il n'a pas formalisé son refus. La question se pose donc de savoir quelles sont ses intentions et ce qu'il convient de faire pour les « indemnités » qui accompagnent la fonction. C'est pourquoi je lui téléphone. Je me fais le porte-parole de mes collègues et lui indique avec quelques circonlocutions :

« Normalement, si vous ne venez pas, on ne vous versera pas d'émoluments...

– Mais c'est à vous de me le dire ! rétorque-t-il sèchement. Maintenant que je vous ai nommé à ce poste, vous faites ce que vous voulez... »

Et d'ajouter:
«Qu'est-ce qu'a fait Giscard?
– Il a demandé la moitié.
– Eh bien, faites la même chose.»

Juillet 1995

Le tribunal de grande instance de Paris ne reconnaît pas le droit moral de Mary-Lisa Palmer sur l'œuvre d'Alberto Giacometti. Les procédures qu'elle a initiées ont fait perdre beaucoup de temps quant à la création de la Fondation Alberto-et-Annette-Giacometti.

Août 1995

François Mitterrand sait qu'il vit ses derniers mois. Quand la maladie lui laisse un peu de répit, il fait des projets. Après un passage par Latche, il séjourne chez Michel Charasse, au bord du lac Chauvet, pour déguster un incontournable chou farci. Puis il se dirige vers son enfance, au Mas de Montet à Ribérac, un château de style Renaissance, tout près du village de Toutvent, où il passait ses vacances d'écolier chez ses grands-parents. Je l'y avais accompagné une fois. Il m'avait montré, dans le jardin, le muret où il s'allongeait pour écouter, le soir, les conversations des grandes personnes. Déjà.

À Aubeterre-sur-Dronne, il se recueille longuement dans l'église de Saint-Jean. Il n'est pas exagéré de dire qu'il est en «dialogue» avec d'autres forces qui l'ont toujours hanté, qu'elles se nomment Nature ou Dieu. Dans cette église troglodytique creusée dans la falaise, où le froid vous saisit, c'est une sorte de descente au tombeau. Consciemment ou inconsciemment, je n'en sais rien, il multiplie les gestes et les comportements religieux. Comme le Christ sur la croix, il dit: «Tout est accompli, tout est consommé.»

13 septembre 1995

Bien qu'affaibli, il continue à recevoir des visiteurs comme Édouard Balladur ou Jean-Luc Mélenchon, Laure Adler, Anne Lauvergeon ou Pierre Bergé. Avec le ministre Michel Barnier, il évoque l'Europe et la Bosnie. C'est un sujet qui ne laisse pas de le tracasser. Il trouve que ses successeurs ne sont pas à la hauteur du défi. À Bernard Kouchner il lance : « Vous ne connaissez pas l'histoire ! Aucune décision ne peut être prise en Europe si l'on ne connaît pas l'histoire. »

15 septembre 1995

Les rayons ou la mort

Je lui rends visite avenue Frédéric-Le-Play. Je remarque qu'il a récupéré son mobilier de bureau de l'Élysée. Il en est très heureux. C'est une table et des fauteuils couleur bleu amarante, gansés d'un filet rouge. Ils ont été imaginés par le designer Pierre Paulin, qui avait déjà réalisé des aménagements contemporains du temps des Pompidou. Les lignes en sont très épurées. Rien à voir avec le bureau Louis XV du Général, que Mitterrand a fait réinstaller en une sorte de clin d'œil à Chirac. Ce dernier a apprécié. Il a dit à l'avocat général Cabannes, un farouche gaulliste membre du Conseil constitutionnel, qu'il avait été « touché du geste ».

Je trouve François Mitterrand fatigué. Il a les traits tirés et la démarche lente. Il se pose lourdement dans la coque en cuir noir de son fauteuil Charles Eames et allonge les jambes sur le repose-pieds. Il ne parle que de sa maladie. Il me confie être en butte à une poussée de métastases qui le font souffrir. Il va devoir supporter trente séances de rayons à l'épaule. « C'est cela ou la mort », murmure-t-il, fataliste. Nous parlons naturellement de la mort. Je lui raconte que, moi-même, enfant, il m'arrivait de me réveiller en sursaut, croyant que j'étais en train de m'asphyxier. Il me dit que l'idée de la mort l'a accompagné toute sa vie, mais qu'il ne s'y est jamais résolu. Et il ajoute : « Mais je me suis fait ma philosophie... »

La politique reprend vite le dessus. Il n'a rien perdu de sa causticité. À propos de son successeur : « Je n'aurais jamais cru que Chirac puisse être un jour président de la République. Je ne l'en croyais pas capable. Je n'imaginais même pas qu'il puisse être élu. Il n'a pas encore intégré la fonction. Il était euphorique au début et, maintenant, il "flotte". » Il poursuit : « En fait, c'est Balladur qui s'est effondré. » Je lui fais part de la conversation que j'ai eue, ce matin même, avec l'ancien Premier ministre qui le salue et envisage de lui rendre visite. « C'est d'accord. Je le verrai après son élection [à la législative partielle du 24 septembre]. Aujourd'hui, ce serait mal compris. » Il reste un moment silencieux et poursuit : « D'une façon générale, cela s'est bien passé avec lui [à Matignon]. Je n'ai pas eu à m'en plaindre. Les rapports étaient courtois. »

J'aborde pour finir la fondation qui portera son nom et dont je m'occupe de rédiger les statuts. Il en est très heureux et me renouvelle son conseil : « Roland, écrivez. C'est très important. Il vaut mieux que ce soit nous qui écrivions ce que nous avons fait plutôt que de laisser cette tâche à nos adversaires ! » Nous évoquons son prochain séjour à Belle-Île. Je lui demande s'il accepterait, à son retour, de me remettre ma croix d'officier de la Légion d'honneur. « C'est évident, mais nous ferons cela ici ou à Latche, si vous le voulez bien. » L'entretien a duré une heure. Je l'aide à se relever.

« Je dois vous quitter, Roland. Je vais de ce pas à la clinique pour ma séance de rayons. » Il me raccompagne jusqu'au bureau des secrétaires et repart vers ses appartements.

Mi-septembre

À Belle-Île, il « abandonne aux éléments le mouvement de [s]es pensées », ainsi qu'il l'avait écrit, en 1975, dans *La Paille et le Grain*. Contemplatif et solitaire, il y a rédigé ses plus belles pages, celles d'un écrivain, assurément. « Au spectacle de la nature, il m'arrive souvent de vivre ces moments de bonheur où l'on s'arrête et dit : c'est le plus bel endroit au monde. La terre, notre amie, prodigue ses merveilles. Je la contemple depuis l'enfance sans épuiser jamais cette faculté d'étonnement qui naît de la beauté et qui donne l'obscure envie de remercier quelqu'un... »

Légion d'honneur et ortolans

De passage à Latche, il me remet ma décoration au cours d'un dîner intime en famille. Il y a là Danielle et leur fils Jean-Christophe, sa belle-sœur Christine et son mari, Roger Hanin, Anne-Marie et moi. Le mets de prédilection est au menu : des ortolans, dont la capture est aléatoire parce que très contingentée. Ce sont les gendarmes qui s'occupent de l'approvisionnement. Je dois avouer que je n'aime pas beaucoup ces petits oiseaux où « il n'y a rien à manger ». Je préfère ma viande rouge limousine !

Contrairement à ce que raconte la légende, François Mitterrand ne se couvre pas la tête d'une serviette comme le font, paraît-il, les vrais amateurs. Il aime les plats du terroir et s'agace des mets trop sophistiqués. Combien de fois l'ai-je entendu, dans le *Concorde*, rabrouer le steward qui se faisait un plaisir d'annoncer un menu « ronflant » : « Ah, encore ! Je vous le dis toujours : un sandwich avec un peu de beurre, du bon jambon et du pain croustillant. Ça suffit ! »

Une fois les ortolans humés, gobés, suçotés, crachotés, c'est le moment de la remise de croix d'officier de la Légion d'honneur. « Nous avons, je crois, à procéder à une petite cérémonie. » Il fait mon éloge rapide, parle de mon père, se mélange un peu dans les grades, m'épingle le ruban rouge au revers et me fait l'accolade.

Je dis sottement que je dois ma croix de chevalier à de Gaulle (c'est Chaban qui me l'a remise, à Paris, « au nom du Général » qui avait donné son accord) et ma rosette à François Mitterrand. Il rit jaune à ce raccourci historique, un rien provocateur…

[Je n'ai pas sollicité, depuis, l'élévation à un grade supérieur. Sans doute ne le mérité-je pas ? On me fait toujours payer le fait que je ne sois pas – et n'aie jamais été – assez orthodoxe sur le plan politique. Mon côté « transgressif », sans doute.]

9 octobre 1995

Érudition et finesse d'esprit

François Mitterrand a refusé l'invitation du roi d'Espagne mais a accepté celle de George Bush senior. L'ancien président des États-Unis a invité à Colorado Springs les acteurs de la nouvelle donne politique pour un passionnant colloque intitulé « A World Transformed » [« Un monde transfiguré »]. Il inaugure ainsi sa « bibliothèque ». À l'instar de tous les présidents des États-Unis, il a financé un bâtiment où archives et documents sont mis à disposition des chercheurs et historiens.

Sont ainsi réunis autour de George Bush, président des États-Unis (1989-1993), Margaret Thatcher, Premier ministre de Grande-Bretagne (1979-1990), François Mitterrand, président de la République française (1981-1995), Mikhaïl Gorbatchev, président de l'Union soviétique (1985-1991), et Brian Mulroney,

Premier ministre du Canada (1984-1993). Ces hommes [il manque le chancelier Helmut Kohl] et cette femme ont porté et accompagné l'un des changements majeurs du XXe siècle. Ils constatent que leur politique en a terminé avec les derniers avatars de la Seconde Guerre mondiale, qui s'appellent la guerre froide, le mur de Berlin et le rideau de fer. À propos de l'Union soviétique, Bush la qualifiait d'« Empire du mal », avec cette conception du monde toute manichéenne qu'ont les Américains. La réunification allemande suscite quelques morceaux de bravoure de la part de Mme Thatcher. « J'ai eu raison de m'y opposer, car elle va conduire à construire une Europe germanique. D'ailleurs, j'ai toujours raison ! » assène-t-elle avec cet humour qui laisse pantois ses interlocuteurs. La presse rend hommage au président français qui, « tout au long du sommet, a déployé une finesse d'esprit, une érudition et une acuité d'analyse qui faisaient mentir sa condition physique défaillante ».

[Quelques mois après la mort de François Mitterrand, j'eus l'occasion de revoir George Bush Sr. à un dîner auquel son ancien secrétaire d'État nous avait conviés, Genscher et moi. Notre ancien homologue américain voulait nous faire les honneurs de son Institut Baker. C'est ce qu'il est convenu d'appeler un think tank *du campus de l'université Rice de Houston (Texas). Dédié à James Baker, il a été fondé par Edward Djerejian, qui fut ambassadeur américain en Israël et en Syrie. Colin Powell et Madeleine Albright font également partie de son conseil d'administration.*

Bush nous raconta alors par le menu cette rencontre de Colorado Springs. Il me confessa : « Roland, j'ai été stupéfié par l'énergie de François au cours de ce sommet. Quand il est arrivé, il était blanc comme un cadavre, et au cours des conversations il a affirmé une présence surprenante, une rare vision politique. Il a notamment raconté, en sa présence, sa première rencontre avec Gorbatchev, lors de la première visite à Moscou. Nous étions tous bluffés par son témoignage. C'était un homme exceptionnel. »

Dans son livre de souvenirs, Life After the White House, *Barbara Bush témoignera aussi de l'amitié qui unissait les deux hommes.]*

Lors d'une de ses visites à Paris, l'ancien président des États-Unis avait demandé à me voir pour parler des affaires du monde.

À un moment où la conversation se relâche un peu, je vois qu'il veut m'entraîner sur un terrain inattendu : la deuxième vie de François Mitterrand. Sans trahir de secrets, je tente de répondre à sa curiosité. Il conclut d'une façon comique : « Il nous a rendu service à tous ! » Je n'ai pas osé lui demander de préciser sa pensée. Avait-il des révélations à faire ou, plus généralement, plaidait-il pour une plus grande franchise des dirigeants ?

11 et 12 octobre 1995

Souvenirs de la Résistance

Pour les besoins de mes Mémoires, j'ai renoué avec la famille de Charles Cestre, un vieux professeur de la Sorbonne qui m'a caché dans son appartement à la fin de la guerre. Je ne pouvais rentrer en Limousin où je risquais d'être dénoncé. Ma mère ne savait pas si j'étais vivant ou mort.

Comme un journaliste qui fait son enquête, je retourne sur les lieux, au 9 de la rue du Regard. L'immeuble n'a pas changé. C'est une belle demeure haussmannienne. Je sonne à l'entresol, pensant que l'appartement était à cet étage. Je tombe sur un médecin qui me fait visiter les lieux que je ne reconnais pas. Il me donne le moyen d'entrer en contact avec la famille Cestre. Le petit-fils de Charles Cestre me rappelle que l'appartement de son grand-père décédé était au deuxième étage avec un grand balcon sur la rue. Les souvenirs me reviennent. Je logeais dans une petite chambre au bout de l'appartement qui avait l'avantage de donner tout près de l'escalier de service. Règle numéro un du clandestin : pouvoir s'échapper en cas de danger.

En discutant, un autre souvenir remonte à la surface. C'est moi qui suis allé accueillir à l'hôtel Lutetia le frère de mon logeur, Louis Cestre, de retour de déportation. Il avait été arrêté à Bourges en 1942. L'hôtel a été réquisitionné comme centre de transit de tous les malheureux qui reviennent des camps nazis. Le spectacle est terrifiant. Ces hommes (il y a peu de femmes) sont des spectres, tellement ils sont maigres et hébétés. J'allais tous les jours au Lutetia car personne ne savait quand rentraient les déportés. Louis Cestre n'est plus qu'un cadavre, à peine ambulant, où seul le regard semble encore vivant. Il n'aura guère le loisir de jouir de la liberté retrouvée. Il mourra d'épuisement quelque temps après. Ma haine des Allemands en était sortie un peu plus avivée.

15 octobre 1995

Mon « enquête » me permet de retrouver des connaissances d'il y a plus d'un demi-siècle. J'ai réussi à localiser en Suisse Jean Fernand-Laurent, mon camarade de la faculté des sciences politiques à Lyon. Il a fini sa carrière comme ambassadeur auprès de l'UNESCO, avant que je n'arrive au Quai. Je veux lui faire reparler des harangues anti-Pétain qu'il nous faisait une fois que le professeur avait quitté la tribune. Il ne se souvient que de ses exhortations à nous joindre aux œuvres humanitaires dont il s'occupait alors. En revanche, il me rappelle les déclarations « à tiroirs » de M. Basdevant, notre professeur de droit international, qui s'acharnait à nous parler du « Maréchal » en faisant croire qu'il s'agissait de Joffre, alors qu'il fallait, bien sûr, comprendre Pétain…

Moi, j'étais surtout occupé à courtiser la fille du préfet. C'est lui qui avait signé l'ordre d'incarcération quand j'avais été emprisonné au fort Barraux. J'avais failli lui écrire pour lui demander sa « grâce », mais je n'avais pas osé. Je me voyais mal argumenter : « Je suis l'ami de votre fille… »

26 octobre 1995

J'ai sauvé la République

Réunion importante du Conseil constitutionnel. L'équilibre politique est le suivant : sur les neuf membres, cinq ont été nommés par la gauche (Jacques Robert, Maurice Faure, Georges Abadie, Noëlle Lenoir et moi) et quatre par la droite (l'ancien magistrat Jean Cabannes, l'ancien haut fonctionnaire à l'Assemblée nationale Michel Ameller et les anciens sénateurs Étienne Dailly et Marcel Rudloff).

Le Conseil examine les comptes de campagne des candidats à l'élection présidentielle. Ceux d'Édouard Balladur accusent 10 millions de francs [1,5 million d'euros] de recettes inconnues. Le trésorier du candidat, Nicolas Bazire, les justifie par la vente de tee-shirts, explication peu convaincante. La discussion est vive entre ceux des conseillers qui veulent invalider en s'en tenant à une stricte lecture comptable et ceux, dont je suis, qui raisonnent en termes plus politiques. Je tente de faire valoir à mes collègues que l'on ne peut rayer, d'un trait de plume, les comptes de Balladur sans invalider ceux de Chirac, même si les irrégularités y sont de moindre ampleur. Mais il existe une autre différence de poids. Le premier a été battu et l'autre élu par les Français.

Comment un groupe de juristes, aussi compétents soient-ils, pourraient-ils aller jusqu'à annuler l'élection du président de la République ? Imagine-t-on un instant le séisme politique que représenteraient, en France et à l'étranger, la destitution d'un président en exercice et l'organisation d'une nouvelle élection présidentielle ? Pendant plusieurs mois, la France ne serait pas gouvernée ni représentée sur la scène internationale, et son président, « invalidé et invalide », aurait été la risée de la planète entière. Impensable à mes yeux ! Les Français ont voté, et j'ose considérer que le suffrage universel s'impose à toute autre considération, à toute autre loi. Le peuple a parlé. Conscient que la décision sera lourde de conséquences, je ferraille contre les récalcitrants pour éviter un « coup d'État juridique ».

Toussaint 1995

Tout « jeune » dans la fonction, je suis seul face à la décision à prendre. Je n'ai évidemment pas osé en parler à François Mitterrand. Cela l'aurait gêné de me répondre, et moi de lui poser la question. Mais je pense qu'il m'aurait dit quelque chose du genre : « On ne peut tenir compte des seuls chiffres comptables sans considérer les grands principes de nos institutions. »

À aucun moment de ma vie politique je n'ai ressenti cette solitude du pouvoir et les conséquences considérables pour la vie de la nation, l'équilibre de nos institutions et l'image de notre pays à l'international. J'ai aussi la curieuse impression de devoir me dépouiller des oripeaux de mes sentiments personnels, de mes choix politiques, pour trancher une question fondamentale qui transcende tout le reste.

5 novembre 1995

Honneur aux vaincus

Edouard Chevardnadze est élu président de la République de Géorgie. Cet homme a eu un destin extraordinaire. Je lui téléphone pour le féliciter. Quand il a quitté le pouvoir à Moscou en 1993, il n'était plus rien. Lors de mon dernier voyage à Moscou, j'avais trouvé convenable de lui rendre une petite visite. J'avais eu toutes les peines du monde à obtenir son adresse personnelle. «Cela ne se fait pas», m'avait dit mon ambassadeur. J'avais dû insister. J'avais trouvé l'ancien ministre des Affaires étrangères dans un petit appartement quelconque. Je n'avais jamais vu quelqu'un d'aussi radieux. Nanuli, sa *babouchka* d'épouse, n'en finissait pas d'apporter des *zakouski* et de la vodka. J'avais dû écourter les effusions, car mon avion m'attendait.

J'avais agi de la même façon avec Jaruzelski alors qu'il avait quitté le pouvoir à la fin de 1990. Là encore, j'avais subi les foudres de mon ambassadeur à Varsovie qui m'avait dit: «Monsieur le ministre, c'est comme si vous étiez allé rendre visite à Pétain en 1946!» J'essayai d'expliquer au diplomate sanglé dans ses certitudes que ce n'est pas tout à fait la même chose. Pas de voiture officielle de l'ambassade à ma disposition, mais un simple véhicule banalisé…

6 novembre 1995

Les Sages ont parlé

Deux semaines de discussions pour savoir si nous allons invalider l'élection d'Édouard Balladur, et accessoirement celle de Jacques Chirac, président de la République en exercice. En tant que président du Conseil constitutionnel, ma voix est prépondérante, et les parangons de vertu ont fini par se ranger à mes vues. Le vote intervient à l'unanimité des neuf membres. Évidemment, les cinq membres nommés par la majorité ne pouvaient pas voter l'invalidation. Des dépenses vont être revues et les comptes des deux candidats présentés à l'équilibre. À ce moment précis, je suis convaincu que nous avons vraiment agi en tant que Sages, ainsi qu'on nous surnomme familièrement. Dans l'intérêt supérieur de la France. Je suis convaincu que j'ai sauvé la République.

Début décembre 1995

François Mitterrand : « Désormais, je compte les jours. »

12 décembre 1995

Deux millions de manifestants sont dans la rue. Le gouvernement d'Alain Juppé va devoir lâcher du lest. Cette lame de fond n'est pas sans rappeler celle de 1984 à propos de l'école libre.

15 décembre 1995

La trahison de Chirac

11 heures. L'ancien président Giscard d'Estaing a demandé à voir François Mitterrand. Malgré sa grande fatigue, ce dernier accepte « bien volontiers » de le recevoir. C'est une visite de courtoisie de président à président, puisqu'ils sont les deux seuls à avoir ce statut d'ancien chef de l'État. Respectueux de ses devoirs, Mitterrand a tenu à descendre l'accueillir dans le hall de l'immeuble de l'avenue Frédéric-Le-Play. Il est soutenu par un infirmier qui laisse monter les présidents dans le petit ascenseur dont la cage métallique ne peut pas contenir plus de deux personnes. C'est lui qui raconte la scène car je n'assiste évidemment pas à l'entrevue.

Mitterrand se demande bien pourquoi Giscard a mis tant d'empressements à lui rendre visite. Après un échange banal sur la santé du malade, le visiteur, par petites touches et circonlocutions, arrive à ce qui l'amène : le grand secret. « Est-il vrai qu'un dîner a eu lieu, en octobre 1980, qui a réuni Jacques Chirac et vous-même chez Mme de Lipowski ? »

– Ce n'était pas chez Mme de Lipowski mais chez son amie Édith Cresson. »

François Mitterrand n'a plus de raison de se taire et accepte de raconter la scène. Après dîner, les deux hommes se sont enfermés dans une petite pièce. Chirac a alors avoué qu'il était prêt à faire voter Mitterrand au second tour de la présidentielle pour faire barrage à Giscard. La « trahison » de Chirac est ainsi confirmée. L'ancien président est dépité. Sa rancœur à l'égard du gaulliste en sera décuplée.

En 1981, il a perdu l'élection pour bien des raisons, son bilan, sa morgue, l'affaire des diamants, mais aussi parce que 500 000 voix de droite lui ont « manqué » à cause de la manœuvre de Chirac. Les adversaires en politique ne se situent pas forcément dans le camp opposé...

22 décembre 1995

Pas les veuves !

Le docteur Tarot m'appelle :

« Roland, si vous avez des documents à faire signer, venez vite !

– J'arrive. »

Je me hâte de mettre la dernière main aux statuts de la fondation destinée à devenir l'Institut François-Mitterrand. Il me fait asseoir à côté du lit et s'excuse de ne pas se lever. « Avec vous, je ne me gêne pas », souffle-t-il d'une voix blanche. Je lui apporte les statuts de la fondation qu'il a souhaitée pour conserver et valoriser ses dix mille cartons d'archives et permettre l'étude de son action politique par les chercheurs. J'évoque, avec lui, les membres qu'il souhaite voir figurer parmi les administrateurs. J'énumère les amis proches, les collaborateurs fidèles, dont il écoute les noms sans réagir, et les soi-disant incontournables qu'il écarte d'un revers de main. Je continue à pas feutrés :

« Vos deux familles...

– Ah non, pas les veuves ! Pas les veuves...

– Je pensais plutôt aux enfants...

– Ah bon. Roland, faites au mieux, voyez cela. »

Il signe d'une main hésitante. La déchéance. Où est la belle signature « F. Mitterrand » écrite à la plume, sur des milliers de documents, traités, courriers qui ont marqué l'histoire contemporaine à travers la planète ? Combien de fois l'ai-je vu faire du courrier dans les conférences internationales où l'on s'ennuie souvent ? Il écrivait de belles missives à Mazarine. Il envoyait des cartes postales aux amis et à ses admirateurs, comme ce sabotier nivernais qui les épinglait dans son échoppe.

Quand il ne parle pas de sa maladie, il évoque la mort. Il voit un cardinal, un psychanalyste, un écrivain, un gourou, une homéopathe pour les interroger. Ce n'est pas tellement l'existence de Dieu qui le taraude, mais le « passage ». Peut-être pour se rapprocher des croyances des pharaons, car il se prépare à partir pour la Haute-Égypte. Le président Moubarak lui fait toutes facilités pour l'organisation pratique du séjour. Il a ses habitudes à l'hôtel Old Cataract, à Assouan. C'est un ancien palais royal transformé en palace où l'on a l'impression que va surgir le fantôme d'Agatha Christie. Normal, c'est là que la romancière écrivit quelques chapitres de *Meurtre sur le Nil*. Coiffé d'un panama, il ne quitte guère le rocking-chair installé sur le balcon. Il contemple le soleil sombrer dans le royaume des morts.

1996

Mercredi 3 janvier 1996

À l'Élysée, séance des vœux aux corps constitués. Je rencontre dans le vestibule l'aimable Catherine Colonna, la porte-parole de la présidence qui assurait des fonctions semblables à l'époque où j'étais au Quai d'Orsay. Les huissiers, en habit noir et chaîne dorée, se montrent particulièrement chaleureux à mon égard. Le président de la République fait également assaut d'amabilités. À la fin de la cérémonie, Jacques Chirac me tire par la manche pour me parler en particulier. J'abandonne mes huit collègues du Conseil constitutionnel. Il veut me confirmer qu'il a bien fait le nécessaire pour la dotation de l'État en faveur de la Fondation François-Mitterrand. Il ajoute : « "Naturellement", si vous avez besoin de plus d'argent pour le fonctionnement de l'association, n'hésitez pas à me le demander. » *Fair-play*.

[Mais au fil du temps, les subsides gouvernementaux fondront inexorablement.]

Jeudi 4 janvier 1996

Les « petites chaises » chuchotent

16 heures. Je passe avenue Frédéric-Le-Play, où l'on doit « tirer les rois ». Le docteur Tarot interdit l'accès à la chambre. Le médecin m'avait déjà prévenu qu'il ne souhaitait pas que ceux qui l'ont aimé soient témoins de sa déchéance. Je comprends que nous approchons de la fin.

Seule Brigitte Sauzay-Stoffaës, son ancienne «petite chaise», est autorisée à entrer dans le saint des saints, car il a demandé à la voir. Elle a été son interprète d'allemand et beaucoup plus que cela. Elle a travaillé autrefois avec Pompidou et Giscard. Elle a une connaissance approfondie des rouages du monde politique allemand. Une touchante complicité s'était instaurée entre Mitterrand et cette petite blonde, aussi discrète qu'efficace. On ne mesure pas combien est essentielle la qualité de la traduction dans une rencontre internationale. Il en va même parfois de son succès ou de son échec. Assises juste derrière les grands de ce monde, collées à leur oreille, les «petites chaises» chuchotent. Cette proximité facilite la fascination... En déplacement en Allemagne, après une dure journée de travail, il lui disait: «Venez, Brigitte, allons faire un petit tour et nous dégourdir les jambes.»

Sans conviction, nous mangeons la galette dans le vestibule. Je parle de la fondation avec Dominique Bertinotti et Jean Kahn. Charasse et Baltique viennent mettre leur museau dans nos affaires.

21 heures. Je me rends rue de Bièvre, où Jean-Christophe me confirme ce que je sais déjà: «Mon père est sous perfusion et ne peut plus marcher.» Il me parle de lui avec un apparent détachement, sans larme ni émotion. Il me demande d'intervenir en sa faveur au Qatar...

Vendredi 5 janvier 1996

J'appelle Dominique Bertinotti et la supplie de faire signer par Mitterrand l'exemplaire définitif des statuts de la fondation. Je comprends à sa voix que ça ne va pas du tout. Je pars pour le week-end à Saint-Selve. Anne-Marie reste à Paris.

Dominique est celle qui connaît le mieux les «papiers» de l'ancien président sur lequel elle avait envisagé d'écrire, en 1980, une thèse consacrée à «La vision de la France de François Mitterrand de 1944 à 1981». Elle n'écrira pas sa thèse mais restera auprès du président qui la chargera de classer ses archives.

Samedi 6 janvier 1996

Mon copain Robert Boulay, journaliste à RTL, me cherche partout. Les salles de rédaction sont fébriles. Les chroniqueurs préparent les « nécros ». Les télévisions font du « marbre ». Ils veulent déjà des réactions avant qu'il ne soit mort !

Dans l'après-midi, je finis par joindre Danielle qui est à Latche. Je la sens au bord des larmes. Elle m'annonce son retour à Paris demain dimanche, « en raison de l'état de santé de François qui s'est aggravé ».

Pour en savoir plus, je téléphone à Brigitte Sauzay-Stoffaës, qui lui rend visite quotidiennement. Elle me confie que ses jours sont comptés. Elle ira le voir lundi et passera me donner des nouvelles. Pour parler aussi. Elle sait que je suis l'un des rares qui sait.

« Il vous était très attaché... » dis-je maladroitement.

Elle sanglote dans le combiné :

« Et moi donc, mais je veux absolument vous parler. À lundi.

– Je vous attendrai. »

8 janvier 1996

La mort de Pharaon

10 h 20. Mon épouse, Anne-Marie, m'annonce, depuis Paris, la triste nouvelle à laquelle je m'attendais. Il se passe un long moment avant que je ne réalise et ne réagisse. J'appelle Dominique Bertinotti qui me répond : « Venez tout de suite ! »

13 heures. Je prends le premier avion qui part de Bordeaux. En vol, j'ai tout le temps de méditer à l'extraordinaire trajectoire de François Mitterrand et à la chance que j'ai eue d'être un de ses compagnons de route. Les avions sont ainsi faits que le passé s'impose avec force, tellement le temps y est suspendu.

Depuis le début, j'ai tout de suite pensé que mon destin était lié à cet homme. Je ne saurais dire pourquoi, car ce n'était pas gagné d'avance ! Dans cette mouvance politique, il y avait Mendès, voire Pleven, bien qu'il fût de droite. Le personnage Mitterrand m'a séduit. Je ne parle pas de l'homme politique. Il avait beaucoup de choses qui pouvaient pourtant repousser : ce machiavélisme, cette ambiguïté, ce passé controversé, ses fautes en Algérie et cette façon de faire « comme si ». Mais c'est ce qui le rendait si fascinant.

Pour l'Algérie, il s'est complètement trompé, mais il l'a fait pour des questions électorales. On ne m'enlèvera pas cela de l'idée. Il était au centre gauche. Pour être président du Conseil sous la IVe République, il fallait réussir à faire une majorité. Il avait un petit parti de rien du tout, l'UDSR. Il ne pouvait faire une majorité qu'avec un grand parti. Il était donc obligé de donner des gages au Parti socialiste. Celui-ci faisait la guerre et pratiquait la torture, il fallait marcher à son pas. Alors que Mitterrand était à la tribune de l'Assemblée pour condamner la guerre d'Algérie, j'ai vu Guy Mollet passer devant moi à l'Assemblée et dire à haute voix pour qu'on l'entende bien : « Moi, je vais travailler ! » Mitterrand m'assurait s'opposer à Mollet dans l'enceinte du Conseil des ministres, jamais à l'extérieur. Il voulait être « solidaire ».

Alors que j'étais jeune député, nous dînions chez Lipp : « Roland, le président Coty m'a fait appeler pour me dire de me tenir prêt pour Matignon. Je vous nommerai ministre de la France d'outre-mer. » J'étais aux anges et avais déjà alerté les copains.

Quand je me suis cassé la jambe au ski, en 1958, il venait me voir toutes les semaines, car il n'avait pas grand-chose à faire. Il échafaudait des plans pour la conquête du pouvoir : les « petits postes à la Bugeaud ». Il avait les idées claires : « Roland, nous avons été jusqu'à présent dans une petite formation, il faut désormais que nous entrions dans un grand parti pour constituer une majorité. » Ce qui explique qu'il a avalé toutes les couleuvres, à la différence de Mendès. Les thuriféraires de ce dernier ne se gênent d'ailleurs pas pour le dire ! On croit que Mendès n'était pas politicien, mais je peux témoigner du contraire. La rivalité entre les deux était terrible, bien qu'ils fussent dans le même camp.

Mitterrand a toujours pensé qu'il pourrait être un jour président de la République, mais il conservait une certaine sérénité. Il savait qu'il ne fallait pas forcer le destin. Au fil du temps, il avait perdu le côté chien fou qui court après toutes les opportunités. C'est avec l'arrivée du général de Gaulle qu'il a commencé à organiser son combat politique. Guy Mollet disait : « Je suis le seul qui peut parler avec les communistes. » Quand on a mis la main sur le parti communiste, et j'y étais pour quelque chose, c'était plutôt audacieux à l'époque. Personne n'osait serrer la main d'un communiste. Tout cela a été pensé, construit avec une grande intelligence de la politique qui n'apparaissait nulle part ailleurs.

Le prétendu machiavélisme de Mitterrand, c'était cela. On lui reprochait d'avoir réussi.

Les femmes se parlent

16 heures. Avenue Frédéric-Le-Play, je retrouve trois amies du président qui bavardent : Irène Dayan, Anne-Marie, ma femme, ainsi que Danièle Burguburu, ancienne secrétaire générale du Conseil supérieur de la magistrature. Irène est la veuve de Georges Dayan, celui que l'on peut considérer comme le meilleur ami de François Mitterrand. C'est chez eux que les Mitterrand passaient d'insouciants étés en Algérie, avant l'indépendance. François Mitterrand avait beaucoup d'égards pour ma femme, Anne-Marie, qui était l'une des rares à l'appeler par son prénom. Quant à Danièle Burguburu, elle et son mari avocat avaient connu les Mitterrand à Hossegor, au début des années 1970. Les Burguburu étaient aussi nos voisins rue de Bièvre et participaient aux fameux dîners du dimanche soir. J'apprends avec plaisir que les deux « femmes » de Mitterrand se sont parlé au téléphone, sans doute pour la première fois.

Je m'enferme dans la chambre mortuaire. Le président est étendu sur son lit, les mains croisées sur la poitrine, vêtu d'un costume sombre, d'une chemise blanche et d'une cravate à rayures bleues et rouges. Il semble reposé. Pas de trace de souffrance, si ce n'est la face un peu gonflée. L'admirable docteur Tarot indique que ce sont les piqûres. Je reste une heure à veiller mon ami défunt. Mon ami, le président de la République : qui est-il pour moi ? Tout à la fois. Toute une vie ou presque à ses côtés.

Je me fais la réflexion qu'il semble dormir. J'ai même le sentiment que la poitrine va se soulever, les yeux s'ouvrir et qu'il va se réveiller en disant : « Roland, voyez cela », que tout cela n'est qu'un mauvais rêve. Mort, Mitterrand ? Allons donc !

Arrive Guillain de Bénouville, qui prie, les mains croisées sur sa canne en bambou. Il reste là, sans bouger, alors que je fais des petits tours dans l'appartement.

On annonce la venue de la fille et de sa mère. Je les embrasse toutes deux dans le couloir. Anne est submergée par les larmes. Je me retire, rassuré que Danielle et elle aient prévu de se rencontrer. J'en profite pour me rapprocher de la formidable équipe qui l'a assisté dans les deniers mois : soignants, gendarmes, secrétaires. Chacun tourne en rond sans savoir quoi dire ni quoi faire. Je demande s'il a laissé ses dernières volontés. On me dit que oui. Chacun donne l'impression de connaître quelque chose mais de garder ses secrets pour lui, et c'est bien ainsi. Je sais que, dehors, des courtisans sont déjà pendus aux micros. Les premiers visiteurs se présentent pour s'incliner, se recueillir et signer le registre.

À la télévision, Jacques Chirac se livre à un exercice difficile : rendre hommage à son prédécesseur qui fut aussi un adversaire politique. Il s'en tire admirablement en ne tentant pas de dissimuler « son respect pour le chef d'État » ni « son admiration pour l'homme, dans sa richesse et sa complexité ». Et il conclut : « Je retiens de lui la force du courage quand il est sous-tendu par une volonté. À l'heure où François Mitterrand entre dans l'histoire, je souhaite que nous méditions son message. » Élégant.

9 janvier 1996

Sa main a lâché la mienne

Avenue Frédéric-Le-Play, une marée de roses a envahi le hall de l'immeuble. Il faut installer en hâte de nouveaux registres de condoléances tant la foule est nombreuse malgré la pluie. Des Français émus qui viennent eux aussi de perdre un être cher.

À l'étage, je salue le docteur Tarot. Je l'embrasse avec reconnaissance. Nous sommes l'un et l'autre fort émus. Je ne trouve rien d'autre à lui dire que :

« J'aimerais avoir quelqu'un comme vous quand mon heure sera venue.

– Il existe beaucoup de médecins comme moi… » répond-il avec sa modestie coutumière.

Je n'ose pas m'avancer sur le terrain de l'indiscrétion, mais mon amitié pour le défunt m'autorise cependant à poser la question qui taraude les proches en pareille circonstance :

« Pouvez-vous me dire s'il a souffert ?

– Ne vous inquiétez pas, Roland, il s'est éteint dans son sommeil. Je lui tenais la main. À un moment, j'ai senti qu'elle lâchait la mienne. C'était fini. »

Comme à son habitude, il l'avait veillé toute la nuit.

Depuis quelques jours, il avait abandonné les traitements lourds, à la demande même de François Mitterrand, ne lui administrant plus que des sédatifs légers :

« Si nous arrêtons tout, j'en ai pour combien de temps ?

– Quarante-huit heures.

– Alors, arrêtez tout ! »

Jusqu'au bout, il avait voulu être le maître du temps, comme il l'avait été durant sa vie. On peut dire qu'il a voulu décider de la date de sa mort. De là à parler de suicide…

Nous devons choisir la date des obsèques. La cérémonie officielle à Notre-Dame et la messe des obsèques familiales à Jarnac étant acquises, je propose qu'une manifestation populaire ait également lieu. « Il ne faut pas oublier le peuple, ce peuple qu'il a tant aimé et qui se manifeste en masse. Où ira-t-il ? » Chaque membre du petit cercle improvisé donne son avis : Dominique Bertinotti, Michel Charasse, Jean Kahn et moi. Je propose le Panthéon. « Non, cela aurait l'air d'un *remake* triste de mai 1981. » J'acquiesce aux objections. La rue de Solferino ? Sûrement pas ! Je propose alors la Bastille. Oui, l'idée séduit. Discussion sur la date.

Le temps des cerises

Nous disposons de peu de temps. J'appelle Lionel Jospin qui accepte que ce soit le cercle des amis socialistes qui annonce cette manifestation. Il dit : « Le PS s'y joindra. » Il est bien, Jospin, ce jour-là. Nous désignons entre nous Béatrice Marre pour tout organiser. François Mitterrand avait fait sa connaissance quand elle avait été nommée sous-préfet de Château-Chinon. Il en avait bien vite fait son chef de cabinet à l'Élysée, lors de son second septennat. Au dernier moment, elle est « happée » par Charasse et Rousselet qui lui recommandent de partir sur-le-champ à Jarnac, car il faut aussi veiller à ce que tout soit en ordre dans la ville natale du président.

Je pense alors à Jean Glavany, qui fut le chef de cabinet du président pendant son premier septennat. Je l'apprécie beaucoup. Jospin moins, car il appartient au « clan » mitterrandien. Ce dernier m'appelle pour dire qu'il n'est pas content : « Cela gêne et trouble l'équilibre du parti. » (!) Je le rassure. Il n'aura pas d'autre fonction que de travailler, sous ma direction, à l'organisation de la cérémonie. Je n'ai plus d'inquiétude quant au choix de la Bastille. Tout le monde me dit que c'est une excellente idée.

Jean et moi travaillons alors aux détails du programme. J'ai tout de suite pensé à Barbara Hendricks. Je finis par la localiser en Suisse. Elle me fait répondre qu'elle est à notre disposition. Elle aimerait chanter un Ave Maria à la Bastille. Hum ! Cette proposition n'a pas l'heur de plaire à la rue de Solferino, qui préfère *Le Temps des cerises*. Évidemment, entre un cantique et un chant révolutionnaire… Elle ne connaît pas la partition. J'entonne :

Quand nous chanterons le temps des cerises,
Et gais rossignols et merles moqueurs
Seront tous en fête.
Les belles auront la folie en tête,
Et les amoureux du soleil au cœur.

Il est vrai que cette chanson colle bien à François Mitterrand. Louis Mexandeau passe la tête et demande ce qui se passe. Il connaît par cœur la chanson dont il a chez lui la partition. Il part la chercher pour que je puisse la faxer à Barbara. Après l'avoir reçue, elle me confirme qu'elle sera bien avant la cérémonie à Notre-Dame pour répéter *in situ*.

Pas de *show* à Notre-Dame

Je charge le service du protocole mis à notre disposition de prévenir le cardinal-archevêque de Paris et le président de la République. Jacques Chirac donne son accord d'emblée. Tout « roule » donc. C'était sans compter avec Jack Lang qui n'hésite jamais à faire parler de lui et à entreprendre ce qui le sert le mieux. Il annonce aux radios que Barbara Hendricks va chanter à Notre-Dame. Monseigneur Lustiger m'appelle, furibard, pour me dire qu'il ne tient pas à ce qu'il y ait un show dans sa cathédrale ! Je lui présente des excuses, je lui explique, je plaide. Il semble s'être radouci mais demande que l'on se taise et qu'elle répète discrètement, la veille de la cérémonie, avec les chœurs de la collégiale de Notre-Dame. Lang récidive sur une autre antenne. Nouveau courroux de l'Éminence qui tonne, menace, foudroie. Je dois user de tous mes vieux trucs de diplomate pour calmer le jeu. Je passe un savon à Lang.

Dès que j'ai un moment, je reviens m'asseoir près du corps. Je m'y retrouve avec Robert Badinter. Nous sommes l'un en face de l'autre de part et d'autre de la couche mortuaire. Nous regardons sans parler. Un mouvement de tête, une mine, un regard en disent plus long qu'un discours d'avocat. Nous sommes tirés de notre méditation par un gendarme de la garde personnelle qui vient passer l'aspirateur sur la moquette. Tout est blanc crème, du sol au plafond. Une boule noire déboule. C'est Baltique qui cherche son maître. Dans le bureau d'à côté, la messagerie du téléphone fait entendre sa *Petite musique de nuit*. La mort n'a pas étranglé Mozart.

Anne Pingeot arrive alors que je regarde dans le couloir les photos choisies par François Mitterrand: un beau portrait de profil avec Gorbatchev. Une photo avec Margaret Thatcher et les Américains. Une promenade avec la reine d'Angleterre. Et, bien sûr, la grande parade du 10 mai 1981 devant le Panthéon. Sans mot dire, Anne me prend la main et montre du doigt ma silhouette en blanc parmi tous ces hommes en noir. Baltique vient nous flairer, visiblement consciente qu'il se passe quelque chose d'anormal. Un jour qu'il témoignait son affection à son maître, celui-ci m'avait dit: « Ça, voyez-vous, Roland, c'est vraiment la fidélité. »

Nous commençons à être agacés par les prestations médiatiques des m'as-tu-vu. Ils bondissent dès que se présente un micro ou une caméra. Outre Lang, la palme revient à Attali et Séguéla. Je décide de veiller le défunt une partie de la nuit. Je serai ainsi seul avec lui de 23 heures à 5 heures du matin.

À ce moment paraît le docteur Tarot qui me conseille d'aller dormir un peu. Je m'assure qu'il y aura bien quelqu'un auprès de lui. « Les fidèles gendarmes se relayeront », me dit-il. Avant de quitter la chambre, je donne un dernier coup d'œil. Dans la bibliothèque qui fait face au lit, je détaille les photos posées dans des cadres. Jean Chevrier, propriétaire du Vieux Morvan, cette auberge qui était son QG à Château-Chinon. Son père, sa mère, son chien. Un jeune garçon arborant fièrement le tee-shirt « Génération Mitterrand ». Une photo avec Helmut Kohl. Dans la pièce contiguë, deux portraits de lui, dont celui de Zoran Muzic, son ami de Venise. Et des livres partout: Cicéron, Stendhal, Aragon.

10 janvier 1996

Je ne vous oublierai pas

Nous poursuivons les préparatifs. Je m'occupe de «récupérer» Barbara Hendricks qui, dès sa descente d'avion, nous a rejoint avenue Frédéric-Le-Play vers midi et demi. Nous nous mettons d'accord sur le programme. Je me rends ensuite à l'Opéra-Bastille, où je retrouve Jean Glavany. Nous nous enfermons dans les sous-sols du bâtiment, où un studio nous permet d'écouter des enregistrements de discours de François Mitterrand. J'ai arrêté mon choix sur le beau texte des vœux du 31 décembre 1994: «Je crois aux forces de l'esprit et je ne vous quitterai pas.» Ce passage est tout à fait de circonstance, mais l'extrait de cinquante-huit secondes est trop court. Les admirateurs de l'ancien président risquent d'être déçus. Il nous faut trouver d'autres enregistrements. Notre choix se porte sur ses adieux au Parti socialiste après avoir quitté l'Élysée. Nous l'avons bien sur nos tablettes. Nous l'écoutons. Ça va. Nous cherchons en vain un enregistrement du discours de clôture de la campagne prononcé à Toulouse en 1988. Mitterrand y est au sommet de son art devant un parterre de personnalités et de stars, Barbara, Charles Trenet, Jacques Higelin, France Gall… Il faut que la bobine arrive à temps par l'avion de demain.

Je cours à Notre-Dame chercher Barbara qui a répété avec les chœurs. Nous revenons à grand-peine vers la Bastille. Ma voiture doit fendre une foule compacte de parapluies. L'instant suprême est émouvant. Les gens écoutent, silencieux et recueillis. Hissée sur les marches de l'opéra Bastille, Barbara Hendricks est sublime. Quand l'hommage est terminé, la foule reste figée, comme pétrifiée. Comment signifier que c'est fini? Je demande au journaliste Claude Sérillon, qui est en retrait avec nous sur le podium, d'annoncer que l'hommage est terminé. L'assistance ne bouge pas. Certains déposent encore des roses au pied du portrait géant de Mitterrand. Des registres sont ouverts partout à la signature. Dans la foule, j'aperçois une frêle silhouette anonyme. Mazarine. Je pense qu'elle va prendre froid.

11 janvier 1996

Obsèques de François Mitterrand. « Une messe est possible... » avait-il écrit d'une main tremblante dans ses dernières volontés rédigées quelques jours avant le saut dans l'inconnu. Il y aura deux cérémonies religieuses... L'officielle en la cathédrale Notre-Dame de Paris et la familiale à Jarnac, sa ville natale.

J'arrive à 7 heures avenue Frédéric-Le-Play pour la levée du corps, prévue une demi-heure plus tard. Je m'incline devant le cercueil. Le docteur Tarot se présente, suivi par les hommes en noir et le commissaire de police qui doit sceller le couvercle. Le cercueil recouvert du drapeau tricolore est alors pris en charge par huit élèves officiers des grandes écoles.

Malgré le froid et la pluie, nombreux sont ceux qui se sont levés avant le jour pour regarder le cortège. Je prends place avec la famille dans l'un des autobus blancs qui suivent le fourgon mortuaire : Danielle et ses deux fils, Anne Pingeot et Mazarine. Direction l'aérodrome militaire de Villacoublay. Au son de la *Marche funèbre* de Chopin, un détachement des trois armes rend les honneurs militaires. Le cercueil est alors hissé dans un Transall. Y prennent place aussi les enfants du président, le docteur Tarot et son fidèle directeur de cabinet, Pierre Chassigneux, qui a organisé la cérémonie en liaison avec les services de l'État. Sans oublier le tout aussi fidèle labrador Baltique.

Marche funèbre

Le chef du protocole nous conduit vers le Falcon 900 que j'ai si souvent emprunté. Je reconnais d'ailleurs le chef de cabine, qui me tombe dans les bras, en pleurs. Nous prenons place autour de la table du carré central fort étroit : Danielle et Anne s'assoient face à face près des hublots, Robert Badinter à côté d'Anne et moi au côté de Danielle. Les choses se sont passées d'évidence. Les Badinter ont toujours été proches d'Anne et de Mazarine, avec lesquelles ils partaient en week-end ou en vacances. Moi, je suis plutôt resté « fidèle » à Danielle, parce que je la connais depuis 1956. Je n'ai jamais vécu une situation aussi embarrassante, une ambiance aussi pesante. Les deux femmes sont ainsi confrontées sans pouvoir se parler. Elles regardent les nuages. À quoi peuvent-elles penser ? À l'homme qu'elles ont aimé chacune à sa façon. Elles ont du chagrin. Avec son bibi à voilette, Anne fait la plus veuve des deux. Danielle sommeille. Robert et moi échangeons quelques banalités.

Nous nous posons sur la base aérienne de Cognac. Le cercueil, toujours drapé de tricolore, est descendu de l'avion-cargo au son de la *Marche funèbre* de Beethoven. Les honneurs militaires sont rendus au président, mais aussi à l'ancien chef de l'État. Un escadron de gendarmes motorisés ouvre la voie. Dans des voitures, nous suivons le fourgon vers la place du Château, où les habitants se sont massés. Une dernière fois, François Mitterrand a traversé sa chère Charente. Le ciel triste verse une larme. Les parapluies s'ouvrent dans l'assistance. Au premier rang, les deux femmes et les enfants sont rassemblés par la mort. Touchante image. Roger Hanin a le col drapé dans un cachemire bleu. Robert Mitterrand arbore un feutre noir tel que les affectionnait son frère.

En lévitation

La dépouille mortelle a été déposée sur un socle en verre transparent qui avait été utilisé lors de la cérémonie du Panthéon en l'honneur de Marie Curie. Un symbole. L'impression est étrange. Le cercueil semble en lévitation, sous le tissu tricolore, comme le ferait un tour de magie. Aux derniers accords de la *Sonnerie aux morts*, comme si l'illusion ne suffisait pas, le drapeau se gonfle sous la bourrasque, prend son envol pour retomber à terre. Quel signe faut-il y voir ? Curieusement, les croque-morts ne bougent pas. Au bout de deux minutes, Danielle et Jean-Christophe le ramassent à terre et le reposent sur la boîte de bois vernis toute simple. Pas d'essences précieuses ni de bronze.

En fait, le vent d'ouest n'a fait qu'anticiper. Il avait été prévu que le corps rentrerait ainsi sous la voûte de l'église Saint-Pierre, dépouillé de tous les honneurs. En haut des marches, le curé de la paroisse accueille la famille, comme c'est la tradition en terre catholique. L'évêque d'Angoulême est là aussi, ainsi qu'un père missionnaire que le défunt avait l'habitude de fréquenter dans une abbaye voisine. Ils ont tous trois revêtu la chasuble violette du deuil.

François Mitterrand a toujours eu un tropisme pour les vrais religieux. S'il critiquait volontiers l'Église en tant qu'institution, il avait un profond respect pour les prêtres, et plus encore pour les moines et tous ceux qui consacrent leur vie aux autres.

11 h 30. Autre symbole fort : la messe est dite là où le défunt a été baptisé et où ses parents se sont mariés. Le seul à ne pas entrer dans ce temple-là, c'est Michel Charasse, qui tient Baltique en laisse à l'extérieur. Vieux réflexe anticlérical, comme le faisait le père Herriot, maire de Lyon pendant quarante-sept ans, qui faisait apporter son fauteuil sur le parvis de la cathédrale pour ne pas assister aux funérailles, tout en s'associant à l'hommage funèbre.

12 h 30. Aux accents de l'*Hymne à la joie* de Beethoven, le cortège accompagne le défunt vers sa dernière demeure en faisant halte devant la première. Au 22, rue Abel-Guy, c'est là que le petit François a vécu ses premières années. Il m'avait bien des fois raconté son enfance charentaise peuplée de solitude, de balades et de rêveries. Nous nous étions retrouvés là lors des obsèques de son frère Philippe. Il m'avait montré à l'étage la chambre où il était né, le 26 octobre 1916, dans une famille de vinaigriers. Sa mère adorée était morte au rez-de-chaussée. Il m'avait indiqué, non sans émotion, une petite croix qui avait été gravée en souvenir dans la boiserie de l'un des murs de la pièce où elle s'est éteinte.

13 heures. Au cimetière des Grands-Maisons ne restent que la famille et les intimes. Le cercueil est glissé dans le caveau. Il occupera la dernière place auprès de ses parents et de ses grands-parents maternels. Un autre symbole. Danielle serre dans ses bras Mazarine en un beau geste maternel. On dépose un bouquet d'iris jaune et violet ainsi qu'une couronne de roses thé, conformément à ses vœux.

Au même moment à Notre-Dame de Paris a eu lieu la messe des funérailles officielles célébrée par le cardinal Jean-Marie Lustiger, en présence d'une foule de chefs d'État et de gouvernement émus parfois aux larmes.

16 janvier 1996

Le docteur Gubler publie *Le Grand Secret*. Il n'est pas loyal, si peu de temps après la mort de son patient, de trahir le secret médical. La confiance entre un patient et son médecin est de même nature que celle qui lie à son avocat : elle ne peut être trahie. Les autres médecins de Mitterrand n'ont pas eu cette indélicatesse. Danielle et les trois enfants demandent sa saisie.

25 janvier 1996

Photos volées

Paris Match publie deux photos du « gisant » François Mitterrand sur son lit de mort. Je comprends l'émoi de la famille, car il s'agit de photos « volées ». Bien sûr, on y retrouve la tradition du XIXe siècle, où Nadar photographiait Hugo et Man Ray, Proust, sur leur lit de mort. Mais, une fois encore, cette histoire me renvoie à mon père. Je possède une photo du cadavre de Georges Dumas exhumé six mois après son exécution, afin de lui donner une sépulture décente. J'étais là pour reconnaître le corps. Des photos de médecine légale avaient été faites pour faciliter l'identification des vingt-six martyrs. Je n'ai jamais montré cette image à quiconque... Les deux sortes de clichés ne sont pas de même nature.

12 au 14 février 1996

Je suis invité à Belgrade par mon homologue Bogdan Trifunovic, président de la Cour constitutionnelle fédérale de Yougoslavie. Je suis reçu par Zoran Lilic, président de la République fédérale de Yougoslavie, et par Slobodan Milosevic, président de la Serbie. Au parc de Kalemegdan, je vais m'incliner devant le monument à l'amitié franco-serbe, celui-là même qui avait été outragé. Tout a été restauré. À mon retour à Paris, je rends compte au président Chirac.

11 avril 1996

Réunion des membres de la Fondation François-Mitterrand pour composer le bureau. Selon le vœu de François Mitterrand, je suis élu président.

1997

8 janvier 1997
Un président « incapable » ?

Voilà un an que François Mitterrand nous a quittés. Comme il l'avait promis, il ne nous a pas abandonnés. Il n'est guère de jour où je ne pense à lui. Les langues commencent à se délier, à se poser la question de savoir si, dans la dernière année de son mandat, François Mitterrand était capable ou non d'exercer ses fonctions.

Peu de temps après son décès, j'avais été contacté par le président de l'Académie de médecine qui m'avait déclaré : « Il n'est pas possible de laisser l'État ainsi quasi vacant. Il en va de la sûreté de nos institutions. Le texte de la Constitution n'est pas assez précis. » Mon interlocuteur voulait clairement que le président du Conseil constitutionnel prît lui-même l'initiative après avis. J'ai commencé à réfléchir à ce que pourrait être l'intervention d'un comité scientifique et juridique statuant sur la santé physique et mentale d'un chef de l'État prétendu « incapable », dans le sens juridique du terme. Mais je retombais toujours dans la même ornière : qui devait avoir l'initiative de cette procédure ? La réflexion a tourné court.

Une chose ne laisse pas de me surprendre. Au Conseil constitutionnel, personne n'a jamais abordé – ou osé aborder – la question de l'empêchement du chef de l'État. C'est pourtant un point essentiel de la marche de nos institutions. Certes, la Constitution de la Ve République, dans son article 7, prévoit cet empêchement constaté par le Conseil constitutionnel après qu'il a été saisi par le Premier ministre, le président d'une des assemblées, 60 députés ou sénateurs, ou 500 personnes ayant qualité pour présenter un candidat. Mais ils ne sont pas médecins et sont dans l'ignorance du dossier médical. Et le seul (médecin) qui est bien informé du dossier est précisément celui qui ne peut rien en dire, car il est tenu au secret médical ! On tourne en rond...

Bien des cas, encore inconnus, peuvent se présenter : démence, disparition, trahison, inculpation, séquestration, victime de blessures graves ? Le plus probable étant la maladie incurable, comme ce fut le cas pour les présidents Pompidou et Mitterrand. Si le texte est clair, il est difficile de savoir si un homme, certes diminué par la maladie, est apte ou non à exercer ses fonctions. Nous connaissons tous des personnes malades qui continuent à exercer leur métier avec détermination.

Quelle est l'activité « minimale » d'un président de la République française ? J'avoue ne pas savoir répondre à cette question. La situation serait peut-être différente en cas de cohabitation avec un Premier ministre d'opposition candidat à la fonction, même si les ambitieux et les plus acharnés ne se recrutent pas forcément dans le camp adverse... Je dois ainsi reconnaître que ni le Premier ministre Balladur ni le candidat Chirac ne se sont aventurés sur le terrain de l'empêchement du président, le premier s'étant d'ailleurs fort bien accommodé de la situation...

Je confesse enfin que je n'ai pas eu le courage de mettre ce débat sur la table du Conseil constitutionnel. Rien dans la loi ne m'autorisait à agir ainsi. Je l'aurais ressenti comme une usurpation de droit, voire une trahison. Juridiquement, je n'avais pas les outils. Et moralement, n'en parlons pas.

Quelquefois, je me disais : « C'est l'histoire qui t'a placé à ce poste [de président du Conseil constitutionnel], tu dois agir. » Mais aussitôt, la réalité reprenait le dessus. Si je voyais régulièrement le président, je ne savais pas quel était son état, même s'il ne parlait que de sa maladie et si les affaires de l'État passaient parfois au second plan :

« Vous avez vu Genscher, rien à signaler ?

– Tout va bien.

– Bon. »

Il était là. Il était vivant. Il représentait la légitimité. Son intelligence était intacte. Dans son entourage ou au gouvernement, personne ne se croyait autorisé à se poser la question : ni le secrétaire général de l'Élysée, ni le Premier ministre, ni le ministre de l'Intérieur. Peut-être que l'un d'eux aurait dû oser me dire : « Écoute, mon p'tit vieux, penses-tu faire quelque chose ? » Cela aurait pu m'inciter à « bouger ».

12 janvier 1997

Mort de Jean-Edern Hallier après une chute de vélo à Deauville. Le pamphlétaire n'aura survécu qu'un an à son « héros », comme il aimait à l'appeler. Sans doute était-ce le seul point sur lequel l'écrivain avait raison : François Mitterrand était un personnage romanesque. Au moins, une chose est sûre et décevra les amateurs de roman : Mitterrand n'aura pas pu faire assassiner le trublion ! Pourtant, celui-ci avait écrit dans son fameux « pamphlet » paru l'an dernier : « Hélas, Mitterrand ne m'a pas fait assassiner. À sa place, je n'aurais pas hésité. On dira qu'il m'a épargné par humanisme [...]. »

21 janvier 1997

Trois nouvelles lettres anonymes à Mme Joly. Je ne peux pas me faire à cette délation orchestrée. Cela fait remonter en moi l'horreur de la guerre et de son avatar, la dénonciation du voisin innocent parce qu'il est résistant ou juif. J'ai connu des magistrats instructeurs dignes de ce nom qui jetaient ostensiblement à la corbeille ces immondes torchons. Autres temps, autres mœurs.

5 février 1997

J'apprends avec une infinie tristesse le décès de ma bonne amie Pamela Harriman. Elle a été prise d'un malaise à la piscine du Ritz, où nous nous retrouvions de temps en temps. On ne peut pas dire que nos rendez-vous aient été discrets. Elle est l'ambassadrice des États-Unis. Je suis le ministre des Affaires étrangères. Nos agents de sécurité, et peut-être même nos services secrets respectifs, nous suivent à la trace. Nous n'en avons cure. La nouvelle est remontée bien sûr jusqu'au président qui, dans ces cas-là, manie le fleuret moucheté.

Mitterrand, avec gourmandise : « Roland, "on" me dit que vous voyez souvent l'ambassadrice des États-Unis d'Amérique. » [Il ne disait jamais « les États-Unis » tout court.]

Moi, pontifiant : « Monsieur le président, les États-Unis sont nos alliés… »

Lui, goguenard : « Oui, oui, vous avez raison. »

Moi, faux-cul : « Le ministre des Affaires étrangères n'est-il pas en droit de rencontrer régulièrement le représentant de ce pays ami ? »

Lui, coupant court à la blague : « Oui, bon, ça va, ça va… »

Rendez-vous décoiffant

Lady Harriman était une fort belle femme au brushing toujours impeccable, même si nos rendez-vous à la piscine étaient parfois « décoiffants ». Sa vie a été un roman. Née Pamela Digby, dans l'aristocratie anglaise, elle avait épousé, au début de la guerre, Randolph, le fils de Winston Churchill, qui menait une vie dissolue. En l'absence de son mari qui avait rejoint son régiment au Caire, elle s'était installée au 10 Downing Street, où elle tenait la maison de son beau-père. Elle avait une foule d'anecdotes à raconter sur cette époque dramatique de la guerre et sur la personnalité hors du commun du Premier ministre au cigare, lui aussi volontiers intempérant.

Elle se lie alors avec W. Averell Harriman, le richissime héritier des chemins de fer de l'Union Pacific, l'ambassadeur des États-Unis à Londres, bientôt nommé en poste à Moscou, où elle ne l'accompagne pas. Elle a une aventure avec un journaliste de la radio américaine CBS, Edward Murrow, qui l'emmène à New York. Après la guerre, elle divorce de Randolph, dont elle a eu un fils qui porte le même prénom que son grand-père, Winston.

Elle rompt avec Murrow et s'installe en France où elle est la maîtresse du prince Ali Khan qui la quitte pour Rita Hayworth… Flatteur d'avoir été en concurrence avec l'icône érotique absolue de *Gilda*. À Paris, elle rencontre, en 1948, l'héritier de l'empire Fiat, Gianni Agnelli. Espérant se marier avec lui, elle se convertit au catholicisme et obtient l'annulation, par le Vatican, de son mariage avec Randolph Churchill. Le mariage ne sera pas célébré, Agnelli ayant entre-temps rencontré une princesse italienne qu'il épouse. Elle fait alors la connaissance du baron Élie de Rothschild qui l'initie à la connaissance des grands vins. Pendant cette courte relation, elle aura une «affaire» avec l'écrivain Maurice Druon et l'armateur grec Stavros Niarchos. En 1960, elle s'installe aux États-Unis. Elle a 40 ans. Elle devient la cinquième épouse du célèbre agent artistique et producteur Leland Hayward, qui décède en 1971. Elle retrouve alors son amant d'autrefois, W. Averell Harriman, qu'elle épouse la même année, après avoir pris la nationalité américaine.

Mon «coup» journalistique

Par ces hasards de l'histoire qui m'a si souvent fait des clins d'œil, ma rencontre avec W. Averell Harriman avait été l'un de mes meilleurs «coups» journalistiques. Dans les années 1950, je travaillais à l'Agefi pour payer mes études d'avocat. Cette agence était tenue par André Bollack, un éditeur juif qui m'avait à la bonne. Il m'envoie un jour interviewer le gouverneur de l'État de New York de passage à Paris, car il était le candidat démocrate à l'élection présidentielle de 1953 contre Eisenhower. «Mais je doute que vous arriviez à le coincer», m'affirma Bollack, piquant au vif ma susceptibilité. Je finis par obtenir son emploi du temps à Paris et l'attends dans l'immeuble où il avait une réunion. Il arrive en coup de vent. Je le «coince» dans l'ascenseur malgré la réprobation de son *staff*. Il me donne rendez-vous et une longue interview qui fit l'admiration de mon patron!

Pamela fut bien amusée quand je lui contai l'anecdote au cours d'un déjeuner à l'ambassade des États-Unis, où Bill Clinton l'avait nommée. Il la remerciait ainsi de la contribution essentielle apportée par elle à la campagne du Parti démocrate qui l'avait conduit à la Maison-Blanche. Elle me recevait dans son appartement privé rempli de meubles d'époque et de tableaux inouïs de sa collection personnelle: Van Gogh, Renoir, Matisse, Cézanne ou Picasso. J'ai toujours été attiré par les femmes qui aiment la peinture!

Nos «belles rencontres» avaient donc également lieu à la piscine du Ritz, somptueux bassin Art déco dont le ciel peint était soutenu par des colonnes dans le goût de l'antique. Après quelques longueurs, nous rapprochions les points de vue entre nos deux pays. Nous parlions en réalité peu politique, mais plutôt

Histoire avec un grand « H » ou histoires avec un petit « s ». Elle avait « connu » le monde entier, ce qui lui valait le surnom de « la plus grande courtisane du siècle », réputation bien usurpée, de mon point de vue. On ne prête qu'aux riches ! Elle l'était vraiment, car elle avait hérité la fortune de son vieux mari, ce qui lui valait la vindicte des fils du défunt. À travers moi, elle voulait avoir un contact direct avec le président de la République française. Elle m'avait appris en effet que l'ambassadeur des États-Unis ne pouvait rencontrer officiellement le chef de l'État où il était en poste sans la présence d'un tiers de son ambassade. Ils étaient obsédés par l'espionnage et le « retournement » des diplomates et des agents.

À ceux qui pourraient penser qu'elle me manipulait, je répondrai, cavalièrement : « Elle aurait dû se lever de bonne heure ! » Il ne fallait pas compter sur moi pour révéler aux Américains la teneur des délibérations du Conseil des ministres. C'était une relation « personnelle » d'autant plus justifiée que la situation entre nos deux pays était compliquée… Jacques Chirac lui décernera, à titre posthume, la grand-croix de la Légion d'honneur, et Bill Clinton fera affréter *Air Force One* pour rapatrier son corps aux États-Unis. En bavardant avec Pamela, on avait l'impression de tutoyer l'histoire.

Toute l'ambiguïté des relations diplomatiques vient de ce qu'il faut aller « au contact », sans pour autant perdre son âme. Les exemples de dérapages sont légion. Me revient en mémoire l'« aventure » du pauvre Maurice Dejean, ambassadeur de France à Moscou, piégé par le KGB. Séduit par une « hirondelle », il avait été victime d'un chantage, en 1964 : ou vous nous livrez des informations, ou nous révélons la liaison. Convoqué à l'Élysée par un Général goguenard, le Compagnon s'était vu crucifié par un : « Alors, Dejean, on baise, maintenant ? » Il congédia l'Excellence, sans autre forme de procès et sans lui serrer la main.

Dans *C'était de Gaulle*, Alain Peyrefitte raconta comment le Général lui avait confié l'histoire, à la hussarde : « Encore une histoire lamentable. Ce pauvre Dejean a trouvé le moyen de se faire faire aux pattes. Les Soviets l'ont fait tomber dans les griffes d'une bonne femme. Un peu plus, et les collections de nos télégrammes passaient au Kremlin. » On croit entendre la voix du Grand Charles !

Sans date

La canne de Baker

Escale à Paris du secrétaire d'État James Baker. Il a été chargé par l'ONU d'organiser un plan de paix par autodétermination au Sahara occidental. Quand James Baker passe par Paris, il ne manque jamais de me téléphoner. Il tenait absolument à m'inviter à déjeuner chez Lipp, un *must* à ses yeux. Il m'a même offert un cadeau, une canne. Je ne sais pas si je dois y voir malice ! Il était accompagné de sa femme, Susan, avec laquelle il a eu huit enfants. Notre conversation fut très détendue. Finis, nos affrontements passés ! En bon militaire, il n'avait de respect que pour ceux qui lui résistaient. Il me rappela une scène que j'avais oubliée. Lors d'une réunion de l'OTAN à Bruxelles où il m'avait particulièrement irrité, j'avais quitté la séance et demandé à mon ambassadeur de me remplacer. Ce dernier était un « dur » qui n'aimait pas les Américains. Baker m'avait fait dire par le chef de sa délégation qu'il n'avait pas apprécié ma désinvolture. Craignant les réprimandes du président de la République, j'avais essayé de recoller les morceaux en le raccompagnant, une fois encore, à son avion… En nous serrant la main sur le trottoir du boulevard Saint-Germain, il me glisse à l'oreille : « Tu sais, j'ai une bonne opinion de toi. »

1er juin 1997

Arnaud Montebourg est élu député de Saône-et-Loire. J'avais reçu à déjeuner au Conseil constitutionnel ce jeune homme plein d'ambition. Je lui avais ouvert mon cœur, mon carnet d'adresses et lui avais fait des recommandations auprès d'amis politiques.

[Ce Saint-Just sera l'un des plus acharnés contre moi au moment de l'affaire Elf. En 2002, j'ai apporté mon soutien à son adversaire, maître Francis Szpiner, à qui je trouve des qualités. Cela me vaudra les vifs reproches du Parti socialiste. Je n'en ai que faire.

J'essayais d'être éclectique dans mes invitations au Conseil constitutionnel. C'est ainsi que j'ai reçu le grand rabbin, ou le recteur de la Grande Mosquée. L'archevêque de Paris, soucieux de la séparation des pouvoirs, ne venait pas au Palais-Royal. Mais monseigneur Lustiger m'invitait à l'archevêché. Je l'y ai rencontré plusieurs fois quand il s'est agi pour lui d'aller en visite pastorale dans les communautés catholiques des anciennes républiques soviétiques en Kirghizie et au Kazakhstan. Les discussions avec lui étaient d'une extrême profondeur. Il était la synthèse même entre judaïsme et catholicisme. Né juif, il s'était converti mais restait fier de ses racines. Pour lui, il n'y avait pas d'antinomisme entre les deux, mais au contraire un « accomplissement ». « Un juif converti est un juif accompli », disait-il.

Je faisais en sorte que le Conseil constitutionnel fût propice à la réflexion et au débat d'idées. Rien à voir avec la frénésie du grand jeu politico-médiatique du Quai d'Orsay.]

2 juin 1997

Lionel Jospin devient Premier ministre de Jacques Chirac, à l'issue des législatives remportées par la gauche. Il me téléphone pour me demander de laisser « filer » le secrétaire général du Conseil constitutionnel, Olivier Schrameck. Il veut en faire son directeur de cabinet à Matignon. C'est un champion du droit administratif qui m'a été de bon conseil. L'homme est fort urbain mais énergique. Son grand-père Abraham avait été ministre de l'Intérieur à l'époque du Cartel des gauches. Il fit partie des parlementaires qui, en juillet 1940, votèrent les pleins pouvoirs au maréchal Pétain.

Tous ces hauts fonctionnaires issus du Conseil d'État ont un pouvoir immense. Ils considèrent d'ailleurs que nous les « politiques », surtout ceux venant du privé, qui n'avons pas fait l'ENA, ne sommes guère « légitimes » dans la conduite des affaires de l'État. Ils constituent une « caste » qui sait jouer la carte de la solidarité au-delà des clivages partisans. Ils peuvent généralement servir aussi bien un camp que l'autre.

3 juin 1997

Le voleur de pistolets

J'ai toujours aimé passionnément la littérature russe et, en particulier, Alexandre Pouchkine. J'ai même, dans ma jeunesse, commis des traductions de quelques-uns de ses poèmes. La préparation de l'exposition « Pouchkine chez Balzac », dans la maison de l'écrivain, à Passy, me rappelle une histoire rocambolesque qui faillit finir en incident diplomatique entre Paris et Moscou. Il faut savoir que le poète, mort en duel à Saint-Pétersbourg en 1837, fait l'objet d'un culte exalté en Russie. Et son adversaire, l'officier français Georges d'Anthès, est honni comme un « assassin ». Quand Mikhaïl Gorbatchev vint en France, en 1989, je fus chargé d'explorer différentes pistes pour lui offrir un cadeau officiel, obligation protocolaire de toute visite d'État. C'est un exercice difficile, car le présent n'est pas qu'un objet de plus ou moins bon goût. Il doit être symbolique, signifiant, et, si possible, d'un prix raisonnable.

Je me suis rapproché de Raïssa Gorbatcheva pour savoir le cadeau qui serait le plus apprécié par son époux. Elle promit de me rappeler, ce qu'elle fit quelques jours plus tard : « Le cadeau qui ferait le plus plaisir à mon mari serait la restitution des pistolets du duel de Pouchkine. » Je demandai à mon collègue Jack Lang de faire une enquête pour savoir où ils se trouvaient, car personne ne s'intéressait, en France, à cette paire de pistolets. Le ministère de la Culture finit par les localiser au musée d'Amboise, auquel un collectionneur local les avait légués.

Bernard Debré, qui a succédé à son père, Michel, à la tête de la commune, me réveille à 7 heures du matin et gueule dans le combiné :

« Dumas, c'est un vol insupportable dont vous êtes complice. Je vais interpeller le gouvernement à l'Assemblée.

– Interpellez qui vous voudrez, je n'y suis pour rien.

– Ce n'est pas vous que je vise, c'est Mitterrand ! »

Pourtant, les deux hommes se connaissent bien. Debré est, avec Ady Steg, l'un de ses urologues. Pourquoi le professeur Debré est-il furibard dès potron-minet ? Tout simplement parce que, en vertu de son pouvoir « régalien », le président de la République a fait saisir au musée les pistolets par les gendarmes…

Las de ce que Lang et ses services lanternent, car ils n'étaient pas pressés de s'approprier des objets appartenant à une collection publique, Mitterrand avait convoqué le ministre et l'avait vertement réprimandé. La remise des cadeaux devait avoir lieu dans l'après-midi, et les pistolets n'étaient toujours pas là. Or, François Mitterrand tenait beaucoup à faire plaisir au Soviétique qui était en train de devenir un allié de choix dans sa politique étrangère.

« Je veux ces pistolets à midi », avait tranché le monarque devant un Lang dépité.

Comme toujours dans ces cas-là, la chaîne de commandement se mit en branle. Le ministre téléphona au préfet qui requit le commandant de gendarmerie, lequel ordonna à deux officiers d'aller « saisir » les précieux objets. Un motard les achemina à toute allure d'Amboise à Paris…

À l'hôtel de Marigny, où résident les Gorbatchev, François Mitterrand remet en grande pompe les pistolets à un Gorbatchev ravi, et à sa femme radieuse. Je lui ai préparé une note sur l'histoire de ces pistolets qui, après avoir tué l'une des icônes de la littérature russe, s'étaient retrouvés oubliés au musée de la Poste d'Amboise ! Pouchkine avait été tué par un jeune officier français, Georges d'Anthès, qu'il avait provoqué car il courtisait sa femme. Les pistolets de Pouchkine partent donc pour la Russie – on ne parle pas là d'URSS – afin d'être présentés au musée de l'Ermitage. Tout aurait pu en rester là.

Mais une polémique s'est fait jour à l'issue de la visite de Mikhaïl Gorbatchev. Les armes ont-elles été prêtées ou offertes au musée de l'Ermitage ? À l'Assemblée, le ministre de la Culture « rame » pour donner une réponse plausible au parlementaire qui l'a interpellé. Il parle de prêt « par nature temporaire et révisable », assure qu'ils ont déjà été prêtés pour d'autres expositions, promet de déposer au musée des œuvres majeures pour « en renforcer de façon significative les collections ». La situation est intenable « juridiquement », car le président de la République a évidemment outrepassé ses droits. J'essaie de le lui faire comprendre, car c'est toujours sur moi que retombe ce genre d'histoires. Il s'obstine :

« Un cadeau est un cadeau…

– On ne peut offrir quelque chose qui ne nous appartient pas…

– Eh bien, débrouillez-vous… »

Pour sortir de l'impasse, je lui propose de faire faire une copie des pistolets. Il accepte. Nous ne manquons pas, à l'Élysée, de spécialistes des armes anciennes qui connaissent les meilleurs armuriers de France. La copie a été si bien faite que l'on ne sait plus où se trouve l'original, même si j'ai ma petite idée.

12 juin 1997

De « faux vrais » pistolets

À l'occasion de l'exposition « Pouchkine chez Balzac », que je dois inaugurer, les pistolets sont rentrés en France. C'est l'astuce qui a été trouvée pour pouvoir les faire revenir. La veille de l'inauguration, je me rends dans la charmante maison de l'écrivain. Je demande à voir les fameux pistolets. La conservatrice, d'origine russe, me les apporte et, en me remettant les reliques, se met à pleurer. Je la console et l'embrasse. Je comprends alors la charge émotionnelle que représente le poète pour l'âme russe.

Les pistolets sont disposés tête-bêche dans un étui tapissé de feutre vert, où les armes prennent place dans des alvéoles, ainsi qu'une poire à poudre. Également à l'intérieur : une dizaine de balles rondes de la grosseur d'une noisette. Un carton très ancien collé à même la boîte indique que ces pistolets appartenaient au baron E. de Barante qui les prêta à son ami M. d'Archias lors du duel de Pouchkine avec M. d'Antès. D'Archias était l'un des témoins.

31 août 1997

Décès de la princesse de Galles à Paris. Comme à tous les Français, sa tragique disparition me fait un choc. Je me souviens de sa radieuse présence au dîner d'État sur le *Britannia* ancré à Bordeaux. J'apprends que le yacht royal va être désarmé à la fin de l'année. Les icônes de la monarchie britannique foutent le camp.

Septembre 1997

Dans son arrêt, la cour d'appel de Paris confirme l'absence de légitimité de Mary-Lisa Palmer à exercer un droit moral sur l'œuvre de Giacometti.

25 septembre 1997

Visite de Jacques Chirac, président de la République, à Moscou à l'invitation de son homologue Boris Eltsine. Je ne sais pas si ces deux-là seront de la trempe de Mitterrand et de Gorbatchev. La page est bien tournée.

6 et 7 novembre 1997

Christine Deviers-Joncour est convoquée à la brigade financière et entendue par le capitaine Jean-Marie Durand. Elle est mise en examen pour « abus de biens sociaux, recel et complicité ». Je suis en voyage en Asie. Quand j'apprends cette nouvelle, je reste muet pendant de longues minutes dans ma chambre d'hôtel. Je comprends à ce moment que le piège va aussi se refermer sur moi. J'entrevois la campagne médiatique qui va se déchaîner.

8 au 14 novembre 1997

Lettres à Eva

Des lettres anonymes arrivent encore sur le bureau du juge Eva Joly. C'est un vieux « truc » de magistrats qui font écrire ces torchons par des officines de la police. Ainsi délivre-t-on des commissions rogatoires.

14 au 18 novembre 1997

Septième sommet de la francophonie à Hanoi. Je ne reconnais pas la ville que j'ai quittée voilà trois ans. Finis, les vélos déglingués et les charrettes brinquebalantes. La ville est grouillante d'une foule colorée et armée de téléphones portables, parmi laquelle essaient de se faufiler des motos japonaises. Le pays explose de jeunesse.

J'assiste à la séance plénière d'ouverture. Chirac parle à sa manière et regagne sa place. Il bavarde, à droite et à gauche, en ayant l'air de faire des confidences à ses voisins. Gnassingbé Eyadema, président du Togo, avec des gestes de grand gorille, se passe la main dans les cheveux coupés ras. Le Gabonais Omar Bongo, sans bouger la tête, regarde de droite et de gauche derrière ses grandes lunettes Ray-Ban en or. Mathieu Kérékou, président du Bénin, prend la parole d'une voix de stentor.

J'apprends que le nouveau président du Vietnam, Tran Duc Luong, qui parle à peine le français, a répété son discours deux jours durant. Il est incompréhensible. Qu'est-ce que cela aurait été s'il n'avait pas répété ? Le président du Liban, Elias Hraoui, fait un discours politique. Il ne parle que de l'occupation israélienne dans son pays. Pas un mot sur l'occupation syrienne. Le Vietnam bouge, mais la francophonie reste telle qu'en elle-même.

24 novembre 1997

Perquisition chez Christine Deviers-Joncour. Madame Joly, qui fait maintenant dans les antiquités historiques depuis son intérêt subit pour l'hôtel Mozart, se passionne pour une pendule ancienne, achetée fort cher par Christine. Or un cartel, classé à l'inventaire des monuments historiques, a disparu au Quai d'Orsay dans le bureau de mon directeur de cabinet, Bernard Kessedjian. Ni une ni deux. La brillante émule d'Agatha Christie me désigne comme coupable. C'est évidemment moi qui suis parti avec la pendule sous le bras pour l'offrir à ma maîtresse... La juge procède à des interrogatoires parmi le petit personnel, convoque des experts, interroge l'inspecteur en chef des Monuments historiques. Ces derniers n'ont pas de mal à certifier que la pâle copie Napoléon III de la dame n'a rien à voir avec un cartel unique du XVIIIe siècle. Une personne de goût aurait d'ailleurs pu le constater au premier abord. L'affaire durera plus d'un an, jusqu'à ce que l'on découvre le fameux cartel en réparation chez l'horloger habituel du Quai...

2 décembre 1997

Eva Joly découvre les 45 millions de francs versés par Elf à Christine Deviers-Joncour. À aucun moment Édith Cresson ne rappelle que c'est elle, et elle seule, qui est à l'origine de la signature du juteux contrat avec les Taïwanais. C'est sa décision prépondérante qui a permis à l'accord d'être signé, avec la bénédiction du président François Mitterrand. Je dois me battre seul. Je suis obligé de révéler les conversations secrètes des différents comités interministériels qui ne sont pas couverts du sceau « confidentiel défense ».

1998

25 janvier 1998
Annus horribilis

Le Monde: « L'affaire d'État qui inquiète Roland Dumas ».

Je suis surpris et désemparé par la violence de l'attaque.

Le dessin de Sergueï est terrible. Journal de référence ou tabloïd?

27 janvier 1998

9 heures. Perquisition quai de Bourbon. Mesdames Joly et Vichnievsky sont accompagnées du capitaine Durand et de quelques hommes de la brigade financière. Ils sont surtout intéressés par mes documents bancaires et mes agendas que les deux femmes saisissent. Elles veulent absolument savoir d'où proviennent les sommes en liquide déposées sur mes comptes. Elles soupçonnent que ces sommes sont des « cadeaux » d'Elf *via* Christine. J'essaie de leur faire comprendre que, si effectivement j'avais eu en ma possession des sommes à l'origine douteuse, je ne serais pas allé les déposer benoîtement à l'agence du Crédit Lyonnais de la rue Maubert!

Je tente de détendre l'atmosphère en racontant que Camille Claudel, qui avait installé son atelier de sculpteur à ce même endroit, l'avait quitté, un matin de 1913, pour passer le restant de sa vie enfermée [en hôpital psychiatrique] et que je ne souhaitais pas subir le même sort. Mon humour tombe à plat.

La Norvégienne est comme l'omelette du même nom: glacée à l'intérieur.

Je demande l'autorisation d'aller aux toilettes. Un flic m'accompagne jusque dans ma salle de bains. L'humiliation est en marche... Quand nous sortons sur le quai de Bourbon, une meute de photographes et de cameramen attendent pour faire la photo. Il est évident qu'ils ont été prévenus par les juges. Madame Joly a décidé de se «payer» le cinquième personnage de la République, et elle entend le faire savoir.

15 heures. Perquisitions au Conseil constitutionnel, à Saint-Selve et chez Paulette Deviers, la mère de Christine.

28 janvier 1998

La presse se déchaîne. Les opposants s'en donnent à cœur joie, sauf Philippe Séguin. Le président du RPR reste assez mesuré: «S'il apparaissait que c'est à tort qu'un des plus hauts personnages de l'État ait été ainsi jeté aux chiens, ce serait gravissime.»

29 janvier 1998

Il n'est guère de jour où mon officier de sécurité ne m'apporte la presse en baissant la tête. À 2 heures, il est allé acheter *Le Monde*. Je vois à sa mine si le quotidien du soir a récidivé. Aujourd'hui, nouvel article de une: «Deux juges qui ébranlent le Conseil constitutionnel». Ma famille craque. Des amis commencent à se poser des questions. Je pense au mot de François Mitterrand: «Quand des amis doutent de vous, c'est qu'ils ne sont pas des amis.» Je suis effaré de toutes les fausses informations qui circulent dans Paris. C'est la curée.

30 janvier 1998

Je siège au Conseil constitutionnel pour valider des élections. Pendant ce temps, mon avocat, maître Charrière-Bournazel, publie un communiqué *via* l'AFP: «Mon client est las, douloureux et agacé. Il réclame toujours de pouvoir s'expliquer devant la Cour de justice de la République.» Mon conseil rappelle qu'aucune charge n'a été retenue contre moi et que j'apparais coupable en raison d'une «orchestration médiatique considérable».

1er février 1998

Coup de pied de l'âne

Coup de pied de l'âne Rocard dans *Le Journal du Dimanche*. Avec son élégance habituelle, il attaque l'ancien président pour m'atteindre : « Par une sorte d'esthétisme, François Mitterrand aimait à s'entourer de gens un peu "à la limite". » François Hollande, premier secrétaire du PS, appelle ses troupes à la retenue : « Personnaliser les choses à l'excès n'est jamais une bonne façon de procéder. Le problème est que Michel Rocard a toujours eu des relations conflictuelles avec François Mitterrand. » Il est clair que ces attaques sentent le règlement de comptes. Les propos de Michel Rocard sont dévastateurs, car ils accréditent la thèse selon laquelle Mitterrand était l'organisateur machiavélique de toutes sortes de prébendes. Les fantasmes des plus imaginatifs ou des acharnés n'ont plus qu'à faire le reste.

Mon ami Michel Charasse met les pieds dans le plat et vilipende « cette funeste loi d'amnistie qui a bénéficié à un certain nombre de gens que Michel Rocard connaissait ». Et avec ce sens de la formule qu'on lui connaît, il raille les « biens pensants » : « Michel Rocard est dans la situation du châtelain qui engrosse la bonne et qui se rend ensuite à une manifestation de curés pour la lapider. » Plus sérieusement, à propos des prétendues commissions que j'aurais touchées dans l'affaire des frégates, il énonce avec son bon sens auvergnat : « C'est quand même assez drôle de donner une commission à celui qui a tout fait pour s'opposer à la transaction commerciale avec Taïwan ! » Cet avis de l'ancien ministre du Budget, très au fait, ès qualités, de ce dossier, me va droit au cœur.

6 février 1998

Christine Deviers-Joncour est mise en examen. Les juges veulent la faire craquer avec un moyen éculé, le chantage à la libération. « Il suffit que vous déclariez sur procès-verbal que vous avez remis à Roland Dumas de l'argent venant soit d'Elf, soit de commissions perçues sur les ventes des frégates pour que s'ouvrent les portes de la prison. » Ce sont les méthodes de la Gestapo. Christine ne voit alors pas d'autre issue que le suicide.

9 février 1998

Cet homme est innocent

De sa prison de Fleury-Mérogis, Christine Deviers-Joncour lance un appel au secours. Dans une lettre à l'AFP qu'elle confie à son avocat, maître Philippe Lemaire, elle écrit ironiquement: «Merci à mes deux juges, E. Joly et L. Vichnievsky, qui ont exercé une pression quotidienne inhumaine sur ma personne depuis des mois. Elles ont voulu, par ce biais, atteindre et démolir Roland Dumas. Je jure devant Dieu et vous tous que cet homme n'a rien à se reprocher dans cette affaire. Je ne lui ai jamais remis d'argent, même pas un franc symbolique. Je désire que cet homme soit disculpé et réhabilité. Comme il se doit. Honte et malheur à ceux qui l'ont sali gratuitement et sans aucune preuve.»

Même s'il était l'œuvre d'une femme désespérée et décidée à mettre fin à ses jours, ce document à décharge aurait dû intriguer les enquêteurs. Mes accusatrices le considérèrent comme sans intérêt. Il a fallu toute l'habileté de mes avocats pour le faire inscrire au dossier.

Février 1998

Eva Joly et Laurence Vichnievsky vont en Suisse pour rencontrer le juge Perraudin, surnommé «Pol Pot» par mes collègues du barreau. L'austère magistrat helvétique, qui connaît tout des circuits suisses d'Elf, ne leur donne aucun os à ronger me concernant.

Je décide de demander audience au chef de l'État pour m'expliquer avec lui et lui rendre compte des derniers événements. Jacques Chirac me reçoit chaleureusement, comme à son habitude, mais il me parle en étant pénétré de l'importance de ses paroles, en tant que gardien suprême des institutions. Il insiste sur la présomption d'innocence qui vaut de la même manière pour tout citoyen ordinaire que pour le président du Conseil constitutionnel.

21 février 1998

Le Point titre «Une affaire en lacet». L'hebdomadaire se repaît d'une histoire de souliers commandés chez Berluti, le bottier de la rue Marbeuf. En effet, je dois porter une semelle réhaussée pour corriger une boiterie due à une arthrose de la hanche qui me fait souffrir. Je sais que je devrais me faire opérer. Ayant autre chose à faire que de passer chez le bottier, c'est Christine qui accepte d'être la commissionnaire. Il est convenu qu'elle la paie et que je la lui rembourse après. La facture se monte à 11 000 francs.

[Au moment où j'écrivais ces lignes, je ne me doutais pas que cette facture de 1 680 euros allait empoisonner ma vie pendant des années en amusant la presse et la galerie.]

Sans doute inspiré par Mme Joly, *Le Monde* s'intéresse maintenant à la Fondation Giacometti. Il y a sans doute de quoi noircir du papier sur cette affaire. On me fait reproche de la longueur des procédures, mais je n'y suis pour rien. Celle qui le regrette au premier chef n'a qu'à s'en prendre à elle-même. Les retards sont en effet imputables aux différents procès intentés par Mme Palmer, l'assistante d'Annette, pour se faire reconnaître détentrice du droit moral, ce que la justice lui a dénié. On ne peut pas dire non plus que le ministre de la Culture, Philippe Douste-Blazy, ait tout fait pour favoriser la création de cette fondation. Sa prudence peut d'ailleurs se comprendre après le ratage des fondations Arp et Vasarely.

7 mars 1998

Le Monde révèle que ma mise en examen interviendra le 18 mars prochain. Comment le quotidien peut-il le savoir alors que je n'en suis pas informé moi-même ? Madame Joly « travaille » avec la presse, c'est évident. Cette collusion me met en rage. Lettre de mes avocats au procureur Alexandre Benmakhlouf pour soulever l'incompétence des juges au profit de la Cour de justice de la République

8 mars 1998

Week-end agité dans la presse, chez les politiques et les juristes. On évoque ma démission. Il n'en est pas question.

9 mars 1998
Règlements de comptes *post mortem*

Je contre-attaque dans une longue interview donnée au *Figaro*. Face à l'acharnement du *Monde*, je trouve dans le quotidien de droite une indiscutable honnêteté intellectuelle. J'explique d'abord la façon dont on ressent d'être ainsi livré à la vindicte, ce qui hélas peut arriver à n'importe quel citoyen qui croise sur sa route une Torquemada nordique : « Je sentais depuis plusieurs mois qu'on s'acharnait à vouloir me compromettre. J'avais beau être de plus en plus "conditionné", j'ai reçu ma mise en cause comme un coup des plus rudes. Un coup bas. C'est une épreuve extrêmement pénible à vivre à titre personnel, pour ma famille et mon entourage. À y réfléchir, c'est sans doute l'épreuve la plus difficile que j'ai connue depuis la guerre, quand mon père, résistant, a été exécuté [...]. »

Je tente ensuite quelques explications qui sont pour moi d'évidence : « J'étais un personnage en vue. J'avais réussi ma carrière d'avocat et celle d'homme politique. J'avais aidé François Mitterrand dans la défense des intérêts de notre pays. Je lui ai été très fidèle et cela ne pardonne pas. Il est des règlements de comptes qui se font *post mortem*. »

10 mars 1998

Intervention chirurgicale à la clinique du Tondu à Bordeaux. Je fais l'objet d'une pose de prothèse de la hanche. Évidemment, ma seule présence à la clinique fait polémique. Les chirurgiens viennent de recevoir un robot américain qui permet de conduire l'opération par ordinateur. Le bruit court immédiatement que l'on a fait venir à grands frais cet appareil spécialement pour moi ! C'est une galéjade, mais le chœur des vieilles boiteuses bordelaises se manifeste : « Pourquoi le président du Conseil constitutionnel aurait-il droit au robot et pas nous ? » Au bloc opératoire, le chirurgien se marre avant l'anesthésie. Je n'ai pas le cœur à rire.

Je rentre à Saint-Selve pour ma convalescence. Cloué à ma chaise longue, je pense à Pierre Bérégovoy. Je comprends comment on en vient à craquer. Je suis à l'évidence dépressif, puisque ma psychiatre a confisqué mes armes de guerre...

18 mars 1998

Annonce officielle de ma mise en examen. Malgré la rééducation, la douleur est toujours vive. Madame Joly ne me lâche pas d'une « semelle », si j'ose dire ! Elle est persuadée que je simule. Elle me convoque pour le 10 avril.

1er avril 1998

Dans une interview à *L'Est républicain*, je déclare que je ne suis pas décidé à me défiler, car je tiens à en finir au plus vite. « Mais si je ne m'en sens pas capable, je ne me rendrai pas à la convocation des juges. Ce sera partie remise. »

6 avril 1998

Madame Joly a ordonné une expertise médicale. Si elle veut voir « mon intérieur », je n'y vois pas d'inconvénient. Elle est persuadée que je simule. Elle se montre plus acharnée que jamais. Je sais qu'elle rêve de me « boucler ». C'est le meilleur moyen, selon elle, pour « attendrir les chairs ». Mon avocat m'a appris que les deux juges sont allées visiter le quartier VIP de la prison de Bordeaux, au cas où… Devant la vétusté des lieux, elles ont, paraît-il, demandé que l'on donne un coup de pinceau. Trop aimables !

10 avril 1998

Libération publie : « Une vie à l'ombre de Roland Dumas ». On y raconte la vie de Christine, libérée hier. Romanesque.

29 avril 1998

Descente en force

Ce matin : visite à Saint-Selve de mon avocat le bâtonnier Farthouat. Son réconfort me fait du bien. Nous mettons au point ma « défense », puisque je suis considéré comme un malfaiteur. Ma maison est entourée par un cordon d'une dizaine de gendarmes. Ils ont au moins le mérite de tenir à distance la horde de photographes armés de téléobjectifs.

Cet après-midi : Eva Joly et Laurence Vichnievsky à Saint-Selve. Elles ne sont pas venues seules. Des deux véhicules sortent aussi un substitut du procureur de la République de Paris, deux greffiers, deux policiers du SRPJ [service régional de police judiciaire] et deux gardes du corps. Il paraît que Mme Joly est désormais terrorisée, voit des spadassins partout et a demandé une protection policière. Elle doit penser que je veux la faire assassiner!

Les deux juges me signifient ma mise en examen pour recel d'abus de biens sociaux. Toujours la même histoire en forme de syllogisme infernal: Roland Dumas déposait des sommes en liquide sur ses comptes. Christine Deviers-Joncour touchait de l'argent d'Elf. Ils étaient amants, donc l'argent de Dumas venait de chez Elf. Mes avocats demandent où sont les preuves. De preuves point. Alors, les deux juges m'infligent un contrôle judiciaire lourd et une caution exorbitante.

30 avril 1998

À la suite de ma mise en examen, je dois reconnaître que les mondes politique et médiatique sont relativement circonspects. Les leaders de la droite ne demandent pas ma démission du Conseil, à part François Léotard, patron de l'UDF, et François Fillon, sourcilleux député gaulliste de la Sarthe. À gauche, seul le vengeur démasqué Mamère fait des moulinets. Dans *Le Figaro*, je fais valoir ma présomption d'innocence, singulièrement mise à mal. Je rappelle à nouveau que je n'ai été en rien condamné.

2 mai 1998

À *L'Est républicain*, je déclare que mon cas «ne peut relever que de la Cour de justice de la République». Je réaffirme qu'il n'est «pas question» que je quitte mes fonctions à la tête du Conseil constitutionnel. «Rien ne m'y oblige. Personne ne peut m'y contraindre, pas même le chef de l'État.» J'annonce que je reprendrai mes fonctions dès que je serai rétabli.

3 mai 1998

Christine Deviers-Joncour me défend avec une certaine naïveté chez Karl Zéro, sur Canal +: «Roland Dumas n'a jamais touché un sou ni d'Elf ni de ma part.»

7 mai 1998

Seuls deux hebdomadaires sont attachés à ma perte. *L'Express*, sous la plume de son directeur acharné, demande ma démission et *Le Nouvel Observateur*, sous la plume acerbe de Bernard Guetta.

Mi-mai 1998

Juges ou inquisiteurs ?

Il est bon de pouvoir compter sur des amis. Jean-Marc Varaut, qui fut mon associé, signe dans *Le Figaro* un article indispensable, car il pose la bonne question dès le titre : « Juges ou inquisiteurs ? » Il écrit : « Pour préserver l'institution, l'État de droit, Roland Dumas ne doit pas démissionner. Il n'en a pas le droit [...]. La présomption d'innocence qui règle les rapports de l'accusé avec ses juges, qui ne doivent pas le condamner sans avoir établi les preuves de sa culpabilité, est un principe de valeur constitutionnelle, implanté dans le droit français depuis le XIIIe siècle. »

3 juin 1998

L'audition au palais de justice initialement prévue le 5 a été avancée de deux jours pour éviter la cohue médiatique. J'en sais gré à mes bourreaux.

20 heures. Fin de l'interrogatoire. Je suis épuisé, mais je n'ai pas craqué. Elles en sont pour leurs frais.

11 et 12 juin 1998

Audition de Nahed Ojjeh. Son avocat, qui veut se mettre en valeur, a pensé qu'il trouverait là une audience médiatique de premier plan, mais le stratagème tombe à plat.

Sans date

Je reconnais tout

J'ai appris que Mme Joly veut maintenant interroger ma fille, après l'avoir fait avec mon épouse et mes fils. Delphine est une femme fragile et je crains le pire. J'attaque d'emblée :

« Qu'est-ce que vous voulez demander à ma fille ?

– J'ai bien le droit de l'auditionner, et ce n'est pas vous qui m'en empêcherez.

– Je reconnais par avance tout ce que vous voulez lui faire avouer.

– Que voulez-vous dire ?

– Je suis prêt à signer tout ce que vous voudrez. Je ne veux pas qu'on la tourmente avec une affaire à laquelle elle est étrangère. »

Je crois l'avoir fait reculer pour cette fois. Je ne lui pardonne pas d'avoir même été fouiller dans les comptes depuis 1945 de ma pauvre mère décédée en 1964 ! Une veuve de guerre sans le sou…

Juillet 1998

Comme mon implication dans les histoires financières liées à Elf n'ont rien donné pour ce qui me concerne, les juges se penchent sur la Fondation Giacometti.

18 août 1998
Détruire un homme d'État

À quoi donc se réduit mon dossier instruit avec tapage par Mmes Joly et Vichnievsky ? L'épisode des chaussures Berluti, celui de l'hôtel Mozart, sans oublier le roman échafaudé autour de la pendule du Quai d'Orsay… Compte tenu de la vacuité de ce dossier, mes avocats sollicitent un non-lieu en ma faveur. Ils plaident : « Il ne s'agit plus d'instruire un dossier mais de tenter, pour des raisons dont la motivation nous échappe, de détruire un homme d'État qui a rendu à son pays de grands services. »

11 septembre 1998

Il serait intéressant, par exemple, de s'intéresser aux nombreuses lettres anonymes arrivées sur le bureau des juges. Aucune initiative n'a été prise par elles pour en identifier les auteurs. Étrange.

Un « corbeau » particulièrement actif met maintenant en cause « une ancienne secrétaire de l'Élysée » qui a hérité d'un prétendu château de 39 millions de francs à Gordes (Vaucluse). Ce sont bien sûr des fables. Laurence Soudet était une amie du président qui veillait sur la « deuxième famille ». François Mitterrand avait acquis une maison à Gordes (Vaucluse) qu'il destinait à Anne et à sa fille Mazarine. Pour ne pas les exposer en première ligne (son obsession), j'avais mis au point une société civile immobilière, procédé tout à fait légal, où des parts étaient réparties entre différents amis du président. Ce prétendu « château » est une maison de village confortable mais en rien luxueuse. À la suite des lettres anonymes, Laurence Soudet doit, elle aussi, se soumettre à interrogatoire. Madame Joly, dans son délire, était persuadée d'avoir trouvé le « trésor » de Mitterrand acquis grâce au « flot d'argent » d'Elf.

Laurence Soudet était proche de Mitterrand, car elle avait épousé un banquier de ses amis. Un peu trop bavarde, elle reconnaissait avoir servi de « porteuse de valises » lors des élections présidentielles de 1965 et de 1974. Très « inféodée », elle ne m'aimait pas beaucoup, car elle était persuadée que j'étais antisémite.

24 novembre 1998

Lettre de maître Farthouat aux juges d'instruction pour se plaindre de ce que la déposition de Jacques Fournet, ancien directeur de la DST, a été publiée dans *Le Parisien* le 4 novembre alors qu'elle ne figurait pas dans le dossier au moment de mon audition, la veille de la publication. C'est la preuve que les juges organisent elles-mêmes la campagne médiatique...

26 novembre 1998

La 17e chambre correctionnelle du tribunal de Paris a rendu son jugement. *L'Express* est condamné à des peines d'amendes et à me verser des dommages et intérêts pour m'avoir diffamé dans un article intitulé « L'invisible Fondation Giacometti ». J'espère que cela va calmer l'hebdomadaire qui s'est déchaîné contre moi à de nombreuses reprises.

1er décembre 1998

Dans un éditorial titré « Lynchage », le directeur du *Figaro*, Yves de Chaisemartin, prend ma défense. La presse de droite à la rescousse.

9 décembre 1998

Alfred Sirven est maintenant « activement recherché », dix-huit mois après l'émission du mandat d'arrêt international… Il a pu mettre à profit ce long délai pour se volatiliser. Je n'ai pas l'impression que la justice ait mis beaucoup de zèle à le traquer.

1999

25 janvier 1999

Le Conseil constitutionnel a longuement débattu du statut du président de la République, Jacques Chirac étant poursuivi pour l'affaire dite des « contrats fictifs » à l'époque où il était maire de Paris. Nous considérons que tout président de la République doit bénéficier de l'indemnité pénale durant son mandat et n'être poursuivi qu'en cas de haute trahison devant la Haute Cour de justice. C'est une question de bon sens. Il en va de la stabilité des institutions.

Février 1999

Les hurluberlus s'acharnent contre moi. J'ai passé la nuit à relire les textes. Je balance entre rester à mon poste et démissionner. Mes amis me pressent de me maintenir. Mais je considère que ce n'est plus tenable et je préfère anticiper sur les événements. Après toutes ces turbulences, j'aspire à la paix et surtout à organiser ma défense.

23 mars 1999

Je n'ai rien à vous reprocher

Je me mets en congé de la présidence du Conseil constitutionnel, après des accusations inopinées de Christine Deviers-Joncour. Pressions et chantages sur elle ont été terribles. C'est mon vieil adversaire politique, Yves Guéna, le doyen d'âge, qui assure l'intérim. Nous nous étions opposés lors de campagnes législatives en Dordogne.

J'ai informé par téléphone le président de la République de ma décision. À aucun moment il ne me demande de démissionner. Jacques Chirac me redit: «Je n'ai rien à vous reprocher. Le Conseil constitutionnel fonctionne bien, je vous en félicite. Si vous voulez rester je ne m'y opposerai pas.» Contrairement à ce que de mauvais esprits ont dit ou écrit, à aucun moment il n'y a eu entre nous de *gentleman's agreement*, et encore moins de «renvoi d'ascenseur», ce qui serait bien trivial.

17 juin 1999

Michel Charasse, sénateur socialiste du Puy-de-Dôme, défend courageusement, toute la nuit, la nullité de tous les actes de procédure établis à partir de dénonciations anonymes. À l'aube, il doit retirer son projet d'amendement. Quand j'étais jeune avocat, j'avais connu nombre de juges d'instruction qui, ostensiblement, opéraient un «classement vertical» en direction de la poubelle pour toute missive de ce genre. J'avais surtout en mémoire l'Occupation, où ce genre de pratique pouvait au mieux vous envoyer en prison, au pire en camp de concentration.

Fin 1999

Investigation en Suisse. Dans sa synthèse, le juge Perraudin me «blanchit». L'argent perdu a été retrouvé.

Aucun journaliste ne s'intéresse à cette information capitale. Il n'y a pas, il n'y a jamais eu d'affaire Dumas...

2000

18 février 2000

À l'Élysée, je remets ma lettre de démission au président de la République qui me témoigne sa confiance. Je lui explique que je dois préparer ma défense et que j'ai besoin, pour ce faire, d'une parfaite disponibilité. Il me confirme qu'il va nommer Yves Guéna à ma place. Il a proposé le poste à son vieil ami Maurice Ulrich qui a refusé. Il fut son tout-puissant directeur de cabinet quand il était Premier ministre de cohabitation entre 1986 et 1988.

1er mars 2000

Le président Chirac a pris acte de ma démission et nommé, comme on pouvait s'y attendre, Yves Guéna président du Conseil constitutionnel, qui occupait cette fonction par intérim en tant que doyen.

Octobre 2000

Le nouveau juge d'instruction nommé dans l'affaire des milliards disparus d'Elf obtient enfin du Premier ministre la levée partielle du secret-défense sur les vraies commissions d'Elf. J'avais réclamé en vain cette même intervention auprès de Mmes Joly et Vichnievsky.

2001

24 au 31 janvier 2001

Jugement en première instance de l'affaire Elf devant la 11e chambre correctionnelle du tribunal de grande instance de Paris. Je ne me laisse pas impressionner par la présidente qui semble compatir en me voyant appuyé sur ma canne.

« La station debout vous dérange ? demande la présidente Sophie Portier.

– Nullement ! »

Je ne vais pas me présenter assis devant mes juges en dépit de ma jambe qui me fait souffrir. Elle m'interroge évidemment sur mon « idylle » avec Christine Deviers. Pas question pour moi de tomber dans la gaudriole qu'attendent tous les chroniqueurs en mal de copie. Je réponds sur un ton solennel :

« C'est pour moi un crève-cœur de me trouver ici au terme d'une vie qui a commencé dans le malheur et s'est poursuivie dans l'effort. Courir le risque d'un déshonneur à mon âge est une réalité insoutenable. »

Dans la salle, le silence est total. Il me faut répondre à la question. J'avoue « une relation profonde et un élan réciproque » avec Christine. La présidente passe à autre chose. Nos échanges sont vifs pendant deux heures et demie. Je ne laisse rien passer, car je connais le maigre dossier par cœur. Je suis devant la 17e chambre un peu chez moi, car c'est là que je plaidais jadis pour *Le Canard enchaîné*.

J'ai fait citer comme témoin de moralité Pierre Mauroy. L'ancien Premier ministre: «En 1983, il fallait un ministre des Affaires européennes qui ait du talent. La tâche était difficile. Dumas est devenu l'homme de la situation. C'est un ami politique, un homme de conviction.» La forte voix, qui n'a d'égale que sa stature, fait sensation.

Le procureur n'a pas pu prouver que les sommes déposées sur mes comptes pouvaient venir de versements d'Elf, et pour cause, puisque ce n'était pas le cas. Mais pour satisfaire la presse assemblée qui attend la mise à mort d'un ministre de la République, il relance le débat sur ce point. Il cherche l'incident. C'est un piège et je sais que je ne dois pas tomber dedans. Il me faut cependant le transformer en incident de séance. Mon avocat monte au créneau:

«Rien à l'issue de l'instruction n'a été retenu sur ce point à l'encontre de l'ancien président du Conseil constitutionnel. Dans son réquisitoire définitif, le procureur concluait que si des éléments ont permis de mettre à jour des revenus inconnus du fisc, dont Roland Dumas n'a pas précisé l'origine, ou de prétendues ventes en l'espèce d'objets d'art, ceux-ci n'ont pas suffi à établir qu'ils pouvaient, ne serait-ce que pour partie, provenir des comptes suisses de Mme Deviers-Joncour.»

C'est une honte!

La présidente: «Il n'y a pas la preuve qu'un franc ou un centime vienne d'Elf. Mais vous vouliez dissiper toute suspicion. C'est peut-être l'occasion...»

Moi, le ton cassant: «Tous les moyens ont été utilisés, les petits, les grands, les moyens les plus bas [...].»

Le procureur: «Une fois encore, Roland Dumas ne répond pas aux questions précises.»

Mon avocat: «Mais alors, ouvrez une information. Vous renversez la charge de la preuve, qui incombe à l'accusation.»

Moi: «C'est une honte dans ce pays! C'est une honte.»

Le procureur: «Je vous en prie!»

Moi: «Je n'ai rien à faire de vos prières. Le jour où je vais m'occuper de certains magistrats, croyez-moi...»

Le procureur: «Vous parlez de moi?»

Moi: «Non, je parle de magistrats en retraite.»

La présidente, affolée: «Des menaces? Madame le greffier, inscrivez.»

Moi: «Je commence à en avoir assez, madame, cela fait cinq ans que cela dure!»

L'audience est suspendue.

À la reprise de l'audience, je présente mes excuses: «Si certains de mes propos ont offensé ou blessé le tribunal ou le parquet, je les regrette.» J'explique mon dérapage par la «trop grande fatigue et les insomnies dont je souffre depuis plusieurs mois». La présidente conclut: «Dont acte.»

Quand on sait que l'adversaire arrive au point faible du dossier qui risque d'embarrasser la défense, il faut faire diversion parfois de façon banale: faire tomber son stylo et le chercher ostensiblement. L'attention est détournée. Le fil est rompu. Mais il faut le faire intelligemment. Là, j'y étais «pour mon compte»!

Je n'avais aucune confiance dans ces magistrats: l'air doucereux de la présidente, qui obéissait en fait au procureur. Cela m'a fait sortir de mes gonds. Mon procès se ressentait de la «fabrication» de Mme Joly, persuadée que j'étais coupable sur la seule foi de lettres anonymes à l'origine douteuse. Elle n'avait rien démontré dans son instruction. Je lui avais échappé. Elle pensait donc se «rattraper» avec les copines au tribunal. Le procureur, un ancien avocat, songeait surtout à faire un numéro devant la presse étrangère. Il attendait un succès personnel de la mise à mort d'un ministre de la République.

De la boue et de l'or

Je n'ai pas été garde des Sceaux. C'est une chance au fond! J'aurais été fort mal à l'aise place Vendôme. Je n'avais probablement pas la réputation suffisante pour être ministre de la Justice. Robert Badinter a été très bien à ce poste.

La diplomatie requiert des capacités différentes de celles de la justice. Être ministre des Affaires étrangères n'a rien à voir avec le fait de trancher dans la «vérité juridique». C'est être au carrefour de la politique d'États qui ont des intérêts parfois différents des vôtres. Vous êtes pour la guerre ou contre la guerre. Moi, j'ai toujours été contre, jusqu'au moment où l'on a épuisé tous les recours et qu'il faut prendre les armes. Contre les nazis, il n'existait pas d'autre solution. Mais cela n'arrive qu'une fois dans une génération. La diplomatie est là pour tenter d'arranger les choses et évite d'en arriver aux extrêmes dont on ne sait jamais où ils vont nous conduire.

La justice et la diplomatie n'ont qu'un point commun magnifiquement résumé par la phrase de Charles Baudelaire dans un épilogue aux *Fleurs du Mal*: «J'ai pétri de la boue et j'en ai fait de l'or.» J'ai souvent eu cette impression en rencontrant des dictateurs. La diplomatie, c'est aussi aller au contact du diable.

2 février 2001

Coup de théâtre fort opportun: arrestation d'Alfred Sirven aux Philippines (pour faux passeport) après dix-huit mois de «cavale». Il est expulsé vers la France après une escale en Allemagne. Le gouvernement français a préféré le voir débarquer devant les caméras dans un Boeing de la Lufthansa plutôt que dans un avion d'Air France…

30 mai 2001
Sonné

Je suis «sonné» par la sévérité du verdict du tribunal correctionnel de Paris: trente mois de prison dont six mois ferme et 152 000 euros d'amende. Incrédule aussi. Loïk Le Floch-Prigent, Alfred Sirven et Christine Deviers-Joncour écopent de peines encore plus lourdes. Mon avocat, le bâtonnier Farthouat, estime que «90 % des reproches faits à M. Dumas ont été écartés». Il considère donc la condamnation comme «anormale et décevante». L'argumentation des juges est pour le moins étonnante: «Dumas n'était pas n'importe qui. Au moment des faits, il était ministre des Affaires étrangères et, au moment de l'information judiciaire, il siégeait à la présidence du Conseil constitutionnel. Il convient de tenir compte, dans l'appréciation du quantum [niveau] de la peine, des fonctions qu'il a occupées dans la vie de l'État et dans le monde judiciaire, lesquelles n'ont pu qu'aiguiser sa conscience du contenu de la règle de droit.» Maître Oliver Metzner, l'avocat de Le Floch, l'exprime nettement: «C'est un jugement qui fait plus de la morale que du droit.» Je suis scandalisé. Ma carrière politique est donc considérée comme une circonstance aggravante. À ce compte-là, on aurait pu tout aussi bien me reprocher de mener une vie dissolue ou de ne pas aller à la messe tous les dimanches ! Il est évident que je vais faire appel de cette décision.

18 juin 2001

Pour l'honneur

Espérant que la cour d'appel me rende mon honneur, ce qui va demander des années, je décide de m'expliquer dans les colonnes du *Figaro* qui, à la différence du *Monde*, a toujours montré de la retenue. « Il aura fallu quatre années d'un combat soutenu pour arriver à faire apparaître quelques vérités qui me procurent quelques satisfactions. Tout d'abord, le procureur de la République a été obligé de reconnaître que je n'avais pas reçu d'argent ni dans l'affaire Elf ni dans l'affaire Thomson. De même, toutes les légendes qui ont couru pour expliquer que Mme Deviers-Joncour venait mettre de l'argent sur mon compte se sont évanouies. Ensuite, la démonstration a été faite que je n'étais pour rien dans la nomination de Loïk Le Floch-Prigent à la tête d'Elf et que, par conséquent, j'étais exonéré de toute charge de complicité avec les autres protagonistes de ce dossier. Le procureur de la République a également reconnu publiquement que je n'avais jamais changé d'opinion sur l'affaire des frégates. C'est capital pour mon honneur et cela aura des conséquences pour la suite… Au bout du compte, il ne reste qu'une histoire de paire de chaussures, de statuette et le fait d'avoir fréquenté un appartement qui n'était pas ma propriété et que je n'ai pas habité. »

25 juin 2001

Visite officielle de Bachar el-Assad. Jacques Chirac le reçoit brièvement. Manifestations à l'Hôtel de Ville. Bertrand Delanoë condamne l'antisémitisme et le racisme. Bachar el-Assad a en effet comparé le racisme des Israéliens à celui des nazis. Il ne connaît pas bien l'histoire. Il m'a fait demander avec insistance par son ambassadeur Elias Najmeh de bien vouloir lui rendre visite. Il me reçoit dans sa suite de l'hôtel Le Bristol, tout proche de l'Élysée, avant sa conférence de presse. Il me dit que son père lui a parlé de moi et qu'il aimerait pouvoir entretenir d'aussi bonnes relations. Ses secrétaires s'affairent et lui font signe qu'il faut rejoindre la salle de presse. Il me demande de l'y accompagner. Une fois dans le grand salon rempli de journalistes, il me tire par la manche pour que je prenne place à la tribune à ses côtés. Il me fait même poser plusieurs questions pour que je livre mon analyse sur le Proche-Orient. Je note dans son discours une évolution par rapport à la position de son père. À un journaliste il affirme: «Nous sommes psychologiquement prêts pour la paix, mais nous avons besoin d'une période pour nous y préparer.» Belle avancée en vérité. Qui, côté israélien, est disposé à dire la même chose?

Juillet 2001

Je suis mis en examen dans l'affaire de la succession d'Alberto Giacometti.

11 septembre 2001

Attentat du World Trade Center.

[Dans les semaines et les mois qui vont suivre, je vais me passionner pour cette histoire dont plusieurs faits me semblent étranges, en particulier le mystère du troisième «avion» sur le Pentagone, le siège du ministère de la Défense américain. Je ne souhaite pas passer pour un «révisionniste». Loin de moi l'idée que l'opération ait pu être montée par les Américains. Mais je crois qu'ils étaient forcément au courant que des attentats se préparaient sur leur sol. Il ne peut en être autrement au cœur de la puissance la plus sécuritaire au monde. La question est: pourquoi ont-ils laissé faire? L'argument de la négligence n'est pas convaincant et une chose est sûre: cet attentat épouvantable a servi de prétexte pour enclencher une guerre au Moyen-Orient et installer Guantanamo.]

2002

20 février 2002

Superbe intelligence

Sortie du film de Raymond Depardon, *1974, une partie de campagne,* sur l'accession de Valéry Giscard d'Estaing au pouvoir. «J'ai voulu qu'il reste un témoignage pour plus tard.» VGE est au centre des choses. Depardon filme à l'américaine, comme Robert Drew avait filmé la campagne électorale de Kennedy en 1960. À la fin du film, on demande à Giscard:

«Vous êtes fier?

– Non, je n'étais pas fier mais heureux.»

La caméra fait un *close-up* sur son visage et l'on voit deux larmes qui coulent. L'homme transparaît sous le masque du président. Il a géré sa vie comme un film. Mitterrand, comme un livre d'histoire.

On revoit dans le film de Depardon les images du fameux duel télévisé resté dans les annales par la célèbre apostrophe: «Monsieur Mitterrand, vous n'avez pas le monopole du cœur.» Ce dernier m'avait confié: «C'est là que Giscard a remporté l'élection, et je le lui ai même dit.» Terrible de constater qu'une élection se joue sur un mot! Il suffit de peu de chose pour que l'opinion publique bascule.

Ils avaient du respect l'un pour l'autre. Mitterrand le voyait tel qu'il était. «C'est une superbe intelligence. Il expose bien les problèmes, mais il se perd dans ses conclusions qui sont à contresens de son exposé.» L'art du compliment vachard!

20 juin 2002

Le Monde s'acharne contre moi. Après l'affaire Elf, ils continuent avec la validation des comptes de campagne de Chirac et de Balladur. Après avoir pris le conseil de mes avocats, je décide de porter plainte.

16 août 2002

Amoureux des divas

Je suis amoureux des voix. Des divas, aussi. Saut au Festival de Salzbourg pour entendre ma chère amie Renée Fleming. Malgré son remariage avec un avocat américain, une affectueuse complicité nous unit toujours. La reine du Met [Metropolitan Opera de New York] électrise son public telle une rock star. Au programme : mélodies de Fauré, *lieder* de Joseph Marx et d'Alban Berg. Celle qui est considérée par la critique comme la plus belle Rusalka de sa génération interprète Dvorak comme personne. *L'Hymne à l'amour* met le public en émoi à la fin du dernier acte.

Après les innombrables rappels, je vais l'embrasser dans sa loge. Ira von Fürstenberg est là aussi. Renée est inquiète d'avoir notre avis. Comme d'habitude, elle a été « magique ». Dehors se pressent ses admirateurs qui crient. Les photographes font crépiter leurs flashs. La diva sourit, signe quelques autographes avant de disparaître dans sa limousine.

Je la rejoignais aussi en Allemagne ou en Italie. Je passais la prendre à son hôtel. Elle faisait ses vocalises dans le taxi. Effet garanti sur le chauffeur ! J'aimais ces moments de complicité musicale. Elle était sensible à ceux qui ont la science et la conscience du chant, et appréciaient son travail en connaisseurs.

L'autre reine du Met est Natalie Dessay, que je connais bien aussi car elle a grandi à Bordeaux. Elle a été la camarade de classe de mon fils David. Elle me raconte tous les chahuts auxquels il a participé et les fantaisies ou autres « happenings » quand il était aux Beaux-Arts. Indépendamment de la voix de Natalie, qu'elle ménage aujourd'hui, j'apprécie son talent de comédienne. Je l'ai encore croisée récemment dans une station de radio. Elle est fort appréciée des journalistes par son à-propos et son sens de l'humour. Elle abandonne les opéras trop éprouvants pour les cordes vocales au bénéfice des récitals moins contraignants et plus grand public.

J'apprécie aussi Mirella Freni pour ses qualités vocales et sa gentillesse. Je lui ai remis la Légion d'honneur. J'ai toujours préféré décorer les artistes plutôt que les militaires... Elle est mariée à la basse bulgare Nicolaï Ghiaurov, dont elle était fort éprise. Son grand rôle est le tsar dans *Boris Godounov*. Quand il entre en scène, il « est » le tsar. J'ai vu cet opéra un grand nombre de fois. Aucun autre chanteur ne lui arrive à la cheville. Mirella Freni et Nicolaï Ghiaurov constituent ce qu'il est convenu d'appeler « le couple mythique de l'opéra ».

La vie d'une diva n'est pas une vie. Vivre avec une diva non plus ! J'ai été pendant presque dix ans le compagnon de Maria Murano, avant mon mariage avec Anne-Marie, en 1964.

Quand elle jouait le soir, la tension commençait dès le lever :

« Je ne pourrai pas chanter ce soir.

– Ne t'inquiète pas, tout va s'arranger.

– Appelle le médecin, j'ai besoin d'un calmant.

– Je l'appelle tout de suite.

– Non, attends encore un peu... »

Le public ne se rend pas compte à quelle servitude sont soumis les artistes lyriques.

Sans date

Si j'aime les divas, j'apprécie aussi les actrices, même si je les fréquente moins. J'ai la chance d'habiter sur l'île Saint-Louis, non loin de chez Claudia Cardinale. Quand nous étions invités à une projection ou une première, je passais la prendre en voiture. Je jouais les chevaliers servants avec grand plaisir, sans me prendre pour Alain Delon ! Tous ses admirateurs, dont je suis, gardent en mémoire le couple mythique dans le film de Luchino Visconti *Le Guépard*.

Comme pour toutes les actrices magnifiques, la rumeur publique lui a prêté quelques soupirants célèbres. C'est ainsi. Pourquoi s'en offusquer ? On peut même s'en féliciter. On a imaginé une histoire avec Jacques Chirac, que je sais homme de goût. Notre amitié m'avait autorisé à une certaine curiosité de groupie. Je lui avais donc posé la question. Elle m'avait confié qu'il lui envoyait ses vœux avec un petit mot, dont un plein d'humour, du genre : « Tout n'est que boniment. Hélas, je le regrette. »

23 août 2002

J'ai 80 ans. Je suis seul. On me dit que je suis « cadenassé de l'intérieur ». Sans doute est-ce ce qui reste de la Résistance. Ne jamais parler au risque de perdre la vie. Ne faire confiance à personne. Je me rends compte aujourd'hui que c'est terrible...

Novembre 2002

Relaxe pour un roman

Les débats à la cour d'appel débutent le 4 du mois dans les locaux de la 1re chambre, l'endroit solennel où sont jugées les grandes affaires qui défrayent la chronique. Une fois encore, l'histoire se rappelle à moi. C'est en effet dans cette salle que, jeune étudiant en droit, j'étais venu assister au procès du maréchal Pétain devant la Haute Cour de justice. L'été de 1945 était torride. Je revois le vieillard dur d'oreille sanglé dans son grand uniforme qui répondait d'une voix chevrotante aux questions de « ses » juges, ceux-là mêmes qui lui avaient prêté serment en 1940... Cela ne changea rien au sort de l'ancien chef de l'État français. Il avait été condamné à la peine capitale.

Moi, je ne risque pas ma tête mais ma réputation devant une foule de journalistes venus du monde entier. De part et d'autre de l'axe central, ils ont dû prendre place dans les deux boxes réservés d'ordinaire aux délinquants. J'avise même, parmi eux, des Asiatiques venus de Pékin ou de Taipei... L'affaire des frégates a fait des vagues jusqu'en Chine...

La cour, conduite par des magistrats scrupuleux et compétents, comble les manques de l'information judiciaire et rattrape les erreurs commises. Elle entend, par exemple, et pour la première fois, le directeur de la comptabilité d'Elf dont l'audition est décisive. Évidemment, tout le monde attend la déposition de Christine Deviers-Joncour qui éclate en sanglots à la barre et fait une véritable crise de nerfs. Elle dit enfin la vérité :

« J'ai menti. Les juges m'ont menacée de me remettre en prison. Il me fallait à tout prix “noircir” Dumas [...]. J'ai tout inventé : l'hôtel Mozart, les statuettes...

– Ressaisissez-vous, madame», dit la présidente faisant preuve de compassion.

La partie civile est sévère envers Alfred Sirven et Loïk Le Floch-Prigent. L'avocat, quant à lui, remet le procès «à plat», si l'on peut dire: «Bien des difficultés existent dans ce dossier, qui furent démontrées par les audiences auxquelles nous avons assisté...» En termes fort diplomatiques, il pointe du doigt les incohérences de l'instruction et les manques du jugement en première instance. Il termine ses réquisitions par moi, en abandonnant des pans entiers de l'accusation.

Le 21 novembre, mon avocat plaide la relaxe en mêlant le sérieux à l'ironie, les connaissances juridiques aux survols politiques. «On a monté un roman, dit-il en évoquant les fausses pistes de l'instruction. Dans ce dossier si vide, chaque fois que passait à hauteur des deux juges la moindre rumeur qui pouvait salir Roland Dumas, elles s'en sont servi.» Le magot de Mme Deviers-Joncour, lui, n'était pas imaginaire, mais «mon client est totalement étranger aux commissions versées par Elf à cette dame». Restent les souliers: «Une histoire de cornecul», tempête le bâtonnier Farthouat. Il faut maintenant attendre le verdict qui sera rendu l'année prochaine. Triste Noël en perspective. Avec une lueur d'espoir cependant.

2003

29 janvier 2003

Bien l'bonjour à Mme Joly !

À 14 h 30, la 9e chambre de la cour d'appel de Paris rend son arrêt de relaxe dans toute cette affaire. C'est un soulagement indicible après cinq années de torture. En quelques minutes et quelques phrases, la présidente de la cour d'appel, Christine Beauquis, a jeté à bas les cinq ans d'instruction d'Eva Joly !

Dans l'assistance, je cherche le regard de ma sœur et de mes deux fils, David et Damien. Ce dernier se précipite et se jette dans mes bras. L'émotion est à son comble. Mon avocat est tout aussi ému que moi. Nos mains se serrent sans qu'aucun mot puisse sortir.

Je suis trop bouleversé pour parler à la presse. « Je ferai mes commentaires plus tard. » Je m'esquive par le couloir de la police judiciaire pour échapper aux caméras.

Avant de répondre aux questions des journalistes, mon avocat maître Farthouat souhaite lire les termes du jugement pour être sûr de son contenu. Rassuré, il explose enfin : « La justice a triomphé, mais il s'agit maintenant de porter un jugement sur le fonctionnement de l'instruction, et je pense qu'il sera sévère aux yeux de l'histoire. On a fait démissionner le quatrième personnage de l'État, on a été au bord de l'incarcération, on lui a imposé un contrôle judiciaire humiliant et il n'y a rien à lui reprocher pénalement ! Il n'y avait pas de volet Dumas à l'affaire Elf. »

En quittant le palais, le bâtonnier Farthouat, un rien bravache, lance à la cantonade, pour amuser la galerie: «Et bien l'bonjour à Mme Joly!»

Je rentre chez moi, quai de Bourbon, là où précisément, en janvier 1998, cette dame était venue tambouriner à ma porte à l'heure du laitier. Cinq années d'un incroyable gâchis qui me conduisit jusqu'à la rive du suicide. Nous débouchons le champagne en famille avec mon avocat. Notre joie est indicible. Le téléphone commence à retentir. Le premier appel vient de Hans Dietrich Genscher qui me dit: «Je n'ai jamais douté de toi.» C'est le plus beau témoignage d'amitié qu'il puisse me faire.

31 janvier 2003

L'air de la Calomnie

Pour me changer les idées et évacuer une trop forte émotion, je vais écouter *Le Barbier de Séville* à l'Opéra-Bastille. Son directeur, Hugues Gall, vient m'accueillir et me lance: «Vous êtes venu écouter le grand air de la Calomnie? Cela ne vous a pas suffi!» Je souris. L'art est là pour nous aider à dépasser nos humaines émotions. La catharsis, comme on dit chez les philosophes grecs. Quand on a joué un grand rôle, il ne faut pas avoir peur des événements. Tout cela n'est qu'écume de la vague.

26 février 2003

La parution du livre *La Face cachée du* Monde, sous la plume de Pierre Péan et de Philippe Cohen, confirme ce que j'ai toujours dit: «Usant de son pouvoir d'intimidation, *Le Monde* a insidieusement glissé de son rôle de contre-pouvoir vers l'abus de pouvoir permanent.» Le trio Colombani-Minc-Plenel partage les mêmes «dénigrement et détestation de la France». C'est ce que pensait Mitterrand, sur la foi des informations qu'il tenait «de source sûre».

Sans date

À un journaliste qui me pose encore une question sur Christine Deviers-Joncour je réponds, excédé: «Elle est sortie de mon orbite affective.» Cela me vaut le prix «Humour et politique». C'est la première fois que je plaisante sur «l'affaire». C'est plutôt bon signe…

Formidable puissance du rire. À l'Assemblée nationale, quand le tumulte est à son comble et que les pupitres claquent, c'est le seul moyen de rétablir la situation à son profit. J'ai toujours préparé mes discours moi-même. J'avais des technocrates besogneux qui me préparaient des fiches, mais c'était souvent technique et médiocre. Je préférais improviser.

J'ai souvent soufflé des bons mots à Mitterrand. J'allais chercher dans les dictionnaires de citations des bons mots et des formules. Il en prenait un sur dix. En 1967, les élections législatives s'étaient traduites par une voix de majorité grâce à un député de Wallis-et-Futuna. Il avait fallu l'intervention du roi d'une de ces îles et de l'évêque pour que Benjamin Brial rejoigne la majorité. «Monsieur le Premier ministre, il vous a suffi de dix gendarmes et d'un député dissident pour faire une majorité avec l'aide de Wallis-et-Futuna.» Ou encore, à la même époque: «Je vois parmi vous des gaullistes de légende, mais aussi des gaullistes de brocante.» Les «godillots» s'étaient déchaînés. Moi, je rigolais…

Il improvisait la plupart du temps à partir de quelques notes prises sur des cartes de visite. C'était des discours pour être dits et non pour être lus. Georges Dayan les remettait en forme pour qu'ils soient publiables dans le *Journal officiel*. Je suis allé quelques fois l'aider à reconstruire les phrases et donner une cohérence au propos. C'était un casse-tête!

Kadhafi, c'était la même chose. J'avais assisté à un grand meeting assis à sa droite. Il avait quelques notes griffonnées sur quelques bouts de papier pour haranguer la foule. C'est d'ailleurs à ce moment, alors que j'étais tout près de lui, que j'ai vu sa ligne de vie qui était fort courte. Quand j'ai raconté cela à l'ambassadeur de France: «Notez bien ce que je vous dis, la mort de Kadhafi est programmée.» Il était incrédule devant ma prédiction!

2004

En ce premier trimestre de l'année, je suis occupé par la défense de clients qui ne sont pas tous des enfants de chœur...

28 mai 2004

La cour d'appel de Paris a confirmé hier la condamnation prononcée en première instance contre le directeur du *Monde*, Jean-Marie Colombani, et le journaliste Hervé Gattegno, pour diffamation envers moi. Dans un article du 20 juin 2002, le quotidien avait affirmé que j'avais fait prendre, par le Conseil constitutionnel, une décision favorable au président Chirac sur la question de la responsabilité pénale du chef de l'État, en échange de la « neutralité présidentielle » dans mes propres démêlés judiciaires. La cour d'appel a maintenu la condamnation à 3 000 euros d'amende pour chacun des prévenus. Et les a, de surcroît, condamnés à me verser 4 500 euros au titre des dommages et intérêts alors que je n'avais demandé qu'un euro symbolique en première instance !

Sans date

Encore envie de vivre

J'ai réchappé de trois cancers. Le premier a été opéré par le général Jean-Louis André, au Val-de-Grâce. Je me dis que je suis dans de bonnes mains. C'est lui qui a sauvé la vie de Jean-Pierre Chevènement en 1998, après un accident d'anesthésie pour une opération bénigne ! Je me revois intubé de partout. Quelque temps après cette hospitalisation, ma femme m'a dit: «J'ai vu que tu avais envie de vivre et que tu n'étais pas prêt à mourir.» Je n'étais pas déterminé en effet à me laisser glisser dans les abysses glacés du néant.

Dans cet «entre-deux» que représente l'hôpital, je me demande ce que je regretterai le plus de la vie. La vie elle-même! Les gens, le soleil, la nature, les promenades, les jolies filles dans la rue. Quand nous nous promenions avec Mitterrand et que nous «philosophions», exercice qu'il appréciait en expert, il me confiait: «Je n'ai pas peur de mourir, mais j'ai encore envie de vivre.» Je ne sais si je dirai comme lui «une messe est possible», mais tout est ouvert dans mon esprit. Une messe, c'est un bain chaud, un onguent dont on vous masse le visage et les mains. Tout ce dont a envie un malade sur son lit de douleur.

Pour ses obsèques, il m'avait parlé de roses «thé». Cela m'avait surpris. Où étaient donc passées les roses écarlates du Panthéon? Moi, je préférais des fleurs rouges, de la couleur du sang qui anime le corps et chauffe le cœur. Et le drapeau tricolore auquel je suis si attaché.

Me revient en mémoire ce que disait Alphonse de Lamartine, dont on a oublié qu'il fut l'un de mes illustres prédécesseurs aux Affaires étrangères, certes, pendant trois mois seulement! Il fut l'âme de la Révolution de 1848. Au balcon de l'Hôtel de Ville de Paris, il s'était exclamé, le 25 février, alors que le drapeau tricolore était contesté au profit du drapeau rouge: «Si vous m'enlevez le drapeau tricolore, vous m'enlèverez la moitié de la force extérieure de la France! Car l'Europe ne connaît que le drapeau de ses défaites et de nos victoires dans le drapeau de la République et de l'Empire. En voyant le drapeau rouge, elle ne verra que le drapeau d'un parti! [...] La France et le drapeau tricolore, c'est une même pensée, un même prestige, une même terreur, au besoin, pour nos ennemis [...]. Le drapeau tricolore a fait le tour du monde avec le nom, la gloire et la liberté de la patrie.»

J'ai toujours été fasciné par l'art oratoire. C'est aussi grâce à des phrases comme celles-là que j'ai fait de la politique. Nous parlions souvent de Lamartine avec Mitterrand. Il appréciait les écrivains romantiques.

4 et 5 juin 2004

À Modène (Émilie-Romagne) sont célébrées les obsèques de Nicolaï Ghiaurov, le « roi des basses », époux de mon amie la soprano Mirella Freni. C'est la « sœur de lait » de Luciano Pavarotti (ils avaient la même nourrice !). Ils ont tous deux grandi dans des familles modestes de Modène et ont chanté dans la même chorale… Mirella est inconsolable, car elle était très amoureuse de ce grand artiste. Je reste le week-end à ses côtés. Quand François Mitterrand s'était rendu en Bulgarie, Ghiaurov, originaire de ce pays, l'avait accueilli.

11 novembre 2004

Mort d'Arafat à l'hôpital militaire de Clamart. Je me retrouve à la levée du corps en compagnie de Claude Cheysson. Nous sommes émus. Les honneurs militaires lui sont rendus, selon les instructions données par Jacques Chirac.

[Les rumeurs d'empoisonnement au polonium ayant enflé, trois analyses médicales ont été ordonnées en 2012.]

2005

25 janvier 2005
Les bretelles de Tonton

Je suis témoin au procès des écoutes téléphoniques de l'Élysée. Sont dans le collimateur de la justice deux proches collaborateurs de François Mitterrand : son ex-directeur adjoint de cabinet, Gilles Ménage, et le préfet Christian Prouteau, le chef de sa « garde rapprochée ». Il leur est reproché d'avoir organisé des écoutes « sauvages » que, dans leur jargon, ils appelaient les « bretelles ». Il me faut justifier pourquoi le pamphlétaire Jean-Edern Hallier et le journaliste du *Monde* Edwy Plenel avaient été mis sur écoutes. Ce n'était pas de ma responsabilité, mais je raconte au tribunal ce que j'en sais.

Avant son élection, en 1981, François Mitterrand s'était engagé auprès des derniers fidèles du maréchal Pétain à créer une commission pour statuer sur le transfert des cendres de l'île d'Yeu à Verdun. Un moyen de « gratter » quelques voix du côté des « conservateurs »... Maître Jacques Isorni, le défenseur du Maréchal, s'impatientait parce que la promesse n'avait pas été tenue. François Mitterrand m'avait demandé de calmer l'avocat, qui commençait à menacer de se répandre dans la presse, par l'entremise de son ami Jean-Edern Hallier. Il me recommanda alors de rencontrer Jacques Isorni pour lui confirmer que la promesse n'était pas oubliée, mais que le moment n'était pas opportun. J'organisai donc un déjeuner avec ce dernier, en présence de mon copain journaliste Robert Boulay, considérant qu'il était prudent d'avoir un témoin de la conversation... Ce déjeuner, discret à défaut d'être secret, n'était connu que des trois protagonistes...

Or, le matin même, le président de la République m'avait appelé : « Passez me voir, je sais que vous avez un déjeuner important. » Je rapporte au tribunal la conversation telle qu'elle s'est déroulée dans le bureau présidentiel. En mars 1982, je n'étais pas encore au gouvernement et avais donc une relative liberté de parole. Mitterrand :

« Vous voyez donc Isorni aujourd'hui ?

– Comment le savez-vous ?

– Je le sais...

– Mais ce n'est pas possible !

– Les écoutes...

– Vous faites espionner les avocats, maintenant ?

– Non, bien sûr, mais Jean-Edern Hallier.

– Ce n'est pas mieux ! Il n'est qu'un pamphlétaire...

– Il voulait être ministre de la Culture et, quand il a compris qu'il ne le serait pas, il m'a menacé dans sa *Lettre ouverte au colin froid.* »

[Ce pamphlet, publié en 1979, était surtout dirigé contre Giscard. Hallier avait l'outrecuidance de penser que son brûlot était pour beaucoup dans la victoire de Mitterrand, et il en attendait des « compensations ».]

« S'il n'y a que ça...

– Ah non, il n'y a pas que cela ! Il veut aussi que l'on passe l'éponge sur sa dette au fisc... Il n'en est pas question.

– Ça n'en fait pas un homme dangereux.

– Si. Cet individu est fou. Il a pris des contacts avec un groupe terroriste. Il menace de s'en prendre à ma fille et de l'enlever pour exercer un chantage sur moi. Il est cerné de partout. Il ne bougera pas. On le surveille en direct. Il ne peut faire un pas sans que l'on sache où il est. »

Je ne fis pas part au tribunal du trouble qui m'avait saisi, mais à aucun moment je n'avais imaginé que ces écoutes puissent être illégales. Je trouvai quand même étrange la rapidité avec laquelle le président avait été prévenu par ses « services ». La conversation entre Isorni et Hallier avait eu lieu le matin même !

Un agent de l'étranger

Le président du tribunal, Jean-Claude Kross, m'interroge ensuite sur le «branchement» dont avait fait l'objet Edwy Plenel, à la suite de la publication dans *Le Monde* du document unique transmis à nos services secrets par Farewell, la taupe qui avait révélé l'ampleur de l'espionnage soviétique à l'Ouest. C'est cette note, et elle seule, qui avait servi de preuve pour expulser 47 agents soviétiques en France, un fait sans précédent. Il va sans dire qu'il était pour le moins étrange qu'un document de cette importance se retrouve en une d'un quotidien national. Et la conséquence de cette publication était le net refroidissement de nos relations avec Moscou, à la grande satisfaction des Américains. Il était facile de deviner à qui profitait le «crime»...

Alors que j'arrivais à la tête de la diplomatie française, en 1984, nous préparions avec détermination la visite du secrétaire général Gorbatchev pour relancer nos relations avec l'URSS. Le préjudice diplomatique était considérable. Il était donc naturel que Mitterrand cherche à savoir d'où venaient ces fuites. Il en allait de l'indépendance et de la sécurité nationales. Le préfet Prouteau avait été convoqué *illico* pour mener l'enquête. Il avait dû commencer par s'assurer que des micros n'avaient pas été posés dans le bureau présidentiel. À la question banale du président du tribunal, je répondis en dramatisant la scène que j'avais vécue dans le bureau présidentiel:

«Monsieur le président, je puis vous rapporter les propos exacts du président de la République, qui s'était exprimé sous le coup d'une colère froide: "Je sais qu'au *Monde* tout un groupe travaille contre les intérêts de la France." Avec de la rage dans la voix, François Mitterrand cita le nom de M. Plenel et lâcha, péremptoire: "C'est un agent de l'étranger..."

– Il vous a vraiment tenu ces propos?

– Monsieur le président, sous la foi du serment, il m'a dit exactement cela en prenant soin d'ajouter: "Quand on est chef d'État, on sait bien des choses..." Donc, selon le président Mitterrand, M. Plenel était un agent de la CIA...»

Un murmure parcourt la salle. Le président demande le calme et poursuit:

« L'origine de la "fuite" était pourtant déjà localisée. C'était Yves Bonnet, le patron de la DST de l'époque. À quoi bon écouter Plenel ?

– Monsieur Bonnet, farouche anticommuniste, entretenait de bonnes relations avec les Américains. C'était un fait connu. Il était donc intéressant de savoir si Bonnet avait manipulé Plenel en raison de simples opinions politiques personnelles ou si les implications étaient plus profondes. En clair, Bonnet n'était-il pas lui-même l'objet de manipulations de la CIA, experte en la matière ? »

Alors qu'il passait son temps à démolir dans ses colonnes nos services de renseignements, Plenel se lance à l'audience dans un numéro larmoyant où il jure de son patriotisme et pleurniche sur son honneur bafoué. Son avocat, Jean-Pierre Mignard, m'apostrophe véhémentement. Je lui réponds sur le même ton, pas mécontent de mon petit effet. Le prétoire s'emplit alors d'un brouhaha. Le président lève la séance. Des sbires de Plenel menacent de me casser la gueule. Les chroniqueurs judiciaires tiennent un scoop.

[La justice condamnera Gilles Ménage et Christian Prouteau, ainsi que l'ancien directeur de cabinet de Pierre Mauroy, Michel Delebarre, et celui de Laurent Fabius, Louis Schweitzer, puisque, « structurellement », les écoutes dépendent de Matignon et non de l'Élysée, comme on l'a vu...]

Février 2005

François Mitterrand revit... au cinéma, sous les traits de Michel Bouquet dans le film de Robert Guédiguian, *Le Promeneur du Champ-de-Mars*. Je ne retrouve pas Mitterrand, si ce n'est dans les accessoires, le chapeau noir et l'écharpe rouge. La voix était plus timbrée. Il pouvait passer dans la seconde du sourire bienveillant au masque glacial d'empereur romain. Mais Bouquet n'a pas cherché à singer son modèle. Il l'a interprété. C'est ce qu'on lui demandait. C'est aussi ce que je m'efforce de faire ici...

25 février 2005

Blanchi

Je sors blanchi de mes deux affaires judiciaires. D'une part, je n'ai pas été condamné dans celle liée à la succession du sculpteur Alberto Giacometti, le tribunal correctionnel de Paris considérant que la complicité d'abus de confiance qui m'était reprochée était trop ancienne pour être jugée.

8 mai 2005

Soixantième anniversaire de la victoire sur le nazisme. Mais un fait me chiffonne. On ne mentionne jamais les insurrections de Sétif, dans le Constantinois, intervenues à la même date. Elles seront matées dans les jours qui suivirent par une répression féroce ordonnée par le général de Gaulle. On dénombrera plusieurs milliers de morts. Ces meurtres, aujourd'hui encore passés sous silence, seront pour beaucoup dans les revendications des tenants de l'Algérie indépendante.

26 mai 2005

J'assiste aux obsèques de mon confrère et ami Jean-Marc Varaut, en l'église Saint-Eustache. Quand nous avions constitué un cabinet commun qui avait fait jaser, le Palais avait raillé: «C'est l'alliance du diable et du bon Dieu», sans que l'on sache qui était le diable et le bon Dieu. De mon point de vue, Varaut était plutôt le bon Dieu, car c'était un bon chrétien qui avait même «réinstruit» le procès de Jésus.

L'église a fait le plein de beau monde. Au moment du «baiser de paix», Jean-Marie Le Pen, à la rangée devant moi, se retourne et m'aperçoit. Nous faisons le constat que nous nous connaissons depuis un demi-siècle, puisque nous avons été élus députés en 1956, au crépuscule de la IVe République! «Nous étions les deux meilleurs orateurs de l'Assemblée nationale», me rappelle-t-il à cette occasion.

Le Pen faisait des citations, car il est très cultivé, ce qui le démarque ainsi de la plupart du personnel politique actuel. Et il pratique l'imparfait du subjonctif, utilise des mots oubliés et fait des citations latines. Sa fille est moins brillante mais plus

« politique ». Elle a jeté par-dessus bord tout ce qui était encombrant dans l'héritage.

Je ne suis pas de droite, mais je ne suis pas pour que l'on écarte les gens qui ne pensent pas comme moi. Ce n'est pas comme cela que l'on fait de la politique, mais en défendant des idées, en faisant des démonstrations, en se battant pour faire triompher ses convictions. On me reproche d'être allé dîner chez Le Pen, à Saint-Cloud, dans sa propriété de Montretout. Ce n'était pas pour je ne sais quelle tractation politique qui n'avait plus lieu d'être. Ce n'était rien de plus qu'une réunion d'anciens combattants évoquant « le bon temps ». Je voulais surtout comprendre comment ce type, qui a toutes ces qualités, en est arrivé à de telles extrémités. Je ne me le suis toujours pas expliqué.

Facho et antisémite ?

Le procès que l'on me fait avec Le Pen est le même que celui qui m'est intenté à propos d'Arafat. Toujours la même équation : tu parles à Le Pen, donc tu es facho. Tu as négocié avec Arafat, donc antisémite. C'est l'équation simpliste des petits esprits. Comment peut-on arriver à une telle pauvreté de raisonnement ? Ça me rend fou. Je dis et répète que la communauté juive de France a tort de soutenir, quoi qu'il arrive, Israël dans sa politique aveugle. La paix n'est pas pour demain, mais la guerre peut-être. Un jour, les choses se passeront mal. Je prêche dans le désert du Sinaï.

2006

19 janvier 2006

Acharnement ?

J'avais reproduit dans mon ouvrage *L'Épreuve, les preuves*, qui se voulait un plaidoyer pour défendre mon honneur dans l'affaire Elf, ma saillie contre le procureur. Alors que j'avais été relaxé en première instance, le garde des Sceaux, Dominique Perben, avait fait appel de la décision. Me voilà donc condamné à 3 000 euros d'amende pour diffamation devant la 11e chambre de la cour d'appel.

16 février 2006

Je suis d'autant plus convaincu d'être dans le collimateur des magistrats que je me vois également condamné en appel dans l'affaire de la Fondation Giacometti, alors qu'en première instance les faits avaient été considérés comme prescrits. Je publie sans attendre un communiqué où je m'émeus : « L'arrêt de la cour, rendu sous la présidence de Mme Françoise Canivet, présidente de la 9e chambre de la cour d'appel, est considéré par moi comme une injustice et je me pourvois immédiatement en cassation. »

2007

23 au 25 janvier 2007

Il neige sur Téhéran. L'épouse de mon ami Jean-Pierre François étant iranienne, je suis chargé par le couple d'instruire une procédure auprès des autorités de Téhéran. Les biens de Mme François ont été confisqués par les ayatollahs, et elle souhaiterait les récupérer. Je profite de ma présence sur place pour reprendre contact avec mes anciens « correspondants ». Je suis accueilli chaleureusement par M. Bizeh, conseiller personnel du ministre des Affaires étrangères, Manouchehr Mottaki. Nous nous dirigeons vers un salon de l'aéroport aux confortables sofas. Il me parle doucement et à voix basse de la situation en Iran.

Je rencontre tout d'abord le vice-ministre des Affaires étrangères, M. Tjilali. Ce docteur en sciences politiques tient des propos assez dogmatiques dans la droite ligne du président Ahmadinejad. Il ne doit pas avoir une grande liberté de manœuvre.

La visite à mon ami Ali Velayati est beaucoup plus détendue. Celui qui fut le ministre des Affaires étrangères pendant dix-sept ans connaît tous les arcanes de la géopolitique internationale. Ce pédiatre aux mains fines a le cheveu noir de jais et un œil d'aigle toujours aux aguets. Il est « vivant », et répond librement aux questions. Il est aujourd'hui le proche conseiller du « guide » Rafsandjani.

Il me fait deux propositions qui sont clairement destinées aux autorités françaises. La première : « Au Liban, nous sommes très bien placés. La France y a des problèmes. Nous pourrions travailler ensemble... » Nous continuons à bavarder. Deuxième proposition : ils se disent prêts à négocier sur le nucléaire.

Je dois ensuite rencontrer le ministre des Affaires étrangères Manouchehr Mottaki. Le rendez-vous se fait attendre toute la journée. Il me reçoit finalement la veille de mon départ à 21 heures. Je reste deux heures dans son salon. J'ai affaire à un homme tout en rondeurs : corps rond, visage rond, esprit rond, lunettes rondes. Il rit volontiers, à la différence des autres qui sont plutôt austères.

Il fait attention à ce qu'il dit, il est très prudent dans ses réponses. Nous abordons la situation dans le monde depuis la fin de la guerre froide. Il parle avec aisance et une grande liberté de ton. Il fustige évidemment « le monopole américain sur la politique mondiale ». Il ne parle de la question sensible de l'uranium qu'en fin d'entretien. Il est sur la même ligne que le docteur Velayati. Habile : « L'Iran n'a pas besoin de la bombe atomique, mais l'Iran a besoin de l'uranium comme source d'énergie pour les années à venir. » Inattendu : « L'Iran est prêt à négocier avec les Européens et les Américains, je dis bien avec les Américains... »

Le Quai frileux

Il est tard. Ses collaborateurs s'impatientent dans le couloir. Il me fait un signe qui veut dire : « En avons-nous terminé ? » Je me lève. Il me raccompagne jusqu'au bas de l'escalier. En descendant, il me laisse entendre qu'il aimerait bien venir à Paris. Il a fait des démarches en ce sens, mais les services de M. Douste-Blazy ont toujours opposé une fin de non-recevoir qui dénote un certain désarroi. Il a été question de la venue à Téhéran du ministre français, puis d'un secrétaire d'État, enfin d'un haut fonctionnaire. Je demande son nom. Il s'agit de Jean-Claude Cousseran, un de mes anciens collaborateurs, très précieux dans ce genre de négociations. « La date de sa venue était fixée, mais tout a été arrêté au dernier moment », regrette le ministre. Je note intérieurement que tous ces contretemps ne sont pas à mettre sur le compte de la seule procrastination du ministre français. Sans doute quelques interventions – dont je devine aisément l'origine – ont dû se produire...

[De retour à Paris, j'appellerais le Quai d'Orsay pour mettre au point un voyage du docteur Velayati. Monsieur Douste-Blazy fera la sourde oreille et ne donnera pas suite. C'est la diplomatie du parapluie.]

5 février 2007

Je déclare être favorable à la détention de la force nucléaire par l'Iran. Ce n'est pas une provocation de ma part. Je suis convaincu que cela rééquilibrerait le rapport des forces en présence au Proche-Orient et interdirait la guerre.

10 mai 2007

Pas l'intention de mentir

Aux assises de Créteil, où je plaide dans un dossier de trafiquants, j'apprends avec tristesse ma condamnation définitive dans l'affaire Giacometti. Jacques Tajan, le commissaire-priseur, a été pour le moins désinvolte dans la gestion des fonds, fruits de la vente des œuvres du sculpteur. Il a fallu en effet vendre ces œuvres pour assurer le fonctionnement de la Fondation Alberto-et-Annette-Giacometti : stockage, assurance et gardiennage de plusieurs centaines de pièces. Or la Cour de cassation a considéré que le commissaire-priseur « a utilisé pendant plusieurs années les sommes revenant à la succession Giacometti afin d'alimenter le fonds de roulement de sa propre étude, qui a ainsi présenté une trésorerie positive, réalisé des économies de frais financiers et amélioré ses résultats ». La cour a également considéré que mes honoraires ne correspondaient pas aux prestations fournies. Dont acte. Je considère cependant avoir mérité la *Femme debout* pour rétribution de mon travail. En remerciement de mon aide, Annette m'avait offert un portrait de Genet par Giacometti. Ce cadeau m'a fait très plaisir, comme le sceau de l'amitié qui unissait les deux hommes.

J'ai prêté ces œuvres à différentes expositions, mais je m'en suis mordu les doigts. La célèbre juge d'instruction qui avait bien voulu s'intéresser à moi pendant quelque temps avait épluché les catalogues et avait échafaudé des élucubrations qu'il m'a fallu combattre pied à pied. Je me suis défendu moi-même en pensant à Victor Hugo dans ses *Choses vues*: «N'ayant pas l'intention de mentir, je n'ai pas pris d'avocat...»

10 au 15 décembre 2007

Vous m'avez sauvé la vie

Visite de Kadhafi à Paris. Je savais par mes «canaux» que le Guide se préparait à venir en France, mais ni le Quai d'Orsay ni l'Élysée ne m'avaient prévenu officiellement ou invité. Ils n'avaient d'ailleurs pas à le faire. Alors que le colonel est déjà arrivé, l'ambassadeur de Libye m'appelle pour m'inviter au Ritz, où il donnera une conférence.

«Le Guide tient absolument à ce que ce soit vous qui présidiez la réunion.

– Cela m'honore. Dites-lui que c'est très gentil de sa part, mais je ne suis plus en exercice et ne veux en aucune façon gêner mon successeur.»

Je botte en touche, car Bernard Kouchner a prétexté une réunion à Bruxelles pour ne pas serrer la main du «dictateur». C'est l'art de la diplomatie «à la carte». On frôle l'incident diplomatique, car l'ambassadeur de Libye se plaint devant les journalistes de n'avoir pu rencontrer son homologue français. C'est un affront. Le président Sarkozy doit recadrer son ministre qui est, théoriquement, au service de «sa» politique. Le syndrome Fabius a encore frappé... L'ambassadeur revient à la charge. Je trouve une ultime parade:

«Remerciez-le, mais ce n'est pas dans les usages diplomatiques...»

Je croyais en avoir fini, mais l'ambassadeur rappelle:

«Je suis désolé, mais le Guide insiste et veut à tout prix que vous participiez à la conférence qu'il donne à l'Hôtel Ritz.»

C'est ainsi que j'ai pris part à cette conférence, en compagnie «d'intellectuels». Kadhafi a l'air soucieux. Je le rassure: «Vous êtes ici avec des amis, n'ayez crainte...» Il me remercie et rappelle l'anecdote: «C'est grâce à M. Dumas que j'ai échappé aux bombes américaines et que je puis être ici.» Il se tourne vers moi: «Vous m'avez sauvé la vie!» Il se lance ensuite dans une envolée sur la «proximité» entre Jésus et Mahomet: «C'est la même philosophie, les mêmes sentiments. Il n'y a donc pas lieu de se diviser.» Il dit encore: «J'admire la façon dont vous avez construit l'Europe.» Je conclus les échanges en me félicitant de la qualité des débats.

Il a tenu à ce que nous quittions ensemble le Ritz. Une foule dense s'est massée place Vendôme pour apercevoir ce personnage étrange qui a installé sa tente de Bédouin dans les jardins de la résidence Marigny, à côté du palais de l'Élysée. Nous sommes cernés par les amazones en *battle dress* qui font rempart de leur corps. Je sens leurs seins dans mon dos, à moins que ce ne soit le canon de leur mitraillette!

Une réunion importante a eu lieu pendant ce séjour parisien de Kadhafi entre le chef d'État libyen et le président de la République du Tchad, Idriss Déby. Peut-être ont-ils parlé de l'Arche de Zoé, qui défraye la chronique en ce moment, mais ils ont plutôt échangé sur le différend frontalier entre les deux pays. Pas un mot dans la presse.

Journalistes et photographes se sont rués à Versailles pour voir Kadhafi le visage emmitouflé dans un cache-nez et une chapka fourrée. Il arpente au pas de course la galerie des Glaces et veut absolument voir le tableau peint en 1801 par le baron Gros, *La Bataille d'Aboukir*. C'est la représentation de la victoire de Napoléon sur l'Empire ottoman. Je ne connais pas l'interprétation qu'en a faite le visiteur pressé.

2008

10 au 15 mars 2008

Shimon Peres est venu tout auréolé de ses nouvelles fonctions de président d'Israël. C'est le couronnement de tant de combats qui font de lui un personnage incontournable de la vie internationale. Il a inauguré sa visite d'État par des embouteillages sans pareil dans Paris en rendant hommage aux trois « M » qu'il doit considérer comme les trois héros de notre pays : Monnet, Moulin et Malraux. C'est l'hommage qu'il rend à l'Europe, à la Résistance et à la gloire gaulliste.

En même temps, le président Sarkozy a profité de la visite de son « grand ami Shimon » pour se rendre à Bruxelles afin d'exposer les grandes lignes de son Union pour la Méditerranée. Si Israël est incontournable dans ce projet, les pays arabes – qui sont les plus nombreux – le sont tout autant. Se sentant bafoués, ils ont boycotté la visite du président israélien, notamment au Salon du livre qui fait de l'État hébreu son invité d'honneur.

Est-ce vraiment le meilleur moment pour présenter le projet franco-allemand d'accord pour l'avenir de la Méditerranée, si les partenaires, de l'autre côté de la rive, manifestent leur désapprobation ? La politique de la France dans la région depuis le général de Gaulle jusqu'à Jacques Chirac n'a jamais été remise en cause au fond. On lui reconnaissait une qualité : l'équilibre entre les attitudes et les discours envers les deux États.

Les artistes au pouvoir

La Palestine compte, elle aussi, des écrivains de talent, en tout cas aussi intéressants que ceux qui viennent peupler le Salon du livre. Pourquoi ne pas les inviter à leur tour dans un souci d'équilibre et de respect des formes ?

La culture, qu'elle s'appelle littérature ou peinture, est toujours partie prenante des processus de paix. Prenons garde de ne pas les négliger au seul avantage de la politique et de l'économie. Les négociations sont en perpétuel recul. Peut-on encore espérer une solution de bon sens ? Cela devient chaque jour un peu plus difficile, car les nouvelles générations sont élevées dans la haine et dans l'esprit de vengeance. Je sais, par expérience, que c'est le mauvais chemin. Quand les gouvernants échouent, c'est aux artistes et aux écrivains de tracer la voie.

19 mars 2008

Je lis dans la presse que la vente de la bibliothèque napoléonienne de Villepin a dépassé les estimations. C'est bien qu'un ministre des Affaires étrangères se soit intéressé à l'histoire. Mais le risque, c'est de se prendre pour Napoléon ! Le bonapartisme est un tropisme récurrent chez les gaullistes.

C'est moi qui ai fait rentrer Dominique de Villepin en Europe. Il se morfondait à Washington où il découpait la revue de presse de l'ambassadeur. Pasqua était intervenu en sa faveur pour lui faire quitter les États-Unis, car il était impatient d'en découdre avec nous. « Vous voulez qu'il rentre pour faire des papiers vengeurs contre nous », fis-je remarquer à l'impayable Corse de Neuilly. Je lui promis d'étudier son cas, ce que je fis avec le fonctionnaire du Quai en charge des affectations. Comme il n'y avait pas de poste disponible à Paris, je demandai qu'on l'envoie en mission à Bruxelles, ce qui n'était pas l'exil à Sainte-Hélène. Il partira un peu plus tard pour New Dehli.

Comme ministre des Affaires étrangères d'opposition, j'ai préféré Alain Juppé. C'est lui qui m'a succédé au Quai. Pourtant, il me l'a jouée un peu « pète-sec ». Il n'a pas voulu faire de passation de pouvoir selon les règles républicaines habituelles. « Vous y tenez vraiment ? » m'avait-il demandé, peu convaincu. Il ne m'aimait pas, car à Bordeaux il me voyait comme l'opposant que je n'étais pas. Quand j'étais président du Conseil constitutionnel, j'avais parlé du cas Juppé avec Jacques Chirac, en lui suggérant que l'élève devrait s'inspirer du mentor. Le président de la République m'avait alors assuré que son poulain était en train de changer.

Juppé est devenu plus souple, avec le temps. C'est à cela que l'on reconnaît qu'un homme politique a le cuir tanné par les épreuves. Nous nous croisons dans les coulisses de l'Opéra de Bordeaux quand nous allons saluer les artistes. Il m'a gratifié d'un large sourire. Il réussit dans son fief. Il s'est habilement transformé en duc d'Aquitaine, titre dont on gratifiait Jacques Chaban-Delmas, qui n'a pas fait grand-chose pour sa ville pendant le demi-siècle où il est resté maire.

9 mai 2008
Sur un air d'accordéon

Pascal Sevran a été porté en terre ce matin, au milieu des paysans limousins, entouré des siens et des habitants de Morterolles-sur-Semme (Haute-Vienne), au cours d'une cérémonie simple, revenu qu'il était à ses origines modestes. Il est mort à Limoges après une longue maladie. La veille, dans l'église Saint-Louis-en-l'Île, il avait reçu un hommage tout aussi émouvant de ses admirateurs, partenaires et des officiels de la République. Limoges et île Saint-Louis, cela suffit à nous rapprocher.

Il était un fidèle de François Mitterrand qu'il avait connu chez une amie commune, Dalida. Ce dernier avait un faible pour celle qu'il considérait comme « la dernière grande chanteuse populaire ». Moi qui connaissais les chanteuses d'opéra, j'étais chaviré par d'autres voix que celle de Dalida ! Dans les années 1970, il m'avait même traîné à l'Olympia pour l'y applaudir. J'ai regretté de ne pas poursuivre une relation avec cette femme qui avait quelque chose de troublant et de fragile. Mais Mitterrand et elle s'étaient brouillés. Peut-être avait-il été un peu trop pressant ?

Je garderai de Pascal Sevran les images d'une soirée mémorable avec les Gorbatchev en visite privée. Le président de la République les avait invités en Bourgogne. François voulait faire connaître à Mikhaïl et Raïssa la France « de l'intérieur » et le cercle de ses amis proches. Au-delà de la politique, c'était une preuve de grande confiance et d'estime.

La rencontre avait eu lieu après la traditionnelle ascension de la roche de Solutré. « Apportez votre accordéon », avait ordonné Mitterrand à Sevran. À la fin de la soirée, dans un restaurant de Mâcon, Pascal avait chanté les plus belles chansons françaises. Gorbatchev n'était pas le dernier à lui donner la réplique, entonnant des chants russes repris par Pascal Sevran qui répondait à sa voix de baryton Martin, puissante et chaude. Une soirée incroyable.

16 juin 2008

Le ministre « empêché »

Avec l'invitation faite au président syrien, Bachar el-Assad, de participer à la réunion de l'Union pour la Méditerranée le 13 juillet et au défilé de la fête nationale, le lendemain, la France change de politique au Proche-Orient de façon spectaculaire. J'ai toujours défendu l'idée que la Syrie était incontournable pour tout ce qui touche au Proche-Orient. Qui veut être utile à la paix dans cette région du monde doit se pénétrer de cette idée. N'en déplaise à Bernard Kouchner, dont ce n'est pas la première fois qu'il se prononce contre cette perspective, ignorant que la Constitution prévoit que le ministre des Affaires étrangères de la République doit suivre les orientations du chef de l'État...

L'autre complication dans les rapports avec la Syrie vient de la lointaine position du clan gaulliste, et plus particulièrement celle du président Chirac. Après l'assassinat, en 2005, de son ami proche, le Premier ministre libanais Rafiq Hariri, un musulman sunnite, la France avait rompu ses relations diplomatiques avec Damas. Elles le sont toujours, car le doigt de la France était pointé vers la Syrie comme prétendu auteur de cet assassinat.

Le président Sarkozy devra résister aux suggestions, critiques et manœuvres qui viendront de toutes parts pour lui faire changer de direction. Il est heureux que ce mouvement se soit accompagné d'un changement d'opinion en Israël, qui vient d'ouvrir des négociations avec la Syrie *via* la Turquie. À nouveau, la France et l'Occident obéissent au changement d'humeur de Tel-Aviv... Cette fois-ci est heureuse, même si apparaît, en toile de fond, le désir inavoué de porter le fer entre la Syrie et l'Iran.

Que la France retrouve sa liberté de langage dans la région ne peut que nous réjouir, car elle conduira un développement de nos relations avec la Syrie et la reprise en main de nos intérêts.

1er juillet 2008

La France prend son « tour de bête », la présidence « automatique » de l'Union européenne. Or, l'effondrement des Bourses mondiales qui vient de se produire, et qui n'est pas terminé, montre une fois de plus que le capitalisme, dont on vante toujours les bienfaits, peut aussi nous réserver des « trous d'air » monstrueux. On a, en outre, découvert à cette occasion la surprenante paupérisation des États-Unis.

Dans ce contexte difficile, l'Europe doit se hâter d'exister. La France peut-elle y contribuer ? La présidence française qui s'ouvre serait bien inspirée en mettant en ordre de bataille notre dispositif diplomatique. Or, qu'en est-il ? Qui sait qui commande la politique étrangère de la France, entre le président de la République qui s'en mêle de façon brouillonne, le ministre des Affaires étrangères qui la gère au jour le jour, le conseiller diplomatique de l'Élysée qui exécute et les ministres qui intriguent dans les couloirs ? Qui donne le *la* ? Qui coordonne l'orientation générale ? Qui trace la route ? Seul, ces jours derniers, le ministre des Affaires européennes, Jean-Pierre Jouyet, grand ami de François Hollande, s'est prononcé de façon elliptique et chatoyante : « Paris entend défendre les intérêts de l'Europe tout entière. » C'est le moins qu'il pouvait dire !

Mais qu'en est-il de l'alliance avec l'Allemagne ? A-t-on essayé de répondre à la mauvaise humeur provoquée chez les diplomates d'outre-Rhin et chez Mme Merkel par la désinvolture avec laquelle « la famille Sarkozy » a traité l'affaire des infirmières bulgares, sans égard pour ceux qui avaient travaillé pendant des années à cette libération ? Or, nous savons, depuis 1956, qu'il ne peut y avoir de « bonne Europe » sans une alliance forte entre France et Allemagne.

12 juillet 2008

Réunion de l'Union pour la Méditerranée voulue par Nicolas Sarkozy. À l'Élysée, Bachar el-Assad et Michel Sleiman annoncent la réouverture des relations diplomatiques entre la Syrie et le Liban. Ont-elles jamais cessé en sous-main, tant leurs deux sociétés sont « cousines » ?

23 juillet 2008

Réforme de la Constitution. Rien sur l'incapacité du chef de l'État. Une fois Mitterrand parti, on a oublié, comme pour Pompidou, cette question qui semble taboue. Reposée depuis des décennies, il est troublant qu'elle n'ait jamais reçu de réponse juridique imparable.

Je pense qu'il faudrait réunir un collège de médecins, d'abord, et un collège de juristes, dans un second temps. Le Conseil constitutionnel pourrait remplir ce rôle. On peut aussi imaginer qu'il soit entouré de « grands esprits » dont la République regorge.

1er octobre 2008

Le juge Van Ruymbeke clôt l'affaire des frégates par un non-lieu. Il conclut que le détournement était une escroquerie envers Elf et que l'argent détourné n'a jamais été utilisé dans le cadre du marché des frégates.

2009

23, 24, 25 février 2009

L'élégance faite hommes

Vente de la collection Bergé-Saint Laurent, dont le produit ira à la recherche médicale. Grâce à Philippe Mugnier, le directeur de la Fondation Pierre-Bergé-Yves-Saint-Laurent, j'ai eu la chance de visiter l'appartement du couturier au 55, rue de Babylone (Paris VIIe). C'est un duplex sur jardin où les deux hommes ont cohabité un temps avant que Pierre Bergé ne s'installe rue Bonaparte. La décoration des deux « domaines » est proche. Inimitable élégance française.

François Mitterrand était venu plusieurs fois dîner dans la grande salle à manger. Plus que les meubles Art déco d'inspiration africaine, c'est la qualité des tableaux qui m'avait impressionné : Picasso, Mondrian, Gris, Léger. Je reste médusé devant *Instruments de musique sur un guéridon*, de Picasso, et surtout par *Les Coucous, tapis bleu et rose*, de Matisse. La fréquentation des chefs-d'œuvre m'apaise. On devrait peut-être organiser les réunions de crise internationales au Louvre ?

Le studio de travail de Saint Laurent est émouvant. On a l'impression que le couturier va surgir de derrière le paravent. Ce trouble est encore accentué par la présence de son bouledogue, Moujik, dont Philippe Mugnier a la garde. J'ai été heureux de flâner dans ce temple du grand bon goût avant la dispersion aux enchères. Je comprends que Pierre Bergé ait voulu ne pas s'attacher à ces objets d'exception que les deux amis avaient collectionnés de concert. Je ne sais pas si je serais capable d'en faire autant...

3 et 4 avril 2009

Au sommet de l'OTAN, à Strasbourg, le président Nicolas Sarkozy annonce que la France rejoint le commandement intégré de l'OTAN. Mitterrand et moi nous y sommes toujours opposés. Personne n'a l'air de se soucier de cette décision qui engage pourtant, au premier chef, notre indépendance, donc notre avenir. Il faudrait décliner les questions suivantes : ça nous oblige à quoi et ça nous dispense de quoi ? Je suis convaincu que nous n'aurons même plus le droit de discuter, encore moins de dire non.

Cette attitude « d'alignement » est recherchée systématiquement par les Américains. Leur doctrine ? « Plus on est, et plus on est solidaire, plus on est fort. » Mais le fait d'être solidaire dispense en fait de discuter. Ma préoccupation rejoint celle du général de Gaulle : ne pas engager la France dans un conflit où ses intérêts ne sont pas menacés. Comme disait Mitterrand : « Un seul mot compte en politique : non ! »

Cette entrée dans le commandement intégré n'est pas nouvelle. Déjà, Jacques Chirac en son temps l'avait envisagée en échange de la responsabilité de la France pour tout ce qui concerne le flanc sud de l'Alliance, c'est-à-dire, en gros, la Méditerranée. Les Américains (et les Anglais) avaient été effrayés à l'idée que Paris puisse contrôler Gibraltar. L'embryon de tractations en était resté là.

13 mai 2009

Remise de la rosette d'officier de la Légion d'honneur à Jean-Pierre Elkabbach dans les salons du musée Chirac. Le Tout-Paris politico-médiatique est réuni, ce qui n'est pas sans poser la question de la grande porosité qui existe entre ces deux mondes où l'on vit un peu trop entre soi à mon goût. C'est l'ancien président de la République qui épingle la rosette au revers de l'intervieweur vedette d'Europe 1.

Le musée des Arts premiers du quai Branly portera un jour le nom de celui qui l'a initié. C'est la tradition monarchique des présidents de la Ve République. Mais aucun n'a eu la « maladie de la pierre » comme François Mitterrand !

19 juin 2009

Les faux époux sont vrais

Mon amie Elizabeth Cooper est à l'honneur. Dans la cour des Invalides, ce petit bout de femme rousse est l'invitée d'honneur du premier Festival international de musique militaire de Paris. Elle dirige « à la baguette » 500 musiciens. Je m'apprête à prendre ma place quand un général en grand uniforme s'avance vers moi et me salue d'un « bonsoir, monsieur le ministre d'État ». Je ne le reconnais pas d'emblée. C'est Alain Mafart, le « faux époux Turenge », qui s'était illustré dans la lamentable affaire du *Rainbow Warrior*. Il n'avait fait qu'exécuter les ordres.

Il tient à me remercier d'avoir été bienveillant à son égard notamment en le défendant, ainsi que sa collègue Dominique Prieur, contre Rocard qui les avait renvoyés purger leur peine en Nouvelle-Zélande. Je considérais cette attitude du Premier ministre comme injuste envers des fonctionnaires des services spéciaux qui obéissent à un ordre de mission contestable et qui échouent. C'est comme faire le reproche à des soldats de perdre une bataille qu'ils n'ont pas décidée. Je les avais reçus tous deux au Quai d'Orsay pour connaître leur version des faits et j'étais intervenu pour qu'ils puissent purger leur peine en territoire français dans une de nos bases du Pacifique.

Je profite de la conversation pour lui demander ce qu'est devenue sa camarade à laquelle il avait servi de « couverture ». À ma grande surprise, il me répond : « Nous nous sommes mariés et nous avons des enfants. » Le cocasse de l'affaire est que, pour camoufler leur opération, ils étaient censés être en voyage de noces à Auckland... Il me décrit la grande difficulté des couples où l'un des membres est un agent des services spéciaux, elle en l'occurrence : « Je ne sais jamais ce que fait ma femme, me confie-t-il. Je ne sais pas où elle part ni pour combien de temps. »

23 septembre 2009

L'Affaire Farewell au cinéma retrace cette surprenante manipulation à laquelle j'avais assisté « en direct ». Il est vrai que cette histoire était un polar tout trouvé ! Emir Kusturica et Guillaume Canet jouent les rôles principaux.

2010

9 janvier 2010

Sur le plateau d'Ardisson, lors de l'émission «Salut les Terriens», je traite Jean-François Copé de «vichyste» à propos du port de la burqa qu'il vilipende. Il est vrai que son père, Roland Copé, ancien proctologue devenu comédien sur le tard, a joué le rôle de Pétain au cinéma dans *La Rafle*!

De mon point de vue, la question du port de la burqa dans l'espace public ne se pose pas tant qu'il s'agit de quelques centaines, voire quelques milliers de femmes. On agite des épouvantails dans les médias, qui ne demandent que cela, pour ne pas se pencher sur les vrais problèmes sociaux. Et, ce faisant, on crée des «vocations» chez des femmes musulmanes en perte de repères… Irresponsable.

27 janvier 2010

Déjeuner avec Frédéric Mitterrand rue de Valois. J'ai demandé à voir le ministre de la Culture pour le sensibiliser au centenaire de la naissance de Jean Genet, dont j'étais l'avocat. Je me sens un peu dépositaire de sa mémoire, même si c'est son ami, Jacky Maglia, qui est le détenteur du droit moral sur son œuvre. Nous avons, bien sûr, parlé de l'écrivain qui m'a laissé une partie de ses papiers et beaucoup de souvenirs attachants.

FM (les mêmes initiales que son oncle) a du charme et de l'humour. Il est cultivé et courageux. Chapeau l'artiste! Mais on le sent malheureux. En regardant son sourire de clown triste, je ne pouvais m'empêcher de penser à Genet qui me confia un jour : « Vous ne pouvez vous rendre compte, Roland, que pour les homosexuels la vie est un monde fini. »

Printemps 2010

Fils de Marianne

Je retourne plus souvent en Limousin. Je vais voir les endroits bouseux où, gamin, je passais mes vacances. Nous n'avions pas beaucoup d'argent, mais mon père louait une fermette, à 6 kilomètres de Limoges, entre Landouge et Feytiat. Je retrouve la maison qui n'avait pas l'eau courante. Nous nous lavions à la pompe. Mon père travaillait à Limoges et venait nous rejoindre sur une moto qui sentait l'huile. Il nous emmenait faire des balades. Je sens encore l'odeur de sa veste de cuir et du moteur chaud. Quand le Front populaire octroya les congés payés, nous partions en Normandie rendre visite à la famille de ma mère. La situation de mon père s'étant améliorée, il avait acheté une Delage. On peut être de gauche et aimer les belles voitures ! Le garagiste avait quand même pris soin de lui demander : « Vous ne craignez pas le qu'en-dira-t-on ? »

Si j'ai voulu réussir ma vie, ce n'est pas par revanche sociale, même si je détestais la bourgeoisie limousine. Je rejetais et admirais à la fois ces garçons en pantalon de golf, de cheval, ou en tenue de tennis qui nous humiliaient d'un simple regard. Ce genre de sports était réservé aux fils de porcelainiers et de fabricants de chaussures. Au lycée, j'étais toujours premier, devant tous ces garçons qui conservaient cependant leur arrogance à mon égard.

Le premier événement « politique » qui m'a marqué a été le 6 février 1934. J'avais 11 ans. Au lendemain de la grande manifestation devant la Chambre des députés, des désordres s'étaient produits en province. Derrière chez nous se trouvait ce que l'on appelle aujourd'hui un centre équestre et que nous appelions alors une école de dressage. Je me revois passer devant, sans regarder, vêtu de ma blouse noire serrée à la taille avec une ceinture de cuir, et mon bonnet enfoncé jusqu'aux oreilles.

Les Croix-de-Feu avaient manifesté à l'école de dressage. Le maire de Limoges, le père Betoulle, la bedaine ceinte de son écharpe tricolore, avait mobilisé les forces de gauche pour les déloger. Mon père était évidemment dans la troupe. C'est ce jour-là que j'ai compris qu'il existait une lutte des classes.

Quand j'ai commencé à faire des études puis de la politique, pour être finalement élu député en 1956, je me suis rendu compte que tout cela n'était que de la poudre aux yeux. Les données se sont alors inversées. Je trouvai médiocre et étroit d'esprit ce qui m'était apparu comme un idéal inatteignable pour mon âme d'enfant.

S'ajoutait à cela l'absence de mon frère cadet qui avait été mis en nourrice à la campagne parce que ma mère était malade. Il ne vivait pas avec nous. Et quand il est revenu, il ne parlait que le patois limougeaud. Ma Normande de mère ne comprenait pas ce qu'il disait, ce qui le mettait en rage. Je me demande si les difficultés qu'il a rencontrées dans sa vie ne trouvent pas là leur origine. J'étais celui qui réussissait, lui celui qui échouait. Je crois bien que mes parents m'ont préféré à lui. Je ressens, aujourd'hui encore, son suicide comme un échec personnel.

Sans date

Faites tirer !

Madame Joly annonce son intention de se présenter à l'élection présidentielle. Elle signe là son forfait. Son acharnement à m'abattre était un acte politique. Je n'ai pas peur de dire qu'elle a récupéré une partie des affaires qui lui étaient confiées à des fins d'ambition personnelle. Ce qui est intéressant à analyser, ce n'est pas mon comportement mais le sien !

Quand elle a commencé à me parler de l'achat par Mitterrand de sa maison de Gordes, j'ai compris qu'à travers moi elle voulait atteindre la mémoire de Mitterrand. Son raisonnement était le suivant : « Vous étiez un combinard, mais ce n'était peut-être pas à votre seul profit. D'où provenaient ses revenus et où allaient-ils ? À sa fille, bien sûr. »

Le juge Thierry Jean-Pierre, lui, avait imaginé venir perquisitionner à l'Élysée pour une histoire concernant les « libéralités » de Roger-Patrice Pelat, l'ami du président. Dans les bureaux du président de la République ! Mitterrand m'avait demandé mon avis. J'étais embarrassé. Ça dépassait la mesure de mes dossiers habituels ! Je finis par lui dire :

« Moi, je résisterais.

– C'est bien mon intention.

– Qu'allez-vous faire, monsieur le président ?

– J'ai convoqué le chef de la maison militaire. Je lui ai dit : S'il y a une demande de perquisition, vous fermez les grilles.

– "Bien, monsieur le président, a dit le général, mais si le juge se déplace avec la force publique…"

– Vous faites tirer. Je vais signer l'ordre !

– "À vos ordres, monsieur le président de la République". »

Mitterrand faisait front à une « entreprise subversive », mot qu'il a employé. C'était Charles X faisant donner la Garde royale ! Il considérait, plus sérieusement, que c'était la dégénérescence des institutions.

20 juin 2010

Vaines querelles

« Ce soir (ou jamais !) » : j'aime bien cette émission de Frédéric Taddeï, l'une des rares où l'on a le temps de débattre de grands sujets d'actualité et de s'écharper. Il a l'amabilité de m'inviter régulièrement, ce qui lui vaut quelques reproches. Suis-je encore à ce point « sulfureux » ? Le blocus par Israël des territoires occupés suscite encore la polémique. Je dis : « Je ne veux plus parler du Proche-Orient, ça ne sert à rien… »

Mon empoignade avec la querelleuse journaliste Élisabeth Lévy est épique. Tout ce que j'aime. Elle me dit :

« Je regrette de ne pas vous avoir envoyé mon verre à la figure !

– C'est bien dommage, madame. »

Été 2010

La « déclassification » des archives présidentielles et leur publication aux États-Unis constituent un contrepoint passionnant à la politique telle que je l'ai vécue. Les leaders européens font l'objet de nombreuses notes à destination des présidents.

Mitterrand peut y apparaître plus « aligné » sur les États-Unis qu'il n'y paraissait en France. On y trouve cependant des constantes comme l'ambiguïté, le goût du secret. Il était un peu jésuite, même s'il avait été élevé chez les maristes : quand on veut aller d'un point A à un point B, on n'est pas obligé d'y aller directement ! Seul compte le but à atteindre.

23 août 2010
J'ai encore le temps

Les anniversaires sont une épreuve en ce qu'ils obligent à faire une introspection. Je suis né le 23 août 1922, à la limite du Lion et de la Vierge : le Lion pour l'énergie, la Vierge pour les arts. Ça me va ! Si je meurs demain, je connais l'hommage que l'on me rendra : « Tiens, il était encore vivant ? » Je fanfaronne, mais je ne suis pas naïf. Je vois les jours qui passent.

Je voudrais être enterré au cimetière de Louyat à Limoges (Haute-Vienne), plutôt qu'à Saint-Selve (Gironde), où j'ai ma maison dans laquelle habite ma femme, Anne-Marie. Ma mère repose en Normandie, mais ce n'est pas mon « pays ». Quels que soient les détours de la vie, on revient au point de départ. Ça simplifie les choses. Les vers de Du Bellay chantent à mon oreille : « Plus me plaît le séjour qu'ont bâti mes aïeux... »

J'aime la vie et je ne suis pas prêt à l'abandonner. Je sais cependant qu'il arrive un moment où l'on n'a plus envie de vivre. Ce n'est pas mon cas. Je n'ai pas encore rédigé mes dernières volontés ni même mon testament. « Ça porte malheur », me disait Picasso. Ou plus exactement, je trouve que c'est trop tôt. À 90 ans, j'ai encore le temps ! On appliquera la loi, et c'est tout. Sinon, je ferai un testament en trois lignes : « Je lègue à ma femme et à mes enfants... » Les quelques œuvres d'art que je possède leur reviendront aussi. Elles seront exemptées des droits de succession, grâce à Laurent Fabius, membre d'une grande famille de marchands d'art éclairés. François Mitterrand avait consulté trois personnes à ce propos quand il s'était agi de taxer les collections d'œuvres d'art : Fabius ès qualités, son vieux complice Rousselet, qui possédait une galerie de peinture, et moi en tant que défenseur d'artistes et de leurs ayants droit. J'ai dit comme les autres :

« Si vous voulez faire fuir les œuvres d'art de France, taxez-les ! » Il demanda au gouvernement Mauroy de n'en rien faire.

Octobre 2010

Renverser Bachar

Voyage à Londres pour affaires. Un de mes clients doit faire face à un conflit commercial concernant la vente de matériel ferroviaire à une compagnie algérienne. Le lendemain matin, il m'invite à prendre le petit déjeuner avec des partenaires anglais pour parler politique, ce dont il n'est pas coutumier. Dans la conversation, entre *tea*, bacon et toasts grillés, il glisse : « Il se prépare quelque chose en Syrie, voulez-vous en être ? » Je suis surpris et lui demande de quoi il s'agit. Il me dit clairement qu'il s'agit de renverser Bachar el-Assad et de le remplacer par un général en retraite de l'armée syrienne. Et d'ajouter : « En tant qu'ancien ministre des Affaires étrangères, nous voudrions savoir, selon vous, comment réagirait la France dans cette hypothèse. Et deuxièmement, voulez-vous intervenir dans ce projet d'une façon ou d'une autre ? » Je réponds que je ne veux surtout pas me mêler d'un coup d'État et qu'en plus je pense que ce serait une erreur. Je rentre à Paris en ne prenant pas cette proposition au sérieux.

[J'avais oublié cette histoire jusqu'au début du conflit en Syrie fomenté par les Occidentaux. Cela prouve que ce projet de coup d'État est beaucoup plus ancien que ce que l'on veut bien nous dire.]

1er et 2 novembre 2010

Pour sortir du « classique », j'assiste à la représentation de deux œuvres du compositeur russe contemporain Rodion Chtchedrine. Il est d'ailleurs présent en personne au théâtre du Châtelet, en compagnie de la mezzo-soprano Kristina Kapustinskaïa. Valeri Guerguiev, célèbre dans le monde entier, est au pupitre. Il a succédé à sir Colin Davis à la tête de l'Orchestre symphonique de Londres. En 2015, il dirigera l'Orchestre philharmonique de Munich, reprenant la baguette de Lorin Maazel.

Esprit original, le directeur du théâtre Mariinsky de Saint-Pétersbourg mène avec une surprenante inventivité *Le Petit Cheval bossu*, un ballet brillant et somptueux, bien dans la tradition russe. *Le Vagabond ensorcelé* est un oratorio chanté par ses chœurs et une pléiade d'acteurs aux voix exceptionnelles. Madame Kapustinskaïa est Groucha la Tzigane, la narratrice. Du grand art lyrique aux accents parfois wagnériens. Le souffle de l'âme russe passe par ces voix qui m'émeuvent. Je nourris une admiration profonde pour le peuple russe et sa culture à fleur de peau. La partition de la Russie d'aujourd'hui résonne aussi dans ces notes-là. On ferait bien de l'écouter avec plus d'attention.

10 et 11 novembre 2010

Je t'en ai voulu

Retour à Londres. Le Conseil de l'Europe a organisé un « Groupe des éminentes personnalités européennes » qui se réunit tous les ans pour inspirer, et peut-être harmoniser, les différentes politiques étrangères occidentales. S'y retrouvent d'anciens Premiers ministres, d'anciens ministres des Affaires étrangères, des hommes politiques en exercice, surtout d'Europe du Nord.

C'est Hubert Védrine qui préside cette fois. Il m'a invité en tant que son prédécesseur au Quai, ainsi que Lionel Jospin. Le thème en est la paix au Proche-Orient. Ce sont toujours les mêmes déclarations d'intention. Les exposés sont longs et tournent en rond. Hubert Védrine pianote sur son portable. Hans Van den Broek, ancien ministre néerlandais des Affaires étrangères, se cure les ongles. De guerre lasse, je dis aux partenaires : « Voulons-nous vraiment faire quelque chose ? Si ce n'est pas le cas, rentrons dans nos pays pour préparer les fêtes de Noël avec nos enfants ! » L'auditoire rit et applaudit.

À défaut d'avancées sur la paix en Palestine, je profite de ce séjour londonien pour fumer le calumet de la paix avec Jospin. Drôle d'Indien. L'ancien Premier ministre avait eu des mots très durs envers moi, lors de l'affaire Elf, et n'avait pas levé le petit doigt pour me venir en aide, pas plus que Mme Cresson, d'ailleurs, qui m'a toujours détesté. Ulcéré et piqué au vif, j'avais réagi, maladroitement, en mettant en cause son père, au passé douteux pendant la dernière guerre. Ce n'était pas grandiose de ma part ! Jospin m'avait appelé le lendemain matin pour tenter de m'expliquer son attitude et celle de son père…

« Je t'en ai beaucoup voulu, me lance-t-il.

– Et moi, donc ! » répliqué-je, non sans ironie.

Je reconnais son côté brillant. Son passage au gouvernement a été plutôt réussi, dans la droite ligne des réformes que nous avions entreprises. Nous n'avons pas perdu la face. Mais il reste pour moi mystérieux. Il s'ouvre rarement et, quand il se lâche, on a l'impression qu'il le fait à regret. Peut-être ses côtés protestant et trotskyste, auxquels je suis totalement étranger ? Il est susceptible, se vexe facilement, ce qui, en politique, est un inconvénient. Il répète qu'il s'est fixé comme règle de ne plus intervenir dans la politique intérieure française. Je le vois comme une « sauvegarde » personnelle. Certes, il a été battu à plate couture à l'élection présidentielle de 2002, mais Mitterrand a bien été battu trois fois avant d'accéder à l'Élysée ! Je pense que la parole de Jospin serait utile dans la période confuse que traversent les socialistes en ce moment.

19 novembre 2010

La liberté ou l'amour

Soirée poésie avec les Masson à Guyancourt (Yvelines). Sonia Masson, fille de Diego et petite-fille d'André, comédienne et chanteuse, présente, à la Maison de la poésie, un spectacle qu'elle a mis au point avec son petit « théâtre du Lampion ». Il s'appelle *Robert Desnos, la liberté ou l'amour*, magnifique titre pour rendre hommage au poète mort dans les camps de concentration. Une fois encore, je retrouve ces étranges entrelacs de la vie. Desnos s'était installé avant guerre à Montparnasse, au 45, rue Blomet, dans l'atelier occupé par André Masson. Le peintre surréaliste m'avait souvent parlé de cette coïncidence au cours de nos nombreuses conversations. J'étais l'avocat de son fils Diego, à l'époque où il n'était pas encore chef d'orchestre, mais déjà engagé auprès des indépendantistes algériens, ce qui lui avait valu la prison.

La plainte mélancolique du bandonéon de Pablo Nemirovsky, musicien argentin qui a fui la dictature, me plonge dans une sombre langueur. Tant de ces souvenirs s'entrechoquent, à l'ombre des vers de Desnos, mort le 3 mai 1945, un mois après la libération du camp de Terezin (Tchécoslovaquie), par les Russes.

Le typhus fait rage et les partisans tchèques font ce qu'ils peuvent pour venir en aide aux mourants. Un étudiant en médecine, Josef Stuna, repère par hasard le nom de Robert Desnos sur un registre. Il connaît le mouvement surréaliste, a lu Breton et Éluard et a entendu parler du poète français. Mais comment le retrouver parmi des centaines de morts vivants tous en pyjama rayé et qui ne sont plus que des matricules ? Avec l'aide d'une infirmière qui parle le français, il finit par le retrouver, tremblant de fièvre sur une paillasse. « Oui, Desnos, le poète, c'est moi… » a-t-il encore la force d'articuler. Dans un souffle, il récitera un de ses poèmes que l'étudiant notera pieusement, pensant qu'il était inédit. Il n'était que prémonitoire :

J'ai tant rêvé de toi, tant marché, tant parlé,
Couché avec ton fantôme,
Qu'il ne me reste plus, peut-être,
Et pourtant, qu'à être fantôme
Parmi les fantômes et plus ombre
Cent fois que l'ombre qui se promène
Et se promènera allègrement
Sur le cadran solaire de ta vie.

22 novembre 2010

Le spectre de Goering et Keitel

Voyage à Nuremberg pour le soixante-cinquième anniversaire du procès des criminels de guerre nazis. Bernard Kouchner, ministre des Affaires étrangères, qui fut mon secrétaire d'État, n'ayant pas pu (ou pas voulu ?) s'y rendre, m'a désigné, avec l'accord du président de la République, Nicolas Sarkozy. Les Alliés avaient choisi cette ville de Bavière, car son stade avait été le cadre des folles célébrations du IIIe Reich, avec un Hitler éructant pour galvaniser des foules hystériques. Symbolique. La deuxième raison était que la ville possédait encore un tribunal de commerce intact dans une Allemagne en ruine. La salle, assez étroite, est restée en l'état, avec ses boiseries sombres. Je revois les images des accusés bien « rangés » dans leur box, sous la garde de soldats de la Military Police américaine, casqués de blanc. Les « actualités » de l'époque nous avaient permis de découvrir le visage des Goering, Hesse, Speer et autres Keitel, qui avaient perdu de leur superbe.

Je suis impressionné, ému, abattu même. Devant les ministres allemand et russe des Affaires étrangères, Guido Westerwelle et Sergueï Lavrov, je prends la parole pour exprimer ce qu'avait représenté ce procès pour ceux qui avaient souffert de la guerre et pour l'humanité en général. Je parle surtout de la réconciliation franco-allemande et de la construction européenne qui doit, plus que jamais, être consolidée. La presse retiendra ma formule: «Le tribunal de Nuremberg, ce fut surtout l'émergence de l'idée d'une justice pénale internationale.»

Dîner dans un élégant restaurant qui domine la vieille ville détruite à 90 % par les Alliés. Le quartier médiéval a été reconstruit. Visite à la maison natale du peintre et graveur Albrecht Dürer, tout en recoins et escaliers. Un moyen d'oublier l'énorme charge émotionnelle ressurgie au-delà de ce que je pouvais imaginer. Mes prises de position sur les relations entre nos deux pays sont sincères, mais je ne peux faire abstraction de tout ce qui vient, chaque jour, irriter les cicatrices. Nuremberg, Desnos. C'est douloureux. Que penserait mon père de tout cela?

23 au 27 novembre 2010

Ô viens mon beau soleil

Jean Genet a été célébré, à Paris, comme il ne l'a jamais été, grâce à Frédéric Mitterrand et à Bertrand Delanoë, que j'avais alertés. À Jacky Maglia aussi, son exécuteur testamentaire qui a été associé aux festivités. Au fronton du Théâtre de l'Odéon, un portrait géant du poète, signé Ernest Pignon-Ernest, accueille le visiteur. C'est bien lui, avec ses traits cabossés et son nez de boxeur. J'ai l'impression qu'il me reconnaît et me sourit.

Sur la scène, Jeanne Moreau et Étienne Daho mettent en voix *Le Condamné à mort* qui est, à mes yeux, l'un des poèmes les plus bouleversants de la langue française. C'est l'ode fantasmée à un jeune homme de 20 ans qui attend la guillotine. Soixante-six quatrains comme ceux-ci dont les plus crus feraient sans doute crier M. Copé à l'outrage public:

Sur mon cou sans armure et sans haine, mon cou
Que ma main plus légère et grave qu'une veuve
Effleure sous mon col, sans que mon cœur s'émeuve,
Laisse tes dents poser leur sourire de loup.
Ô viens mon beau soleil, ô viens ma nuit d'Espagne,
Arrive dans mes yeux qui seront morts demain.
Arrive, ouvre ma porte, apporte-moi ta main,
Mène-moi loin d'ici battre notre campagne.

La musique est trop forte. Je ne suis pas sûr que Genet aurait aimé cette mise en scène. Je retrouve la musique d'Hélène Martin, qui a magnifiquement chanté ce poème, tout comme Marc Ogeret, d'ailleurs. « Il lui avait fait une autorisation en forme de dédicace : "Je vous autorise à chanter partout dans le monde *Le Condamné à mort.*" »

On n'est pas sûr que Victor Hugo ait prononcé le célèbre anathème : « Défense de déposer de la musique au pied de mes vers ! » En revanche, Genet m'avait dit plusieurs fois qu'il n'était pas opposé à ce que l'on chante ses vers. « C'est la preuve qu'ils sont bons ! » se réjouissait-il. Il n'aurait pas aimé le *ramdam* autour de sa mémoire, mais cet anniversaire aura été, quand même, à sa mesure. Indispensable.

28 novembre 2010

Souvenirs d'en-France

Sur France 3, diffusion d'*Un village français*. J'ai beau me dire que ce n'est pas conforme à la réalité, que c'est un peu trop « banal » à mon goût, je regarde quand même, fasciné par ces histoires. Ce jeune homme coiffé d'une casquette qui pédale à perdre haleine, c'est moi faisant 30 kilomètres, aller et retour, pour apporter du ravitaillement aux parents de mon copain Jean-Pierre François. Ils s'appelaient les Felberbaum, mais lui ne voulait plus entendre parler de ce nom, synonyme de malheur. Je frappais à la porte selon un signal convenu. Je saluais le père, un vieux Juif autrichien, assis sur les marches de l'escalier, qui chantait inlassablement *Lili Marleen* en allemand.

Je revois, en 1939, ma mère repasser l'uniforme d'aviateur de mon père alors qu'il était mobilisé. Il pleurait : « Il aura fallu que je voie deux guerres dans ma vie. » Je n'avais jamais vu mon père en larmes. Cette scène me taraude encore aujourd'hui. Il avait fait la Première Guerre mondiale entre 1916 et 1918 et s'était battu au Chemin des Dames. En 1918, il s'était engagé dans l'aviation. On ne peut traduire ces événements en mots. La vraie fracture avec ceux qui sont nés après la guerre est là. Ils ne peuvent pas « comprendre ». Alors, les images leur permettent-elles au moins de « ressentir ».

30 novembre 2010

Au rond-point des Champs-Élysées, dans l'ancien hôtel particulier où Marcel Dassault avait installé *Jours de France*, présentation du catalogue raisonné de l'œuvre peint d'André Masson. C'est le premier tome qui va de 1919 à 1941 : la période surréaliste, l'Espagne, les Antilles, l'Amérique, le retour en France et la Libération. Né à Balagny-sur-Thérain (Oise) et mort à Paris en 1987, il est, à l'évidence, l'un des tout grands surréalistes avec Max Ernst. Pour moi, il personnifiait l'amitié.

Nous passions nos vacances en famille dans la maison où il avait son atelier, près de la montagne Sainte-Victoire, chère à Cézanne et à Picasso. À l'ombre du tilleul, familles et amis se retrouvaient en fin d'après-midi. Le professeur Maurice Duverger venait en voisin boire le pastis avec nous. Merveilleux souvenirs d'amitié vraie !

Décembre 2010

Tempêtes en Égypte

Le printemps arabe réchauffe notre hiver. La rue a chassé Ben Ali de Tunisie. Si je voulais jouer les provocateurs, je dirais que soulever les peuples arabes était déjà le rêve de Kadhafi. Sur son destrier, il voulait chevaucher de la Méditerranée orientale jusqu'à l'Atlantique, de la Libye au Maroc, pour unifier le monde arabe par la force plus que par les élections… Il est vrai que la démocratie n'était pas son « cheval de bataille » !

19 décembre 2010

La neige qui paralyse Paris n'a pas rebuté les admirateurs de Cecilia Bartoli, qui se sont pressés nombreux à son récital, salle Pleyel. Haendel est au programme. La diva est en grande forme. Audacieuse diva qui conduit elle-même son orchestre tout en chantant ! Elle multiplie vocalises et cocottes. Elle est inégalable dans la douceur des mélodies comme dans la violence des imprécations. Elle est sublime dans l'air « Da tempeste » du *Giulio Cesare in Egitto* [« *Jules César en Égypte* »]. L'Égypte est dans la tempête depuis longtemps !

Quand le navire brisé par les tempêtes
parvient enfin à bon port, il ne sait plus que désirer.
Ainsi le cœur, après les peines et les larmes,
maintenant qu'il trouve son réconfort est au comble du bonheur.

Le public est aux anges. Tonnerre d'applaudissements. Je suis transporté d'admiration. Quand je vais l'embrasser dans sa loge, la Bartoli me promet de revenir en juin au Théâtre royal de Versailles, enfin restauré en 2009.

En 2008, elle avait rendu hommage à la Malibran, cette diva romantique qui est restée dans les mémoires. Le 24 mars était célébré le bicentenaire de sa naissance, à Paris, de parents espagnols. La Bartoli avait prévu récitals et concerts ainsi qu'une exposition des objets qu'elle collectionne : robes de scène, éventails, partitions, etc. Ces pièces étaient présentées au public dans un bus organisé à cet effet. La Mairie de Paris avait fait preuve d'un zèle tatillon et autorisé le stationnement du « véhicule de la Malibran » dans le XIXe arrondissement ! Stupeur de Cecilia Bartoli qui avait demandé à son entourage de m'appeler en désespoir de cause. Je prends contact avec Bertrand Delanoë et ironise sur ses fonctionnaires qui ont relégué les divas au-delà de Belleville, du côté des Buttes-Chaumont. « Quelle insolence ! » lui dis-je. Il m'affirme prendre l'affaire en main. Le lendemain, tout finit par s'arranger. La Malibran ira place de la Sorbonne, un emplacement plus digne... Je ne connaissais pas Cecilia Bartoli à l'époque. Le soir, elle me convia à dîner et me remercia infiniment de mon intervention. La soirée fut enjouée.

30 et 31 décembre 2010

Jacques Vergès et moi débarquons à Abidjan pour conseiller le président ivoirien Laurent Gbagbo. Nous sommes outrés par la façon dont se sont comportés à la fois le gouvernement français et le Parti socialiste. « Qu'est-ce qui autorise le gouvernement français à intervenir dans une querelle électorale en Côte d'Ivoire ? Le temps de la colonisation et des "juges de paix à compétence étendue" est terminé », déclare Jacques Vergès, visiblement inspiré. Après une heure passée avec le président ivoirien, j'ajoute devant les caméras : « Laurent Gbagbo est devenu un symbole, car il représente une Afrique nouvelle, une Afrique qui ne s'incline pas, et c'est ça qui est intolérable pour les dirigeants français. Je note avec dépit que même ceux qui l'ont soutenu le lâchent, à l'instar de Lang et Emmanuelli. Moi, je n'ai rien à faire d'être dans "la ligne du parti" ! »

2011

14 février 2011

Au Caire, la place Tahrir est entrée dans l'histoire. Occupée pendant trois semaines par une jeunesse en liesse qui a triomphé de Moubarak. Les manifestants ont bien pris soin de tout remettre en ordre et de tout nettoyer après les échauffourées. Mais cette « remise en ordre » devra aussi passer par les militaires, qui ne resteront pas inertes. Les barbus non plus. Qui sera le prochain pharaon ?

Mars 2011
Déflagrations

Début du conflit syrien. Ce sont des conflits dits « régionaux » qui vont déboucher sur une déflagration générale. C'est la suite logique de la fameuse phrase de George W. Bush : « Nous allons établir la démocratie dans tous les pays arabes. » De l'angélisme en politique...

12 avril 2011

J'accuse la France d'avoir « livré » Gbagbo car, contrairement à la version officielle, c'est bien un commando d'élite français qui a pénétré en premier dans la résidence où se trouvait le président « contesté », ouvrant ainsi son arrestation par l'armée ivoirienne. Une fois encore, nous avons fait le lit des Américains, puisque Alassane Ouattara, haut fonctionnaire au Fonds monétaire international, est à la solde de Washington.

14 mai 2011

Arrestation de Dominique Strauss-Kahn à New York pour agression sexuelle. Je n'ai jamais eu beaucoup de « relations » avec lui quand nous étions à l'Assemblée. Je l'ai toujours trouvé arrogant. Il semblait manifester du mépris pour tout ce qui n'était pas « lui ». J'avais trouvé désinvolte aussi que, lors de sa première visite en France en tant que directeur général du Fonds monétaire international, il ait emprunté une Porsche à l'un de ses amis pour aller voir les autorités françaises. Mais je ne veux pas accabler un homme à terre. Je sais d'expérience combien c'est difficile à vivre.

27 juin 2011

Ouverture à Phnom Penh du procès de Khieu Samphan, l'ancien leader des Khmers rouges. Il est défendu par Jacques Vergès. Les deux hommes se sont connus en France à la fin des années 1950, quand ils militaient dans les milieux anticoloniaux. Vergès m'a demandé de rédiger une attestation qui prouve la bonne volonté de son client lors des pourparlers de paix sur le Cambodge que j'ai initiés. Je lui réponds : « S'il s'agit d'écrire des choses que je ne pense pas, ce n'est pas possible, mais, si tu veux que j'affirme que l'attitude de Khieu Samphan a été convenable, je peux le faire dans une optique de réconciliation nationale. » Je rédige donc une lettre au tribunal en ce sens.

[C'est un des derniers gestes que j'ai fait pour aider Jacques Vergès. Le procès a été interminable de par la volonté même de Jacques qui avait exigé du tribunal que toute la procédure rédigée en langue khmère soit traduite en français ! Il a refusé de plaider tant que cette exigence n'a pas été satisfaite.]

Août 2011

Excommunié en Corrèze

Ma conversation (et non ma conversion !) avec les puissances d'en haut progresse. J'ai déjeuné avec l'abbé de La Morandais et, dans l'euphorie de la fin de repas, nous sommes convenus d'écrire un livre à quatre mains, comme il l'a fait avec Jacques Vergès, *Avocat du diable, avocat de Dieu.*

Il a été amusé d'apprendre que je suis allé à la messe vers mes 10 ans. Ma mère avait une amie d'enfance qui était très croyante. Elle passait me chercher, le dimanche matin, pour aller à l'église. J'étais surtout intéressé par le moment où les enfants de chœur passaient pour faire la quête. Je mettais la main dans la corbeille et prenais l'argent! Elle me tapait sur la main pour me faire lâcher prise. Je dis cela pour les méchantes langues qui vont dire: «Déjà!» Ça amuse l'abbé quand je lui raconte ce type d'anecdotes.

J'ai été baptisé mais n'ai pas fait ma première communion. Pour le baptême, mes parents ne m'avaient pas demandé mon avis. Un peu plus grand, je voulais bien aller chez les scouts mais pas au catéchisme. J'ai dit à mes parents que je refusais d'aller à la messe et de faire ma communion solennelle. J'avais déjà mon libre arbitre! Ma mère était croyante. Mon père aussi, à sa façon. Il défendait toujours les curés.

Mes enfants sont baptisés, car ma femme est bigote, même si elle a pris des libertés avec la religion sans doute sous mon influence! Mon mariage a été célébré par l'abbé Sage, l'ami de mon père, avec qui il avait fait la guerre de 1939-1940. François Mitterrand est le parrain de mon fils Damien. Nous habitions alors à Brive (Corrèze), où j'avais battu aux législatives de 1967 le candidat gaulliste Jean Charbonnel.

Le curé de la paroisse avait refusé de baptiser mon enfant sous le prétexte, non avoué, que Mitterrand et moi étions les incarnations du diable... Il avait fallu faire venir un prêtre d'une autre paroisse.

Les choses étaient même allées plus loin. Charbonnel étant un «jeune loup» de Pompidou, ainsi que Chirac, il avait obtenu de lui, à l'époque directeur de cabinet du Premier ministre, qu'il téléphone à l'inspecteur d'académie pour que l'on m'interdise d'inscrire mes enfants à l'école publique. C'est l'inspecteur qui m'avait raconté l'histoire. Quand je me suis ainsi présenté au mois d'octobre avec mes enfants pour les inscrire après la rentrée, la directrice fit sortir les élèves et me dit, embarrassée et sur instruction: «Je ne peux vous recevoir, il faudra prendre rendez-vous...» Je n'ai jamais pensé à raconter l'histoire à Chirac. Il est trop tard, il ne va plus s'en souvenir...

15, 16, 17 et 18 septembre 2011

Un lion en cage

Jacques Vergès et moi repartons pour la Côte d'Ivoire, inquiets de la situation de notre client Laurent Gbagbo. L'ancien président de la République est « retenu » à 600 kilomètres au nord d'Abidjan après les désastreuses élections présidentielles de 2010. Nous prenons un petit avion à hélices piloté par un Anglais. Le copilote est espagnol. Nous voilà rassurés jusqu'au moment où nous nous avisons que la compagnie domestique est siglée « Ouattara », du nom de l'homme dont nous contestons l'investiture intervenue au printemps, après des mois de combats meurtriers qui ont mis à genoux ce pays au développement prometteur.

Le nord-ouest du pays est vert. Nous atterrissons au bout de deux heures dans une savane dominée par un petit aéroport moderne. Une équipe de la télévision française et déjà là. Elle est autorisée à faire un reportage sur le prisonnier. Une Range Rover 4 × 4 nous embarque « à fond la caisse » sur la piste en latérite vers la ville de Korhogo, où est retenu notre client. Le chauffeur roule vite pour éviter l'effet « tôle ondulée » de la route bordée de grands arbres, dont des anacardiers, qui donnent les noix de cajou. Il connaît chaque bosse et chaque nid-de-poule, ce qui ne nous empêche pas d'être secoués comme des bouteilles d'Orangina.

À notre arrivée, on nous emmène dans un restaurant de campagne aux nappes et aux rideaux brodés de fleurs. La petite préfecture domine le mont Korhogo, une colline pelée qui contraste avec la végétation environnante. C'est le pays sacré des éléphants. En ville, des magasins vendent des statuettes pour des touristes qui se sont faits rares depuis les événements. Le chauffeur nous conduit à notre hôtel, dont le mur d'enceinte, recouvert de fresques naïves, dissimule un parc luxuriant. Nous nous reposons, car la route a été épuisante. Il nous faut insister pour rencontrer notre client.

Nous finissons par le voir, amaigri mais souriant. Ses rares rendez-vous sont organisés dans l'ancienne résidence du préfet de la région. Une voiture nous y conduit, escortée par une cinquantaine de gardes en armes, coiffés de la casquette bleue de l'ONU. Ce sont d'impressionnants molosses dont le commandant est lui aussi un costaud à l'air féroce. Nous bavardons avec Laurent Gbagbo sans vraiment parler de sa défense, car une foule d'oreilles indiscrètes nous écoutent. Vergès et moi manifestons notre mécontentement. J'exige que, la prochaine fois, nous le voyions là où il est effectivement détenu, et seul à seuls. Le commandant en charge de la sécurité (*sic*) de l'ancien président nous affirme que c'est impossible. Nous plaidons qu'il contrevient aux droits élémentaires de la procédure pénale. Nous palabrons. Le molosse finit par se radoucir.

Laurent Gbagbo est enfermé dans une villa qui appartient au Premier ministre, Guillaume Soro, catholique originaire du Nord. Sa chambre, qui ressemble à celle d'un hôtel de passe, est composée d'un lit étroit avec une moustiquaire en baldaquin ; d'une table remplie de livres, parmi lesquels il est fier de me montrer *Coups et blessures*. Des livres d'histoire. L'ancien professeur a une passion pour Napoléon. Il n'a pas le droit de sortir, pas même dans le parc. Il nous raconte qu'il s'astreint à une heure quotidienne de marche entre sa chambre et la salle à manger. « Le reste du temps, je tourne en rond comme un lion en cage », nous dit celui qui se considère toujours comme le président de la Côte d'Ivoire.

Le lendemain, le chef du camp militaire est d'une humeur de dogue. Il vocifère quand nous lui demandons de marcher dans le jardin avec notre client. Il accepte enfin. Le parc est à l'abandon. Gbagbo est heureux de cette initiative. En descendant les marches du perron, il trébuche et me tombe dans les bras. « Je suis de plus en plus faible, car je ne fais pas assez d'exercice, mais j'ai toute ma tête », me chuchote-t-il à l'oreille.

Nous cheminons dans le parc parmi un enchevêtrement de feuilles mortes et de branches cassées. Il nous raconte les dernières heures passées au palais présidentiel à Abidjan ; comment des véhicules blindés ont été convoyés de France par avions cargos ; comment il a dû se réfugier dans un endroit plus discret. Bien lui en a pris, car sa chambre au palais a été la cible de tirs nourris et entièrement détruite. Sa femme Simone et lui-même seront retrouvés. Pendant cinq longues heures, les époux seront molestés et battus. Ils crurent bien que leur dernière heure était arrivée.

Le soir, à l'hôtel, Vergès et moi faisons le débriefing de la journée. Nous sommes scandalisés par le rôle ignoble qu'ont joué les Français, au premier chef l'ambassadeur. En remerciement de ses bons et loyaux services, il a été élevé à la « dignité » d'ambassadeur de France, suprême honneur dévolu à un très petit nombre d'Excellences. Il n'y a pas de quoi être fier, pourtant. C'est la France qui a organisé la prise du palais présidentiel. Ce n'est qu'au tout dernier moment, pour sauver la face, que nous avons laissé place aux troupes ivoiriennes combattant sous la bannière de Ouattara.

Assis sur un banc, nous avons parlé de Nicolas Sarkozy. Les militaires, mitraillettes à l'épaule, font les cent pas, mais ils ne peuvent pas nous entendre. Je demande à Gbagbo s'il a participé au financement de sa campagne électorale. Il nous fait une réponse politique. « Les yeux dans les yeux, je n'ai pas été mêlé à ce genre d'opération. » À l'hôtel, Vergès et moi sommes d'accord pour trouver ses dénégations un peu « molles ».

Gbagbo en veut beaucoup à son (faux) frère Blaise Compaoré, le président du Burkina. Il s'est senti lâché par celui avec qui il avait entretenu une grande proximité, malgré des rapports politiques contrastés, au gré des événements. C'était Compaoré qui avait aidé Gbagbo à desserrer l'emprise du vieux lion Houphouët-Boigny et à prendre sa place. Il est critique aussi vis-à-vis du président sud-africain, Jacob Zuma, qui a fini par se ranger sous la bannière des Occidentaux et jouer la carte Ouattara.

[Laurent Gbagbo est mieux là où il est, à La Haye (Pays-Bas), dans une cellule du Tribunal pénal international. Je n'aurais pas été tranquille de le savoir en Côte d'Ivoire, à la merci d'une « balle perdue »... Je serai amené à prendre sa défense devant le TPI. Le dossier est préparé par deux confrères. Laurent Gbagbo compte sur moi pour faire le « grand théâtre ». Je serai seul. Vergès était pourtant décidé à faire un baroud d'honneur. Je suis convaincu que si Gbagbo était autorisé à revenir, il serait acclamé. Le petit peuple ivoirien est pour lui.

Cette histoire est une affaire politique qui n'aura de solution que politique. Les élections ont été bidonnées, les irrégularités, sans nombre. Les ambassadeurs dans tous ces pays, qui connaissent généralement bien l'Afrique, savent faire le «boulot»... Je me souviens de l'ambassadeur en Guinée venu m'alerter au Quai :

«Ça va très mal pour le président [guinéen], que dois-je faire ?

– Ce que vous avez toujours fait jusqu'à présent ! »

Nos diplomates sont encore influents et nos troupes efficaces. Nous pouvons «arranger les choses», d'autant que rien n'est joué. Je sais que Ouattara est malade et qu'il se soigne à Paris. Son entourage est en train de tout mettre en place pour lui trouver un successeur.]

21 septembre 2011

Coups et blessures

Obsèques au Père-Lachaise de Georges Fillioud, qui fut ministre de la Communication de 1981 à 1986. Tous les amis de la Mitterrandie sont là. Danièle Évenou est fort digne. Les «anciens» journalistes sont nombreux. Michèle Cotta m'«allume» pour avoir écrit avec légèreté et ironie sur son compte dans *Coups et blessures*. Je regrette d'avoir porté des coups à celle qui a éreinté tant d'hommes (politiques), mais j'ajoute que les cimetières ne sont pas des lieux pour régler les blessures d'amour-propre.

[Un mois après, je la croise à La Closerie des Lilas. Elle m'embrasse. Tout semble oublié. Ça, c'est Paris !]

22 septembre 2011

Manuel Valls, candidat à la primaire socialiste, fait en Corse, contre moi, des déclarations hasardeuses. Évoquant des «valises d'argent», il m'accuse d'avoir approuvé les comptes de campagne de Chirac et de Balladur en tant que président du Conseil constitutionnel. Pour des raisons qui lui sont personnelles, M. Valls m'attaque habituellement sur le conflit israélo-palestinien, duquel en effet nous n'avons pas la même lecture.

20 octobre 2011

Mouammar Kadhafi assassiné à Syrte dans des conditions pour le moins étranges. Les Américains (et les Français) sont arrivés à leurs fins. Inéluctable chaos.

[J'ai toujours considéré que l'assassinat de Kadhafi a été une grave erreur. L'OTAN et Sarkozy ont fini par organiser et réussir ce

que Mitterrand et moi avions toujours refusé. Le convoi du colonel et de ses derniers partisans fuyant leur fief de Syrte a été bombardé par des Mirage français. Et sans doute le Guide a-t-il été « exécuté » par un agent des services français alors qu'il sortait d'un canal de drainage où il avait trouvé refuge. Je ne sais si l'ancien président des Français craignait de prétendues révélations du clan Kadhafi. Je note en tout cas une différence flagrante entre l'accueil réservé à Paris au dirigeant libyen et les propos vengeurs tenus à l'annonce de sa mort.]

22 novembre 2011

Femmes courageuses

Mort de *Tatie Danielle,* comme aurait pu dire Frédéric Mitterrand, en référence à son tonton. À la réflexion, non. Il était trop respectueux de l'une et de l'autre. J'ai même l'impression qu'il craignait son oncle et s'avançait vers lui comme le petit garçon qui craint la réprimande.

J'avais connu Danielle quand j'ai été élu député, en 1956. Les Mitterrand me recevaient chez eux, avenue Guynemer, dans leur appartement qui donnait sur les jardins du Luxembourg. Je l'avais retrouvée rue de Bièvre, où nous étions voisins. Monsieur et madame Gouze, les parents, étaient des socialistes convaincus, encartés à la SFIO. Son père, instituteur et franc-maçon, avait été révoqué par Vichy pour avoir refusé de livrer des enfants juifs. J'ai aussi connu la mère de Danielle, une petite femme aux cheveux blancs qui était l'incarnation de la « bonne mère », foncièrement généreuse.

Dans la maison de Cluny, la famille Gouze avait accueilli Berty Albrecht et Henri Frenay, les deux chevilles ouvrières du mouvement Combat. Danielle parlait avec émotion du jour où la Gestapo était venue frapper à leur porte. J'avais un infini respect pour la famille Gouze, et c'est pourquoi je me suis toujours senti proche de Danielle.

Soucieux de la « légitimité », je la voyais plus souvent qu'Anne Pingeot.

1er décembre 2011

Les journalistes font le siège de mon bureau. Ils veulent absolument savoir pourquoi le Conseil constitutionnel, alors que j'en étais président, a validé les comptes de campagne d'Édouard Balladur et, accessoirement, ceux de Jacques Chirac. Jacques Robert vient en effet de révéler une prétendue « entourloupe ». Je suis choqué par ce que je considère comme une trahison. Les délibérations du Conseil sont secrètes, comme nous en avons prêté le serment devant le président de la République. J'éconduis tous les plumitifs en leur disant que tous les secrets sont dans les archives. Pour que la loi s'applique, ils devront attendre leur publication… dans quelques dizaines d'années. Je les enterrerai tous !

2012

12 mars 2012

Le journal en ligne *Mediapart* publie des documents laissant supposer que Nicolas Sarkozy aurait reçu plusieurs dizaines de millions d'euros du régime libyen pour financer sa campagne de 2007. Ces affirmations sont corroborées par les dires de l'« intermédiaire » Ziad Takieddine. Et du fils de Kadhafi Saïf al-Islam. Cela pourrait mal finir pour eux. Kadhafi et son entourage ne m'ont pas fait de confidences à ce propos.

Les pratiques de *Mediapart* et de son « agitateur » en chef, Edwy Plenel, doivent être considérées avec prudence, si j'en juge par ma propre expérience. Le torrent de boue qu'il a déversé sur moi s'est soldé par deux relaxes, dont la dernière en appel.

31 mars 2012

Que sont mes amis devenus ?

Retour dans ma ville natale pour signer mon livre, *Coups et blessures*, au salon « Lire à Limoges ». À mon hôtel, place de la République, je croise Gonzague Saint Bris et Jean-François Kahn, deux brillants « causeurs » dans des registres différents. L'un zozote, l'autre postillonne.

Le balcon de la chambre 104 donne sur la place de mon enfance. Dans le pâle soleil levant, je ne reconnais plus le cœur palpitant de la ville. Elle est morne et moderne dans son carcan de buildings sans âme. Quelques arbres chétifs crient au secours. Disparu, le petit théâtre Berlioz. Disparu aussi, l'immeuble ancien où mon père avait son bureau de l'octroi de Limoges. Mon esprit vagabonde. Je suis en 1934. J'entends les flonflons de la fête foraine. Mon père, Georges Dumas, directeur des places et marchés, bénéficie de tickets gratuits que j'offre aux copains. Tournez manèges ! Dans la chenille infernale, qui nous plonge dans des tunnels après nous avoir giflés sur les hauteurs, les filles crient. Une capote opportune nous plonge dans l'obscurité. J'en profite pour embrasser les lèvres de ma voisine. Elle ne dit pas non, la coquine. Premiers exploits amoureux. Premiers émois aussi au cinéma, qui est toujours au même endroit... Les Galeries Lafayette ont remplacé le grand bazar où j'accompagnais ma mère. Où sont donc passés tous ceux que j'ai connus et aimés ? Le constat est sans appel, ils sont tous morts.

On me fait l'honneur de passer pour un grand amoureux, mais je suis venu fort tard à la chose. Je n'ai connu la « révélation » qu'à Lyon, en 1942, grâce aux bons soins de ma logeuse... J'avais 20 ans. C'est là que j'ai fait la connaissance d'un petit jeune homme qui sera l'un de mes prédécesseurs au Quai, sous Pompidou : Michel Jobert. Nous étions partis étudier à l'université catholique de droit, avec mon ami Joachim Felberbaum dont j'ai déjà raconté la vie aventureuse sous le nom de Jean-Pierre François. Je suis triste de le savoir mourant, lui qui avait vaincu toutes les adversités. Son existence est un incroyable roman que j'ai mis du temps à comprendre. Il avait renié toute sa vie, sa judéité, son identité. Je lui posais parfois des questions. Il se raidissait : « Jamais plus je ne veux revoir ça. Jamais de la vie je ne pourrais supporter que mes enfants connaissent pareille ignominie. Il n'y aura plus rien avant moi. » Cette histoire, aux antipodes de la mienne, m'a toujours fasciné. Elle n'est pas sans rappeler ces débats sur l'« identité » à manier avec précaution.

Sans date

Paris-Brest *via* Limoges

Week-end en Limousin. Déjeuner chez des amis. La jeune maîtresse de maison a fait faire un paris-brest, mon péché mignon. Mon grand-père, ancien pâtissier, nous apprenait à apprécier les « bonnes choses ». Quand j'avais été sage, Peyoux préparait le dimanche mon dessert préféré : pâte à choux fondante avec sa crème mousseline au délicat parfum de praliné.

J'ai toujours été un « Limougeaud du pauvre » en matière de cuisine. Même si ma mère, Normande d'origine, cuisinait au beurre. Le vendredi, c'était immanquablement la morue, parce qu'elle était bon marché. Bien qu'elle ait été améliorée avec de la crème, mon père avait fini par s'en plaindre !

22 avril 2012

Catastrophe écologique au 1er tour de l'élection présidentielle : Mme Joly n'a obtenu que 2 % des voix. Son entrée en politique est un naufrage. Je ne lui envoie pas de condoléances.

2 mai 2012

Duel télévisé Sarkozy-Hollande. C'est toujours le plus érudit qui remporte la mise. Hollande n'a sans doute pas une culture classique, mais au moins il apprend à la France entière (à moi le premier !) ce qu'est une anaphore : « Moi, président..., moi, président... »

6 mai 2012

Un charmeur à l'Élysée

François Hollande est élu vingt-quatrième président de la République avec 51,64 % des voix, score proche de celui de François Mitterrand en 1981. C'est à lui que je pense, évidemment.

Je suis très heureux pour Hollande, que je connais bien pour l'avoir eu à mon cabinet, à l'époque où j'étais porte-parole du gouvernement, en 1984. Il avait déjà la réputation d'être un charmeur.

Il a pour compagne Valérie Trierweiler, dont il m'a dit qu'elle m'a interviewé pour *Paris Match*, mais je ne m'en souviens pas. La presse et la politique sont des milieux « poreux ». Giscard, Chirac et Mitterrand ont beaucoup donné à cette cause, mais je les comprends, car nombre de femmes journalistes ont du charme et en jouent. Il est plus difficile de résister à une belle femme qu'à une qui l'est moins (belle). Je connaissais une ravissante correspondante finlandaise en poste à Paris. Elle m'avait soumis à la question plusieurs fois et même accompagné, lors d'un voyage en Finlande, où je n'avais pas été insensible au volcan sous la glace.

À l'occasion d'un voyage du président à Helsinki, elle voulait absolument obtenir une interview de lui mais n'y était pas parvenue *via* le service de presse de l'Élysée. Désespérée, elle m'avait appelé à l'aide. J'arrangeai le coup en lui demandant d'accorder cette interview « comme un service » : « Roland, dites-lui qu'elle vienne à 18 heures ! » Quelques jours après, alors que je dînais avec lui, il ironisa : « Ah, j'ai compris pourquoi vous teniez tant à ce que je voie cette jeune femme, vous avez eu raison d'insister ! » Mais je crois que l'affaire n'alla pas plus loin.

Je connais le père

Mitterrand a eu en revanche une aventure sérieuse avec une journaliste suédoise, Christina Forsne, qui était fort éprise. Elle était l'archétype des beautés du Nord qu'il affectionnait : grande, blonde, les yeux clairs et les pommettes hautes. Ils s'étaient rencontrés à Paris où elle était en poste pour différents médias, dont le quotidien *Aftonbladet*.

Elle m'appelait en pleine nuit pour savoir « où était François ». Ma femme me faisait des scènes, pensant que c'était une maîtresse... Mais je ne pouvais pas lui dire que c'était celle... du président. Je devais garder le secret, et d'ailleurs elle ne m'aurait pas cru si je lui avais dit la vérité !

Je tenais la Suédoise à distance. Comme elle ne me trouvait pas assez coopératif, elle s'est vengée de moi, d'une façon assez tordue, en mettant en cause ma femme. Nous étions, alors, proches de l'ambassadeur de Suède, surtout ma femme d'ailleurs, qui a une passion pour ce pays. Elle y allait de temps en temps faire du tourisme. Le diplomate lui faisait alors toute facilité pour organiser son séjour. Christina avait fait prendre des photos de ces escapades qu'elle avait publiées dans son journal dit « d'investigation ». Elle avait brodé un roman autour de « la femme de Talleyrand ». L'histoire fit scandale et le diplomate crut que j'allais demander son rappel à Stockholm. C'était un bon ambassadeur, je n'avais aucune raison de le sanctionner pour des affaires privées.

Les milieux bien informés disaient même que Mitterrand avait fait un enfant à la Suédoise. Généralement, je n'intervenais pas dans ses histoires de femmes mais, cette fois-là, j'étais impliqué. Il avait traité cela par l'indifférence: «Roland, laissez tomber...» Il avait su, par la suite, qu'elle avait mis au monde un garçon à Paris. Il m'avait fait cette réponse sibylline: «Roland, je sais qui est le père...» Un démenti «à tiroirs» qui me laissa perplexe: dénégation ou aveu?

Quand il se déplaçait au domicile d'une dame, Mitterrand n'y allait évidemment pas toute sirène hurlante. Seuls son chauffeur depuis vingt-cinq ans, Pierre Tourlier, et un seul garde du corps sûr étaient dans la confidence. Le chauffeur vantard a prétendu partager les mêmes filles que son patron. Cela m'étonne, car ce n'était pas le genre de Mitterrand. «Je n'aime pas passer après les autres», m'avait-il souvent répété. C'est pourquoi il préférait les jeunes femmes. Je rencontre encore deux ou trois de ses anciennes «petites amies» qui sont aujourd'hui rangées et mariées à des hauts fonctionnaires ou des militaires. Je m'en voudrais de briser des ménages en donnant des noms... Elles me disent que ce sont de beaux souvenirs. La fascination demeure donc.

Moi, à la différence de Grossouvre, je n'étais pas «amoureux» de Mitterrand. Mes sentiments me portaient ailleurs. Bien avant qu'il ne soit élu président, notre relation était amicale. Quand nous ne parlions pas politique, nous blaguions sur les filles. À l'époque où j'étais député de Brive, nous nous retrouvions souvent dans le train du vendredi. Je filais vers ma circonscription. Il rejoignait Danielle à Latche, où il avait acheté, en 1965, sa maison de gemmeur que l'histoire a retenue sous le nom de la «bergerie».

Il était immanquablement attiré par les filles qui m'entouraient alors. Il entreprenait une «danse de la séduction» dont il avait le secret. Il devenait ainsi un rival...

Le pouvoir érotise

Valéry Giscard d'Estaing a, lui aussi, «beaucoup donné», si j'en juge par les gazettes et les humoristes. Il a prêté le flanc aux quolibets en faisant tout un «roman» autour de lady Di, ce que je peux comprendre. Il est vrai qu'elle était lumineuse. Il était l'ami de la photographe de presse Marie-Laure de Decker. Elle vit aujourd'hui avec son avocat, qui est de mes amis, maître Thierry Lévy, dont j'apprécie le talent. C'est une femme élégante qui a du chien. Elle s'est «battue» sur tous les théâtres de guerre du monde et son côté baroudeur ajoutait encore à son charme sec. Avec VGE, c'est la première fois que l'on photographiait l'intimité d'un président. Je ne parle pas des photos montées par *Paris Match* où l'on voyait Mme Coty servir la soupe à son président de mari, ni de celle, prise à Colombey, où Tante Yvonne tricotait à côté de la statue du Commandeur. Tout cela respirait un ennui profond.

J'ai connu Marie-Laure de Decker quand elle était intervenue auprès de moi, à la demande de Jean Genet, pour faciliter l'autorisation de séjour sur notre sol du Black Panther Eldridge Cleaver, compagnon de lutte d'Angela Davis. Je dois reconnaître qu'à la fois Valéry Giscard d'Estaing, ministre des Finances, et Jacques Chirac, ministre de l'Intérieur, m'ont bien facilité la tâche pour que l'activiste ne soit pas inquiété sur notre sol...

16 mai 2012

La constitution du gouvernement Ayrault ne me paraît pas être à la mesure des défis économiques et sociaux qui sont devant nous. À un journaliste qui me demande de les qualifier, je prononce le mot de «farfelus», qui sera repris dans la presse, même par Alain Juppé.

Sans date

Le corps du roi

Je regarde François Hollande à la télévision. Je suis frappé par sa curieuse démarche. Il avance les mains collées au corps comme s'il était au garde-à-vous, le petit doigt sur la couture du pantalon. Sarkozy, lui, se dandinait sur ses talonnettes. Mitterrand, ce n'était guère mieux. Il était complexé par son corps. Seuls Jean-Edern Hallier et Jack Lang assuraient qu'ils l'avaient vu en maillot de bain. Ça doit être, là aussi, du roman.

Pourtant, le corps du président est comme celui du roi. Il révèle quelque chose au peuple. Les seuls présidents qui savaient jouer de leur corps, c'était de Gaulle, Giscard et Chirac. Le Général, grand comédien devant l'éternel, inscrivait le « V » de la victoire dans l'espace en levant les bras au ciel. VGE avait une démarche féline qui le faisait surnommer « la Panthère rose ». Chirac affectait la dégaine « rad-soc », les mains dans les poches et la veste déboutonnée en buvant des coups dans les comices agricoles. N'est pas Obama qui veut.

Automne 2012

Monsieur petites blagues

Christian Charrière-Bournazel reçoit la Légion d'honneur des mains du président de la République. Je suis un peu en froid avec mon ancien collègue à qui j'ai mis le pied à l'étrier (à l'avocat, pas au président !). Ce dernier s'enquiert de ma santé :

« Comment va Roland ?

– Il va bien, mais il a eu un empêchement...

– Où en est-il avec les femmes ?

– Il est avec une charmante Russe...

– Mais elle va lui bouffer toute sa fortune ! »

Je raconte cette histoire non pas pour me vanter, mais pour ciseler le goût immodéré de François Hollande pour les petites blagues. C'est un exercice risqué quand on est chef de l'État. Mitterrand ne s'y risquait pas. Il est vrai qu'il n'avait guère de goût pour la plaisanterie. Le seul autorisé en ce domaine était Roger Hanin. Le beau-frère racontait des blagues de « là-bas » qui suscitaient le fou rire chez François. Il mettait alors la main devant la bouche pour cacher ses dents, qu'il n'aimait pas non plus.

16 octobre 2012

Obsèques nationales de Claude Cheysson en la cathédrale des Invalides. Parmi les personnalités étrangères : Sid Ahmed Ghozali, ancien chef du gouvernement algérien, qui prononce l'éloge funèbre, et Mme Maryam Radjavi, présidente de la résistance iranienne. Il a droit aux honneurs militaires en tant qu'ancien combattant de la 2e DB du général Leclerc, avec laquelle il participa à la libération de Paris. C'était un grand bonhomme. Il avait son franc-parler, ce qui est assez rare chez les diplomates experts en langue de bois. Je l'entends encore dire, en 1980, au moment de l'instauration de l'état d'urgence en Pologne : « Bien entendu, nous ne ferons rien. » Il fallait oser ! Mitterrand s'en amusait. En 1985, en le faisant commandeur de la Légion d'honneur, il ironisait : « Pour un diplomate, j'ai rarement vu quelqu'un d'aussi peu diplomate ! »

Je ne sais pas si j'aurai droit à cet honneur républicain, mais s'« ils » le font, cela fera plaisir à mes enfants. Aux Invalides, j'y étais déjà en 1944, quand j'ai reçu à la place de mon père sa médaille de la Résistance... J'avais 22 ans. Un jeune militaire de cet âge m'apporte aujourd'hui une chaise. J'avais oublié, l'espace d'un instant, que j'en ai 91...

19 décembre 2012

La guillotine de Mitterrand

Le président de la République est en voyage officiel en Algérie. Il a reconnu les méfaits de la colonisation mais n'a pas voulu faire les excuses ni exprimer la repentance qu'attendent, depuis un demi-siècle, les Algériens. Il faudra bien finir par apurer ce passé comme nous l'avons fait avec les Allemands. Je suis bien placé pour savoir que l'exercice est douloureux, mais il n'y a pas d'autre issue.

Je ne peux m'empêcher de repenser à l'une des dernières conversations que j'ai eues avec François Mitterrand, alors qu'il était malade. Nous parlions de la guerre d'Algérie. Je lui avais rappelé ce que personne d'autre que moi n'aurait osé faire, car c'était « le » tabou de sa vie passée :

« C'est quand même vous, garde des Sceaux, qui, en 1957, aviez signé les 45 condamnations à mort de nationalistes algériens qui finirent tous guillotinés...

– Non, ce n'est pas moi, c'est Coty [président de la République] !

– C'est quand même le ministre de la Justice, numéro deux du gouvernement, qui proposait les exécutions...

– Oui, mais c'est le président de la République qui avait la décision finale et pouvait faire jouer son droit de grâce. »

Au cours d'une autre conversation, sans doute avait-il réfléchi, il avait fini par avouer, alors qu'il était peu porté à l'autocritique :

« La seule chose que je regrette dans ma vie politique, c'est ma position sur la guerre d'Algérie. » À propos de la guerre de 1939-1945, les choses étaient plus tranchées : « Jamais je n'ai failli… » Et il ne manquait jamais de citer les deux lignes des *Mémoires de guerre* où le général de Gaulle mentionne son nom.

Je n'ai peut-être pas eu une vie exemplaire, selon mes détracteurs, mais sur ces deux points précis, la dernière guerre et la guerre d'Algérie, j'ai la fierté d'avoir été « du bon côté ».

2013

8 janvier 2013

Mon affaire à la télévision

France 3 a diffusé *Le Grand Georges*, réalisé par le comédien et metteur en scène François Marthouret. Avant le tournage, j'ai aidé, autant que j'ai pu, son scénariste, Patrick Rotman, à faire revivre ce qui reste l'un des moments clés de mon existence : le procès de Georges Guingouin, surnommé le « préfet du maquis », qui m'avait choisi pour avocat.

Je suis déçu, parce que cette histoire est insaisissable. Il reste peu d'archives. Il a fallu « réinventer », ce qui explique les nombreux anachronismes. Par exemple, la visite de Jacques Duclos à Oradour-sur-Glane. Jamais le secrétaire général du Parti communiste français n'y est allé. Ou bien encore le mariage des époux Guingouin dans le maquis, alors qu'ils se sont unis après la Libération. Leur fille, d'ailleurs, n'était pas satisfaite. Quand j'ai demandé à Rotman pourquoi il a imaginé ces scènes, il m'a répondu : « Il fallait bien donner de la chair à cette histoire. » Je corrige. Ça ne pouvait pas être plus fort. Je suis comme tous les acteurs d'un fait divers porté à l'écran. Il est impossible de se projeter dans une fiction quand on a vécu la véritable histoire.

Rotman n'a pas reconstitué la scène aux assises de Lyon quand j'ai fait acquitter, sans difficulté, Guingouin, après un horrible marathon judiciaire. La scène mérite d'être racontée ici. J'avais plaidé le non-lieu face à un avocat général au masque impassible, surmontant sa toge rouge. Le président lui passe alors la parole, selon la procédure. Il se lève et lâche: «J'ai écouté l'avocat de M. Guingouin, je partage son point de vue: je demande l'acquittement de l'accusé!» Je reste stupéfait, incrédule. Acquitté! À la fin du procès, je me dirige, interdit, vers le magistrat:

«Monsieur l'avocat général, je viens vous saluer avant de repartir pour Paris et voudrais vous remercier pour votre courage...»

En me serrant la main, il me dit, moins sévère:

«Ne me remerciez pas. Je ne pouvais agir autrement, car vous saurez que mes deux fils ont été fusillés par les Allemands.»

Je suis parti chaviré. J'ai eu du mal à me reconnaître dans le rôle du «gamin» qui incarne Roland Dumas, le jeune avocat débutant qui met toutes ses forces dans la balance pour blanchir un honnête homme injustement inculpé de meurtre par des policiers et des magistrats anciens pétainistes qui tenaient là leur revanche. Guingouin ayant été arrêté en Limousin, le procès avait débuté à Limoges puis avait été rejugé, à Toulouse, à Brive puis à Paris, à la Cour de cassation qui avait renvoyé l'affaire à Lyon. Je n'ai jamais pu retrouver le dossier de cassation où doit figurer une note du garde des Sceaux de l'époque, un certain François Mitterrand. Il m'avait confié, bien plus tard, avoir rédigé cette instruction pour appuyer ma démarche.

Quand je me suis présenté aux élections législatives de 1956, Georges Guingouin fit la tournée de tous les villages et hameaux du côté d'Eymoutiers et de Saint-Léonard-de-Noblat, où il était toujours un héros, pour faire voter en ma faveur. C'est ainsi que j'ai récolté 80 % des voix communistes de l'endroit. Ils étaient restés des dissidents par rapport au PCF «officiel», qui votait avec la SFIO contre moi! C'est grâce à Guingouin, aux socialistes dissidents et aux voix des poujadistes que j'ai été élu député de la Haute-Vienne. Ce qui explique, d'une certaine façon, tout mon parcours et mon goût pour la «dissidence»...

16 janvier 2013

Le Canard révèle que Bernadette Chirac est ulcérée de ce que le Conseil constitutionnel ne verse plus à son mari son salaire de membre de droit depuis qu'il ne siège plus en raison de sa maladie. Elle vitupère aussi contre Jean-Louis Debré, qui lui a présenté la note de la réception organisée au Palais-Royal pour les 80 ans de l'ancien président. Dans ce dernier cas, la République aurait pu être plus généreuse sur les «frais de bouche»...

13 mars 2013

Confidences vaticanes

Élection du pape François. Il a une bonne tête. C'est mon ami Jean-Louis Tauran, cardinal protodiacre, qui prononce au balcon de Saint-Pierre la formule rituelle: «*Habemus papam.*» Le cardinal Tauran, natif de Bordeaux, a été nommé à cette charge en février 2011. En tant que numéro deux de la secrétairerie d'État, il a une connaissance approfondie de la situation internationale. Un bon diplomate ne saurait négliger les informations en provenance du Vatican. Elles sont documentées comme les archives secrètes...

[Au cours de l'une de nos récentes rencontres, j'en profite pour éclaircir un point d'histoire qui m'a toujours intrigué: la reconnaissance inopinée et non concertée de l'indépendance de la Croatie par l'Allemagne. Il me confirme que le plan a été mis au point par le Vatican qui a fait pression sur les cardinaux croates pour agir en ce sens. Comme cette reconnaissance «politique» ne pouvait passer, en premier lieu, par l'Église, les cardinaux allemands étaient allés voir Kohl, qui avait accepté d'emblée de renouer avec la politique traditionnelle de l'Empire allemand. C'est ainsi que notre propre plan de reconnaissance par étapes fut battu en brèche.]

19 mars 2013

Démission du docteur Cahuzac. Je ne connais pas l'ancien ministre du Budget. Il est difficile pour moi de parler de son affaire mais, à première vue, il ne m'est pas sympathique. Quelle arrogance! Ce n'est pas tellement le fait d'avoir un compte en Suisse qui est grave, mais celui d'avoir menti devant la représentation nationale. Cela m'a rappelé l'affaire Profumo, ce ministre britannique conservateur promis à un brillant avenir. En 1963, il s'était laissé piéger dans une «affaire» avec Christine Keeler, une fille qui était également la maîtresse de l'attaché militaire de l'ambassade d'URSS à Londres... Ce qui était embarrassant en pleine guerre froide. Il a nié en bloc à la Chambre des communes, *the house of Parliament.*

La campagne de presse fut virulente avec des titres à tiroirs comme : «*He lied to the House*», un jeu de mots comme les affectionnent les tabloïds parce que «*to lie*» veut à la fois dire «mentir» et «coucher» : «Il a menti [couché] à la chambre.» Profumo a eu sa carrière brisée comme Cahuzac. La Chambre, c'est sacré, en Angleterre ! C'est le temple de la démocratie. Quand Mme Thatcher ne voulait pas approuver un dossier ou un traité, elle assurait sans vergogne : «Je ne pourrai jamais faire voter ce texte aux Communes…»

Moi aussi, j'ai eu un compte en Suisse ! Mais ce n'est pas illégal. Quand mon copain de lycée, Jean-Pierre François, est devenu banquier à Genève, il m'a pris à la fois comme conseil personnel et comme avocat de la banque de Suisse romande qu'il dirigeait. J'avais chez lui un compte professionnel, ce qui était normal, où il versait mes honoraires. Je ne m'occupais pas de cet argent qui a dormi sur ce compte pendant des années. Quand il a vendu sa banque, il a transféré l'argent et détruit tous les documents concernant ce compte. Je faisais de la politique et il craignait que cela puisse me nuire… À l'époque, j'avais considéré cela comme de la paranoïa.

31 mars 2013

Pâques. À la résurrection des chrétiens je préfère la réincarnation des bouddhistes.

Avril 2013

Des ébats sans débat

On assiste aujourd'hui au gouvernement à des ébats qui ne sont pas des débats. Chacun s'ébroue et pense qu'il a une carrière présidentielle devant lui. Je connais des membres du gouvernement actuel, ceux, parmi les plus «farfelus», qui passent leur temps à expliquer à leurs affidés, dans leur section ou leur groupuscule, comment ils vont faire pour devenir président de la République. Comment les choses peuvent-elles marcher sereinement dans un pareil état d'esprit ?

On est là dans la caricature de gouvernement. Je me demande si resserrer les rangs, éliminer quelques gens inutiles va arranger les choses. Je n'en suis pas sûr. Car c'est une question de philosophie et d'éthique, qui ont l'air de faire défaut. Quand on a l'honneur d'être appelé au gouvernement, on doit mettre la carte de son parti dans sa poche. C'est la jurisprudence de Gaulle qu'appliquait Mitterrand à la lettre.

Quand il avait appelé au gouvernement Jean-Michel Baylet, celui-ci n'avait pas abandonné d'emblée la présidence des radicaux de gauche. C'est moi que François Mitterrand avait chargé de lui transmettre ce rappel à l'ordre. Il n'avait pas obtempéré. Je m'étais fait engueuler: «Je vous avais demandé d'intervenir, je vois que rien n'a changé. Dites-lui que c'est un ordre.» Le récalcitrant s'était exécuté le jour même...

3 mai 2013

Je suis invité par France 3 Limousin pour parler de François Hollande. Quelle n'est pas ma surprise de me retrouver au côté d'Edwy Plenel en salle de maquillage! Le rédacteur en chef ne m'a pas prévenu de ce «télescopage». Pas très élégant. Je trouve Plenel assez lèche-bottes. Est également présente la sénatrice socialiste Bernadette Bourzai, maire d'Égletons. Chacun y va de son couplet sur le président de la République. Pas d'agression de Plenel à mon égard, ce n'est pas le sujet. En partant, je le salue machinalement d'un «au revoir et à bientôt»... Il le prend comme une invite: «Je suis à votre disposition...» Je souris dans ma barbe.

Je m'étais également fait piéger à Europe 1 par Jean-Pierre Elkabbach à qui j'avais mis le pied à l'étrier, autrefois, quand il arrivait d'Algérie, pour faire carrière dans le journalisme à Paris. Il m'avait invité à son micro, un matin, en compagnie du sbire de Plenel, Hervé Gattegno, qui s'était également acharné contre moi au moment de l'affaire Elf. J'en avais fait le reproche à Jean-Pierre qui avait feint d'avoir oublié ce qui nous opposait. Audimat.

27 mai 2013

Obsèques dans «ma» paroisse de Saint-Louis-en-l'Île du dernier grand compositeur français, avec Pierre Boulez, Henri Dutilleux. Aucun représentant de l'État pour honorer cet immense artiste.

Il est vrai que nous, les presque centenaires, passons déjà pour morts ! Son émouvant quatuor *Ainsi la nuit* est un prélude à l'éternité.

Juin 2013

Subtilités persanes

Élection de Hassan Rohani à la présidence de la République islamique d'Iran. C'est un modéré, mais le pouvoir en Iran est aux mains du Guide suprême. Les Iraniens sont désireux de revenir dans le jeu international, mais pas en se reniant. Il n'est jamais de bonne politique de faire perdre la face à un « adversaire ». Le nouveau ministre iranien des Affaires étrangères, Mohammad Zavad Zarif, me dit : « Tant que les Américains refuseront de nous traiter d'égal à égal, la confiance aura du mal à se rétablir. »

Les Iraniens sont un grand peuple, avec une longue histoire. Ils sont sourcilleux, voire susceptibles. J'avais été le premier à m'en rendre compte quand j'avais présenté mes condoléances lors du décès de l'ayatollah Khomeiny. J'avais envoyé à son successeur un simple message, *via* l'ambassade d'Iran, auquel j'avais joint une déclaration faite par ailleurs à la presse. Ce message m'était revenu avec une mention selon laquelle je n'avais pas respecté les règles en la matière : « Si vous voulez manifester vos sentiments, merci d'envoyer une lettre personnelle… » Je n'avais pas respecté les formes.

Sans date

En désespoir de cause, j'écris à l'organisation Human Rights Watch (HRW), car je n'ai pas pu arranger la situation de la princesse Alanoud Alfayez, dont je suis l'avocat. Issue de la haute société jordanienne, elle a épousé le roi Abdallah ben Abdelaziz al-Saoud, à l'époque où il était prince héritier du royaume d'Arabie saoudite. Elle était l'une de ses neuf épouses… Quand elle a divorcé, en 2003, elle a été contrainte de quitter le pays et de s'exiler à Londres. Depuis plus de dix ans, elle n'a pu revoir ses quatre filles qui sont retenues à Djeddah. Je suis intervenu auprès du roi qui m'a assuré qu'elle pouvait leur rendre visite, mais la princesse a peur de retourner en Arabie saoudite… Elle demande que ses filles puissent venir à Londres, mais elles ne sont pas autorisées à voyager… J'ai même écrit au pape, qui m'a répondu, car les différentes religions ont des connexions insoupçonnées qui échappent à la diplomatie traditionnelle. Sans succès.

16 août 2013

Le diable meurt chez Voltaire

Jacques Vergès n'a jamais rien fait comme tout le monde. Il est mort hier, chez une marquise, un soir d'Assomption, un verre de château-talbot à la main, dans la pièce où s'est éteint Voltaire! Aucun romancier n'aurait osé imaginer pareille scène. Et pourtant. Il a rendu l'âme et les armes, en ce soir de fête de la Vierge. Il avait quitté la veille son appartement de la rue de Vintimille (Paris IXe), car il se sentait fatigué depuis son retour de Suisse où il était allé se soigner. Son élocution était devenue hésitante, un comble pour celui qui avait fait trembler les prétoires. Il m'avait reproché, en rentrant, de ne pas l'avoir appelé. Je n'avais pas osé le déranger pendant sa convalescence.

Il avait envie d'un carré d'agneau arrosé d'un verre de saint-julien, preuve de grand raffinement. Dans la cuisine, installée dans la chambre où Voltaire rendit l'âme le 30 mai 1778, Jacques a été pris d'un malaise. Il s'est assis, son verre à la main. Sa tête s'est affaissée. C'était fini. Les médecins du Samu n'ont rien pu faire. « Il est mort dans mes bras », me confie au téléphone la marquise de Solages.

Je suis allé ce matin de bonne heure dans son appartement des quais de Seine, restauré dans le style du XVIIIe siècle, où elle organise des concerts de clavecin. Liess, architecte de 44 ans, a veillé son père toute la nuit. Il est le fils de Djamila Bouhired, la pasionaria de la révolution algérienne, pour laquelle Jacques s'était converti à l'islam. Sa sœur, Meriem, qui vit à New York, arrivera dans la journée.

Mon ami repose dans une petite chambre sur cour, encombrée de livres. Ses lunettes sont sur la table de nuit où vacille une bougie. Sa canne, au sol, à côté de ses mules. Ses traits sont reposés, sa bouche à peine entrouverte.

Je retrouve ce masque de cire aux yeux bridés qui m'avait tant frappé dans la voiture qui nous conduisait chez Kadhafi. Nous avions atterri à Tunis pour prendre l'interminable route côtière vers Tripoli. Jacques s'était assoupi dans la voiture et je regardais son « sommeil doux comme la mort », en me demandant quels pouvaient bien être tous les secrets enfouis sous ce masque impassible.

Il m'avait présenté à la marquise de Solages, voilà quelques mois. Les deux tourtereaux étaient fort épris. Il ne m'avait pas parlé de leur projet, mais elle m'avait confié qu'ils allaient se marier à l'église. J'osai rappeler à la promise que nous avions le même âge… « Ne vous y trompez pas, c'est un jeune homme ! » Contrairement aux apparences, il était profondément sentimental, sensible même. Il avait la larme facile. Je l'avais constaté lors de la visite d'un hôpital à Tripoli où il pleurait au pied du lit d'un amputé.

Dans le décor Grand Siècle de la chambre de la marquise de Solages, il a, à l'évidence, une allure aristocratique. Il est mort en grand seigneur. Il le disait lui-même : « N'oublie jamais, Roland, que nous sommes des aristocrates ! » Sous-entendu : tous nos confrères sont des plébéiens. Il se considérait comme faisant partie de l'élite. Un rien égocentrique. Comme il était bon conteur, il abusait de son talent. Je l'ai entendu cinquante fois raconter la même histoire à un auditoire sous le charme. Il pouvait avoir des côtés énervants, comme tous les grands hommes, comme Jacques Lacan, par exemple, qui aimait faire « son cinéma ».

Toute la journée, je suis harcelé par les journalistes. Je n'ai pas envie de leur parler. Je laisse cela au « chœur des pleureuses » qui défilent à la télévision pour raconter tout ce qu'elles ne savent pas sur le sulfureux défunt. La plupart des intervenants étaient fâchés avec lui. Comble d'hypocrisie du cirque médiatique.

20 août 2013

Obsèques de Jacques à Saint-Thomas-d'Aquin. Une messe a donc été « possible » pour l'avocat du diable, converti à l'islam afin d'épouser une musulmane puis revenu au catholicisme par l'entremise d'une marquise ! Marie-Christine de Solages, tout de blanc vêtue et coiffée d'une large capeline de paille, me demande de m'asseoir au rang de la famille. Je suis touché de cet honneur. Au côté du curé de la paroisse officie le père Alain de La Morandais, qui les avait mis en présence.

Le prêtre et l'avocat s'étaient rencontrés, en 1995, dans une émission du polémiste Jean-Edern Hallier. Ils s'étaient revus et l'amitié s'était fait jour. La conversation avec ces deux hommes était un enchantement d'érudition, un exaltant voyage au cœur de l'humain dans ses contradictions et sa complexité.

Dans son homélie, le père de La Morandais parle avec son cœur. Il révèle que Vergès était fasciné par la personne du Christ, en qui il voyait l'incarnation de toutes les victimes, mais aussi le défenseur des humiliés de la terre, comme dit la Bible. J'aperçois Dieudonné qui écoute «religieusement» les saintes paroles. De qui la vie se joue-t-elle?

Maître Thierry Lévy, pour le bâtonnier de l'Ordre, n'hésite pas à provoquer: «Les ennemis de Vergès auraient aimé qu'il meure d'une mort moins naturelle...» Marie-Christine de Solages exprime un émouvant témoignage d'amour envers son «poète démolisseur canardant de son verbe les braillards de la bonne conscience, creuse comme une ornière». Suivi de collègues en robe noire, le cercueil est sorti sous les applaudissements de la foule et les youyous de femmes musulmanes, dont certaines viennent m'embrasser sur les marches. Des drapeaux ivoiriens flottent au vent d'été. Vergès n'avait pas que des ennemis. Mais mort, il sent encore le soufre: pas de «politiques» dans l'assistance. Aucun communiqué de la chancellerie. Le politiquement correct continue son œuvre insidieuse.

Fin août

Le père de La Morandais a célébré un baptême dans la famille Giscard d'Estaing. Je rencontre par hasard le prêtre, qui me raconte que l'ancien président lui murmure, ironique, à la fin de la cérémonie:

«Alors, monsieur l'abbé, vous avez enterré Vergès à l'église!

– Toute brebis égarée a le droit de regagner le bercail de l'Église, monsieur le président», a répondu le prêtre...

4 septembre 2013

Il embrasse la photo de mon père

Le président de la République m'a invité à Oradour-sur-Glane. François Hollande a convié le président de la République fédérale d'Allemagne, Joachim Gauck. Je suis seul, assis sur ma petite chaise, perdu dans des souvenirs douloureux. François Hollande passe et s'arrête devant moi. Il me présente au président allemand, à qui il conte en quelques mots l'histoire de mon père assassiné. Monsieur Gauck semble effaré. J'ai cru un instant qu'il allait se mettre à genoux et me demander pardon!

[Quelques mois plus tard, je reçois l'Allemand Dieter Holzer, qui a été condamné dans l'affaire de la raffinerie de pétrole de Leuna. Cette entreprise est-allemande avait été rachetée par Elf et des rétrocommissions versées à la CDU du chancelier Kohl et à la CSU (Union chrétienne-sociale en Bavière). Je n'ai pas été mêlé, ni de près ni de loin, à cette affaire dont on dit quelle a été initiée par les dirigeants d'Elf avec l'aval de Mitterrand lui-même «pour aider son ami Kohl».

Holzer considère que le président Gauck n'en a pas fait assez et aurait dû demander pardon à la France. Je trouve que le geste de Joachim Gauck est déjà respectable en soi. D'ailleurs, Hollande et lui n'ont pas cessé de s'embrasser et de se tenir par la main. Rien à voir cependant avec le choc de la poignée de main de Douaumont entre Kohl et Mitterrand. Quand je parle à mon visiteur de mon père, dont j'ai la photo sur mon bureau, il s'en saisit brusquement et l'embrasse! Il pleure et moi aussi. J'ai conscience du ridicule de la scène, mais les larmes ne se commandent pas.]

5 et 6 octobre 2013

Week-end sur les bords de Loire pour la «sixième visite au grand écrivain». Cette manifestation en l'honneur de Julien Gracq, dans sa petite ville natale de Saint-Florent-le-Vieil (Maine-et-Loire), me ravit, car j'ai une admiration ancienne pour l'ermite mélomane. C'est à mon amie Christine Piot que je dois cette aventure littéraire en souvenir d'autres aventures (picturales) que nous avions connues autour de Picasso.

À la mort du maître, dont j'étais l'avocat, j'avais rencontré cette jeune femme, passionnée d'art et de littérature, qui avait été chargée de l'inventaire des collections par maître Maurice Rheims, nommé expert de la succession. Il avait d'abord fallu localiser les innombrables œuvres disséminées dans les différentes demeures du peintre. L'administrateur judiciaire les avait fait rassembler pour inventaire dans les sous-sols de la BNP. Énorme travail qui dura deux ans, car personne n'avait encore exploré la totalité de cette œuvre foisonnante. Je passais suivre l'avancée des travaux presque tous les jours en fin d'après-midi. Avec Christine, nous avons connu des moments de forte exaltation dans les caves de la banque, fascinés par la découverte de chefs-d'œuvre inconnus. Elle m'avait aussi aidé dans la rédaction de mon ouvrage sur Roger Gilbert-Lecomte. Nous y avions adjoint un poème de Serge Sautreau.

Visite au grand écrivain

Quand j'étais ministre, elle m'avait organisé une rencontre avec Julien Gracq, à laquelle j'avais dû renoncer au dernier moment, à cause d'un déplacement inopiné à Berlin. Je le regrette, car j'aurais aimé rencontrer cet écrivain à la langue chantournée. Ce week-end à Saint-Florent-le-Vieil sera donc une sorte de pèlerinage nostalgique. Avec Christine, nous évoquons à demi-mot nos aventures « picassiennes ». Son compagnon, Régis Debray, observe la scène d'un œil narquois. Nous avons, autrefois, croisé le fer quand l'ancien gauchiste avait des vues sur la diplomatie française (sans doute bercé d'illusions par un Mitterrand expert en promesses de Raminagrobis). J'ai tout pardonné à Régis.

La ville de Saint-Florent-le-Vieil est un concentré de « francité » comme l'aimait Mitterrand, mais, lui, sur les bords de « sa » Charente. Ici, c'est la Loire qui apporte une lumière céleste et cette impression de temps suspendu. L'autre grand homme du lieu est Hervé de Charette, maire de la commune depuis 1995. Je le connais bien, car il fut l'un de mes successeurs au Quai (il a été en charge de la diplomatie française de 1995 à 1997). Nous ne sommes pas du même bord. Je suis un farouche républicain. Il est le descendant des Vendéens en révolte contre la Révolution. « Mes ancêtres ont été guillotinés », me rappelle M. de Charette de

La Contrie. Mais nos conceptions de la diplomatie française sont proches, dans la droite ligue de celle instaurée par le général de Gaulle. Et il a toujours été avec moi d'une exquise urbanité, à la différence de certains de ses amis politiques, ou des miens d'ailleurs ! Et l'homme est plein d'humour, sous ses dehors de notaire. N'a-t-il pas déclaré en tant que président de la Convention démocrate : « Ce n'est pas parce qu'on est un parti charnière qu'on doit nous prendre pour des gonds ! » Ça me ravit.

Depuis la mort de l'auteur du *Rivage de Syrtes*, en 2007, le maire a bien travaillé pour mettre en valeur ce « patrimoine » dont le cœur reste la maison du romancier léguée à la commune. Elle vient d'être transformée en résidence pour écrivains qui, en contemplant l'inexorable majesté du fleuve, méditeront la phrase de l'enfant du pays : « Tant de mains pour transformer ce monde, et si peu de regards pour le contempler. »

C'était mieux sous l'Occupation !

Régis évoque avec des visiteurs dévots ses « visites au grand écrivain », selon la formule consacrée. Il ne reconnaît plus la maison vidée de ses meubles et de ses livres. La lumière intense a poussé les murs de ce qui n'était qu'un intérieur petit-bourgeois de province. Mais les écrivains réservent toujours des facettes inattendues. Régis raconte que, sur les berges du fleuve, Gracq jouait au boomerang, instrument qui fait plus de mal en politique qu'en littérature !

À la mairie, nous improvisons, Charette et moi, un divertissant numéro de *mano a mano* à propos de l'écrivain. L'assistance s'amuse de nous voir cabotiner. Je m'aventure sur un terrain moins connu qui est la passion de Gracq pour la musique, Wagner en général et *Parsifal* en particulier. Comme moi.

Le retour vers Paris est une pagaille épique. Des trains bondés de jeunes indifférents à la marche du monde, claquemurés sur l'écran de leur iPad. Christine se démène pour me trouver une place assise. Devant l'anarchie, je tonitrue, provocant à souhait : « C'était quand même mieux sous l'Occupation ! » Amusant, à mon âge, de passer pour un vieux pétainiste ! Je n'ai plus rien à prouver… Mais je ne suis pas sûr d'avoir été compris par cette jeunesse autiste…

15 octobre 2013

Bête, Hugo ?

La Cime du rêve : quel beau titre pour une exposition ! La maison de Victor Hugo, place des Vosges, à Paris, présente des dessins du maître et de surréalistes. J'ai prêté un Max Ernst de la série des « Forêts » et un Masson, qui a peint les entrelacs végétaux pendant sa période américaine. Des « correspondances » quasi baudelairiennes sont bien mises en valeur : le rôle du hasard, du rêve et de l'inconscient. Des fascinations communes : la nuit, la forêt, les planètes. Une constante aussi : l'amour fou... La formule d'André Breton dans son *Manifeste du surréalisme* est assassine : « Hugo est surréaliste quand il n'est pas bête. » On peut être surréaliste et écrire des bêtises.

Sans date

Je ne vais plus à l'Opéra, ça me fatigue. Mauvais signe. Mais j'aimerais entendre ce prodige allemand, le jeune ténor Jonas Kaufmann.

Le corps me lâche là où il m'a tant « entretenu ». Je n'ai pas à me plaindre quand même.

5 décembre 2013

Décès de Nelson Mandela. Il était de quatre ans mon aîné. Avec Gorbatchev, il est de tous les hommes politiques que j'ai rencontrés celui qui m'a le plus impressionné par son charisme et sa pensée. Il incarnait une force de conviction sans faille qui se mêlait à une touchante humanité. Rare de trouver cela en un même individu. Je sais de quoi je parle.

2014

8 janvier 2014

Tapage médiatique autour du film *Yves Saint Laurent*, de Jalil Lespert. On me dit que c'est bien, mais moi qui ai connu Saint Laurent et Bergé, je serai forcément déçu. Je préfère les « vrais ».

19 janvier 2014

Entrefilet dans *Le Figaro* : vente des biens de Jacques Vergès pour un montant de 150 000 euros qui doit couvrir à peu près la somme qu'il devait au fisc. Partis ses totems, ses masques africains et sa collection d'échiquiers disposée dans son appartement de la rue de Vintimille (Paris IXe), où il avait son cabinet. La lettre que Jean Genet lui avait écrite, au moment du procès Barbie, a doublé son estimation de 2 000 euros : « Je veux que vous sachiez que, plus que jamais, je suis votre ami. » C'est leur combat, en faveur des peuples colonisés, qui les avait rapprochés. Je ressens cette vente à l'encan comme la revanche des bien-pensants. Comme une crémation. On a brûlé l'hérétique en place publique. Tout est rentré dans l'ordre…

Janvier 2014
L'art d'aimer

J'ai été un peu surpris de découvrir François Hollande dans la peau d'un séducteur. Encore que j'avais autrefois un ami de son gabarit qui avait un succès déroutant avec les femmes, ce qui me rendait jaloux. Poussant la recherche pour en savoir plus, j'avais mené ma petite enquête et découvert que ce dernier était « délicat et caressant ».

Qu'est-ce que l'amour, sinon sacrifier au fétichisme ? De source sûre, je savais ainsi que François Mitterrand était un adorateur des cheveux et des pieds. Cela prête à sourire, peut-être. Mais l'amour est un art. Trop de gens l'oublient ou ne s'en sont jamais aperçus, ce qui est pire encore. Je les plains.

Un président de la République contraint d'avouer publiquement son amour pour une deuxième femme, alors qu'il avait déjà introduit la première favorite dans les voies sacrées de la République, est pour le moins inattendu.

J'avais entendu François H., après qu'il eut quitté Ségolène R. pour Valérie T., me dire : « Maintenant, je suis heureux ! » Nous nous étions retrouvés à une foire du livre, peut-être à Brive, et il m'avait fait cette confidence, touchante d'ailleurs. Je le croyais vraiment épris.

Fin janvier 2014

Elles brouillent l'écoute

Toute la presse bruisse de la « répudiation » de la compagne du président et de l'apparition au grand jour de la nouvelle favorite. On retrouve là les vieilles affaires de la Pompadour qui ont agité l'histoire de France. Les Français, qui n'ont pas élu un couple à l'Élysée, montrent sur ces questions une réserve salutaire. Ils s'y intéressent mais ne sanctionnent pas pour autant le monarque républicain.

La première dame n'a pas de statut, et c'est bien ainsi. Chacune doit faire le job en fonction des nécessités du moment et de sa personnalité. Quel rôle jouait Mme de Gaulle en dehors d'apporter sa tisane au Général, à La Boisserie, ou de laver ses chaussettes à l'Élysée, ce dont elle s'était vantée ? Mesdames Pompidou ou Giscard d'Estaing n'ont pas aimé le rôle que l'on voulait leur faire jouer. C'était leur droit. Cécilia Sarkozy a préféré fuir pour rester libre, c'est tout aussi respectable.

Carla, sa remplaçante, n'a pas mal joué, mais *mezza voce*. Elle partait avec des atouts : mannequin, chanteuse, ça fait toujours bien sur la photo ! La plus active dans la fonction a été, sans doute, Bernadette Chirac, qui avait ses propres responsabilités politiques ou associatives, indépendantes de celles de son mari. Je crois pouvoir dire qu'elle a cependant beaucoup contribué à l'ascension de son époux qui, certes, avait un flair politique, mais avait sûrement besoin d'être cadré.

Le seul cas dont je puis témoigner est celui de Danielle Mitterrand. Quand la première dame se prend à vouloir jouer un rôle politique, les difficultés commencent ! Combien de petits déjeuners ai-je connus, rue de Bièvre, où il me fallait, plus que jamais, jouer les diplomates ? J'ai longtemps habité dans cette rue du Quartier latin, et le président me demandait souvent de passer aux aurores pour régler des affaires en cours. Nous prenions le café et parfois même partions dans la même voiture pour continuer nos entretiens sans témoin en dehors du fidèle chauffeur.

Je parlais de Moscou ou de Pékin. Danielle débarquait, avec la cafetière et les tartines. Elle écoutait et plaçait son mot : « Roland, il faut faire quelque chose pour les Kurdes et les Sahraouis » ; ou encore : « Comment desserrer le blocus de Cuba ? » Il allait téléphoner et la laissait débiter son histoire. François restait toujours courtois avec elle, car elle était sa « caution de gauche », une pièce importante de son subtil dispositif politique. Il lui arrivait quand même de lâcher, devant elle :

« Roland, j'espère que Danielle ne vous importune pas trop ?

– Non, tout va bien, président…

– Dites-le moi. »

Elle se calmait alors et retournait à la cuisine réchauffer le café. Pourtant, il ne fallait pas compter sur elle pour jouer les « ménagères » ! Je l'embrassais en partant, en lui promettant de lui consacrer une heure au Quai. Elle arrivait au ministère, flanquée de Raphaël Doueb, le gourou de France Libertés, qui semblait impressionné par ma fonction. Le précédent chevalier servant, professeur de gymnastique, avait eu l'élégance de s'éloigner quand Mitterrand avait été élu. Je ne peux résister à rappeler sa célèbre formule : « Je ne peux reprocher à ma femme ce que je m'autorise à moi-même. » Tout est dit !

Doueb était un ancien marchand de biens devenu courtier en tableaux, un peu m'as-tu-vu. Il encourageait les émois politiques de Danielle. Il se prenait pour un génie et lui préparait ses interventions. Il avait des idées sur tout, qu'il exposait, sentencieux, avec une voix de fumeur. Il en est mort assez jeune. Je dois reconnaître qu'elle avait parfois de bonnes idées, comme cette campagne pour l'accès des populations défavorisées à l'eau potable. Pour frapper les esprits, ils avaient imaginé des petites fioles d'eau qu'elle offrait à ses interlocuteurs. Un peu comme à Lourdes.

Elle était « mon amie » Danielle, que je connaissais depuis un demi-siècle, et la femme du président de la République. J'avais la compassion d'un vieux compagnon et suffisamment de poids et d'écorce pour ne jamais m'énerver. Il arrivait quand même qu'elle brouille l'écoute sur la ligne présidentielle.

Février 2014

Ils ne savent pas gouverner

La presse se déchaîne contre la prétendue incompétence du gouvernement Ayrault. Me reviennent en mémoire les mots de Mitterrand, prononcés voilà vingt-cinq ans : « Les socialistes ne savent pas gouverner. » C'était au moment de l'affaire Habache, et il avait certes des raisons objectives d'être fâché, mais je crois qu'il le pensait vraiment. Il répétait régulièrement cette formule que l'on pourrait résumer ainsi : « Je les ai amenés au pouvoir et ils sont incapables de l'exercer. »

Sans date

Pierre Bergé m'a invité à son déjeuner de l'IMEC [Institut Mémoires de l'édition contemporaine]. Il est l'un des mécènes de cette fondation qui prend en charge, conserve et met à disposition les archives, les manuscrits d'artistes et d'écrivains contemporains. C'est là, sans doute, que je déposerai les manuscrits de Jean Genet et de Pierre Guyotat qui sont en ma possession. Nous avons bavardé un long moment, Pierre et moi. Je lui demande s'il pilote toujours son hélicoptère. Il me dit que oui. J'aimerais bien pouvoir en faire autant. Oubliée, la canne, qui vous visse au sol, pour voler dans les airs !

J'ai beaucoup d'amitié pour lui. À la fois pour ce qu'il est (comme moi, fils d'un fonctionnaire des contributions et d'une mère folle d'opéra!) et ce qu'il fait. Je ne partage pas tous ses combats, mais il est resté fidèle et loyal à François Mitterrand. Il est le président des Amis de la fondation. Et il monte au créneau dès que l'on raconte des saloperies sur notre ami commun comme l'a fait *Le Monde* (dont il est pourtant administrateur). Il ne cache rien de ce qu'il est, alors que j'ai rencontré dans ma vie tant d'hypocrites en matière de mœurs.

Sans date

La dent dure

Nous avions un collègue au Palais, une «fiotte», un peu escroc sur les bords. Il rédigeait de faux jugements, qu'il envoyait à ses clients, et pour lesquels il se faisait payer. Il a fini par se suicider. Quand Vergès arrivait dans la salle des pas perdus, au Palais, il gueulait, à son adresse puis à la cantonade: «Bonjour, G., bonjour, les hommes!»

Il pouvait être très méchant. Il en voulait à Michèle Alliot-Marie de nous avoir traités de «vieillards» quand nous étions partis assurer la défense de Gbagbo en Côte d'Ivoire. Interviewé le lendemain à la radio, il avait craché, venimeux: «Est-ce que je lui demande des nouvelles de sa ménopause?» Je croise l'ancienne ministre quelques jours après. Elle me gratifie d'un sourire forcé, couronné de dents, qu'elle a fort dures. Elle ne pipe pas.

Vergès réservait ses mots les plus acerbes à son ennemi de toujours, Georges Kiejman, qui se répandait en ignominies sur lui. Un jour qu'un ami, sûrement bien intentionné, lui rapportait la dernière vacherie du confrère, Vergès claironna: «On n'a jamais empêché un nain de pisser sur les pieds d'un géant!» C'était d'autant plus drôle que Kiejman est grand, par la taille, et Vergès petit... Je n'étais pas toujours solidaire de ses méchancetés. Mais dans le cas de Kiejman, qui fut un temps mon secrétaire d'État, c'était bien vu.

Défendre les innocents

Sur le plan politique, notre relation aura été à géométrie variable: proche quand nous défendions les tenants de l'indépendance algérienne, éloignée quand il tutoyait l'extrême droite.

Notre grande « rupture » (mot qui lui était cher) intervint au moment du procès de Klaus Barbie, à Lyon, du 11 mai au 4 juillet 1987. Il défendait l'indéfendable et moi les parties civiles, notamment les enfants d'Izieu assassinés par les sbires de Barbie. Il croyait que, compte tenu de nos prises de position communes sur l'Algérie, je « mollirais » un peu. C'était mal me connaître. Je ne pouvais pas cracher sur la Résistance ni sur la mémoire de mon père. J'étais là pour défendre des innocents.

Bien qu'ayant duré sept ou huit heures, sa plaidoirie était artificielle. Son angle d'attaque était : « Ce que vous les Français reprochez aux Allemands pendant la dernière guerre, vous avez fait pire en Algérie et pendant les guerres coloniales. » Pour mettre en scène sa thèse, il avait convoqué un avocat algérien et deux africains qui ont bredouillé des banalités. Le procès Barbie était « implaidable ». Selon une technique éprouvée chez lui, il a tenté de transformer la défense en attaque.

Je n'arrive pas à oublier l'impression que m'a faite Barbie dans sa cage de verre : un pauvre type déguisé en petit vieux. La plupart de ces criminels de guerre étaient des voyous qui avaient précisément profité de la guerre pour exister, devenir quelqu'un. Sinon, ils seraient restés d'obscurs sans-grade. C'était la même chose pour la plupart de « nos » collabos. Je ne parle pas des Brasillach ou Céline qui, eux, au moins, avaient le mérite d'être de bons écrivains.

Écrire, c'est transgresser

J'ai bien connu l'avocat de Céline, Jean-Louis Tixier-Vignancour, qui a publié les 44 lettres que l'écrivain lui a adressées. Il avait été réélu député en 1956. Aux interruptions de séances, nous nous racontions des histoires. Il était intarissable. Il les distillait, en ménageant ses effets, d'une voix de stentor, propre à effrayer un président de cour d'assises. Il me narra comment il s'y était pris pour obtenir, du ministère de la Justice, l'amnistie de Céline. À un fonctionnaire subalterne l'avocat expliqua que son client n'était qu'un pauvre médecin de banlieue, égaré dans la collaboration, un certain Louis-Ferdinand Destouches (le vrai nom de Céline). Le fonctionnaire inculte ne fit pas le rapprochement entre les deux et tamponna le papier…

J'ai lu que Frédéric Mitterrand a dû retirer Céline de sa liste des célébrations nationales pour le cent vingtième anniversaire de la naissance de l'écrivain. Je n'ai pas plus d'admiration pour l'auteur de *Mort à crédit* que pour les commémorations, mais je pense que c'est une erreur. Je comprends que mon collègue Serge Klarsfeld soit monté au créneau, car Céline était un antisémite patenté. Mais ce type de raisonnement conduit à l'autodafé. Le «mal» que peut encore faire Céline se circonscrit à ceux qui savent lire et peuvent apprécier ce genre de littérature, c'est-à-dire plus grand monde...

En 1945, j'aurais cependant dit la même chose que Klarsfeld et participé au peloton d'exécution qui perça Brasillach, si l'on me l'avait demandé. En temps de guerre, il faut être respectueux de la mémoire des morts et de la souffrance des survivants. Toutes ces victimes, nous les connaissions, nous les aimions peut-être. Elles ne sont pas qu'une photo jaunie ou un nom sur un marbre funéraire. Mais, soixante-dix ans après le drame, il n'est pas interdit de regarder l'histoire et la littérature en face, sous toutes leurs facettes, même les plus dérangeantes.

Malraux, ministre de la Culture de «Mongénéral» (comme disaient mes copains du *Canard*), avait bien défendu l'écrivain Céline. Mitterrand, le neveu, aurait pu monter au créneau. Certes, les deux hommes ne jouent pas dans la même cour. Une belle polémique sur un écrivain halluciné nous aurait changé des tristes escarmouches de la tambouille politicienne.

Je ne sais pas ce que François Mitterrand pensait de Louis-Ferdinand Céline, nous n'en parlions jamais. Il ne jurait que par Jacques Chardonne, Charentais comme lui. Il écrivait: «De sa génération, il reste pour moi le modèle. Par esprit de clocher, peut-être.» Il était à tel point de ce pays que ses adversaires, dans la Nièvre, continuaient à le surnommer, par dérision, le «Charentais».

François Mitterrand n'avait pas pardonné à François Mauriac de l'avoir égratigné dans son «Bloc-notes» de *L'Express* qui faisait alors autorité: «Ce Mitterrand, je l'aime bien. C'est un garçon romanesque: je veux dire un personnage de roman. Il sort, à quelques lieues de chez moi, du terroir charentais, comme Rastignac.» La réponse s'était fait attendre mais, dans *Ma part de vérité*, il avait ironisé : « Étudiant, je montai à Paris, comme dit Mauriac, ce romancier régionaliste, ami de mon oncle et de ma mère, et pour qui tout jeune homme d'Angoulême est forcément Rastignac. » Je parle là d'une époque lointaine où un président de la République, qu'il s'appelle Pompidou ou Mitterrand, nourrissait des passions littéraires…

25 février 2014

Sus aux grandes oreilles !

Mort de Jules Borker. Souvenirs de l'Union de la gauche. Il était mon contact au PCF.

J'ai revu sur La Chaîne parlementaire le documentaire sur l'arrivée des communistes au deuxième gouvernement de Pierre Mauroy. C'était la suite logique de l'Union de la gauche qui avait rendu possible son accession à l'Élysée. Mitterrand m'avait chargé de négocier cet accord, ce que j'avais fait avec mon collègue Borker, avocat du PCF, qui vient de mourir. Comme c'était un sujet ultra-sensible et qu'il se pensait écouté (!), chez lui, rue de Bièvre, il me proposa : « Allons marcher sur les quais, je dois acheter des étagères au Bazar de l'Hôtel de Ville. »

Il me fera la même proposition à mon retour de la première rencontre secrète avec le colonel Kadhafi, quelques années plus tard. C'est là qu'une photo a été prise. On aperçoit les gardes du corps qui nous collaient aux basques. À plusieurs reprises, il leur avait demandé sèchement de se tenir à distance. Les « grandes oreilles » ne passeraient pas par eux.

Je ne suis pas le seul à reconnaître que Charles Fiterman, Anicet Le Pors, Jack Ralite et Marcel Rigout ont été des ministres loyaux. Certes, le président de la République ne les avait pas nommés à des postes régaliens, même si Fiterman était ministre d'État. J'avais connu Rigout en Haute-Vienne, à l'époque où il était un stalinien pur et dur et moi candidat à la députation. Nos échanges étaient sévères. Mitterrand l'avait « retourné », comme on dit dans les romans d'espionnage. Il lui rendait visite dans son fief de Verneuil-sur-Vienne et l'invitait à déjeuner. Il est toujours resté un « mitterrandolâtre », je crois même plus que moi !

J'aime bien les communistes. Je le dis par provocation, parce que plus personne ne le dit. Mais cette reconnaissance s'est forgée dans la fraternité de la Résistance où la solidarité n'était pas un vain mot. Cette amitié nous servait tout simplement à rester en vie, face aux traîtres qui pouvaient surgir à chaque coin de rue. Je sais bien qu'un tel langage n'est plus intelligible de nos jours où plus rien n'est sacré, mais je le dis, quand même, par respect pour tous ceux qui se sont battus et qui sont morts souvent dans la fleur de l'âge.

Cela ne voulait pas dire que je partage leurs idées, mais je n'ai jamais eu à proprement parler de conflit majeur avec les communistes. Ils alignaient à l'envi l'équation simpliste: Dumas est européen donc proaméricain. Combien de fois, à la tribune de l'Assemblée, les ai-je affrontés? Mais je ne les provoquais pas. Je disais que le parti communiste était un grand parti et que j'avais la plus profonde admiration pour le patriotisme du peuple russe, sa résistance héroïque face à l'horreur nazie. Je les regardais sur les gradins. Ils ne pouvaient pas applaudir, mais ils étaient touchés. Cela suscitait des «mouvements divers» parmi les plus réactionnaires de l'hémicycle et des grimaces chez certains socialistes qui en étaient restés à la SFIO de Guy Mollet. Paradoxalement, j'étais soutenu par certains gaullistes, les vrais, comme Jean de Lipowski qui me donnait raison. Ils n'étaient pas tous de la même farine.

Une fois ou deux, j'avais rabroué un député gaulliste qui avait manqué de dignité – je crois bien que c'était Charles Pasqua –, assenant avec son accent fleuri: «Vous les socialistes, vous vous êtes couchés devant l'ennemi.» J'ai demandé la parole et lui ai opposé une salve d'opprobre outré. Le Premier ministre, Jacques Chirac, s'était levé pour l'excuser: «Les paroles du ministre de l'Intérieur ont dépassé sa pensée.» J'avais une certaine liberté de parole que j'espère conserver aujourd'hui encore.

Sans date

Dans l'escalier du palais de justice que je monte à grand-peine, je croise Pierre Joxe qui est maintenant avocat aux services des mineurs. Il m'a pris le bras pour m'accompagner jusqu'au troisième étage. Nous avons bavardé une heure dans l'antichambre d'un juge d'instruction. Scène drolatique si un photographe était passé par là ! Il y a longtemps que nous avons enterré la hache de guerre, et pourtant Dieu sait si nous nous sommes « frictionné » les oreilles !

Mars 2014

Roger Nicolas est un chansonnier bien oublié. Il commençait toujours ses sketches par la formule : « Écoute, écoute ! » C'était prémonitoire. Buisson écoutait Sarkozy, lui-même était écouté par les juges. Je crois surtout que l'ancien président n'aurait pas dû tant « écouter » les balivernes bien « mal-à-droite » de son conseiller occulte. Il n'en serait pas là. Peut-être même aurait-il été réélu.

J'observe cette agitation avec recul. Ce serait seulement comique si cela ne mettait pas en cause le fonctionnement de l'État. Je ne suis pas un naïf tombé de la dernière pluie. Ce n'est pas par hasard que toutes ces affaires surgissent à quelques semaines des élections municipales et européennes.

Sous le soleil de Monaco

Les choses tournent à l'opérette. J'ai autrefois fréquenté Luis Mariano qui, dans les années 1960, était, au Châtelet un partenaire de ma compagne Maria Murano. Je ne connais pas M. Azibert, mais je sais que c'est un magistrat rigoureux, bon juriste, qui semble avoir voulu finir sa carrière au soleil, en tant que président du Tribunal suprême, la plus haute juridiction monégasque. Ce poste peut devenir le tremplin pour la prestigieuse fonction de ministre d'État de la principauté, c'est-à-dire Premier ministre. Monaco est une destination fort prisée parmi nos fonctionnaires, diplomates et magistrats ! Avant la réforme de 2002, la France proposait au prince souverain trois noms pour ces fonctions, à charge pour lui d'en désigner un. L'« habillage » consistait à proposer une candidature « évidente » et deux autres qui l'étaient moins... Les apparences étaient ainsi sauves.

Mais une mécanique parfaitement huilée se grippe parfois. J'ai dû ainsi régler un différend avec Rainier III, père de l'actuel prince souverain Albert. Nous avions proposé un excellent diplomate, mais qui s'avérait homosexuel. Cette caractéristique biographique était apparue au dernier moment. Le prince me reçut en catastrophe. Il regardait un match de foot à la télévision, qui resta allumée pendant notre entretien : « Notre convention non écrite vaut toujours mais, dans le cas particulier, je ne peux y souscrire, car le ministre d'État doit être marié, compte tenu des charges protocolaires qui lui incombent chez nous ! » C'est ainsi que notre « second choix » se retrouva nommé en lieu et place de l'Excellence qui ne remplissait pas toutes les conditions requises sur le Rocher...

Je dois reconnaître que je n'ai pas connu de difficultés diplomatiques avec la famille Grimaldi. Une fois par an, le président de la République la recevait officiellement à l'Élysée. C'était généralement l'occasion d'un banquet officiel des plus sympathiques. À la table d'honneur, j'observais le président faisant assaut d'amabilité avec les deux princesses. À la fin du dîner, il me raccompagna en me demandant laquelle des deux je trouvais la plus « gentille ». « Moi, je préfère l'aînée », me confia-t-il.

6 mars 2014

Mon complice Maurice Faure vient de mourir à Cahors. Nous avions le même âge et un peu le même parcours : résistant, député, ministre et membre du Conseil constitutionnel. En 1956, il avait été secrétaire d'État aux Affaires étrangères dans le gouvernement Guy Mollet. C'est à ce titre qu'il était le dernier survivant des signataires du traité de Rome, acte fondateur de l'Europe. L'archétype du « rad-soc », jovial et bon vivant, qui faisait rire les assemblées. Il était proche de Mitterrand qui en avait fait le météorique garde des Sceaux du premier gouvernement Mauroy. Au bout d'un mois, il avait dû laisser la place (Vendôme) à Robert Badinter, que Mitterrand avait chargé de défendre la loi contre la peine de mort. J'avais demandé à Maurice dans quel état il avait trouvé la Justice. Le garde des Sceaux m'avait fait cette réponse sans appel, avec son accent rocailleux : « C'est un merdier terrible ! » Bien que docteur en droit, magistrats et fonctionnaires profitaient de son inexpérience ministérielle pour le manipuler. Il savait qu'il était là de façon transitoire. Le « véritable » gouvernement fut nommé le 23 juin 1981 avec l'arrivée des quatre ministres communistes.

Quelle doctrine ?

On me dit que j'avais tout pour être radical-socialiste, sauf qu'en Limousin ils n'ont pas d'électeurs ! Et c'est me faire offense, car je me sens plus à gauche que jamais. Je reconnais que, sur le plan intérieur, il y a beaucoup de confusion dans ce que veulent faire les socialistes. La droite sait produire, créer de la richesse, gagner de l'argent. Mais la droite est égoïste, ce qui la rend insupportable. Arrogante.

Je suis la trajectoire des socialistes depuis le 6 février 1934, quand j'accompagnais mon père aux manifestations organisées par le Front populaire. J'avais 12 ans. Je reste convaincu qu'il faut un contrepoids à la droite. Ça ne peut être le parti communiste, qui a perdu la partie. Je ne vois donc que le socialisme pour corriger les excès du capitalisme. Cette mission, à mes yeux, ne peut être assurée que par des socialistes « intelligents ». Je plaide donc pour un Parti socialiste revivifié, réformé. Je ne crois pas que ce changement puisse intervenir par la grâce de Harlem Désir, qui m'a l'air de ne pas être sorti de son rôle de concierge de la rue de Solferino.

Giscard d'Estaing avait dit un jour quelque chose que j'avais repoussé d'un revers de main. Une formule du genre : « On devrait pouvoir faire alliance entre des socialistes intelligents et des progressistes de droite. » En théorie, ce n'est pas idiot. C'est peut-être ce que l'on appelle la social-démocratie. Dans les pays du Nord ou en Allemagne, les syndicats aident les partis politiques à jouer ce rôle. En France, je reste convaincu que ce n'est pas souhaitable, si ce n'est possible.

Quand les socialistes jouent cette politique à l'extérieur, c'est pour se jeter dans les bras des Américains. Alexis de Tocqueville, dans son essai intitulé *De la démocratie en Amérique*, avait déjà noté, au XIXe siècle, que la politique extérieure ne requiert pas les mêmes qualités, ni les mêmes comportements, que la conduite des affaires intérieures. C'est on ne peut plus vrai aujourd'hui quand on voit l'embarras des démocraties occidentales face à un autocrate comme Poutine.

Le gouvernement a été comme le joueur de poker qui compte sur la seule chance pour se refaire. Jean-Marc Ayrault attendait une hypothétique reprise qui n'est pas venue. L'échec est aujourd'hui patent. Il ne faut pas se fier à des gens qui ne sont pas faits pour cela. L'erreur de casting peut être corrigée. L'erreur de doctrine est plus difficile à admettre et à remettre en cause.

Obama et Poutine se téléphonent régulièrement. Qui est le troisième intervenant ? L'Allemagne. Je reste persuadé que les voltigeurs de « mon » Triangle de Weimar auraient été plus efficaces. Ils auraient joué un rôle dans cet ensemble, ce qui n'est manifestement pas le cas aujourd'hui. Nous ne sommes plus que les auxiliaires de la politique américaine. Je le ressens chaque jour comme une humiliation. Le bilan sera tiré lors des élections prochaines.

13 mars 2014

Sortie du livre *La Captive de Mitterrand*. Je n'ai pas voulu recevoir le journaliste de *Paris Match* qui a fait ce « roman », car je sais qu'Anne ne lui a pas parlé. Elle aurait pourtant beaucoup à dire, mais elle s'est imposé la règle du silence à laquelle elle ne déroge pas. Il faut la respecter. Même moi, je ne l'ai pas revue depuis la mort de François Mitterrand. Elle m'avait alors confié qu'il lui parlait souvent de moi. Il était même jaloux, paraît-il, de mes succès féminins…

Nous étions convenus, Anne et moi, de déjeuner ensemble. Je dois avouer que j'étais curieux de ce qu'il lui avait dit sur mon compte. Prise de scrupules, deux ou trois mois après les obsèques, elle m'avait appelé pour remettre le rendez-vous. Elle était terrorisée à l'idée que des paparazzis nous photographient. Le temps a passé et je n'ai pas osé reprendre contact avec elle. J'ai un profond respect pour cette femme. Le silence est devenu une vertu rare de nos jours.

Mars 2014

La séduction du diable

Je lis que mon charme opère encore, si j'en juge par ce que rapporte Frédéric Mitterrand dans son journal de ministre de la Culture publié sous le titre *La Récréation*. Il écrit que son cabinet, lors de notre déjeuner rue de Valois, « a succombé à la séduction du diable». Il faudra que je lui demande ce qu'il entend par là, moi qui n'ai pas les mêmes penchants que lui à confesser ! J'ai bien aimé cette chronique un rien désabusée, ciselée de traits d'esprit. Personne ne manie comme lui l'autodérision, art subtil s'il en est, mais qu'il n'a pas appris de son oncle...

J'apprécie aussi François Fillon, pas pour les mêmes raisons que Frédéric Mitterrand (qui le trouve beau !), mais il a une certaine distinction, un comportement, un langage et une réserve de bon aloi. Il dit juste ce qui convient. Il lui faudrait cependant un peu plus de *pep*. Il se recommande du gaullisme social, mais je n'ai jamais su ce que cela signifie, pas plus d'ailleurs que le gaullisme de gauche, une plaisanterie ! Le gaullisme a toujours été à droite, Philippe Séguin était, sans doute, un peu à part, mais cette position (posture ?) était due à son caractère plus qu'à ses idées. Les gaullistes de province, j'en connais beaucoup, sont tous les héritiers de la tradition française la plus conservatrice, un point c'est tout.

Homo soit qui mal y pense

Frédéric Mitterrand rappelle, en termes choisis, que c'est Joël Le Theule qui a mis à Fillon «le pied à l'étrier». Le Général en avait fait son ministre de la Défense, ce qui prouve qu'il n'avait pas de prévention contre les homosexuels, que l'on n'appelait pas encore les gays. Madame de Gaulle était plus réservée, paraît-il... Il y a toujours eu des homosexuels en politique, mais ils ne le revendiquaient pas.

Certains autres avaient la main baladeuse. Quand j'ai été élu député, à 34 ans, je me souviens de ma première intervention à la tribune. Tout intimidé, j'étais venu saluer, au perchoir, selon le protocole, le président de l'Assemblée nationale. Manchot et blanchi sous le harnais, il fut d'ailleurs le dernier président de la Chambre des députés de la IVe République. André Le Troquer (SFIO), qui m'aimait bien, en profita pour me passer la main sur la jambe, en murmurant : «T'as de ces cuisses !» Je débarquais de ma province dans un monde que je ne connaissais pas...

Lui, c'était les «ballets roses» qui l'avaient conduit devant les juges. Le président de l'Assemblée était amateur de soirées avec de très jeunes filles «rabattues» par un policier en retraite qui tenait des boîtes à Pigalle. Ces mineures se livraient à des séances prétendument «artistiques», parfois avec l'assentiment de leur mère, fières que leur progéniture fréquentât des «messieurs bien». La maîtresse de Le Troquer, une modiste réputée, mettait en scène ces entrechats. Les soirées étaient organisées au pavillon du Butard, édifié sous Louis XV, en limite de la forêt de La Celle-Saint-Cloud. Cette «folie» était mise, par la République, à la disposition du président de la Chambre des députés qui pouvait l'utiliser à sa guise.

L'autre grand séducteur était Tixier-Vignancour, dans sa jeunesse. Quand, au Palais, je fus plus complice avec lui, j'avais malicieusement orienté la conversation sur le sujet:

«Est-il vrai que tu avais dû quitter le gouvernement de Vichy parce que tu organisais des parties fines dans l'hôtel où vous logiez, à l'étage au-dessus de celui occupé par le maréchal Pétain?

– Non, ce n'était pas là que ça se passait, mais une chose est sûre, c'est que Jalinotte n'aimait pas ça [les parties fines]!»

Jalinotte était son épouse, une blonde accorte qui m'aimait beaucoup. Il n'était pas jaloux. Elle avait pour moi une admiration sans limite… et sans lendemain.

J'ai bien connu aussi le maire de Pau, André Labarrère qui, à la fin de sa vie, ne faisait pas mystère de ses goûts. Un jour que je lui rendais visite, il reçut un coup de téléphone. La mère supérieure d'un couvent l'appelait pour un problème de voierie dans son quartier. Labarrère, avec une onction de chanoine: «Venez me voir en mairie, ma mère. Je suppose que vous chantez mâtines? Alors, disons demain matin à 5 h 30. Ce n'est pas trop tôt?» Il était tordant. Je doute que Bayrou le sera tout autant, tordant.

La «confrérie» est d'ailleurs fort bien représentée au Quai. Un ambassadeur de France à Londres, membre d'un ordre religieux, recevait des gigolos à la résidence. Son successeur me raconta que les michetons continuaient à téléphoner après son départ. La femme de ce dernier avait fini par en prendre ombrage…

Sans date

Lu le bouquin de Lionel de Jospin *Le Mal napoléonien*. La politique étrangère de l'Empereur est incontestablement un désastre. Pour le reste, c'est plus discutable. Napoléon, s'il est un adepte du pouvoir fort, sauvegarde quand même les grands acquis de la Révolution. Il ne se contente pas d'un retour au système monarchique.

Jospin dit d'ailleurs que le gaullisme n'est pas loin du bonapartisme, ce qui est partiellement vrai. Bonapartisme et gaullisme sont les deux avatars de l'homme providentiel qui surgit pour sauver le pays. Mais dans les deux cas, il faut raisonner sur fond de guerre qui bouleverse toutes les données. Le patriotisme l'emporte alors sur les considérations sociales. Et, pour le coup, la politique extérieure l'emporte sur les considérations intérieures.

De Gaulle avait cela en commun avec les Anglais. Je viens de relire les passionnants discours de Winston Churchill et d'Anthony Eden, son secrétaire d'État au Foreign Office pendant la guerre. À la frange conservatrice de son camp, qui lui reprochait « de faire une alliance avec les communistes russes », Eden répondit que leur analyse était mauvaise. L'essentiel était, à ses yeux, d'anéantir l'Allemagne nazie par tous les moyens. « Pour gagner la guerre, il faut avoir des alliés. L'Union soviétique est dans la guerre et nous sommes les alliés des Russes. »

Mars 2014

Quatrième mandat pour Bouteflika. C'est un ancien militaire qui a l'armée avec lui. Vergès, qui avait vécu en Algérie, me racontait l'avoir connu alors qu'il était un jeune officier de liaison en poste à la frontière avec le Maroc. Près d'Oujda, il faisait passer les hiérarques du FLN. Un jour que Vergès devait les rencontrer, il y était allé en voiture et avait comme chauffeur un certain Abdelaziz Bouteflika.

Il murmure qu'il se représentera à la présidence de la République algérienne. Le goût du pouvoir sans doute. Ou la volonté du FLN, qui tient toute l'économie du pays, de continuer son business à l'abri du burnous d'un président fantôme (fantoche ?). Quand il va mourir, cela va poser un vrai problème. Car, là aussi, une nouvelle génération qui n'a pas connu la guerre d'indépendance va demander des comptes…

Je sais bien que l'on va me reparler de népotisme, de corruption et d'incurie. Mais je conserve toute mon affection au peuple algérien. Au peuple. Il ne faut pas l'humilier. Une belle histoire est à écrire entre nos deux pays. Il est idiot de la ruiner par la même arrogance que celle que nous avons mise à le dominer durant cent trente ans. Pendant plus d'un siècle, les Algériens n'ont pas eu accès aux responsabilités. Nous ne voulions voir en eux que de petits *chaouchs* qui vendaient des cigarettes et ciraient les chaussures. L'une de mes grandes divergences avec Mitterrand, pour qui « l'Algérie, c'était la France ». Mendès France, ce n'était pas mieux : « La seule indépendance, c'est la guerre. » Il n'y avait pas de quoi être fier d'être socialiste à l'époque. C'est cet aveuglement coupable qui me pousse aujourd'hui encore à l'indulgence envers le peuple algérien. Ce qui me navre est que l'on a mis l'affaire sous le boisseau et que l'on n'en parle plus. Il faudrait reconnaître que l'on s'est trompé. Quel venin s'est instillé dans nos têtes pour empoisonner à ce point ce qu'il y a de beau dans le socialisme ?

13 mars 2014

Vérité et mensonge

Christiane Taubira a menti, nous dit-on, à propos des écoutes téléphoniques dont faisait l'objet Nicolas Sarkozy. Faut-il toujours dire la vérité en politique ? Sans doute. Mais la justice est plus prudente : tout inculpé a le droit de mentir. C'est inscrit dans le Code pénal. C'est à l'accusation de faire la preuve du contraire. On ne peut poursuivre pour fausse déclaration un inculpé qui a menti.

18 mars 2014

Après le référendum intervenu hier, Poutine annexe la Crimée. On ne peut ignorer l'histoire. La Crimée appartient à la Russie comme l'Alsace-Lorraine à la France ! Ou, encore mieux, la Sarre qui, en 1955, décida son rattachement à la République fédérale d'Allemagne. On ne peut considérer comme nul et non avenu le vote de toute une population qui s'exprime sur son destin. La Sarre était peuplée de Germains de souche. La Crimée de Tatars devenus minoritaires après le grand *melting pot* ethnique orchestré à marche forcée par les Soviétiques.

La position « aventureuse » de la France, qui est pour le moins discutable, avec ce changement brutal de politique, a amené à la situation de crise dans laquelle nous sommes.

Quand Khrouchtchev a rattaché la Crimée à l'Ukraine en 1954, cela ne portait pas à conséquence, car pays et provinces restaient dans le giron de l'Union soviétique. La Crimée recèle, depuis cette époque, la grande partie de la flotte russe vers les mers chaudes. Donc on ne peut parler d'ingérence ou d'intrusion de la Russie dans la presqu'île de Crimée, puisqu'elle y était déjà chez elle, ou presque.

La revendication de la Crimée par la Russie n'est pas une « invention » de Poutine. J'avais un jour demandé à Gorbatchev de bien vouloir m'autoriser à compulser des archives concernant la gauche française, les syndicats et la franc-maçonnerie, à la demande de la famille d'un haut dignitaire décédé du Grand Orient. Ces documents, saisis par les Allemands en 1940, avaient été récupérés par l'Armée rouge qui les avait emportés en Union soviétique. Dans une immense caserne non loin de Moscou, j'avais pu faire des copies, contre espèces sonnantes, de ces quelques pièces tamponnées de cachets allemands et russes. Quelque temps après, Gorbatchev m'avait demandé, en contrepartie, que des historiens soviétiques puissent étudier nos archives concernant la guerre de Crimée sous le Second Empire. Napoléon III, rangé aux côtés de l'Empire ottoman et des Anglais, avait alors essayé de ravir cette province déjà revendiquée par le tsar. L'affaire n'est pas nouvelle…

Dans la mesure où l'on ne peut disposer d'un peuple sans son assentiment, le référendum est l'instrument pacifique par excellence, dès lors qu'il est honnête et contrôlé internationalement. La seule réserve que j'émettrai concerne l'Afrique, où l'on a posé depuis longtemps le postulat de l'intangibilité des frontières héritées de la colonisation. Ce qui n'empêche pas les affrontements entre ethnies, comme en Centrafrique, mais le problème serait bien plus grave encore si s'ajoutaient des remises en cause de frontières aux différends politique et religieux.

Plus que les pays, l'Union européenne constitue justement l'entité parfaite pour résoudre ces contentieux historiques : questions des minorités et contestations frontalières. Les Serbes et les

Croates, par exemple, ne pourront jamais s'entendre hors de leur intégration complète dans l'UE (la Serbie n'est pas membre).

20 mars 2014

Guerre tiède

Journaux et magazines nous disent que c'est le retour à la guerre froide. Ils semblent avoir oublié ce que c'était. Certes, on revient à une tension internationale. Je l'ai tellement écrit, tellement dit, je suis navré d'avoir à le répéter, comme me le rappelait Mitterrand à chaque fois que je rencontrais les Américains: «Roland, ne vous laissez pas faire.» Depuis de Gaulle, il n'était pas question d'entrer sans contrepartie dans le commandement intégré de l'OTAN. Aujourd'hui, c'est chose faite. La France est au garde-à-vous et attend l'oracle de Washington pour savoir ce qu'elle doit penser. Sur l'affaire ukrainienne, elle n'a rien pu dire de personnel.

J'écoute avec plaisir mon ami Hubert Védrine qui essaie de défendre, comme je le fais, des thèses originales, mêmes si elles sont moins radicales que les miennes. Il a raison s'il souhaite revenir aux Affaires (étrangères), ce qui semble être le cas. Cela oblige à quelques contorsions. Il m'a dit qu'il regrettait le Quai d'Orsay, qu'il aimerait bien y revenir. Je le comprends, car c'est un poste passionnant.

J'avais indiqué publiquement que nous étions sur la mauvaise route quand, à la suite de Gorbatchev, on avait commencé le démantèlement des armes conventionnelles et de l'arme atomique, et que Poutine avait cassé cette négociation. Pourquoi l'avait-il fait? La pierre d'achoppement était les pays Baltes. Si les Alliés armaient la Lettonie, la Lituanie et l'Estonie, il menaçait de réarmer Kaliningrad, enclave russe coincée entre Pologne et Lituanie. Les Occidentaux l'ont quand même fait. Les installations de l'OTAN sont puissantes.

À la suite de cela, Poutine a rompu les négociations sur le désarmement entamées du temps de Gorbatchev. La hantise des Russes depuis toujours, c'est l'encerclement. Plus le «cordon sanitaire» qui va des pays Baltes à la Turquie sera militarisé, plus les Russes se sentiront menacés. De leur point de vue, on peut le comprendre.

L'autre conséquence de la politique actuelle envers la Russie est de favoriser un rapprochement encore plus fort de ce pays avec la Chine, même si, sur le point précis de la Crimée, les Chinois défendent le principe de non-ingérence et se sont donc abstenus. Les risques seraient trop grands pour eux de voir l'Occident vouloir intervenir dans les contentieux au Tibet ou au Xinjiang qui réclament leur autonomie. Sans parler de Taïwan, qui fait partie des revendications «éternelles» de la Chine. Les Chinois ont cela de commun avec le pape qu'ils ont l'éternité devant eux!

Dîner avec ma fille Delphine. Conversation toujours un peu «raide». Sa mère me dit pourtant qu'elle déborde d'amour pour moi, mais elle affecte de s'opposer à moi. Son originalité la pousse «naturellement» vers les mouvements écologistes. J'ai abandonné la partie.

À propos d'écolos, je n'entends plus parler de Mme Joly, qui fut pourtant l'une des gloires (éphémères) d'EELV. Je me réjouis que la petite chandelle vacille d'elle-même. Elle a quand même failli avoir ma peau, comme M. Plenel. Je les vois tous s'éteindre autour de moi les uns après les autres. Je n'arrive pas à faire le portrait de cet individu. Quels sont ses buts? À quoi obéit-il? D'où vient cette méchanceté? C'est plus qu'une tournure d'esprit, c'est un système qui conduit à extrapoler, à affabuler. Au Salon du livre, un journaliste me repose encore la question sur l'affaire Elf. Je n'en sortirai jamais.

21 mars 2014

Hans Dietrich Genscher a 87 ans aujourd'hui. J'essaie vainement de parler au téléphone à mon ancien homologue allemand, dont je suis resté proche. Il est hospitalisé. Je lui envoie un petit mot: «Mon pauvre ami, regarde ce qu'ils ont fait de notre Triangle de Weimar! Dis-moi ce que tu en penses?» Dans son dernier message, il me disait: «Je continuerai à me battre pour l'Europe jusqu'à mon dernier souffle.»

Déjeuner Chez Julien avec la fille d'un de mes amis. Ségolène Royal arrive avec un beau jeune homme, son fils Thomas. Nous bavardons sans aucune référence à l'« actualité ». J'ai lu dans la presse qu'« on » lui promet un grand ministère. Elle a des qualités, mais ce serait une nouveauté : un président de la République face à son ancienne compagne, au Conseil des ministres... Au moins, Fabius ne pourra pas refaire son mot assassin : « Qui va garder les enfants ? » Ces derniers peuvent se débrouiller seuls désormais.

Thomas Hollande a été stagiaire chez l'un de mes amis, avocat au conseil d'État, qui en était fort satisfait. Il est maintenant au cabinet LBBa, spécialisé dans le conseil des syndicats. Il est discret et intelligent. Ségolène, en bonne fille d'officier, a dû élever ses enfants à la militaire. À la réflexion, elle ne serait pas si mal à l'Éducation nationale...

Sans date

Vive Marcellin !

Valls a une bonne cote de popularité, mais cela n'en fait pas pour autant un bon ministre de l'Intérieur. Il ne suffit pas d'aller sur les places et les plateaux de télévision pour dire, l'air rogue, « ça va barder », et briguer les plus hautes fonctions.

Un « vrai » ministre de l'Intérieur, c'était Raymond Marcellin. Quand il succéda au pâle Christian Fouchet, place Beauvau, après les événements de Mai 68, le Général salua son arrivée en ces termes : « Enfin, Fouché, le vrai ! » Il faisait bien sûr référence à l'autoritaire ministre de la Police de Napoléon. Marcellin passait sa vie au ministère. J'ai échangé des mots terribles avec lui, mais je le respectais. Quand il a poursuivi *Le Canard enchaîné*, c'est à Mitterrand qu'il s'en prenait, car il redoutait de m'attaquer de front, en tant qu'avocat du « palmipède ». On n'attaquait pas les avocats à l'époque...

C'était la rocambolesque affaire des faux plombiers du *Canard*. Ces agents de la DST avaient été surpris, le 3 décembre 1973, creusant, de nuit, un mur de la rédaction pour y installer des micros. Le journal satirique en fit ses choux gras. Il titrait sur le « Watergaffe », en référence au Watergate, qui avait coûté son poste au président des États-Unis, Richard Nixon. Le scandale était à son comble. Deux mois après les faits, le président Pompidou et le Premier ministre Messmer crurent habile d'intervertir les maroquins de Chirac et de Marcellin. Celui-ci passa ainsi de l'Intérieur à l'Agriculture. *Le Canard enchaîné*, jamais à court de blagues, titra : « Marcellin, de la matraque à la charrue ».

Au-delà de la rigolade, cette affaire a porté atteinte aux gaullistes et sans doute favorisé l'élection de Valéry Giscard d'Estaing en 1974. Elle a aussi élevé à des sommets inégalés les ventes du *Canard*.

D'appel en cassation, l'affaire dite des « micros » m'a valu bien des plaidoiries. Nous avons perdu en dernier ressort, au motif que, « s'agissant d'un procès dans lequel un service de l'État était compromis, il aurait fallu faire désigner le juge d'instruction par la cour d'appel », alors qu'il l'avait été par la procédure habituelle. C'était bien sûr des arguties. La DST faisait la loi à l'époque.

Je ne résiste pas non plus au plaisir d'affirmer que Charles Pasqua aussi a été un excellent ministre de l'Intérieur, dans son genre. C'est un bon copain, car nous avons été, et l'un et l'autre, dans la Résistance. Nous ne nous connaissions pas à l'époque. Nous avons eu des mots sévères à l'Assemblée nationale. Il fallait être un bon orateur pour l'affronter. Il avait le sens de la formule. Je respecte ceux qui ont été dignes du devoir qu'ils avaient à accomplir. Je ne peux être odieux avec quelqu'un qui, pendant la guerre, s'est bien comporté.

De même, ma proximité avec Guillain de Bénouville date aussi de cette époque. Il était le grand ami de Mitterrand, qui l'invitait souvent lors de voyages à l'étranger. Nous bavardions « du bon vieux temps » dans l'avion. Alors que je sortais un bel étui à cigarettes en argent, Bénouville ironisa : « Le cadeau d'une petite amie sans doute ? » Mitterrand souriait, toujours heureux de ce genre de « vannes » qu'il ne s'autorisait que rarement. Puis il se replongeait dans les *Mémoires* du cardinal de Retz.

23 mars 2014

Mort d'Adolfo Suárez. On l'a oublié, mais il a été l'un des personnages clés du retour de l'Espagne dans la démocratie, avec le roi Juan Carlos, évidemment. C'est avec le président du gouvernement espagnol que j'avais réglé les détails pratiques de l'installation du *Guernica* de Picasso au musée du Prado.

23 mars 2014

Socialistes en échec

Élections municipales. Mauvais résultats pour le Parti socialiste et la gauche en général. Dans son histoire récente, le PS a fait deux expériences malheureuses. La première, sa collusion avec Vichy. La deuxième a été le « règne » de Guy Mollet, avec le lamentable épisode de la guerre d'Algérie, dont nous ne sommes toujours pas remis. Le troisième échec est en train de se dérouler sous nos yeux.

La seule période « convenable » aura été les deux septennats de François Mitterrand. Je prêche bien sûr pour ma chapelle. On dit maintenant qu'il n'était pas vraiment socialiste, mais on a oublié que c'était audacieux (mais nécessaire) de prendre des communistes au gouvernement. D'une certaine façon, il a réalisé le « second Front populaire ». Pour moi, cette voie reste la bonne. Je pense que c'est dans cette direction que le socialisme peut et doit marcher.

Face à la déshérence de la politique actuelle, je préfère me détacher. C'est trop douloureux. J'essaie de ménager François Hollande en me disant que tout ça est la faute de son « entourage ». Mais un président choisit ses collaborateurs. Sur ce point, Mitterrand était un expert en dosages subtils. Je tourne le problème dans tous les sens et me pose chaque jour la même question : « Comment se fait-il que le Parti socialiste génère une telle situation ? »

Dès que l'on veut faire comme la droite et paraître ce que l'on n'est pas ou incarner une philosophie qui n'est pas la nôtre (comme Valls), cela ne peut que finir mal. Au début, cela plaît, car la droite est contente. C'était le cas de Guy Mollet qui, au moment de la guerre d'Algérie, avait tous les conservateurs avec lui. Il a fallu de Gaulle pour renverser la table du consensus.

Quand mes adversaires de gauche me raillent en disant qu'ils ont du mal à voir en moi en socialiste, je leur en donne acte bien volontiers : un socialiste tel qu'ils le sont devenus ! À chaque fois qu'ils accèdent au pouvoir, ils se renient et détruisent le socialisme. Et je ne suis sûrement pas centriste. Les centristes, il faut les « ramasser au passage », comme disait Mitterrand, pour faire une majorité. Mais sur le plan des idées, le centrisme n'existe pas.

25 mars 2014

Reçu le dernier ouvrage de Milan Kundera, *La Fête de l'insignifiance*. Flatteuse dédicace dans sa brièveté : « À Roland Dumas, avec mon admiration. » Je l'ai rencontré par hasard. Je l'ai invité à déjeuner plusieurs fois. Je suis impressionné par sa culture universelle. Il fait partie de ces grands esprits qui raisonnent et résonnent au niveau de la planète tout entière. Je dois avouer que c'est ce type de comportement qui m'impressionne. Nous avons aussi souvent parlé de son pays, la Tchéquie, et de son propre itinéraire politique, du stalinisme à la démocratie. De littérature aussi. Il ne faut surtout pas lui parler de sa langue « baroque et fleurie ». Il se met alors en rage contre le traducteur qui pendant des années a réécrit ses textes en les « enjolivant ». « *Traduttore, traditore* », disent les Italiens. C'est pourquoi je me suis toujours appliqué à parler la langue de mes interlocuteurs. On gagne du temps et on évite les malentendus.

Il m'avait présenté sa femme, Véra, dont l'originalité m'amusait. Elle n'acceptait une invitation à déjeuner qu'avec son pendule ! Avant d'entamer le moindre plat, elle interrogeait l'instrument !

J'ai dévoré son roman. Il s'agit plutôt de fables dont la cocasserie me ravit. Dire des choses essentielles sur le totalitarisme avec l'apparence de la légèreté, c'est le vrai talent. Je n'ai pas oublié que c'est François Mitterrand qui, au tout début de son septennat, a fait pression sur l'administration pour lui attribuer la nationalité française.

26 mars 2014

Nos pauvres vies

Jour de deuil. Voilà soixante-dix ans, mon père Georges Dumas tombait sous les balles d'un peloton d'exécution allemand à Brantôme (Dordogne). Pour la première fois, je n'ai pas pu me rendre à la commémoration organisée par la commune. Je lui ai demandé de me pardonner. Il ne me répond pas. Il ne faut pas faire parler les morts. L'athéisme n'empêche pas certaines connexions avec l'Insaisissable… Je pense à lui, mais sa figure s'éloigne. Elle se « stylise ».

Tous les ans donc, la municipalité de Brantôme organise une cérémonie au pied de la colonne où sont gravés les noms des martyrs. Le monument est surmonté par la statue d'un prisonnier enchaîné. Les enfants des écoles chantent *La Marseillaise* et *Le Chant des partisans*. Un écolier égraine alors le nom des 26 fusillés, triste litanie à laquelle le groupe répond à chaque fois par un « mort pour la France ». J'en revenais toujours bouleversé.

Le corps de mon père a été rapatrié en 1945 au cimetière familial de Limoges au cours d'une grande cérémonie. C'était l'endroit où je partais, enfant, avec mon grand-père Peyoux qui m'emmenait me recueillir sur la tombe de ses parents. Nous revenions par les rives de l'Aurence et passions devant la maison où je suis né, aujourd'hui détruite. La maison de la rue Jules-Ferry construite par mes parents est promise au même sort. Le précédent maire (socialiste) m'avait fait part de son projet de la démolir pour agrandir l'école contiguë. Je lui avais fait promettre de n'accomplir son « forfait » qu'après ma mort. Ainsi ne restera-t-il rien des endroits qui me sont chers.

Peut-être apposera-t-on une plaque à côté de celle de Camille Claudel sur mon domicile du quai de Bourbon dans l'île Saint-Louis. J'y serais alors en compagnie des grands serviteurs de l'État depuis le XVIIe siècle, date de la construction de ces hôtels qui contemplent la Seine de leurs hautes silhouettes à fronton de pierre. Vaniteux, sans doute ? À deux pas de chez moi a habité Philippe de Champaigne, le célèbre portraitiste de Catherine de Médicis. La plaque en pierre dit : « Philippe de Champaigne, peintre et valet de chambre de la reine mère, a construit cet hôtel en 1643. » Si j'ai, à ma manière, tenté d'être l'un des « peintres » de Mitterrand, je ne me suis jamais considéré commet son valet…

Quand il était en mal de philosophie, Mitterrand confessait : « Que restera-t-il de nos pauvres vies ? Pfff, on ne se souviendra de rien. Vous croyez qu'on parlera de nous dans mille ans ? Giscard ? Une ligne dans le dictionnaire. » Je le soupçonnais d'être de mauvaise foi, car le météore faisait tout pour graver sa trajectoire dans le marbre de l'histoire. Ses grands travaux en témoignent.

Sans date

Quand je vois aujourd'hui les socialistes au pouvoir, je me dis que ce n'est pas le même calibre. Je ne sais pas comment l'histoire qualifiera ce qui se passe en ce moment, mais je parie que ça ne sera pas grandiose. Pourtant, nous avions tout: un parti fort, une expérience longue avec le premier président de gauche, une Constitution bien bordée, toutes les régions sauf une aux mains du PS ainsi que nombre de départements et de grandes villes. Alors que tout s'effondre, je me dis que cela ne peut pas être que la faute du hasard.

27 mars 2014

Simple citoyen

Visite du président chinois pour le cinquantième anniversaire de l'instauration des relations diplomatiques entre nos deux pays. C'est une bonne chose. Mais rendu à l'état de simple citoyen, je reste coincé dans les embouteillages. Fini motards et gyrophares! Le chauffeur de taxi vitupère l'incompétence du gouvernement. Il évoque avec admiration de Gaulle. Je glisse dans la conversation mon couplet sur Mitterrand. Il a de la considération envers DSK «pour nous sortir de là». Je n'ai de ses nouvelles que par les Serbes qui l'emploient comme conseiller. Ils m'ont approché pour que je les aide à monter leur dossier d'adhésion à la Communauté européenne.

28 et 29 mars 2014

Le Monde fait se télescoper en première page deux portraits en couleurs qui suscitent chez moi une réaction contrastée. D'abord celui de mon ami Pierre Guyotat. Il vient de publier *Joyeux animaux de la misère*. Ensuite, la moustache triomphante d'Edwy Plenel, à qui je réserve toujours un chien de ma chienne pour m'avoir traîné dans la boue dans *Le Monde*. Si je méprise Plenel, j'ai une profonde admiration pour Guyotat qui, comme Proust ou Céline, a su réinventer la langue française pour la mettre au service d'idées jugées diaboliques par les bien-pensants. Je fais de l'œuvre de Guyotat une lecture politique. Mon admiration pour lui date de l'époque où il a courageusement pris position contre la guerre d'Algérie en en dénonçant l'abjection. L'auteur va aux limites de la liberté d'expression.

30 mars

Les farfelus au pouvoir

J'attends la composition du nouveau gouvernement pour dire tout le mal que je pense des sortants et faire des commentaires plus élégants sur les nouveaux venus. J'espère que ce seront des professionnels expérimentés qui nous changeront des « farfelus » du gouvernement Ayrault. Cela me ferait de la peine qu'il nomme Valls à Matignon. Fabius un peu moins, car je reconnais quand même ses qualités. Delanoë pourrait faire un bon Premier ministre. Il dit qu'il n'y pense pas, mais je suis persuadé qu'il y pense « chaque matin en se rasant ». On parle aussi de Pascal Lamy… Mais la politique, ce n'est pas que de l'économie…

Ce n'est pas tellement le choix du Premier ministre qui est important. Le poids du président de la République est tel dans les institutions de la France que l'hôte de Matignon n'a qu'un rôle secondaire. Ce qui compte, c'est le choix des ministres. Ils doivent être courageux, sérieux, convaincus et ne pas passer leur temps à se chamailler ni à vanter leurs mérites dans la perspective de la prochaine élection présidentielle. Avec un tel état d'esprit, il n'est pas étonnant qu'ils tapent sur les collègues pour se faire une place.

C'était une erreur fatale de nommer sept ministres à Bercy. Voilà longtemps que Laurent Fabius a déclaré qu'il fallait un grand ministère de l'Économie et des Finances resserré. S'il n'est pas Premier ministre, je l'y verrais bien. Moins au Quai…

Taisez-vous, abruti !

Ségolène Royal dans un grand ministère de l'Éducation et de la Culture ? Pourquoi pas. Elle en a peut-être les qualités, puisqu'elle n'a jamais vraiment eu l'occasion de les montrer… Si elle en a, et il paraît qu'elle en a, il faudra en effet qu'elle les montre, ses qualités.

On s'effraie de propos insolents et peut-être misogynes, mais quand on lit les comptes rendus des débats à l'Assemblée nationale entre les deux guerres, c'était d'une méchanceté et d'un machisme inouïs. Il arrivait même que l'on se batte en duel pour un propos jugé injurieux. Gaston Defferre a été le dernier de cette grande époque. J'en connais tous les détails par mon ami Jean de Lipowski, député gaulliste, qui était l'arbitre.

En 1967, alors qu'il était à la tribune, le député-maire de Marseille, alors chef de l'opposition, était constamment interrompu dans les rangs de la majorité, en particulier par l'obscur député de Seine-et-Oise, René Ribière. Excédé, Defferre avait fini par lâcher: «Taisez-vous, abruti.» Offensé, le député de droite l'avait convoqué sur le pré. L'affaire avait fait les choux gras de la presse. Le général de Gaulle, scandalisé par ces pratiques, avait envoyé des émissaires pour calmer le jeu, car le duel était interdit. En vain. Ayant le choix des armes, Ribière avait préféré l'épée. Deferre m'avait alors confié qu'il avait dû s'entraîner chez un maître d'armes des Champs-Élysées, car il était plus fine gâchette qu'habile bretteur. Avec son inimitable accent phocéo-cévenol, ou plutôt *marshmallow*, il m'avait raconté: «Comme je savais qu'il allait se marier le lendemain, je visais les couilles!» L'offensé n'ayant pas voulu arrêter le duel au premier sang, Defferre le blessa plus profondément… au bras et sortit vainqueur. Ce fut le dernier duel de l'histoire de la République qui en avait connu d'autres, notamment avec Tixier-Vignancour qui s'était battu plusieurs fois.

31 mars 2014

Mon bastion s'est rendu

Désaveu de la politique du gouvernement et du président de la République. Après cent deux ans de socialisme, Limoges passe à droite. Je le vis douloureusement. Limoges et socialisme étaient pour moi indissociables depuis l'enfance. Les gens rigolent quand je dis que j'ai toujours été socialiste. Il leur faut faire un effort pour comprendre pourquoi je ne peux être de droite. Si l'on comprend cela, on comprend tout le reste.

2 avril 2014

Nomination de Manuel Valls à Matignon. Ça fait un choc.

Composition du gouvernement : sacre de Fabius qui se voit attribuer le Commerce et le Tourisme. Ségolène Royal à l'Écologie. Heureusement que le principe de la participation des ex-épouses et maîtresses au gouvernement n'a pas été posé. Il y aurait eu pléthore de candidates. Une chose est sûre : François Hollande a nommé son ex-compagne en connaissance de cause. Pour avoir la paix ?

J'ai rêvé de Danielle Mitterrand assistant au Conseil des ministres. Un cauchemar.

Sans date

Déjeuner avec Daniel Cordier, compagnon de la Libération, collectionneur d'art et historien de la Résistance. Il vient de publier *Les Feux de Saint-Elme*. Il tombe le masque sur ses amours masculines. On finit toujours par dire la vérité. À l'entendre, on sent qu'il a été « amoureux » de Jean Moulin, dont il était le secrétaire, sans pour autant connaître sa véritable identité. Cela ajoute encore au romanesque (romantisme ?) de son histoire, brillamment racontée dans son précédent ouvrage, son journal de guerre, *Alias Caracalla*. Je vais tenter de faire aussi bien.

Sa narration m'a rappelé ma propre clandestinité. La règle était : jamais de secret confié à plus de deux personnes. Quand on a été ainsi marqué à 20 ans par la nécessité de la dissimulation, il est toujours difficile d'en sortir. Je le dis aux générations d'aujourd'hui. On ne sort pas indemne d'une guerre. Merci d'accorder quelque crédit à cette phrase.

17 avril 2014

Démission d'Aquilino Morelle. *Le Canard enchaîné* évoque l'affaire Berluti dans un dessin humoristique. J'en ai pris mon parti. C'est tout ce qui reste de cette affaire.

Malheureusement, je ne suis pas un personnage qui fait rire. Moi, je n'ai jamais eu de cireur à ma botte. Je me demande bien pourquoi les journalistes parlent de bottines ? C'étaient des souliers.

22 avril 2014

Bricolage

La France est en train de disparaître de la scène internationale. Je ne peux m'y résoudre. Le ministre des Affaires étrangères n'existe plus. Laurent Fabius s'occupe de l'ouverture des magasins de bricolage le dimanche. Sans doute pour faciliter la mise en œuvre de la fameuse « boîte à outils » du président.

Les armes parlent en Ukraine. Des représentants de l'OSCE (Organisation pour la sécurité et la coopération en Europe) y sont séquestrés. C'est une création française à laquelle Mitterrand et moi avions souscrit. Nous l'avions complétée par le Triangle de Weimar.

Fabius se penche sur les quartiers touristiques pendant que Mme Merkel discute avec M. Poutine pour la « libération » de ces diplomates retenus contre leur gré. Le président russe méprise à l'évidence la France.

Cette disparition de la France sur les écrans radar de la diplomatie internationale suscite la vive inquiétude d'anciens collègues ministres en charge de ces questions, des ambassadeurs de grand renom, des intellectuels, qu'ils soient de droite ou de gauche. Nous nous parlons pour mettre au point « quelque chose », comme disait Lacan, qui va ressembler à un début de politique française cohérente dans les différents conflits mondiaux.

Le ralliement inconditionnel aux diktats de l'Alliance atlantique et le heurt systématique à Poutine ne peut constituer une politique étrangère. En tout cas, c'est l'émergence d'une autre politique qui n'est pas la politique traditionnelle de la France.

Il n'existe pas plus de politique européenne, et pourtant tous les outils sont là. La coopération franco-allemande, qui existe toujours, n'apparaît pas dans les faits. Quels projets ? Quelles rencontres ? Notre ministre se déplace-t-il à Berlin ? Il n'y avait pas de semaines où Genscher et moi ne nous rencontrions pas.

La France est en train de perdre tout prestige avec fatalisme. Est-ce volontaire ? Est-ce par incompétence ? Je n'arrive pas à me faire une opinion. S'il n'est incompétent – je ne peux aller jusque-là –, Hollande est impuissant. Je ne dis pas que le ministre des Affaires étrangères ne doit pas se préoccuper d'économie. Bien au contraire ! J'y étais moi-même très sensible. Je me souviens d'avoir tenté de tordre le bras à mon administration lors d'un voyage en Chine où j'avais voulu inviter des industriels français. J'avais entendu des bêtises au Quai : « Eux, c'est le vil plomb, nous, c'est l'or... » Je m'étais obstiné, mais cela n'avait rien donné. La force d'inertie d'une administration, quand elle ne veut pas avancer, n'est pas une légende.

Le flamboyant M. Montebourg, dressé sur ses ergots, a découvert dans la presse qu'Alstom allait être racheté par General Electric et qu'il existait une entreprise allemande, Siemens, avec qui nous aurions pu nous entendre. Encore aurait-il fallu s'y prendre un peu plus tôt ! Il a découvert aussi en lisant la presse que cette affaire était de la responsabilité des seuls actionnaires. Quand on raconte cela aux Américains, ils rigolent.

Tout ce que j'ai dit à bien des reprises se confirme, s'approfondit et s'amplifie. La France continue de perdre ce qu'elle avait de prestige, avec une sorte de nonchalance et de laisser-aller.

22 avril 2014

De la sincérité

François Hollande hué à Carmaux sur les terres de Jean Jaurès. Le premier n'a pas supporté la comparaison avec le second. Manque de souffle. Je ressens un profond malaise. On ne galvaude pas ainsi l'« héritage ». C'est aussi insultant pour Jaurès que pour le Parti socialiste. Je suis respectueux d'une certaine solennité quand les choses en valent la peine. Jaurès, c'était quand même quelqu'un.

Le fiasco de la « com » apparaît au grand jour. Il faut toujours un minimum de sincérité pour que la « mayonnaise » monte. Quand, en 1993, les socialistes avaient pris la déculottée aux législatives, François Mitterrand s'était encore plus « présidentialisé ». Recevant Kohl pour célébrer le trentième anniversaire de la signature du traité de l'Élysée portant accord sur une coopération intensive entre la France et l'Allemagne, il avait sorti de sa manche le document original, montrant les signatures d'Adenauer et de Gaulle. Il faut savoir marcher dans les pas des grands devanciers. « Nous sommes des nains sur les épaules de géants », a écrit Bernard de Chartres, un philosophe platonicien du XIIe siècle.

Avril 2014

Guerres civiles en Ukraine, en Syrie, en Irak et en Libye. Le lien commun entre tous ces conflits est évident. Ils ont été, de près ou de loin, fomentés par l'Occident. Je sais que ce n'est pas politiquement correct, mais je repose la question: «Fallait-il anéantir tous ces pseudo-dictateurs qui maintenaient un équilibre dans ces différentes régions?» Je pointe du doigt l'OTAN, bras armé des Américains, et, dans une beaucoup plus petite mesure, car c'est leur faire beaucoup d'honneur, leurs valets, dont le plus médiatique est M. Bernard-Henri Lévy. Il a commencé sa coupable agitation au moment de la dislocation yougoslave. Il venait visiter Mitterrand le matin de très bonne heure pour lui apporter les messages de tel ou tel avec lesquels il s'était entremis. Il voulait que la France s'engage militairement dans les Balkans. Mitterrand n'était pas fou. Il lui avait dit, lors d'un dîner de SOS Racisme, en 1993: «Moi vivant, jamais, vous m'entendez bien, jamais la France ne fera la guerre à la Serbie.»

Je préfère un dictateur que l'on «tient» au règne des bandes sanguinaires qui font régner l'anarchie et jettent l'État à bas. C'était ma théorie avec Kadhafi. Il faut le voir régulièrement, lui parler, lâcher un peu de lest sur des choses de peu d'importance, ne rien céder sur l'essentiel.

6 mai 2014

Deux ans à l'Élysée pour François Hollande. Interview sur BFM TV par Jean-Jacques Bourdin. Il n'arrive pas à trouver son point d'équilibre. Mitterrand en avait un. Sarkozy aussi, dans une certaine mesure. Il bondit et rebondit de chose en chose. Il est étrange qu'il n'ait parlé ni de l'Europe ni de la Russie. Quand on évoque la victoire, on ne peut ignorer le sacrifice des Russes parmi les 40 millions de morts.

Mai 2014

Je vois le Premier ministre se dégonfler chaque jour un peu plus. Le Valls cascadeur et bravache rentre dans le rang. Certes, il doit être consensuel, mais je le vois surtout accepter sans broncher le dérapage politique intense dont je parle plus haut.

Sans date

Déjeuner des 22. Vingt-deux résistants de tous bords s'étaient réunis amicalement voilà quelques années. Ce sont les derniers feux de la rampe car nous sommes de moins en moins nombreux. Le plus présent et le plus marrant, c'est Pasqua. Il fait face aux emmerdements avec constance. Il sera mort avant que ses casseroles soient récurées. La justice est lente. Elle sait attribuer les affaires sensibles à un magistrat surchargé de travail…

10 mai 2014

La «république de Donetsk» vote son indépendance. Le pire est à venir.

13 mai 2014

Anne Baldassari a dû quitter la présidence du musée Picasso, après plus de huit années passées à sa tête. Le chantier de l'agrandissement a pris du retard. Madame Baldassari a des qualités incontestables dans la connaissance scientifique de Picasso, mais elle a eu le grand défaut de se comporter de façon autoritaire avec le personnel du musée. En France, il faut de la patience pour ne pas se mettre les syndicats à dos, ce qui devient vite une faute politique.

Claude Picasso a pris position de façon brutale en sa faveur en assortissant son courroux de menaces quant à sa nouvelle dation d'œuvres de son père. Il faudrait maintenant que la polémique s'arrête et que le climat social s'apaise avec l'arrivée du nouveau directeur dont on dit que ce n'est pas un spécialiste de Picasso. C'est peut-être mieux ainsi. Les spécialistes sont des autistes.

De même, la polémique enfle à propos du «grenier» du 7, rue des Grands-Augustins où Picasso a peint *Guernica,* en 1937, après le bombardement de la petite ville basque par la Luftwaffe. L'endroit, qui appartient à la Chambre syndicale des huissiers, risque d'être transformé en résidence hôtelière de luxe. Un permis de construire a déjà été déposé. Nous serions la risée du monde entier…

Picasso m'avait déjà confié ce dossier, mais je n'avais pu arriver à aucun résultat. André Malraux, ministre de la Culture du

Général, avait tenté une action avant moi mais n'avait pas mieux réussi. J'ai écrit à son successeur, Aurélie Filipetti, pour la mobiliser sur cette affaire. C'est non seulement l'endroit où Picasso a peint son tableau qui reste l'une des icônes du XXe siècle, mais c'est aussi dans cet hôtel que Balzac a situé l'intrigue de sa nouvelle *Le Chef-d'œuvre inconnu*. Une plaque sur la façade rappelle d'ailleurs ces deux faits. Jean-Louis Barrault y installa aussi un temps sa première compagnie théâtrale.

L'État a exproprié l'association culturelle qui y avait installé ses activités. Les admirateurs de Picasso dans le monde entier se précipiteront en nombre pour visiter l'endroit où jaillit ce chef-d'œuvre, tout à fait connu, celui-là ! C'est l'équivalent de la maison du Gréco à Tolède ou de celle de Dürer à Nuremberg.

Les successions d'artistes sont toujours compliquées à gérer et demandent du temps. Je dirai que, dans le cas de Picasso, nous avons mis sept ans, ce qui est un record de rapidité. Il faut dire que les avocats des différentes parties ont eu l'intelligence de se mettre d'accord : si nous avions commencé les procédures entre les femmes épousées ou non et les enfants reconnus ou non, nos arrière-petits-enfants plaideraient encore dans cinquante ans !

14 mai 2014

Maîtresses femmes

Couac : Ségolène fait entendre sa différence et critique la politique de M. Sapin. Le vent se lève. Le président savait en la nommant à quoi il s'exposait. Déjà, en 2006, Emmanuelli l'avait prévenu : « Mon cher François, il va falloir arriver à enfermer dans le même zoo les éléphants et les gazelles… » Elle a fait jouer ses atouts politiques. Pour les autres, je ne les connais pas : elle a été candidate à la présidence de la République et a fait un bon score. Elle a une autorité morale dans le Parti socialiste, des amis politiques, dont je suis, et en plus une certaine « tenue », ce qui n'est pas pour me déplaire. On ne peut pas dire qu'elle soit inopérante, car elle a une expérience politique ministérielle, régionale, et connaît bien ses dossiers. Peut-être est-elle un peu bruyante et utilise-t-elle à mauvais escient la polémique pour faire progresser ses idées plutôt que de s'appesantir sur le raisonnement.

Il faut toujours se prémunir contre le déclaratif belliqueux, surtout quand on vous recommande de « jouer collectif ». Valls doit ronger son frein. C'est quand même l'ex-femme du président, en charge d'un poste important. Il ne peut la traiter comme une obscure secrétaire d'État aux phares et balises.

On me dira que Mitterrand avait bien nommé une ancienne maîtresse à Matignon [Édith Cresson]. Il ne l'avait certes pas choisie en cette qualité, mais parce quelle avait du talent ! Je dois reconnaître qu'elle était plutôt active au Commerce extérieur. Avant qu'elle ne soit nommée Premier ministre, j'avais eu surtout affaire à son « tempérament » quand, en 1988, elle fut nommée ministre des Affaires européennes dans le gouvernement Rocard. Je me souviens qu'elle avait fait des pieds et des mains pour ne pas vivre et travailler au Quai d'Orsay dans le petit hôtel particulier dévolu à cette administration. Elle avait obtenu du président qu'on lui trouvât un autre « palais » plus digne de sa fonction et surtout plus éloigné de ma férule. Ce qui fut fait sur les fonds secrets du ministère des Affaires étrangères. On ne peut aller contre le fait du prince.

15 mai 2014

Monsieur Montebourg a pris un décret brutal concernant les entreprises stratégiques qui va à l'encontre de ce pour quoi nous nous étions battus dans le traité de Maastricht : la libre circulation des biens et des capitaux ainsi que la liberté d'investissement dont la France a tant besoin. Les Allemands et les Américains n'ont pas de textes semblables, ils « manœuvrent » sans roulement de tambour. Nous vivons dans une économie « libérale ». Nous faisons mine de ne pas le savoir.

16 mai 2014
Un chant d'amour

Coup de fil de Jacky Maglia, l'exécuteur testamentaire de Jean Genet. Il vit aujourd'hui à Athènes. J'étais l'avocat de l'écrivain. Je reste celui de ses ayants droit. Il me demande mon avis à propos d'un metteur en scène berlinois qui veut monter *Les Nègres*. Le titre de la pièce suscite des réactions de ligues « philanthropiques et anticoloniales» qui ne trouvent pas le titre politiquement correct. Il n'est pas question d'en changer. D'ailleurs, la pièce a été montée sous ce titre à la rentrée par Bob Wilson au Théâtre de l'Odéon. Plus que du théâtre, c'est un poème parodique qui prend la forme d'un procès. Genet interroge cette justice de classe en faisant incarner par des Noirs la justice des Blancs.

Mais ce qui a le plus de succès dans l'œuvre de Genet, indépendamment de ses livres, c'est son film *Un chant d'amour*. Il est demandé dans le monde entier. Nous en avons longtemps autorisé une diffusion restrictive, compte tenu du sujet [des fantasmes homosexuels en prison], mais ce n'est pas qu'un film «osé», c'est à la fois une charge politique contre la dureté du milieu carcéral, qui conserve toute son actualité, et aussi une œuvre poétique sur l'Amour (avec un grand A), qui apporte à l'homme la dignité et la liberté.

25 mai 2014

Élections européennes: deuxième défaite électorale majeure pour la gauche.

28 mai 2014

Dans les somptueux locaux de l'Académie diplomatique internationale (ADI) nous réunissons pour la deuxième fois notre petit cercle d'anciens ministres des Affaires étrangères et d'anciens diplomates: Hervé de Charette, Hubert Védrine, Dominique de Villepin et moi. Régis Debray est également présent, ainsi que plusieurs de mes anciens collaborateurs au Quai, comme Marc Perrin de Brichambaut ou Jean-Claude Cousseran, le secrétaire général de l'ADI. Ce groupe d'une vingtaine de membres a pour but de faire entendre un autre son de cloche que celui qu'on entend tous les jours, ou plutôt que l'on n'entend pas car la France est de moins en moins audible en matière diplomatique.

Personne d'autre que nous est mieux placé pour savoir où sont nos intérêts et le moins que l'on puisse dire est qu'ils sont malmenés depuis que la France a réintégré le commandement de l'OTAN. Le corollaire en est l'alignement systématique sur la politique extérieure des États-Unis, ce qui suscite dans nos rangs plus que des réserves. Nous ne manquerons pas de faire connaître notre position dans des tribunes de presse et dans un petit bulletin périodique : « Quels sont les intérêts fondamentaux de la France » ? C'est la seule question à laquelle nous voulons répondre.

Charette et moi avons des analyses communes, mais nous ne sommes pas dans la même pensée philosophique et politique. Notre volonté de faire quelque chose s'est nouée lors de ma visite au grand écrivain Julien Gracq à Saint-Florent-le-Vieil. Je vais proposer que l'on dise des choses aimables sur les déclarations des derniers jours. Il faut être honnête. S'ils n'avaient rien fait, nous les engueulerions. On pourra même dire que c'est nous qui sommes à l'origine de ce changement de pied !

6 juin 2014

Je me réjouis que le président russe soit présent en Normandie pour le soixante-dixième anniversaire du débarquement. Fêter l'anniversaire de la victoire en écartant les Russes aurait été une faute politique majeure. Quand on nous raconte que ce sont les Américains seuls qui ont gagné la guerre, je suis obligé de dire que c'est une contre-vérité. On ne peut quand même pas ignorer les Russes. Dans le même ordre d'idée, de Gaulle, dans son discours de l'Hôtel de Ville, en 1944, laissait entendre que c'était les Français qui s'étaient libérés tout seuls… Je dois lui reconnaître, en revanche, qu'il n'a jamais nié l'importance de l'Armée rouge dans l'issue du conflit. Il avait d'ailleurs installé, au nom de la France libre, l'escadrille Normandie-Niemen en Union soviétique.

J'ai de l'admiration pour Poutine parce que j'aime les Russes. C'est un peuple patriote. On redoute la domination russe, mais on ne parle pas de la domination américaine dans les mêmes termes. C'est pourtant comme cela que va s'organiser le monde pour les cinquante prochaines années.

La reine d'Angeleterre est merveilleuse. Elle a eu en plus le bon goût de venir dans mon quartier pour inaugurer le « marché aux fleurs Reine-Elizabeth-II ». C'est une femme formidable et un chef d'État d'exception qui a connu tous les dirigeants de la planète depuis un demi-siècle. *God save the Queen!*

10 juin 2014

Satan conduit le bal

Dans ses mémoires, *Hard Choices*, Hillary Clinton, ancien secrétaire d'État américain, dit pis que pendre de Sarkozy. Elle se gausse de son agitation et de son goût pour les potins à propos des autres chefs d'État qu'il traite l'un de «dément», l'autre de «handicapé» et le troisième de «drogué». Il s'interrogeait en rigolant de savoir pourquoi les diplomates sont tous des hommes vieux et couleur de muraille. La fonction présidentielle n'en était pas sortie grandie.

L'UMP a du souci à se faire. La démission de Copé a eu lieu à la suite des malversations qui sont mises en évidence sous son mandat. Faut-il continuer à nier la puissance de l'argent? Souvenons-nous de la phrase de Méphisto dans le *Faust* de Gounod:

Le veau d'or est toujours debout.
On encense sa puissance,
D'un bout du monde à l'autre bout!
Pour fêter l'infâme idole,
Rois et peuples confondus,
Au bruit sombre des écus,
Dansent une ronde folle
Autour de son piédestal
Et Satan conduit le bal.

A-t-on une idée de ce que peut représenter une campagne électorale «à l'américaine» comme on les organise désormais? La France est de plus en plus admirative de tout ce qui vient des États-Unis: sur les plans moral, sociétal, militaire, culturel… et sur le plan de l'argent aussi! L'expérience contraire, qui a consisté à nier la puissance de l'argent comme dans le système soviétique, est un échec total.

12 juin 2014

Décomposition de l'Irak. Les djihadistes sont aux portes de Bagdad. Voilà à quoi a conduit la «croisade» des Américains et des Occidentaux contre laquelle je me suis toujours élevé.

Ironie de l'histoire, qui n'en est pas avare, les Américains sont prêts à lever les sanctions contre les Iraniens ! Ces derniers se frottent les mains. Aucune solution de paix au Proche-Orient ne pourra se faire sans la participation active des Iraniens. Le fanatisme n'est plus là où l'on croit. Le grand art de la diplomatie, c'est le renversement des alliances. Il faut quand même faire attention. Cela me rappelle 1939 : on négocie avec Staline qui a fait un pacte avec Hitler... et on a eu la guerre. Il faut être dur en politique. Je l'ai été contre vents et marées.

La bise à Marine

Brillante réception à l'ambassade de Russie à l'occasion de la fête nationale. L'ambassadeur Alexandre Orlov salue les milliers d'invités. Au passage de portiques de sécurité, je bute dans Marine Le Pen qui me saute au cou. Je la connais du Palais. C'est le lendemain de sa dispute avec son père. Un rien provocateur, je lui demande de ses nouvelles...

Je note au passage que les « Moscoutaires » tant vilipendés autrefois sont bien en cours chez les Le Pen. Il est vrai que ce ne sont pas les mêmes. Encore qu'il faudrait y regarder de plus près.

Des relations normales. Mais si demain elle fait la révolution, je serai sur les barricades. Les purs et durs se tireront... Il faut que je récupère mes pistolets. Ils sont toujours chez ma psychiatre. Je n'ai plus envie de me tuer.

14 juin 2014

Le Monde : Laurent Gbagbo sera jugé pour crimes contre l'humanité. Cette instruction devant le Tribunal pénal international va durer un bon moment. Je ne crois pas qu'elle ira à son terme. S'il meurt en prison comme Milosevic, il y aura des émeutes en Côte d'Ivoire.

Juin 2014

Révélation de l'ampleur de l'affaire Bygmalion. L'argent règne toujours en maître au cœur de la politique. Ce n'est pas nouveau. « De mon temps », ce règne était anarchique. Il fallait trouver des combines, avoir des amis généreux, mais ça n'atteignait pas les sommes dont on nous parle aujourd'hui... Je reconnais que ce n'était pas normal. Les gouvernements successifs, à commencer par ceux de Rocard et de Jospin, ont entrepris, non sans courage, de nettoyer les écuries d'Augias. Et le monstre est reparti de plus belle.

On a besoin d'autant d'argent parce que la propagande, la «com» ont pris le pas sur les idées. Il faut flatter le peuple dans d'immenses meetings, avec des milliers de drapeaux et des écrans géants sur lesquels le candidat se prend pour une *rock star*. De Gaulle n'avait pas besoin de ça. Mitterrand non plus.

Quand il s'est présenté pour la seconde fois, je m'étais intéressé de loin à ces questions. Il m'avait confié: «Je n'ai rien à dire, l'argent arrive à flots.» Il en était fort étonné mais ne touchait à rien. «Ça» venait des grandes sociétés, des amis et de certains États africains. Je puis témoigner que l'on ne demandait rien. L'Afrique passait souvent par moi. Par d'autres aussi. Ceux qui apportent se «placent» évidemment et attendent des faveurs futures. Ceux-là, d'ailleurs, arrosent les deux camps! Plus qu'amoral, c'est immoral, et surtout contraire à tout principe...

On savait qu'Elf était la pompe à fric, la «pompe Afrique», des grands partis politiques français, à commencer par les gaullistes. C'est ainsi que les gouvernements nommaient à sa tête des types sûrs. Quand Mitterrand a voulu changer le PDG, il n'a pas pris, comme c'était l'habitude, un major de Polytechnique ou un inspecteur des finances, mais Loïk Le Floch-Prigent, qui sortait d'une école d'ingénieurs. À sa nomination en 1989, il est venu trouver le président pour lui demander ce qu'il convenait de faire pour tous ces financements. Il lui fit cette réponse: «Ne changez rien, faites comme par le passé, mais soyez équitable.»

J'avais fait la connaissance de Le Floch au Parti socialiste, avant même qu'il ne fût directeur de cabinet de Louis Dreyfus, ministre de l'Industrie dans le premier gouvernement Mauroy. C'est lui qui m'a présenté un jour son homme de confiance, un certain Alfred Sirven. Hâbleur et grande gueule, il était sympathique. On devenait vite copain avec lui.

Juin 2014

L'abdication de Juan Carlos me fait de la peine. J'ai de la sympathie pour lui. Il parlait très bien le français et tutoyait tout le monde. « Quand viens-tu me voir ? » me demandait-il quand il m'arrivait de le croiser à Roland-Garros. Ce qui me navre, quand on est un homme public : les déviations de l'âge. Il y a un moment où l'on ne se rend plus compte, où l'on se croit au-dessus de tout, des gens et des lois. Alors on déraille. Il a dû reconnaître ses fautes en public, arborant un visage plutôt misérable.

Il était de notoriété publique qu'il avait des maîtresses auxquelles il rendait visite à moto. Cela en a peut-être inspiré d'autres !

16 juin 2014

Faux-cul

Mendès à la télévision. Dieu sait si j'ai du respect pour lui, mais ce panégyrique en forme de documentaire m'embarrasse. Le témoignage de Mitterrand est « faux-cul », comme il savait l'être. D'une componction d'archevêque, il trace un portrait flatteur de Mendès alors que les deux hommes ne pouvaient pas se supporter, car ils étaient toujours en compétition. L'histoire retient le prétendu sens politique de Mendès. Je pense que Mitterrand en avait plus que lui.

Ainsi, la veille du grand meeting du stade Charléty, le 26 mai 1968, à 11 heures du soir, Mendès est-il venu, flanqué de Kiejman, chez les Mitterrand, qui habitaient alors rue Guynemer. Mendès voulait persuader Mitterrand de se joindre à cette vaste manifestation de la gauche anticommuniste. Ce dernier l'a écouté sans mot dire pendant une bonne heure. Fin poisson comme il était, il avait conclu : « C'est très bien que vous y alliez, Pierre, mais je ne souhaite pas m'y associer. Vous parlerez en notre nom à tous deux. » Mendès était parti déçu. Quand nous nous sommes retrouvés en tête à tête, j'ai demandé pourquoi il prenait le risque de cette rupture. Il me livra le fond de sa pensée : « Il est fou d'y aller. C'est une faute politique. Nous avons un accord avec les communistes, qui n'ont rien à voir avec les gauchistes de la Sorbonne. Je peux même dire qu'ils les détestent. Se montrer à Charléty, ce serait se mettre à dos tous les communistes, et il n'en est pas question. Il faut s'en tenir au pacte que l'on a signé avec eux. Je n'irai donc pas manifester à Charléty avec tous ces hurluberlus. » Le clivage était patent. Tout cela parce que Mendès était viscéralement anticommuniste, oubliant au passage que l'URSS était le premier État qui avait reconnu Israël… Son anticommunisme farouche l'avait emporté sur toute autre considération.

J'aimais beaucoup la première femme de PMF, Lily Cicurel. C'était une Juive d'Égypte aimante, généreuse et attentionnée comme peuvent l'être ces femmes orientales. Elle était la sœur d'un personnage original et attachant, Raymond Cicurel, à la fois musicien de jazz et philosophe du judaïsme. Lily m'adorait et m'accueillait chez eux avec des débordements d'affection. J'avais plus de mal avec la seconde. Quand il devint veuf en 1967, Pierre épousa sa maîtresse, Marie-Claire Servan-Schreiber. Elle était plutôt sèche au physique comme au moral. C'était la Juive de combat.

Mendès apparaît toujours comme un parangon de vertu, mais il avait eu de nombreuses aventures féminines, à Londres notamment, car tous ces jeunes militaires ne savaient pas de quoi demain serait fait. Ils risquaient leur vie, alors ils « brûlaient la chandelle par les deux bouts ». Lui était dans l'aviation et partait bombarder l'Allemagne sans savoir s'il reviendrait. Il m'avait souvent raconté ses « aventures ».

Je l'avais reçu en Limousin. Nous avions fait une tournée électorale ensemble. J'ai été son avocat et j'ai plaidé pour lui dans deux affaires de presse et de diffamation. Mendès, à la fin de sa vie, était redevenu très juif. Le film, un peu trop hagiographique, le montre bien. Il est vrai que, l'âge venu, nous revenons tous à l'enfance et aux « fondamentaux ». C'est ainsi. Il n'en reste pas moins que Mendès reste à mes yeux un homme d'exception et, d'une certaine façon, un modèle.

20 juin 2014

Les jasmins de Mossoul

Un califat est instauré par les djihadistes qui veulent remettre en cause les frontières héritées de la colonisation. Ce n'est pas la première fois que chiites et sunnites se battent. Mitterrand m'avait demandé de m'occuper d'un semblable conflit où l'on voyait déjà à la télévision de pauvres hères marcher pieds nus dans les montagnes enneigées d'Iran. Un matin, à mon bureau du Quai, la secrétaire me dit : « Je vous passe le président des États-Unis. » George Bush me demande si ce que l'on voit à la télévision est vrai. Je le lui confirme et lui explique l'aspect dramatique de la situation. Il répond : « Bon, nous allons vous aider... » C'est ainsi que nous avons pu régler (provisoirement) cet énième conflit entre chiites et sunnites. C'était la première fois qu'un président des États-Unis appelait directement un « simple » ministre français, car cela ne se passe jamais ainsi protocolairement. À l'époque où François Mitterrand était malade. Mais je le prévins séance tenante. Il manifesta sa surprise, pour ne pas dire plus.

Ceux que l'on nous présente aujourd'hui comme des « terroristes » sont les fils ou les petits-fils des précédents. Rien n'a changé. Ces apparents conflits religieux sont en fait une guerre sans merci pour la mainmise sur les champs pétroliers du nord de l'Irak. Il n'empêche que c'est grave. La remise en cause des frontières est porteuse de grands désordres. Je redis qu'on a grand tort de mépriser les Iraniens qui sont, qu'on le veuille ou non, une puissance avec laquelle il faut compter dans la région.

Nous sommes loin des roses d'Ispahan et des jasmins de Mossoul, vers de Lecomte de Lisle que j'avais appris dans ma jeunesse :

Les roses d'Ispahan dans leur gaine de mousse,
Les jasmins de Mossoul, les fleurs de l'oranger
Ont un parfum moins frais, ont une odeur moins douce,
O blanche Leïlah, que ton souffle léger !

23 juin 2014

Retour à l'Élysée. Non pas pour des mondanités, mais pour faire plaisir à l'une de mes anciennes secrétaires au Quai d'Orsay, Marie-Claire Faye, qui part à la retraite. C'est une fille de paysans, originaire de la Dordogne dont elle a gardé les vertus de simplicité et de bon sens. Elle était toujours disponible et ne comptait pas ses heures. Quand j'ai quitté mes fonctions, je l'ai fait nommer par Mitterrand au service du protocole de l'Élysée, où elle a terminé sa carrière. En bonne professionnelle, elle m'a mis sur la liste de ses invités personnels. Le président m'a parlé avec chaleur :

« Alors, tu ne viens plus quand je t'invite ?
– Si c'est pour honorer des tocards, je m'abstiens. »
Je faisais allusion à des remises de décorations à des intrigants. François Hollande a eu un mot aimable pour chacun des récipiendaires, mais il a eu l'habileté de faire mon éloge à travers celui de Marie-Claire : « Vous avez travaillé au Quai d'Orsay avec Roland Dumas, qui nous fait le plaisir d'être ici. C'est là que vous avez appris les subtilités de la politique étrangère, et sans doute aussi que le charme fait partie de la politique… » Il m'a alors jeté un petit coup d'œil complice. En descendant du pupitre, il est venu bavarder avec moi un petit moment et m'a promis de me convier à déjeuner.

On sourit souvent des services du protocole, mais ils sont utiles. C'est le dernier rempart avant la bêtise, sauf quand c'est eux qui font la boulette. Je me souviens d'une réunion franco-allemande sur la Côte d'Azur. Pendant les discours, Genscher, qui est à côté de moi, me donne un coup de coude et me glisse à l'oreille : « Tu diras à tes gens de changer les drapeaux… » On avait hissé les couleurs de l'Allemagne de l'Est à la place de celles de la RFA ! Il fallait toute la bonhomie de Kohl et de Genscher pour que la bévue ne se transforme pas en incident diplomatique.

1er juillet 2014

Comme la bombe atomique

Nicolas Sarkozy en garde à vue. Je n'ai pas de sympathie particulière pour l'ancien président, mais je ne me réjouis pas d'une telle décision. L'acharnement judiciaire dont il est l'objet ne me surprend pas et me déplaît. Même si François Hollande dit vrai et qu'il est resté inerte dans cette affaire, soit. Portons-le à son crédit. Mais ceux qui gravitent autour, qui savent comment s'y prendre et ce qui ferait plaisir, sont-ils restés les bras ballants ? Je suis bien placé pour savoir combien les « entourages » font du zèle. La justice, c'est comme la bombe atomique, il ne faut pas s'en servir n'importe comment.

Quand le défenseur de Sarkozy « fricote » avec le procureur général Azibert, ce sont des combines d'avocat. Un simple point de droit : Azibert, on lui a promis que l'on interviendrait en sa faveur auprès du palais princier. Sarkozy, dans les enregistrements, a dit qu'il n'a pas voulu intervenir. C'est un élément important dans la poursuite. On n'en parle pas ! C'est ce que l'on appelle le commencement d'exécution : on apprend dans les facultés de droit qu'il faut laisser toute chance à celui qui imagine commettre un délit de se rétracter. Ça ne fait rien, on continue la poursuite ! Ce n'est pas de la justice à l'anglo-saxonne, neutre et factuelle, mais de la justice politique. Autrefois, du temps de Mme Joly, c'était encore plus net.

2 juillet 2014

Mis en examen, Sarkozy répond aux questions complaisantes d'Elkabbach. L'obséquiosité ne sert jamais celui auquel elle s'adresse.

9 juillet 2014

Les Américains espionnent l'Allemagne. C'est divertissant que l'on fasse mine de le découvrir.

10 juillet 2014

François Hollande défend Israël et n'a pas la moindre compassion pour les Palestiniens. Sonnerie aux morts ! La politique traditionnelle de la France est bel et bien enterrée.

Juillet 2014

La guerre comme on peut

On veut nous faire croire que les forces sont équilibrées au Proche-Orient et que les Palestiniens « menacent » l'État hébreu. Qui menace qui ? Israël envoie des chars et des missiles pour tuer des centaines de civils. Les Palestiniens creusent des tunnels et font exploser quelques bombinettes avec les moyens qu'ils ont. C'est la guerre et, la guerre, on la fait comme on peut.

Ce serait l'honneur d'un parti de gauche, l'honneur du Parti socialiste qui se veut de gauche, de jouer un autre rôle que de cautionner cette politique belliqueuse. Cela me heurte intellectuellement, pas sentimentalement. Je ne me sens pas plus près des uns ou des autres. Je suis le premier à reconnaître que les musulmans peuvent avoir des côtés désagréables : autoritaires, machistes, voire fanatiques. Mais plus d'un milliard de musulmans mériteraient de ne plus être traités seulement comme des va-nu-pieds !

4 août 2014

Déjeuner avec une amie au Marco Polo, le restaurant de René Bartolone, le frère de Claude, président de l'Assemblée nationale qui y exalte les racines siciliennes de la famille. Arrive Boutros Boutros-Ghali en compagnie de son épouse. L'ancien secrétaire général de l'ONU, de 1992 à 1996, me saute au cou. Nous parlons évidemment politique internationale. Je le vois fort pessimiste: « Tu sais, Roland, ce qui se passe en Palestine, c'est le ferment d'un génocide pour les vingt prochaines années. Deux cents millions d'Arabes vont être déchaînés, et combien de musulmans si nous n'y prenons pas garde. » Et il ajoute: « Tu es l'un des rares Français à avoir vu juste... »

6 et 7 août 2014

Le revirement de la position française est pour le moins inattendu. Sous la pression de l'opinion publique révoltée par les images d'innocents pilonnés à Gaza, MM. Hollande, Valls et Fabius ont enfin l'air de faire preuve de clairvoyance. Comment ont-ils pu ne pas voir venir cette situation?

La question qui se pose: que faire maintenant? Va-t-on demander à Israël d'indemniser les dégâts occasionnés chez les populations civiles? Les souterrains percés hors de toute légalité, il est normal qu'on les ait détruits sans autre forme de procès. Mais les maisons de pauvres gens qui ne sont pas des terroristes? Ce sera comme d'habitude: Israël détruit et l'Europe payera.

14 août 2014

Lu dans *Le Point*: « François Mitterrand était mon papa. » Un charmant jeune homme de 25 ans aux yeux bleus, Hravn Forsne, nous fait cette révélation et annonce qu'il se présente aux législatives et municipales en Suède. La fibre paternelle peut-être? Je pourrais faire mon Mitterrand et écrire: « J'ai bien connu sa mère! »

15 au 17 août 2014

Week-end de l'Assomption au Grand Hôtel de Cabourg. J'ai bien sûr demandé la chambre de Marcel Proust au fond du couloir, au quatrième étage. L'écrivain réservait aussi les deux chambres contiguës pour ne pas être dérangé par le bruit. J'avais connu cette pièce musée avec les fanfreluches et les coussins d'époque. Elle a été modernisée pour accueillir des admirateurs, mais tout le décor a changé, sauf la vue sur la mer, bien sûr.

17 août 2014

Rencontre à Berlin des ministres allemand et français avec leurs homologues russe et ukrainien. Mais la France n'a aucun poids. Même si Obama est diminué sur le plan diplomatique, c'est quand même lui qui discute avec Poutine et a dans les mains la solution au conflit.

La seule préoccupation du président des États-Unis quand il est arrivé au pouvoir était de politique intérieure et concernait le régime de santé. Nous avons cru qu'il allait s'investir au Proche-Orient. Les Américains ont vite compris qu'ils n'y pourraient rien. Le Vieux Monde va rester avec, sur les bras, ce problème qui va empoisonner les décennies à venir et menacer sa sécurité. L'avenir se joue ailleurs. Les États-Unis sont désormais tournés vers l'Asie et leur grande «*mare nostrum*» que constitue l'océan Pacifique avec la Chine, le Japon, la Russie et les puissances émergentes de la région.

20 août 2014

Patriotes

Pour la première fois, le petit Hamas tient tête au puissant Israël. Le fait nouveau est qu'il a pris l'initiative des affrontements alors que ses moyens militaires n'ont aucune comparaison avec le camp d'en face. Les Israéliens ont les armes, mais les Palestiniens ont la foi. C'est un facteur qu'il ne faut jamais négliger dans un conflit. Même si des dissensions existent encore entre le Hamas et l'OLP, cette dernière sera obligée de suivre. L'État hébreu a massacré Gaza, mais il ne pourra rien contre la fierté et la détermination de tout un peuple. Les Palestiniens sont des patriotes. Ils recreuseront les tunnels, les armes leur parviendront à nouveau.

22 août 2014

Entre le 22 et le 25 août 1944, toute notre énergie était bandée vers un seul but : libérer la patrie. Nous répondions à l'appel du général de Gaulle et aux ordres du colonel Rol-Tanguy qui avait ordonné au peuple de Paris de se soulever. La seule chose que nous pouvions faire était de construire des barricades. Avec quelques camarades, j'étais occupé à abattre les arbres du boulevard Raspail pour contrarier l'avance de l'ennemi. Je n'ai pas réalisé tout de suite quand j'ai vu mes copains s'égayer comme des lapins. Un bruit sourd avait retenti, mais je n'avais pas identifié sa provenance. Un type cria à mon adresse : « Planque-toi, un char nous tire dessus ! » De fait, au bas du boulevard, un blindé allemand avait fait pivoter sa tourelle dans notre direction. Je l'avais échappé belle ! J'aurais pu mourir le jour de la libération de Paris.

Le lendemain ou le surlendemain, avec un groupe de francs-tireurs, nous nous sommes présentés à la préfecture de la Seine, revolver au poing, pour la « prendre ». Il faut dire, pour être honnête, qu'il n'y avait plus personne dans les bureaux et que ce ne fut pas trop difficile ! J'étais accompagné d'un certain Jacques Kosciusko [le grand-père de Nathalie, plus connue sous l'abréviation de NKM]. Le tout nouveau secrétaire général de la préfecture, nommé par de Gaulle, Jean Mons, le prit alors comme chef de cabinet. Il intégra ensuite celui de Léon Blum, président du gouvernement provisoire, en 1946-1947, puis celui du président Vincent Auriol, avant de faire une carrière diplomatique, notamment aux États-Unis.

Par ces curieux hasards dont l'histoire est friande, je suis devenu le défenseur de Jean Mons dans l'« affaire des fuites », une machination politique visant à déstabiliser François Mitterrand, alors ministre de l'Intérieur du président du Conseil Pierre Mendès France. C'était l'époque de la guerre froide en Occident et de la décolonisation en Indochine. Les milieux de droite accusaient Mitterrand d'être à l'origine de la transmission de secrets militaires à Moscou, *via* le Parti communiste français. Jean Mons, devenu secrétaire général du Comité de défense nationale, fut également suspecté, car il était le seul à prendre des notes au cours des réunions. Cette affaire jeta un froid entre Mendès et Mitterrand, celui-ci reprochant à celui-là de ne pas l'avoir prévenu de la surveillance et des écoutes dont il était l'objet. En 1956, je faisais partie des trois avocats qui réussirent à faire acquitter Jean Mons après avoir ridiculisé devant la cour le chef de la DST, Roger Wybot, qui assurait que Mons était un espion communiste.

C'est à cette époque que j'avais fait la connaissance de Jean-Louis Tixier-Vignancour, qui défendait un autre accusé. À un moment, nous eûmes, lui et moi, un échange «viril» dont je ne me sortis pas trop mal. C'était en quelque sorte mon second baptême du feu après celui de l'affaire Guingouin.

23 août 2014

Un regret nommé Blum

Rideau! Je vais achever là ma chronique, le jour de mon anniversaire. 92 ans. Il est tant de me reposer un peu.

Je ne pouvais rêver vie plus riche. Un journaliste me pose une question à laquelle je n'avais pas réfléchi: «Quel est votre regret?» Bizarrement, il s'impose d'évidence. Mon seul regret est de ne pas avoir pu travailler au côté de Léon Blum. Quand il est rentré de déportation en 1945, il a choisi comme chef de cabinet un ami de mon père, Jean Deglane. Ce dernier m'a écrit pour me dire que le grand homme était d'accord pour me prendre parmi ses collaborateurs. J'étais à Londres où je perfectionnais mon anglais, et j'étais plus intéressé par les filles et le chant. J'avais 23 ans... Si j'avais accepté cette proposition, ma vie aurait été incontestablement différente. De toute ma carrière, c'est le seul point que je regrette, car je n'ai pas mesuré à l'époque la chance qui se présentait à moi. Mais on ne réécrit pas l'histoire, comme dit la sagesse populaire.

Dans mon panthéon personnel, Léon Blum est placé très haut, au côté de Charles de Gaulle. J'admire le Général, qui reste le «dieu suprême», parce qu'il a compris son temps aussi bien en 1940 que vingt ans plus tard en entreprenant la décolonisation. Mais jamais je n'aurais pu travailler dans sa mouvance, bien qu'on me l'ait proposé à plusieurs reprises. Trop conservateur. Je n'ai donc pas de regret de ce côté-là, pas plus que d'avoir travaillé avec Mitterrand, qui m'a permis d'accéder aux plus hautes fonctions de l'État. Mais cette chance qu'il m'a donnée, j'aurais préféré la saisir vingt ans plus tôt. En tout cas, Léon Blum a sans doute été pour beaucoup dans ma vocation d'avocat. Tout jeune étudiant, j'avais été impressionné par sa plaidoirie à son propre procès, à Riom (Puy-de-Dôme), en 1942. Un texte inspiré qui eut un retentissement jusqu'en Amérique et qui résonne encore aujourd'hui aux oreilles des démocrates:

Blum s'adresse à ses juges: «Je crois que vous ne pourrez pas – le mot vous paraîtra peut-être orgueilleux – nous chasser de l'histoire de ce pays. Nous n'y mettons pas de présomption, mais nous y apportons une certaine fierté: nous avons, dans un temps bien périlleux, personnifié et vivifié la tradition authentique de notre pays, qui est la tradition démocratique et républicaine. [...] Nous ne sommes pas je ne sais quelle excroissance monstrueuse dans l'histoire de ce pays, parce que nous avons été un gouvernement populaire; nous sommes dans la tradition de ce pays depuis la Révolution française. Nous n'avons pas interrompu la chaîne, nous ne l'avons pas brisée, nous l'avons renouée et nous l'avons resserrée. Naturellement, il est facile quand on dispose de tous les moyens qui agissent sur l'opinion de défigurer notre œuvre, comme on peut défigurer notre personne; notre visage. Mais la réalité est là et elle se fera jour [...].»

Mon panthéon

Blum avait du cran et de l'intelligence. Il reste pour moi un modèle. Comme Mendès France, qui participa, d'ailleurs, au second gouvernement Blum, en 1938. J'aurais aimé avoir avec Blum la même relation que Mendès a eue avec lui. Mon aventure dans la Résistance et la mort de mon père avaient impressionné nombre de gens, mais je ne m'en rendais pas compte. J'étais *zu früh* [trop vert, trop tendre]. Quand j'analyse, au soir de ma vie, ma carrière, je ne peux m'empêcher de reconnaître que c'est à Blum que je la dois. Ce sont les socialistes dissidents de Limoges et les francs-maçons qui sont venus me chercher, en 1956, pour que je me présente à la députation. Je vois encore le vénérable de la loge de Limoges frapper à la porte dans mon petit appartement de la porte Dorée pour me convaincre de me présenter. J'ai « plongé » en toute innocence.

François Mitterrand n'a fait que signer la feuille de mon investiture nationale par son petit parti, l'UDSR. J'en fus le seul élu de toute la métropole ! Il m'avait téléphoné dans la nuit pour me féliciter et me demander comment j'avais réussi ce tour de force. Mais il est évident que cette élection ne devait rien à mes qualités personnelles. J'avais été élu dans le « fief » de mon père. Tout ce que j'ai réalisé à partir de ce moment-là, c'était déjà trop tard. Blum était mort.

Si je demeure admiratif de l'œuvre de François Mitterrand, je le vois tel qu'il est. Le côté positif en reste son habileté politique. Il était multiface, mais c'est à mes yeux une qualité quand c'est bien « calibré ». Au fil du temps, il est devenu un ami, mais nos relations n'ont jamais été « fraternelles ». Ce n'était pas « à la vie à la mort », comme ce que j'avais pu vivre dans la clandestinité.

Mitterrand pensait d'abord à lui. Il était très égocentré et sensible à la flagornerie. C'est un côté qui me déplaisait chez lui. Il aimait bien avoir les gens à sa botte. Et si quelqu'un lui « manquait », il était impitoyable. Je n'ai jamais été soumis à Mitterrand, à la différence d'autres, dont le comportement servile me divertissait. Même chez des « grands » que l'on ne soupçonne pas. Gaston Defferre, par exemple ! Quand Mitterrand faisait un discours plus ou moins bon, ce qui arrive à tous les hommes politiques, le maire de Marseille était le premier à fayoter : « C'est le meilleur discours que vous ayez jamais prononcé ! » Cette abdication de la personnalité devant le pouvoir m'a toujours choqué.

L'image de Mendès France est encore plus élevée que celle de Mitterrand à mes yeux, plus idéale même. Il était la « grande conscience » de toute une génération.

La vie m'a permis de fréquenter ces « grands hommes ». Je lui en suis reconnaissant. Mais leur œuvre est singulièrement mise à mal. Je suis quand même surpris de voir ce que le socialisme est devenu. On revient aux errements du passé. Le Parti socialiste n'est pas au niveau qui devrait être le sien. Le socialisme, c'est mieux que le Parti socialiste. On a oublié que c'est une philosophie.

Le reste n'est qu'« épisodes ». Quand on mène une vie publique, il faut s'attendre à ce que les coups pleuvent, même si je dois reconnaître que je n'imaginais pas que ce soit si violent… Le piège pour les hommes politiques est de se sentir invulnérables, intouchables. Cela conduit à négliger des choses que l'on juge à tort subalternes. Le pouvoir masque la réalité du quotidien. On ne voit plus la vie comme un simple citoyen, car on est dans un « rôle », celui que vous octroie généreusement la République.

La réputation qui est la mienne m'importe peu. Je ne suis pas un fêtard ni un jouisseur. Je ne prends pas d'alcool, pas de drogue. Je n'aime pas le jeu. J'aime un peu les femmes, c'est vrai.

Il y a eu deux choses qui m'ont importé dans ma vie : l'ombre tutélaire d'un père mort glorieusement, et peut-être quelques qualités personnelles qui ont favorisé tout le reste. J'aurais pu devenir un voyou. J'avais un frère qui a fini alcoolique et qui s'est suicidé. Il a eu moins de chance que moi, il était resté à Limoges. Pourquoi cela ne m'est pas arrivé à moi ?

J'aurais sans doute dû prêter plus d'attention à l'enseignement de mon père. Il était la statue du Commandeur. C'est d'ailleurs ce qui m'a sauvé d'une vie médiocre. Je me demande quand même si cet enseignement est véridique ou si c'est moi qui l'ai réinventé. Alors, je me remets en présence d'images. Je regarde des photos anciennes de ma vie familiale et de ma vie publique. J'essaie de retenir ces souvenirs qui fuient et ces visages qui s'estompent. Sans faire de psychanalyse, l'image de Mitterrand et celle de mon père se superposent, se floutent et se déforment. Je fais effort pour tenter de leur redonner vie.

Table

MIXTE
Papier issu de sources responsables
FSC® C003309

Les papiers utilisés dans cet ouvrage
sont issus de forêts responsablement gérées.

Mis en pages par Soft Office – Eybens (38)
Imprimé en France par CPI Brodard et Taupin
Dépôt légal : janvier 2015
N° d'édition : 01 – N° d'impression : 3008014
ISBN 978-2-7491-3608-0